国家社会科学基金重大项目(批准号:10&ZD130)
国　家　出　版　基　金　项　目
国家"双一流"建设学科"南京大学中国语言文学"资助项目
江苏省2011协同创新中心"中国文学与东亚文明"资助项目

中国古代文献文化史

程章灿 主编

第七卷

治乱交替中的文献传承

张宗友 著

南京大学出版社

图书在版编目(CIP)数据

治乱交替中的文献传承 / 张宗友著. —南京：南京大学出版社，2021.7
（中国古代文献文化史/程章灿主编）
ISBN 978-7-305-24789-7

Ⅰ.①治… Ⅱ.①张… Ⅲ.①古文献学—研究—中国 Ⅳ.①G256.1

中国版本图书馆 CIP 数据核字(2021)第 143454 号

出版发行	南京大学出版社
社　　址	南京市汉口路 22 号　　邮　编　210093
出 版 人	金鑫荣
丛 书 名	中国古代文献文化史
主　编	程章灿
书　　名	**治乱交替中的文献传承**
著　者	张宗友
责任编辑	刘丹
出版统筹	胡豪　李亭
装帧设计	赵秦
封底篆印	徐兴无
责任监制	郭欣
照　　排	南京紫藤制版印务中心
印　　刷	南京爱德印刷有限公司
开　　本	718×1000　1/16　印张 33.5　字数 466 千
版　　次	2021 年 7 月第 1 版　2021 年 7 月第 1 次印刷
ISBN	978-7-305-24789-7
定　　价	135.00 元

网　　址：http://www.njupco.com
官方微博：http://weibo.com/njupco
官方微信：njupress
销售咨询热线：(025)83594756

* 版权所有，侵权必究
* 凡购买南大版图书，如有印装质量问题，请与所购图书销售部门联系调换

总 序

程章灿

中华民族有着五千年悠久而灿烂的文明，绵延至今，从未断绝。浩如烟海、形式多样的中国古代文献，在中华文明传承过程中发挥了重要的作用。中国古代文献不仅是文化的载体，也承载着历史的记忆，生生不息，成为中华文明一大特色。"中国古代文献文化史"这一研究课题，就是以文献为切入点来研究文化，从文化的视角来研究文献，前者强调文化研究的实证基础，后者突出文献研究的宏观视野。对于认识中华文化的形成过程及其特点，认识中国古代文献的发展变化及其文化价值，这一研究的意义是显而易见的。

纵观五千年中华文明史，造纸术与印刷术的发明，早已被公认是推动人类文明重大跨越的不朽贡献。实际上，早在造纸术和印刷术发明之前，中国古代就有了甲骨契刻、简帛书写、金石镌刻等文献生产方式，开创了源远流长的文字书写传统，也确立了坚实深厚的文献历史传统。《尚书·多士》最早用文字记载确认了这一传统："惟殷先人，有典有册。"这个传统一方面体现在中国古代文献数量极夥，以现存1911年以前的古籍文献（不包括出土文献）而言，即不下二十万种。另一方面，这个传统体现在中国古代文献类型十分丰富，除书本外，文书、卷子、档案、信札、石刻、契约、账册、书画等不一而足。中国古代文献在书写、制作、印刷与流通等方面取得了很高的成就，为中国乃至世界文化发展做出了巨大的贡献，它吸引后人展开全面而深入的文化研究，同时也为这种研究奠定了坚实的文献基础。

　　从文化史的角度来看,文献既是文化的重要载体,也是突出的文化现象,具有重要的文化史研究价值。狭义的文献一般指书籍或有文字、图像的载体,广义的文献外延较广,包括一切人类符号载体。文献是思想知识的载体,其根本属性是"精神"与"物质"的结合。文献的这一属性决定了它本身也是一种重要的文化现象,不仅以自身的内容记载传承文化,而且以自身的物质形式嵌入广义的文化史架构之中。据《论语·八佾》记载,孔子最早使用"文献"一词,他说:"夏礼吾能言之,杞不足征也;殷礼吾能言之,宋不足征也。文献不足故也,足则吾能征之矣。"宋代大儒朱熹在《论语集注》中解释"文献"这个词,明确指出:"文,典籍也。献,贤也。言二代之礼我能言之,而二国不足取以为证,以其文献不足故也。文献若足,则我能取之以证吾言矣。"这是"文献"一词的经典解释。在这个话语体系中,"文献"包括典籍与贤人两个方面。典籍是载录文化的载体,贤人是传承文化的主体,典籍与贤人亦即物与人的深刻交集,恰好揭示了文献的物质文化与精神文化本质。环绕着文献的制作、生产、衍生、阅读、聚散、流通、使用等过程,各种社会群体与历史力量参与其间,纵横交错,在文化与文献之间形成无数交叉联结之点。经由这些联结点,既可以看到被文化史所塑造的文献现象,也可以看到文献史所凸显的文化特性。这正是中国古代文献文化史研究首要着力的方向。

　　中西学术传统都很重视对于文献本身的研究,由此产生了目录学、版本学、校勘学、书志学、典藏学等文献学相关学科,图书馆学、金石学、历史文献学等学科也涉及对古代文献的研究。涵盖校勘学、目录学、版本学和典藏学等学科的中国古典文献学,历来以整理图书为己任,尤重考镜源流、辨章学术,为往圣继绝学,表现出强烈的延续文化学术的历史使命感。具体而言,校勘学揭示了古代书写与传播的方式与特点;目录学揭示了文献的历史状况、分类源流和学术思想轨迹;版本学揭示了文献的物质文化形态;典藏学揭示了文献聚散传承的轨迹及其社会文化因缘。它们都为中国古代文献文化史研究提供了宝贵的学术文献资源,其中所蕴含的文化自觉和历史意识,更为中国古代文献文化史研究提供了重要的文化思想资源。

随着20世纪初中国学术现代化的发轫,中国古典文献研究中的文化自觉更加明显,其代表作有王国维《简牍检署考》、孙德谦《汉书艺文志举例》《刘向校雠学纂微》、陈登原《古今典籍聚散考》、余嘉锡《古书通例》等。其后又有刘国钧《中国书史简编》、张秀民《中国印刷术的发明及其影响》等,它们带动了一大批关于书史、印刷史的研究,但此类研究仍然偏重于书籍物质形态本身,对文献的文化史意义的抉发不够深广,还谈不上是系统的中国古代文献文化史研究。

自20世纪西方新史学诞生以来,特别是社会史、文化史观照视角兴起以后,开始出现以社会、经济、文化取代传统历史编纂学叙事关注的倾向。文献,特别是印刷书籍成为被关注的热点之一,书籍史研究于是应运而生。1958年,法国年鉴学派史学家费夫贺(Lucien Febvre)与马尔坦(Henri-Jean Martin)出版了《印刷书的诞生》,从宏观角度解答印刷术发明对整个欧洲历史的深远影响,为书籍史研究导夫先路。20世纪中期以后,广义历史研究的"文化转向"进一步明显,图书的阅读史、接受传播史、商品贸易史,特别是图书对社会文化影响的研究成为一种重要的学术思潮,其代表作为美国史学家达恩顿(Robert Darnton)所著《启蒙运动的生意:〈百科全书〉出版史(1775—1800)》,以18世纪狄德罗《百科全书》为个案,从其出版过程及流通的角度,探讨图书出版与启蒙运动的互动历史。其突出贡献在于提出了"书的历史"的重要价值,将书籍的传播过程视为理解思想、社会以及历史的最佳途径及策略。

简而言之,西方学者的这些"书籍史"(histoire de livre)研究,不同于图书馆学、目录学和版本学意义上的"图书史"(history of the book),它是一种文化史的观照,其核心是将书籍理解为文化历史中的一股力量。书的制作情形如何?由谁制作?为谁制作?撰著者与出版商之间的关系为何?国家意识形态如何影响书籍的出版?思想理念又如何通过书籍而传播?书的价格与书的贸易情况如何?书籍的传播与接受的社会效果如何?读者的阅读能力与参与性怎样?国家文化当局的权威及其影响力如何?等等。这些问题的产生,使二十世纪六七十年代以来的当代书籍史研究开始超越传统的文献学研究,成为一个专门学科。这一学科的内涵是:在文献书籍存在的长久时段内,用最广泛、最完整的视角来看待它,探究其社会功用、经济和政治利益、文化实践与影响等等。

西方学者运用西方书籍史的视角,研究中国古代文献与社会文化历史的关系,产生了一系列富有价值的成果,也在一定程度上推动了中国本土学者在书籍史方面的探索。但西方学者主要关注近世以来的书籍与印刷,对其他时代、其他形态的文献关注不足,亦较少利用中国传统文献学中的学术资源。因而,结合中西学术积累进行中国古代文献文化史研究,是一个极富意义并具有广阔发展前景的学科方向。

2010年底,以程章灿教授为首席专家的南京大学文学院古典文献研究所团队成功申请国家社科基金重大项目"中国古代文献文化史"(批准号:10&ZD130),项目分为十个子课题,子课题负责人依次为:赵益教授、徐兴无教授、于溯副教授、巩本栋教授、俞士玲教授、徐雁平教授、张宗友教授、程章灿教授、金程宇教授等九位。其预期成果为十卷本《中国古代文献文化史》。这个研究团队及其依托的学科群体,在古典文献学、域外汉籍研究、古代文化史研究等领域已有较为丰厚的学术积累,也较早开始了中国古代文献文化史的研究探索。

立项以来,研究团队多次对十卷本《中国古代文献文化史》的架构进行系统规划,深入研讨这一课题的内涵、意义、价值及研究方法,凝聚共识。研究团队多次主办学术讨论会、专题暑期学校、学术论坛、工作坊、系列报告会等,深化对文献文化史概念及其研究思路的思考。研究团队还在《文献》《南京大学学报》《学术研究》《古典文献研究》等重要学术刊物上组织专栏,发布文献文化史研究的阶段性成果。2013年1月23日,《中国社会科学报》A1版以《古代文献文化史:超越"书籍史"的本土化尝试》为题,发表该报记者霍文琦对程章灿教授的访谈;同年赵益教授在《南京大学学报》第3期发表《从文献史、书籍史到文献文化史》一文,系统阐述文献文化史的研究思路,扩大了本项目的社会影响和学术影响。从2010年至2020年,研究团队邀请来自美、欧、日、韩的国外学者来校交流、讲学,通过多种形式的国际学术交流,以更好地借鉴外来的学术方法与观念,开阔视野。在研究团队成员的指导下,南京大学中国古典文献学和中国古代文学专业的研究生们围绕中国古代文献文化史进行专题研究,进一步开拓了中国古代文献文化史这一新的学科领域。

"十年磨一剑,霜刃未曾试。"经过十年的辛勤耕耘,十卷本《中国古代文献文化史》终告完成。2020年,十卷本《中国古代文献文化史》荣获国家出版基金资助,标志着这一成果获得了学界同行的认可。十卷本《中国古代文献文化史》包括:

  第一卷 中国古代文献:历史、社会与文化(赵益著)
  第二卷 早期经典的形成与文化自觉(徐兴无著)
  第三卷 中古时期的历史文献与知识传播(于溯著)
  第四卷 宋代文献编纂与文化变革(巩本栋著)
  第五卷 明代书籍生产与文化生活(俞士玲著)
  第六卷 清代的书籍流转与社会文化(徐雁平著)
  第七卷 治乱交替中的文献传承(张宗友著)
  第八卷 作为物质文化的石刻文献(程章灿著)
  第九卷 汉籍东传与东亚汉文化圈(金程宇著)
  第十卷 中国古代文献文化史史料辑要(程章灿、许勇编著)

第一卷《中国古代文献:历史、社会与文化》是全书之绪论。本卷开宗明义,就中国古代文献文化史之研究内容与撰述方针提出自己的见解。全卷除"绪论"之外共设五章,分别从中国古代文献之历史、社会与文化三个方面,拈出具有宏观性的问题进行系统论述,对其中悬而未决或有待探索的重要问题,辨证前说,阐述新见,也为深入的思考和未来的研究提示方向。

第二卷《早期经典的形成与文化自觉》是专论之一,专论先秦两汉时代早期经典形成的历史语境和形成条件。本卷既注重从文明史的角度讨论中国"前轴心时代"和"轴心时代"的经典文化,又重视从经典文化的角度讨论早期中国经典的意义、体系及其文化转变。从早期经典的发生,到诸子文献的形成,从先秦两汉经学文献体系的形成,到西汉末年谶纬的兴起,本卷系统论述了经典的宇宙化、历史化和神秘化过程。

第三卷《中古时期的历史文献与知识传播》是专论之二,专论中古史部文献之形成与传播。本卷第一章抓住中古时期历史编纂和历史知识传播的新特点进行讨论。以下四章围绕这些特点,以史书、史志、史注、史部形成以及具体史传文本为中心,讨论中古时期不同历史文献的书写策略,进而论述中古文献收藏以及史部文献在收藏活动中的优势和劣势,呈现中古史部文献的存佚与当时文化环境之间的关系。

第四卷《宋代文献编纂与文化变革》是专论之三,专论宋代文献编纂及其对文化变革之影响。宋代正式从钞本时代进入刻本时代,文献数量浩如烟海,其编纂方式、阅读方式与传播方式都发生了显著改变。本卷选取宋初四大书、经部文献、北宋私家藏书与文献编纂、南渡之际文献传承以及集部文献的新变等个案,通过对具体文献之编纂、整理、刊刻、流传的研究,挖掘和揭示其蕴含的思想文化意义,确立其在宋代思想文化史上的作用和地位,勾勒有宋一代思想文化发展的轨迹。

第五卷《明代书籍生产与文化生活》是专论之四,专论明代书籍生产及其文化环境。本卷挑战传统文献学中所谓"明人刻书而书亡"的观念,从新的角度思考明代图书生产现象。明代图书生产者身份多样,官刻、坊刻与家刻长期互动,时常联手,造成嘉靖、万历以降图书生产的兴盛,其征稿、编书、写书方式以及图书文化功能发生丕变,足以体现明代图书生产的灵活性和复杂性。本卷十分重视商业出版,但不是在商业出版的框架内讨论书籍的社会史和文化史,而是在书籍的社会史和文化史中发现商业因素,从而确认在图书生产中政府、社会群体、作者、赞助者、出版者、评论者、接受者各自的位置、角色及身份的变化。

第六卷《清代的书籍流转与社会文化》是专论之五,专论清代之文献文化,其基本思路是关注社会中层与底层,尤其是区域社会的"书群",以体现清代文献的时代特色和本土特色。本卷强调,文献文化史要研究"动态的文献"或者有"社会情缘的文献",具体而言,是既要关注文献的内容与物质形态呈现(如家集、新学书籍、日记等新文献形态),关注文献之著述、编辑、刊印、流通、阅读等环节以及每一环节所牵涉的行为动机,又要关注所关联的环节与人群之间的互动,如关注抄书、藏书题跋、石印等环节以及书估、女性读者等人群,通过对零散材料的搜集与整合,提炼问题,展开深入而有新意的探讨。

第七卷《治乱交替中的文献传承》是专论之六,专论治乱交替与文献传承之关系。本卷以治乱交替之背景为切入点,研讨中国古代文献传承的内在理路。文献作为文化载体,具有强大的文化内驱力,在历代研习、注解、新纂中不断实现文本衍生与代际传承,以刘向、刘歆父子与朱熹等人为代表的历代知识阶层是推动文献传承的主体力量。历代帝王从维护巩固其统治地位、加强思想控制出发,也往往重视文化建设,建构同本朝政治体制相适应的文献体系,从而成为文献恢复、整理、编纂与传承的有力推动者。

第八卷《作为物质文化的石刻文献》是专论之七,专论石刻文献,弥补了以往文献研究及书籍史研究之不足。中国古代石刻源远流长,类型繁多,影响深远。本卷超越以往石刻研究偏重史料研究和史学研究的格局,从物质文化角度深入石刻的生产、使用、阅读、传播全过程,特别关注刻工与拓工这两个以往被忽视或遗忘的人群,透过刻工、拓工与文士的交往,突显其社会文化存在。各章论述中提炼的"尤物""礼物""景物""方物""文物""读物"等主题词语,概括并凸显了作为物质文化的石刻在中国文化史上的功能与意义。

第九卷《汉籍东传与东亚汉文化圈》是专论之八,专论汉籍东传与汉文化之东亚传播。汉籍不只是文化交流的媒介和途径,也是东亚汉文化的重要组成部分;不只是中国与东亚其他国家之间的文化桥梁,也是日本、韩国等国吸收世界其他文明的媒介。可以说,汉籍东传是促使东亚汉文化圈形成、东亚文明格局发生变化的动力之一。从东亚汉文化圈的视野研究汉籍东传,意义重大。本卷从汉籍东传之途径、特点以及汉籍回流等角度切入论题,详细论述汉籍东传对东亚各国广泛与深远之文化影响。

第十卷《中国古代文献文化史史料辑要》分为两个部分:第一部分是从古典文献中辑录有关古代文献文化史研究之资料,分门别类,首次建构了中国古代文献文化史的传统论述框架;第二部分选取海内外有关书籍史、印刷史、阅读史、藏书史等方面的研究著作四十馀种，各撰提要，加以评述，为中国古代文献文化史研究融合中外、开拓创新提供思考和参证的基础。

从总体架构上看，十卷本《中国古代文献文化史》舍弃传统的线性叙事和面面俱到的论述结构，而以绪论、专论与史料辑要来建构全书论述。绪论一卷（第一卷）以中国古代文献的总体状况为基础，以历史发展为线索，以若干具有全局性问题的论述作为发端，对中国古代文献文化史进行宏观观照。专论八卷（第二卷至第九卷），由各项专门研究组成，包括不同时期及不同类型文献的作用与影响，各种文献现象的社会文化内涵，不同的文献制作、传播、阅读、授受方式与社会文化的互动关系等众多的专门问题。史料辑要一卷（第十卷）汇辑有关中国古代文献文化的史料以及海内外重要研究成果提要，通过资料汇编和研究文献评述来总结学术历史，为未来研究奠定基础。

从总体思路上看，《中国古代文献文化史》有如下三个重点：第一，从文化的视角阐释文献，突出新视角与开阔视野，以文献为依据叙述文化，强调实证求是，勾勒文献发展的历史线索，突出中国古代文献的民族文化特色；第二，注重文献的生产、阐释、传播与接受的历史传统，在动态过程中把握文献的社会文化意义，重视中国古代文献的域外传播及其对东亚文化圈形成的影响；第三，既强调对中国古代文献历史的整体把握，也注重文献形态的复杂性与多样性，特别是书籍以外的其他文献形态，如石刻等。总而言之，本书始终把文献理解为中国文化史中的一股重要力量，探寻这股力量如何发生作用，具有怎样的意义，以及如何形塑了中国文化的传统。

本丛书采取多维视角，运用多学科研究方法，主要包括而不限于如下三个层面：第一，在文献层面上，采取包括传统校雠学、目录学、版本学、典藏学、编纂学等多学科相结合的方法，以期更好地分析与解决问题。本书第四卷较多采用编纂学的研究视角，而第七卷较多采用了目录学的视角。第二，在文化层面上，结合当代文化研究的理论与方法，如新文化史、物质文化研究、接受学、传播学等，更好地揭示了古代文献的文化内涵。本丛书第八卷较为集中运用物质文化研究的视角,而第九卷则结合了目录学与传播学的方法。第三,在历史层面上,既以技术史,也以经济史、社会史、学术史、思想史、文化史的视野进行多方面的观照。本丛书第六卷第十章使用技术史的视角,第一卷和第二卷则较多使用学术史和思想史的视角,而在第三卷和第五卷中,社会史视角比较突出。

本丛书的总体特色主要体现在如下三个方面:第一,结构体系上,以问题为中心,以历史发展为线索,对文献文化史进行全面而系统的观照。丛书的总体框架大致以绪论与专论相结合,既重视各卷之间的连续性和整体性,也突出各自的专题性和独特性。每个子课题都设立核心焦点,从各自不同的角度切入,追求论述的深度和视角的创新。第二,具体操作上,简牍时代、写本时代与印本时代并重,在继续深入进行明清书籍史研究的同时,显著填补宋以前文献文化史的空白;在突出其历史阶段性的同时,重视中国古代文献的形态多样性,动态把握其历史进程,特别重视中国古代文献外传对东亚汉文化圈形成的意义。第三,理论方法上,从原始文献出发,传世文献与出土文献兼收,文字材料与图像资料互相参证,考据与义理并重,旨在总结中国古代文献的民族特色,彰显其对人类文化的贡献。

本丛书确立了中国古代文献文化史这一新的研究方向与领域,在文献发掘、研究方法及学术思路上都力求创新。本丛书重视发掘以往未受重视的文献类型,在传统的书籍文献之外,重视日记、书札、石刻与出土文献;在传统的古文献学资料之外,重视国外的书籍史、印刷史、新文化史等研究文献。此其一。本丛书由多位在古典文献学领域素有研究的学者承担,注重"长时段"的时间观念,弱化单纯的线性进程,各以一个较大问题为中心,如古代文献的核心问题、早期经典的形成与文化自觉、中古时期的历史文献与知识传播、治乱交替中的文献传承、宋代文献编纂与文化变革、明代书籍生产与文化生活、清代的书籍流转与社会文化、汉籍东传的文化意义以及古代石刻文献的内涵与意义等,进行深入细致的探讨,多维度阐释中国古代文献文化的丰富内涵。此其二。本丛书的学术思路是将文献与文化相互融合,从文献的实证角度阐释文化,从文化的宏观视角审视文献，突破了已有研究成果将文献史研究与文化史研究割裂的格局。换句话说，本丛书的研究突破了传统文献史研究的旧有框架，借鉴"书籍史"此一新文化史研究视野并力求超越，研究对象从"书籍"扩展至"文献"，时间范围从"宋元明清"扩展至整个中华文明史，深入挖掘中国古代文献的文化历史内涵，特别注重发掘古代文献的文化建构意义。此其三。

本丛书虽然已有十卷之多，字数也多达 400 万，但是，相对于浩瀚的中国古代文献文化史研究领域，这只是扬帆初航而已。我们深知，已经完成的工作尚有诸多不足，还有大量的领域有待继续深化拓展。

"路漫漫其修远兮，吾将上下而求索。"

2021 年 6 月 26 日初稿
8 月 3 日定稿

目　次

图表索引 …………………………………………………… 001

引　言 ……………………………………………………… 001

第一章　中国古代文献传承的内在理路 ………………… 006
　一、文化典籍的劫难 ……………………………………… 010
　二、文献足征的理想——论中国古代文献传承的内在理路 … 015

第二章　刘向、歆父子与文献传承 ……………………… 023
　一、刘向、歆父子领校群书 ……………………………… 024
　二、刘向、歆父子对文献传承的贡献 …………………… 035

第三章　中古时期目录类典籍的体制与传承 …………… 053
　一、中古时期目录类典籍丛考 …………………………… 054
　二、从六分到四分：中古目录书写与学术建构 ………… 064
　三、辑佚与重构：中古时期书目体制新探——以《晋中经簿》
　　　解题问题为例 ………………………………………… 074

第四章　《隋书·经籍志》与古代文献传承 …………… 115
　一、《隋志》的编撰及其宗旨 …………………………… 116

二、《隋志》的著录体系 ·············· 118
　　三、《隋志》的分类源流 ·············· 125
　　四、《隋志》的类序体系 ·············· 132
　　五、结语 ························ 136

第五章　"四书"的形成与四书类文献的勃兴 ········ 138
　　一、儒术独尊语境下《论语》《孟子》经典化历程 ···· 139
　　二、儒学演进与"四书"形成 ·············· 151
　　三、四书类文献的勃兴与传承 ·············· 159
　　四、结语 ························ 169

第六章　曹溶、朱彝尊、周篔与清初文献传承 ······ 171
　　一、曹溶与明季文献之传承 ·············· 174
　　二、朱彝尊与清初文献传承 ·············· 203
　　三、周篔学行与清初士林 ················ 222
　　四、结语 ························ 244

第七章　清代前期的文化方略与文献纂修 ········ 248
　　一、清初御定经解的经典化与学术取向 ········ 249
　　二、清高宗弘历构建极权帝国文献体系的历史背景与制度设计
　　　　························ 283
　　三、寓禁于征，寓毁于修：清高宗弘历纂修《四库全书》的禁毁策略
　　　　························ 320
　　四、《四库全书》与文献传承 ·············· 414
　　五、结语 ························ 437

第八章　晚清官书局与近代文献传承 ············ 441
　　一、晚清官书局兴起的时代背景 ············ 441

二、早期官书局的创办与中兴名臣恢复文教、传承文献的努力
　　…………………………………………………………… 448
三、晚清官书局的广泛设立及其对传统文献的刊印 ………… 460
四、"平值售书",以广流传:晚清官书局文献传播的途径与策略
　　…………………………………………………………… 478
五、晚清官书局与近代文献传承 …………………………… 485

结　论 …………………………………………………… 491

征引文献 ………………………………………………… 496

后　记 …………………………………………………… 514

图表索引

表 2-1 《别录》(《七略》《汉志》)分类表 …………………………… 042
表 3-1 《晋中经簿》四部与《汉志》六略对照表 ………………… 066
表 3-2 《七志》同《汉志》分类对照表 …………………………… 070
表 3-3 《七录》同《汉志》《七志》分类对照表 …………………… 073
表 3-4 《隋志》著录数量表 ………………………………………… 086
表 3-5 汲冢诸书内容简表 …………………………………………… 100
表 4-1 《隋志》经部分类及前承等对照表 ………………………… 126
表 4-2 《隋志》史部分类及前承等对照表 ………………………… 127
表 4-3 《隋志》子部分类及前承等对照表 ………………………… 129
表 4-4 《隋志》集部分类及前承等对照表 ………………………… 131
表 4-5 《汉志》《隋志》论语类小序对照表 ……………………… 134
表 6-1 周筼、朱彝尊交游略表 ……………………………………… 224
表 6-2 《布衣周君墓表》所载周筼友人表 ………………………… 236
表 7-1 清代御定经解一览表 ………………………………………… 252
表 7-2 清代御定经解书前提要简表 ………………………………… 277
表 7-3 四库馆总裁一览表 …………………………………………… 302
表 7-4 乾隆四十四年满汉三品以上官员充任四库馆总裁等情况表
　　　　 …………………………………………………………………… 304
表 7-5 乾隆四十二年江西新获应毁书目清单 ……………………… 347

表7-6	乾隆四十八年军机处第七次禁毁清单	350
表7-7	乾隆五十二年军机处禁毁清单	352
图7-1	王锡侯《字贯提要》（辽宁图书馆藏清日本刻本）	367
表7-8	乾隆朝御定新著一览表	394
表7-9	《四库全书荟要》图书数量表	416
表7-10	纪昀覆校文渊阁《四库全书》差错表	425
表7-11	《经义考》卢刻本及三种四库本前四卷异文汇总表	431
表7-12	《经义考》卢刻本及三种四库本前四卷异文统计表	435
图8-1	胡林翼《读史兵略》（武昌书局刻本，1861年）	450
表8-1	晚清官书局一览表	463
图8-2	顾栋高《毛诗订诂》（江苏书局刻本，1896年）	468
表8-2	广雅书局《史记》《汉书》相关著述表	469
图8-3	侯康《补后汉书艺文志》（广雅书局刻本，1891年）	470
图8-4	王先谦《日本源流考》（思贤书局刻本，1902年）	475
表8-3	直隶官书局运售价目表	484

引　言

中国历史悠久，载籍浩瀚。作为中华民族生存智慧与历史记忆之载体的古代文献，尤其是以经史为主干的体现传统价值的传世文献，虽历经种种灾厄，犹能传承不坠，在不同的时代条件与阐释传统中与古为新，焕发出强大的生命力，是今日中国砥砺前行的重要文化前承与思想源泉。高度重视古代文献，汲取其精华而传承其精神，书写文献文化史，是极富学术价值与使命感的时代课题①。本书将在文献文化史的视域中，对下列问题展开讨论：古代文献如何在治乱交替的历史长河中进行生产与传承？不同类型的文献具有何种历史际遇及独特的传承方式？不同身份的人物（如帝王、士人等），在文献传承中起到何种作用？等等。

中国古代文献不仅数量惊人，类型多样，而且内容宏富，无所不包，因此，研究古代文献的传承问题，具有从多种维度进行探讨的可能性。从治乱交替的角度加以审视，无疑是其中最具历史意蕴的研究视角。古往今来，朝代更迭，兴衰相继，大浪淘沙。从历史上看，古代中国治世与乱世交替，统一与分裂相间，呈现出所谓"天下大势，合久必分，分久必

---

① 关于文献文化史的理论建构与学术意义，详程章灿《"文献文化史"主持人语》(《南京大学学报》，2013 年第 3 期，第 110 页)、《书籍史研究的回望与前瞻》(《文献》，2020 年第 4 期，第 4—15 页)，赵益《从文献史、书籍史到文献文化史》(《南京大学学报》，2013 年第 3 期，第 110—121 页)、《论中国古代文献传统的历史独特性：基于中西比较视野的思考》(《文史哲》，2020 年第 1 期，第 123—132 页)等文之讨论。

治乱交替中的文献传承

合"的规律性特点①。但是,从"治乱交替"角度出发的研究,绝不能局限于"易代之际"的狭小视野,不能局限于仅仅针对主流文献以及代表性人物的具体研究。从"治乱交替"的角度来研究古代文献的传承,实际上意味着长时段的历时性考察,应当是而且必然是立体的、多维度的深入讨论。这是首先需要明确的一点。其次,尽管从"治乱交替"的角度切入研究,但鉴于古代文献传承这一论题所具有的丰富性,在具体研究中追求面面俱到实无可能,因此,本书将取径由点及面的多维考察,通过对若干具有代表性的分论题的深入探讨,借以多层次地折射出古代文献传承的基本面貌与规律。

从地理上看,中国位于亚洲东部,地域相对封闭,环境得天独厚,能够孕育出独特的文明形态与文化传统②。文化一旦生成,即有其内生的强大的生命力,并按照既有的个性与节奏不断演进。文化传统及其生命力,通常蕴植并体现于作为知识、思想与记忆载体的古典文献之中。从孔子开始,以天下为己任的中国知识群体,就有"文献足征"的文化理想。孔子整理六经,有教无类,期望有足够的文献以实现"复礼""为仁"的文化抱负。鉴于古代文献所遭遇的无数劫难,下列问题自然会引起人们的深思:古代文献至今传承不坠、生生不息的内在动力是什么?掌握最高权力的"人主"(君主、帝王),在文献传承中扮演何种角色?作为研习、职掌、生产文献的知识群体,在文献传承中又有何种贡献?对于这些问题,本书第一章试予总括性的讨论。

---

① 黄宗羲注意到统一与分裂相间的问题:"自秦至今一千八百七十四年,中国为夷狄所割者四百二十八年,为所据者二百二十六年。"(《明夷待访录·封建》,《黄宗羲全集》第一册,浙江古籍出版社,2005年,第419页。)

② 钱穆从源头上将人类文化分为三大类型,即游牧文化、农耕文化、商业文化。"中国为古代惟一的大型农国,因此其文化发展,独得绵延迄于四五千年之久,至今犹存,堪为举世农业文化、和平文化发展最有成绩之唯一标准。"(见《中国文化史导论·弁言》,《钱宾四先生全集》第29册,台北,联经出版事业公司,1994年,第3、7页。)事实上,距今七千多年前的早期新石器文化聚落的农业生产已达远较想象为高的水平。基于氏族组织的制度因素与祖先崇拜的信仰因素,何炳棣将中国早期文化称为华夏人本主义文化。(详《华夏人本主义文化:渊源、特征及意义》,见《何炳棣思想制度史论》,中华书局,2017年,第7—20页。)

中国历史上的所谓"治世""盛世"(如文景之治、贞观之治、乾嘉盛世等),通常出现在大一统的中央政权形成之后[①]。统治阶层在政局相对稳定之时,往往积极致力于文化建设,以形成制度优势,寻求长治久安;官修图书因此成为颇具特色的文化传统。在中国学术史、文化史上,汉代刘向、刘歆父子受命领校图书,其意义之重大、影响之深远,后世乾隆朝纂修《四库全书》大约可与之相提并论。那么,刘向、歆父子此次校书活动,其历史、文化背景是什么? 在古代文献传承史上,又具有何种贡献? 本书第二章,专就向、歆父子与文献传承的问题进行研讨。

中国古代文献类型多样,各有其独特的学术面貌与丰富的文化内涵。其中目录类文献,是对某一特定范围内文化典籍的客观记录与学术脉络的主观书写,因此富含文化信息,能展现特定的时代与学术风貌。在著录体系的设置、所载图书的部次、类序体系的构建等方面,编目者通常精思傅会,辨章学术,考镜源流,从而使目录类文献兼具学术史的性质,对古代文献的传承起到了因袭性记录与创造性传承的作用。中古时期(本书专指魏晋南北朝时期)的目录类文献,在分类上完成了从六分到四分的转变,反映了中国古代学术结构的重大变革,其学术意义不言自明。但是,由于此期及唐末五代是中国历史上比较动荡的历史时期,中古时期目录类文献几乎散佚殆尽。那么,能否借由传世文献中的相关记录以及通过辑佚得到的文献片段,考知中古时期目录类文献的基本面貌,从而探讨当时目录学家如何进行学术史的构建? 已经亡佚的书目,其体制能否重新构拟、复原,从而实现当代学术意义上的文献传承? 使久已湮没的文献事件及其背后的思想得以重现并彰显其价值,正是古代文献传承的要义之一。本书第三章,以中古时期目录类文献为论域,借以探讨目录书写与文献传承的相关问题。

目录类文献由于兼具学术史性质,因此可以作为探讨文献传承问题

[①] "大一统",见《春秋公羊传》释"隐公元年,春王正月":"何言乎王正月? 大一统也。"董仲舒答武帝对策云:"《春秋》大一统者,天地之常经,古今之通谊也。"颜师古注云:"此言诸侯皆系统天子,不得自专也。"见[汉]班固《汉书》卷五十六,中华书局,1962年,第2523页。

的媒介；与此同时，目录学也是考察文献遗存与纂修传统、探讨学术流变并实现文献传承的一种方法（本书第五章即借助书目著录考察《论语》《孟子》的经典化历程）。《隋书·经籍志》（以下简称"《隋志》"）与《汉书·艺文志》（以下简称"《汉志》"）、《四库全书总目》，是古代中国最重要的三部官修目录著作，在著录体系、分类源流、类序体系的建构上，具有典范意义，起到了承上启下的作用。如果要探讨隋代及其前数代（梁、陈、北齐、北周等）的文献情况与文化面貌，必须要依赖于《隋志》的记录与书写。本书第四章，专就《隋志》之于文献传承的重要意义，进行研讨。

  古代文献是学术发展赖以演进的文化凭借，没有坚实的、连续的文献书写作为依托，学术发展必然成为无源之水，失去重要的研究对象与动力。反之，学术发展也推动了古代文献的传承与生产，甚至造就了某些门类的文献在特定历史时期出现蓬勃兴盛的局面。本书第五章以四书类文献为例，将其置于儒学发展的历时演进中予以考察，借以探讨学术发展与文献生成及传承的互动关系。

  古代中国朝代更替之际，往往伴以军事征服，社会动荡不安，民众深受其苦，易代之际的文献损毁因此最为严重，文献传承之路极为坎坷。明清易代，满洲以关外少数族群入主中原，随之而来的武力屠戮、文化破坏，对汉族知识群体形成极大的震撼。在此情境下，饱读诗书、以传承道统为己任的知识阶层该何去何从？如何在艰难的时世中获得立足之地，完成传承文献的文化使命？本书第六章，主要选取身历三姓、出仕二朝的知名人物曹溶，前明显宦之后、早岁抗清而后应征博学鸿儒的一代文宗朱彝尊，以及因易代而放弃举业的遗民诗人、布衣学者周筼，作为不同阶层的士人代表，在清初风云变幻的历史背景中，考察曹、朱、周三氏之文化活动并分析其心路之历程、对于文献传承之担当与贡献。

  秦汉以降，古代中国的政治形态以中央集权的专制政体为主，高踞权力顶端的独裁君主，对文献的生产与传承往往具有无与伦比的影响力。清代前期，通过顺治（福临）、康熙（玄烨）、雍正（胤禛）、乾隆（弘历）数代君主的持续努力，皇帝已被形塑为集道统、治统、学统于一身的圣主，权力空前集中，在文献传承方面拥有绝对的话语权。纂修《四库全书》,就是清高宗弘历主导的规模空前的文献纂修活动。本书第七章,将清前期诸位君主的文化方略、弘历纂修《四库全书》的动机、策略及其影响,置于宏阔的历史背景中展开探讨,用以揭示独裁君主的权力与意志对于文献传承的重要影响。

  随着西方坚船利炮洞开清帝国闭关锁国的大门,古老的中央集权的郡县制帝国在西方进攻下节节败退;而太平天国兴起而导致的内部战乱,又使原本经济繁荣、文化昌盛的东南诸省,陷入典籍荡然、"士子无书可读"的文化困境。面对"数千年来未有之变局",在救亡图存成为时代主题的形势下,由曾国藩、左宗棠等地方督抚设立的地方官书局,担负起了刻印与传承古代文献的文化重任,薪火相继,文教恢复,成就了古代官刻的最后辉煌。本书第八章,对晚清官书局的兴起、经营及其文化贡献等问题进行综合研究,并揭示官书局群体在时代剧变中走向衰微与终结的历史必然。

  以上各章,属于"治乱交替中的文献传承"的分论题,既有通贯性的历时考察,也有专题性的共时研究;既有对文献类型的源流分析,也有对不同身份的人物之作为的个案讨论;既注意于学术演进与文献传承的交互影响,也考察肩负文献刊布与传承使命的出版机构的兴衰存亡。各论题相对独立而又互相关联,主旨则在于通过多维度、多层面的研究,能够揭示古代文献在治乱交替的历史脉络中,传承不坠、生生不息的历史面相及其内在规律。

第一章
中国古代文献传承的内在理路

作为文明古国,中国以文化灿烂、文献浩瀚而著称于世。"吾民族创造之文化,富于弹性,自古迄今,缅缅相属,虽间有盛衰之判,固未尝有中绝之时。"①文化相属,依赖于丰富的古代文献提供的知识世界、历史记忆与思想传承。中国"史籍之富","为世所未有"②;"中国文化之完备,世界各国,殆莫之京,此为中国文明之特色,即典籍之完美是也"③。古代中国以其对文化活动记载的连续性、普遍性与创造性,为人类文明做出了独特的贡献。时至今日,汉字依然是世界上使用人口最多的文字,中国古代文献也是世界上最伟大的书写传统之一④;在十五世纪以前,中国的书籍数量可能比其他所有国家的总和还要多⑤。

以上"世所未有""殆莫之京"之判断,虽张扬于现代救亡图存之际,

---

① 柳诒徵《中国文化史·绪论》,中华书局,2015年,第2页。
② 柳诒徵《中国文化史·绪论》,第8页。
③ 郑鹤声、郑鹤春《中国文献学概要·导言》,上海古籍出版社,2001年,第7页。
④ 包筠雅(Cynthia J. Brokaw)指出,在中国,没有人会质疑书籍和书面文字的特殊重要性,(在世界上)很少有文化享有如此悠久的文学创作和学术传统。见 Cynthia J. Brokaw, "On the History of the Book in China", Cynthia J. Brokaw and Kai-wing Chow, *Printing and Book Culture in Late Imperial China*, University of California Press, 2005, p.3.
⑤ 钱存训估计,晚明之前,中国累计约有五万种、五十万卷图书见于古典目录等文献著录。见 Tsuen-Hsuin Tsien, "The Legacy of Early Chinese Records", *Collected Writings on Chinese Culture*, Hongkong: Chinese University Press, 2011, pp.3-5, p.16.

未必尽合史实(欧洲典籍亦极为宏富,实能东西辉映①),但所揭示的知识阶层对于"文化完备"的自豪、对于"典籍完美"的追求,则符合通性的历史真实。文献足征,一直是古代中国知识阶层的文化理想,孔子是首先表达这一文化理想的先哲:

> 子曰:"夏礼,吾能言之,杞不足征也;殷礼,吾能言之,宋不足征也。文献不足故也。足,则吾能征之矣。"(《论语·八佾》)

孔子感喟"文献不足",其实是渴望"文献足征"。对于孔子的浩叹,司马迁前置以"孔子之时,周室微而礼乐废,《诗》《书》缺。追迹三代之礼,序《书传》,上纪唐虞之际,下至秦缪,编次其事"②的宏阔的时空背景,《礼记·礼运》则将其置于师弟问答的历史现场:

> 言偃复问曰:"夫子之极言礼也,可得而闻与?"孔子曰:"我欲观夏道,是故之杞,而不足征也,吾得夏时焉。我欲观殷道,是故之宋,而不足征也,吾得坤乾焉。"③

---

① 研究表明,在公元1450年至1850年间,由于城市化、"消费社会""休闲商业化"出现,在后古登堡时代的欧洲以及晚期中华帝国,图书得以快速地甚至爆炸式增长;印刷书开始代替手抄书成为图书的主流。(见 Peter Burke and Joseph P. McDermott, "The Proliferation of Reference Books, 1450—1850", Joseph P. McDermott and Peter Burke, *The Book Worlds of East Asia and Europe, 1450—1850: Connections and Comparisons*, Hong Kong University Press, 2015, p.237.)据统计,欧洲印刷图书的种数从十五十六世纪开始大幅增加,1900年以前图书现存者约有五十万种;基于对传统意义上"书册"文献数量的推测,中国现存古籍总数约在二十万种左右。(见赵益《论中国古代文献传统的历史独特性:基于中西比较视野的思考》,《文史哲》,2020年第1期,第124—125页。)

② [汉]司马迁《史记》卷四十七,二十四史点校本修订本,中华书局,2013年,第2332页。

③ [汉]郑玄注,[唐]孔颖达正义《礼记注疏》卷二十一,[清]阮元校刻《十三经注疏》本,中华书局,1980年,第1415页。

  孔子倡导以"仁"为核心、以"礼"为形式的文化主张,因此汲汲于夏、商两代礼乐制度的考察与研习。孔子前往杞国(夏朝之后)、宋国(殷商之后),寻找夏、商两代礼乐制度的遗存,仅找到"夏时""坤乾"之书①;其时杞、宋二国国君昏暗,"文献不足",难以"成其礼",研习夏、商二代的礼乐更是无从谈起②。正是基于"文献足征"的理想,孔子才"述而不作",孜孜不倦于王官典籍之整理③,成为古代学术的集大成者④。

  按照郑玄、皇侃、邢昺等经师的解释⑤,《论语·八佾》中提到的"文献",指的是"文章""贤才",即包括物(文化典籍)与人(贤德之人)两个层面。元代学者马端临将"史传之实录"与"儒先之绪言"(或"史传之记录"与"先儒之论辨")对举,分别解释"文""献"的含义⑥。总体而言,学人更多的是从文化典籍的角度使用"文献"一词。虽然这一角度的解释在词

---

① 按:根据郑玄的注解,所谓"得夏时",指"得夏四时之书也。其书存者有《小正》";所谓"得坤乾",指"得殷阴阳之书也。其书存者有《归藏》"。同前注,第1415页。

② 余英时认为,孔子所孜孜以求的,其实是打破巫觋"绝地天通"的垄断,直接从先代礼乐制度中汲取交接上天的经验,达到"天人合一"的境界。详其《论天人之际:中国古代思想起源试探》一书(台北,联经出版事业股份有限公司,2017年)。

③ 根据司马迁《史记》,孔子对六经皆有整理。"追迹三代之礼,序《书传》,上纪唐虞之际,下至秦缪,编次其事";"自卫反鲁,然后乐正,《雅》《颂》各得其所";"《诗》三千馀篇,及至孔子,去其重,取可施于礼义,上采契后稷,中述殷周之盛,至幽厉之缺……三百五篇孔子皆弦歌之,以求合《韶》《武》《雅》《颂》之音。礼乐自此可得而述,以备王道,成六艺";"晚而喜《易》,序《彖》《系》《象》《说卦》《文言》"。正因如此,孔子遂能"以诗书礼乐教,弟子盖三千焉,身通六艺者七十有二人"。司马迁赞云:"天下君王至于贤人众矣,当时则荣,没则已焉。孔子布衣,传十馀世,学者宗之。自天子王侯,中国言六艺者折中于夫子,可谓至圣矣!"以上俱见《史记·孔子世家》。《史记》卷四十七,第2332—2344页。

④ 钱穆推崇孔子为"中国学术史上人格最高之标准"(钱穆《国学概论》,《钱宾四先生全集》第1册,台北,联经出版事业公司,1994年,第2—3页),"中国思想史上有最高领导地位的人"(钱穆《中国思想史》,台湾学生书局,1988年,第7页)。

⑤ [魏]何晏集解,[宋]邢昺疏《论语注疏》卷三,[清]阮元校刻《十三经注疏》本,第2466页;[梁]皇侃《论语义疏》卷二,高尚榘校点,中华书局,2013年,第59页。

⑥ [元]马端临《文献通考自序》,《文献通考》卷首,中华书局,1986年,第3页。

义上有所侧重,但斯文在兹①、文献足征,一直是中国古代知识阶层自孔子以来绵延未绝的文化理想。文献既是人类历史经验、思想情感与哲理思考的书写与载体②,也是后世解读古代中国政治、经济、文化等方面的成就以及个体思想历程的重要凭借。随着时间的推移、人类的繁衍与知识的累积,尤其是随着文字的发明与传播,新的文献总会源源不断地生产出来,旧的文献也因持续的阐释与利用而续其新命,从而层累地形成数量惊人的历史文献。这是中国作为文献传承不绝、卓绝于世的文明古国的文化密码之一。

尽管古代文献呈累积性增长的必然态势,但这并不意味着,古代中国的文献传承就能一帆风顺。事实上,伴随着历史上治世、乱世的交替出现,古代文化典籍曾经遭到不同程度的破坏,劫难不断。所罹祸患,史不绝书。

---

① 按:孔子以文化使命自任。《论语·子罕》:"子畏于匡,曰:'文王既没,文不在兹乎?天之将丧斯文也,后死者不得与于斯文也;天之未丧斯文也,匡人其如予何?'"疏云:"言文王虽已死,其文岂不见在我此身乎?言其文见在我此身也。"([魏]何晏集解,[宋]邢昺疏《论语注疏》卷三,[清]阮元校刻《十三经注疏》本,第 2490 页。)朱子指出,孔子实际上是以"道"自任:"道之显者谓之文,盖礼乐制度之谓。不曰道而曰文,亦谦辞也。"([宋]朱熹《论语集注》卷五,见《四书章句集注》,中华书局,1983 年,第 110 页。)钱穆释云:"文指礼乐制度,人群大道所寄。孔子深通周初文、武、周公相传礼乐制度,是即道在己身。"(钱穆《论语新解》,《钱宾四先生全集》第 3 册,台北,联经出版事业公司,1994 年,第 313 页。)论者认为:"对孔子来说,人类社会中已被创制出来的事物,尤其是'礼乐',不仅是人的,还得到了天命的承认与支持。因此,孔子'天不欲丧斯文'的强烈信念,一定只能理解为他的使命感受到了'知我者其天乎'的自觉意识的激励,断非保守地意欲复古。这种自觉意识取决于一种根深蒂固的信念,即人类文明的延续不只是历史的事实,而且也是超越的实在的展开(the unfolding of a transcendent reality),使孔子能够培育出一种使命感。'斯文'这一观念于是也就充满了宇宙论的意义。"([美]杜维明《道·学·政:论儒家知识分子》,钱文忠、盛勤译,上海人民出版社,2000 年,第 2 页。)

② 赵益指出,古典语境中的"文献"具有包括一切典章制度在内的广义内涵,但典章制度也有赖于书写而得以传承,因此,"文献"仍然偏重于"书写记录及其载体"的狭义指向。见赵益《从文献史、书籍史到文献文化史》,《南京大学学报》,2013 年第 3 期,第 111 页注⑤。

治乱交替中的文献传承

一、文化典籍的劫难

古代中国的文献传承之路,极为坎坷,能幸存于后世者,仅是少数①。典籍之劫难,同先民们遭受的灾难几乎同步,而且同样深重。史家"五厄""十厄"之说,就是对典籍劫难的记载与浩叹。

（一）典籍劫难

中国自秦汉一统之后,继之以三国鼎立、南北对峙,迄隋一统,中古时期的分裂局面持续几近三百六十多年。隋文帝开皇（581—600）初年,时任秘书监的牛弘上表,请开献书之路。表中提出"经籍"（即文化典籍）"五厄"之说（见《隋书》卷四十九牛弘本传）,对此前典籍劫难的概括颇具代表性：

第一厄,秦始皇下令焚书："昔周德既衰,旧经紊弃。孔子以大圣之才,开素王之业,宪章祖述,制《礼》刊《诗》,正五始而修《春秋》,阐《十翼》而弘《易》道。治国立身,作范垂法。及秦皇驭宇,吞灭诸侯,任用威力,事不师古,始下焚书之令,行偶语之刑。先王坟籍,扫地皆尽。本既先亡,从而颠覆。臣以图谶言之,经典盛衰,信有征数。此则书之一厄也。"

第二厄,王莽末年兵燹："汉兴,改秦之弊,敦尚儒术,建藏书之策,置校书之官,屋壁山岩,往往间出。外有太常、太史之藏,内有延阁、秘书之府。至孝成之世,亡逸尚多,遣谒者陈农求遗书于天下,诏刘向父子雠校篇籍。汉之典文,于斯为盛。及王莽之末,长安兵起,宫室图书,并从焚烬。此则书之二厄也。"

第三厄,指东汉末年董卓之乱："光武嗣兴,尤重经诰,未及下车,先求文雅。于是鸿生巨儒,继踵而集,怀经负帙,不远斯至。肃宗亲临讲

---

① 例如,《汉书·艺文志》所著录之典籍五百九十六家（合一万三千二百六十九卷。"家"即"种"）,至今幸存者只有一百一十五种,其中先秦六十种,秦一种,汉五十四种。（详李零《简帛古书与学术源流》,生活·读书·新知三联书店,2004年,第17页。)存者尚不到五分之一。

肄,和帝数幸书林,其兰台、石室、鸿都、东观,秘牒填委,更倍于前。及孝献移都,吏民扰乱,图书缣帛,皆取为帷囊。所收而西,裁七十馀乘。属西京大乱,一时燔荡。此则书之三厄也。"

第四厄,指西晋末年战乱:"魏文代汉,更集经典,皆藏在秘书、内外三阁,遣秘书郎郑默删定旧文。时之论者,美其朱紫有别。晋氏承之,文籍尤广。晋秘书监荀勖定魏《内经》,更著《新簿》。虽古文旧简,犹云有缺,新章后录,鸠集已多,足得恢弘正道,训范当世。属刘、石凭陵,京华覆灭,朝章国典,从而失坠。此则书之四厄也。"

第五厄,指梁元帝萧绎焚书:"永嘉之后,寇窃竞兴。因河据洛,跨秦带赵。论其建国立家,虽传名号,宪章礼乐,寂灭无闻。刘裕平姚,收其图籍,五经子史,才四千卷,皆赤轴青纸,文字古拙。僭伪之盛,莫过二秦,以此而论,足可明矣。故知衣冠轨物,图画记注,播迁之馀,皆归江左。晋、宋之际,学艺为多,齐、梁之间,经史弥盛。宋秘书丞王俭,依刘氏《七略》,撰为《七志》。梁人阮孝绪,亦为《七录》。总其书数,三万馀卷。及侯景渡江,破灭梁室,秘省经籍,虽从兵火,其文德殿内书史,宛然犹存。萧绎据有江陵,遣将破平侯景,收文德之书,及公私典籍,重本七万馀卷,悉送荆州。故江表图书,因斯尽萃于绎矣。及周师入郢,绎悉焚之于外城,所收十才一二。此则书之五厄也。"

以上五厄,固然是古代典籍的巨大劫难,而随着历史的演进,劫难并未终止,典籍之厄一再发生。明代胡应麟提出"十厄"之说:

> 牛弘所论五厄,皆六代前事。隋开皇之盛极矣,未几皆烬于广陵。唐开元之盛极矣,俄顷悉灰于安史。肃代二宗,洊加鸠集,黄巢之乱,复致荡然。宋世图史,一盛于庆历,再盛于宣和,而女真之祸成矣。三盛于淳熙,四盛于嘉定,而蒙古之师至矣。然则书自六朝之后,复有五厄:大业一也,天宝二也,广明三也,靖康四也,绍定五也。通前为十厄矣。(《经籍会通一》)①

---

① [明]胡应麟《少室山房笔丛》卷一,上海书店出版社,2001年,第6页。

上述"十厄",大都是由于时代动荡、战争蜂起而带来的巨大破坏。即使在文化高度发达的宋代①,虽然有印刷技术的加持,但因为战争、人为失误和自然灾害,导致任何一朝的藏书都未能超过隋、唐,甚至更早的梁代皇家藏书在各自高峰期的数量②。战争带来的破坏,在明代以后仍然不绝于书。明清易代之际,清军制造了"扬州十日""嘉定三屠"等骇人听闻的惨案,覆巢之下,典籍自然不能独完。又如晚清太平天国席卷东南诸省,典籍为之荡然:分藏在扬州文汇阁、镇江文宗阁的《四库全书》,损失殆尽;杭州文澜阁的《四库全书》,虽经丁丙兄弟竭力抢救,仍然损失大半。大乱之后,乃是"以东南文明大省,士子竟无书可读"③的惨痛局面。

兵燹之灾显而易见,禁毁之祸则隐秘难知。最显著的例子是乾隆时纂修《四库全书》。清高宗弘历以"稽古右文,聿资治理"④相号召,广征图书于天下,实际上寓禁于征、寓毁于修(详本书第七章第三节),在构建符合清廷需要的帝国文献体系的同时,也对存世文献进行了大规模的甄别处理,凡不利于清廷统治的文句、篇章乃至整本著作,均遭删减、改写、抽毁乃至全毁,造成不可估量的文献损失。

---

① 陈寅恪:"华夏民族之文化,历数千载之演进,造极于赵宋之世。"(载氏著《金明馆丛稿二编》,上海古籍出版社,1980年,第245页。)[德]迪特·库恩(Dieter Kuhn)认为,通过科举教育而进入官僚系统并拥有特权的士大夫阶层,形塑、造就了宋代,使11世纪的宋代是人类历史上最为激动人心的时期之一。(见 Dieter Kuhn, *The Age of Confucian Rule: The Song Transformation of China*, Harvard University Press, 2009, p.120.)

② [美]周绍明(J.P. McDermott)《书籍的社会史:中华帝国晚期的书籍与士人文化》,何朝晖译,北京大学出版社,2009年,第46页。

③ [清]鲍源深《请购刊经史疏》,载[清]陈弢编《同治中兴京外奏议约编》卷五,清光绪刻本。

④ 中国第一历史档案馆编,张书才主编《纂修四库全书档案》,第一条,上海古籍出版社,1997年,第1—2页。

（二）原因分析

为什么古代文献在演进历程中,会遭到诸如焚书、禁毁等各种劫难①?为什么古代中国的文献传承之路,会如此坎坷?对此,古代学者不乏探讨。例如谢肇淛(1567—1624)认为:

> 大凡尤物,聚极必散。毋论货财,即书画器具,裒集甚艰,而其究也,或死于水火,或遘于兵燹,或败坏于不肖子孙,或攘夺于有力势豪。如隋嘉则之书,宋宣和之玩好,李卫公平泉之木石,赵明诚校雠之书籍,以四海之物力,毕世之精神,而一旦澌灭,无复孑遗。岂成毁自有数耶?抑亦造物之所忌也?千载之下,犹扼腕叹恨,何况当时?②

谢氏从世间"尤物""聚极必散"的现象出发,认为包括书籍在内的"尤物"之"澌灭",归因于不可测知的"数",实际上并没有进行理性的分析,因而不能准确把握物之聚散的本质,无法说明古代典籍为何会遭遇各种劫难的问题。

现代学者陈登原(1900—1975),将古今典籍之聚散归因于以下四个方面:

---

① 焚书非中国所独有,西方也不绝于书。例如,古希腊曾拥有世界上最大的图书馆,即公元前三世纪建于埃及的亚历山大图书馆。该馆收藏了地中海沿岸古埃及、古希腊、古罗马的大批哲学、诗歌、文学、宗教、伦理及科学著作,藏书量高达七十万卷,仅图书目录即有一百二十卷。公元前四十七年,恺撒征服埃及,该馆总馆被焚毁,过半珍藏化为乌有。剩下的馆藏在接下来的三百年内,也因内乱而损毁殆尽。参见:https://zh.wikipedia.org/wiki/亚历山大图书馆,2019-12-01。

② [明]谢肇淛《文海披沙》卷六"物聚必散"条,明万历三十七年(1609)沈儆炌刻本。按:《左传·昭公二十八年》载叔向母之语曰:"夫有尤物,足以移人,苟非德义,则必有祸。"所谓"尤物",指"特别美丽妖娆、能够在感官上给人以强烈冲击、产生巨大心理震撼的美女"。其义经过发展,"凡是能将人的情感牢牢拴住的物或者人,都可以称为'尤物'"。说详程章灿《尤物:作为物质文化的中国古代石刻》一文,载《学术研究》,2013年第10期,第128页。

一　受厄于独夫之专断而成其聚散，
二　受厄于人事之不臧而成其聚散，
三　受厄于兵匪之扰乱而成其聚散，
四　受厄于藏弆者之鲜克有终而成其聚散。①

陈氏之"聚散"，侧重在"散"。所谓"独夫"，指秦始皇、隋炀帝等帝王，以及蔡京、秦桧等权臣；所谓"人事之不臧"，是指因人事不修而无法避免的水火之灾(参陈氏《古今典籍聚散考》第三章《本书提要》)。陈氏上述四个层面的概括，其实统归于人的主观意志。这种概括有其精审的一面，陈氏也据此对全书进行谋篇布局②，但是，对于客观因素的忽视，却使这种概括难称全面。因为物之聚散、典籍之劫难，除了人为因素以外，自然因素也是非常重要的一个方面。人为的焚书、禁书，往往并不能达到发动者所期望的焚尽典籍、禁毁违碍的成效。秦始皇挟横扫六合、统一诸国之馀威，也不能焚尽天下图书，先秦典籍中像五经、诸子著述等，仍能流播于世(见《汉书·艺文志》相关著录)。清高宗弘历作为权力空前集中的独裁君主，发动纂修《四库全书》，寓禁于征、寓毁于修，其结果也并不能完全如其所愿，删尽反清言论，毁尽"异端"书籍。当代大型丛书《四库禁毁书丛刊》得以编成的事实，可证即使是出自极权、独裁君主之意志的命令，也无法彻底落实，深入帝国的每一寸肌理。与此同时，自然因素(譬如水、火)往往因为无法抵御而造成不可逆转的后果，有时会为文化典籍带来灭顶之灾。"大唐武德五年，克平伪郑，尽收其图书及古迹焉。命司农少卿宋遵贵载之以船，溯河西上，将致京师。行经底柱，多被漂没，其所存者，十不一二。"③即是其中一例。至于典籍失火被焚

---

①　陈登原《古今典籍聚散考》，华东师范大学出版社，2010年，第14页。
②　按：陈氏全书分政治卷、兵燹卷、藏弆卷、人事卷四个部分，分别对应于上述第一、三、四、二各个方面。政治卷讲历代图书禁毁、文字狱，兵燹卷叙战争的破坏，藏弆卷谈私人收藏之聚散与功过，人事卷讲水火之灾与虫害。
③　[唐]魏徵等《隋书》卷三十二，中华书局，1973年，第908页。

(如钱谦益绛云楼藏书之火灾),更是不绝于书。

从宏观层面上看,古代文献所遭劫难,无外乎天灾、人祸二端。天灾主要见于水患、火灾。人祸则与时代条件有关。当社会动荡之际,战争是导致典籍浩劫的主要诱因;而承平之时,人祸则主要发端于极权君主(如秦始皇、隋炀帝、清高宗等)的主观意志。

从微观层面上看,某一种(类)典籍能否顺利传承、衍生,取决于内、外两个方面的因素:就内在因素而言,该典籍本身的思想性、学术性是第一位的,价值愈高,愈易流传,反之亦然。例如,作为先秦王官之学的核心典籍,"五经"(《周易》《尚书》《诗经》《仪礼》《春秋》)因其本身的重要性,无论经历怎样的劫难,都不会彻底消亡(尽管部分文本或细节可能受损),而且会因为与时俱进的注解与笺释,形成庞大的衍生性著作群,从而支撑起传世文献的核心架构。今传《春秋》以鲁国史记为蓝本,儒家坚信此书经过孔子删定,寓有微言大义,因此承传不衰,被奉为经典。赵孝成王相虞卿,也撰有同类著作,名曰《虞氏春秋》。魏相魏齐即向虞氏表示质疑:"《春秋》,孔圣所以名经也。今子之书,大抵游说而已,亦以为名何?"①司马迁为虞氏作传,也说:"然虞卿非穷愁,亦不能著书以自见于后世云。"(《史记·平原君虞卿列传》)此书后来不传,显然因其学术价值不能与孔子删定的《春秋》相提并论。

就外在因素而言,每一种(类)典籍还会受到各种外在条件制约下的必然性与或然性的影响。陈登原分其书为政治卷、兵燹卷、藏弃卷、人事卷四个部分,而政治、兵燹、藏弃、人事,都是影响图书散佚与传承的外在因素。

二、文献足征的理想——论中国古代文献传承的内在理路

无论是隋代牛弘归纳的"五厄",还是明人胡应麟总结的"十厄",都

---

① [清]朱彝尊《经义考》卷二百七十七,"虞氏(卿)《春秋》"条,清乾隆二十年(1755)卢见曾续刻本。

治乱交替中的文献传承

足以说明,古代中国治世、乱世交替的历史实际,使得古代文献的传承之路充满坎坷,迭历劫难。但是,中华文明生生不息,承载文明基因与文化思想源泉的古代文献,其主体架构与基本典籍不仅传承下来,而且正在通过礼俗传承、经典研习、文学欣赏、学术研究等途径,进入当下社会生活,深刻地影响了当前国人的精神取向与道德追求,展现出强大的生命力。

那么,在天灾、人祸等外缘性因素的影响之下,中国古代文献仍能传承不坠,其内在理路是什么？换句话说,是什么决定了古代文献的表现形态,并使其能与古为新、影响当下？我们认为,决定古代文献传承不断的内在理路,正在于孔子所感喟的"文献足征"的理想。具体地说,在于以下几个层面的综合作用:蕴植于古代文献的文化内驱力、历代帝王为维护统治合法性而建立的文献纂修传统,以及知识阶层传承、生产文献的使命自觉。

（一）生生不息:蕴植于古代文献的文化内驱力

作为文明古国,中国在地缘上得天独厚:北部是蒙古高原、西伯利亚等极寒之地,西南部是号称世界屋脊的青藏高原,东部、南部则濒临一望无垠的海洋。位于亚欧大陆东部的中国,实际上处在一个相对封闭的地理环境之内,因其广袤的地域、悠久的历史以及多样性的气候与物产,孕育出独特的中华文明,发展出以儒家学说占据主流地位的文化传统。

在公元前第一个千纪(the first millennium B.C.)之内,中国同希腊、以色列、印度等古国一起,实现了"哲学的突破","人对于宇宙、人生……的体认和思维都跳上了一个新的层次"[①]。这次突破的核心,是打破巫对与天交通的垄断("绝地天通"),使个体能够通过内省、修习的方法,直接与天对话("天人合一"),从而开辟了中国思想史上的黄金时

---

① ［美］余英时《论天人之际:中国古代思想起源试探》,第2页。

代,即先秦诸子时代。孔子就是打破垄断、实现突破的文化先驱,创建了以"仁"为内在核心、以"礼"为外在形式的儒家学说。

任何一种文化的发展,都是在既有基础上不断向前演进、推陈出新,有着不以个体意志为转移的强大动力;这种与政治、经济发展几乎同步的动力,就是文化内驱力。蕴植于古代文献的文化内驱力,是推动文献生产与传承的强大动力。首先,文化内驱力决定了古代文献不断生产的必然性。古代文献是古人生活实践、思想情感、文学审美、哲理思考的结晶,因此是凝固的文明,也是文化传统赖以存续的载体。时代发展犹如江河奔流,浩浩荡荡,滚滚向前,与之相适应的物质生活、精神生活也不断丰富,作为载体的文献,一定会随着知识的更新而不断地生产出来。其次,文化内驱力也决定了古代文献的不断传承。文献一经产生,也就具有了不再依赖初始语境的生命力,以其时代性、思想性、资料性,成为后世追寻前人陈迹、思想历程的媒介。孔子汲汲于夏、商两朝礼乐制度之追寻而感喟"文献不足"者,正在于此。因此,作为思想与文化载体的古代文献,在文化内驱力的作用下,即使屡遭劫难,其基本典籍与文化基因,仍然会在后世的解读、研习、编纂中不断得以传承。在特定的条件下,即使因各种原因而亡佚的文献,也会凭借因强大的著述传统而形成的"互文性"[①],出于研究的需要而被发掘、重构,成为新的有意义的文化资源,成为新的文献生产的一部分。

总之,古代文献是丰厚的历史文化遗产,它所具有的文化内驱力,是文献不断得以生产、传承的根本动力。

(二)"人主之威":历代帝王建立的文献整理与纂修传统

历代帝王是推动古代文献传承的有力推手。在先秦"封邦建国"的

[①] 按:本文标揭之"互文性",指某种文献(资料)被其他文献著录或引据,从而形成有关该文献(资料)的共时性分布与历时性传承的链条。

时代,统治者标榜君权神授,帝王以"天子"的身份,代表上天治理天下①。当时管理文献的权力,掌握于巫、史之手。巫、史代天立言,相对于"天子"(周王),保持了一定程度上的独立性。史官建立了记载史事、征采史料的制度(如采诗之官),形成了同宗周制度相适应的王官之学。王官之学的核心典籍,则是易、诗、书、礼、乐、春秋六经。六经的形成,建立在长期搜集、编纂史料的基础之上,涵盖了周王朝历史、政治、制度乃至文学的各个层面,是先秦学术的总汇,成为诸子之学及后世新学问的主要源头②。这一套巫史系统与学术体系的建构,显然是与以周王为天下共主的政治制度相适应的。

秦始皇嬴政一统天下,封建制一举变为郡县制,"皇帝"的权力较周天子更为集中。秦始皇虽然有"焚书"等破坏文献的极端行为(司马迁《太史公自序》云:"秦拨去古文,焚灭《诗》《书》,故明堂石室,金匮玉版,图籍散乱。"),但秦始皇积极推行车同轨、书同文,整齐度量衡,打破原有的诸侯国各自为政的地域藩篱,加快了华夏民族的融合,为古代文献的传承扫清了道路。坑杀儒生、以吏为师的文化举措,也使得秦朝的文献生产更多地集中在官府档案文献的编纂上,内容比较单一。

汉承秦制,但是建立起由朝廷组织校书的传统,"汉兴,萧何次律令,

---

① 帝尧禅让,以"天之历数在尔躬"告舜(《论语·尧曰》),舜也以"天之历数在尔躬"命禹(《尚书·大禹谟》);夏启继其父禹为帝,变公天下为家天下,讨伐有扈氏,以"天用剿绝其命,今予惟恭行天之罚"为辞(《尚书·甘誓》);都以"天"的意志相号召。汉代董仲舒以贤良对策,称武帝"贵为天子,富有四海,居得致之位,操可致之势"(《汉书·董仲舒传》。见[汉]班固《汉书》卷五十六,中华书局,1962年,第2503页)。下至唐代,柳宗元《封建论》认为"有里胥而后有县大夫,有县大夫而后有诸侯,有诸侯而后有方伯、连帅,有方伯、连帅而后有天子"(《柳宗元集》卷三,中华书局,1979年,第70页),实际上指出国家的形成是一个由小到大、从下而上的历史建构过程。可作参照的是,意大利文艺复兴运动的先驱但丁(1265—1321)提出,人类的一致目的是全面发展人的智力,因此需要根据上帝的意旨建立大一统的世界帝国。"人类就应该实行独一无二的统治和建立独一无二的政府,而且这种权力应该称为君主或帝王。"([意]但丁《论世界帝国》,朱虹译,商务印书馆,1986年,第8页。)认为君主的权力来自上帝。

② 张伯伟指出:"一个民族文学思想的特质,往往是在其初始阶段决定的,并因此而确立了其发展演变的不同趋向。"(见氏著《中国古代文学批评方法研究》,中华书局,2002年,第2页。)对于经典的形成及其特质,也可作如是观。

韩信申军法,张苍为章程,叔孙通定礼仪,则文学彬彬稍进,《诗》《书》往往间出矣。"(司马迁《太史公自序》)至武帝时,"建藏书之策,置写书之官,下及诸子传说,皆充秘府"(《汉书·艺文志·序》。以下简称《汉志序》),"军政杨仆捃摭遗逸,纪奏兵录"(《汉志·兵书略·序》)。可见经过数代经营,汉代建立了较为完备的图书征集、分类、校勘、上奏的文献整理与典藏流程,无疑为古代文献的传承提供了极大的便利。汉成帝时,命刘向、歆父子领校群书,使先秦以来的存世典籍首次得到全面的大规模的整理并形成定本,建立起同郡县制大一统帝国相适应的文献体系。官方校理图书传统的建立,在中国文化史、学术史、思想史上影响极为深远。

历代帝王是国家权力的掌控者。《诗经·小雅·北山》有云:"溥天之下,莫非王土;率土之滨,莫非王臣。"汉代贾山在论及"人主"(帝王)之威权时说:

> 雷霆之所击,无不摧折者;万钧之所压,无不糜灭者。今人主之威,非特雷霆也;势重,非特万钧也。①

以帝王之威权为后盾,以转移政治视线、消弭前朝反对力量为目的,由帝王推动的文化纂修活动,无疑强有力地推动了古代文献的传承与生产。宋太宗赵光义命修《太平御览》《太平广记》《文苑英华》等大书,明成祖朱棣命修古代最大的类书《永乐大典》,清圣祖玄烨征召博学鸿儒、纂修《明史》,都属此类。当然,最具代表性的事例则是清高宗弘历下令纂修《四库全书》。清承明制,但清初诸帝逐渐加强集权,至弘历时,已经拥有了至高无上、几乎没有制衡的权力。为达到彻底消灭反清力量、构建同当时体制相适应的文献体系,彰显本朝的统治合法性,弘历召集了当时最为优秀的学者开馆修书,寓禁于征,寓毁于修,既修成了具有百科全

---

① [汉]贾山《至言》,载[清]严可均辑《全汉文》卷十四,见《全上古三代秦汉三国六朝文》,《续修四库全书》第1603册,第203页。

书性质的古代中国最大的丛书,成为丰富的文化遗产;又使传世文献遭到彻底的清洗,造成不可估量的文献损失(详本书第七章之讨论)。

总之,以秦始皇嬴政、汉成帝刘骜、宋太宗赵光义、明成祖朱棣、清高宗弘历等为代表的历代帝王,从维护统治合法性出发,致力于建构同本朝政治体制相适应的文献体系,或编纂大书,或对存世文献进行大规模的整理,成为推动古代文献传承的重要的(有时是决定性的)力量。

(三)"学""仕"之间:知识群体传承、生产文献的使命自觉

知识群体,指凭借文化知识服务于政府或从事文教、学术研究的人群,是推动人类社会发展的精英群体与中坚力量。在古代中国,垄断最高统治权的帝王及其身边的世袭贵族、军功阶层,构成了社会金字塔的顶层;士、农、工、商等"四民",则处于社会基层。其中接受教育、以知识与技能立身者,就是知识群体[①]。知识群体以士为主,或者服务于官府,跻身官僚阶层;或者安居于地方,成为士绅阶层;或者在官僚与士绅之间转换身份;或者奔走、流动于各阶层之间,成为游学、游幕或者经商之士(也包括部分掌握文字书写能力的佛、道教徒)。知识群体以掌握知识为必要条件,因此同传世文献具有天然的极为密切的联系。

作为帝制中国的"建设者与守护者"[②],知识群体占社会少数[③],却是研习文献、传承文献以及生产文献的主体力量。继孔子以斯文自任之

[①] 关于古代知识群体的讨论,可参余英时《士与中国文化》一书(上海人民出版社,1987年)。

[②] "the architects and guardians of the Chinese empire",见 Yuri Pines, "The Literati", *The Everlasting Empire: The Political Culture of Ancient China and Its Imperial Legacy*, Princeton University Press, 2012, p.76.

[③] 知识群体以识字为前提,"读写能力一直是社会地位的标志"(Dieter Kuhn, *The Age of Confucian Rule: The Song Transformation of China*, p.120)。研究表明,对识字率的估算从百分之十到百分四十五不等;清代成年男子大约有百分之十具有文言文读写能力。(见[美]周绍明[J.P. McDermott]《书籍的社会史:中华帝国晚期的书籍与士人文化》,第153页。更多研究介绍,见该书所附说明[第256—257页]。)据此可知,即使到了清代,能够进行文献生产与传承的士人,所占比例也只会更小。

后,其门人曾子提出"士不可以不弘毅","仁以为己任"(《论语·泰伯》),北宋大臣范仲淹提出"先天下之忧而忧,后天下之乐而乐"(《岳阳楼记》),清初大家顾炎武提出天下兴亡,匹夫有责①,都对士人肩负的使命具有很深的理解与很高的期待。事实上,在帝王威权的笼罩下,普通士人只有研习传世文献,通过察举、征辟或科举的进阶,才有可能进入官僚系统,实现"致君尧舜上"的人生理想。因此,"学而优则仕",是古代中国知识分子的重要人生取径;接受教育、研习文献以获得知识,变成知识群体中的一分子,才能获得出仕的必备条件。无论已仕、未仕,"达则兼济天下,穷则独善其身",即是古代中国知识群体人生理想的真实写照。

  知识群体具有研习、传承以及生产文献的使命自觉。"中国知识分子具有强烈的使命感:为朝廷和民众服务不仅被视作个人抱负的施展,而且被视作自我道德的实现。在整个帝制时代,这种威望、自豪感和对公共服务的认同的结合成为士的身份的标志。"②一方面,接受教育、成为有知识乃至有功名的人,可以超越一般的"白丁",取得更高的社会地位与成就;另一方面,部分深受儒家文化传统熏染的士人,对于古代文献抱有极大的热情,积极致力于核心文献的整理、注释与传承。对于前者,升官晋爵是人生最重要的目标,读书、科考是实现人生目标的必由之途;对于后者,体道悟理、发明圣人心传是崇高的学术追求,传习、注解文献就是必要的手段,不少学者(如郑玄、朱子等大儒)即以此作为终生志趣与事业。当科举考试作为选拔人才的制度正式定型以后,进士出身的官员通常是知识群体中的精英人物,不仅参与朝廷或地方大型文献的纂修,而且往往出于强烈的使命感或个人兴趣而致力于学术研究,在文献整理与生产上贡献卓著。如单就经学文献而论,学人对经典文本的阐释即实现了"层累"式的发展路径:先之以注,次之以笺,次之以疏,次之以

---

  ① 顾炎武《日知录》"正始"条:"有亡国,有亡天下。……保国者,其君其臣,肉食者谋之;保天下者,匹夫之贱,与有责焉耳矣。"[清]顾炎武撰,[清]黄汝成集释《日知录集释》卷十三,道光十四年(1834)嘉定黄氏西溪草庐重刊本。

  ② Yuri Pines, "The Literati", *The Everlasting Empire: The Political Culture of Ancient China and Its Imperial Legacy*, p.77.

集解，次之以汇纂。孔颖达于唐初纂成《五经正义》，集汉魏经学之大成；胡广在明初修成《四书五经大全》，以程朱理学发明经传。下至清初，徐乾学梓行《通志堂经解》，使宋元经学著述萃于一编；其后阮元汇刻《皇清经解》，王先谦续刻《皇清经解续编》，清代经学著作因此都为丛书，蔚为大观。上述学者的文献作为固然与朝廷方略相契合，而照亮学者们砥砺前行的力量，正是发端于孔子的"文献足征"的文化理想。

综上所述，决定中国古代文献传承的内在理路，首先在于蕴植于文献的文化内驱力，其次在于历代帝王出于维护统治需要而建立的文献校理、纂修传统，其次在于知识群体传承、生产文献的使命自觉。此外，文献载体的更新、印刷技术的发明，使书籍更易产生复本，也极大地促进了古代文献的流播与传承。

第二章
刘向、歆父子与文献传承

古代中国治乱交替，文化典籍也因之或长或消，古代文献的传承之路，因此极为坎坷。承平之际的大规模的文献整理，不仅有利于文化遗产的清理，也有利于传世文献官方定本的出现，并借助行政与学术的力量，得以更加顺利的承传。汉成帝时刘向、刘歆父子（以下简称"向、歆父子"）奉命领校群书，就是其中一例，不仅位列奠定汉代文教的三大举措之一①，而且在中国文化史、学术史、思想史上具有深远的影响。班固《汉书·叙传》有云：

> 虙羲画卦，书契后作，虞夏商周，孔纂其业，纂书删诗，缀礼正乐，彖系大易，因史立法。六学既登，遭世罔弘，群言纷乱，诸子相腾。秦人是灭，汉修其缺，刘向司籍，九流以别。爰著目录，略序洪烈。述《艺文志》第十。②

班固以史家之眼光，取刘氏所撰书目（以《七略》为主）而删取其要，以成《艺文志》，首开史志目录之先河。班固熟谙刘氏父子校理典籍、撰成总目之历史背景，对其文献作为与文化功绩，评价极高：不仅"九流以

---

① 另两项是武帝立五经博士、宣帝开石渠会议。说详徐兴无《刘向评传》，南京大学出版社，2005年，第187页。

② ［汉］班固《汉书》卷一百，中华书局，1962年，第4244页。按：本章引用《汉书》文字，均用此通行本，以下不再出注，以省繁文。

别",使当时的学术体系得到清楚的梳理;同时"略序洪烈",(师古曰:"洪,大也。烈,业也。")能如实反映一代文献之盛,开创了目录学这一具有学术史性质的文献书写传统。

一、刘向、歆父子领校群书

刘向、歆父子受命领校群书,有其深远的历史、文化背景,校书过程历历可考,文化贡献极为突出,影响极为深远。在中国文献文化史上,向、歆父子校书是值得深入探研的一个案例。

(一) 刘向、歆父子校书的历史、文化背景

关于刘向、歆父子领校群书的文化背景,《汉志序》概括得最为简要:

> 昔仲尼没而微言绝,七十子丧而大义乖。故《春秋》分为五,《诗》分为四,《易》有数家之传。战国从衡,真伪分争,诸子之言纷然殽乱。至秦患之,乃燔灭文章,以愚黔首。汉兴,改秦之败,大收篇籍,广开献书之路。迄孝武世,书缺简脱,礼坏乐崩。圣上喟然而称曰:"朕甚闵焉!"于是建藏书之策,置写书之官,下及诸子传说,皆充秘府。至成帝时,以书颇散亡,使谒者陈农求遗书于天下,诏光禄大夫刘向校经传、诸子、诗赋,步兵校尉任宏校兵书,太史令尹咸校数术,侍医李柱国校方技。(《汉书》卷三十)

《汉志序》勾勒了向、歆父子校书的远景、中景与近景,并将其历史文化远景,直接上溯到孔子及其七十子后学,的确具有恢宏的历史眼光,也体现了向、歆父子尊崇儒家学说的文化立场。实际上,当历史迈入春秋时期,周王室走向衰微,不复能约束诸侯;王官之学已经开始分散,诸子因之兴起于民间,开创了中国思想史上百家争鸣的黄金时代。孔子在破除巫觋"绝地天通"、垄断文献编纂与解释权,并倡言"仁""礼"、以六经教授弟子等方面,确能得风气之先,厥功至伟。但不能忽略的是,由孔子大

第二章 刘向、歆父子与文献传承

张其帜的儒家只是先秦诸子之一,同称显学的还有墨家等;将诸子视为七十子身后"真伪分争""纷然殽乱"者,不尽符合学术思想发展的实际。因此,周室衰微、官学下流、诸子兴起、百家争鸣,才是向、歆父子校书更为深远的文化背景。在此背景下,诸子学说与著作,同六经一起,都是向、歆父子需要面对的文献遗产。

刘向、歆父子校书的中景,是秦始皇"燔灭文章,以愚黔首"政策导致的文献匮乏。始皇焚书,是古代中国学术文化史的一个重大事件。按《秦始皇本纪》载:

> (三十四年[前213])始皇置酒咸阳宫,博士七十人前为寿。仆射周青臣进颂曰:"他时秦地不过千里,赖陛下神灵明圣,平定海内,放逐蛮夷,日月所照,莫不宾服。以诸侯为郡县,人人自安乐,无战争之患,传之万世。自上古不及陛下威德。"始皇悦。博士齐人淳于越进曰:"臣闻殷周之王千馀岁,封子弟功臣,自为枝辅。今陛下有海内,而子弟为匹夫,卒有田常、六卿之臣,无辅拂,何以相救哉?事不师古而能长久者,非所闻也。今青臣又面谀以重陛下之过,非忠臣。"始皇下其议。丞相李斯曰:"五帝不相复,三代不相袭,各以治,非其相反,时变异也。今陛下创大业,建万世之功,固非愚儒所知。且越言乃三代之事,何足法也?异时诸侯并争,厚招游学。今天下已定,法令出一,百姓当家则力农工,士则学习法令辟禁。今诸生不师今而学古,以非当世,惑乱黔首。丞相臣斯昧死言:古者天下散乱,莫之能一,是以诸侯并作,语皆道古以害今,饰虚言以乱实,人善其所私学,以非上之所建立。今皇帝并有天下,别黑白而定一尊。私学而相与非法教,人闻令下,则各以其学议之,入则心非,出则巷议,夸主以为名,异取以为高,率群下以造谤。如此弗禁,则主势降乎上,党与成乎下。禁之便。臣请史官非秦记皆烧之。非博士官所职,天下敢有藏《诗》《书》、百家语者,悉诣守、尉杂烧之。有敢偶语《诗》《书》者弃市。以古非今者族。吏见知不举者与同罪。令下三十日不烧,黥为城旦。所不去者,医药卜筮种树之书。若欲有学法

令,以吏为师。"制曰:"可。"①

则秦始皇之焚书,出于丞相李斯之建议,针对的是儒生"不师今而学古,以非当世,惑乱黔首",目的是要维护始皇权威,"别黑白而定一尊",不允许议论朝政。其具体措施包括如下层面:

其一,"臣请史官非秦记皆烧之"。即焚灭六国史籍,而本国史籍("秦记")不在焚灭之列。

其二,"非博士官所职,天下敢有藏《诗》《书》、百家语者,悉诣守、尉杂烧之"。则民间所藏经籍("《诗》《书》")、诸子著述("百家语")皆在烧之列,而博士官(即秦朝官府)所职掌者不烧②。

其三,"有敢偶语《诗》《书》者弃市。以古非今者族"。即禁止天下引经据典,议论时政。

其四,"吏见知不举者与同罪。令下三十日不烧,黥为城旦"。这是为推行上述举措而提出相应的惩罚措施。

其五,"所不去者,医药卜筮种树之书"。有关医药(医学)、卜筮(易学)、种树(农林学)等类的书籍不烧(大约因为这类书实用且基本不涉及当朝时政)。

其六,"若欲有学法令,以吏为师"。即完全由官方主导学习(法令),禁止民间私相授受。

---

① [汉]司马迁《史记》卷六,第325—326页。
② 关于"史官""博士官"及"《诗》《书》、百家语",钱穆释云:"大抵先秦学官有二:一曰史官,一曰博士官。史官自商、周以来已有之,此乃贵族封建宗法时代王官之旧传,博士官则自战国始有,盖相应于平民社会自由学术之兴起。诸子百家既盛,乃始有博士官之创建。博士官与史官分立,即古者'王官学'与后世'百家言'对峙一象征也。……《诗》《书》为《六艺》统宗,虽于古属之王官,然自王官之学流而为百家,《诗》《书》亦已传播于民间,故儒、墨皆道《诗》《书》,于是《诗》《书》遂不为王官所专有,然百家之言亦不以《诗》《书》为限。"见钱穆《两汉博士家法考》,载氏著《两汉经学今古文平议》,商务印书馆,2001年,第186—187页。

第二章　刘向、歆父子与文献传承

综上可知，秦始皇焚书，并非焚灭所有文化典籍，而是有所抉择与保留①。焚书的实质是巩固文化专制的举措，禁止民间私相授受、议论朝政，要求"以吏为师"，便于法令的贯彻执行。至于存世文献，官府（"博士官所职"）所藏者不烧，民间也允许有关秦国的史籍以及"医药卜筮种树之书"的存在。由于秦祚短暂，帝力有所不及，即使在焚之列的图书，民间仍有流传（如伏生壁藏《尚书》之例）。未被焚毁的存世文献如顺利保存到汉代，自然会成为向、歆父子校理的对象。

向、歆父子校书的近景，是汉高祖刘邦开国以来奠定的官方收藏图书、整理图书的文化传统。征诸载籍，可考者有以下几次：

第一次，汉高祖（刘邦）时。《太史公自序》云："秦拨去古文，焚灭《诗》《书》，故明堂石室，金匮玉版，图籍散乱。于是汉兴，萧何次律令，韩信申军法，张苍为章程，叔孙通定礼仪，则文学彬彬稍进，《诗》《书》往往间出矣。"《汉书·高帝纪》云："天下既定，命萧何次律令，韩信申军法，张苍定章程，叔孙通定礼仪，陆贾造《新语》。"②又《汉志·兵书略序》："汉兴，张良、韩信序次兵法，凡百八十二家，删取要用，定著三十五家。诸吕用事而盗取之。"刘邦斩蛇起义，起家亭长，却能注意收集图书、建立文教，谋虑深远，不愧开国之君。

第二次，汉武帝（刘彻）时。《汉志序》："迄孝武世，书缺简脱，礼坏乐崩。圣上喟然而称曰：'朕甚闵焉！'于是建藏书之策，置写书之官，下及诸子传说，皆充秘府。"又《汉志·兵书略序》："汉兴，张良、韩信序次兵法……武帝时，军政杨仆捃摭遗逸，纪奏兵录。"学者夷考其实，指出武帝

---

① 钱穆指出，"焚书一案，其机发于博士之议政，其制定于使学者以吏为师"；"王充谓秦人焚书，仅焚五经，不及诸子，其说最可信"；"百家虽未尽毁，亦不许民间私藏，必博士官乃得有之"；"秦人焚书，仅主《诗》《书》、史记，不及诸子。所以焚诸侯史记者，为其多刺讥。所以焚《诗》《书》经籍者，为其古今异制"。（见钱穆《国学概论》，第76、79—82页。）引证较丰，所论可参。

② 余嘉锡指出："班固移太史公语入《高纪》，益以陆贾造《新语》一句，实则《新语》乃贾所自造，与秦之图籍无与，非太史公之意也。"载氏著《目录学发微》，巴蜀书社，1991年，第80页。

时校理兵书与置写书之官二端,"正同时之事"①。

第三次,汉宣帝(刘询)时。《史记》《汉书》并无明文,但可考者至少有二例:一是后仓"在曲台校书著记",成《后氏曲台记》;二是宣帝使黄门郎张子乔校《君臣篇》②。

可见经过汉高祖、武帝、宣帝等数代经营,汉代建立了较为完备的图书征集、分类、校勘、上奏的文献整理流程。"如果从校书的技术过程来审视这些事件的话,我们不难发现,它们的集合正是一个完整的校书过程,包括:图书的征集与分类(藏书之策)、校勘与缮写(正字、校书、写书)、书目及篇目次序的整理(序次)、目录的纂写与上奏(记奏目录)等。这一切正是刘向、歆父子校书的主要流程。"③"校书之事,在西汉时几于累朝举行,以为常典,虽其所校或仅谈兵,或只议礼,偏而不全,规模未廓,然大辂椎轮,不可诬也。"④这些看法,均属卓识。

《汉志序》所勾勒的文化远景、中景与近景,为刘向、歆父子受命领校群书提供了宏大的历史背景,刘氏父子的卓越贡献,正是在这一历史脉络与文献整理及传承之链条上,得到更为全面的展现。

(二)刘向、歆父子校书历程

刘向、歆父子领校群书,是汉代政治史上的一件大事,因此大书于《汉书·成帝纪》:

> (河平三年秋八月,)光禄大夫刘向校中秘书,谒者陈农使,使求遗书于天下。(《汉书》卷十)

又《汉书·楚元王传》:

---

① 余嘉锡《目录学发微》卷三,第82页。
② 按:前例见余嘉锡所考《目录学发微》卷三,第82页),后例见徐兴无所考《刘向评传》,第191—192页。
③ 徐兴无《刘向评传》,第191—192页。
④ 余嘉锡《目录学发微》卷三,第82页。

第二章 刘向、歆父子与文献传承

上方精于《诗》《书》,观古文,诏向领校中五经秘书。

河平中,(刘歆)受诏与父向领校秘书,讲六艺传记,诸子、诗赋、数术、方技,无所不究。(《汉书》卷三十六)

在《汉志序》里,另有简要之概括:

汉兴,改秦之败,大收篇籍,广开献书之路……至成帝时,以书颇散亡,使谒者陈农求遗书于天下,诏光禄大夫刘向校经传、诸子、诗赋,步兵校尉任宏校兵书,太史令尹咸校数术,侍医李柱国校方技。每一书已,向辄条其篇目,撮其指意,录而奏之。会向卒,哀帝复使向子侍中奉车都尉歆卒父业。歆于是总群书而奏其《七略》,故有《辑略》,有《六艺略》,有《诸子略》,有《诗赋略》,有《兵书略》,有《术数略》,有《方技略》。

《汉志序》简要交代了校书缘起("书颇散亡","求遗书于天下")、校书分工、上奏内容与《七略》分类等。但是,这段序文仍过于简略。南朝梁时阮孝绪(479—536)撰写《七录》,在《七录序》里介绍了刘向、歆父子校书背景及成就:

至汉惠四年,始除挟书之律。其后外有太常、太史、博士之藏,内有延阁、广内、秘室之府。开献书之路,置写书之官。至孝成之世,颇有亡逸,乃使谒者陈农求遗书于天下,命光禄大夫刘向及子俊〔伋〕、歆等雠校篇籍。每一篇已,辄录而奏之。会向亡,丧〔哀〕帝使歆嗣其前业,乃徙温室中书于天禄阁上。歆遂总括群篇,奏其《七略》。

昔刘向校书,辄为一录,论其指归,辨其讹谬,随竟奏上,皆载在本书。时又别集众录,谓之《别录》,即今之《别录》是也。子歆撮其指要,著为《七略》,其一篇即六篇之总最,故以《辑略》为名;次《六艺略》,

次《诸子略》,次《诗赋略》,次《兵书略》,次《数术略》,次《方伎略》。①

在阮孝绪时代,《别录》《七略》俱存,阮氏又志在"穷究流略,探尽秘奥"(《七录序》),因此对刘向、歆父子校书事实与撰写《别录》《七略》之体制,考察綦详,所撰《七录》,其实就是追摹刘氏父子成例而作。因此,阮氏《七录序》同班固《汉书》所记,都是关于向、歆父子领校群书最可靠的文献。二氏所记相互印证,可以得出如下认识:

其一,关于校书缘起。汉成帝(刘骜)继承高祖、惠帝、武帝、宣帝等高度重视文献的传统,鉴于图书"颇有亡逸"的现状,下令"求遗书于天下"。这是刘向、歆父子奉诏校书的直接缘起。国家(包括宫内与朝廷)既有藏书与新征图书,为刘氏父子校理图书提供了文献来源。

其二,关于校书分工。刘向、歆父子奉诏校书,并不独专其事,而是有其校书群体,并在学术上进行了分工:经传、诸子、诗赋,由刘向、歆父子负责;兵书,由步兵校尉任宏负责;数术,由太史令尹咸负责;方技,由侍医李柱国负责。向、歆父子先后担任这一校书活动的总负责者,即所谓"领校"。

其三,关于校书成果。刘向、歆父子校书,直接对皇帝(汉成帝)负责,因此要及时上奏校书成果。《汉志序》《七录序》都提到,刘向会为每一部校定之书撰写书录,旨在"条其篇目,撮其指意",进呈给皇帝。所谓"条其篇目",就是要厘定本书篇名及序次;所谓"撮其指意",就是要陈述本书的校理情况、作者事行、内容旨趣及其学术价值。

其四,关于成果目录。《别录》与《七略》,是向、歆父子领校群书的附带成果。《七略》以《别录》为基础,共分《六艺略》《诸子略》《诗赋略》《兵书略》《数术略》《方技略》等六略,另有总括性的《辑略》,所以称为《七略》。

以上以班固《汉书》、阮孝绪《七录序》等记载为据,对刘向、歆父子领校群书情况进行了概括。但这种概括还只是粗线条的,仅是共时性的

---

① [南朝梁]阮孝绪《七录序》,载[唐]释道宣《广弘明集》卷三,《四部丛刊》影明汪道昆刻本。按:《广弘明集》卷三内有以"七录序"为总名的《七录》资料,包括《七录序》《古今书最》《七录目录》三个部分,并附载阮氏著述简目及阮氏传记。前三个部分可合称作《七录序录》。

描述与归纳,而没有历时性的展开与发明,缺乏细节上的丰富性。虽然可靠文献有限,但借助学界既有研究成果(如钱穆《刘向、歆父子年谱》、徐兴无《刘向评传》等),刘向、歆父子的校书历程,尚可勾勒如次:

1. 汉成帝河平三年乙未(前 26),刘向奉命领校群书。向时任光禄大夫。

如前所述,刘向校书,并不仅仅依赖二子(刘伋、刘歆),而是有其校书群体。除《汉志序》所举之任宏(步兵校尉)、尹咸(太史令。曾任丞相史,《楚元王传》称其"以能治《左氏》,与歆共校经传"①)、李柱国(侍医)外,还有以下诸人:

杜参。博士弟子、长水校尉。有赋二篇。

班斿。议郎、中郎将。(斿弟稚,稚子彪。班彪为班固之父。)

臣望。其人姓字等不可考。②

此外,参与校书者还有王龚(字子即。由卫尉迁光禄勋)、房凤(字子元。举方正,任光禄大夫,迁五官中郎将,出为九江太守,至青州牧)、臣富(姓字等失考)、臣叙(姓字等失考)等,也有可能参与了校书活动③。

2. 成帝绥和元年癸丑(前 8),刘向卒,前后校书十八年。绥和二年(前 7)四月,哀帝(刘欣)继位,命刘歆嗣父前业,领校群书。

《汉书·楚元王传》:"向死后,歆复为中垒校尉。哀帝初继位,大司马王莽举歆宗室有材行,为侍中太中大夫,迁骑都尉、奉车光禄大夫,贵幸。复领五经,卒父前业。歆乃集六艺群书,种别为《七略》。"④又《汉志序》:"会向卒,哀帝复使向子侍中奉车都尉歆卒父业。歆于是总群书而奏其《七略》。"所谓"复为""复领",均指子承父业而言。因此,刘向卒后,刘歆继续校书;哀帝即位后,则受命领校。

3. 哀帝建平元年(前 6)四月以后,刘歆撰成《七略》,刘氏父子相继主持的全部校书活动终告完成。

---

① [汉]班固《汉书》卷三十六,第 1967 页。
② 按:以上为钱穆《刘向歆父子年谱》所考(载氏著《两汉经学今古文平议》,第 43—44 页)。
③ 徐兴无《刘向评传》,第 197—199 页。
④ [汉]班固《汉书》卷三十六,第 1967 页。

据前揭《楚元王传》及《汉志序》，知《七略》成书，标志着校书活动的结束。因为《七略》以各书书录为基础，只有在需要上奏皇帝的全部书录完成之后，才有可能告成；而书录，又在图书校定之后才能写就。据考，"《七略》和校书工作的最终完成时间也当建平元年四月以后，刘歆求守河内之前"①。刘氏父子领校群书，前后长达二十一年（前26—前6）。

（三）刘向、歆父子负责领校群书的原因

汉代学术昌明，为什么由刘向、歆父子，而非其他人负责领校群书？夷考史实，当与以下两个因素有关：

1. 刘向、歆父子的宗室背景与地位

刘向（前79—前8），字子政，本名更生（成帝即位时改名）；子刘歆（前50—23），字子骏，初名秀（哀帝建平元年[前6]改名）。父子二人均是汉代杰出的学者。刘向家世显赫：高祖父刘交（字游），是汉高祖刘邦同父异母的幼弟、太上皇刘太公的少子，受封为楚元王；曾祖父刘富，封休侯，后更封红侯；祖父刘辟彊（字少卿），拜光禄大夫、宗正（昭帝时）；父亲刘德（字路叔），任宗正丞，曾迁太中大夫，并两次出任宗正；因与立宣帝有功，赐爵关内侯。楚元王一系出任宗正者还有：刘向伯曾祖、元王交的次子刘郢客（高后时。封上邳侯，嗣为夷王）；另一伯曾祖、元王交第三子刘礼（景帝时。先后封平陆侯、楚文王）；刘向兄刘安民之子刘庆忌；加上刘向自己也曾出任宗正，堪称宗室名门，史家称之为"奕世宗正"。宗正即皇族（刘氏）之族长，职在敦序九族，秩中二千石。这一职位兼具宗族与行政的双重意义，地位极为尊崇。刘交早岁追随刘邦有功，得以封王；"文帝尊宠元王，子生，爵比皇子。景帝即位，以亲亲封元王宠子五人"，皆封侯②。

---

① 徐兴无《刘向评传》，第189页。
② 按：本节引文，如无特别注明，均出自《楚元王传》。载《汉书》卷三十六，第1921—1973页。刘向、刘歆，均附传于此。

汉元帝即位，更生以"宗室忠直，明经有行"荐，擢为散骑宗正给事中，拾遗于左右。成帝即位，更名向，以故九卿召拜为中郎，领护三辅都水；数奏封事，迁光禄大夫。刘向"为人简易无威仪，廉靖乐道，不交接世俗，专积思于经术，昼诵书传，夜观星宿，或不寐达旦"。深得成帝信任，命为中垒校尉。

刘向、歆父子受命校书，所校以中秘书（内廷所藏）为主，以外廷及臣僚所藏为辅。如果不是皇室宗正的身份，则很难进入内廷校书。

2. 刘向、歆父子的学术成就

刘向、歆父子有深厚的家学渊源。高祖父楚元王刘交，"好书，多材艺。少时尝与鲁穆生、白生、申公俱受《诗》于浮丘伯。伯者，孙卿门人也。……元王好诗，诸子皆读《诗》……元王亦次之《诗》传，号曰《元王诗》"。祖父刘辟彊，"亦好读《诗》，能属文。武帝时，以宗室子随二千石论议，冠诸宗室。清静少欲，常以书自娱，不肯仕。"父刘德，"修黄老术，有智略。少时数言事，召见甘泉宫，武帝谓之'千里驹'","常持《老子》知足之计……宽厚，好施生"。可见刘向一系，自楚元王起，即有研习经典（如《诗》）与诸子（如道家）的家学渊源。

刘向本人，博学多能。"年十二，以父德任为辇郎。既冠，以行修饬擢为谏大夫"。宣帝时，"以通达能属文辞，与王褒、张子侨等并进对，献赋颂凡数十篇"。曾颂读淮南《枕中鸿宝苑秘书》。受征习《穀梁春秋》，"讲论五经于石渠"。刘向心系朝政，多次上书言事，征引《诗》《书》及《易》，历数本朝史实及天象，并以《春秋》灾异议论时政。可见刘向熟悉"五经"，并以《春秋》见长。成帝时受诏领校中五经秘书，可谓得人。著有《疾谗》《摘要》《救危》《世颂》等文八篇，"依兴古事，悼己及同类"。又《洪范五行传论》，"集合上古以来历春秋六国至秦汉符瑞灾异之记，推迹行事，连传祸福，著其占验，比类相从，各有条目"；又"采取《诗》《书》所载贤妃贞妇，兴国显家可法则，及孽嬖乱亡者，序次为《列女传》，凡八篇，以戒天子。及采传记行事，著《新序》《说苑》凡五十篇奏之"。班固将刘向同孟子、荀子、董仲舒、司马迁、扬雄等相提并论，"皆博物洽闻，通达古今，其言有补于世"；王逸赞其"博古敏达"①：属于"通儒"。

刘歆系刘向第三子，兄弟皆以好学著称。"（刘向）长子伋，以《易》教授，官至郡守；中子赐，九卿丞，蚤卒；少子歆，最知名。"刘歆"少以通《诗》《书》、能属文召见成帝，待诏宦者署，为黄门郎。河平中，受诏与父向领校秘书，讲六艺、传记，诸子、诗赋、数术、方技，无所不究"。所谓"六艺"，即指"六经"（《易》《书》《诗》《礼》《乐》《春秋》）；所谓"传记"，指"六经"之传记，合起来就是《汉志序》所称之"经传"。除兵书以外，以上分别对应于《汉志序》所言经传、诸子等校书之分野，以及《六艺略》等《七略》之部类。《楚元王传》对刘歆的学术渊源及治学特色，言之甚明：

> 歆及向始皆治《易》。宣帝时，诏向受《穀梁春秋》，十餘年，大明习。及歆校秘书，见古文《春秋左氏传》，歆大好之。时丞相史尹咸以能治《左氏》，与歆共校经传。歆略从咸及丞相翟方进受，质问大义。初，《左氏传》多古字古言，学者传训故而已，及歆治《左氏》，引传文以解经，转相发明，由是章句义理备焉。歆亦湛靖有谋，父子俱好古，博见强志，过绝于人。歆以为左丘明好恶与圣人同，亲见夫子，而公羊、穀梁在七十子后，传闻之与亲见之，其详略不同。歆数以难向，向不能非间也，然犹自持其《穀梁》义。及歆亲近，欲建立《左氏春秋》及《毛诗》《逸礼》《古文尚书》皆列于学官。

可见刘歆治学广博，堪称"博学通人"②，较乃父不遑多让。刘歆尤其爱好古文经，欲立于学官，哀帝令其"与五经博士讲论其义"，结果作为既得利益者的今文经诸博士只关心个人的功名利禄，"或不肯置对"。刘歆很愤怒，"因移书太常博士，责让之"，批评诸博士"专己守残，党同门，

---

① ［汉］王逸《九辩章句序》，见［宋］洪兴祖《楚辞补注》卷十六，中华书局，1983年，第282页。

② 李零："平心而论，刘歆遍览中秘所藏今古文本、今古家说，是当时少见的博学通人，他对汉代学术，居功厥伟。"载氏著《兰台万卷——读〈汉书·艺文志〉》（修订本），生活·读书·新知三联书店，2013年，第6页。

妒道真"。刘歆精通五行之学,著有《三统历谱》等。成于刘歆之手的校理图书总目《七略》,被班固赞为"剖判艺文,总百家之绪",可见成帝命刘向、歆父子领校群书之得人。

二、刘向、歆父子对文献传承的贡献

刘向、歆父子领校群书,是中国学术文化史上的一大盛举,其意义,可能仅次于孔子对"六经"之整理与传授。当孔子之世,周室衰微,旧王官之学逐渐瓦解,"六经"不再为王官所独专,孔子才能以之为教材,作育人才,并且有教无类,开创私学传统,百家之学继而兴起于民间。至秦汉之世,以周天子为共主的封建制帝国,一举变为以皇帝为元首的郡县制中央集权的帝国,而迄至成帝世,与西汉一代政治体制、意识形态相适应的文献体系却没能建构起来。这正是刘向、歆父子校书的历史使命所在。

(一)校理典籍,形成传世文献的官方定本

上古之世,知识垄断于巫、史之手,文化典籍由周天子任命的官员掌握,文献传承即依赖于官守相继、师弟传授。关于王官之职掌与先秦典籍之兴起、学术之发生,章学诚在《校雠通义·原道第一》中表述得最为清楚:

> 古无文字。结绳之治,易之书契,圣人明其用曰:"百官以治,万民以察。"夫为治为察,所以宣幽隐而达形名,盖不得已而为之,其用足以若是焉斯已矣。理大物博,不可殚也,圣人为之立官分守,而文字亦从而纪焉。有官斯有法,故法具于官;有法斯有书,故官守其书;有书斯有学,故师传其学;有学斯有业,故弟子习其业。官守学业皆出于一,而天下以同文为治,故私门无著述文字。私门无著述文字,则官守之分职,即群书之部次,不复别有著录之法也。①

---

① [清]章学诚《校雠通义》卷一,叶瑛校注,中华书局,1985年,第951页。

治乱交替中的文献传承

"私门无著述文字"的状况①,到了春秋时代得以打破,因为王室衰微带来的一大后果就是王官之学开始失散,流播民间,王官对于文献传承的垄断权开始分散,向民间下沉;诸子之学应运而生,王官之学的核心文献——"六经",就成为诸子的学术渊薮。诸子百家根源于但又不拘泥于王官之学,各骋其说,以取合诸侯;儒、墨二家尤称显学。各家学说通过师弟、父子相传,学派精神或核心文献往往经过数代人之手,呈现出一种层累式增益的生成特点。这种生成特点,决定了某一学派的核心文献往往处在不断增益以及流动的过程之中——其起点当然要追溯到春秋时期;只有当社会变动的进程发生剧烈改变,某一学说及其核心文献失去了继续增益的可能性时,该学派的代表性著述才有可能最终凝固下来②。通过《汉志·诸子略》可以看到,虽然某一学术流派的文献通常以该派核心人物命名,但并不意味着该文献仅仅反映核心人物的思想;事实上,它是一个学派精神创造的集合体,而且还经过了刘向、歆父子校书群体严密的校勘与精心的取舍。

时代巨变意味着既有权威的消解,失去禁忌与封锁的知识群体必然带来思想学术的繁荣,各种新文献因此不断产生。秦始皇统一六国,使诸子学说得以继续存在与增益的惯性得以打破。始皇三十四年(前

---

① 按:罗根泽先生遍考周秦古书,参以后人议论,"知离事言理之私家著作始于战国,前此无有也"。因撰《战国前无私家著作说》一文:上篇"实证",包括"战国著录书无战国前私家著作""汉志所载战国前私家著作皆属伪托""左国公穀及他战国初年书不引战国前私家著作""春秋时所用以教学者无私家著作"等四节;下篇"原因",包括"孔子以前书在官府""战国前无产生各家学说之必要""假托古人以坚人之信"等三节。(载氏著《诸子考索》,中华书局,1958年,第13—62页。)征引繁富,立论坚确,将章学诚"私门无著述文字"之说实证化、具体化。

② 余嘉锡《古书单篇别行之例》:"古之诸子,即后世之文集……既是因事为文,则其书不作于一时,其先后亦都无次第。随时所作,即以行世。论政之文,则藏之于故府;论学之文,则为学者所传录。迨及暮年或其身后,乃聚而编次之。"(载氏著《古书通例》卷三,上海古籍出版社,1985年,第93页。)李零《从简帛古书看古书的经典化》:"除了经历史淘汰,剩下来的古书,还有我们从垃圾箱里捡回来的古书,就是我们讲的简帛古书。……比如上海博物馆收藏的战国竹简,我能分出来的种类至少有100种。当然,这100多种,全都是单篇。"(见李零《简帛古书与学术源流》[修订本],生活·读书·新知三联书店,2008年,第471页。)

213)推行的焚书政策,使六国文献与诸子学说遭受巨大劫难,大批文献被焚,或隐伏民间,不得行世。这种局面只到汉惠帝四年(前191)废除挟书之律后才得以改观。经过汉初数代的征求遗书、建策置官,存世文献才又大量集中、充盈于官府。

刘向、歆父子领校群书,对存世典籍进行了全面的校理,使先秦以来的传世文献,首次有了官方定本。这是刘向、歆父子在文献传承方面最大的学术贡献①。

刘氏父子所撰《别录》《七略》,后来亡佚,所校文献总量,只能依据班固《汉志》的记载:

> 大凡书,六略三十八种,五百九十六家,万三千二百六十九卷。(引按:班氏自注云:"入三家,五十篇,省兵十家。")(《汉书》卷三十)

由于班固《艺文志》是在《别录》《七略》基础上删省移增而成的②,所以,刘氏父子所校文献总量,当据班氏自注加以推算,实际上应该是:六略,三十八种,六百零三家,一万三千二百一十九卷。

梁代阮孝绪为"穷究流略,探尽秘奥"而撰写《七录》(参前引),撰就《古今书最》一篇,通考历代书目著录总数。由于阮孝绪能亲见《别录》与《七略》,因此,阮氏所记之数,十分可信:

> 《七略》,书三十八种,六百三家,一万三千二百一十九卷。

---

① 其意义之重大,时贤至以"文本革命"称之。详徐建委《文本革命:刘向、〈汉书·艺文志〉与早期文本研究》一书(中国社会科学出版社,2017年)。

② 按:"删"指删去各书之书录,而仅保留简略之题注;"省"指"省兵十家",即省去《兵书略》中的十家;"移"指散《辑略》之小序于各略、各类之后;"增"指"入三家,五十篇"。清代学者姚振宗俱有考证,如指出所入三家为刘向、扬雄、杜林等。参[清]姚振宗《汉书艺文志条理》,见《二十五史艺文经籍志考补萃编》卷三,清华大学出版社,2011年,第453页。

> 五百七十二家亡,三十一家存。①

阮孝绪所记,同上文所推完全吻合,足证刘向、歆父子校理图书总数确为六百零三家("家"即今日之"种"),一万三千二百一十九卷。这大致就是西汉一代文献之总量(可能有所遗漏,但"一万三千"应该是可靠的基数)。

刘向、歆父子领校群书而撰成定本,其学术意义是非凡的。通过向、歆父子的不懈努力,使汉帝国拥有的文化典籍得到全面而专业的校勘、整理,结束了部分文献单篇流传的散乱状态,使战乱、秦火等不良因素造成的文献损失,得以最大限度地降低。

刘向、歆父子所校群书,完全保存至今者只是少数(约六分之一)②,而且由于书籍载体、形制的变化,无法仅从内容上推断向、歆父子所做出的全部学术努力。根据《汉志序》"每一书已,向辄条其篇目,撮其指意,录而奏之"之记述,可知向、歆父子为校竟之书所撰写的书录,蕴含了可资取材的丰富信息。由于《别录》《七略》均佚,而《汉志》又删掉了书录,所以只能从存世不多的零篇中窥其一斑。兹以刘向所撰《孙卿新书书录》为例③,试加发明。该篇书录共包括以下几个部分:

1. 书名及篇目部分。《书录》首题"孙卿新书三十二篇",次列其篇目如次:劝学篇第一、修身篇第二、不苟篇第三、荣辱篇第四、非相篇第五、非十二子篇第六、仲尼篇第七、成相篇第八、儒效篇第九、王制篇第

---

① [南朝梁]阮孝绪《古今书最》,载[唐]释道宣《广弘明集》卷三,《四部丛刊》影明汪道昆刻本。

② 李零《从简帛古书看古书的经典化》:"汉代的时候,我们能知道的古书,大部分都著录在《汉书·艺文志》当中。《汉书·艺文志》里有多少书,大家要有一个概念。这个数字是,它大约有600多种,13000多卷。这个统计,只是大概。刘歆是一个数字(603种,13217卷),班固又是一个数字(677种,12994卷)。……实际上,古人没有留下这么多书,现在留下来的书,先秦两汉,连东汉都加上,也不过115种,只有原来的1/6还不到。"载氏著《简帛古书与学术源流》(修订本),第470—471页。

③ 该篇《书录》载于王先谦《荀子集解》书末。见《增补荀子集解》,[战国]荀子撰,[清]王先谦集解,[日]久保爱增补、猪饲彦博补遗,台北,兰台书局,1983年。

第二章　刘向、歆父子与文献传承

十、富国篇第十一、王霸篇第十二、君道篇第十三、臣道篇第十四、致仕篇第十五、议兵篇第十六、强国篇第十七、天论篇第十八、正论篇第十九、乐论篇第二十、解蔽篇第二十一、正名篇第二十二、礼论篇第二十三、宥坐篇第二十四、子道篇第二十五、性恶篇第二十六、法行篇第二十七、哀公篇第二十八、大略篇第二十九、尧问篇第三十、君子篇第三十一、赋篇第三十二。

2. 校雠及整理部分。《书录》以校书习语"护左都水使者光禄大夫臣向言"领起，文曰："所校雠中孙卿书凡三百二十二篇，以相校，除复重二百九十篇，定著三十二篇，皆以定，杀青简，书可缮写。"

3. 撰者事行及思想部分。"孙卿，赵人，名况。方齐宣王、威王之时，聚天下贤士于稷下，尊宠之。若邹衍、田骈、淳于髡之属甚众，号曰列大夫，皆世所称，咸作书刺世。是时，孙卿有秀才，年五十，始来游学。诸子之事，皆以为非先王之法也。孙卿善为《诗》《礼》《易》《春秋》。至齐襄王时，孙卿最为老师。齐尚修列大夫之缺，而孙卿三为祭酒焉。齐人或谗孙卿，乃适楚。楚相春申君以为兰陵令。人或谓春申君曰：'汤以七十里，文王以百里。孙卿，贤者也，今与之百里地，楚其危乎！'春申君谢之，孙卿去之赵。后客或谓春申君曰：'伊尹去夏入殷，殷王而夏亡；管仲去鲁入齐，鲁弱而齐强。故贤者所在，君尊国安。今孙卿，天下贤人，所去之国，其不安乎！'春申君使人聘孙卿。孙卿遗春申君书，刺楚国，因为歌赋，以遗春申君。春申君恨，复固谢孙卿，孙卿乃行，复为兰陵令。春申君死而孙卿废，因家兰陵。李斯尝为弟子，已而相秦；及韩非号韩子，又浮丘伯，皆受业，为名儒。孙卿之应聘于诸侯，见秦昭王。昭王方喜战伐，而孙卿以三王之法说之，及秦相应侯，皆不能用也。至赵，与孙膑议兵赵孝成王前。孙膑为变诈之兵，孙卿以王兵难之，不能对也。卒不能用。孙卿道守礼义，行应绳墨，安贫贱。孟子者，亦大儒，以人之性善。孙卿后孟子百馀年，以为人性恶，故作《性恶》一篇，以非孟子。苏秦、张仪以邪道说诸侯，以大贵显，孙卿退而笑之曰：'夫不以其道进者，必不以其道亡。'至汉兴，江都相董仲舒亦大儒，作书美孙卿。孙卿卒不用于世，老于兰陵。疾浊世之政，亡国乱君相属，不遂大道而营乎巫祝，信机祥，鄙儒小拘如庄周等，又滑稽乱俗。于是推儒、墨、道德之行事兴坏，序列著数万言而卒，葬兰陵。而赵亦有公孙龙为'坚白''异同'之辨、处子之言；魏有李悝，尽地力之教；楚有尸子、长卢子、芉子，皆著书。然非先王之法也，皆不循孔氏之术，惟孟轲、孙卿为能尊仲尼。兰陵多善为学，盖以孙卿也。长老至今称之曰'兰陵人喜字为卿'，盖以法孙卿也。孟子、孙卿、董先生皆小五伯，以为仲尼之门，五尺童子皆羞称五伯。如人君能用孙卿，庶几于王。然世终莫能用，而六国之君残灭，秦国大乱，卒以亡。"

4. 思想及学术评价部分。"观孙卿之书，其陈王道甚易行，疾世莫能用。其言悽怆，甚可痛也！呜呼！使斯人卒终于闾巷，而功业不得见于世。哀哉！可为赍涕。其书比于记传，可以为法。谨第录。臣向昧死上言。"末句云："护左都水使者光禄大夫臣向言所校雠中《孙卿》书录。"

按：以上四个方面，除末句外①，构成了一个整体，其实就是《荀子》一书的书录，即本书目录。"目"指本书篇目。书名之下篇次部分，为本书各篇排定了序次，一方面使本书的内容得以确定，另一方面也使本书的内部架构得以确定，具有防止散佚的学术功用，十分便于按目索骥或按目复原。"录"指本书叙录，包括上揭第 2、3、4 三个部分。第 2 部分（校雠及整理），旨在向成帝报告如何校理图书、写成定本。可以看到，刘氏父子所用的材料主要为"中《孙卿书》凡三百二十二篇"。所谓"中"，即指内廷（皇宫）藏书。从体量上看，"三百二十二篇"显然是一个较为丰富的典藏，但其中大部分是重复的篇章；经过校勘、"除复重"，定著下来三十二篇，大致是原有材料的十分之一。新校而成的《孙卿新书》，不再是单篇或某几篇流传的荀子著作篇章的组合，而是一部完整体现荀子思想与著述面貌的独立的书籍，作为定本纳入国家藏书之中。当然，刘氏父子所用以校雠的材料，并不仅限于内廷藏书。《晏子书录》首云："所校中书《晏子》十一篇，臣向谨与长社尉臣参校雠，太史书五篇、臣向书一篇、臣参书十三篇，凡中外书三十篇，为八百三十八章。除复重二十二篇六

---

① 笔者在这里要指出的是，"护左都水使者……书录"一句，系提示性话语，应当是写在最后一根简上，其作用是方便寻检，因此不是书录的组成部分。

百三十八章,定著八篇二百一十五章。外书无有三十六章,中书无有七十一章,中外皆有以相定。中书以'夭'为'芳','又'为'备','先'为'牛','章'为'长',如此类者多,谨颇略榆,皆已定,以杀青书,可缮写。"①从中可以看出,刘向、歆父子广泛搜罗校勘资料,不仅有内廷(宫内。"中书")所藏,还有外廷(官府。"太史书")所藏,以及私人所藏("臣向书""臣参书")。这篇书录还留下了校勘异文的实录。第3部分(撰者事行及思想),详述荀子时代背景及履历大要,目的即在于"论世知人",以便更好地理解荀子的思想。第4部分(思想及学术评价),刘向立场有二:儒家立场及皇室立场。前一立场,使刘向对荀子抱有深切的同情,因为荀子所陈为"王道",是儒家倡导的核心价值之一。后一立场,使刘向对荀子思想的现实价值做了积极的肯定:"其书比于记传,可以为法。"所谓"记传",是对"六经"的解说与发挥。刘向曾任宗正,自觉有引导刘氏皇帝区别对待文化遗产的任务。

经刘向、歆父子领校群书,汉代国家藏书面貌因此焕然一新;有了官方定本,不仅可供当时取资,也使后世讨论学术源流时,有了可以追溯的传本。

(二) 独尊儒术,构建帝国需要的文献体系

汉朝是在秦代的废墟上立国的,经过战火的摧残,汉初民生凋敝,国家疲弱,急需休养生息。开国以来,汉廷崇尚黄老之学,强调无为而治,目的是与民休息,发展生产力。经过数代经营,至武帝时国库充盈,开启了有所作为的时代。在军事上取得对匈奴作战的优势,在思想文化上则"罢黜百家,表章六经",独"推明孔氏"②,儒家学说开始成为帝国的主流意识形态。但是,与之相适应的文献体系却没有及时建立起来。武帝虽

---

① [清]姚振宗辑录,邓骏捷校补《七略别录佚文》,澳门大学,2007年,第34—35页。
② 董仲舒答武帝对策云:"臣愚以为诸不在六艺之科孔子之术者,皆绝其道,勿使并进。邪辟之说灭息,然后统纪可一而法度可明,民知所从矣。""及仲舒对册,推明孔氏,抑黜百家。"([汉]班固《汉书》卷五十六,中华书局,1962年,第2523、2525页。)又《汉书·武帝纪》赞曰:"孝武初立,卓然罢黜百家,表章六经。"(《汉书》卷六,第212页。)

然"建藏书之策,置写书之官",命军政杨仆校理兵书,但范围有限,并没有对帝国藏书进行大规模的校勘与整理。直到刘向、歆父子领校群书,勒成定本,并撰成《别录》《七略》,同帝国体制、统治思想相适应的文献体系,才得以建成。

刘向、歆父子构建的文献体系,不仅体现在"六百三家,一万三千二百一十九卷"的图书定本,更体现在"六略、三十八种"的文献分类体系上(《别录》《七略》均同)。根据《汉志》,刘氏父子建立的文献体系如次:

表2-1 《别录》《七略》《汉志》分类表

略	种(类)	《汉志》著录
六艺略	易、书、诗、礼、乐、春秋、论语、孝经、小学	一百三家,三千一百二十三篇。(入三家,一百五十九篇;出重十一篇。)
诸子略	儒家、道家、阴阳家、法家、名家、墨家、纵横家、杂家、农家、小说家	百八十九家,四千三百二十四篇。(出《蹴鞠》一家,二十五篇。)
诗赋略	屈原赋之属、陆贾赋之属、孙卿赋之属、杂赋、歌诗	百六家,千三百一十八篇。(入扬雄八篇。)
兵书略	兵权谋、兵形势、兵阴阳、兵技巧	五十三家,七百九十篇,图四十三卷。(省十家二百七十一篇重,入《蹴鞠》一家二十五篇,出《司马法》百五十五篇入礼也。)
数术略	天文、历谱、五行、蓍龟、杂占、形法	百九十家,二千五百二十八卷
方技略	医经、经方、房中、神仙	三十六家,八百六十八卷

《汉志序》云:"至成帝时,以书颇散亡,使谒者陈农求遗书于天下,诏光禄大夫刘向校经传、诸子、诗赋,步兵校尉任宏校兵书,太史令尹咸校数术,侍医李柱国校方技。"(见前揭。)刘向、歆父子将帝国图书分为六类,同当时校书之分职是密切相关的,除"经传"改为"六艺"外,其他分校之职掌同诸略之畛域均具有一一对应的关系。改"经传"为"六艺",是考虑到孔子对"六经"进行了创造性的转换,由王官职掌之经典而转用于私家之教育,同传统六艺(礼、乐、射、御、书、数)在作为教学内容这一点具

有共通性①;"经传"也不能涵盖小学类典籍。

此外,决定当时六分典籍还有以下两个因素:其一,学术有不同。"《六艺略》的主要部份是王官之学。《诸子略》所收为个人以及他那个学派著的书,是私门之学。诗赋、兵书、数术、方技则因各有专门,必加分列。"②其二,篇卷有多寡。"群经、诸子,性质不同,当然应当分开,至于后世史书出于《春秋》,诗赋出于三百篇,然而《七略》却将史书附在《春秋》之后,而诗赋却自成一略。源流虽同而处理各异的原因就在于篇卷多寡不同。"③

《汉志》六略,并非是在同一个平面上展开的,六略之间,颇有分别。李零指出:

> "文学"与"方术"是一对概念,如秦始皇手下的"士"是分为"文学士"与"方术士"。刘歆把古书分为六类:六艺、诸子、诗赋、兵书、数术、方技。前三种是"文学"(相当人文学术),后三种是"方术"(相当技术),合起来就是后世所谓的"学术"。④

这种观点,新人耳目,有助于深化对六略之间性质异同的认识。实际上,《汉志》六略,有其不同之层级:

1. 《六艺略》中的易、书、诗、礼、乐、春秋六类,是旧王官之学的核心典籍,也是诸子共同的学术渊薮。基于"五经"作为经典的性质,并经过刘向、歆父子的学术努力,"五经"在新王官之学(郡县制中央集权国家的官学体系)中仍然处于经典的地位,属于核心典籍。《六艺略》中的论语、孝经、小学三类,其时并非经典,分别处在传记、通经之具的层面上,同"五经"显然有别。

2. 诸子之学兴起于先秦,是各个学派思想主张的充分表达,成就了

---

① 说详张宗友《〈六艺略〉命名探微》,《聊城大学学报》,2008 年第 5 期,第 52—54 页。
② 程千帆、徐有富《校雠广义·目录编》,齐鲁书社,1998 年,第 110 页。
③ 程千帆、徐有富《校雠广义·目录编》,第 110 页。
④ 李零《兰台万卷——读〈汉书·艺文志〉》(修订本),第 9 页。

先秦思想史上百家争鸣的黄金时代。在性质上，诸子之学是"六经"的"支与流裔"，因此，此类典籍不能同经典相提并论，在学术地位上要次一等级。钱穆指出，诸子之学属于"百家言"，与"王官学"有今古之别，性质不同①。但是，刘向、歆父子将儒家列在诸子之首，更将《论语》《孝经》置于《六艺略》内，则是深受汉武帝时"罢黜百家，表章六经""推明孔氏"的影响，是帝国主流意识形态的选择在文献典籍上的投射。通过文献秩序的布局，刘氏父子又强化了儒术独尊的思想格局，体现其儒家本位的学术立场。

3.《诗赋略》相当于后世的集部，著录的是文学作品，表达作者的个体情感。从这一角度来说，《诗赋略》虽排在《诸子略》之后，但其性质却有相通之处。

4.《兵书略》《数术略》《方技略》，学有专门，业有专攻，偏重技术（确如李零所言），同经典性质不同，但可以看成是诸子之一端（墨子、公孙班之攻防，即重技术）。

综上所述，知刘向、歆父子建构起来的文献体系，其内部实有不同的层级，而其整体架构，可以概括为以经籍为本源、以诸子为流裔的"经子之学"；儒术独尊的思想观念贯穿其中，使《六艺略》《诸子略》的内部，也各有其侧重。总之，刘向、歆父子建构起来的文献体系，不仅基于当时校勘、整理图书之实际，对存世典籍的学术面貌进行书写，是记录之学；而且基于儒术独尊的政治立场，折射出帝国主流意识形态的抉择，是经子之学。

（三）考辨源流，成就学术书写的目录典范

目录学是一门古老而日新的学问，其远源可以上推至《诗》《书》之

---

① 钱穆云："诸子百家既盛，乃始有博士官之创建。博士官与史官分立，即古者'王官学'与后世'百家言'对峙一象征也。《汉书·艺文志》以《六艺》与诸子分类，《六艺》即古学，其先掌于史官，诸子则今学，所谓'家人言'是也。"见钱穆《两汉博士家法考》，载氏著《两汉经学今古文平议》，第187页。

序。《隋志·簿录类序》:"古者史官既司典籍,盖有目录,以为纲纪。"①余嘉锡指出:"目录之学,由来尚矣!《诗》《书》之序,即其萌芽。"②至于目录学作为独立学问的源起及其宗旨,章学诚所论最切:

> 校雠之义,盖自刘向父子,部次条别,将以辨章学术,考镜源流;非深明于道术精微、群言得失之故者,不足与此。后世部次甲乙,纪录经史者,代有其人;而求能推阐大义,条别学术异同,使人由委溯源,以想见于坟籍之初者,千百之中,不十一焉。③

章氏所谓"校雠",实涵包"目录"在内,因此上文讨论的其实是目录学的源流与宗旨。章氏认为,刘向、歆父子通过"部次条别",能够"辨章学术,考镜源流",可见深明于"道术精微、群言得失之故"。所谓"部次",即"部次甲乙",指分别部居,编次群籍;所谓"条别",即"条别学术异同",指"每一书已,向辄条其篇目,撮其指意,录而奏之"(见前揭《汉志序》),"刘向校书,辄为一录,论其指归,辨其讹谬,随竟奏上,皆载在本书。时又别集众录,谓之《别录》"(见前揭《七录序》),即撰成书录,汇成书目。章氏用简括之笔墨,概括出了刘向、歆父子领校群书、分别部居撰写书录、汇成书目的开创性贡献。目录学即奠基于刘向、歆父子,而"辨章学术,考镜源流",对学术史进行建构与书写,也成为目录学这门学问的宗旨之所在。

那么,刘向、歆父子,是如何奠定目录学对学术史进行建构与书写("辨章学术,考镜源流")的学术传统的?我们认为,刘氏父子在学术史建构与书写方面的贡献,有以下几个方面。

1. 通过著录,揭示图书信息。

所谓"著录",是指将具体图书按一定的方式登入书目。每一种书,

---

① [唐]魏徵等《隋书》卷三十三,中华书局,1973年,第992页。
② 余嘉锡《目录学发微》卷一,巴蜀书社,1991年,第1页。
③ [清]章学诚《校雠通义》卷一,第945页。

都是一条记录,这些记录正是构成书目的基本单元。作为群书目录(即书目),《别录》《七略》显然也是由不同的登载记录构成的;其著录总数,应该就是前揭之六百零三家(种)。

由于《别录》《七略》已经亡佚,这两种书目如何对经过校理而写定之书进行著录,还缺少直接证据。《汉书·艺文志》以《七略》为基础而编成,在著录上有一定的相关性。但是,班固将《七略》之文删减幅度较大(由七卷而压缩至一卷),除本书叙录(解题)基本删除之外,著录方式上大约也经过了合并与省略。无论如何,书名一定是各条著录的核心内容,因为没有书名,便不成其为书目。试看以下诸例(为讨论方便,加上序次):

(1)《古五子》十八篇。自甲子至壬子,说《易》阴阳。
(2)《淮南道训》二篇。淮南王安聘明《易》者九人,号九师(法)〔说〕。
(3)《古杂》八十篇,《杂灾异》三十五篇,《神输》五篇,《图》一。
(4)《孟氏京房》十一篇,《灾异孟氏京房》六十六篇,《五鹿充宗略说》三篇,《京氏段嘉》十二篇。①

以上系《六艺略·易类》之四条记载。李零将其归为一组,题"易说四种",应是出于性质相近之考虑。李氏指出:

《古杂》《杂灾异》《神输》是合三种为一书:《古杂》可能是古文本或古文杂说,《杂灾异》可能是灾异家的杂说,《神输》五篇下有"图一",小序不统计,大序也不统计。我们要注意,这可能是最早的易图。

《孟氏京房》(孟喜、京房)、《灾异孟氏京房》(孟喜、京房)、《五鹿充宗略说》(五鹿充宗)、《京氏段嘉》(京房、段嘉),是合四种为一书。这是传孟氏易和梁丘易的易说。孟氏易的传授是:孟氏—京房—段

---

① [汉]班固《汉书》卷三十,第1703页。

第二章　刘向、歆父子与文献传承

嘉。梁丘易的传授是：梁丘易—五鹿充宗。这是今文说。①

按：以上所引各条，都具备书名与篇卷两项要素。第(1)(2)两条，因为各自涉及一种著作，所以没有疑义。第(3)(4)两组，分别涉及三种、四种著作，而班固分别将其合并，只作一条记录。李零先生据此认为，班固分别"合三种为一书""合四种为一书"。这种观点，或许不尽准确。从篇数上看，第(3)组合起来有一百二十篇（另有图一卷），第(4)组合起来有九十二篇，实不宜作为"一书"来看待。度以上涉及之著作，在《七略》中仍各为一条著录（《别录》中亦然），并且各有解题。《神输》一种，有注云：

师古曰："刘向《别录》云：'神输者，王道失则灾害生，得则四海输之祥瑞。'"（《汉书》卷三十）

所引刘向《别录》云云，正是《神输》之书录文字。那么，《神输》在《别录》《七略》中必然作为独立著录而存在，势不能在《六艺略》内同其他各书"合为一书"。

上引各条，使《别录》《七略》最核心的两个著录要素得以呈现，即：(甲)书名，(乙)篇卷。篇卷揭示图书之容量，也是书目的基本要素之一。由于刘向、歆父子《别录》《七略》是以校理、写定之图书为基础的，各书篇目在书录里即有记录，因此，在书目里著录各书篇卷之数，即为应有之义。至于是否别有作者等项，因《汉志》所记过于简略，还无法推知（有些书名即用学派代表人物命名，如《庄子》等）。

总之，《别录》《七略》的著录，较《汉志》为丰（至少有书名、篇卷等核心要素），通过序次，使校定之书最关键的学术信息得以揭示，成为后世书目编纂的定则。

---

① 李零《兰台万卷——读〈汉书·艺文志〉》（修订本），第17页。

2. 通过分类，分别、部次群籍。

分类是"辨章学术，考镜源流"的重要途径。刘向、歆父子建构了一个严密的分类体系：一级部类称"略"，凡六；二级类目称"种"，凡三十八（详见前表）。这是中国目录学史上有名的"六分法"。分类体系的建构，建立在对当时以全部校定之书为载体的思想及学术面貌的总体把握的基础之上，无疑需要博通的学术眼光。借助这一体系，当时任何一部著述，都能被纳入具体的部类之下。

刘向、歆父子建构的图书分类体系，具有典范意义，对后世影响很大。东汉、三国时代的图书分类，沿用的就是刘氏父子的分类体系。阮孝绪《七录序》云："(刘)歆遂总括群篇，奏其《七略》。及后汉兰台，犹为书部。又于东观及仁寿阁，撰集新记。校书郎班固、傅毅，并典秘籍。固乃因《七略》之辞，为《汉书·艺文志》。其后有著述者，袁山松亦录在其书。魏晋之世，文籍逾广，皆藏在秘书、中、外三阁。魏秘书郎郑默，删定旧文，时之论者，谓为朱紫有别。晋领秘书监荀勖，因魏《中经》，更著《新簿》。虽分为十有馀卷，而总以四部别之。"①东汉时班固等校书兰台、东观、仁寿阁，撰集新记、编写《汉书·艺文志》；三国魏郑默撰《魏中经簿》，以及西晋袁山松编写《后汉书·艺文志》，采用的仍然是刘氏父子的分类体系。这种局面直到晋秘书监荀勖撰写《晋中经簿》时，才有所改变。

3. 通过解题，发明图书旨趣。

解题，又称提要，是书目中对某种图书的作者事行、著述内容、学术价值等进行阐发的说明性文字。具有解题（提要）的书目，被称解题（提要）目录。由于中国学术特别讲求源流（实质上是对学术史进行建构与书写），因此，能够具有解题的目录，一向受到高度关注。古代学术史上的解题目录，著名的有《崇文总目》、晁公武《郡斋读书志》、陈振孙《直斋书录解题》、马端临《文献通考·经籍考》、朱彝尊《经义考》、纪昀等《四库

---

① ［南朝梁］阮孝绪《七录序》，载［唐］释道宣《广弘明集》卷三，《四部丛刊》影明汪道昆刻本。

全书总目》等。而最早的解题目录,即是刘向、歆父子编撰的《别录》与《七略》。刘氏父子是解题目录的开创者。

刘向、歆父子用作解题的文献材料,其实就是书录(本书目录),系据上呈给皇帝的奏文改换形式、转写而成。如前文所录之《孙卿新书书录》,就是《别录》中《孙卿新书》的解题来源。按照当代对解题类型的划分①,《别录》中解题,属于"叙录体"或"综录体"。如前揭《荀卿新书书录》所示,《别录》解题包括四个部分:(甲)书名及篇目,(乙)校雠及整理,(丙)撰者事行及思想,(丁)思想及学术评价。以上四个部分,实以著述校理为基础(包括传本比较、篇章厘定与文字校勘),以撰者与著述为本体,客观介绍与主观评价相结合,涵括了后世治书之学与学术平议的各个层面,内容极为丰硕。事实上,刘氏父子开创的叙录体(综录体),可以说是书目解题的"母体",后世产生的其他几种体例,如传录体、辑录体等,均源出于叙录体,是叙录体在不同时代的变体。就解题之完备性而言,后世罕有其匹。

刘氏父子撰写解题,虽有其儒家、皇室之立场,但在学术上具有较强的客观性。后世采用叙录体(综录体)的书目中,《四库全书总目》集古典目录之大成,被公认为是读书治学的门径之作。但是,同四库馆对存世典籍进行甄别处理的政治举措相呼应,馆臣撰写提要时亦"等差有辨,旌

---

① 按:王重民先生最早对解题类型进行划分:"我为称名的方便,拟把从刘向叙录直到《四库全书总目》的提要都称为叙录体的提要,把用传记方式的都称为传录体的提要。看来,这一时期最发达的是传录的提要。另外,还有辑录体的提要,就是不由自己编写,而去钞辑序跋、史传、笔记和有关的目录数据以起提要的作用。这一方法是在这一时期内由僧祐开其端,而由马端临的《文献通考·经籍考》、朱彝尊《经义考》得到进一步发挥,和叙录体、传录体并称,我拟称之为辑录体。"(载氏著《中国目录学史论丛》,中华书局,1984年,第80页。)程千帆、徐有富先生则分为两类:"从刘向以来就使用的叙录(提要),经过发展,大体可以分为两种类型,即镕铸材料,独立成文的综述之体,与编次材料,述而不作的辑录之体。"(见程千帆、徐有富《校雠广义·目录编》,第32—33页。)

别兼施"①,提要之容量与水平其实不能一概而论。《四库全书总目》内分著录书与存目书两大部分:著录书被写入《四库全书》,分陈七阁,成为国家文治之盛的表征;存目书因"未越群流",被认为价值较低,仅存其目。试一读两类书之提要,即知二者在提要文字上有详略之别,在学术立场上则对存目书颇多批评,可见馆臣之书写态度显然与政治趋向之联系极为紧密。比较而言,《别录》解题虽不乏价值判断,在学术上有其儒家、皇室之立场,但总体上看,持论较为客观,视野更为宏通。造成这一区别的最重要的原因是,《总目》之纂修直接操控于清高宗弘历之手,馆臣之态度、文字一以弘历之政治取向、好恶为准的(详参本书第七章第三节关于弘历禁毁策略的讨论);刘氏父子学为通儒,又系皇室宗亲(刘向曾任宗正),学高位尊,足以领袖群伦,因此在撰写解题时没有羁绊与顾忌,可以畅论学术,葆持学者之本色。

总之,就体例之开创性、内容之完备性与学术之客观性而言,向、歆父子之解题堪称典范之作,其体制与质量均无与伦比。

4. 通过小序,书写部类源流。

小序,是书目中部类之后叙述学术源流的文字。如果说,解题针对的对象是某种具体的著述,那么,小序针对的则是某一部类的全部著述。从功用上看,小序就是某一文献部类的简明学术史。

由于小序直接叙述学术源流,体现了目录学家关于某一部类的学术认知,因此,小序被看作衡量书目质量高下的重要参考。余嘉锡先生甚至将小序与解题的重要性相提并论,以二者之有无为准,将目录分成三

---

① 《四库全书目总目·凡例》有云:"前代藏书,率无简择,萧兰并撷,珉玉杂陈,殊未协别裁之义。今诏求古籍,特创新规,一一辨厥妍媸,严为去取。其上者悉登编录,罔致遗珠;其次者亦长短兼胪,见瑕瑜之不掩。其有言非立训、义或违经,则附载其名,兼匡厥缪。至于寻常著述,未越群流,虽訾誉之咸无,究流传之已久,准诸家著录之例,亦并存其目,以备考核。等差有辨,旌别兼施,自有典籍以来,无如斯之博且精矣。"[清]永瑢、纪昀等《钦定四库全书总目》卷首三,武英殿刻本,《景印文渊阁四库全书》第1册,台湾商务印书馆,1986年,第34页。

类①，足见卓识。

小序有一级类序、二级类序等之区分。《别录》《七略》的一级类序，就是略序，凡六篇；二级类序，是各略之下子类之序，凡三十三篇（《诗赋略》下五个子类，《汉志·艺文志》内未载类序）。试观《诸子略序》：

> 诸子十家，其可观者九家而已。皆起于王道既微，诸侯力政，时君世主，好恶殊方，是以九家之术蜂出并作，各引一端，崇其所善，以此驰说，取合诸侯。其言虽殊，辟犹水火，相灭亦相生也。仁之与义，敬之与和，相反而皆相成也。《易》曰："天下同归而殊途，一致而百虑。"今异家者各推所长，穷知究虑，以明其指，虽有蔽短，合其要归，亦六经之支与流裔。使其人遭明王圣主，得其所折中，皆股肱之材已。仲尼有言："礼失而求诸野。"方今去圣久远，道术缺废，无所更索，彼九家者，不犹愈于野乎？若能修六艺之术，而观此九家之言，舍短取长，则可以通万方之略矣。（《汉书》卷三十）

这篇小序，将诸子学说的兴起背景、学术渊源、当代价值等，叙述得极为简要，略等于一篇简明的先秦诸子学史。试取《隋志》《四库全书总目》之子部序对读，不难看出三者在书写子学源流上的先后承接关系。刘氏父子在目录学上的开创性贡献，为后世实现目录类文献的有序传承奠定了坚实的基础。

综上所论，刘向、歆父子以宗亲、官员、通儒的身份，受命领校图书，对先秦以来的文献首次进行全面的校理，形成传世文献的官方定本，构建了儒术独尊语境下的符合大一统帝国统治需要的文献体系。刘氏父子在目录学上贡献颇著：通过著录，揭示图书信息；通过分类、分别、部次群籍；通过解题，发明图书旨趣；通过小序，书写部类源流。通过上述努

---

① 余嘉锡云："目录之书有三类：一曰部类之后有小序，书名之下有解题者；二曰有小序而无解题者；三曰小序解题并无，只著书名者。"（《目录学发微》卷一，第2页。）

力,向、歆父子开创了建构与书写学术史的目录学传统,《别录》《七略》因此成为目录学的奠基之作、典范之作。向、歆父子以其对国家藏书之整理与传承、对学术源流的建构与书写,在古代文献之传承方面居功至伟。向、歆父子之校书及其成就生动地说明,帝王之意志与支持、杰出学者之组织与努力,是古代文献得以大规模整理、恢复与传承的两大关键性因素。

第三章
中古时期目录类典籍的体制与传承

中国古籍浩如烟海,但在漫长的岁月里,经过天灾,更主要是人祸的劫难,能够保留下来的只是其中很少的一部分。汉代刘向、歆父子校理国家藏书,校定之本有六百零三种,保存至今者大约仅是其中的六分之一。那么,这些典籍,是怎样逐渐亡佚的?亡佚之后,是不是从此消逝于天壤之间,无迹可求?能否凭借文献遗存,尽可能恢复其原貌,进而发明其应有的学术价值?

基于以上问题,我们选取中古时期(本书专指魏晋南北朝时期)的目录类典籍作为考察对象,加以探讨。选取中古时期的目录类典籍进行考察,是基于以下认识:

首先,目录类典籍是一类特殊的古代文献,具有学术史、思想史等多重意义。这类典籍的"特殊",表现在两个层面:其一,内容之特殊。目录类典籍以著录图书为职志,因此,群书目录(即书目)能够反映特定时期、地域内文化典籍的基本面貌(如数量、种类等),成为探讨特定范围内学术与思想的重要凭借。同时,目录学具有学术史的性质,目录学家编目、分类、解题之实践,也正是学术史、思想史所要考察与分析的对象。其二,形式之特殊。目录具有特殊的著述形式(属于史书体裁与类别之一),以书名为著录核心,而附之以篇卷、存佚、真伪等项目,提供了丰富的文献信息;不少书目还具有总序、小序乃至解题等要素,以"辨章学术,考镜源流"为职志,富于学术史、思想史意义。

其次,中古时期是中国目录学发展的重要历史时期。中古时期上承秦汉，下开隋唐，处在两个大一统时代之间，时间上长达三百六十多年。就文献传承而言，中古时期是中国历史上典型的分裂时代，政权更迭频繁，南北对峙严重，战争带来的文献劫难尤为深重，堪称典型的"乱世"。尽管如此，由刘向、歆父子开创的目录学传统并未断绝，出现了一批优秀的书目；刘氏父子建立的六分载籍的分类法，一举变为四分法，成为后世文献分类的主流，在学术史、思想史上具有重要的历史意义与研究价值，在世界范围内都有其影响①。

再次，中古时期目录类典籍，绝大部分都已亡佚，具有深入探析、抉发的必要。如何探讨此期书目的亡佚历程，并且试图恢复、构拟其面貌，发明其具有的学术意义，是中古学术研究最重要的课题之一；该课题之展开，既是目录学研究的应有之义，也是古典文献当代传承的必由之路。例如，《晋中经簿》（荀勖撰）、《七志》（王俭撰）、《七录》（阮孝绪撰），是此期最具代表性的三部书目，但是，关于这三部书目，仍有一些关键问题（如小序之有无、解题之有无等），由于缺乏明确的资料，学界迄今未能明辨，形成共识。那么，根据既有材料，通过科学的拟测与建构，使已经亡佚的文献得以重新"发现"，也是古典文献进行现代传承与转换、深化当前中古学术研究的一个重要层面。

综上，研究中古时期目录类典籍的基本面貌，是考察中古时期学术分类、思想流变的基础，同时具有考察此期文献传承演进路径的样本意义。

一、中古时期目录类典籍丛考

中古时期，有多少种书目？这个问题，是展开本章讨论的基础性问题。阮孝绪在其《七录·记传录·簿录部》中著录三十六种书目，但《七录》已佚，难得其详。《隋志·史部·簿录篇》著录三十种书目，属于中古

---

① 钱存训指出，中国经史子集的四分法影响了弗朗西斯·培根（Francis Bacon, 1561—1626）的历史、诗歌、哲学的三分法，而三分法正是今天西方图书分类的基础。Tsuen-Hsuin Tsien. "The Legacy of Early Chinese Records", In *Collected Writings on Chinese Culture*, Hongkong: Chinese University Press, 2011, p.5.

时期书目的仅有二十多种。虽然《隋志》是一部以藏书目录为主体的知见书目,但簿录篇所载,颇有遗漏,显然并非中古时期书目的全部。对中古时期书目总数的问题,学界虽然有所涉及,但是并没有进行专门探讨,因此至今也没有可靠的结论。为使论题的开展具有坚实的史料根基,本节即对此期书目的数量、类别等进行考察。据以考察的文献,有以下几类:

(甲)中古时期著述。如阮孝绪《七录序录》(包括《古今书最》《七录目录》等)、《三国志》裴松之注、《世说新语》刘孝标注等。

(乙)中古各朝正史。如《三国志》《晋书》《宋书》《南齐书》《梁书》《陈书》《魏书》《北齐书》《周书》《南史》《北史》等(本书均使用中华书局点校本或其修订本)。

(丙)历代史志。相关者主要有《隋志》《旧唐书·经籍志》(以下简称《旧唐志》)、《新唐书·艺文志》(以下简称《新唐志》。同前者合称《两唐志》)、《宋史·艺文志》(以下简称《宋志》)等。

(丁)历代补史经籍志、艺文志。主要有:《三国艺文志》(姚振宗撰)、《补三国艺文志》(侯康撰)、《侯康补三国艺文志补》(陶宪曾撰)、《补晋书艺文志》(丁国钧撰)、《补晋书艺文志》(文廷式撰)、《补晋书艺文志》(秦荣光撰)、《补晋书艺文志》(黄逢元撰)、《补晋书经籍志》(吴士鉴撰)、《补宋书艺文志》(王仁俊撰)、《补宋书艺文志》(聂崇岐撰)、《补南齐书经籍志》(高桂华、陈鸿儒、阎枕泉撰)、《补南齐书艺文志》(陈述撰)、《补梁书艺文志》(王仁俊撰)、《补陈书艺文志》(徐仁甫撰)、《补魏书艺文志》(李正奋撰)、《补北齐书艺文志》(徐仁甫撰)、《补周书艺文志》(徐仁甫撰)、《补南北史艺文志》(徐崇撰)、《隋书经籍志补》(张鹏一撰)、《隋书经籍志校补》(汪之昌撰)、《隋代艺文志辑证》(李正奋撰)、《隋代艺文志》(李正奋撰)、《隋书经籍志考证》(章宗源撰)、《隋书经籍志考证》(姚振宗撰)等①。

---

① 按:以上各书,均收入王承略、刘心明主编之《二十五史艺文经籍志考补萃编》,分别载于第九卷至第十六卷(清华大学出版社,2012—2014年。其中第九卷至第十二卷、第十四卷,出版于2012年;第十三卷,2013年;第十五卷、第十六卷,2014年)。

根据上述文献,可得中古时期普通目录三十馀种。以下略加考录(常见者略,罕见者详。佛经目录、书画目录因性质特殊,暂未纳入)。

(一)三国书目

三国(魏、蜀、吴)时期书目可考者有以下两种:

1.《魏中经簿》(一作《中经》)

魏秘书郎郑默撰。默字思元,河南开封人。起家秘书郎,至大司农、光禄勋。附传于《晋书·郑袤传》。此目诸家或引作《中经》。荀勖《晋中经簿》成书后,此目渐佚。此目为魏国藏书总目,系综合目录。

2.《陈思王自撰目录》

魏陈思王曹植撰。见姚振宗《三国艺文志》据《三国志·魏志·陈思王传》及《晋书·曹志传》所考。此目为曹植自撰个人著述目录,系特种目录。

(二)两晋书目

两晋(西晋、东晋)时期书目可考者有以下七种:

1.《晋中经簿》(一作《中经新簿》)十四卷

晋秘书监荀勖(217?—289)撰。此目始分四部,有书一千八百八十五部,二万九百三十五卷(据阮孝绪《古今书最》[①])。诸家引据,或作《中经新簿》。此目为西晋国家藏书总目,系综合目录。

2.《新撰文章家集叙》(又简称《文章叙录》)十卷

荀勖撰。《隋志》作"《杂撰文章家集叙》",《旧唐志》作"《新撰文章家集》",而以《新唐志》所作"《新撰文章家集叙》"为是。诸家引用此目,或简称作《文章叙录》。此目为文学目录,属学科目录。

3.《文章志》四卷

挚虞(245?—311)撰。著录东汉初至西晋初期间作者事迹及其著

---

① [南朝梁]阮孝绪《古今书最》,载释道宣《广弘明集》卷三,《四部丛刊》影明汪道昆刻本。

述篇目。此目为文学目录,属学科目录。

4.《后汉书·艺文志》

袁山松(？—401)撰。阮孝绪《古今书最》:"《后汉·艺文志》,书若干卷,八十七家亡。"此目是袁氏《后汉书》的组成部分,同《汉书·艺文志》一脉相承,属史志目录。

5.《续文章志》二卷

傅亮(374—426)撰。接续挚虞《文章志》,著录挚虞未及收录的作者事迹及其作品目录。此目为文学目录,属学科目录。

6.《晋元帝四部书目》一卷

李充撰。此目在《晋中经簿》的基础上,将第二、三两个部次进行调换,使甲、乙、丙、丁分别对应于经、史、子、集(阮孝绪《七录序》:"江左草创,十不一存。后虽鸠集,淆乱已甚。及著作佐郎李充始加删正,因荀勖旧簿四部之法,而换其乙丙之书,没略众篇之名,总以甲乙为次。自时厥后,世相祖述。")[①],对后世产生很大影响。此目共著录"三百五帙,三千一十四卷"(阮孝绪《古今书最》)。此目为国家藏书目录,属综合目录。

7.《晋义熙四年秘阁四部目录》

义熙(405—418),东晋安帝司马德宗年号。东晋亡于公元420年。阮孝绪《古今书最》载此目,仅有书名。其他著录图书数及卷数等,大约在传抄中佚失。义熙初,徐广领著作,后迁秘书监(见《晋书·徐广传》)。此目可能即出于徐广之手。此目为国家藏书目录,属综合目录。

(三)南朝书目

南朝(宋、齐、梁、陈)时期书目最多,可考者有以下二十三种:

1.《史目》(卷数不详)

裴松之(372—451)撰。张守节《史记正义》释"五帝本纪第一",引裴松之《史目》云:"天子称本纪,诸侯曰世家。"裴氏此书既以"目"为名,则

---

① [南朝梁]阮孝绪《七录序》,载释道宣《广弘明集》卷三,《四部丛刊》影明汪道昆刻本。

备列史著;所释"本纪""世家",系针对司马迁《史记》而发。裴氏(字世期,河东闻喜人。父骃,子子野)家世史学,以注《三国志》名世。此目是史学目录,系学科目录。

2.《四部书目序录》四十卷

秘书丞殷淳(403—434)撰。此目《宋书》作《四部书目》四十卷(卷五十九殷淳本传),《南史》作《四部书大目》四十卷(卷二十七本传),《新唐志》著录作"《四部书目序录》三十九卷"。此目是官修解题目录,具有国家藏书目录的性质,属综合目录。撰者殷淳,字粹远,陈郡长平人。少好学,有美名。少帝景平初为秘书郎,衡阳王文学,秘书丞,中书黄门侍郎。

3.《晋义熙以来新集目录》三卷

丘渊之撰。《隋志》《旧唐志》《新唐志》均有著录。此目汇集东晋末年以来著述而成就新目,属综合目录。丘氏字思玄,乌程人。官至吴郡太守,卒于太常,传附《宋书·顾琛传》。

4.《晋义熙以来新集文章叙录》

丘渊之撰。考《世说新语》刘孝标注引"丘渊之《文章录》"四次,"丘渊之《文章叙》"一次,"丘渊之《新集录》"一次,所引内容均为人物小传,应是文章叙录的一部分。因此,姚振宗认为丘渊之应当撰有《新集文章叙录》一种(参姚振宗《隋书经籍志考证》卷二十三)。实际上,此目全称当作《晋义熙以来新集文章叙录》;它同《晋义熙以来新集目录》的关系,略同于荀勖《新撰文章家集叙》同《晋中经簿》的关系。此目专注于文章家,系文学目录,属学科目录。

5.《宋元嘉八年秘阁四部目录》

谢灵运(385—433)等撰。元嘉(424—453),宋文帝刘义隆年号。此目见于阮孝绪《古今书最》,而《隋志》《旧唐志》《新唐志》等不载。《古今书最》纪其所著录之图书,凡"一千五百六十有四帙,一万四千五百八十二卷。(五十五帙、四百三十八卷佛经。)"《隋志序》:"宋元嘉八年,秘书监谢灵运造《四部目录》,大凡六万四千五百八十二卷。"此目是官修目录,具有国家藏书目录性质,属综合目录。

6.《晋江左以来文章志》三卷

宋明帝刘彧(439—472。466—472 在位)撰。见《宋书·明帝纪》。《隋志》省"以来"二字,《旧唐志》未载,而《新唐志》作《晋江左文章志》二卷。此目接续挚虞《文章志》、傅亮《续文章志》,系文学目录,属学科目录。

7.《宋元徽元年秘阁四部书目录》四卷

王俭(452—489)撰。元徽,宋后废帝刘昱年号(元年,公元 473 年)。阮孝绪《古今书最》著录此目,将其作为有宋一代官修目录的代表,指出此目著录图书"二千二十帙,一万五千七十四卷"。此目名称,其他各家著录,有所不同:《隋志》《新唐志》无"秘阁"二字,《旧唐志》仅作"《元徽元年书目》";高桂华、陈鸿儒、阎枕泉等《补南齐书经籍志》则作"《元徽四部书目》";而徐崇《补南北史艺文志》(卷一)作"《宋元徽四部目》"。此目是官修目录,具有国家藏书目录性质,属综合目录。

8.《七志》七十卷

王俭撰。《南齐书》本传称撰《七志》四十卷。《隋志》作"《今书七志》七十卷"。《旧唐志》《新唐志》同《隋志》,而称"贺纵补注"。王俭遵循官修目录的传统,编成《宋元徽元年秘阁四部书目录》;又按已意对图书进行分类,撰写解题,另成《七志》。此目是私撰目录,属综合目录。

9.《晋江左文章录序》

丘灵鞠撰。据《南齐书》本传,丘氏系吴兴乌程人,少好学,善属文,举秀才。宋孝武殷贵妃亡,灵鞠献挽歌诗,帝摘句嗟赏,除新安王北中郎参军。建元元年(479),转中书郎,敕知东宫手笔。寻又掌知国史。宋世文名甚盛,入齐颇减。迁长沙王车骑长史,太中大夫。著《江左文章录序》,起太兴,讫元熙。有文集行世。太兴(318—321),东晋元帝司马睿年号;元熙(419—420),恭帝司马德文年号。知此目接续荀勖《新撰文章家集叙》、丘渊之《晋义熙以来新集文集叙录》的传统,专纪东晋一代之文,因此是文学目录,属学科目录。

10.《齐永明元年秘阁四部目录》

秘书丞王亮、秘书监谢朏等撰。《隋志》《旧唐志》《新唐志》等未著录,而《隋志序》云:"齐永明中,秘书丞王亮、监谢朓,又造《四部书目》,大凡一万八千一十卷。"阮孝绪《古今书最》著录此目,凡有书"二千三百三十二帙,一万八千一十卷"。此目是官修目录,具有国家藏书目录性质,属综合目录。

11.《梁天监四年文德殿正御四部目录》四卷

刘孝标(463—521)撰。阮孝绪《古今书最》:"《梁天监四年文德正御四部及术数书目录》,合二千九百六十八帙,二万三千一百六卷。(秘书丞殷钧撰《秘阁四部书》,少于文德,故书不录其数也。)"按《梁天监四年文德正御四部及术数书目录》一名,实际上包含《梁天监四年文德殿正御四部目录》与《梁天监四年文德殿术数书目录》两种。《隋志》簿录类有刘孝标《梁文德殿四部目录》四卷,即是第一种。此目是官修目录,具有国家藏书目录性质,属综合目录。

12.《梁天监四年文德殿术数书目录》

祖暅撰。见上揭第11条下所引阮孝绪《古今书最》文。《七录序》云:"齐末兵火,延及秘阁,有梁之初,缺亡甚众。爰命秘书监任昉,躬加部集。又于文德殿内,别藏众书,使学士刘孝标等重加校进。乃分数术之文,更为一部,使奉朝请祖暅撰其名录。"祖氏所撰者即此目。祖暅字景烁,祖冲之(429—520)之子,曾任太府卿。此目是官修目录,具有国家藏书目录性质,但限于术数书,因此属学科目录。

13.《梁天监四年秘阁四部书目》四卷

丘宾卿撰。《旧唐志》《新唐志》均著录丘氏《梁天监四年书目》四卷,即此目。任昉曾"躬加部集",而成丘氏之手。此目是官修目录,具有国家藏书目录性质,属综合目录。

14.《梁天监六年秘阁四部书目录》四卷

殷钧撰。见上揭第11条下所引阮孝绪《古今书最》文内附注。又《隋志》载殷氏有"《梁天监六年四部书目录》四卷",即此目。此目是官修目录,具有国家藏书目录性质,属综合目录。

15.《梁东宫四部目录》四卷

刘遵(?—535)撰。《隋志》《新唐志》均予著录。刘遵字孝陵,彭城人。"少清雅,有学行,工属文。起家著作郎、太子舍人,累迁晋安王宣惠、云麾二府记室,甚见宾礼。"(《梁书·刘遵传》。)此目是官修藏书目录,属综合目录。

16.《宋世文章志》二卷

沈约(441—513)撰。《隋志》《新唐志》均予著录。《梁书·沈约传》则作"《宋文章志》三十卷"。此目是私撰目录,内容集中于文学作品(文章),属学科目录。

17.《任氏藏书目》

任昉(460—508)撰。《隋志》《旧唐志》《新唐志》等不载,而徐崇《补南北史艺文志》卷一史部簿录类著录。"任昉字彦升,乐安博昌人。汉御史大夫敖之后也。……昉坟籍无所不见,家虽贫,聚书至万馀卷,率多异本。昉卒后,高祖使学士贺纵共沈约勘其书目,官所无者,就昉家取之。"(《梁书·任昉传》。)知任氏为藏书编有目录。此目是私家书目,属综合目录。

18.《古今四部书目》五卷

刘杳(479—536)撰。《隋志》《旧唐志》《新唐志》等不载。《梁书·文学传》:"刘杳字士深,平原平原人也。祖乘民,宋冀州刺史。父闻慰,齐东阳太守,有清绩,在《齐书·良政传》。……天监初,为太学博士、宣惠豫章王行参军。""杳少好学,博综群书,沈约、任昉以下,每有遗忘,皆访问焉。……杳自少至长,多所著述。撰《要雅》五卷,《楚辞草木疏》一卷,《高士传》二卷,《东宫新旧记》三十卷,《古今四部书目》五卷,并行于世。"(《梁书》卷五十)王仁俊《补梁书艺文志》、徐崇《补南北史艺文志》、汪之昌《隋书经籍志校补》等,即据此著录。阮孝绪《七录序》云:"通人平原刘杳从余游,因说其事。杳有志积久,未获操笔,闻余已先着鞭,欣然会意,凡所抄集,尽以相与。广其闻见,实有力焉。斯亦康成之于传释尽归子慎之书也。"知刘杳以此目赠予阮孝绪。此目是私撰知见书目,不主一类,属综合目录。

19.《七录》十二卷

阮孝绪(479—536)撰。《隋志》《旧唐志》《新唐志》等著录相同。阮氏字士宗，陈留尉氏人，不仕，私谥文贞处士。著有《文字集略》《正史削繁》《高隐传》《古今世代录》《声纬》等。《梁书》《南史》俱有传。关于此目，阮氏《七录序》自称："孝绪少爱坟籍，长而弗倦，卧病闲居，傍无尘杂。晨光才启，缃囊已散，宵漏既分，绿帙方掩。犹不能穷究流略，探尽秘奥。每披录内省，多有缺然。其遗文隐记，颇好搜集。凡自宋、齐已来，王公搢绅之馆，苟能蓄聚坟籍，必思致其名簿。凡在所遇，若见若闻，校之官目，多所遗漏。遂总集众家，更为新录。其方内经史，至于术伎，合为五录，谓之内篇；方外佛道，各为一录，谓之外篇。凡为录有七，故名《七录》。"此目是私撰知见书目，不主一类，属综合目录。

实际上，《七录序录》里还包含一个书目，即《古今书最》。该目共有十一条著录，分别是：《七略》《汉书·艺文志》《后汉书·艺文志》《晋中经簿》《晋元帝书目》《晋义熙四年秘阁四部目录》《宋元嘉八年秘阁四部目录》《宋元徽元年秘阁四部书目录》《齐永明元年秘阁四部目录》《梁天监四年文德正御四部及术数书目录》《新集七录》。阮孝绪将上述书目著录的图书种数、卷数，一一记录下来（当前能看到的文本里，有的已经亡佚），目的还为了实现他"穷究流略，探尽秘奥"的学术志向。从性质上说，《古今书最》是目录之目录，属特种目录。

20.《杂仪注目录》四卷

撰人未详。《隋志·簿录类》著录。考《隋志》史部有仪注类，其中梁代诸仪注往往有录若干卷，如《梁宾礼仪注》九卷下注云："案：梁明山宾撰《吉仪注》二百六卷，录六卷；严植之撰《凶仪注》四百七十九卷，录四十五卷；陆琏撰《军仪注》一百九十卷，录二卷；司马褧撰《嘉仪注》一百一十二卷，录三卷。并亡。"所谓"录"，就是本书目录（纲目）。此目所收，应是仪注类著作，所以是史学目录，属学科目录。

21.《陈天嘉六年寿安殿四部目录》四卷

撰人不详。见《隋志》簿录类。《隋志序》云："陈天嘉中，又更鸠集，考其篇目，遗阙尚多。"此目系藏书目录，属综合目录。

22.《陈德教殿四部目录》四卷

撰人不详。见《隋志》簿录类。此目诸家无考。当系藏书目录，属综合目录。

23.《陈承香殿五经史记目录》二卷

撰人不详。见《隋志》簿录类。此目诸家无考。当系藏书目录。因兼记五经、史记,所以是兼科目录(学科目录之一种)。

(四)北朝书目

北朝书目可考者有以下两种:

1.《魏阙书目录》一卷

撰人不详。见《隋志》簿录类。姚振宗引《魏书·高祖本纪》:"太和十九年六月癸丑,诏求天下遗书,秘阁所无,有裨益时用者,加以优赏。"又《隋志序》:"后魏始都燕代,南略中原,粗收经史,未能全具。孝文徙都洛邑,借书于齐。秘府之中,稍以充实。"又《通志·校雠略》:"古人亡书有记,故本所记而求之。魏人求书,有《阙目录》一卷。"姚氏指出:"此一卷因借书而流传江左,时当齐明帝建武中。"(姚振宗《隋书经籍志考证》卷二十三)按:北魏孝文帝元宏太和十九年,当齐明帝萧鸾建武二年(公元495年)。此目系求阙书目,属特种目录。

2.《甲乙新录》

北魏卢昶(452—518)撰。徐崇《补南北史艺文志》著录,题作《东观甲乙新录》。昶字叔达,小字师颜。学涉经史,早有时誉。太和初,为太子中舍人,兼员外散骑常侍。后转秘书丞。景明初,除中书侍郎,迁给事黄门侍郎、本州岛大中正。后迁散骑常侍,兼尚书。(《魏书·卢昶传》)孙惠蔚于北魏孝文帝元宏即位之初任秘书丞,"既入东观,见典籍未周",上疏建议"依前丞臣卢昶所撰《甲乙新录》,欲裨残补阙,损并有无,校练句读,以为定本。次第均写,永为常式"(《魏书·儒林传》)。知卢昶编定此目,也在孝文帝时。此目具藏书目录性质,属综合目录。

以上共得中古时期普通书目三十四种。从撰述主体上看,既有官修目录(如《晋中经簿》《梁天监四年文德殿正御四部目录》等),也有私修目录(如《陈思王自撰目录》《七志》《七录》等);从目录类型上看,既有综合目录(如《宋元嘉八年秘阁四部目录》《梁东宫四部目录》等),也有学科目录（如《史目》、《文章志》系列等），还有特种目录（如《魏阙书目录》等）。从与藏书实际之关系来看，绝大多数都是藏书目录，但也有《七录》这样的知见目录与《魏阙书目录》这样的求阙目录。从是否具有解题的角度来看，大部分没有解题，但解题目录也不在少数（如《晋中经簿》《新撰文章家集叙》《四部书目序录》《七志》《七录》以及系列《文章志》等）。总之，无论是目录种类还是数量，中古时期的目录类典籍都较汉代有了很大的跃升。

事实上，正是由于目录类文献在类型上的丰富与数量上的增加，才使得该类文献在"因书设类"的书目分类体系内占得一席之地。最早对目录类文献做出反应与著录者首推阮孝绪《七录》。该目《记传录》分部十二（二级类目），最后一部即簿录部："三十六种，六十二帙，三百三十八卷。"《隋志》于史部设立簿录篇（类），正是效法阮氏簿录部，并且连名称都保持一致。显然，目录类文献在中古时期的兴起是文献学史上的一个突出现象，具有特别的学术意义。

二、从六分到四分：中古目录书写与学术建构

除佛道目录外，中古时期编撰的普通目录绝大多数都已亡佚（只有《古今书最》，因为《七录序录》被抄入《广弘明集》而得以保存下来），已无法考知每一种书目如何部次群籍，对当时的全部图书（指综合目录）或部分图书（指学科目录）进行学术分类。幸运的是，其中具有代表性的三家书目——《晋中经簿》《七志》《七录》，它们的分类体系，在《隋志序》中有所论述。更幸运的是，在佛教典籍《广弘明集》内，抄录有以"七录序"为总名的《七录》资料，包括《七录序》《古今书最》《七录目录》（以上三者，可合称《七录序录》），并附载阮氏著述简目及阮氏传记；其中《七录序》是一篇非常重要的目录学文献，是《隋志序》的重要学术前承。因此，《隋志序》中有关书目源流的记载，恰能与《七录序》相互补充、发明，从而为探讨中古时期书目的学术分类问题，提供了可靠的文本。

（一）《晋中经簿》的学术分类

《晋中经簿》十四卷，荀勖等撰。关于此目，阮孝绪《七录序》中说：

> 魏晋之世，文籍逾广，皆藏在秘书、中、外三阁。魏秘书郎郑默，删定旧文，时之论者，谓为朱紫有别。晋领秘书监荀勖，因魏《中经》，更著《新簿》。虽分为十有馀卷，而总以四部别之。

由此可知，《晋中经簿》是由晋秘书监荀勖领撰的国家藏书总目，它所依据的前承，则是郑默所撰的《魏中经簿》。阮孝绪并没有交代《魏中经簿》的分类情形，那么，按照书目书写惯例可知，《魏中经簿》延续的仍然是刘向、歆父子所奠定、为班固等所沿袭①的六分法。这一局面，到《晋中经簿》开始得以突破，由六分变成四分，所以为在分类上极为用心的阮孝绪所郑重指出。不过，《晋中经簿》究竟如何四分，阮孝绪没有论及。

《晋中经簿》的四部之分及各部著录情形，见于《隋志序》：

> 魏氏代汉，采掇遗亡，藏在秘书、中、外三阁。魏秘书郎郑默，始制《中经》，秘书监荀勖，又因《中经》，更著《新簿》，分为四部，总括群书。一曰甲部，纪六艺及小学等书；二曰乙部，有古诸子家、近世子家、兵书、兵家、术数；三曰丙部，有史记、旧事、皇览簿、杂事；四曰丁部，有诗赋、图赞、汲冢书。大凡四部合二万九千九百四十五卷。但录题，及言盛以缥囊，书用缃素。至于作者之意，无所论辩。惠、怀之乱，京华荡覆，渠阁文籍，靡有孑遗。②

---

① 《隋志序》："光武中兴，笃好文雅，明、章继轨，尤重经术。四方鸿生巨儒，负帙自远而至者，不可胜算。石室、兰台，弥以充积。又于东观及仁寿阁集新书，校书郎班固、傅毅等典掌焉。并依《七略》而为书部，固又编之，以为《汉书·艺文志》。"见［唐］魏徵等《隋书》卷三十二，中华书局，1973年，第906页。

② ［唐］魏徵等《隋书》卷三十二，第906页。

《隋志序》虽以《七录序》为其前承,但显然有更进一步的总结与说明。根据《隋志序》,知所谓"四部",指的是甲、乙、丙、丁四部;此四部之分,同六略之间的渊源关系如下表(各略、各部之前的数字,表明其次第):

表 3-1　《晋中经簿》四部与《汉志》六略对照表

《汉志》六分	《晋中经簿》四分	《晋中经簿》各部著录主题
(1) 六艺略	(1) 甲部	六艺及小学
	(3) 丙部	史记、旧事、皇览簿、杂事
(2) 诸子略	(2) 乙部	古诸子家、近世子家、兵书、兵家、术数
(4) 兵书略		
(5) 数术略		
(6) 方技略		
(3) 诗赋略	(4) 丁部	诗赋、图赞、汲冢书

通过上表,《晋中经簿》各部同《汉志》(本于《七略》)六略之间的渊源递承关系,不难考知:

1.《晋中经簿》之甲部,即后世之经部,渊源于《七略》之《六艺略》。事实上,自从刘向、歆父子奠定《六艺略》之分类格局之后(包括易、书、诗、礼、乐、春秋、论语、孝经、小学等九类),历代经部的内容基本固定,只是随着时代的演进而依次由六经而九经、而十三经而已。小学类著作一直作为"通经之具"而附列入经部。

2.《晋中经簿》之乙部,即后世之子部,实际上包含了《七略》的诸子、兵书、数术、方技四略。这说明两个问题:(甲)兵书、数术、方技同诸子在性质上相近,其实都属于子学,因此,《七略》的主体实际上是经子之学。(乙)子学自汉以降,实际上处于不断萎缩的状态,因此,作为学术的诸子学日益衰微,而作为门类的子部则不断扩大。

3.《晋中经簿》丙部,即后世之史部,在《七略》并无直接相应的类别。而《六艺略》之春秋类,有《太史公》百三十篇、冯商所续《太史公》七篇、《太古以来年纪》二篇、《汉著记》百九十卷、《汉大年纪》五篇等五种史籍,因同本为编年体史书的《春秋》性质相近,所以附在春秋类后面。至《晋中经簿》,则著录有史记、旧事、皇览簿、杂事等图书主题,可见史籍日盛,在官簿中分得一席之地,一跃而成为一大部类,且仅次于子部。"因书设类"是目录学作为历史编纂之学的基本原则,史籍得以成部,后世目录类典籍得以成类(部、篇),就是这一原则的忠实体现。

4.《晋中经簿》丁部,即后世之集部,渊源于《七略》的《诗赋略》,而增加了"图赞"与"汲冢书"。汲冢书是盗发汲冢而出土的一批战国文献,当时尚未整理完毕,因此,这类书同"图赞"一起,实际上是作为附类,附在诗赋之后。

总之,荀勖等继承了刘向、歆父子奠定的官方校理图书并编写藏书总目、建构学术体系的书写传统,而对《别录》《七略》开创的六分法,既有承袭,也有改进,从而使六分一举而为四分,在学术史上影响极为深远。这一类目转换的学术影响,必须置于整个目录学史中才能得以较为清楚地揭示。东晋李充,即在《晋中经簿》的基础上,对文献分类进一步予以调整。《隋志序》云:

> 东晋之初,渐更鸠聚。著作郎李充以勖旧簿校之,其见存者,但有三千一十四卷。充遂总没众篇之名,但以甲乙为次。自尔因循,无所变革。①

李充加以调整的基础,是东晋初年只有"三千一十四卷"藏书的事实;这一数字,较《晋中经簿》"一千八百八十五部,二万九百三十五卷"的著录来说,几乎是十去其九,可见西晋末年战乱的巨大破坏力。不过,《隋志序》仅言"但以甲乙为次",何以后世遂能"自尔因循,无所变革"?

---

① [唐]魏徵等《隋书》卷三十二,第906页。

考《七录序》云：

> 晋领秘书监荀勖，因魏《中经》，更著《新簿》，虽分为十有馀卷，而总以四部别之。惠怀之乱，其书略尽。江左草创，十不一存，后虽鸠集，淆乱已甚。及著作佐郎李充始加删正，因荀勖旧簿四部之法，而换其乙丙之书，没略众篇之名，总以甲乙为次。自时厥后，世相祖述。

知《隋志序》上揭文字，实以《七录序》为本，而节略过当，遗漏了关键信息。李充的调整有两点：（甲）"换其乙丙之书"。即将原乙部之书（子书）同丙部之书（史书）互换，使史籍部类前移至第二位，仅次于经，由此形成了甲（经）、乙（史）、丙（子）、丁（集）的学术格局。（乙）"没略众篇之名"，即略去《晋中经簿》著录各书篇目（"众篇之名"）的著录传统，只是大体上加以编次而已。前一做法，是基于子学日衰而史籍日盛的客观事实；后一做法，则基于当时图书"十不一存""淆乱已盛"的衰落现状。后来"世相祖述""无所变革"者，正是这两点内容。从此，以甲（经）、乙（史）、丙（子）、丁（集）四部次序来编次群籍，就成为目录学家的主流做法，中国古代典籍分属四大部类的学术格局，也由此得以奠定。上节所考东晋以降官修书目，除学科目录外，综合目录无不采用此一分类次序。

（二）《七志》的学术分类

自荀勖《晋中经簿》确立四部分类法、李充《晋元帝书目》确立史籍部次之后，官修书目如《晋义熙四年秘阁四部目录》《四部书目序录》《晋义熙以来新集目录》《宋元嘉八年秘阁四部目录》等，无不采用以甲（经）、乙（史）、丙（子）、丁（集）的四部分类法。但是，仍有一些杰出的目录学家并不满意于四分载籍，他们出于对当时学术源流的认知，在分类部次上做出了新的尝试。王俭就是其中之一。

第三章 中古时期目录类典籍的体制与传承

王俭(452—489)字仲宝,琅琊临沂人,东晋名相王导五世孙。宋明帝时尚阳羡公主,拜驸马都尉,任秘书郎、秘书丞等。入齐,官至尚书令、中书监,谥文宪。《南齐书》有传。元徽元年(宋后废帝刘昱。473年),王俭按四部分类法,撰成《秘阁四部书目录》。但他另外撰成《七志》,创立七分法。

阮孝绪《七录序》云:

> 宋秘书殷淳撰《大四部目》,俭又依《别录》之体撰为《七志》。……王俭《七志》,改六艺为经典,次诸子,次诗赋为文翰、次兵书为军书、次数术为阴阳、次方伎为术艺。以向歆虽云《七略》,实有六条,故别立图谱一志,以全七限。其外又条《七略》及二汉《艺文志》《中经簿》所阙之书,并方外之经佛经、道经,各为一录,虽继《七志》之后,而不在其数。

所谓"依《别录》之体",就是按照刘向《别录》所奠定的体制(诸如著录、分类、小序、解题等)进行编目。但是,由于《七志》已经亡佚,其著录体例、有无小序等,不尽能考出。所谓"二汉《艺文志》",指班固《汉书·艺文志》、袁山松《后汉书·艺文志》(袁书已佚,志亦不存)。王俭将《七略》、二汉《艺文志》与《晋中经簿》的记载同当前藏书相比较,取已经亡佚之书,编成《阙书目录》,开创了编制求阙目录的先河。因此,王俭《七志》虽名为七,实际上有十个部分。至于七类所收图书的主题,《隋志序》中有简略之介绍:

> 俭又别撰《七志》:一曰《经典志》,纪六艺、小学、史记、杂传;二曰《诸子志》,纪今古诸子;三曰《文翰志》,纪诗赋;四曰《军书志》,纪兵书;五曰《阴阳志》,纪阴阳图纬;六曰《术艺志》,纪方技;七曰《图谱志》,纪地域及图书。其道、佛附见,合九条。然亦不述作者之意,但于书名之下,每立一传,而又作九篇条例,编乎首卷之中。文义浅

近,未为典则。①

《隋志序》于王俭所作九篇条例,评价不高,"文义浅近,未为典则"。实际上,《七志》首卷中的九篇条例,具有发凡起例的作用,相当于书目的总序。集古典目录学大成的《四库全书总目》,卷首无总序而有凡例,其远源即可上溯至《七志》。结合《七录序》《隋志序》,那么,《七志》同《汉志》六略之间的源流关系,略如下表:

表3-2 《七志》同《汉志》分类对照表

《汉志》分类	《七志》分类	《七志》各类所记主题
(1) 六艺略	(1) 经典志	六艺、小学、史记、杂传
(2) 诸子略	(2) 诸子志	今古诸子
(3) 诗赋略	(3) 文翰志	诗赋
(4) 兵书略	(4) 军书志	兵书
(5) 数术略	(5) 阴阳志	阴阳图纬
(6) 方技略	(6) 术艺志	方技
	(7) 图谱志	地域及图书
	(8) 阙书	《七略》《汉书·艺文志》《后汉书·艺文志》《晋中经簿》所阙之书
	(9) 道经	
	(10) 佛经	

由此可见,《七志》的前六类,同《汉志》六略之间,基本上是一一对应的关系,说明王俭其实是想回到刘向、歆父子奠定的六分载籍的学术格局,也说明刘氏父子六分法的强大影响。但是,这种对应,又不是机械的一一对应。王俭在两个方面做出了调整:其一,改变类名。除了诸子一类完全相同外,其他六类的类名都做了改变。其二,出于著录实际藏书

---

① [唐]魏徵等《隋书》卷三十二,第906—907页。

的需要,对部分类目所载图书主题,做了新的限定。对于王俭在分类方面的志意与努力,阮孝绪评述得极为精到:

> 王以六艺之称不足标榜经目,改为经典……刘、王并以众史合于《春秋》。刘氏之世,史书甚寡,附见《春秋》,诚得其例。今众家记传,倍于经典,犹从此志,实为繁芜。……诸子之称,刘、王并同。又刘有《兵书略》,王以"兵"字浅薄,"军"言深广,故改"兵"为"军"。……王以诗赋之名,不兼馀制,故改为文翰。……王以数术之称,有繁杂之嫌,故改为阴阳;方伎之言,事无典据,又改为艺术。……王氏《图谱》一志,刘《略》所无。(《七录序》)

阮孝绪基于文献实际,对王俭不无批评。虽然《七志》前六志同《汉志》六略之间,在著录图书上存在差异,显得过于拘泥,但是,王俭创立《图谱志》,重视地域图书;又创立阙书目录,留心于历代典籍之存佚现状;复能基于藏书实际而立道经、佛经二类:均能见出王俭作为杰出目录学家所具有的卓识及其所做出的积极探索。

(三)《七录》的学术分类

阮孝绪(479—536)是南朝梁代杰出的目录学家,出身显贵而以处士终老,志在"穷究流略,探尽秘奥"(《七录序》),终于撰成体大思精的书目巨著——《七录》。此目已佚,但幸运的是,该目的总序与分类体系(《七录序》《古今书最》《七录目录》)等,却因著录佛教典籍的缘故,保存在《广弘明集》内(以"七录序"为总名),为我们了解阮孝绪的分类旨趣,提供了可能。

《七录序》云:

> 今所撰《七录》,斟酌王、刘。王以六艺之称不足标榜经目,改为经典,今则从之,故序《经典录》为内篇第一。刘、王并以众史合于

《春秋》。刘氏之世，史书甚寡，附见《春秋》，诚得其例。今众家记传，倍于经典，犹从此志，实为繁芜。且《七略》诗赋不从《六艺》诗部，盖由其书既多，所以别为一略。今依拟斯例，分出众史，序《记传录》为内篇第二。诸子之称，刘、王并同。又刘有《兵书略》，王以"兵"字浅薄，"军"言深广，故改"兵"为"军"。窃谓古有兵革兵戎，治兵用兵之言，斯则武事之总名也。所以还改"军"从"兵"。兵书既少，不足别录，今附于子末，总以"子兵"为称，故序《子兵录》为内篇第三。王以诗赋之名，不兼馀制，故改为文翰。窃以顷世文词，总谓之集，变翰为集，于名尤显，故序《文集录》为内篇第四。王以数术之称，有繁杂之嫌，故改为阴阳；方伎之言，事无典据，又改为艺术。窃以阴阳偏有所系，不如数术之该通。术艺则滥六艺，与数术不逮方伎之要显，故还依刘氏，各守本名。但房中、神仙，既入仙道，医经、经方，不足别创，故合术伎之称，以名一录，为内篇第五。王氏《图谱》一志，刘《略》所无。刘《数术》中虽有历谱，而与今谱有异。窃以图画之篇，宜从所图为部，故随其名题，各附本录。谱既注记之类，宜与史体相参，故载于《记传》之末。自斯已上，皆《内篇》也。释氏之教，实被中土，讲说讽味，方轨孔籍。王氏虽载于篇，而不在志限，即理求事，未是所安，故序《佛法录》为外篇第一。仙道之书，由来尚矣，刘氏神仙，陈于方伎之末。王氏道经，书于《七志》之外。今合序《仙道录》为外篇第二。王则先道而后佛，今则先佛而后道，盖所宗有不同，亦由其教有浅深也。凡内外两篇，合为《七录》。天下之遗书秘记，庶几穷于是矣。

所谓"斟酌王、刘"，也就是说，阮孝绪撰写《七录》，是以刘向、歆父子的《别录》《七略》，以及王俭的《七志》作为前承而加以师法的。从《七录》具有总序、分类等体例来看，确实如此。以下是《七录》同《汉志》《七志》分类对照表：

表 3-3　《七录》同《汉志》《七志》分类对照表

《汉志》分类	《七志》分类	《七录》分类	
(1) 六艺略	(1) 经典志	(1) 经典录	内篇
		(2) 记传录	
(2) 诸子略	(2) 诸子志	(3) 子兵录	
(4) 兵书略	(4) 军书志		
(3) 诗赋略	(3) 文翰志	(4) 文集录	
(5) 数术略	(5) 阴阳志	(5) 术伎录	
(6) 方技略	(6) 术艺志		
	(10) 佛经	(6) 佛法录	外篇
	(9) 道经	(7) 仙道录	
	(7) 图谱志		
	(8) 阙书		

通过上表,可知《七录》之《经典录》,实即《汉志》之《六艺略》;《七录》之《记传录》,则渊源于《六艺略》;《七录》之《子兵录》,系《汉志》之《诸子略》《兵书略》合并而来;《七录》之《文集录》,实即《汉志》之《诗赋略》;《七录》之《术伎录》,则合并《汉志》之《数术略》《方技略》而成。《七录》的内篇五录,实际上就是在《汉志》七略的基础上调整、变化而成。

如以《七录》同《七志》相较,二者也有明显的渊源关系。《七录》的《经典录》《记传录》,由《经典志》分化而来;《七录》的《子兵录》,由《七志》的《诸子志》《军书志》相合而成;《文集录》直接承袭自《文翰志》;《术伎录》,则合《阴阳志》与《术艺志》而成。至于《佛法录》《仙道录》同《七志》的《佛经》《道经》二类,更是有直接的对应关系。

综合起来看,《七录》内篇五录对《汉志》(代表刘向、歆父子《别录》《七略》的分类体系)、《七志》的继承如出一辙:都是由经部(《六艺略》《经典志》)分化出《经典录》《记传录》,合诸子、兵书(军书)为《子兵录》,合《术数略》(《阴阳志》)、《方技略》(《术艺志》)为《术伎录》。至于《文集录》,则由《诗赋略》《文翰志》易名而成。一分二合,特别分明。阮孝绪所谓"斟酌王、刘"者,此即一端。

实际上,荀勖《晋中经簿》,其实也是阮孝绪的重要取资对象。如果把《七录》的《子兵录》《术伎录》合并成子书,那么,《七录》的内篇五录,恰同《晋中经簿》的甲(经)、乙(子)、丙(史)、丁(集)具有了对应关系。这一事实表明,虽然阮孝绪在分类上极力别出心裁,欲重返王、刘,实际上仍然改变不了中国古代典籍(学术)由六分走向四分的历史趋势。决定这一历史趋势的,正在于同郡县制帝国相应的文献体系,必然由经子之学的架构变为经史之学的架构,以正确反映历代典籍在种类及数量上的升降变化。

综上,虽然中古时期普通书目绝大部分都已亡佚,但是最具代表性的三部书目《晋中经簿》《七志》《七录》,却因为正史(《隋书》)、佛教典籍(《广弘明集》)的记载,而保留其分类概貌及部分总序(《七录序》),从而为我们研究此期目录的部分面貌与学术建构,提供了可能。以荀勖、王俭、阮孝绪为代表的杰出学者,以当世藏书实际为基础,对图书的类别作了适时的调整,设计出了各具特色的分类体系;这些分类体系的设计,都是建立在刘向、歆父子《别录》《七略》的分类体系的基础之上,展示了中国典籍由六分走向四分的必然趋势,也体现了目录学作为记录之学、辨章之学的学术特质。

三、辑佚与重构:中古时期书目体制新探——以《晋中经簿》解题问题为例

中国古典文献之传承,极为坎坷,中古时期目录类典籍,绝大部分都已亡佚。那么,此类典籍是否因为亡佚而消散于天壤之间,不再能对后世产生影响?通过上节探讨,可知答案是否定的。我们坚信,即使是已经亡佚的典籍,只要有散佚的文字片段或互文性记载的存在,那么,这些典籍的基本面貌及其学术价值,都有可能得以部分地恢复与揭示。因此,通过辑佚,努力寻找亡佚古籍的存世片段,据以恢复其历史面貌并正确发明其学术价值,进而丰富学术史、思想史的书写,就是极有价值且富

于挑战性的学术工作,也是古典文献在新的时代条件下更有意义的一种传承。鉴于上述认识,本节选取荀勖《晋中经簿》的解题问题为例,对中古时期的书目体制问题试予探讨。

中古时期是中国目录史、学术史上非常重要的一个时期,不仅在书目分类上,由六分走向四分;而且在书目解题①的类型上,由叙录体逐渐分化出传录体、辑录体等,深刻地影响了中国传世典籍与学术的分类格局。此期产生了几部著名的目录,如《晋中经簿》②(荀勖等撰。以下或简称"荀《簿》")、《七志》(王俭撰。以下或简称"王《志》")、《七录》(阮孝绪撰。以下或简称"阮《录》")等,上承刘向、歆父子的《别录》《七略》,下开《隋书·经籍志》(简称"《隋志》"),具有承上启下的关键作用。由于这一时期的目录绝大多数都已亡佚③,各目面貌因此极难考求,虽经学界不懈努力,仍然留下了许多悬而未决的学术难题。本节将要讨论的荀勖《晋中经簿》的解题问题,就是其中之一。

(一) 问题之提出

在学术史上,荀勖(217？—289)《晋中经簿》以开创目录四分法而著称,改变了汉代刘向、歆父子奠定的六分载籍的目录学传统;后经李充调换乙、丙两部书之次序(使史居子前。《晋元帝书目》),魏徵《隋书·经籍

---

① 按:解题,又称提要,是书目中对著录的图书进行解说的文字。余嘉锡先生说:"书名下论说,名称屡变。""以普通均呼之为解题,姑用以立说。"(见氏著《目录学发微》卷一,巴蜀书社,1991年,第2页。)今循其例,通称解题。

② 按:荀勖此目,阮孝绪《古今书最》著录作"《晋中经簿》",《隋志·簿录篇》著录作"《晋中经》"(均见下文),因此,其正式名称当作《晋中经簿》(郑默所撰者则称《魏中经簿》)。阮氏《七录序》有"因魏《中经》,更著《新簿》"一语,《隋志》因之,因此后世又别称作"《中经新簿》"。又按:关于荀勖领校群书,时贤考其大约始于西晋泰始六、七年(270—271)间,初期同中书令张华一起负责,后期则与和峤一起负责。详吴光兴《荀勖〈文章叙录〉、诸家"文章志"考》,载莫砺锋编《周勋初先生八十寿辰纪念文集》,中华书局,2008年,第177页。

③ 按:中古时期的目录,如果不考虑一书之目录(即本书目录),而就群书之目录(即书目)来看,仅有《古今书最》、阮孝绪著述简目等极少数书目,因特殊机缘而保存下来(以上二种,作为《七录》相关资料保存于释道宣《广弘明集》内)。

志》确立经、史、子、集四部之名目,终使四分法成为中国古代典籍的主流分类方法,深刻地影响了古代中国文献分类与学术思想的格局。学人推尊荀《簿》,认为该簿"上承《七略》,下开四部,至为重要"①,"是中古前期整个时期内最好的一部官修目录"②。由于其书久佚(《隋志》《旧唐志》《新唐志》俱作十四卷,其后则未见著录。余嘉锡因推此目"至宋遂佚"③),因此,关于此簿的一些问题,引起了学人的持续关注与探讨。

解题是目录学家"辨章学术,考镜源流"(章学诚《校雠通义叙》)的重要手段。事实上,目录学作为一门古老而日新的学科,经过古代学者郑樵(《通志·校雠略》)、章学诚(《校雠通义》)等的理论探索,并经现当代学人余嘉锡、汪辟疆、王重民、姚名达、程千帆、徐有富等先生的持续努力,已经形成了较为明晰的学科范式与价值体系。目录学的宗旨,学界公认由章学诚所标举的"辨章学术,考镜源流"八字足以概括。值得追问的是,目录学家如何能够"辨章学术,考镜源流"? 不少学者对此做了极富启示意义的探索。例如,作为一代大家,余嘉锡先生就特别强调小序(即部类之序)与解题的重要性,并且以二者之有无,作为重要标准,将目录书分为三类④,体现了非凡的学术眼光。如果要考察目录学家"辨章学术,考镜源流"的手段,或者说,要衡量一部书目编纂水平与学术价值的高下,那么,以下几个方面可以作为思考的出发点:1. 著录是否全面。即所著录之图书,能否反映某一范围(如时代、地域、学科等)著述的全貌。2. 著录是否成其体系。即是否有严整的以书名为中心的条目体系、以类目为中心的分类体系。3. 是否有条别学术源流的文字。即是否有全目总序、部类小序与图书解题等。余嘉锡先生所强调的,正是第3个方面的内容。

就荀勖《晋中经簿》而言,上述第1个方面已然无从全面考求,而仅能从后世之征引中,考出部分被该簿著录的图书。至于第2、第3两个

---

① 余嘉锡《目录学发微》卷一,第2—3页。
② 王重民《中国目录学史论丛》,中华书局,1984年,第41页。
③ 余嘉锡《目录学发微》卷三,第88页。
④ 余嘉锡《目录学发微》卷一,第2页。

方面,通过学界之探索(详下),尚能窥其一麟半爪;但对于《晋中经簿》的著录体例问题,例如本文将要讨论的解题问题等,仍未得到很好的解决。

(二) 学界既有研究之回顾

回顾学界对《晋中经簿》之研究,其焦点主要集中在以下两个论题上:

其一,《晋中经簿》是否有二级分类? 如果有,那么,《隋志序》所著录之"六艺""小学""古诸子家""近世子家""兵书""兵家""术数""史记""旧事""皇览簿""杂事""诗赋""图赞""汲冢书"等十四个名称,是否为其二级类目("分类之名")? 抑或仅是其"分卷之名"?

其二,《晋中经簿》是否有"叙录"(解题)? 如果有,其面貌如何?

按:二级分类是书目分类体系的组成部分,有无二级分类的问题,涉及目录学家对当时学术、思想体系的认知水平,极为重要。对于《晋中经簿》的分类问题,学界讨论较多①,但其中仍有未尽,可以说迄未定论。而《晋中经簿》"叙录"(解题)之有无等问题,则涉及编目者(以荀勖为主)如何对刘向、歆父子奠定的目录学传统进行因革损益、如何对新出文献之学术价值进行准确之把握、能否产生学术影响等各个层面,关涉极广,意义重大,是中古时期诸目录学难题中最称关键者之一。

《晋中经簿》有无解题? 学界认识不一。清初学者朱彝尊,于《〈崇文总目〉跋》中云:

> 《崇文总目》六十六卷,予求之四十年不获。归田之后,闻四明范氏天一阁有藏本,以语黄冈张学使,按部之日,传抄寄予。展卷读之,只有其目。当日之叙释,无一存焉。……书籍自刘《略》、荀

---

① 按:对《晋中经簿》分类问题加以专精之研究者,有唐明元、张固也等。前者有《〈中经新簿〉四部之小类问题辨析》(同王德平合撰。《图书馆理论与实践》,2006 年第 3 期)、《再论〈中经新簿〉四部之小类问题》(《图书馆理论与实践》,2009 年第 9 期);后者有《四部分类法起源于荀勖说新证》《也谈〈中经新簿〉四部之小类问题》《再谈〈晋中经簿〉四部之小类问题》等文,均收入氏著《古典目录学研究》一书(华中师范大学出版社,2014 年)。

《簿》、王《志》、阮《录》以来，不仅条其篇目而已，必稍述作者之旨，以诏后学。故赞《七略》者，或美其"剖判艺文"，或称其"略序洪烈"。其后殷淳则有《序录》，李肇则有《释题》，必如是而大纲粗举。若尽去之，是犹存虎豹之鞟，与羊犬何别欤？①

朱氏所云"叙释"，要在能"稍述作者之旨，以诏后学"，实即解题。朱氏将《晋中经簿》同刘歆《七略》、殷淳《四部书序录》（《新唐志》载有三十九卷）、李肇《经史释题》等解题目录相提并论，无疑认为该目是有解题的。朱氏作为一代名家，曾采用以辑录体为主而兼用辑考体的解题体例，撰成经学目录的集大成之作——《经义考》，无疑具有敏锐的目录学意识。但朱氏此跋，重在致憾于《崇文总目》解题刊去之可惜，并没有对《晋中经簿》的解题面貌做更进一步的探求与讨论。

民国以降，目录学作为一门研治古代文史之学的基础学科，日益受到学界的重视，研究者不乏其人。其中贡献卓著、具有代表性的学者，首推余嘉锡。关于《晋中经簿》的解题问题，余氏云：

> 晋武帝太康二年，得汲冢古文竹书，以付秘书，于是荀勖撰次之，因郑默《中经》，更著新簿，遂变《七略》之体，分为甲乙丙丁四部，是为后世经史子集之权舆，特其次序子在史前。《隋志》谓其"但录题，及言盛以缥囊，书用缃素，至于作者之意，无所论辩"。"但录题"者，盖谓但记书名；"盛以缥囊，书用缃素"，则惟侈陈装饰，是其书并无解题。而今《穆天子传》，载有勖等校上序一篇，其体略如刘向《别录》，与《隋志》之言不合。据《晋书》勖传，则勖之校书，起于得汲冢古文，或勖第于汲冢书撰有叙录，他书则否也。②

知余嘉锡认为《晋中经簿》"并无解题"，或"第于汲冢书撰有叙录，他

---

① ［清］朱彝尊《曝书亭集》卷四十四，清康熙甲午（1714）刻本。
② 余嘉锡《目录学发微》卷三，第88页。

书则否也"。其他治目录学者,在《晋中经簿》解题问题上,大约有以下几种态度:

1. 置而不论,或仅仅致憾于该簿之未能发明作者之意。如汪辟疆云:"自荀勖之书既行,而刘、班之学遂晦。……且所贵乎目录者,在能明其条贯,撮其指意。刘、班之书,罔不如此。荀勖对于收藏书籍之法,能计及缥缃之用,而于作者之意,鲜有发明。轻重之间,未免倒置。此固不能曲为荀氏讳者也。"①又如来新夏云:"《新簿》的体制是登录书名、卷数和撰人,并有简略的说明,可是没有很好地继承刘向写书录的传统,缺乏对图书内容的评述和论辩。"②其实袭用《隋志》之持论。

2. 认识不清,意见摇摆。如姚名达认为:"两晋、南北朝之秘阁目录,自荀勖'但录题及言,盛以缥囊,书用缃素;至于作者之意,无所论辩'后,介绍撰人,解释内容,批评得失之叙录,遂被摒弃不用。"③同时又云:"其书当与后来王俭《七志》同一体制,有解题而极略。"④姚氏前后意见相左,是因为还没有对《晋中经簿》的解题问题,作更为深入之探析⑤。

3. 持否定意见。如王重民云:"《晋中经簿》没有提要或解题,与我国传统的解题目录比较起来是有一些弱点的。"⑥

进入 21 世纪以来,《晋中经簿》的解题问题,重新引起学人之注意与思考。其中贡献较著者,当推赵望秦《荀勖〈中经新簿〉是有叙录的》一文

---

① 汪辟疆《目录学研究》,台北,文史哲出版社,1990 年(据 1934 年初版影印),第 21 页。
② 来新夏《古典目录学》,中华书局,2013 年,第 98 页。
③ 姚名达《中国目录学史》(王重民校阅本),上海书店,1984 年(据商务印书馆 1957 年排印本影印),第 163—164 页。
④ 姚名达《中国目录学史》(王重民校阅本),第 174 页。
⑤ 按:姚名达先生(达人,显微。江西兴国人。1905—1942)毕业于清华大学国学研究院,受业于梁启超等诸大家。抗战爆发,以中正大学教员而参加战地服务团,于新淦遇敌,牺牲于石口村,年仅三十八岁。先生所著,已有《目录学》《中国目录学史》《中国目录学年表》《刘宗周年谱》《邵念鲁年谱》《朱筠年谱》《章实斋年谱》等。(详王重民先生所撰《后记》,《中国目录学史》,第 425 页。)倘先生未牺牲而专力学术,必有更多发明,成就未可限量。
⑥ 王重民《中国目录学史论丛》,第 42 页。

(以下简称"赵文")①。赵文共分六个部分。第一个部分,从荀勖校书活动长达十年以上之事实,推其能"从容撰写叙录"。第二个部分,从荀勖《本传》"依刘向《别录》,整理记籍",推断荀氏效法刘氏,为所校图书撰写叙录。第三个部分,从《晋中经簿》以十四卷之篇幅,著录四部书达到一千八百八十五部之事实,推断此簿必有叙录。第四个部分,通过钩稽佚文,推断《晋中经簿》之甲部有叙录。第五个部分,以《文章叙录》佚文为例,证明《晋中经簿》之丁部有叙录。第六个部分,《隋志序》对王俭"不述作者之意"的批评,承前对荀勖"作者之意,无所论辩"之批评,恰可表明荀《簿》有叙录,只是详于事迹而略于学术而已。赵文是研究《晋中经簿》解题问题的专文,思路明晰,爬梳甚力,颇具卓识。

针对赵文,张固也先生撰《荀勖〈中经新簿〉是有叙录的吗?》一文②(以下简称"张文")加以探讨,对赵文所提出的六个方面,逐一加以反驳,结论是:"古书中所引《中经新簿》,没有一条称得上是叙录。"③总体上否定了赵文的观点。张文还对"皇览簿"之含义等问题,提出了精到的见解。

大约与张固也先生同时,吴光兴先生对荀勖《文章叙录》及诸家"文章志"之面貌、体例渊源,有精到之探讨。至于《晋中经簿》,吴先生认为:"代表荀勖校书成就的《晋中经簿》事实上却是个单纯编目的目录书,并不包含《别录》式的'叙录'。""《晋中经簿》是没有解题的单纯目录。"④其判断同前揭余嘉锡、王重民等先生一致。

任何研究,都有助于对论题所涉真相的探寻,乃至最终解决。上揭赵望秦、张固也、吴光兴三位先生之研究,均以有限而坚确之史料作为依据,加以缜密之分析,虽持论可能相反,而都有助于朝事实真相不断迈

---

① 赵望秦《荀勖〈中经新簿〉是有叙录的》,《中国典籍与文化》,2004年第4期,第10—15页。

② 张固也《荀勖〈中经新簿〉是有叙录的吗?》,载氏著《古典目录学研究》,第36—48页。该文原载《图书馆杂志》2008年第7期。

③ 张固也《荀勖〈中经新簿〉是有叙录的吗?》,第41页。

④ 吴光兴《荀勖〈文章叙录〉、诸家"文章志"考》,第178页、184页。

进。需要特别指出的是,赵文、张文题中所称"叙录"一词,实即后世之"解题(提要)"。兹略做辨析。按,"叙录"一词,属于本书目录(也即一书之目录)的概念。中国古典目录,包括一书之目录(或曰本书目录)与群书之目录(简称书目)两大类;一书之目录,以篇目(或曰篇名、篇次)为核心,由本书篇目、本书叙录两大部分构成;以"录"字兼包"目"与"叙"二者①,故一书之目录又称为本书书录(由篇目、叙录两部分构成)。至于群书之目录(书目),则以书名为核心;针对该书之论说文字(非指作者、卷数等著录项),通常称为解题或提要(本书通称为解题);有解题的书目,通常称为解题目录(或提要目录),而解题目录则由以书名为中心的条目部分及解题部分组成。叙录通常是构成解题的重要来源,例如,《别录》的解题,来源于刘向等为每书撰写的叙录之文;《四库全书总目》著录书部分的解题,来源于《四库全书》每部书的书前叙录等。虽然叙录同解题关系密切,但是,严格地说,二者实际上分属不同之层次:叙录附本书以行,是本书目录的组成部分;解题则系解题目录的重要内容,属于群书目录(书目)的组成部分。执此以论,赵文、张文对荀《簿》叙录问题的探讨,其实是在探讨荀《簿》有无解题的问题,而非严格意义上的有无叙录的问题。实际上,由于荀《簿》久佚,此书有无叙录的问题(即荀勖是否为《晋中经簿》撰写题解),已很难考知。

(三)《晋中经簿》有无解题之新探

作为古典目录四分法的开创之作,《晋中经簿》是一部"没有解题的单纯目录",还是一部有解题的目录?或者说,该簿所著录之书,书名下有无解题?要解决这个问题,必须要从制度(中央藏书整理之传统)、体例(《晋中经簿》内在结构及容量)及实证(遗存文字之辑佚)等层面,加以讨论。

---

① 余嘉锡曰:"何谓目录?目谓篇目,录则合篇目及叙言之也。……必有目有叙乃得谓之录。录既兼包叙及目,则举录可以该目。……因编校之始,本以篇目为主,故举目言之,谓之目录也。诸书所载向、歆之奏,亦或谓之叙录。盖二名皆举偏以该全,相互以见意耳。"见《目录学发微》卷一,第16页。

治乱交替中的文献传承

1. 官方整理藏书之传统

中国历来有官方管理藏书的传统。老子曾为周守藏室之史(《史记·老子韩非列传》),而司马氏世典周史(《太史公自序》)。整理藏书,是王官世守的重要职责。汉代刘向、歆父子奉诏领校中外藏书,使先秦以来的传世典籍首次得到大规模的、系统性的整理,形成官方定本,成为后世官方整理藏书的典范,影响极为深远。"及后汉兰台,犹为书部"(阮孝绪《七录序》),知班固等司理藏书,即以刘向、歆父子为取法的对象①。

同《晋中经簿》密切相关的文献,仅有以下数条:

甲、阮孝绪《七录序》:"魏、晋之世,文籍逾广,皆藏在秘书、中、外三阁。魏秘书郎郑默,删定旧文,时之论者,谓为朱紫有别。晋领秘书监荀勖,因魏《中经》,更著《新簿》。虽分为十有馀卷,而总以四部别之。惠怀之乱,其书略尽。江左草创,十不一存。后虽鸠集,淆乱已甚。及著作佐郎李充,始加删正,因荀勖旧簿四部之法,而换其乙、丙之书,没略众篇之名,总以甲、乙为次。自时厥后,世相祖述。"②

乙、魏徵《隋志序》:"魏氏代汉,采掇遗亡,藏在秘书、中、外三阁。魏秘书郎郑默,始制《中经》。秘书监荀勖,又因《中经》,更著《新簿》,分为四部,总括群书:一曰甲部,纪六艺及小学等书;二曰乙部,有古诸子家、近世子家、兵书、兵家、术数;三曰丙部,有史记、旧事、皇览簿、杂事;四曰丁部,有诗赋、图赞、汲冢书,大凡四部合二万九千九百四十五卷。但录题,及言盛以缥囊,书用缃素。至于作者之意,无所论辩。惠、怀之乱,京华荡覆,渠阁文籍,靡有孑遗。""东晋之初,渐更鸠聚。著作郎李充以勖旧簿校之,其见存者但有三千一十四卷。充遂总没众篇之名,但以

---

① 按:东汉官方大规模校书有四次,其专门校书机构有兰台、东观等,均按刘向、歆父子《别录》《七略》分类之法,部次典籍。说详张宗品《东汉校书考》一文,载《汉学研究》第35卷第3期,2017年,第67—104页。
② [唐]释道宣《广弘明集》卷三,《四部丛刊》影明汪道昆刻本。

甲乙为次。自尔因循,无所变革。"①又《簿录篇》:"《晋中经》十四卷(荀勖撰)。"②

丙、《晋书·荀勖传》:"荀勖,字公曾,颍川颍阴人,汉司空爽曾孙也。……仕魏,辟大将军曹爽掾,迁中书通事郎。……武帝受禅……拜中书监,加侍中,领著作,与贾充共定律令。……俄领秘书监,与中书令张华,依刘向《别录》,整理记籍。……及得汲郡冢中古文竹书,诏勖撰次之,以为《中经》,列在秘书。"③

丁、《晋书·李充传》:"李充,字弘度,江夏人。……善楷书,妙参锺、索,世咸重之。辟丞相王导掾,转记室参军。……服阕,为大著作郎。于时典籍混乱,充删除烦重,以类相从,分作四部,甚有条贯,秘阁以为永制。"④

按:汉成帝、哀帝时刘向、歆父子先后领校群书,撰成《别录》《七略》,奠定了校书的基本规范与原则,使目录学成为一门独立的学问。在刘向、歆父子形成的校雠与著述传统中,整齐篇目、撰写叙录、编成书目,是其中最为重要的几个步骤。《别录》《七略》体制较为完备,解题是其中重要的组成部分(本节第六部分所举《晏子书录》,就是二目《晏子》解题的重要来源)。向、歆父子所开创的校书传统,为历代校理官书、编写官簿者所继承。荀勖"领秘书监,与中书令张华,依刘向《别录》,整理记籍",即遵循向、歆父子奠定的校雠与著述传统,厘定篇目,撰写叙录;叙录文字,必在《晋中经簿》中有所体现,构成相应的解题内容(《新撰文章家集叙》中也有,而范围、详略不同。详本节第六部分)。此一传统,至东晋李充因"典籍混乱"而仅"删除烦重",撰成没有解题的简目,才有所改变。

---

① [唐]魏徵等《隋书》卷三十二,中华书局,1973年,第906页。
② [唐]魏徵等《隋书》卷三十三,第991页。
③ [唐]房玄龄等《晋书》卷三十九,中华书局,1974年,第1152—1154页。
④ [唐]房玄龄等《晋书》卷九十二,第2389—2391页。

2.《晋中经簿》著录之容量

从《晋中经簿》著录体例（如著录形式、结构要素等）的层面，来审视该簿解题有无的问题，不失为一个有效的途径。但是，荀《簿》的著录形式与内在结构（解题是非常重要而并非必需的结构要素），由于文献不足征，目前还无法做出全面的描述与进一步的判断。幸运的是，荀《簿》著录形式中的容量要素（即本书卷数、著录图书之种数等）是明确的，这一客观史实，为该簿解题有无之探讨，提供了可靠的基石。

《晋中经簿》的著录容量，首见于阮孝绪《古今书最》"《晋中经簿》"条：

> 四部书一千八百八十五部，二万九百三十五卷。其中十六卷佛经。书簿少二卷，不详所载多少。
> 一千一百一十九部亡，七百六十六部存。

阮孝绪出于"穷究流略，探尽秘奥"（《七录序录》）的撰述宗旨，对历代书目之著录及当时存亡之实际，做了详尽考察，从而留下了有关《晋中经簿》的两个关键数字：一千八百八十五部、二万九百三十五卷。前者是荀《簿》著录的图书种数，后者是著录图书的总卷数。实际上，对于考察一部书目的著录容量而言，只有前者（图书种数）才是一个有效的衡量指标，而著录图书总卷数的相关程度，不是很强。因为图书种数的多少，直接决定了目录著录条数的多少。

衡量目录著录容量的另一个重要指标，则是目录本身的卷数。在载体相同、各卷容量大致均衡的前提下，书目的卷数越多，其著录容量也就越大。《晋中经簿》之卷数，《隋志》之簿录篇作十四卷（见前揭），《旧唐志》之杂四部书目类（题作"《中书簿》"）[1]、《新唐志》之目录类[2]，其著录均与《隋志》相同。

---

[1] ［后晋］刘昫等《旧唐书》卷四十六，中华书局，1975年，第2011页。
[2] ［宋］欧阳修、宋祁等《新唐书》卷五十八，中华书局，1975年，第1497页。

结合《古今书最》与隋、唐《志》的记载,知《晋中经簿》以十四卷之篇幅,共著录图书一千八百八十五部,大致相当于每卷著录图书一百馀部(种)。仅从这个结果本身,并不能对该簿是否有解题的问题加以推论;只有将其置于书目著录的系列中加以类比,才有可能得出较有价值的结论。

《晋中经簿》之前,面貌较为清晰而可作类比的书目,有《别录》《七略》《汉志》等。《别录》系刘向、歆父子校书时所撰书录之汇集,(《七录序》:"昔刘向校书,辄为一录,论其指归,辨其讹谬,随竟奏上,皆载在本书。时又别集众录,谓之《别录》,即今之《别录》是也。")由现存《孙卿新书书录》《晏子书录》等完篇可知,该目是内容完备的解题目录,文字丰硕,信息量大。根据《古今书最》,《七略》有书六百零三家(即种),凡七卷。除去《辑略》(占一卷),著录书目者凡六卷,平均每卷在一百种左右。《七略》系以《别录》为基础,"总群书"(《汉志序》)而成(《七录序》:"歆遂总括群篇,奏其《七略》","子歆撮其指要,著为《七略》"),在两部书之体制、格局相同的情况下①,知二者之别,主要是在内容之丰俭上;从卷数上看,由二十卷变为七卷,内容压缩几近三分之二。《汉志》系裁取《七略》而成,仅有一卷,而著录图书多达五百九十六家。《汉志》书名、卷数、撰者等著录要素基本齐备,同《七略》之区别,主要在于解题文字之有无。如将荀《簿》同《汉志》相较,知荀《簿》除书名、卷数、撰者等要素外,平均每卷另有大约五倍于《汉志》的文字。这些文字,必然是荀《簿》解题中的内容。

《晋中经簿》之后,面貌清晰而可作类比的书目较多,不妨以相距最近而无阙佚的《隋志》为例。《隋志》四卷,其著录之数,如下表所示:

---

① 按:《别录》同《七略》相类,也有《辑略》。关于此目,研究者众,要以张涤华先生之研究,最称精审。详其《〈别录〉的作者及其撰辑的时期》《〈别录〉的亡佚及其辑本》《〈别录〉释名》等文,分载《阜阳师范学院学报》1982 年第 1 期、第 2 期、第 4 期。

表 3-4 《隋志》著录数量表

卷次	著录
第一卷（经部）	六百二十七部（通计亡书，合九百五十部）
第二卷（史部）	八百一十七部（通计亡书，合八百七十四部）
第三卷（子部）	八百五十三部
第四卷（集部）	五百五十四部（通计亡书，合一千一百四十六部）

可见《隋志》之著录，每卷均在八百多部（种）以上，第四卷（集部）更是高达一千一百四十六部；再加上附注道经、佛经二类之内容（尽管未列细目），该卷之容量尤为惊人。值得指出的是，《隋志》每卷著录图书之种数能有如此之多，其实同以下两个因素密切相关：

其一，《隋志》作为正史构成的性质。与《汉志》相同，《隋志》亦系史志目录。作为正史的一个组成部分，《隋志》要受到"志"之体裁的限制，所以每条仅有简单之著录（书名、卷数，偶有附注等），不可能有繁复的解题文字。

其二，"卷"作为计量单位的特性。众所周知，早期的著述（文献）是以简帛作为物质载体的，编简成篇，卷帛成卷，"篇""卷"具有显示载体的物质意义；著述（文献）既已形成，"篇""卷"便具有了标记内容起讫的形式意义。而随着书籍载体的不断更新，"篇""卷"逐渐同简帛等载体脱离，其物质意义便不断虚化。至《隋志》之时，古典文献已经进入纸书时代①，此时之"卷"，基本上已不再与实际的物质载体相关，而仅具有形式上的意义，标示相关内容的起讫，因此，各卷之著录容量，因为内容的丰俭而具备相当的弹性。

---

① 钱存训先生考察了中国古代书写材料的分期：(1) 竹简、木牍：自上古至公元三世纪或四世纪。(2) 缣帛：自公元前六世纪或前五世纪至公元五世纪或六世纪。(3) 纸：自公元前后直至现代。（载氏著《书于竹帛——中国古代的文字记录》，上海书店出版社，2006年，第64页。）钱先生又指出，到公元二世纪后半叶，纸已经成为"最普遍的书写材料"；后来风行于三至四世纪的晋代，取代了竹简和部分缣帛的用途；四世纪时，桓玄甚至下达了禁简令："古无纸，故用简，非主于敬也。今诸用简者，皆以黄纸代之。"（同前书，第102页。）

通过上述比较,知《晋中经簿》以十四卷之篇幅,而著录图书一千八百八十五部,平均每卷著录一百馀部;以书名为中心的每条著录内容,远较《汉志》《隋志》为富,而同《七略》大体相仿,因此应当具备相应的解题内容。

（四）《晋中经簿》遗存文字之分析

如果说,上揭对官方校理藏书之传统、《晋中经簿》著录之容量等考察,尚属文献绎读、理论推导之层面,那么,通过辑佚,找出《晋中经簿》遗存之文字而加以分析,则有可能从实证层面解决该问题,不失为解决问题的一条佳径。但是,由于荀《簿》亡佚已久①,寻找实证之路颇为不易。前揭赵望秦先生所爬梳之文字片段,较为零碎,信息量有限,即难以支撑其立论,因此为张固也先生所否定。

《晋中经簿》保存下来的文字片段,约有二十馀处,大多仅据此簿而列出某种著述的名称、撰者及卷数等。其中信息量稍丰、具有代表性的文字有十数条。以下试按其相关性,分组加以探析。

1. 第一组

（1）臣松之案:此人姓周生,名烈。何晏《论语集解》有烈《义例》。馀所著述,见晋武帝《中经簿》。(《三国志·魏志·王肃传》:"自魏初征士燉煌周生烈、明帝时大司农弘农董遇等,亦历注经传,颇传于世。"裴松之注"周生烈"文②)

（2）见《姓苑》。今人呼人,亦曰某生,不必外生也。《晋中经簿》云:"魏侍中周生烈,本姓唐,外养周氏。"(郑樵《通志·氏族略第二》"周生氏"下注③)

---

① 按:从下文所揭文字片段上看,唐宋时对《晋中经簿》偶有引据,宋以后则无,那么,该书有一个不断散佚之过程,至迟于宋元之际全部亡佚。
② [晋]陈寿撰,[南朝宋]裴松之注《三国志》卷十三,中华书局,1959年,第420页。
③ [宋]郑樵《通志二十略》,王树民点校,中华书局,1995年,第40页。

按：以上两条，均介绍同一人物（周生烈）。《晋中经簿》领撰者为荀勖，晋初人，"晋武帝《中经簿》"者，即荀勖领撰之《晋中经簿》。阮孝绪于《中经簿》前增一"晋"字（《古今书最》），是为了同郑默所撰之《中经》相区别（二者相对，后者通常称作《魏中经簿》）。裴松之引《晋中经簿》，在于介绍周生烈的著述，因为周生氏著述①，除《论语义例》外，均著录于《晋中经簿》。第二条资料，系郑樵（1104—1162）所引，在于推溯周生氏之源起。此条文字，不再局限于书名、作者、卷数等简单著录，内容上稍丰，显然属于解题中文字。

但是，当郑樵之世，《晋中经簿》久已亡佚，郑氏如何得见荀《簿》文字？根据本条文字提供的信息推知，郑樵可能是依据《姓苑》而加以转引。《姓苑》此书，后世不存，但在唐宋文献中多有引据。考《隋志》谱系篇内有《姓苑》一卷，题"何氏撰"②；《旧唐志》杂谱牒类著录《姓苑》十卷，题"何承天撰"③。在郑樵身后，陈振孙（1179—1262）于其《直斋书录解题》谱牒类著录有《姓苑》二卷，解题云："不著名氏。古有何承天《姓苑》。今此以李为卷首，当是唐人所为。"④据此可知，唐时谱牒学兴盛，著《姓苑》者尚不止何承天一家，至南宋时此类图书颇有存者；藏书大家陈振孙既有收藏⑤，那么，比陈振孙年代更早的郑樵，能亲见《姓苑》其书而加以转引，就极有可能。作为谱牒类著作，《姓苑》自会采录存世文献中有关名人之著述、生平等资料；《晋中经簿》唐时尚未全佚，因此能被《姓苑》著者所采录。保存在《姓苑》中的《晋中经簿》文字，又被郑樵转引，以释周生氏之源起；其间文献传承之脉络，较为明晰，允合情理。郑氏所引文

---

① 周生烈著述，尚有《周生子》十三卷、《周生子要略》一卷及《录》一卷等。见秦荣光《补晋书艺文志》卷三，《二十五史艺文经籍志考补萃编》第十一卷，清华大学出版社，2012年，第79页。

② ［唐］魏徵等《隋书》卷三十三，第990页。

③ ［后晋］刘昫等《旧唐书》卷四十六，第2012页。

④ ［南宋］陈振孙《直斋书录解题》卷八，上海古籍出版社，1987年，第229页。

⑤ 武秀成先生云："古代文化之盛，莫盛于宋代；宋代典籍之富，莫富于直斋。直斋谓谁？吴兴陈振孙也。"载氏著《陈振孙评传》，南京大学出版社，2006年，第251页。

字,属于人物介绍范畴;而人物简介,正是刘向、歆父子所撰书录的有机组成部分,在书目中即属于解题的内容。在判断《晋中经簿》具有解题的问题上,郑樵此条,极为有力。

2. 第二组

（3）卜商字子夏,卫人。孔子弟子,魏文侯师。《七略》云:"汉兴,韩婴传。"《中经簿录》云:"丁宽所作。"张璠云:"或馯臂子弓所作,薛虞记。"虞,不详何许人。（陆德明《经典释文·序录·注解传述人·易》"子夏《易传》三卷"条下注①)

（4）（刘表）字景升,山阳高平人。后汉镇南将军、荆州牧、南城侯。《中经簿录》云:"注《易》十卷。"《七录》云:"九卷,《录》一卷。"（陆德明《经典释文·序录·注解传述人·易》"刘表《章句》五卷"条下注②）

（5）又案:刘向《七略》有《子夏易传》,但此书不行已久,所存者多失真本。又荀勖《中经簿》云:"《子夏传》四卷,或云丁宽所作。"是先达疑非子夏矣。又《隋书·经籍志》云:"《子夏传》,残缺,时六卷,今二卷。"知其书错谬多矣。又王俭《七志》引刘向《七略》云:"《易传》,子夏韩氏婴也。"今题不称韩氏,而载薛虞记。又今秘阁有《子夏传》薛虞记,其质粗略,旨趣非远,无益后学,不可将帖正经。谨议。（司马贞[679—732]《孝经老子注易传议》③）

（6）"其治合之齐,则存乎神农、子仪之术"云者,案:刘向云:"扁鹊治赵太子暴疾尸蹶之病,使子明炊汤,子仪脉神,子术案摩。"又《中经簿》云:"子义《本草经》一卷。"仪与义一人也。若然,子义亦周末时人也。并不说神农。（《周礼·天官·疾医》"以五味、五谷、五药

---

① ［唐］陆德明撰,吴承仕疏证《经典释文序录疏证》,中华书局,2008年,第37页。
② ［唐］陆德明撰,吴承仕疏证《经典释文序录疏证》,第39页。
③ ［宋］李昉等《文苑英华》卷七百六十六,中华书局,1966年,第4035页。

养其病",贾公彦疏郑玄注"其治合之齐,则存乎神农、子仪之术云"文①)

按:今日所见《晋中经簿》遗文,通常仅有只言片语,而且以说明此簿著录有何人何书为主,如本组第(4)条,陆德明引刘表《周易注》十卷;第(6)条,贾公彦引子义《本草经》一卷等。第(3)条内《中经簿录》,即《晋中经簿》之别称;与第(5)条相类,均涉及《子夏易传》之撰人。陆德明引《晋中经簿》,取其"丁宽所作"一语;司马贞所引,亦"或云丁宽所作"之语。二氏所引文字虽短,而讨论的都是《子夏易传》的作者问题。与司马贞同时,刘知几《孝经老子注易传议》中亦论及该问题:

又按:《汉书·艺文志》,《易》有十二家,而无子夏作传者。至梁阮氏《七录》,始有《子夏易》六卷,或云韩婴作,或云丁宽作。然据《汉书·艺文志》,韩《易》有十二篇,丁《易》有八篇,求其符会,则事殊戾剌者矣。②

刘知几(661—721)、司马贞(679—732)所以同时讨论《子夏易传》之撰人,是因为唐玄宗"敕令有司详定四书得失,具状奏闻"(刘知几《孝经老子注易传议》)。实际上,《子夏易传》的作者问题、真伪问题,一直是学术公案,故四库馆臣于该书提要中称:"说《易》之家,最古者莫若是书。其伪中生伪,至一至再而未已者,亦莫若是书。"③根据陆德明、刘知几、司马贞三家所引,不难得出自《七略》以来关于《子夏易传》之著录事实:

(甲)《七略》云:"汉兴,韩婴传。"(陆德明)

---

① [汉]郑玄注,[唐]贾公彦疏《周礼注疏》卷五,[清]阮元校刻《十三经注疏》本,中华书局,1980年,第667页。
② [宋]李昉等《文苑英华》卷七百六十六,第4034页。按:"十二家",当作"十三家"。
③ [清]永瑢、纪昀等《钦定四库全书总目》卷一,武英殿刻本,《景印文渊阁四库全书》第1册,台湾商务印书馆,1986年,第54页。

（乙）刘向《七略》有《子夏易传》，但此书不行已久，所存者多失真本。（司马贞）

（丙）又王俭《七志》引刘向《七略》云："《易传》，子夏韩氏婴也。"（司马贞）

（丁）《汉书·艺文志》，《易》有十二家，而无子夏作传者。（刘知几）

（戊）《中经簿录》云："丁宽所作。"（陆德明）

（己）荀勖《中经簿》云："《子夏传》四卷，或云丁宽所作。"是先达疑非子夏矣。（司马贞）

（庚）至梁阮氏《七录》，始有《子夏易》六卷，或云韩婴作，或云丁宽作。（刘知几）

（辛）又《隋书·经籍志》云："《子夏传》，残缺，〔梁〕时六卷，今二卷。"知其书错谬多矣。（司马贞）

（壬）今题不称韩氏，而载薛虞记。（司马贞）

（癸）又今秘阁有《子夏传》薛虞记，其质粗略，旨趣非远，无益后学，不可将帖正经。（司马贞）

《汉志》本于刘歆《七略》，其《六艺略》之《易》类载有十三家《易传》，其中没有明确标明"子夏"所作者。由上揭事实，知荀勖对其时所流传的《子夏易传》的作者问题予以讨论，以为"或云丁宽作"。度其文意，大约默认子夏为孔子弟子卜商，而据当时传本之实际，又怀疑当系丁宽所作者；由此可知，当时流传的《子夏易传》之传本，必然号称出于丁宽所作。根据《汉书·儒林传》，丁宽（子襄其字。号丁将军）是汉代《易》学大家，"作《易说》三万言，训故举大谊而已，今《小章句》是也"[①]。其说经田王孙而再传至施雠、孟喜、梁丘贺，均列于学官，显赫一时。而丁宽之《易》学，根据《儒林传》，其授受源流是：

---

① ［汉］班固《汉书》卷八十八，中华书局，1962年，第3597—3598页。

孔子→鲁商瞿子木→鲁桥庇子庸→江东馯臂子弓→燕周丑子家→东武孙虞子乘→齐田何子装→丁宽

由于《周易》未罹秦火，所以上述传承谱系极其清楚，同时可知，丁宽《易》学同孔子弟子卜商（子夏）并没有什么关系。荀勖等对此事实，当然明了，所以"或云"二字，正是显示对当时《子夏易传》号称丁宽所作之存疑，颇为谨慎。王俭《七志》引《七略》，指出其中所谓《子夏易传》之"子夏"，实即韩婴。说明王俭试图根据《七略》的记载，将"《韩氏》二篇（名婴）"同"子夏"联系起来，对当时流传的《子夏易传》的作者问题，进行探索。阮孝绪综采荀《簿》、王《志》之说，以为"或云韩婴作，或云丁宽作"，其实并没能明确加以辨析。陆德明认为"子夏"即卜商（由陆氏引卜商传记可知），而又惑于韩婴所传（《七略》）、丁宽所作（《晋中经簿》）之说，及薛虞所记（号称馯臂子弓所作）之传本（据张璠之说），也未能予以辨明。至迟在东晋之时①，即有号称薛虞所记之《子夏易传》，更将其传人由丁宽上推至馯臂子弓，托古自重，愈托愈古，实则足以彰其可疑。

不难看出，《子夏易传》之作者问题，同后出之伪本问题相缠杂，困扰着诸多学人，直至四库馆臣，也未能加以解决。独清代学者臧庸，复倡《子夏易传》之作者实为汉儒韩婴，并以"子夏"为韩婴之字；陈鸿森先生表彰臧氏之说，补以孙志祖所考汉人多以孔门弟子之字为字之事例，证明韩婴之字确为"子夏"②。由前揭事实可知，王俭实已试图将《汉志》所载之"《韩氏》二篇（名婴）"同"子夏"相关联，抉发在前；臧庸则更进一步，指出"子夏"为韩婴之字，使这种关联更具有可信度。陈先生经过考证，

---

① 按：陆德明《经典释文·序录》著录"张璠《集解》十二卷"，注云："安定人。东晋秘书郎，参著作。"（《经典释文序录疏证》，第43页。）结合前揭陆氏《序录》"子夏《易传》三卷"条下所引张璠之说（"或馯臂子弓所作，薛虞记"）。其说大约即出于《集解》，则至迟到东晋之时，已有号称馯臂子弓所作、薛虞所记之《子夏易传》通行于世。

② 陈鸿森《"子夏易传"考辨》，《"中央研究院"历史语言研究所集刊》第56本2分，1985年，第371—372页。

持论云:"是《易传韩氏》与《子夏易传》其为一书,固可毋庸置疑"①,"此(引按:指《子夏易传》)与《汉志》所著录之'《易传韩氏》'实同为一书"②。

实际上,《汉志》易类所载"《韩氏》二篇(名婴)"之表述,系班固出于史志书写的需要,尽量予以高度提炼的结果,其完整著录,当从首条"《易传周氏》二篇(字王孙也)"之例,作"《易传韩氏》二篇(名婴)";又从《春秋》之"《公羊》《穀梁》《邹》《夹》之《传》"(《汉志·春秋类》小序),可分别作《(春秋)公羊传》《(春秋)穀梁传》《(春秋)邹氏传》《(春秋)夹氏传》之例(后世即通称《春秋公羊传》等),也可以写作"《(周易)韩氏传》"。(度《别录》《七略》中之著录,或即如此。)那么,无论是"《易传韩氏》",还是"《周易韩氏传》",均不作"《子夏易传》"。也就是说,经过刘向、歆父子之领衔校理,韩婴之《易传》并不写作《子夏易传》。后世号称"《子夏易传》"者,显然向壁虚构(当然,其中可能也保留有部分古注),托古以自高(由丁宽而靬臂子弓),实际上并非韩婴所传之原本。

通过上述梳理可知,提出《子夏易传》的作者问题并首先进行探讨的,正是荀勖《晋中经簿》。事实上,当荀勖之世,《别录》《七略》俱存,其中关于"《易传韩氏》"的著录与解题,荀氏必能看到;而荀氏之所以要探讨其作者问题,一定是当时所能见到的号称《子夏易传》之传本,而其书实际上并不能同《别录》《七略》之著录、解题相契合。这就说明两个问题:其一,汉代所传之"《易传韩氏》",至晋初至少已佚失大半。考虑到两汉之间、东汉末年以及三国时代战乱之频仍与惨烈,这种散佚乃至失传的可能性是极大的。其二,当时已出现号称《子夏易传》的传本,而且声称由丁宽所作。限于文献无征,荀勖等无法辨明此本之真伪,只能在谈及作者时,标明"或云丁宽作",以示谨慎。随着"《易传韩氏》"的逐渐亡佚及伪本《子夏易传》的流行,至陆德明时,已不能辨其真相,从而将"子夏"坐实为孔子弟子卜商。

---

① 陈鸿森《"子夏易传"考辨》,第 373 页。
② 陈鸿森《"子夏易传"考辨》,第 404 页。

基于上述探讨，知《晋中经簿》所称"或云丁宽作"，虽寥寥数字，却也是对作者问题进行探讨，度其原文，或许别有更为丰富的文字。显然，此类文字的性质，也应属于解题文字。

3. 第三组

(7) 赵商作郑玄碑铭，具载诸所注笺验论，亦不言注《孝经》。《晋中经簿》，《周易》《尚书》《中候》《尚书大传》《毛诗》《周礼》《仪礼》《礼记》《论语》凡九书，皆云："郑氏注。名玄。"至于《孝经》，则称"郑氏解"，无"名玄"二字。其验五也。(《孝经注疏·孝经序》"御制序并注"下邢昺疏①）

(8) 唐刘子玄曰："《晋中经簿》凡九诗，皆曰'郑氏注。名玄'。"（王应麟《小学绀珠》艺文类"郑氏九书"条："《周书》《尚书》《尚书中候》《尚书大传》《毛诗》《周礼》《仪礼》《礼记》《论语》。"注②）

按：以上两条，均谈《晋中经簿》著录郑玄九部著述（两条所引，互有阙误，合而观之，知此九部著述分别是《周易》《尚书》《尚书中候》《尚书大传》《毛诗》《周礼》《仪礼》《礼记》《论语》），而于撰人介绍，均称："郑氏注。名玄。"这一著录形式，同一般直接标出撰人姓名者有异。细绎其文，"郑氏注"三字，当是其来有自的历代著录；"名玄"二字，则是对"郑氏"究系何人而加以讨论的文字。由于反例的存在（即不著"名玄"二字者），后世学者遂能据以讨论《孝经注》的撰者问题。

4. 第四组

(9)《晋中经簿》云："盛书用皂缥囊，布里。书函中皆有香囊。

---

① ［唐］李隆基注，［宋］邢昺疏《孝经注疏》，［清］阮元校刻《十三经注疏》本，中华书局，1980年，第1页。

② ［宋］王应麟《小学绀珠》卷四，《景印文渊阁四库全书》第948册，第464页。按："凡九诗"，"诗"当作"书"。

素裹封书也。"(《北堂书钞·仪饰部七·囊八十》"盛书用皂缥"条下注文①)

（10）盛书有青缣裹、布裹、绢裹。（《晋中经簿》）裹，书衣也。（《说文》）（祝穆《古今事文类聚·别集·儒学部·书籍》②）

按：本组两条，内容相近，俱谈书籍之外在形制（书衣及材质）。《隋志序》谓荀《簿》"但录题，及言盛以缥囊，书用缃素"者，即指此。但细读两条文字，似非针对某一具体图书而言，而是概括之词。如果针对某一具体图书，极可能取裁自解题文字（如系附注，不可能于每书之下，不厌其烦地罗列形制）；如果是概括之词，则有可能节取自总序（全书之序）或小序（部类之序）。惟资料较少，难以遽断。

5. 第五组

（11）孟康曰："姓计名然，越臣也。"蔡谟曰："《计然》者，范蠡所著书篇名耳，非人也。谓之计然者，所计而然也。群书所称句践之贤佐，种、蠡为首，岂闻复有姓计名然者乎？若有此人，越但用半策，便以致霸，是功重于范蠡。蠡之师也，焉有如此而越国不记其事，书籍不见其名，史迁不述其传乎？"师古曰："蔡说谬矣。据《古今人表》，计然列在第四等，岂是范蠡书篇乎？计然一号计研，故《宾戏》曰'研、桑心计于无垠'，即谓此耳。计然者，濮上人也。博学无所不通，尤善计算。尝南游越，范蠡卑身事之。其书则有《万物录》，著五方所出，皆直述之。事见《皇览》及《晋中经簿》。又《吴越春秋》及《越绝书》并作计倪，此则倪、研及然声皆相近，实一人耳，何云书籍不见哉？"（颜师古注《汉书·货殖传》"昔粤王句践困于会稽之上，乃

---

① 按：孔广陶校注云："今案：陈本脱'素裹'句，馀同。考《御览》卷七百零四引《中经簿》，无'布里'两字，'囊'下有'二'字，亦无末句。"（[隋]虞世南撰，[清]孔广陶校注《北堂书钞》卷一百三十六，南海孔氏三十有三万卷堂校注重刊本，《续修四库全书》第1212册，上海古籍出版社，2002年，第646页。）"陈本"，指明人陈禹谟万历刻本。

② [宋]祝穆《古今事文类聚·别集》卷三，《景印文渊阁四库全书》第927册，第545页。

用范蠡、计然"句①)

(12)《晋中经》言:佛本临倪国世子。父曰屑头邪,母曰莫邪。身服色黄,发如青丝。初,莫邪梦白象,始孕。及生,从左胁出。生而有髻,堕地能行。(董逌《书〈西升经〉后》②)

按:本组两条,都涉及人物介绍,应是解题的有机组成部分。第(11)条,系颜师古(581—645)注《汉书·货殖传》之文。孟康,三国魏人(字公休。有《汉书音义》),以"计然"为人名;而东晋学者蔡谟(字道明。281—356,有《汉书集解》)则以为是范蠡所著书篇名。颜师古则以孟是而蔡非,并引计然传文("计然者……皆直述之")为据。钱穆先生认可蔡氏之说而否定颜师古之说,力主"计然"是范蠡著书篇名而非人名③。考颜师古所为注,其前承则为《史记·货殖列传》:"昔者越王句践困于会稽之上,乃用范蠡、计然。计然曰:'知斗则修备,时用则知物,二者形则万货之情可得而观已。……贵上极则反贱,贱下极则反贵。贵出如粪土,贱取如珠玉。财币欲其行如流水。'修之十年,国富,厚赂战士,士赴矢石,如渴得饮,遂报强吴,观兵中国,称号'五霸'。""范蠡既雪会稽之耻,乃喟然而叹曰:'计然之策七,越用其五而得意。既已施于国,吾欲用之家。'乃乘扁舟浮于江湖,变名易姓,适齐为鸱夷子皮,之陶为朱公。"裴骃《集解》云:"徐广曰:计然者,范蠡之师也,名研,故谚曰'研、桑心筹'。骃案:《范子》曰:计然者,葵丘濮上人,姓辛氏,字文子,其先晋国亡公子也。尝南游于越,范蠡师事之。"④又班固《汉书·古今人表》列计然于第四等(中上)⑤,又于《宾戏》中谓"猋、鹊发精于针石,研、桑心计于无垠"⑥。知

---

① [汉]班固撰,[唐]颜师古注《汉书》卷九十一,中华书局,1962年,第3683页。
② [宋]董逌《广川画跋》卷二,清陆心源刻《十万卷楼丛书》本。
③ 钱穆《计然乃范蠡著书篇名非人名辨》,《先秦诸子系年》卷二,《钱宾四先生全集》第5册,台北,联经出版事业公司,1994年,第119—124页。
④ [汉]司马迁《史记》卷一百二十九,点校本二十四史修订本,中华书局,2014年,第3953页。
⑤ [汉]班固《汉书》卷二十,第933页。
⑥ [汉]班固《汉书》卷一百,第4231页。

颜师古所注，依据有两类：(甲)关于计然小传者，本诸《史记》《汉书》及裴骃《史记集解》。由司马迁称"计然曰"，班固列于《古今人表》，知二氏均以其为人名。(乙)关于《万物录》者，本诸《皇览》与《晋中经簿》。《晋中经簿》之前承，又可上溯至刘向、歆父子之《别录》《七略》。但《汉志》中无《万物录》，或当时伏而未发，但至迟已著录于《皇览》《晋中经簿》。《晋中经簿》著录时，著述简介必不可少，人物小传也应兼具，二者正是叙录体解题的有机组成部分。

张固也先生云：

> 如果据此认为《中经簿》著录《万物录》一书，介绍了计然的生平，并介绍其书内容为"著五方所出，皆直述之"，那真是一篇典型的叙录了！但这几条主要说明《中经新簿》对作者可能有简单的注释，《新唐书·艺文志》自注文字比这要详尽得多，从来没有称之为叙录；计然一条，颜注所据可能主要是《皇览》，《中经新簿》则详载《皇览》篇目，或曾略及其事。因此，我们认为古书中所引《中经新簿》，没有一条称得上是叙录。①

固也先生之说，不无可议。颜师古所引计然小传，因混言出自《皇览》及《晋中经簿》，那么，其主体均有出自二书之可能性，甚至二书所引全同，也不无可能；实际上，清代学者的确根据颜师古此注，将计然简要事行一节，采入《皇览》辑本②。但是，即使果如张固也先生所拟测（"颜注所据可能主要是《皇览》，《中经新簿》则详载《皇览》篇目，或曾略及其事"），那么，即使"略及其事"，也说明《晋中经簿》内有对人物的简要介绍。《晋中经簿》作为书目，计然《万物录》必在著录之列，由"著五方所出，皆直述之"二语，即可觇知。这两句，显然是对《万物录》的解题，必然是《晋中经簿》中文字无疑。至于以《新唐志》自注文字之详尽，来否定此段计然小传之解题属性，这种推断，其实并不可靠。判断书名下文本之

---

① 张固也《荀勖〈中经新簿〉是有叙录的吗？》，载氏著《古典目录学研究》，第41页。
② ［清］孙冯翼辑《皇览》，清刻本，《续修四库全书》第1212册，第66页。

属性,主要以其文本内容为据,也就是说,要看其内容是仅及作者姓名、图书卷数,还是兼及其他。如果仅有作者姓名、图书卷数,那就视作附注,是书目内各条著录的有机组成部分;如果在作者姓名、图书卷数之外,还有篇卷分合、校理情形等,那么,这条较为丰富的文字,其实就不妨视作该书之解题。另外,就全目而言,是否判断为解题目录,就要看该目之主体,即大部分书名之下,有无附注或解题。一部书目(如《新唐志》),其主体可能仅以著录书名、略加附注为主,通常不被视作解题目录,但这并不排除个别书名之下,具有解题。

第(12)条,是董逌为《西升经》作跋时,对《晋中经簿》进行转引,内容恰是对佛(释迦牟尼,即佛陀)的介绍,其性质即是小传。阮孝绪《古今书最》著录《晋中经簿》时有云:"其中十六卷佛经。"可见,《晋中经簿》对佛经确有著录(虽然已不清楚著录的是何种佛经)。佛教大约于东汉明帝永平年间(58—75)传入中国,译经事业逐渐展开,至西晋统一全国时,译成汉文的佛经近二百六十五部,四百一十卷①。不过,当时佛教势力还很微弱,佛经进入上层社会有一个缓慢的历程,所以进入国家官藏的佛教典籍仅有十六卷。这类典籍,对荀勖等人来说,属于新见之书。荀勖等领校图书,既要依据《别录》《七略》,梳理旧籍,也要对新出之书(如新传来的佛教典籍,如新问世的文章家集,如新出现的汲冢书等),加以校理。校理之时,厘定篇次、撰写书录,就是应有之义。将这类书录裁入《晋中经簿》,就是解题。本条董逌转引之小传,就是《晋中经簿》具有解题的明证。

综上讨论,由第(2)条、第(11)条、第(12)条,可以确证《晋中经簿》著录各书之下,有关于作者生平事行之简要介绍;通过对现存《别录》佚篇之类比,可知此种介绍,显然是解题的有机组成部分。由此返视前文所揭诸家引据《晋中经簿》之只言片语,如第(3)条、第(5)条之"(或云)丁宽所作",第(7)条、第(8)条之"郑氏注。名玄"等,其实都是自解题中节取出来者。如果做进一步推测,那么,第(1)条、第(3)条、第(4)条内对撰者

---

① 葛兆光《佛藏序》,载《佛藏》(《永乐北藏》本)第1册,上海书店出版社,2011年,第3—4页。

之简介,实际上也应该参考或直接引据了《晋中经簿》之解题。对《晋中经簿》进行引据的文献,其性质各有不同:《周礼注疏》贾公彦疏、《孝经注疏》邢昺疏、《经典释文》(《序录》)等,属经部;《汉书》颜师古注、《三国志》裴松之注、《通志》(《氏族略》)等,属史部;《北堂书钞》《小学绀珠》《古今事文类聚》等,属子部;《文苑英华》等,属集部。因文献性质不同,各书之撰(编)者都是根据实际需要而对《晋中经簿》加以取用,因此在形式上体现出差别;正是这种形式上的差别,使得《晋中经簿》佚存的文本显得支零破碎,从而为今人考察、构拟《晋中经簿》的原貌,带来了极大的困难。

如上所考,传世文献中直接标明引据《晋中经簿》的文字,其实非常有限,而且多为只言片语,考索匪易。如果扩大文献考查的范围,从荀勖等人其他著述中寻找有可能纳入《晋中经簿》的文字,那么,或许会有更新的发现,不失为考察《晋中经簿》是否具有解题问题的有效途径。

荀勖是晋初校理官书的核心人物。其著述,除《晋中经簿》《新撰文章家集叙》(详下)外,另有《荀勖集》三卷、录一卷(见《隋志》)。但其集已佚,保存下来的仅有《省吏议》《让乐事表》《甲乙问议》《奏条牒诸律问列和意状》《为晋文王与孙皓书》及《蒲萄赋》等十馀篇(见严可均辑《全晋文》),多非完璧,而且与校理图书无关。但是,其中有一篇《上〈穆天子传〉序》,提供了值得深入探讨的线索。

(五)新出汲冢竹书书录之分析

根据前揭《隋志序》,汲冢书是《晋中经簿》丁部著录的三类图书之一(前二类是诗赋、图赞)。包括《穆天子传》在内的汲冢遗书的出现[1],是中国学术史上的一件大事,其意义可以同此前之孔壁古文经、后世之殷墟卜辞、敦煌遗书等发现相提并论;在当时即受到统治者的高度重视,

---

[1] 按:汲冢书系汲郡人不准,盗发魏王墓所得。据朱希祖所考,墓主可能有襄王、昭王、安釐王、景愍王等,但不可能出于襄王以前。墓发于咸宁五年(279)十月,诸书至迟于太康元年(280)正月,归藏于秘府;命官校理则在太康二年(281)春。见朱希祖《汲冢书考》,中华书局,1960年,第1页、第5页、第37页。

"武帝以其书付秘书校缀次第,寻考指归,而以今文写之"(《晋书·束皙传》)①。"至晋太康元年,汲郡人发魏襄王冢,得古竹简书,字皆科斗。发冢者不以为意,往往散乱。帝命中书监荀勖、令和峤,撰次为十五部,八十七卷。"(《隋志·古史类小序》②。)以荀勖为代表的一批杰出学者,先后投入到汲冢竹书的整理与研究之中。根据前贤研究,汲冢竹书在晋代经过三期校理:第一期,自武帝太康二年(281)至太康八、九年(287、289),系荀勖、和峤分编时期,《穆天子传》《纪年》(初定本)皆写定于此期;第二期,自惠帝永平元年(291)二月至六月,为卫恒考正时期;第三期,自惠帝元康六年至永康元年(296—300),是束皙考正写定时期,《纪年》重新改编,全部竹书七十五篇得以厘清③。这些著作,除《汲冢周书》《穆天子传》等少数几种外,大多逐渐芜没④。幸运的是,诸书内容大旨,或多或少地保存在《晋书·束皙传》中。兹据该传所述⑤,表列如次:

表 3-5　汲冢诸书内容简表

序次	汲冢书	内容大旨
1	《纪年》十三篇	记夏以来至周幽王为犬戎所灭,以事接之,三家分,仍述魏事至安釐王之二十年。盖魏国之史书,大略与《春秋》皆多相应。其中经传大异,则云夏年多殷;益干启位,启杀之;太甲杀伊尹;文丁杀季历;自周受命,至穆王百年,非穆王寿百岁也;幽王既亡,有共伯和者摄行天子事,非二相共和也。
2	《易经》二篇	与《周易》上下经同。
3	《易繇阴阳卦》二篇	与《周易》略同,《繇辞》则异。
4	《卦下易经》一篇	似《说卦》而异。

---

① [唐]房玄龄等《晋书》卷五十一,中华书局,1974年,第1433页。
② [唐]魏徵等《隋书》卷三十三,第959页。
③ 朱希祖《汲冢书考》,第40—43页。
④ 按:如《竹书纪年》一种,古本逐渐亡佚,今本则是后出伪托之书(其中保留有部分古本资料)。关于此书,学界探讨较多,详邵东方所编《竹书纪年研究(1980—2000)》(广西师范大学出版社,2015年)及程平山《竹书纪年考》(中华书局,2013年)等。
⑤ [唐]房玄龄等《晋书》卷五十一,第1432—1433页。

续 表

序次	汲冢书	内容大旨
5	《公孙段》二篇	公孙段与邵陟论《易》。
6	《国语》三篇	言楚晋事。
7	《名》三篇	似《礼记》,又似《尔雅》《论语》。
8	《师春》一篇	书《左传》诸卜筮,"师春"似是造书者姓名也。
9	《琐语》十一篇	诸国卜梦妖怪相书也。
10	《梁丘藏》一篇	先叙魏之世数,次言丘藏金玉事。
11	《缴书》二篇	论弋射法。
12	《生封》一篇	帝王所封。
13	《大历》二篇	邹子谈天类也。
14	《穆天子传》五篇	言周穆王游行四海,见帝台、西王母。
15	《图诗》一篇	画赞之属也。
16	杂书十九篇	引按:包括《周食田法》,《周书》,《论楚事》,《周穆王美人盛姬死事》。

上表中关于前十五种著作内容大旨之论述,应该节取自束晳为各书撰写之书录。试将《纪年》一条,同下揭荀勖《上〈穆天子传〉序》对照,便能了然。唐初修《晋书》之时,取束氏文字以说明束氏功业,可谓得法。因系节取,且过于简省,难以窥其原貌;虽属一鳞半爪,却可以据此证实,晋代校理官藏,承续的是刘向、歆父子以来校理官书、撰写书录的著述传统。

《束晳传》内,关于汲冢书之总括云:"大凡七十五篇,七篇简书折坏,不识名题。"① 但是根据上表,由《纪年》至《图诗》,凡十五种,五十篇;合计杂书(四种、十九篇),则有十九种,得六十九篇;合"简书折坏,不识名题"之七篇,得七十六篇,尚有一篇之出入。朱希祖以为《纪年》当作"十二篇",乃合②。

---

① [唐]房玄龄等《晋书》卷五十一,第1433页。
② 朱希祖《汲冢书考》,第21页。

治乱交替中的文献传承

　　荀勖等奉武帝之命校书,"依刘向《别录》,整理记籍"(见前揭《晋书·荀勖传》),如前所论,必然如向、歆故事,厘定篇次,撰写叙录,载入官目。所谓"校缀次第,寻考指归"(《晋书·束皙传》)者,正是此意。因此,荀勖校理汲冢书,必然撰有书录。今存《上〈穆天子传〉序》一种,即是书录幸存之篇:

　　　　序。古文《穆天子传》者,太康二年汲县民不准盗发古冢所得书也,皆竹简素丝编。以臣勖前所考定古尺度,其简长二尺四寸,以墨书,一简四十字。汲者,战国时魏地也。按所得纪年,盖魏惠成王子今王之冢也,于《世本》,盖襄王也。案《史记·六国年表》,自今王二十一年至秦始皇三十四年燔书之岁,八十六年,及至太康二年初得此书,凡五百七十九年。其书言周穆王游行之事,《春秋左氏传》曰:"穆王欲肆其心,周行于天下,将皆使有车辙马迹焉。"此书所载,则其事也。王好巡守,得盗骊骒耳之乘,造父为御,以观四荒,北绝流沙,西登昆仑,见西王母,与太史公记同。汲郡收书不谨,多毁落残缺,虽其言不典,皆是古书,颇可观览。谨以二尺黄纸写上。请事平以本简书及所新写,并付秘书缮写,藏之中经,副在三阁。谨序。①

　　荀勖此文,既是一篇上奏之文,同时也是《穆天子传》一书的书录。其文包括如下部分:(甲)本书来源。(乙)原书形制(尺寸)、书写样式。(丙)墓主考证及距当时时间跨度。(丁)本书内容大略及与传世史书之

---

① [清]严可均编《全晋文》卷三十一,见《全上古三代秦汉三国六朝文》第4册,河北教育出版社,1997年,第322页。按:据文末自注,知严氏辑自道藏本。瞿镛铁琴铜剑楼藏有该书,解题云:"旧题曰古文。又晋郭璞注,荀勖校定。向为杨五川藏书,依元刊本传录,叶心有万卷楼杂录五字。后冯已苍得之,以锡山秦氏钞本校过,改正讹字,补录序首结衔五行。其文云:侍中中书监光禄大夫济北侯臣勖(一),领中书会议郎上蔡伯臣峤言部(二),秘书主书令史谴勖给(三),秘书校书中郎张宙(四),郎中傅瓒校古文《穆天子传》已讫谨并录上(五)。别本皆无之。"(见[清]瞿镛《铁琴铜剑楼藏书目录》,光绪常熟瞿氏家塾刻本,《续修四库全书》第926册,第291页。)据朱希祖考辨,"中书会议郎上蔡伯臣峤言部"当作"侍中领中书令议郎上蔡伯臣峤"。(见《汲冢书考》,第39页。)

对照。(戊)本书价值。(己)校上形制及存贮方式。同刘向、歆父子所撰书录(如下文所引《晏子书录》)相较,知《上〈穆天子传〉序》文字稍简,但是校雠情形、内容大略及本书价值、校上习语等主体部分,具备无遗。由此可证,荀勖等校理群书之步骤、撰写书录之构成等,都步武向、歆父子之前轨。荀勖等在编撰《晋中经簿》这一国家藏书目录时,汲冢书即已囊括在内(附于丁部之末);那么,这篇书录,必然成为《晋中经簿》内《穆天子传》解题的取裁来源。

那么,荀勖整理汲冢书,有无更多书录文字保存下来?试观《隋志》古史类小序:

> 自史官放绝,作者相承,皆以班、马为准。起汉献帝,雅好典籍,以班固《汉书》文繁难省,命颍川荀悦作《春秋左传》之体,为《汉纪》三十篇。言约而事详,辩论多美,大行于世。至晋太康元年,汲郡人发魏襄王冢,得古竹简书,字皆科斗。发冢者不以为意,往往散乱。帝命中书监荀勖、令和峤,撰次为十五部,八十七卷。多杂碎怪妄,不可训知,唯《周易》《纪年》,最为分了。其《周易》上下篇,与今正同。《纪年》皆用夏正建寅之月为岁首,起自夏、殷、周三代王事,无诸侯国别。唯特记晋国,起自殇叔,次文侯、昭侯,以至曲沃庄伯,尽晋国灭。独记魏事,下至魏哀王,谓之"今王"。盖魏国之史记也。其著书皆编年相次,文意大似《春秋经》。诸所记事,多与《春秋》《左氏》扶同。学者因之,以为《春秋》则古史记之正法,有所著述,多依《春秋》之体。今依其世代,编而叙之,以见作者之别,谓之古史。①

众所周知,《隋志》之成书,有其前承,而荀勖《晋中经簿》、阮孝绪《七录》等,均是重要参考书目。《隋志》古史一类之设立,其直接前承则为《七录》记传录之注历部,其远源可上溯至《晋中经簿》丙部之"旧事"。因此,古史类小序,应该对《七录》注历部小序有所取用;其中关于《纪年》之

---

① [唐]魏徵等《隋书》卷三十三,第959页。

描述("《纪年》皆用夏正建寅之月为岁首……文意大似《春秋经》"),实际上就是根据荀勖撰《纪年》书录而加以节取、改写。此段文字,同前揭束皙所撰《纪年》书录,虽侧重不同,而内容相仿,知二者性质相同。盖荀勖、束皙前后校理汲冢竹书,均有"校缀次第,寻考指归"(《晋书·束皙传》)之作为。"寻考指归"者,撰写书录之谓也。那么,同为《纪年》撰写书录,为何《晋书》《隋志》分别取材,不相杂混?可能因为《晋书》为束皙作传,所以从束氏著述中取材;而《隋志》为书目,所以从《晋中经簿》中取裁。

进一步推断可知,荀勖等校理汲冢书,既已"撰次为十五部,八十七卷",那么,将此类特殊典籍著于《晋中经簿》丁部之末,自在情理之中。因此,上揭《隋志》古史类小序"至晋太康元年,汲郡人发魏襄王冢,得古竹简书,字皆科斗。发冢者不以为意,往往散乱。帝命中书监荀勖、令和峤,撰次为十五部,八十七卷。多杂碎怪妄,不可训知"等语,大约也本于荀勖为此类典籍所写之说明(等同于小序),而予以转写。

(六)新撰文章家集书录之分析

荀勖之著述,除《晋中经簿》及前揭零篇之外,另有一部文学专科目录,即《新撰文章家集叙》(该目《隋志》著录作《杂撰文章家集叙》十卷,《旧唐志》作《新撰文章家集》五卷,《新唐志》作《新撰文章家集叙》五卷);前人引据此目时,或省称作《文章叙》《文章叙录》等(参本章第二节所考)。此目也早已亡佚,但仍有若干被引据之片段保存下来。吴光兴先生曾予辑佚,自《三国志》裴松之注辑出七节,自《世说新语》刘孝标注辑出五节,自《文选》李善注辑出一节,自《艺文类聚》辑出二节,凡十五节。除去重复,得到夏侯惠、荀纬、应璩、应贞、韦诞、孙该、杜挚、裴秀、嵇康、缪袭、何晏等十一人之传记片段。各节文字丰俭有差,但都是三国魏后期至西晋初期之人物。例如:

(夏侯)惠字稚权,幼以才学见称,善属奏议。历散骑黄门侍郎,与锺毓数有辩驳,事多见从。迁燕相、乐安太守。年三十七卒。

第三章　中古时期目录类典籍的体制与传承

(《三国志》卷九《夏侯渊传》注引《文章叙录》)

(应)璩字休琏,博学好属文,明帝时,历官散骑侍郎。曹爽多违法度,璩为诗以讽焉。典著作,卒。(《文选》卷二一注引《文章录》)①

如前所论,荀勖领校图书,这些新出的文章家集,当然在校理之列,而且仿刘向、歆父子故事,为新出的文章家集撰写书录;上述辑佚出来的文字片段,以人物事行之简介为主,可见是各书书录的组成部分。由向、歆父子所撰书录及前揭《上〈穆天子传〉序》可知,荀勖等为新出文章家集所撰书录,其内容当然不仅仅限于人物事行之简介而已。幸运的是,当时负责整理诸葛亮集的是陈寿,因为撰写《三国志》的机缘,陈寿所撰《诸葛氏集目录》,得以保存在《三国志》内:

诸葛氏集目录
开府作牧第一、权制第二、南征第三、北出第四、计算第五、训厉第六、综核上第七、综核下第八、杂言上第九、杂言下第十、贵和第十一、兵要第十二、传运第十三、与孙权书第十四、与诸葛瑾书第十五、与孟达书第十六、废李平第十七、法检上第十八、法检下第十九、科令上第二十、科令下第二十一、军令上第二十二、军令中第二十三、军令下第二十四

右二十四篇,凡十万四千一百一十二字。

臣寿等言:臣前在著作郎,侍中领中书监济北侯臣荀勖、中书令关内侯臣和峤奏,使臣定故蜀丞相诸葛亮故事。亮毗佐危国,负阻不宾,然犹存录其言,耻善有遗,诚是大晋光明至德,泽被无疆,自古以来,未之有伦也。辄删除复重,随类相从,凡为二十四篇。篇名如右。

亮少有逸群之才,英霸之器……

---

① 吴光兴《荀勖〈文章叙录〉、诸家"文章志"考》,第181页、183页。

治乱交替中的文献传承

青龙二年春,亮帅众出武功,分兵屯田,为久驻之基。其秋病卒。黎庶追思,以为口实。至今梁、益之民,咨述亮者,言犹在耳。虽《甘棠》之咏召公,郑人之歌子产,无以远譬也。孟轲有云:"以逸道使民,虽劳不怨。以生道杀人,虽死不忿。"信矣!论者或怪亮文彩不艳,而过于丁宁周至。臣愚以为,咎繇大贤也,周公圣人也,考之《尚书》,咎繇之谟略而雅,周公之诰烦而悉。何则?咎繇与舜、禹共谈,周公与群下矢誓故也。亮所与言,尽众人凡士,故其文指不得及远也。然其声教遗言,皆经事综物,公诚之心,形于文墨,足以知其人之意理而有补于当世。

伏惟陛下,迈踪古圣,荡然无忌,故虽敌国诽谤之言,咸肆其辞而无所革讳,所以明大通之道也。谨录写,上诣著作。臣寿诚惶诚恐,顿首顿首,死罪死罪。泰始十年二月一日癸巳,平阳侯相臣陈寿上。(《三国志·蜀志·诸葛亮传》附)①

此篇书录,系陈寿奉荀勖、和峤之命而作,为今日考察荀勖领校群书之体制,提供了一个极为珍贵而且更为详尽的样本。为更好地说明问题,现将刘向《别录》中完篇之一"《晏子》八篇"之书录,照录如次,以便比较:

内篇谏上第一,凡二十五章。
内篇谏下第二,凡二十五章。
内篇问上第三,凡三十章。
内篇问下第四,凡三十章。
内篇杂上第五,凡三十章。
内篇杂下第六,凡三十章。
外篇重而异者第七,凡二十七章。
外篇不合经术者第八,凡十八章。
右《晏子》凡内外八篇,总二百十五章。护左都水使者光禄大夫

---

① [晋]陈寿《三国志》卷三十五,中华书局,1959年,第929—931页。

第三章　中古时期目录类典籍的体制与传承

臣向言：所校中书《晏子》十一篇，臣向谨与长社尉臣参校雠，太史书五篇、臣向书一篇、臣参书十三篇，凡中外书三十篇，为八百三十八章。除复重二十二篇六百三十八章，定著八篇二百一十五章。外书无有三十六章，中书无有七十一章，中外皆有以相定。中书以"夭"为"芳"，"又"为"备"，"先"为"牛"，"章"为"长"，如此类者多，谨颇略楠，皆已定，以杀青书，可缮写。晏子名婴，谥平仲，莱人。莱者，今东莱地也。晏子博闻强记，通于古今，事齐灵公、庄公、景公，以节俭力行，尽忠极谏道齐。国君得以正行，百姓得以附亲。不用则退耕于野，用则必不诎义。不可胁以邪，白刃虽交胸，终不受崔杼之劫。谏齐君悬而至，顺而刻；及使诸侯，莫能诎其辞。其博通如此，盖次管仲。内有亲亲，外能厚贤，居相国之位，受万钟之禄，故亲戚待其禄而衣食五百馀家，处士待而举火者亦甚众。晏子衣苴布之衣，麛鹿之裘，驾敝车疲马，尽以禄给亲戚朋友，齐人以此重之。晏子盖短。其书六篇，皆忠谏其君，文章可观，义理可法，皆合六经之义。又有复重，文辞颇异，不敢遗失，复列以为一篇。又有颇不合经术，似非晏子言，疑后世辨士所为者，故亦不敢失，复以为一篇。凡八篇，其六篇可常置旁御观。谨第录。臣向昧死上。（《晏子》宋刻本）①

本篇书录，包括如下内容：（甲）本书篇次。（乙）校雠情形，如校勘所用之众本、校定之原则、异文之举例。（丙）撰者（晏子）之生平与事功之大略。（丁）本书内容之价值评判及内外篇之裁定原则。（戊）校上习语。

不难看出，《诸葛氏集目录》的体例，同上揭刘向、歆父子所撰《晏子书录》等极为相似：首列篇目，次陈校理缘起及校雠情况，次述作者生平事行与功业，复加品评，明其当下之价值与意义，末列校上习语。如所周知，刘氏父子校书时曾"别集众录"而成《别录》，那么，同此相类，《新撰文

---

① ［清］姚振宗辑录，邓骏捷补录《七略别录佚文》，上海古籍出版社，2008年，第39—40页。

章家集叙》正是荀勖等将当时新出之文章家集的书录集合而成。因此，这篇《诸葛氏集目录》，其实就是《新撰文章家集叙》中的一个完篇。由此可以反推，前揭夏侯惠、应璩等人之文集叙录，绝不仅限于简述人物生平事行之文字片段，而是有着同《诸葛氏集目录》结构相似、体量或许相当的文字，内容十分丰富。所谓"新撰"之"新"，就是指对当时"新"出的文章家集进行整理、撰写书录之"新"。荀勖等职责所在，理宜固然。

同前代书目相比，可知《晋中经簿》是荀勖领撰的国家藏书目录，其性质与《七略》相同。《七略》成书之时，对《别录》著录之书，全部纳入，同时也对其书录（解题）加以裁取。可以想见的是，荀勖等在编撰《晋中经簿》之时，也必然对新出的文章家集加以著录，同时对各集之书录（如《诸葛氏集目录》），加以节取、删润，成其官簿。

（七）《晋中经簿》解题内容与体例之探讨

《晋中经簿》既有解题，那么，下述问题必然引起我们的思考：上揭《诸葛氏集目录》《上〈穆天子传〉序》的内容，是否能全部纳入荀《簿》？易言之，荀《簿》的解题内容，能否如《诸葛氏集目录》《上〈穆天子传〉序》一样丰富？荀《簿》解题的内容，应该包括哪些层面？从解题体例上看，荀《簿》之解题，当属何体？有何学术前承？这些问题，无一不是目录学与学术史上的难点，而且没有得到令人满意的解决。以下试予讨论。

1.《晋中经簿》解题之内容

通过前文之探求可知，《晋中经簿》的佚文片段，极为简略，即使周生烈、计然、夏侯惠等人之传文，也并不丰硕；另一方面，作为《晋中经簿》解题取裁对象的《上〈穆天子传〉序》《诸葛氏集目录》，文字又较为丰富，信息量颇大。那么，《晋中经簿》解题之内容，应当处于何种状态，包括哪些层面？

如前所述，同《七略》之解题系减省《别录》汇集之书录而成相类似，《晋中经簿》的解题内容，也是在《诸葛氏集目录》等书录的基础上减省而成的。考察《诸葛氏集目录》的构成，知其包括本书篇目（篇名、篇次）与本书叙录两个部分，而本书叙录，又包括四个方面的内容：

（甲）本书校雠情况。

（乙）作者生平大略（事行、功业、学术贡献等）。

（丙）本书价值判断，即内容（或作者事功、思想等）之品评。

（丁）校定缮写情况。

那么，上述各个层面，哪些为《晋中经簿》所取材，哪些又被删省？似难遽言。但细绎相关文献，仍然有其端绪可寻：

其一，《七录序》云："魏晋之世，文籍逾广，皆藏在秘书、中、外三阁。魏秘书郎郑默，删定旧文，时之论者，谓为朱紫有别。晋领秘书监荀勖，因魏《中经》，更著《新簿》。虽分为十有馀卷，而总以四部别之。惠怀之乱，其书略尽。江左草创，十不一存。后虽鸠集，淆乱已甚。及著作佐郎李充始加删正，因荀勖旧簿四部之法，而换其乙丙之书，没略众篇之名，总以甲乙为次。自时厥后，世相祖述。"李充编写《晋元帝书目》时，鉴于当时图书剧减（"十不一存"）及"淆乱已甚"之实际，采取了"没略众篇之名"的举措，大体上按甲乙之序编次而已。所谓"没略众篇之名"，是指编写书目时，省去各书之篇名（即本书之篇目部分）。李充编目，以《晋中经簿》为依据与蓝本，由此可以反证，《晋中经簿》著录之各书，必详其本书篇目（篇名、篇次）。《隋志序》云："秘书监荀勖，又因《中经》，更著《新簿》，分为四部，总括群书……但录题，及言盛以缥囊，书用缃素。"所谓"但录题"，非指本书书名（此系任何书目之核心，毋庸强调），而是指本书篇题（即篇名）①。以上两例，正反呼应，均说明《晋中经簿》之解题内，包含有各书篇目（篇题、篇名）。

其二，《隋志序》云："（《晋中经簿》）但录题，及言盛以缥囊，书用缃素。至于作者之意，无所论辩。……俭又别撰《七志》……然亦不述作者之意，但于书名之下，每立一传，而又作九篇条例，编乎首卷之中。文义浅近，未为典则。"本段论述，有两点值得注意。首先，所谓"盛以缥囊，书用缃素"，属于上揭叙录之第四点（即"校定缮写情况"）的内容；此属荀

---

① 张固也已指出："《隋书·经籍志》总序所谓'题'，其实不是指书名，而是指篇题或篇目、篇名。"见《荀勖〈中经新簿〉是有叙录的吗？》，第42—43页。

《簿》所取用者。其次,所谓"作者之意,无所论辨",是指上揭叙录之第三点(即"本书价值判断");此属荀《簿》之删削者。王俭《七志》,系承荀《簿》而论及(由"亦"字可知),"不述作者之意"者正同。而《七志》所谓"但于书名之下,每立一传",即上揭叙录之第二点("作者生平大略");由此逆推,《晋中经簿》亦必有"每立一传"之内容,也即简列作者生平大略的内容。(《七录序》称:"俭又依《别录》之体,撰为《七志》",即指《七志》也有解题。)

综合以上两点,知《晋中经簿》之解题,至少包括以下三个层面的内容:甲、本书篇目;乙、作者生平大略;丙、校定缮写情况。三者之中,甲、丙两个方面比较固定、客观,因而当以第二个方面(作者生平大略)为论述重点。当然,出于文本自洽性之考虑,荀勖并非机械地予以删取,而在文字上必然有所润饰。

2.《晋中经簿》解题之类型

王重民先生在论述中国中古前期(前6—618)图书目录事业的发展时,将书目之解题(提要)分作叙录体、传录体与辑录体(见本书第二章第二节内所引)。这种划分,基本概括了清初以前的解题类型,构建了一个比较合理的解题分类体系,因此广为学界所认可。《晋中经簿》的解题,包括了本书篇目、作者生平与校定缮写情况,较刘向、歆父子的叙录体为少而比传录体为丰,处于二者的中间状态,因此仍当属叙录体,不过是在内容上有所简化的叙录体。

3.《晋中经簿》解题之前承

从前揭著录容量上看,《晋中经簿》并不同于《汉志》之简要著录(仅列书名、撰者,偶有附注),而是具有解题。但从解题层次上看,该簿也不同于《别录》之汇集众录,极为丰富。应当看到,荀勖等人深谙刘向、歆父子校书故事,并且其时《别录》《七略》二书具在,不仅对刘氏父子已校之书,可以径直取用相关解题文字;而且对于新出之书(文章家集、汲冢书等),也可以按既有体例,加以校理。那么,《别录》与《七略》,哪一部对荀勖等影响更大,是《晋中经簿》更为直接的学术前承?

《别录》同《七略》,虽然都是刘向、歆父子校理汉代藏书的成果,但二者其实颇有不同。方之后世,《别录》颇类似于清代所修《四库全书总目》,而《七略》则近似于《四库全书简明目录》(但无著录与存目之别)。从性质上说,《别录》虽源于刘氏父子领校群书,但却是刘向"别集众录"的结果(体现出刘向个人卓越的文献意识);在一定意义上,该目还具有私撰的性质。《七略》则是成于刘歆之手的国家藏书目录,是刘氏父子校书最终告成的标志性成果,反映国家藏书面貌,体现皇帝统治意志,因此是汉代的代表性书目。阮孝绪《古今书最》通考历代藏书源流,取《七略》而不取《别录》,正是基于对二目性质的准确认知。

荀勖《晋中经簿》是西晋国家藏书目录,其性质与《七略》相同。而《新撰文章家集叙》其实是荀勖等校理中央藏书的附属成果,其性质与《别录》相同(只是收书限于新出之文章家集而已)。因此,深谙刘向、歆父子校书故事并能亲睹《别录》《七略》二书的荀勖等人,在编撰一代藏书目录《晋中经簿》时,在内容层次与体例安排上,更多地取法了《七略》。换句话说,《晋中经簿》的学术前承,主要是《七略》而非《别录》①。

需要补充说明的是,荀勖《晋中经簿》同其《新撰文章家集叙》之间,著录图书数量上有多寡之别(后者仅载新出之文章家集),解题内容上亦有简繁之异(如陈寿所撰《诸葛氏集目录》,《晋中经簿》仅节取其中部分内容,而《新撰文章家集叙》则予以全录),原因在于,荀勖编撰二目之旨趣不同。前揭《诸葛氏集目录》与《上〈穆天子传〉序》,恰好是两类文献的代表性书录:一类是在《别录》《七略》之后,新出现的文章家集②;一类是新出土的文献,犹如后世之特藏图书。因为两类都是"新"出之书,所以荀勖才有撰写书录的需要;至于传世文献,《别录》《七略》俱在,荀勖《晋中经簿》可以直接根据需要加以著录、取用,无需新撰(当然并不排除在

---

① 按:从今天《别录》《七略》之佚文来看,《别录》尚有数首完篇(如《晏子》《孙卿子》《列子》之书录等)保留下来,而《七略》基本上仅有零字断文,不成其篇。原因可能在于,二书同时行世,但因《别录》更为繁富,所以学者更乐于取用。

② 吴光兴先生考察后指出:"从《文章叙录》的佚文与唯一完整保存的《诸葛亮集叙录》来看,涉及的作者都是建安以下至魏晋之交的人物。"荀勖《文章叙录》、诸家"文章志"考》,载莫砺锋编《周勋初先生八十寿辰纪念文集》,第178页。

文字上有所润饰)。至于为新出文人别集所撰写之叙录,荀勖亦遵循刘向"别集众录"之前例,另外编成《新撰文章家集叙》一书。该目能有十卷之多,足见其繁富。《晋中经簿》系官撰综合目录,《新撰文章家集叙》则属文学专科目录,二者之间,既有联系,又有区别[①]。至于荀勖是否汇集汲冢书之目录而另成一书的问题,因文献无征,不能遽断。

（八）结论

本节以上以七个部分,对《晋中经簿》的解题问题,进行了较为全面的探讨。通过上述分析与讨论,可以得出如下认识：

1.《晋中经簿》是荀勖等领撰的国家藏书目录,是当时国家藏书校理的成果。晋初国家藏书,来源有二：旧有之藏书及新出之典籍。新出典籍,至少有如下三类：(甲)新出现之文章家集,(乙)新发现之汲冢书,(丙)新产生之佛教书籍。由于其时刘向、歆父子之《别录》《七略》尚存,凡旧有之藏书而获见于二目者,荀勖等均可从《别录》《七略》中直接取材,因此,其校理图书之重点,就是包括上述文章家集、汲冢书、佛教书籍在内的新出典籍。

2. 荀勖等校书,"校缀次第,寻考指归"(《晋书·束皙传》),"依刘向《别录》,整理记籍"(《晋书》荀勖本传),遵循的仍是刘向、歆父子传承下来的官书校理范式。因此,每书校毕,当依照向、歆故事,撰写一篇同《晏子书录》相类似的书录。前揭《诸葛氏集目录》《上〈穆天子传〉序》等,就是遗存至今的完篇,是当时撰写书录的明证。

3. 荀勖对当时新出之文章家集特别留意,将其书录汇集在一起,别成《新撰文章家集叙》(通常简称《文章叙录》)一种。虽然同属荀勖等校理官书之成果,但该目属文学专科目录,与作为国家藏书目录的《晋中经簿》,在性质上有所不同。两部书目在著录数量、解题容量等方面存在差异,既有联系,也有区别,主要是因为撰述旨趣不同,从而在内容与形式

---

① 关于荀勖《晋中经簿》同《文章叙录》之关系,吴光兴先生《荀勖〈文章叙录〉、诸家"文章志"考》一文,论述较详,卓识颇多,可以参考(第174—203页)。

上有不同的体现。

4.《晋中经簿》作为国家藏书目录,具有解题,是一部解题目录。其解题之来源,主要有两类:(甲)旧有之藏书,取材于《别录》《七略》之解题。(乙)新出之典籍,取材于包括《新撰文章家集叙》所收者在内的新撰书录。

5.《晋中经簿》《新撰文章家集叙》问世之后,其著录(如图书之撰人、卷数等)与解题,往往为后世学人所取材。保留至今的部分人物(如前揭周生烈、计然、佛陀等)之传记片段,荀勖所撰《纪年》书录之片段、陈寿所撰《诸葛氏集目录》之完篇,就是当时《晋中经簿》解题取材的对象,是该簿具有解题的明证。

总之,荀勖的领校群书与编撰书目,同刘向、歆父子极为相似,其规模与范式,均应引起重视。《晋中经簿》的撰写,不仅深刻影响了后世书目分类之格局(由六分转为四分),也深刻影响了后世书目解题之体例(从叙录体开始向传录体转变)。上述对荀勖《晋中经簿》解题问题的探讨,似可更新学界既有之认识①,或能推动对中古时期目录学与学术史更为深入的研究。

本章以目录类典籍为例,考察中古时期古代文献的基本面貌与传承问题。通过对中古时期普通书目的数量、性质等基本面貌的考察,对以《晋中经簿》《七志》《七录》为代表的目录如何进行学术分类,作了简要的分析。研究表明,目录类典籍是中国古代文献中非常重要的一个文献类别,因为目录作为记录之学、辨章之学的性质,决定了此类典籍不仅对相

---

① 如余嘉锡先生认为:"晋武帝太康二年,得汲冢古文竹书,以付秘书,于是荀勖撰次之,因郑默《中经》,更著《新簿》,遂变《七略》之体,分为甲、乙、丙、丁四部,是为后世经、史、子、集之权舆,特其次序子在史前。《隋书·经籍志》谓其'但录题,及言盛以缥囊,书用缃素,至于作者之意,无所论辩'。'但录题'者,盖谓但记书名;'盛以缥囊,书用缃素',则惟侈陈装饰,是其书并无解题。而今《穆天子传》,载有勖等校上序一篇,其体略如刘向《别录》,与《隋志》之言不合。据《晋书》勖传,则勖之校书,起于得汲冢古文,或勖第于汲冢书撰有叙录,他书则否也。"(见《目录学发微》卷三,第88页。)其中对荀勖校书源起及《晋中经簿》有无解题之观点,应予修正。

应时段的文化典籍进行客观的记录,而且通过著录、分类、解题等目录学手段,对学术源流进行总结性的构建与书写,从而具有学术史的意义。由于中古时期目录类典籍绝大多数都已亡佚,造成了难睹此类文献全貌的遗憾。但是,典籍亡佚并不意味文献传承的终结。通过《晋中经簿》解题问题的考察,可知后世典籍中还保留有这些亡佚典籍的若干片段与互文性记载;借助这些片段与记载,辅以文献原理,尚能对亡佚典籍的原貌进行拟测、建构以及部分复原,最终得出与事实比较接近的推论,从而使此类典籍应有的学术意义得以揭示。这种建立在严谨研究之上的恢复与揭示,正是蕴植于古代文献的文化内驱力的体现,也是今天进行古代文献传承的一种重要取径。

第四章
《隋书·经籍志》与古代文献传承

在中国古代学术史上,《隋书·经籍志》(以下简称《隋志》)同《汉书·艺文志》(简称《汉志》)、《四库全书总目》(简称《四库总目》),是最重要的三部官修目录。《汉志》开史志目录之先河,《四库总目》则集古典目录之大成,而《隋志》居中,承上启下①。《经籍志》原是唐初所修《五代史志》中的一篇,以著录唐初现存典籍为主,并参考《隋大业正御书目》《七录》等旧录,兼志佚书,实际上能反映南北朝时期(以梁、陈、北齐、北周、隋为主)以降古典文献的传承面貌②;因隋居五朝末尾,《经籍志》遂收入《隋书》。由于中古时期目录类典籍绝大部分都已亡佚(参本书第三章),因偶然机缘而保存下来的《七录》也仅有分类框架而无具体书目,因此,《隋志》就成为了解中古时期文献面貌的最重要的文献。《隋志》继承并巩固了以经部、史部、子部、集部为主要架构的四部分类法,取代了自刘向、歆父子以来的六分法。这一分类格局,在古典文献传承史上影响极为深远,具有重要的学术史、文化史意义。

根据《隋志》作为史志目录的特性,将其部类置于学术史、目录学史

---

① 兴膳宏注意到:"有久远历史的《隋志》,在中国目录学史上,恰好在三千年历史的中间位置。"见[日]兴膳宏《〈隋书·经籍志〉解说》(上),连清吉译,载《书目季刊》第33卷第1期,1999年,第1页。

② 关于《隋志》著录图书之来源,参见张固也《〈隋书经籍志〉所据"旧录"新探》,载氏著《古典目录学研究》,华中师范大学出版社,2014年,第89—98页)、马楠《〈隋书经籍志〉杂考三则》,载《南京师范大学文学院学报》,2019年第4期,第167—170页)等相关讨论。

的历时叙事中加以考察,研究各部类的历史演变,进而发明《隋志》的撰述宗旨及其在文献传承上的历史意义,就是极富价值的学术课题。下列问题,就值得追问与思考:(一)《隋志》如何呈现南北朝以降之古典文献面貌?(二)《隋志》如何进行学术建构,以统领群籍,从而对古典文献传承产生深远的学术影响?

一、《隋志》的编撰及其宗旨

同《汉志》相类,作为史志目录的《隋志》,是官修正史《隋书》的组成部分,属于综合目录。但与《汉志》不同的是,《汉志》基于西汉藏书实际,是一部藏书目录;《隋志》则既以藏书为基础,又参考了前代书目(《隋大业正御书目》《七录》等)的内容,对亡佚之书也做了记录,因此是一部以藏书目录为主体的知见书目。

(一)《隋志》的编撰

唐朝开国之初,高祖李渊即下令纂修前代诸史,由兼中书令封德彝、中书舍人颜师古修《隋史》(《旧唐书·令狐德棻传》)。贞观三年(629),唐太宗李世民令"秘书监魏徵修《隋史》"(《旧唐书·长孙无忌传》)。贞观十五年(641),又令于志宁、李淳风、李延寿、颜师古等分修十志(即《五代史志》),由令狐德棻监修;高宗永徽三年(652),改由长孙无忌监修,并于显庆元年(656)奏进。但就《经籍志》而言,敬播、李延寿等参与修纂[①],而以魏徵贡献最大。《旧唐书·魏徵传》云:

> 贞观二年,迁秘书监,参预朝政。徵以丧乱之后,典章纷杂,奏引学者校定四部书。数年之间,秘府图籍,粲然毕备。[②]
>
> 初,有诏遣令狐德棻、岑文本撰《周史》,孔颖达、许敬宗撰《隋

---

① 以上见杜云虹《隋书经籍志研究》之梳理(文物出版社,2016年,第10—16页)。
② [后晋]刘昫等《旧唐书》卷七十一,中华书局,1975年,第2548页。

史》,姚思廉撰《梁》《陈史》,李百药撰《齐史》。徵受诏总加撰定,多所损益,务存简正。《隋史》序论,皆徵所作,《梁》《陈》《齐》各为总论,时称良史。史成,加左光禄大夫,进封郑国公,赐物二千段。①

"《隋史》序论"(包括《隋志序》及各部类之小序等),"皆徵所作",魏徵之贡献由此可见②。魏氏以政治家面貌闻名于世,实则精通流略之学,还是一位杰出的文献学家。

(二)《隋志》的宗旨

如何赋予书目以意义,是目录学家进行编目时必须予以考量的问题。《隋志序》云:

> 夫经籍也者,机神之妙旨,圣哲之能事,所以经天地,纬阴阳,正纪纲,弘道德,显仁足以利物,藏用足以独善。学之者将殖焉,不学者将落焉。大业崇之,则成钦明之德,匹夫克念,则有王公之重。其王者之所以树风声,流显号,美教化,移风俗,何莫由乎斯道?故曰:"其为人也,温柔敦厚,《诗》教也;疏通知远,《书》教也;广博易良,《乐》教也;絜静精微,《易》教也;恭俭庄敬,《礼》教也;属辞比事,《春秋》教也。"遭时制宜,质文迭用,应之以通变,通变之以中庸。中庸则可久,通变则可大,其教有适,其用无穷,实仁义之陶钧,诚道德之橐钥也。其为用大矣,随时之义深矣,言无得而称焉。故曰:"不疾而速,不行而至。"今之所以知古,后之所以知今,其斯之谓也。③

---

① [后晋]刘昫等《旧唐书》卷七十一,第 2549—2550 页。
② 兴膳宏认为,"按编纂者的专长而分担执笔的可能性较高,如《道经序》,可以说是与道教特别有关系的李淳风所撰述的"。(见[日]兴膳宏《〈隋书·经籍志〉解说》[下],连清吉译,载《书目季刊》第 33 卷第 2 期,1999 年,第 8 页。)尽管如此,魏徵"总加撰定,多所损益,务存简正",居功至伟。后世纪昀之总纂《钦定四库全书总目》,与此颇相仿佛。
③ [唐]魏徵等《隋书》卷三十二,中华书局,2019 年,第 1023—1024 页。

《隋志序》将文献("经籍")上升为"机神之妙旨,圣哲之能事",具有"经天地,纬阴阳,正纪纲,弘道德"的功能,是统治者("王者")"树风声,流显号,美教化,移风俗"的凭借。可以说,《隋志序》将文献的作用提高到无以复加的地步,从而强化了纂修《经籍志》的政治正确性。当然,《隋志序》这一做法,也有其前承。试观阮孝绪《七录序》:

> 日月贞明,匪光景不能垂照;嵩华载育,非风云无以悬感。大圣挺生,应期命世,所以匡济风俗,矫正彝伦。非夫《丘》《索》《坟》《典》,诗书礼乐,何以成穆穆之功,致荡荡之化也哉!①

阮孝绪将文献之功用,上升为圣人"匡济风俗,矫正彝伦"的手段,《隋志序》正是本诸此而加以发挥。

二、《隋志》的著录体系

著录体系是编纂者对图书加以选择、书写的书目形式系统,是考察书目编纂水平的重要凭借之一。面对前朝留下的庞大的文献遗产,《隋志》采取的著录原则是:

> 今考见存,分为四部,合条为一万四千四百六十六部,有八万九千六百六十六卷。其旧录所取,文义浅俗、无益教理者,并删去之。其旧录所遗,辞义可采,有所弘益者,咸附入之。远览马《史》、班《书》,近观王、阮《志》《录》,挹其风流体制,削其浮杂鄙俚,离其疏远,合其近密,约文绪义,凡五十五篇,各列本条之下,以备《经籍志》。②

---

① [南朝梁]阮孝绪《七录序》,载释道宣《广弘明集》卷三,《四部丛刊》影明汪道昆刻本。
② [唐]魏徵等撰《隋书》卷三十二,第1028—1029页。

可见,《隋志》以著录"见存"之书为主("一万四千四百六十六部,有八万九千六百六十六卷"),同时也对当时亡佚之书,予以斟酌去取:删去"文义浅俗,无益教理"者,而附入"辞义可采,有所弘益"者。就著录现存之书而言,《隋志》具有唐初国家藏书总目的性质;就附入五代亡佚之书而言,《隋志》同时又具有兼包前代的知见书目的性质。

图书去取原则既已确定,那么,用何种编纂形式呈现出来(即采用何种著录体系),就十分关键。所谓"远览马《史》、班《书》,近观王、阮《志》《录》,挹其风流体制,削其浮杂鄙俚",表明王俭《七志》、阮孝绪《七录》之体制,是《隋志》取法的对象。"马《史》、班《书》",指《史记》《汉书》。而《史记》仅有儒林列传,不志艺文;《汉书》中惟基于《七略》的《艺文志》可供《隋志》取则。在诸目基础上,《隋志》采取的图书著录原则是"离其疏远,合其近密"。

那么,如何贯彻"离其疏远,合其近密"的著录原则?除考察《隋志》具体形式之外,还要通过其他书目著录体系的类比,才能有较为全面的认知。但是,作为《隋志》前承的《七录》等目后来散佚,今日已无法考知其具体著录形式。幸运的是,《汉志》尚存,可以作为探讨《隋志》著录体系前承的参照。

《汉志》仅有一卷,在著录体系上极为简略,除书名、撰者、卷数等基干项目外,偶有若干简短之附注文字,作为补充说明。例如:

(1)《易传周氏》二篇。字王孙也。

(2)《(易传)杨氏》二篇。名何,字叔元,菑川人。

(3)《(易传)蔡公》二篇。卫人,事周王孙。

(4)《(易)淮南道训》二篇。淮南王安聘明《易》者九人,号九师说。

(5)《尚书古文经》四十六卷。为五十七篇。

(6)《周书》七十一篇。周史记。

(7)《议奏》四十二篇。宣帝时石渠论。

(8)《(礼)记》百三十一篇。七十子后学者所记也。

(9)《周官经》六篇。王莽时刘歆置博士。

(10)《雅琴赵氏》七篇。名定,勃海人。宣帝时丞相魏相所奏。

(11)《(春秋)左氏传》三十卷。左丘明,鲁太史。

(12)《(春秋)夹氏传》十一卷。有录无书。

通过上述诸例,《汉志》的著录特点大致可知。首先,《汉志》六略下各类(如易类、春秋类)是由以书名为中心的各条记载组成。其次,各条记载以书名、篇卷为主,少数有附注文字,提供附加信息。为与附注相区别,我们把书名、篇卷组成的主干内容,称之为"条目"。条目与附注,构成了《汉志》各条;条目当然是《汉志》各条的核心部分。

《汉志》条目,基本形式为"书名+篇卷"。各条之书名,往往由主要撰人姓氏充当[如上揭(1)(2)(3)等例]。这是因为,刘向、歆父子校理藏书之时,大多数书还没有定名,刘氏父子不得不以撰人姓氏加以充当。《汉志》以刘氏《七略》为取裁对象,保留了这一命名形式。此其一。其二,《汉志》书名,追求凝练精省,往往承前省略了表明图书性质的部分。上述各条目中括号内文字,为《汉志》所无,实则就是书名中不可或缺的部分。所谓《易传周氏》,就是《周氏易传》(或曰《周易周氏传》);《(易传)杨氏》,就是《杨氏易传》(或曰《周易杨氏传》)。

《汉志》附注,文字极简,长者不过十数字。但其内容,却极为丰富:

(甲)补充说明作者信息(姓字、籍贯、师承、身份等)。如上揭第(1)(2)(3)(10)(11)等条。

(乙)说明图书撰述源起。如第(4)(7)等条。

(丙)说明篇卷分合。如第(5)条。

(丁)说明图书内容。如第(6)(7)等条。

(戊)说明撰者。如第(8)条。

(己)说明官学地位。如第(9)条。

(庚)说明图书当时流存情况。如第(12)条。

《隋志》编纂之时,刘向《别录》、刘歆《七略》、荀勖《晋中经簿》等解题

第四章 《隋书·经籍志》与古代文献传承

目录均存。但在著录体系上，《隋志》显然深受同为史志的《汉志》的著录体系的影响。《隋志》四部下各类，也是由各条著录组成的，每条也可以分成条目、附注两个部分。《隋志》条目，有两个核心要素，即书名与卷数。如该志经部易类前九条：

(1)《归藏》十三卷　晋太尉参军薛贞注。

(2)《周易》二卷　魏文侯师卜子夏传，残缺。梁六卷。

(3)《周易》十卷　汉魏郡太守京房章句。

(4)《周易》八卷　汉曲台长孟喜章句，残缺。梁十卷。又有汉单父长费直注《周易》四卷，亡。

(5)《周易》九卷　后汉大司农郑玄注。梁又有汉南郡太守马融注《周易》一卷，亡。

(6)《周易》五卷　汉荆州牧刘表章句。梁有汉荆州五业从事宋忠注《周易》十卷，亡。

(7)《周易》十一卷　汉司空荀爽注。

(8)《周易》十卷　魏卫将军王肃注。

(9)《周易》十卷　魏尚书郎王弼注《六十四卦》六卷，韩康伯注《系辞》以下三卷，王弼又撰《易略例》一卷。梁有魏大司农卿董遇注《周易》十卷，魏散骑常侍荀煇注《周易》十卷，亡。

通过以上九条，可知《隋志》条目具有以下特点：

(甲) 条目核心是书名与卷数。至于撰人，则用附注的形式呈现出来。易言之，《隋志》条目的主干形式是"书名＋卷数＋附注"。这一著录形式，大致同《汉志》一律，而在撰人的表示上有所变化(于附注中揭出)。

(乙) 条目内书名部分，突出了核心典籍，而真正的图书性质，主要依赖条目附注加以揭示。实际上，上揭诸条，无论是《归藏》还是《周易》，都是被注解的核心典籍，并非书名的全部。上述各条之形式，实际上可以改写为如下形式：

治乱交替中的文献传承

(1)《归藏注》十三卷,晋太尉参军薛贞撰。
(2)《周易传》二卷(即《子夏易传》)[①],魏文侯师卜子夏撰。
(3)《周易章句》十卷,汉魏郡太守京房撰。
(4)《周易章句》八卷,汉曲台长孟喜撰。
(5)《周易注》九卷,后汉大司农郑玄撰。
(6)《周易章句》五卷,汉荆州牧刘表撰。
(7)《周易注》十一卷,汉司空荀爽撰。
(8)《周易注》十卷,魏卫将军王肃撰。
(9)《周易注》十卷,魏尚书郎王弼、韩康伯撰。

其中第(9)条比较特殊,十卷本《周易注》,实际是由王弼《周易注》、韩康伯《系辞注》等及王弼《周易略例》三种合并而成。

经过上述改写,上揭九条著录的实际书名得以昭然。可见,《隋志》为突出核心典籍,不惜对常用书名进行改易(例如《子夏易传》),以达到形式上整齐一律的效果。学人在引据《隋志》时,必须要具备"还原"的意识。当然,这种改写,仅限于出现多种注本的经典著述;其他著作,则保留了原书名。试观以下几条:

(10)《周易论》二卷　晋冯翊太守阮浑撰。
(11)《周易论》一卷　晋荆州刺史宋岱撰。梁有《拟周易说》八卷,范氏撰;《周易宗途》四卷,干宝撰;《周易问难》二卷,王氏撰;《周易答问》一卷,扬州从事徐伯珍撰;《周易难王辅嗣义》一卷,晋扬州刺史顾夷等撰;《周易杂论》

[①] 按:陆德明《经典释文·序录·注解传述人》有"《子夏易传》三卷",注云:"卜商,字子夏,卫人,孔子弟子,魏文侯师。《七略》云:'汉兴,韩婴传。'《中经簿录》云:'丁宽所作。'张璠云:'或轩辕子弓所作,薛虞记。'虞,不详何许人。"吴承仕云:"是阮《录》六卷,《序录》三卷,《隋志》二卷,则代有阙遗也。《序录》首题'卜商',次引刘、荀、张氏之言,犹不敢质;《隋志》乃辄题'子夏',非阙疑之道。"(见[唐]陆德明撰,吴承仕疏证《经典释文序录疏证》,中华书局,2008年,第37页。)实际上,《隋志》将此二卷本号称子夏所著之《周易传》,定为"魏文侯师子夏"所作,显然沿用陆德明的观点,并非自出机杼。

122

十四卷。亡。

(12)《尚书》十一卷　马融注。

(13)《尚书》九卷　郑玄注。

(14)《尚书述义》二十卷　国子助教刘炫撰。

阮浑、宋岱各有《周易论》，讨论易理，并非注解《周易》经传之作，所以《隋志》保留了原书名，没有加以转写。同样的道理，马融、郑玄为《尚书》作注，《隋志》即加转写，于条目中突出"《尚书》"；刘炫《尚书述义》，发挥《尚书》义理，但并非注解经传之作，所以《隋志》保留原名，未加转写。

（丙）《隋志》条目，都是当时"见存"之书；对于"残缺"（即内容有所缺损，已非全本）之书，则在附注中加以揭示［如上揭第(2)(4)两条］。因此，《隋志》条目的主干形式其实是：

书名＋卷数＋附注（撰人；是否完本）

《汉志》著录中，除条目外，另有附加信息，通过附注加以揭示。与此相类，《隋志》同样有附加信息，也是通过附注的形式加以揭示。如前揭第(2)(4)(5)(6)(9)(11)等条。兹作解读如次：

第(2)条（子夏《周易传》二卷）："梁六卷"。表明号称子夏《周易传》（即《子夏易传》）者，在梁代有六卷本，且见著于阮孝绪《七录》。《隋志》著录的是现存的"残缺"之本，也就意味着梁代的六卷本至唐初已然是不全之本。

第(4)条（孟喜《周易章句》八卷）："梁十卷。又有汉单父长费直注《周易》四卷，亡。"此条附注，包含两条信息。其一，孟喜《周易章句》八卷，梁代有十卷本（著录于阮孝绪《七录》）。其二，梁代有费直《周易注》四卷（《七录》著录），但此书至唐初已亡，所以没有单列一条。

第(5)条（郑玄《周易注》九卷）："梁又有汉南郡太守马融注《周易》一卷，亡。"此条附注，表明梁代存有马融《周易注》一卷（《七录》著录），至唐初已经亡佚。

第(6)条（刘表《周易章句》五卷）："梁有汉荆州五业从事宋忠注《周易》十卷，亡。"同上，梁代有宋忠《周易注》十卷，至唐初亡佚。

第(9)条(王弼、韩康伯《周易注》十卷):"梁有魏大司农卿董遇注《周易》十卷,魏散骑常侍荀煇注《周易》十卷,亡。"同前,梁代有董遇《周易注》十卷、荀煇《周易注》十卷,至唐初已佚。

第(11)条(宋岱《周易论》一卷):"梁有《拟周易说》八卷,范氏撰;《周易宗途》四卷,干宝撰;《周易问难》二卷,王氏撰;《周易答问》一卷,扬州从事徐伯珍撰;《周易难王辅嗣义》一卷,晋扬州刺史顾夷等撰;《周易杂论》十四卷。亡。"同前,范氏《拟周易说》八卷等六种著述,梁代存,至唐亡佚。

由以上各例,可知《隋志》著录中的附加信息,有两个方面的内容:

其一,同一著述的不同传本情况(主要是梁代的情况)。

其二,已经亡佚的相近著述情况(一般是梁代存,至唐初已亡)。

以上三条的附加信息,较为简略[第(11)条稍丰]。有些条目的附加信息较多,涉及著述不止一种。例如经部礼类"《三礼杂大义》三卷"条下附注:

(15)梁有《司马法》三卷,《李氏训记》三卷;又《郊丘议》三卷,魏太尉蒋济撰;《祭法》五卷,又《明堂议》三卷,王肃撰;《杂祭法》六卷,晋司空中郎卢谌撰;《祭典》三卷,晋安北将军范汪撰;《七庙议》一卷,又《后养议》五卷,干宝撰;《杂乡射等议》三卷,晋太尉庾亮撰;《逆降义》三卷,宋特进颜延之撰;《逆降义》一卷,田僧绍撰;《分明士制》三卷,何承天撰;《释疑》二卷,郭鸿撰;《答问》四卷,徐广撰;《答问》五十卷,何胤撰;又《答问》十卷。亡。

以上附注,共涉及十七种著述、十二位学者。不过,这十七种著作,并不仅仅作为"《三礼杂大义》三卷"的附加信息;在此书之前,《隋志》尚有"《三礼大义》十三卷""《三礼大义》四卷"两条。这三种著述的共性是均谈《三礼》大义,而且唐初尚存;附注的十七种著作,都与礼义或其应用相关,从而形成了一个著作群。这十七种著作,撰人涉及三国魏、两晋、南朝宋、齐、梁等时代,梁代尚存(为《七录》所收),唐初已亡,所以附注在

《三礼大义》等三种著作的后面。

返观前揭第(11)条(宋岱《周易论》一卷),其前有阮浑同名著述二卷,因此,第(11)条所附范氏《拟周易说》八卷等六种著述,同两种《周易论》也构成了一个性质相近的著作群。实际上这一安排,正是《隋志》所谓"离其疏远,合其近密"的著录原则的具体体现。

综上,《隋志》各条著录,除"书名+卷数+附注"的主干形式之外,还有附加信息,同《汉志》保持一致。不同之处在于,撰人、是否全本等条目内容,也在附注中揭出,并且同其他相关著述的附加信息合在一起。此外,学人已经注意到,在附注撰人信息时,其中还有关于撰者身份的说明[①],能够提供的信息因此更为丰富。

总之,《隋志》在借鉴前代目录(主要是《汉志》)的基础上,创建了"书名+卷数+附注"的著录形式,不仅对唐初藏书加以著录,还对三国以来已经亡佚的图书,通过附注的形式加以揭示,从而较为客观地展示了南北朝至唐初的文献流存面貌,堪称集成式的综合书目。

三、《隋志》的分类源流

分类是书目"辨章学术,考镜源流"的重要手段。郑樵特别重视分类,认为"类例既分,学术自明,以其先后本末具在"(《通志·校雠略》[②])。如何对图书进行分类,构建出合理的分类体系,实际上完全在于编目者对文献风貌、学术格局的总体认知;同时,对一部书目分类体系的考查,也可以看出编目者如何分别部居、传承文献的学术努力。

以下以《隋志》分类为中心,选取《汉志》《晋中经簿》《七志》《七录》,以及《旧唐志》《新唐志》《四库全书总目》等代表性书目,以见《隋志》分类源流,从而彰显《隋志》在文献分类及学术传承上的贡献。

---

① 兴膳宏指出:"关于书目撰述著〔者〕的标识,原则上在首次出现时,于姓名之上冠以王朝名、官名。官名大抵注记最终的官位,例外的情形也有。至于同一人物再次出现时,则但记姓名而已。"见[日]兴膳宏《〈隋书·经籍志〉解说》(下),第9页。

② [宋]郑樵《通志二十略》,王树民点校,中华书局,1995年,第1806页。

（一）《隋志》经部源流

《隋志》经部各类及其前承，略如下表：

表4-1 《隋志》经部分类及前承等对照表

汉志·六艺略	七录·经典志	隋志·经部	旧唐志·经部	新唐志·甲部经录	四库全书总目·经部
1易	1易	1易	1易	1易	1易
2书	2尚书	2书	2书	2书	2书
3诗	3诗	3诗	3诗	3诗	3诗
4礼	4礼	4礼	4礼	4礼	4礼
5乐	5乐	5乐	5乐	5乐	9乐
6春秋	6春秋	6春秋	6春秋	6春秋	5春秋
8孝经	8孝经	7孝经	7孝经	7孝经	6孝经
7论语	7论语	8论语	8论语	8论语	8四书
		9纬谶	9谶纬	9谶纬	
9小学	9小学	10小学	12小学	11小学	10小学
			10经解	10经解	7五经总义
			11诂训		

《隋志》经部，上承荀勖《晋中经簿》、李充《晋元帝书目》等官修目录之甲部，其远源则是《汉志·六艺略》。由于六经是王官之学的核心典籍，一直是中华文化的基本元典，因此，从《六艺略》到《隋志》经部，六经都居于核心地位。其他孝经、论语、小学三类，也保持了《汉志》的格局（唯将孝经类提到论语类之前）。这九个类别，在后世书目中也基本上没有变化（惟《四库全书总目》将论语类合于四书类），足证经典之重要性。《隋志》唯一增加的是纬谶类。此类典籍，"起王莽好符命，光武以图谶兴，遂盛行于世。汉时，又诏东平王苍正五经章句，皆命从谶。俗儒趋时，益为其学，篇卷第目，转加增广。言五经者，皆凭谶为说。唯孔安国、毛公、王璜、贾逵之徒独非之，相承以为妖妄，乱中庸之典。故因汉鲁恭

王、河间献王所得古文,参而考之,以成其义,谓之'古学'。当世之儒,又非毁之,竟不得行。魏代王肃,推引古学,以难其义。王弼、杜预,从而明之,自是古学稍立。至宋大明中,始禁图谶,梁天监已后,又重其制。及高祖受禅,禁之逾切。炀帝即位,乃发使四出,搜天下书籍与谶纬相涉者,皆焚之,为吏所纠者至死。自是无复其学,秘府之内,亦多散亡。"(《隋志·纬谶类序》)虽经禁毁,其书颇存,《隋志》不能不"录其见存,列于六经之下,以备异说",也是书目作为记录之学的应有之义。

(二)《隋志》史部源流

《隋志》史部各类及其前承,略如下表:

表4-2 《隋志》史部分类及前承等对照表

汉志·六艺略	七录·记传录	隋志·史部	旧唐志·史部	新唐志·乙部史录	四库全书总目·史部
	1国史	1正史	1正史	1正史	1正史
	2注历	2古史	2古史	2编年	2编年
		3杂史	3杂史	3伪史	5杂史
	7伪史	4霸史	4霸史	4杂史	9载记
		5起居注	5起居注	5起居注	(并入编年)
	3旧事	6旧事	6旧事	6故事	(并入杂史)
春秋类附	4职官	7职官	7职官	7职官	12职官
	5仪典	8仪注	8仪注	9仪注	13政书
	6法制	9刑法	9刑法	10刑法	(分入政书等)
	8杂传	10杂传	10杂传	8杂传记	7传记
	10土地	11地理	11地理	13地理	11地理
	11谱状	12谱系	12谱系	12谱牒	
	12簿录	13簿录	13略录	11目录	14目录
	9鬼神	(并入杂传)			
					3纪事本末

续 表

汉志·六艺略	七录·记传录	隋志·史部	旧唐志·史部	新唐志·乙部史录	四库全书总目·史部
					4 别史
					6 诏令奏议
					8 史钞
					10 时令
					15 史评

由于史书在《汉志》中仅附在《六艺略》春秋类之后,所以,《隋志》史部的分类源头,其实要上溯至荀勖《晋中经簿》。该簿分四部,"三曰丙部,有史记、旧事、皇览簿、杂事"①,是后世史部的学术前承之一。就二级类目而言,《晋中经簿》仅列出"史记、旧事、皇览簿、杂事"四个方面的内容主题,因此,其实际二级分类目前尚不能详细考知。对《隋志》史部二级分类影响最大的书目,是阮孝绪《七录·记传录》。从上表也不难看出二者的对应关系。相对于《七录·记传录》之类名,《隋志》之处理如次:

(甲)相承者四:旧事、职官、杂传、簿录四部,仍用以名类。

(乙)改名者七:国史部改为正史类,注历部改为古史类,仪典部改为仪注类,法制部改为刑法类,伪史部改为霸史类,土地部改为地理类,谱状部改为谱系类。

(丙)合并者一:鬼神部,合并入杂传类。

(丁)新增者二:杂史类(实自杂传部析出),起居注类。

通过上表,知《隋志》史部各类,溯源于《晋中经簿》之丙部而植根于《七录》之《记传录》,经过改名、合并、新增等形式,既有因袭,也有开新,奠定了古代书目史部类目的基本格局。像《旧唐志》《新唐志》,其史部就基本沿用了《隋志》的分类(个别类名有所调整)。

---

① [唐]魏徵等撰《隋书》卷三十二,第1026页。

(三)《隋志》子部源流

《隋志》子部各类及其前承,略见下表:

表 4-3 《隋志》子部分类及前承等对照表

汉志·诸子略、兵书略、数术略、方技略	七录·子兵录、术伎录	隋志·子部	旧唐志·子部	新唐志·子部	四库全书总目·子部
1 儒家	1 儒	1 儒家	1 儒家	1 儒家	1 儒家
2 道家	2 道	2 道家	2 道家	2 道家	
3 阴阳家	3 阴阳				
4 法家	4 法	3 法家	3 法家	3 法家	3 法家
5 名家	5 名	4 名家	4 名家	4 名家	
6 墨家	6 墨	5 墨家	5 墨家	5 墨家	
7 纵横家	7 纵横	6 纵横家	6 纵横家	6 纵横家	
8 杂家	8 杂	7 杂家	7 杂家	7 杂家	10 杂家
9 农家	9 农	8 农家	8 农家	8 农家	4 农家
10 小说家	10 小说	9 小说家	9 小说家	9 小说家	12 小说家
兵书略(兵权谋、兵形势、兵阴阳、兵技巧)	11 兵	10 兵法	10 兵法	12 兵书	2 兵家
1 天文(数术略)	1 天文(术伎录)	11 天文	11 天文	10 天文	6 天文算法
	2 纬谶(术伎录)				
2 历谱(数术略)	3 历算(术伎录)	12 历数	12 历数	11 历算	7 术数
3 五行(数术略)	4 五行(术伎录)	13 五行	13 五行	13 五行	
4 蓍龟(数术略)					

续 表

汉志·诸子略、兵书略、数术略、方技略	七录·子兵录、术伎录	隋志·子部	旧唐志·子部	新唐志·子部	四库全书总目·子部
1 医经（方技略）	8 医经（术伎录）	14 医方	14 医方	16 明堂经脉	5 医家
2 经方（方技略）	9 经方（术伎录）			17 医术	
5 杂占（数术略）	6 杂占（术伎录）			14 杂艺术	8 艺术
	10 杂艺（术伎录）				
3 房中（方技略）					
4 神仙（方技略）					
6 形法（数术略）	7 刑法（术伎录）				
	5 卜筮（术伎录）				
				15 类书	11 类书
					9 谱录
					13 释家
					14 道家

中国传统学问中的子部之学，极为庞杂。体现在书目中，有两个极为明显的倾向：其一，先秦诸子之学，除儒家日渐兴盛外，均逐渐式微，乃至失去立类的资格。其二，作为书目分类中的第三大部类，子部的内容却日见其盛。在四分法占主导地位的格局下，不易归入经部、史部、集部的图书，最终都归入子部。如释、道二家及类书类、丛书类等。子部之学的发展倾向，在上表中即表露无遗。《隋志》子部，大致对应于《汉志》的《诸子略》《兵书略》《数术略》《方技略》，以及《七录》的《子兵录》《术伎录》。从具体类目上看，《隋志》已不列《诸子略》中的阴阳家，并且对于

《兵书略》《数术略》《方技略》的十馀个子类,仅仅归并为天文、历数、五行、医方四类而已。大规模省并的背后,是相关图书大幅减少的客观实际。

(四)《隋志》集部源流

《隋志》集部各类及其前承,如下表所示:

表4-4 《隋志》集部分类及前承等对照表

汉志·诗赋略	七录·文集录	隋志·集部	旧唐志·集部	新唐志·集部	四库全书总目·集部
	1 楚辞	1 楚辞	1 楚词	1 楚辞	1 楚辞
	2 别集	2 别集	2 别集	2 别集	2 别集
	3 总集	3 总集	3 总集	3 总集	3 总集
	4 杂文	(并入总集)			
					4 词曲类
					5 诗文评类

《隋志》集部,虽溯源于《汉志·诗赋略》及《晋中经簿》之丁部(此部有诗赋、图赞及汲冢书),但其类目前承,最早只能上推至《七录·文集录》。此录共分楚辞、别集、总集、杂文四部,而《隋志》集部之楚辞、别集、总集三类,正是对《文集录》的直接承继(杂文部,应合并归入了总集类)。《旧唐志》《新唐志》《四库全书总目》都沿用了楚辞、别集、总集三个类目(《四库总目》另外增加了词曲、诗文评两类)。从《七录》创制、《隋志》加以强化开始,集部类目变化较小,保持了较强的传承性。

此外,《隋志》另附有道经、佛经二类。此一处理,显然师法王俭《七志》附录二类、阮孝绪《七录》置为外篇的做法。

综上所述,《隋志》在前代书目的基础上,并基于当时藏书及知见图书的现实,构建了较为齐备的分类体系,既有承继,也有新创,对后世产生了深远的影响,在著录、传承文献方面贡献卓著。

四、《隋志》的类序体系

刘向、歆父子在校理官藏、撰写《别录》《七略》时,通过小序,对当时学术源流进行了书写,构成了《辑略》(见本书第二章)。班固《汉志》继承了向、歆父子的小序传统,增写总序(即《汉志序》),散《辑略》于各略、各类之后,形成了层次分明的类序体系。这一系统由三个部分构成:(甲)总序。即全目之序(《汉志序》)。(乙)一级类序。即各略之序。《汉志》略序有六篇。(丙)二级类序。即各略之下子类之序,如《六艺略》下的易类序、书类序等。《汉志》有三十三篇(《六艺略》九篇,《诸子略》十篇,《兵书略》四篇,《数术略》六篇,《方技略》四篇。《诗赋略》内五个子类无小序)。通过上述四十篇文字,《汉志》对其编纂旨趣、分类依据及当时学术源流,进行了清晰的说明与申论。从"辨章学术,考镜源流"的角度来看,著录系统犹如构成一部书目的脉络,提供丰富的组织形式;分类系统如同书目的骨架,提供严密的逻辑支撑;而类序体系则是书目的灵魂,通过对立类依据、分类前承的书写,建构起学术演进、文献传承的有机体。

在书目体制上,《隋志》继承了《汉志》的类序体系,既有总序,又有部序、类序。但是,《隋志》对《汉志》既有因袭,又有创新,体现了敏锐的文献传承意识。这种因袭与创新,体现在以下三个方面:

(一)总序的全面超越。《汉志序》云:

昔仲尼没而微言绝,七十子丧而大义乖。故《春秋》分为五,《诗》分为四,《易》有数家之传。战国从衡,真伪分争,诸子之言纷然殽乱。至秦患之,乃燔灭文章,以愚黔首。汉兴,改秦之败,大收篇籍,广开献书之路。迄孝武世,书缺简脱,礼坏乐崩。圣上喟然而称曰:"朕甚闵焉!"于是建藏书之策,置写书之官,下及诸子传说,皆充秘府。至成帝时,以书颇散亡,使谒者陈农求遗书于天下,诏光禄大夫刘向校经传、诸子、诗赋,步兵校尉任宏校兵书,太史令尹咸校数术,侍医李柱国校方技。每一书已,向辄条其篇目,撮其指意,录而奏之。会向卒,哀帝复使向子侍中奉车都尉歆卒父业。歆于是总群书而奏其《七略》,故有《辑略》,有《六艺略》,有《诸子略》,有《诗赋略》,有《兵书略》,有《术数略》,有《方技略》。今删其要,以备篇籍。

此序从孔子身后经学分散谈起,屡述始皇禁书及汉代收聚图书之事实,为刘向、歆父子校理图书勾勒出宏大的历史背景;最后谈到校书成果《七略》,"今删其要,以备篇籍",为《艺文志》的编撰交代了文献依据与学术前承。此序特点在于征实、简要,而以史实为依据,极为精炼。反观《隋志序》,首先注重的是理论建构,即将文献("经籍")上升为"机神之妙旨,圣哲之能事",具有"经天地,纬阴阳,正纪纲,弘道德"的功能,是统治者("王者")"树风声,流显号,美教化,移风俗"的凭借,从而为《经籍志》的纂修提供了理论制高点。其次则由"周室道衰,纪纲散乱"谈起,历陈秦汉以降典籍散亡及校理图书、纂修目录之史实,对《晋中经簿》《七志》《七录》等代表性书目的分类情况,均有介绍。这一部分内容,远较《汉志序》繁富。最后,《隋志序》以本志编纂原则作结。因此,从总序的内容与章法上来看,《隋志序》对于《汉志序》都是一种全新的超越。

(二)既有类目的新拓展。书目作为一种文献类型,具有极强的稳定性,后起的书目(尤其是官修目录)一定基于前代书目的记录与体制而加以因革损益,也即有"因"(因袭性记录)有"创"(创造性传承)。《隋志》许多类目都基于《汉志》,最突出的是经部对于《六艺略》的继承。《隋志》经部下分易、书、诗、礼、乐、春秋、孝经、论语、纬谶、小学等十类,除纬谶类属于新设立的类目外,其他九类,都是《六艺略》已有者(该略内论语类在孝经类之前)。不过,类别虽同,而小序有异。试以论语类为例:

表 4-5 《汉志》《隋志》论语类小序对照表

《汉志》论语类小序	《隋志》论语类小序
《论语》者，孔子应答弟子时人及弟子相与言而接闻于夫子之语也。当时弟子各有所记。夫子既卒，门人相与辑而论纂，故谓之《论语》。汉兴，有齐、鲁之说。传《齐论》者，昌邑中尉王吉、少府宋畸、御史大夫贡禹、尚书令五鹿充宗、胶东庸生，唯王阳名家。传《鲁论语》者，常山都尉龚奋、长信少府夏侯胜、丞相韦贤、鲁扶卿、前将军萧望之、安昌侯张禹，皆名家。张氏最后而行于世。	《论语》者，孔子弟子所录。孔子既叙六经，讲于洙、泗之上，门徒三千，达者七十。其与夫子应答，及私相讲肄，言合于道，或书之于绅，或事之无厌。仲尼既没，遂缉而论之，谓之《论语》。汉初，有齐、鲁之说。其齐人传者二十二篇，鲁人传者二十篇。齐则昌邑中尉王吉、少府宗畸、御史大夫贡禹、尚书令五鹿充宗、胶东庸生。鲁则常山都尉龚奋、长信少府夏侯胜、韦丞相节侯父子、鲁扶卿、前将军萧望之、安昌侯张禹，并名其学。张禹本授《鲁论》，晚讲《齐论》，后遂合而考之，删其烦惑。除去《齐论》《问王》《知道》二篇，从《鲁论》二十篇为定，号《张侯论》，当世重之。周氏、包氏为之章句，马融又为之训。又有《古论语》，与《古文尚书》同出，章句烦省，与《鲁论》不异，唯分《子张》为二篇，故有二十一篇。孔安国为之传。汉末，郑玄以《张侯论》为本，参考《齐论》《古论》而为之注。魏司空陈群、太常王肃、博士周生烈，皆为义说。吏部尚书何晏又为集解。是后诸儒多为之注，《齐论》遂亡。《古论》先无师说，梁、陈之时，唯郑玄、何晏立于国学，而郑氏甚微。周、齐，郑学独立。至隋，何、郑并行，郑氏盛于人间。其《孔丛》《家语》，并孔氏所传仲尼之旨。《尔雅》诸书，解古今之意，并五经总义，附于此篇。

《汉志》论语类小序，首先论定《论语》性质，其次说明《论语》齐、鲁两派之传承，较为简要。比较而言，《隋志》论语类小序较为详尽，不仅涵括了《汉志》已有的内容，而且对其中部分内容做进一步之申论，如《论语》之名义、张禹传授《论语》之概况等。此外，《隋志》还增加了《汉志》没有的内容：一是《古论语》之缘起、篇卷分合与传授本末；二是汉末以来《论语》的授受源流。前者可以说是补《汉志》之未备，后者则属于遵从《汉志》既定的范式而进行因袭性书写。无论是进一步申论，还是增加《汉志》以后的新内容，都是《隋志》对既有类目的新拓展。

（三）新类目的创制。目录学首先是记录之学，因书设类是其第一要义。因此，历代优秀的目录学家，都会根据图书著录的实际，对类目进行调整或新创。相较《汉志》，《隋志》的新创体现在以下几点：(甲)经部，新创的类目是纬谶类。(乙)史部。如同《汉志》相较,《隋志》此部及子类全属新创。史书在《汉志》中仅仅附在《六艺略》的春秋类下,经过《晋中经簿》《晋元帝书目》《七录》等目的设类、调整与强化,至此已发展成包含十三个子类的一级类目。附庸蔚为大国,足见史籍之日见丰富、史学之长足发展。(丙)子部。相较而言,子书处于萎缩状态,没有新类目的创制。(丁)集部。包含有三个子类(楚辞、别集、总集)的集部,均属新创。

当然,《汉志》与《隋志》之编纂相去近六百年,用《汉志》作为参照来看《隋志》在类目上的创制,其间差距无疑极为巨大。这种差距,其实是逐渐形成的,因为在《汉志》与《隋志》之间,还有《晋中经簿》《晋元帝书目》《七志》《七录》等代表性书目,无不在部类的设置上各有其因袭与新创。实际上,《隋志》最重要的学术前承是阮孝绪的《七录》。《隋志》同《七录》在类目设置上差距极小(详本章第三节)。《隋志》史部的起居注类,为《七录》所无,因此可以作为考察《隋志》创制新类目的一个切入点。起居注类序云:

> 起居注者,录纪人君言行动止之事。《春秋传》曰:"君举必书。书而不法,后嗣何观?"《周官》,内史掌王之命,遂书其副而藏之,是其职也。汉武帝有《禁中起居注》,后汉明德马后撰《明帝起居注》,然则汉时起居,似在宫中,为女史之职。然皆零落,不可复知。今之存者,有汉献帝及晋代已来《起居注》,皆近侍之臣所录。晋时,又得《汲冢书》,有《穆天子传》,体制与今起居正同,盖周时内史所记王命之副也。近代已来,别有其职,事在《百官志》。今依其先后,编而次之。其伪国起居,唯《南燕》一卷,不可别出,附之于此。①

此类共"四十四部,一千一百八十九卷"②,数量已然可观(可作参照的是,《隋志》古史类三十四部,六百六十六卷;霸史类二十七部,三百三

---

① [唐]魏徵等撰《隋书》卷三十三,第 1094—1095 页。
② [唐]魏徵等撰《隋书》卷三十三,第 1094 页。

十五卷),是一类比较独特的文献,按照因书设类的原则,自然宜设新类。《隋志》此序首先界定起居注之含义,其次从经传中寻找此类文献形成之源起,其次列举此类文献之具有代表性者,末论本类收录之原则(即如何处理相近之著作)。此序同《汉志》《七录》序文结构相似,可知正是《隋志》能师法二者而又自出机杼的成果。

总之,《隋志》继承了《汉志》的书写范式,构建了完整的类序体系,并通过总序、小序的学术书写,深刻地展示了学术发展的脉络,体现出卓越的文献传承意识。

五、结语

作为古代中国最重要的书目之一,《隋志》在古代文献传承方面,无疑具有典范性的贡献。基于上文之研讨,可知《隋志》在以下几个方面贡献卓著:

(甲)建立了凝练简要的著录体系,不仅著录了唐初现存之书,也通过附注的形式,对前此诸朝(主要指南北朝)曾经存在的典籍加以著录,因此反映了南朝以来的文献总体面貌,是总汇此期文化典籍的集成之作。《隋志》不仅是一部唐初藏书目录,而且是一部反映南朝以降图书流存面貌的知见目录。

(乙)建立了以经、史、子、集为一级类目的分类体系,奠定了中国古典文献分类与传承的学术格局。《隋志》之前,荀勖确立甲(经)、乙(子)、丙(史)、丁(集)四部分类之法,李充确立甲(经)、乙(史)、丙(子)、丁(集)四部之次序。至《隋志》,经、史、子、集确立为四部之名。从此,经、史、子、集四分法成为中国古典文献分类的主流方法。

(丙)《隋志》继承《汉志》确立的类序传统,并借鉴《七录》等书目的体例,构建了由总序、四部部序、各类类序构成的类序体系(序文凡四十七篇,包含作为附录的佛经、道经二类)。通过三级类序,《隋志》对以实际藏书为基础的学术脉络,做了详尽的梳理,并且在内容上有所拓展、新创与超越,对后世书目编纂(如《四库全书总目》)与学术史书写,提供了

第四章 《隋书·经籍志》与古代文献传承

宝贵的资源与经验①。

以上探讨表明，新朝建立之初的文献整理与史书修纂，能够将此前数代文化典籍的概貌，通过《经籍志》（或《艺文志》）的书写而凝固下来，并且通过在著录系统（包括著录体系、分类体系以及类序体系等）方面的总结、承袭与创新，对典籍脉络及其学术意义进行构建、解读与发挥，从而成为古代文献传承与学术史书写中非常重要的一环。事实上，《经籍志》中著录的现存典籍，随着时间的流逝因种种原因而大部分亡佚，但是由于《经籍志》所构建的著录系统的存在，并且借助于其他文献（诸如类书等）"互文性"的著录与引用，其面貌仍有通过辑佚、构拟、研究等手段进行部分恢复的学术可能，其意义因此能得到一定程度的彰显。古代文献之承传，由于《经籍志》《艺文志》）的存在，因此很难出现彻底断层的消极局面。自唐以降，官修正史艺文志（或经籍志）成为彰显新朝统治合法性的文治需要，由此建立的目录书写传统成为文献传承与学术史建构的有效手段。在此历史演进的脉络中，开国君主的文治策略，官僚集团中上层文化精英（同时也是知识群体的上层精英。如魏徵及其同僚等）的学术努力，均功不可没。

---

① 兴膳宏指出，《旧唐志》《新唐志》在分类上延续《隋志》，而做部分的修正；《唐六典》卷十《秘书郎》部分虽有四部及子目名称、各类部数、卷数，并且与日本学者藤原佐世《日本国见在书目录》有深远的关系，但其分类、书名、排列、夹注等，"皆以《隋志》为基准"。此后的书目直至《四库全书总目》，"于四部分类及子目的设定，皆以《隋志》所定的基准为依据，而应时以稍做修改而已"。因此，"《隋志》是四部目录的定准"。（[日] 兴膳宏《〈隋书·经籍志〉解说》[下]，第14页。）

第五章
"四书"的形成与四书类文献的勃兴

中国古典文献的生产与传承,受到多方面因素的影响与制约。承平之际,统治阶级大规模整理文献,通常会使中央(内廷、外廷)藏书面貌焕然一新,刘向、歆父子领校群书就是其中显例。动乱时代,人祸(主要是统治者发动的战争)与天灾叠加,则会使文化典籍同普通生灵一样,遭受巨大劫难,甚至是灭顶之灾;中古时期目录类典籍大都亡佚,湮没难彰,即是其中一例。在郡县制帝国时代,每当新朝建立,开国君主往往出于笼络前朝遗臣、知识阶层文化精英的需要,进行前朝(甚至上追数朝)正史的修纂;利用这一契机,纂修诸臣对学术发展脉络进行系统梳理,通过图书类目的因袭、改换与新创,深刻地影响后世的学术格局以及文献传承的面貌。作为唐初纂修诸史的产物,《隋书·经籍志》就是其中具有代表性的史志目录。统治者的权力与意志,文化精英的纂修努力,都是影响古典文献传承的关键性因素。

事实上,如果不局限于某一特定时间点,而以长时段作为观察的视角,那么,在统治者的权力与意志、文化精英的纂修努力之外,学术本身的演进与发展,通常是影响古典文献得以不断生产与传承的重要因素之一。某个时代学术的发展,一般是政治需求、社会思潮、学人努力等多方面因素共同作用与推动的结果,往往体现为新文献的生产与既有文献的传承。学术发展与古典文献之间的关系,成为管窥时代思潮与政治、文化发展趋向的重要切入点。例如,历代官修书目著录的真正子书日益减少,体现了诸子之学自汉以降逐渐衰微的事实,反映了在先秦最为活跃的诸子之学,因为失去了诸侯争雄的时代条件,从而走向没落的学术趋势。即使在某一学术门类的内部,不同的流派、主张能否赢得话语权,往往也决定了各类典籍的此消彼长。譬如汉代传诗的有齐、鲁、韩、毛四家,自从毛诗经刘歆表彰、盛行于东汉之后,逐渐取得主导地位,其他三家逐渐式微,终至失传。

儒学是中国古代学术的主流,儒学的发展,深刻地影响了古典文献传承的向度与面貌。本章将以四书类文献为例,探讨学术发展与文献传承之间的关系。所谓"四书",指《大学》《中庸》《论语》《孟子》四种著作,起初各自单行(《大学》《中庸》是《礼记》中的两篇),经朱子表彰、注解,成《四书章句集注》,由此"四书"作为专名(朱子以《大学》为曾子作,《中庸》为子思作,因此后人又称为"四子书"),与"五经"对举而风行于世。在政治需求、科举考试的加持下,四书类文献在宋、元、明、清四代出现了勃兴的局面,生动地说明了学术发展与文献生成之间的互动关系。

一、儒术独尊语境下《论语》《孟子》经典化历程

关于"四书"之形成,钱穆先生曾有简要之说明:

> 远自西汉刘向歆父子编《七略》,《论语》归于六艺,当时《孝经》《尔雅》,同为初学者必读之书;而《孟子》则侪于诸子,与曾子、子思、荀卿之徒同称儒家。自是厥后,《孟子》渐见推尊,至宋人《十三经注疏》,《孟子》遂与《论语》《孝经》《尔雅》并列。《大学》《中庸》本入《小戴礼记》,《中庸》颇为历代学者所称重,而北宋二程兄弟,始提倡《大学》,奉以为学者入德之门,来学者多以《大学》《西铭》示之。及南宋朱子,承二程之意,始以《大学》《中庸》与《论语》《孟子》合称"四书";又为《论孟集注》,《大学中庸章句》,阐述义蕴,发挥精蕴,一时翕服;于时"四书"之名遂定。①

---

① 钱穆《四书释义·例言》,《钱宾四先生全集》第 2 册,台北,联经出版事业公司,1994 年,第 5 页。

事实上，儒家在先秦仅是九流十家之一，《论语》《孟子》也不过是儒家著作中的两部。由先秦子书上跻为经典，实同儒学发展的进程密切相关。以下试析二者之经典化历程。

（一）《论语》之经典化

《论语》其书，《汉志·六艺略》论语类小序所论简明扼要：

> 《论语》者，孔子应答弟子时人及弟子相与言而接闻于夫子之语也。当时弟子各有所记。夫子既卒，门人相与辑而论纂，故谓之《论语》。汉兴，有齐、鲁之说。传《齐论》者，昌邑中尉王吉、少府宋畸、御史大夫贡禹、尚书令五鹿充宗、胶东庸生，唯王阳名家。传《鲁论语》者，常山都尉龚奋、长信少府夏侯胜、丞相韦贤、鲁扶卿、前将军萧望之、安昌侯张禹，皆名家。张氏最后而行于世。①

《汉志》此序，是关于《论语》性质最为经典的表述。赵岐《孟子题辞》也说："七十子之畴，会集夫子所言，以为《论语》。"②所谓"语"，指孔子之语，即此著之内容。包括：（甲）"孔子应答弟子、时人"之语，（乙）"弟子相与言而接闻于夫子之语"。其史料来源，则出于"当时弟子各有所记"。所谓"论"，指此书之编纂。孔子卒后，"门人相与辑而论纂"其语而成。《论语》得名之故，因此了然③。按照朱彝尊的观点，"受业者为弟子，受

---

① ［汉］班固《汉书》卷三十，中华书局，1962年，第1717页。
② ［清］焦循《孟子正义》卷一，沈文倬点校本，中华书局，1987年，第14页。
③ 钱穆释"论语"云："语，谈说义，如《国语》《家语》《新语》之类。此书所收，以孔子应答弟子时人之语为主。《卫灵公篇》载子张问行，孔子告以'言忠信，行笃敬'，而子张书诸绅。则当时诸弟子于孔子之一言一动，无不谨书而备录之可知。论者，讨论次义。经七十子后学之讨论编次，集为此书，故称《论语》。"（钱穆《论语新解》上编题解，《钱宾四先生全集》第3册，第1页。）

业于弟子者为门人"①,也就是说,《论语》是由同孔子关系最为亲近的及门弟子(通称"七十子")及后学("门人")编纂而成的,因此是研究孔子学术与思想的第一手文献,当然成为儒家研习的最重要的典籍之一②。根据《汉志》,汉代传《论语》者有齐、鲁两派,著名学者有王吉、宋畸、贡禹、五鹿充宗、胶东庸生(以上治《齐论语》),又有龚奋、夏侯胜、韦贤、鲁扶卿、萧望之、张禹(以上治《鲁论语》)等。《汉志》论语类凡"十二家,二百二十九篇"③,相较于其他学派,数量已很可观,因此能在《汉志》中独立成类。由于《论语》所记乃孔子之"语",在儒家典籍中,其地位远在《孟子》《荀子》等著作之上。

著述数量也能说明《论语》的重要性。无论是儒家内部的子思、曾子、孟子、荀子等人的著作,还是道家、阴阳家、法家、名家、墨家、纵横家、杂家、农家等学派的著作,均没有出现数量可观的衍生性文献④。唯一例外的是《老子》,出现了《老子邻氏经传》《老子傅氏经说》《老子徐氏经说》等衍生性著作,但由于数量少,按照"因书设类"的目录学原则,远不足以在《汉志》中单独成类。

《汉志》是在刘向、歆父子《别录》《七略》的基础上编成的,体现了西汉国家藏书的面貌。论语类典籍数量较夥、单独成类,也说明儒家学说日益受到统治上层的重视。经过秦末之兵火浩劫,汉初需要休养生息,

---

① [清]朱彝尊《经义考·承师》,见《经义考》卷二百八十二,清乾隆二十年(1755)卢见曾续刻本。按:朱彝尊的说法,本于欧阳修。门人,原作"门生":"汉世公卿多自教授,聚徒常数百人,其亲授业者为弟子,转相传授者为门生。"([宋]欧阳修《集古录跋尾》卷一《后汉孔宙碑阴题名》,见《欧阳修全集》卷一百三十四,中华书局,2011年,第2092页。)

② 关于孔子与《论语》的关系,有学者认为,《论语》所载是孔子"笔削"之馀(廖燕),或曾经"圣人亲定"(李塨),或经由弟子"预录"而得到孔子的"印可"(黄侃),或认为即由"孔子作"(周予同)。(Hanmo Zhang, "The author as the Head of a teaching Lineage: Confucius, the Quotable Author", *Authorship and Text-making in Early China*, De Gruyter, 2015, pp.93—94.)

③ [汉]班固《汉书》卷三十,第1717页。

④ 按:"衍生性文献"同"原生性文献"相对,是指对原生性文献进行解读、阐发而产生的新文献。

提倡无为的黄老之学顿成显学；经过数代经营，武帝时国力强盛，在军事上屡次取得对匈奴作战的胜利。与此相适应的统治思想，因此随之改变。董仲舒适时提出"罢黜百家，独尊儒术"，受到武帝认可①，从此儒家学说逐渐成为郡县制帝国的统治学说。西汉治《论语》者众，正是这一政治态势与学术思潮相互激荡下的产物。

《汉志》论语类十二家如次：

《论语》古二十一篇。　　出孔子壁中，两《子张》。
《齐（论语）》二十二篇。　　多《问王》《知道》。
《鲁（论语）》二十篇，《传》十九篇。
《齐说》二十九篇。
《鲁夏侯说》二十一篇。
《鲁安昌侯说》二十一篇。
《鲁王骏说》二十篇。
《燕传说》三卷。
《议奏》十八篇。　　石渠论。
《孔子家语》二十七卷。
《孔子三朝》七篇。
《孔子徒人图法》二卷。
凡《论语》十二家，二百二十九篇。②

根据《汉志》，《六艺略》各子类分别是：易类、书类、诗类、礼类、乐类、春秋类、论语类、孝经类、小学类。以上九类典籍，其重要性并不能等量

---

① 《汉书·武帝纪·赞》："孝武初立，卓然罢黜百家，表章六经。"颜师古注："百家，谓诸子杂说，违背六经。"见[汉]班固《汉书》卷六，第212页。
② [汉]班固《汉书》卷三十，第1716—1717页。按：姚振宗对《汉志》进行补辑，得书三种：孔鲋《论语义疏》三卷，孔安国《古论语传》二十一篇，《孔氏古文弟子籍》一卷。（[清]姚振宗《汉书艺文志拾补》卷一，王承略、刘心明主编《二十五史艺文经籍志考补萃编》第二卷，清华大学出版社，2011年，第245页。）

齐观,实际上可以分为三个层次:(甲)前六类的核心典籍(《易》《书》《诗》《礼》《乐》《春秋》等六经),是旧王官之学的经典,是包括儒学在内的诸子之学的学术渊源所在,因此在向、歆父子所构建的新王官之学体系内,仍然居于经典之位,成为最重要的元典系列。(乙)论语类、孝经类,是渊源于六经的后起的学术门类。先秦文献有经、传、说、记之别,论语类、孝经类大致属于"说""记"的层次,地位较六经要低。(丙)小学类,并非经典,而是作为"通经之具"而附在《六艺略》之后,地位更低。《论语》能跻身于《六艺略》,表明在汉代儒术独尊的政治态势下,《论语》地位不断提升,达到仅次于六经的程度。

《隋志》经部论语类有:

> 《论语》十卷　郑玄注。梁有《古文论语》十卷,郑玄注;又王肃、虞翻、谯周等注《论语》各十卷。亡。①

东汉时期的论语类著述,尚不止郑玄所注。据钱大昭所考,有《论语章句》(包咸撰)、《论语章句》(周氏[失名]撰)、《论语解》(沛献王刘辅撰)、《论语传》(郑众撰)、《论语注训》(何休撰)、《论语注》(马融撰)、《论

---

① [唐]魏徵等撰《隋书》卷三十二,点校本二十四史修订本,中华书局,2019年,第1057页。按:关于郑氏有无《古文论语注》一书,清儒多有讨论。顾櫰三据何晏《论语集解·序》"郑玄就《鲁论》篇章,考之《齐》《古》为之注",指出郑玄"未尝别注《古文论语》"。[清]顾櫰三《补后汉书艺文志》卷二,王承略、刘心明主编《二十五史艺文经籍志考补萃编》第六卷,清华大学出版社,2012年,第11页。)侯康指出:"诸家皆但言康成以《齐》《古》校正《鲁论》,未闻别撰《古文注》。且《古文》与《鲁论》不同者,亦不过两《子张》及四百馀字之异。既注《鲁论》,亦无容别注《古文》也,然《七录》所有,姑存疑。"[清]侯康《补后汉书艺文志》卷二,《二十五史艺文经籍志考补萃编》第六卷,第522页。)姚振宗认为:"马氏注孔氏《古文论语》,郑或受之马,就马本而为之注,如《丧服》经传之类,未可知也。"[清]姚振宗《后汉艺文志》卷一,《二十五史艺文经籍志考补萃编》第七卷,清华大学出版社,2011年,第84页。)根据今人研究,郑玄《论语注》与《古文论语注》其实就是同一部书。参见唐明贵《关于郑玄〈论语注〉的几个问题》(《兰州学刊》2005年第6期)、禹菲《何晏〈论语集解〉与郑玄〈论语注〉文本比较研究》(湖南大学博士学位论文,2017年)等文。

语注》十卷(郑玄撰)、《论语注》(麻达撰)等八种①。顾櫰三所考,则极为丰硕:有《论语传》(沛献王刘辅撰)、《论语注》(贾逵撰)、《论语章句》(包咸撰)、《论语传》(郑众撰)、《论语训说》(马融撰)、《论语注训》(何休撰)、《论语注》十卷(郑玄撰)、《古文论语注》十卷(郑玄撰)、《论语释义》十卷(郑玄注)②、《论语孔子弟子目录》一卷(郑玄撰)、《论语注》(麻达撰)、《论语章句》(周氏[失名]撰)、《论语注》(盍氏撰)、《论语注》(毛氏撰)、《论语注》(谯周撰)、《论语注》(周生烈撰)、《论语弼》(程秉撰)、《论语义说》(陈群撰)、《论语注》(王肃撰)、《论语释疑》(王弼撰)、《论语音》(王弼撰)、《论语集解》十卷(何晏撰)、《论语音》(何晏撰)、《论语注》十卷(虞翻撰)、《论语注》(张昭撰)等二十馀种③。侯康《补后汉书艺文志》辑出八种,姚振宗辑出七家十部,均不出顾氏所辑范围④。其中谯周、王肃、周生烈、陈群、何晏、虞翻、程秉、张昭等人,由东汉入三国⑤,可以看成是汉

---

① [清]钱大昭《补续汉书艺文志》,王承略、刘心明主编《二十五史艺文经籍志考补萃编》第六卷,清华大学出版社,2012年,第11页。

② 《论语释义》,《旧唐志》著录为十卷,《新唐志》著录为一卷。姚振宗引《郑学录》曰:"《论语释义》,《旧唐志》十卷,《新志》一卷,两志卷数差别太远,'十'恐'一'之误。此书所释何义不可知,遗文无一存者。"姚氏按云:"汉以来注释《论语》者,自班《志》著录《鲁传》《齐说》等六家外,《册府元龟》言陈胜博士孔鲋撰《论语义疏》三卷(不详其所据),蔡中郎言盍氏、毛氏(见石经残碑)。此不知何人作《论语释义》,郑从而注之,或即郑注之别本,本名《释义》,而《唐志》误以为注欤? 其一卷、十卷,或连本文,或但载注文。(又按:此十卷,疑即《七录》之《古文论语注》。)"[清]姚振宗《后汉艺文志》卷一,《二十五史艺文经籍志考补萃编》第七卷,第85—86页。)知姚振宗疑所谓郑氏《论语释义注》,即其《论语注》之别本,或即《古文论语注》,三者同实而异名。

③ [清]顾櫰三《补后汉书艺文志》卷二,《二十五史艺文经籍志考补萃编》第六卷,第94—100页。按:清人侯康有同名著作,所辑八种,均不出顾氏范围。([清]侯康《补后汉书艺文志》卷二,《二十五史艺文经籍志考补萃编》第六卷,第520—523页。)

④ [清]侯康《补后汉书艺文志》卷二,《二十五史艺文经籍志考补萃编》第六卷,第520—523页;[清]姚振宗《后汉艺文志》卷一,《二十五史艺文经籍志考补萃编》第七卷,第81—86页。

⑤ 谯周等人论语著作,侯康收入《补三国艺文志》卷二(载《二十五史艺文经籍志考补萃编》第九卷,清华大学出版社,2012年,第19—20页),姚振宗收入《三国艺文志》卷一(载《二十五史艺文经籍志考补萃编》第九卷,清华大学出版社,2012年,第135—138页)。

第五章 "四书"的形成与四书类文献的勃兴

代学术的延续。

晋代论语类著作十分繁盛。据考,晋代为《论语》作注加以发挥的学者有卫瓘、郑冲、缪播、缪协、郭象、崔豹、李充、虞喜、孙绰、盈氏、江熙、范宁、王珉、江惇、周怀、蔡谟、袁宏、梁根、梁觊、孟陋、袁乔、尹毅、杨惠明、张凭、栾肇、应琛、曹毗、庾亮、王濛、蔡系、张隐、郗原、宋纤、殷仲堪、徐邈、郭璞等三十馀家,并且出现了《论语集解》(郑冲)、《论语集义》(崔豹)、《集解论语》(江熙)等汇纂之作①。由此可见,自东汉以下,《论语》也一直是被高度关注的儒家元典,历代有注释之作。

南朝宋时,论语类著述有宋明帝《论语集注补阙》二卷、孔澄之《论语注》十卷、张略《论语疏》八卷、孙畅之《五经杂义》六卷等②。《论语》作为"经典"的地位,也在王俭(452—489)所撰《七志》的类目中得到反映。《七志》共分七大部类,首曰《经典志》,"纪六艺、小学、史记、杂传"(《隋志序》)。其中虽然没有提及《论语》,但这一分类的直接前承,必然是《汉志》之《六艺略》及荀勖《晋中经簿》之甲部。荀《簿》甲部"纪六艺及小学等书"(《隋志序》),所谓"六艺及小学等书",就是《汉志·六艺略》的著录范围,论语类、孝经类文献,当在著录之列。此其一。其二,阮孝绪《七录》首曰《经典录》,该录共分易部、尚书部、诗部、礼部、乐部、春秋部、论语部、孝经部、小学部等九部,这一分类同《汉志·六艺略》的子类完全一致。阮孝绪自陈其编《七录》是"斟酌王、刘"(《七录序》)的结果("王"即王俭,"刘"即向、歆父子),因此在类目的设置上具有高度的一致性。由此可知,论语类在《七志》里也一定归属于《经典志》。《七志》的意义,在于首次以"经典"名类,表明文献地位在书目体系内部的认同。

根据《七录目录》,《七录·经典录》论语部有"五十一种五十二帙四百一十六卷",可见虽迭经战乱,论语类典籍仍呈上升趋势,较《汉志》所

---

① [清]丁国钧《补晋书艺文志》卷一,《二十五史艺文经籍志考补萃编》第十卷,清华大学出版社,2012年,第23—26页。按:江惇,丁氏误作"江淳"。殷仲堪,丁氏误作"殷仲文"。

② 聂崇岐《补宋书艺文志》,《二十五史艺文经籍志考补萃编》第十二卷,清华大学出版社,2012年,第21页。

载,已增至四倍以上①。

(二)《孟子》之经典化

《孟子》其书,与《论语》不同,《汉志》中没有著录相关的衍生性著作,因此不能自成一类,而只能隶于《诸子略》中的儒家类;由于《别录》《七略》已佚,所以刘向、歆父子所撰叙录已不可得见。而作为刘氏父子学术前承的《史记》中,则有如下记述:

> 孟轲,驺人也。受业子思之门人。道既通,游事齐宣王,宣王不能用。适梁,梁惠王不果所言,则见以为迂远而阔于事情。当是之时,秦用商君,富国强兵;楚、魏用吴起,战胜弱敌;齐威王、宣王用孙子、田忌之徒,而诸侯东面朝齐。天下方务于合从连衡,以攻伐为贤,而孟轲乃述唐、虞、三代之德,是以所如者不合。退而与万章之徒序《诗》《书》,述仲尼之意,作《孟子》七篇。②

司马迁明确指出,此书是孟子(约前 380—前 300)"退而与万章之徒序《诗》《书》,述仲尼之意"所作,也就是师承孔子而继续发挥儒家学说而形成的著述,孟子当然是其核心人物。赵岐甚至说:"此书,孟子之所作

---

① 按:南朝齐代论语类著述,据高桂华等所考,有祖冲之《论语注》、沈骠士《论语要略》、虞遐《注论语》十卷、许容《注论语》十卷、释僧智《论语略解》十卷、顾欢《论语注》一卷等六种。(高桂华、陈鸿儒、阎枕泉《补南齐书经籍志》,《二十五史艺文经籍志考补萃编》第十二卷,清华大学出版社,2012 年,第 59 页。)陈述所考,则有顾欢《论语注》一卷、沈骠士《论语训注》一卷、虞遐《论语注释》十卷、许容《论语注释》十卷、沈骠士《论语要略》、祖冲之《论语注》等六种。(陈述《补南齐书艺文志》,《二十五史艺文经籍志考补萃编》第十二卷,清华大学出版社,2012 年,第 121—122 页。)梁代论语类著述,后人辑出五种:太史叔明《论语集解》十卷、陶弘景《集注论语》十卷、褚仲都《论语义疏》十卷、刘被《注释论语》十卷。([清]王仁俊《补梁书艺文志》,《二十五史艺文经籍志考补萃编》第十二卷,清华大学出版社,2012 年,第 176 页。)陈代则有徐孝克《论语讲疏文句义》五卷、周弘正《论语疏》十一卷、张讥《论语义》二卷、沈文阿《论语义记》、顾越《论语义疏》等五种。([清]徐仁甫《补陈书艺文志》,《二十五史艺文经籍志考补萃编》第十二卷,清华大学出版社,2012 年,第 212 页。)

② [汉]司马迁《史记》卷七十四,第 2833—2834 页。

也,故总谓之《孟子》。"①"孟子退自齐、梁,述尧、舜之道而著作焉,此大贤拟圣而作者也。"②至于篇数,刘向、歆父子校理此书,有十一篇③,较司马迁所云七篇,增多四篇。七篇是指《梁惠王》《公孙丑》《滕文公》《离娄》《万章》《告子》《尽心》,凡"二百六十一章,三万四千六百八十五字"④。至于增多之四篇,赵岐指出:"又有外书四篇:《性善》《辩文》《说孝经》《为政》。其文不能宏深,不与内篇相似,似非孟子本真,后世依仿而讬之者也。"⑤赵岐(约108—201)系东汉时人,所云《孟子》内、外篇之分,无疑是刘向、歆父子校书之遗。向、歆父子《孟子书录》虽然没有流传下来,但是,同属《汉志》儒家类且排在群书之首的《晏子》八篇,其书录得以保存[见本书第三章第四节"(六)新撰文章家集书录之分析"内所引]。据《晏子书录》可知,其书有内、外篇之分,"其书六篇,皆忠谏其君,文章可观,义理可法,皆合六经之义。又有复重,文辞颇异,不敢遗失,复列以为一篇。又有颇不合经术,似非晏子言,疑后世辨士所为者,故亦不敢失,复以为一篇。凡八篇,其六篇可常置旁御观。"(见前揭第三章所引)所谓内、外之别,在于内篇较为可靠,而外篇则是"文辞颇异""似非晏子言"者。同理,《孟子》内篇七篇,是较为可靠者,而外篇四篇,则属颇有存疑者。赵岐亲见外篇,认为"似非孟子本真",弃而不录。赵氏的判断,正是基于对刘氏父子校书实际的理解。《孟子》外篇流传渐微⑥,至唐宋时即

---

① [清]焦循《孟子正义》卷一,沈文倬点校本,第3页。
② [清]焦循《孟子正义》卷一,沈文倬点校本,第13页。
③ 《汉书·艺文志·诸子略》:"《孟子》十一篇。"自注:"名轲,邹人,子思弟子,有《列传》。"见[汉]班固《汉书》卷三十,第1725页。
④ [清]焦循《孟子正义》卷一,沈文倬点校本,第15页。
⑤ [清]焦循《孟子正义》卷一,沈文倬点校本,第11页。
⑥ 晋人綦毋邃有《孟子注》九卷。见下揭《隋志》著录。丁国钧云:"《孟子》本有《外书》四篇,在今所传七篇之外,诸家注《孟》俱七卷,此并及《外书》,故多二卷。《唐志》作'七卷'者,非'七'字衍文,则《外书》注二卷彼时已佚也。"([清]丁国钧《补晋书艺文志》卷三,《二十五史艺文经籍志考补萃编》第十卷,第69页。)文廷式辑出三条佚文。([清]文廷式《补晋书艺文志》子部,《二十五史艺文经籍志考补萃编》第十卷,第302页。)黄逢元云:"《孟子》本七篇,梁《录》邃注加多二卷,当合《外书》为一部。今存吴骞辑本邃注《外书》一卷,又马国翰辑存一卷。"([清]黄逢元《补晋书艺文志》卷三,《二十五史艺文经籍志考补萃编》第十一卷,第261页。)

已亡佚,只有内篇传承至今。

《孟子》成为经典,较《论语》更晚。其上升轨迹,通过历代书目之著录,可以窥见。古代"孔孟"并称,但《孟子》起初是子书,并不被视作经典。在《汉志》中列在《诸子略》的儒家类(仅有《孟子》一种,无衍生文献),因此,其地位要远次于《论语》和《孝经》。

据《隋志》子部儒家类,《孟子》相关文献仅有以下三种:

> 《孟子》十四卷　齐卿孟轲撰,赵岐注。
> 《孟子》七卷　郑玄注。
> 《孟子》七卷　刘熙注。梁有《孟子》九卷,綦毋邃撰,亡。①

东汉时期《孟子》相关著述除赵岐、郑玄、刘熙所注三种外,钱大昭考出程曾《孟子章句》一种②。顾櫰三考出六种,另有高诱《孟子章句》及刘陶《复孟轲》两种③。侯康所考④,与顾氏同。姚振宗考出者如次:程曾《孟子章句》,郑玄《孟子注》七卷,赵岐《孟子章句》十四卷,高诱《孟子章句》,刘熙《孟子注》七卷,刘陶《复孟子》,凡六种⑤,亦同顾氏。

可见,由汉至隋,《孟子》相关著述仅六种,可谓寥寥。赵岐、郑玄、刘熙等《孟子注》,当著录于荀勖《晋中经簿》之乙部;王俭《七志·诸子志》、阮孝绪《七录·子兵录》,则对上述数种都予著录。

文献数量的多寡,是某门学问是否兴盛的表征。《旧唐书·经籍志》保持了《隋志》的著录格局,而《新唐书·艺文志》则著录了陆善经《孟子

---

① [唐]魏徵等撰《隋书》卷三十四,第1133页。
② 附注云:"曾字彦升,豫章人,官海西令。"见[清]钱大昭《补续汉书艺文志》,第12页。
③ [清]顾櫰三《补后汉书艺文志》卷八,《二十五史艺文经籍志考补萃编》第六卷,第343页。
④ [清]侯康《补后汉书艺文志》卷二,《二十五史艺文经籍志考补萃编》第六卷,第557页。
⑤ [清]姚振宗《后汉艺文志》卷三,《二十五史艺文经籍志考补萃编》第七卷,第204—207页。

第五章 "四书"的形成与四书类文献的勃兴

注》七卷、张镒《孟子音义》三卷,唐代另有丁公著《孟子手音》一卷、刘轲《翼孟》三卷(二书见《经义考》卷二百三十二著录)、林慎思《续孟子》二卷(见《经义考》卷二百七十九著录),合以上陆、张二家则有五种《孟子》类著述,相较魏晋六朝,局面大有改观。事实上,唐代能出现上揭《孟子》类著述,同此际学者推尊《孟子》有关。唐代宗宝应二年(763),杨绾疏请将《孟子》同《论语》《孝经》并列为"兼经";韩愈(768—824)推尊孟子,认为孟子"功不在禹下"(《与孟尚书书》);柳宗元(773—819)将《孟子》同《论语》并列,尊为"经言";唐懿宗咸通四年(863),皮日休疏请立《孟子》,设科取士①。

宋代私家书目的著录,展示了《孟子》地位上升的轨迹。现存最早的宋代私家书目是晁公武(约1102—1187)《郡斋读书志》,该志著录了如下《孟子》相关著作:

  赵岐《孟子》十四卷
  《孟子音义》二卷　宋孙奭等
  《石经孟子》十四卷　宋席旦刊
  《点注孟子》十四卷　宋张简
  《五臣解孟子》十四卷　宋范祖禹等
  《伊川解孟子》十四卷　宋程颐
  《横渠孟子解》十四卷　宋张载
  《百家孟子解》十二卷
  王安石《解孟子》十四卷　王雱《解孟子》十四卷　许允成《解孟子》十四卷
  《删孟》二卷　宋冯休
  《疑孟》一卷　宋司马光②

---

① 朱汉民、肖永明《宋代〈四书〉学与理学》,中华书局,2009年,第40—41页。
② [宋]晁公武撰,孙猛校证,《郡斋读书志校证》卷十,上海古籍出版社,第414—421页。

以上凡十一条,除《石经孟子》外,涉及《孟子》注、解之作凡十三种。可知孟子之学至宋开始兴盛。不过,以上各种仍然著录于子部儒家类,在书目类别上并没有上升。尽管如此,《石经孟子》一条,表明《孟子》已经被视作经典,取得了崇高的地位。

尤袤(1127—1194)《遂初堂书目》是第二种现存的私家书目,著录的《孟子》相关著述有王逢原《语孟解》、程氏《语孟说》、颍滨《论孟拾遗》、五峰《论孟指南》、尹和靖《孟子解》《语孟集义》《七家孟子讲义》等,凡七种①。其中有六种,系《论语》《孟子》合并解说者,说明《孟子》地位呈上升态势,已能与《论语》相提并论。从部类上看,以上七种著述,均附于论语类下,而同时作为附类的还有孝经类。虽是附属,却由子书而上附于经类,这是《孟子》在中国传统学术分类体系中所居位次的质的跨越。《孟子》类相关著述,至此在书目体系内(也即学术体系内)获得了独立成类的资格。

陈振孙(1179—1262)《直斋书录解题》合《论语》《孟子》而为语孟类,使《孟子》不再处于附从地位。元代马端临《文献通考·经籍考》于经下设有《孟子》类,虽在论语类后,但是已可以在经部中独立成类,与诸经并列了。易言之,《孟子》此时终于在书目系统内完全获得了"经"的地位。当然,这与朱子大力表彰四书有关。由明至清,各家书目经部基本上都设有《孟子》类。《徐氏家藏书目》中,《孟子》类反在孝经类前。《孟子》地位渐次上升之迹,昭然可见。但无论如何上升,《孟子》都列在六经及《论语》之后。

朱子将《孟子》收入四书中,讲习犹在五经之先。元代又尊孟子为"亚圣",配享孔庙,则《孟子》之见重,必与《论语》相伴。元、明两代复以四书五经取士,《孟子》又在必读精研之列。《孟子》地位提升的轨迹,自然会在书目中得到忠实(但可能稍为滞后)的记录。朱彝尊《经义考》设《孟子》类,凡六卷。其位次在论语类、孝经类后,尔雅类前,反映的是元

---

① [宋]尤袤《遂初堂书目》,载《中国历代书目丛刊》第一辑,许逸民、常振国等主编,现代出版社,1987年,第1133页。

明以降直至清初,《孟子》在学术体系内的实际地位。

二、儒学演进与"四书"形成

"四书"(《大学》《中庸》《论语》《孟子》)作为专称,正与"五经"相对,在宋元以降的科举时代,是士子必读之书。《四库全书总目》四书类小序云:

> 《论语》《孟子》,旧各为帙。《大学》《中庸》,旧《礼记》之二篇。其编为四书,自宋淳熙始。其悬为令甲,则自元延祐复科举始。古来无是名也。然二戴所录《曲礼》《檀弓》诸篇,非一人之书。迨立名曰《礼记》,《礼记》遂为一家。即王逸所录屈原、宋玉诸篇,《汉志》均谓之赋。迨立名曰《楚词》,《楚词》亦遂为一家。元邱葵《周礼补亡序》称"圣朝以六经取士",则当时固以四书为一经。前创后因,久则为律,是固难以一说拘矣。今从《明史·艺文志》例,别立"四书"一门,亦所谓"礼以义起"也。朱彝尊《经义考》于四书之前,仍立《论语》《孟子》二类。黄虞稷《千顷堂书目》,凡说《大学》《中庸》者,皆附于礼类,盖欲以不去饩羊,略存古义。然朱子书行五百载矣,赵岐、何晏以下,古籍存者寥寥。元明以来之所解,则皆自四书分出者耳。《明史》并入四书,盖循其实。今亦不复强析其名焉。①

此条小序,简要说明四书类设立之缘由,因而上溯及于"四书"之形成。此序虽然简要,但是关于《大学》《中庸》,着墨较少;"四书"形成的儒学背景,也没有叙及。

(一)《大学》与《中庸》

《大学》是《礼记》中的一篇(在《礼记正义》中居第四十二篇)。除《礼

---

① [清]永瑢、纪昀等《钦定四库全书总目》卷三十五,《景印文渊阁四库全书》第1册,台湾商务印书馆,1983年,第705—706页。

记》外，《汉志》中未载其他相关著述，作者不明。郑玄《三礼目录》云："名曰《大学》者，以其记博学，可以为政也。此于《别录》属通论。"①未明言其作者。朱子《大学章句序》云："《大学》之书，古之大学所以教人之法也。……而此篇者，则因小学之成功，以著大学之明法，外有以极其规模之大，而内有以尽其节目之详者也。三千之徒，盖莫不闻其说，而曾氏之传，独得其宗。于是作为传义，以发其意。"②认为曾子所作。此后，关于《大学》作者问题，讨论不断，当代学者还利用出土文献进行研究，主流意见是，《大学》出于曾子或其门人之手③。

《中庸》也是《礼记》中的一篇（在《礼记正义》中居第三十一篇）。《史记·孔子世家》称"子思作《中庸》"。郑玄《三礼目录》云："名曰《中庸》者，以其记中和之为用也。庸，用也。孔子之孙子思伋作之，以昭明圣祖之德。此于《别录》属通论。"④是汉儒均称子思所作。朱子在《中庸章句序》中进一步发挥："《中庸》何为而作也？子思子忧道学之失其传而作也。盖自上古圣神，继天立极，而道统之传，有自来矣。……若吾夫子，则虽不得其位，而所以继往圣、开来学，其功反有贤于尧舜者。……子思惧夫愈久而愈失其真也，于是推本尧舜以来相传之意，质以平日所闻父师之言，更互演绎，作为此书。"⑤自清代起，学者对《中庸》作者及内容起讫问题又加讨论，当代学者也利用郭店楚简进行考察，大体上仍然认定《中庸》为子思所作⑥。

《大学》《中庸》，原本单篇流行，后来合于《礼记》，成为该书之组成部分。《汉志·六艺略》礼类，有《记》一百三十一篇（自注："七十子后学者

---

① ［汉］郑玄注，［唐］孔颖达正义《礼记注疏》卷六十，［清］阮元校刻《十三经注疏》本，中华书局，1980年，第445页。
② ［宋］朱熹《大学章句》，见《四书章句集注》，中华书局，1983年，第1—2页。
③ 朱汉民、肖永明《宋代〈四书〉学与理学》，第16—17页。
④ ［汉］郑玄注，［唐］孔颖达正义《礼记注疏》卷五十二，［清］阮元校刻《十三经注疏》本，第397页。
⑤ ［宋］朱熹《中庸章句》，见《四书章句集注》，第14—15页。
⑥ 朱汉民、肖永明《宋代〈四书〉学与理学》，第17—19页。

所记也"),即《礼记》,"礼"字因前一条《礼古经》而省。其时处于经典地位的是《礼古经》(即《礼经》,相对于《礼记》而言;汉代又称《士礼》,晋代称为《仪礼》),《礼记》则处于经传说记中"记"的层次,还没有上升为经。至唐刻九经,《礼记》与《周礼》并在其中,获得了经典的地位;《大学》《中庸》,因此成经典中的篇目。

由汉迄晋,除《汉志》有《中庸说》一种①外,《大学》《中庸》自合于《礼记》之后,均未尝别行;除学者(如郑玄等)因注《礼记》而兼及《大学》《中庸》外,并无专门训解之作。

《隋志·经部》礼类载:

《礼记中庸传》二卷　宋散骑常侍戴颙撰
《中庸讲疏》一卷　梁武帝撰
《私记制旨中庸义》五卷②

《旧唐志》《新唐志》所列,仅戴颙《中庸传》一种,未超出《隋志》范围。《私记制旨中庸义》五卷,《隋志》未言撰者。《梁书·张绾传》:"与朱异、贺琛递述《制旨礼记中庸义》。"姚振宗云:"按梁简文帝有《谢敕赉中庸讲疏启》,见严氏《全梁文编》。又《南史·孝义·谢兰传》:'兰奉诏令制宣城王《奉述中庸颂》。'知当时奉述制旨诸义者不一其人,此不知何人所作。盖讲疏之属也。宣城王者,即哀太子大器,武帝孙,简文帝嫡长子。

---

① 沈钦韩疏证云:"郑《目录》云:'孔子之孙子思伋作之,以昭明圣祖之德。此于《别录》属通论。'按《孔丛·居卫篇》'子思选《中庸》之书四十九篇',疑彼妄说也。云《中庸说》者,郑注'仲尼祖述'以下以《春秋》之义说孔子之德,郑当有所本,盖此说也。《隋志》有戴颙《中庸传》、梁武帝《中庸讲疏》,则自来《中庸》有说也。"([清]沈钦韩《汉书艺文志疏证》卷一,《二十五史艺文经籍志考补萃编》第二卷,清华大学出版社,2011年,第34页。)姚明辉指出:"'今《礼记》中有《中庸》一篇,亦非本礼经,盖此之流。'按此说《中庸》者,则非即《中庸》也。"(姚明辉《汉书艺文志注解》卷一,《二十五史艺文经籍志考补萃编》第四卷,清华大学出版社,2011年,第213页。)

② [唐]魏徵等撰《隋书》卷三十四,第1133页。

初封宣城郡王，简文即位，立为皇太子，后为侯景所害。"①知梁武帝重视《中庸》，令皇子、诸臣奉述其义，此书不知私记者谁氏，所以《隋志》不名其作者。以上说明，至迟在南朝宋、梁二代，《中庸》已从《礼记》中析出，受到当时学人及皇权之重视。

中唐时期，《中庸》《大学》开始受到学者的重视。韩愈在《原道》篇里指出："古之所谓正心而诚意者，将以有为也。今也欲治其心而外天下国家，灭其天常，子焉而不父其父，臣焉而不君其君，民焉而不事其事。"②韩氏依据《大学》的思路，从身心修养的政治意义方面揭示了佛道之学的谬误。李翱（772—841）著有《复性书》，对《中庸》以及《大学》《孟子》等儒家著作进行阐发，意欲建构关于身心修养的学问③。但是，直到宋代，《中庸》同《大学》才备受学者关注，成为士子瞩目的经典。

（二）儒学演进与"四书"的形成

《大学》自《礼记》析出，始自宋儒。朱彝尊指出："取《大学》于《戴记》，讲说而专行之，实自温公始。"④温公，指司马光（1019—1086），有《大学广义》一卷、《中庸大学解义》一卷。此外，在朱子《四书章句集注》之前，《大学》类单篇著述有：程颢《大学定本》一卷、程颐《大学定本》一卷、吕大临《大学解》一卷、苏总龟《大学解》一卷、萧欲仕《大学解》一卷、廖刚《大学讲义》一卷、谭惟寅《大学义》、何俌《大学讲义》、喻樗《大学解》一卷、张九成《大学说》一卷等（以上俱见《经义考》卷一五六）。上述事实表明，在文化高度发达的宋代，学者十分重视《大学》《中庸》，但在朱子之前，还没有将二者同《论语》《孟子》合成一个整体加以对待，"四书"之名，尚未登场。

---

① ［清］姚振宗《隋书经籍志考证》卷一，《二十五史艺文经籍志考补萃编》第十五卷，清华大学出版社，2014年，第195页。
② ［唐］韩愈《原道》，见屈守元、常思春《韩愈全集校注》，四川大学出版社，1997年，第2664页。
③ 说详朱汉民、肖永明《宋代〈四书〉学与理学》（第42—43页）。
④ ［清］朱彝尊《经义考》卷一百五十六，清乾隆二十年（1755）卢见曾续刻本。

第五章 "四书"的形成与四书类文献的勃兴

将《大学》《中庸》《论语》《孟子》作为整体加以相提并论的是朱子（1130—1200），标志性事件是在淳熙九年（1182），朱子《四书章句集注》（包括《论语集注》《大学章句》《中庸章句》《孟子集注》）刻梓于婺州，"四书"之称因此著之流播而被广泛接受。以"四书"为研究对象的注解、阐释之学，就是四书学。四书学是儒学的核心之一，同汉唐盛行的五经之学共同构成了古代中国传承有自、相沿不坠的经学体系。

"四书"的形成以及四书学的兴起，同儒学演进密切相关。先秦儒家学说，只是诸子之一，渊源于"六经"并借助对"六经"的阐释而成为同墨家学说并称的显学。司马谈认为："夫儒者以六艺为法。六艺经传以千万数，累世不能通其学，当年不能究礼，故曰'博而寡要，劳而少功'。若夫列君臣父子之礼，序夫妇长幼之别，虽百家弗能易也。"[①]儒家学说虽有烦琐之弊，但在维护社会秩序方面，有其先进性，因此特别符合大一统帝国统治的需要[②]。汉武帝时，国力强盛，接受董仲舒"罢黜百家，独尊儒术"的建议，儒家学说在诸子学说中脱颖而出，取代黄老之学，成为汉代的统治学说，取得官学正统的地位。《汉志·诸子略》儒家类小序："儒家者流，盖出于司徒之官，助人君顺阴阳明教化者也。游文于六经之中，留意于仁义之际，祖述尧舜，宪章文武，宗师仲尼，以重其言，于道为最高。"[③]对儒学"助人君顺阴阳明教化"的定位，正说明为何自汉以降，儒家学说能够得到历代帝王的青睐，成为官方正统。经过董仲舒的表彰，取得官学地位的儒学得到极大发展，至汉成帝、哀帝之时，已经是"于道为最高"，同其他诸子之学日渐式微，形成鲜明对比。汉儒解经，有今文、古文之分，前者重训释大义，后者重名物训诂。至东汉之世，古文经学位居主流地位。

"四书"形成之前，儒学在传承、流播过程中曾在不同历史时期面临

---

① ［汉］司马迁《太史公自序第七十》，《史记》卷一百三十，第 3995 页。

② 杜维明指出："儒家的道德价值经常被政治化，为残暴的极权统治服务。同时，儒家的政治道德化成了中国政治文化的显著特征，儒家符号以极权主义施控的意识形态为形式而政治化，一直是中国政治史的最重要的传统。"见《道·学·政：论儒家知识分子》，第 11 页。

③ ［汉］班固《汉书》卷三十，第 1728 页。

各种挑战。其中最大的挑战有两次。第一次是在魏晋南北朝时期,主要面对玄学的挑战。玄学的兴起,有其复杂的历史背景,而自汉末以来的割据、对峙、战乱与政权更迭,使社会不时陷入失序状态。政治黑暗、世事无常,道家无为思想因此盛行。受此影响,学者解读经典之时,逐渐偏背经学训诂的取径而援玄入儒,以才辨相胜,直接体悟、发挥义理。王弼注《周易》,即是其中显例。与此同时,随着佛教的传入与传播,义疏之学开始兴起,传统经学阐释的传注之体,让位于义疏之体,出现了皇侃《论语义疏》等代表性著作。隋唐一统,结束了分裂、割据、对峙的政治局面。唐太宗于贞观十六年(642)诏修《五经正义》,汇集自汉以来的解经成果,延续的仍然是重视名物训诂的解经传统,使得经典解释重新在官学体系中向汉学回归,形成了同中央大一统帝国相适应的集成之作。

儒学面临的第二次挑战是在唐宋时期。此期面临的挑战有以下三个层面:(甲)价值理想的挑战。唐末五代,藩镇割据,社会失序,道德沦丧,寡廉鲜耻,甚至出现了像冯道那样历任五朝宰相而自号"长乐老"的极端人物。(乙)外来文明的挑战。汉末佛教的传入与流播,在伦理道德、社会心理、思维方式、生活习惯等方面,对儒家传统形成巨大的挑战,甚至形成了佛盛儒衰的局面。(丙)理论形态转型的挑战①。宋代政治一统,社会稳定,经济繁荣,城镇商品市场发达,而与此相适应的上层理论形态,还没有建立起来。唐代以《五经正义》为定本的官方经学,注不破经,疏不破注,烦琐僵化,失去了应对社会变化的理论活力。《四书》的形成以及《四书》学的兴起,乃至程朱理学的兴起,就是在这样的历史背景中展开的。

《大学》《中庸》《论语》《孟子》,为何能够合称"四书",同"五经"相提并论?要回答这一问题,首先要认识到《大学》《中庸》《论语》《孟子》这四种文献,从学术源流上看,同"五经"性质有所不同。相较于"四书",作为中华元典的"五经"出现更早,是旧王官之学的核心典籍,包括儒家在内

---

① 以上三个层面,说详张立文《朱子评传·自序》(南京大学出版社,1998年,第1—3页)。

的诸子学说,都是因为王官失守、官学下流之后而自民间兴起,其学术渊源仍在"五经",并且通过对"五经"进行解读、阐释的形式来构建、发挥各派的学术与政治主张。《大学》《中庸》是《礼记》中的两篇,而《礼记》系"七十子后学者所记也",属于经传说记中"记"的层次;《论语》《孟子》之主体分别为孔子、孟子之言行,属于经传说记中"说"的层次。"五经"形成的时代,大致在西周以前;《大学》《中庸》(《礼记》)、《论语》《孟子》,则在东周(春秋、战国)以后。时代既有先后之别,学术上又有源、流之异。这是"四书"同"五经"性质不同之处。

其次,《大学》《中庸》《论语》《孟子》能够被朱子挑选出来,合称"四书",还在于这四种著作各有其不同的学术特质。面对佛学的巨大挑战,朱子欲振兴儒学,必须要从儒家著述中寻找思想资源,构建新的话语体系。作为元典的"五经"是诸子共同的文献渊薮,其本质上都是"史"①,可供宋儒用以取裁、构拟新的学说以回应学术挑战的思想元素并不特别丰富。而《大学》《中庸》《论语》《孟子》这四种文献,却是建立在"五经"基础之上的儒家学说,在阐释、立说方面,有丰富的术语、素材可以提供,并且作为先秦文献,本身也留下了巨大的阐释空间。

《大学》首云:"大学之道,在明明德,在亲民,在止于至善。知止而后有定,定而后能静,静而后能安,安而后能虑,虑而后能得。物有本末,事有终始,知所先后,则近道矣。古之欲明明德于天下者,先治其国,欲治其国者,先齐其家;欲齐其家者,先修其身;欲修其身者,先正其心;欲正其心者,先诚其意;欲诚其意者,先致其知,致知在格物。物格而后知至,知至而后意诚,意诚而后心正,心正而后身修,身修而后家齐,家齐而后国治,国治而后天下平。自天子以至于庶人,壹是皆以修身为本。其本乱而末治者,否矣。其所厚者薄,而其所薄者厚,未之有也。此谓知本,此谓知之至也。"按照朱子的解释,《大学》是"古之大学所以教人之法也","因小学之成功,以著大学之明法,外有以极其规模之大,而内有以

---

① [清]章学诚《文史通义·易教上》:"六经皆史也。古人不著书,古人未尝离事而理,六经皆先王之政典也。"见《文史通义校注》卷一,叶瑛校注,中华书局,1985年,第1页。

尽其节目之详者也"(朱子《大学章句序》)。其中,"明明德""亲民""止于至善",被称作"三纲领",而"格物""致知""诚意""正心""修身""齐家""治国""平天下",则称作"八条目"。因此,《大学》对儒家的道德政治理想做了具体而微的发挥,是一部政治哲学著作。"《大学》列入'四书'之首是因为它完整、系统地展示了儒术的纲目,是儒家工夫论的序列与体系。"①

《中庸》首云:"天命之谓性,率性之谓道,修道之谓教。道也者,不可须臾离也;可离,非道也。"又云:"仲尼曰:'君子中庸,小人反中庸。君子之中庸也,君子而时中。小人之中庸也,小人而无忌惮也。'"又云:"喜怒哀乐之未发,谓之中;发而皆中节,谓之和。中也者,天下之大本也,和也者,天下之达道也。致中和,天地位焉,万物育焉。"又云:"诚者,天之道也;诚之者,人之道也。诚者,不勉而中,不思而得,从容中道,圣人也。诚之者,择善而固执之者也。""自诚明,谓之性;自明诚,谓之教。诚则明矣,明则诚矣。"《中庸》是一部伦理哲学的著作,论证了儒家的道德伦常原则与规范,思辨性极强。其中提到的"天命""中庸""道""性""诚"等概念,辞约义丰,具有多样性、模糊性的特点②,为后来儒家学者提供了广阔的释读空间。韩愈、李翱等人对《大学》《中庸》的重视表明,面对佛学的巨大压力,儒家学者已经认识到回溯并利用儒家已有著述进行理论建构的重要性。

《论语》《孟子》分别记载了孔子、孟子及其弟子的言论,是儒家代表人物阐发主张、构建儒家学说的客观记录。陈登原称:"先民之美者,莫如孔子;孔子语之可信者,莫如《论语》。"③钱穆指出:"此书所收,以孔子应答弟子时人之语为主。……书中亦附记诸弟子语,要之皆孔门之绪言也。"④钱氏复指出,孟子"所为大有贡献于后世人群者,厥要有三","一

---

① 朱汉民、肖永明《宋代〈四书〉学与理学》,第323页。
② 朱汉民、肖永明《宋代〈四书〉学与理学》,第22页。
③ 陈登原《国名疏故》,商务印书馆,1936年,第2页。
④ 钱穆《论语新解》上编题解,《钱宾四先生全集》第3册,第1页。

曰发明性善之义","二曰孟子言养气","三曰孟子言知言"①。因此,这两部书同《大学》《中庸》合在一起,提供了丰富的概念与命题,思辨色彩极为浓厚,为宋儒应对儒学危机、重振儒学提供了思想资源与阐释空间。《大学》《中庸》《论语》《孟子》的上述特质,为朱子对四者进行阐释并合起来构成"四书"提供了可能。钱穆云:

> 窃谓此后学者欲上窥中国古先圣哲微言大义,借以探求中国文化渊旨,自当先《论语》,次《孟子》。此两书,不仅为儒家之正统,亦中国文化精神结晶所在,断当奉为无上之圣典。……《学》《庸》两书,言简而义丰,指近而寓远,亦不失为儒籍之瑰宝,国学之鸿篇。虽当与《语》《孟》分别而观,正不妨与《语》《孟》连类而及也。②

则在当代儒家看来,"四书"仍有其特殊之价值与崇高之地位。事实上,当今研究儒学者,仍从"四书"中寻求思想资源与概念依托③。

三、四书类文献的勃兴与传承

自朱子著《大学章句》《中庸章句》《论语集注》《孟子集注》并合成《四书章句集注》、刻梓行世之后,"四书"的概念开始流行,并由此衍生出以"四书"解读、阐释为主的系列文献(即四书类文献),成为中国古典文献生成与传承的重要类别与突出的文化现象。

---

① 钱穆《四书释义·孟子要略·弁言》,《钱宾四先生全集》第 2 册,第 163—165 页。
② 钱穆《四书释义·例言》,第 7 页。
③ 例如杜维明提出:"儒学是东亚最错综复杂、最具影响力的现存传统之一……儒家思想是对周代文明衰亡的回应,它的兴起提出了特定的问题(Problematiken),后来成了儒学的明显特征。儒家《论语》的三个核心观念标明了这些问题:道、学、政。"见杜维明《道·学·政:论儒家知识分子》,第 1 页。

（一）四书类文献的勃兴

四书类文献的勃兴，表现为以下两类主题的文献大量问世：一是朱子后学对《大学》《中庸》合起来进行阐释的著作（可以称之为学庸类著作），二是以"四书"为阐释对象的著作。

根据《经义考》（卷一六二）之著录，学庸类著作有陈孔硕《中庸大学讲义》、陈淳《中庸大学讲义》一卷、魏文翁《中庸大学讲义》二卷、蔡渊《中庸大学思问》、李起渭《中庸大学要语》、柴元祐《中庸大学说》、谢兴甫《中庸大学讲义》三卷、牟少真《中庸大学发蒙俗解》、熊庆胄《庸学绪言》一卷、谢升贤《中庸大学解》、黄必昌《中庸大学讲稿》、方逢辰《中庸大学释传》三卷、戴景魏《中庸大学要义》、王幼孙《中庸大学章句》二卷、刘黻《中庸大学说》二篇、傅子云《中庸大学解》、何孟桂《中庸大学说》二篇、郑仪孙《中庸大学章句》一卷等近七十种，可见其盛。这类著作，朱彝尊仍然将其著录于礼类，而不是四书类。朱彝尊于饶鲁《中庸大学纂述》《庸学十一图》两条下按语中指出："以上诸家，皆以《中庸》先《大学》，不紊《小戴记》之旧，盖科举之学未盛，故典型尚存也。自是而后，考试程式一定于皇庆，再定于延祐，于是经问经疑，冠《大学》于《论语》《孟子》之前，以《中庸》居末，科目日重，知有朱子而不复还《小戴记》之次矣。"（《经义考》卷一六二）颇有保存古义之意。但从另一个角度来看，以上诸人，均为朱子门人或后学，显然是朱子表彰《大学》《中庸》的馀响，因此，也应视作四书类文献的重要组成部分。

朱子本人的四书类著作，有《四书语类》（八十卷）、《四书章句集注》《四书或问》等。继踵而作者极夥。朱彝尊《经义考》四书类有八卷之篇幅（自卷二五二至二五九），共著录三百三十一种。这是南宋以迄清初的数量。朱彝尊以个人之力通考历代著述，其中遗漏在所难免。因此，四书类著述，实际上远不止此数。至清中叶修《四库全书》，收四书类著述六十二种，存目者则有一百零一种（据《四库总目》卷三十五至三十七之记载）。20世纪编《续修四库全书》，四书类著述共有十八册，收书一百零五种。当然，能纳入四库系统的著述只是具有代表性的文本，远非四书类典籍的全貌。据统计,清代《孟子》学著作即高达八百六十三种①。相较于《汉志》的十三家(论语类"十二家,二百二十九篇"、儒家类《孟子》一家),堪称爆炸式增长,极为惊人。蕴含于这一现象的内在理路,值得探索。

(二)四书类文献勃兴的原因

四书类文献因何勃兴?这是中国古代文献生成与传承史上,极为重要的一个学术论题。结合当时历史情境,我们认为,主要有以下两个方面的原因:

其一,朱子作为理学宗师的学术影响。

在中国文化史、学术史上,朱子(元晦,晦庵)是孔子之后的又一座文化高峰,贡献卓著,影响深远。朱子著述极为宏富,有三十馀种,代表性著作有《周易本义》《易学启蒙》《书集传》《诗集传》《仪礼经传通解》《四书章句集注》《孝经刊误》《伊洛渊源录》《资治通鉴纲目》《近思录》《楚辞集注》《韩文考异》等,后人汇编为《朱文公文集》《续集》《朱子语类》《朱子全书》《朱子遗书》等。朱子之学,通贯四部,尤其通过表彰"四书",树立了理学的高峰,对儒学面临的时代挑战做了积极的回应。学界认为,通过"致广大,尽精微,综罗百代"的道德形上学的哲学逻辑结构,朱子担负起重整和重建的责任,化解了价值理想沦丧的挑战;通过兼容并蓄,对儒、释、道三教进行文化整合,回应了外来文化的挑战;通过"舍传求经""疑经改经",打破疏不破注的禁锢,使训诂之学转变为义理之学,回应了理论形态转型的挑战②。

朱子倡言三纲五常,起到了"助人君顺阴阳明教化"(《汉志·诸子略》儒家类小序)的社会功用,尤其利于维护既有社会秩序,因此受到宋、元、明、清四代统治者的大力尊崇与鼓吹,不断加封,直至"圣人"。宋宁

---

① 见李畅然《清代〈孟子〉学史大纲》之《绪论》(北京大学出版社,2011年,第16页)。该书所谓《孟子》学著作,"一般都包括了单纯的《孟子》学著作和四书学著作两大类"(第29页)。

② 张立文《朱子评传》,第1—3页。

治乱交替中的文献传承

宗庆元六年（1200），朱子卒，当时仍名列"伪党"名单之中。嘉定二年（1209），诏谥曰"文"。从此，朱子又被称作朱文公。嘉定五年（1212），《四书集注》被立于国学。宋理宗宝庆三年（1227），赠太师，追封信国公。绍定三年（1230），改封徽国公。淳祐元年（1241），朝廷下诏朱熹从祀庙堂，与周、张、二程并列。宋度宗咸淳五年（1269），诏赐故里名"文公阙里"，意味着圣人地位的确立。元顺帝至元元年（1335），下诏兴建专祀朱子的文庙。至正二十二年（1362），改封为齐国公。明成祖永乐十三年（1415），诏颁由成祖亲撰"御序"的《四书五经大全》于天下，为科举取士之准则。其中的《四书大全》即朱子的《四书集注》为主，而《五经大全》中也多取朱子之说。明景帝景泰六年（1455），诏建安朱子后裔世袭翰林院五经博士。明世宗嘉靖二年（1523），诏婺源朱子后裔世袭翰林院五经博士。清康熙五十一年（1712），下诏朱子牌位移至孔庙大成殿"十哲"之次，配享孔庙。次年，康熙帝玄烨命熊赐履、李光地编《朱子大全》成，且亲撰序言，称："朱夫子集大成而绪千百年绝传之学，开愚蒙而立亿万世一定之规。"[1]可见，经过宋、元、明、清四代五百馀年的表彰，朱子身后地位在国家政治话语体系中不断攀升，终至圣人，配享孔庙。识者指出："朱熹圣人地位的确立，完全是从理学思想的角度出发的，这是以统治阶级的伦理道德及其哲学基础为价值标准而进行的典范选择和偶像建构。"[2]

朱子能被历代统治者选中并加以表彰，固然是因为朱子本人卓越的学术贡献，但更主要的是因为其学术主张契合了王朝统治的需要。《四书章句集注》是朱子最重要的代表作之一。淳熙九年（1182）《集注》的刊刻，标志着朱子四书学的成熟及其学术思想体系建构的完成。朱子此书，注重义理阐发而不废章句训诂，继承二程学说又取众家之长，直接探

---

[1] 按：以上梳理，见莫砺锋《朱熹文学研究》《莫砺锋文集》第一册，凤凰出版社，2019年，第295—296页）。
[2] 莫砺锋《朱熹文学研究》，《莫砺锋文集》第一册，第296页。

求经文本义而避免穿凿,力辟佛说而又注重汲取其理论成果①,堪称集四书阐释之大成。"元明以来,科举取士,先《四书》,后《五经》,而《四书》必以朱《注》为圭臬。于是朱注《四书》,家弦户诵,垂为人人必读之书者,迄于清末,亘六百年之久。"②当时及其后学者在朱子学说的影响与启发下继续从事"四书"阐释与发挥,是四书类文献得以勃兴的重要原因。作为朱子后学的李方子有云:

> 《语》《孟》二书,世所诵习,为之说者亦多,而析理未精,释言未备。《大学》《中庸》,自程子始表章之,然《大学》次序不伦,阙遗未补;《中庸》虽为完篇,而章句浑沦,读者亦莫知其条理之粲然也。先生搜辑先儒之说,而断以己意,汇别区分,文从字顺,妙得圣人之本旨,昭示斯道之标的。又使学者先读《大学》以立其规模,次及《语》《孟》以尽其蕴奥,而后会其归于《中庸》。尺度权衡之既当,由是以穷诸经,订群史,以及百氏之书,则将无理之不可精,无事之不可处矣。③

李氏首论朱子注释"四书"之精妙("妙得圣人之本旨,昭示斯道之标的"),次论朱子安排"四书"研习次序之精当及其大用("无理之不可精,无事之不可处"),代表了程朱后学对于朱子表彰"四书"的高度认同。

其二,"四书"作为科考用书的功利影响。

中国古代学术与政治关系极为密切,儒家学说即因为汉武帝的表彰而占主流地位。四书类文献的勃兴,还与"四书"被元、明、清三朝指定为科考命题范围密切相关。

---

① 按:以上四个方面的治学特点,说详朱汉民、肖永明《宋代〈四书〉学与理学》(第226—250页)。
② 钱穆《四书释义·例言》,《钱宾四先生全集》第2册,第5页。
③ 朱彝尊《经义考》卷二百五十二,"朱子(熹)《四书语类》""《四书集注章句》""《四书或问》"等条,清乾隆二十年(1755)卢见曾续刻本。

治乱交替中的文献传承

科举考试是中国古代选拔人才最重要的一种方式①。《明史·选举志》:"选举之法,大略有四:曰学校,曰科目,曰荐举,曰铨选。学校以教育之,科目以登进之,荐举以旁招之,铨选以布列之,天下人才尽于是矣。"②所谓"科目",指的就是科举考试。在唐代,科举出身的官员占比为百分之十五;而在北宋,这一比例提高到了百分之四十;在1148—1256年间(南宋时期),大约百分之五十七的进士,其父、祖或曾祖没有做过官③;这意味着科举考试为平民出身的英才提供了学而优则仕的机会,有利于人才的选拔与社会的稳定。通过科考的进阶,帝国内部士绅、军人、商人等不同出身的人,因此能拥有共同的经典话语与记忆,具有相同的文化身份④,成为社会上层精英。

"四书"在元代开始进入科考用书范围。元仁宗皇庆二年(1313)十一月,下诏于次年八月开科举考试。根据《元史·选举志》,其程式如次:

> 蒙古、色目人,第一场经问五条,《大学》《论语》《孟子》《中庸》内设问,用朱氏《章句集注》。其义理精明、文辞典雅者为中选。第二场策一道,以时务出题,限五百字以上。汉人、南人,第一场明经、经疑二问,《大学》《论语》《孟子》《中庸》内出题,并用朱氏《章句集注》,复以己意结之,限三百字以上;经义一道,各治一经,《诗》以朱氏为主,《尚书》以蔡氏为主,《周易》以程氏、朱氏为主。已上三经,兼用古注疏,《春秋》许用《三传》及胡氏《传》,《礼记》用古注疏,限五百字

---

① 包筠雅(Cynthia J. Brokaw)指出,至迟在宋代,通过科举考试的选拔,是通往社会地位、财富与政治权威的门径。Cynthia J. Brokaw, "On the History of the Book in China", Cynthia J. Brokaw and Kai-wing Chow, *Printing and Book Culture in Late Imperial China*, University of California Press, 2005, p.3.

② [清]张廷玉等《明史》卷六十九,中华书局,1974年,第1675页。

③ Dieter Kuhn, *The Age of Confucian Rule: The Song Transformation of China*, p.124.

④ Benjamin A. Elman, *Civil Examinations and Meritocracy in Late Imperial China*, Harvard University Press, 2013, p.46.

以上,不拘格律。①

元朝系蒙古以少数族群实施统治的多族群大国,为分化、控制各族群,实行等级制度,蒙古人高高在上,色目人次之,汉人又次之,而南人(原宋统治区域内的民众)最下。科举考试也要相应地分成两类:蒙古人、色目人一类,汉人、南人一类。科考难度也因族群而别。但无论是哪一个族群,都需要从《大学》《论语》《孟子》《中庸》内设问、出题,作答且以朱子《四书章句集注》为标准。针对汉人、南人的经义题目,用的主要也是程朱一系的解释:

《周易》,"以程氏、朱氏为主"。按:朱子有《周易本义》。

《尚书》,"以蔡氏为主"。按:蔡氏,指蔡沈(仲默,九峰。建阳人。1167—1230),朱子弟子。蔡沈既受学于朱子,复奉命撰写《书集传》,其中部分内容即出于朱子之手,蔡沈之发挥,也本于朱子之学说(以上详《经义考》卷八十二"蔡氏[沈]《书传》"条及《四库全书总目·书集传六卷》提要)。

《诗(经)》,"以朱氏为主"。按:朱子有《诗集传》。

《礼记》,"用古注疏"。

《春秋》,"许用《三传》及胡氏《传》"。《三传》,即《左氏传》《公羊传》《榖梁传》。《胡氏传》,指胡安国《春秋传》。胡安国(1074—1138),字康侯,谥文定,崇安人。"安国师程颐"(晁公武《郡斋读书志》),"安国之学出程氏"(《四库全书总目·春秋传三十卷》提要)。

元仁宗诏令表明,建立在二程学说之上的朱子四书五经之学,在元代取得了官学的地位,并因科举考试的强大推动,其影响迅速及于知识群体之全部。这同汉代立经学博士导致今文经学、古文经学先后兴盛的现象,极为相似。据统计,元代四书类著述共有一百七十八种。

《大学》《中庸》《论语》《孟子》这四种著作能进入科考系统,除了政治上对于程朱理学的需求之外,"四书"内蕴丰富而文字易晓,也是重要原

---

① [明]宋濂《元史》卷八十一,中华书局,1976年,第2019页。

因。黄宗羲指出:"四子之义,平易近人,非难知难尽也。"①较之《周易》之推象演数,《尚书》之佶屈聱牙,四书(尤其是《论语》之语录体与《孟子》之对话体)更容易作为初学之进阶。

明代选拔人才,最重科举。"明制,科目为盛,卿相皆由此出,学校则储才以应科目者也。其径由学校通籍者,亦科目之亚也,外此则杂流矣。"②艾尔曼(Benjamin A. Elman)指出,明朝皇帝需要官员来实施有效统治,仍然采用相对公正的科举考试来选拔官员;统治者把士绅精英的价值观作为王朝的神圣信条③。有明一代,共产生进士两万两千九百八十名④。

明代科举定式,"初场试四书义三道,经义四道。四书主朱子《集注》,《易》主程《传》、朱子《本义》,《书》主蔡氏《传》及古注疏,《诗》主朱子《集传》,《春秋》主左氏、公羊、穀梁三《传》及胡安国、张洽《传》,《礼记》主古注疏。"⑤所谓"四书义",即以朱子《四书章句集注》为准。"五经"方面,增加了张洽《春秋传》。张洽,字元德,清江人,朱子门人。陆元辅云:"《春秋集注》十一卷,清江张洽元德撰,朱子门人也。洪武中,命士子习胡氏,兼用洽《注》。"⑥可见张氏发挥的是朱子学问。

明代科举在永乐时期开始以《四书五经大全》为准:"永乐间,颁《四

---

① 黄宗羲《孟子师说·题辞》,《黄宗羲全集》第一册,浙江古籍出版社,1985年,第48页。
② [清]张廷玉等《明史》卷六十九,第1675页。
③ Benjamin A. Elman, *Civil Examinations and Meritocracy in Late Imperial China*, p.14.
④ 根据[美]何炳棣《明代进士的地理分布》一表,载氏撰《科举和社会流动的地域差异》一文,王振忠译,《历史地理》第十一辑,上海人民出版社,1993年,第301页。
⑤ [清]张廷玉等《明史》卷七十,第1694页。按:由于明太祖朱元璋出于对帝王独裁的维护而对《孟子》"民贵君轻"的思想(见《孟子·尽心下》:"民为贵,社稷次之,君为轻。")大为忌恨,儒臣们不得不将《孟子》文本进行删节处理。(详 Benjamin A. Elman, *Civil Examinations and Meritocracy in Late Imperial China*, pp.19—21.)不过这一删节,至永乐朝即得以恢复,检胡广等纂修之《四书大全》(《孟子集注大全》卷十四,《景印文渊阁四库全书》第205册,第845页)及明人张自烈《四书大全辩》(《四书大全辩·下孟》卷十四,《四库全书存目丛书》经部第169册,第527页)即可知。这一插曲说明了科举传统强大的惯性力量。
⑥ [清]朱彝尊《经义考》卷八十九"张氏(洽)《春秋集注》"条下引。

书五经大全》,废注疏不用。其后,《春秋》亦不用张洽《传》,《礼记》止用陈澔《集说》。"①陈澔(1260—1341),字可大,号云庄,都昌人。其《礼记集说》,成于元延祐之后。"南宋宝庆以后,朱子之学大行,而澔父大猷师饶鲁,鲁师黄榦,榦为朱子之婿,遂借考亭之馀荫,得独列学官。"(《四库全书总目·云庄礼记集说提要》)陈氏也是本于朱子学说。永乐十二年(1414)十一月,朱棣下令纂修《四书五经大全》,次年九月告成②。《大全》包括《四书大全》与《五经大全》两大部分,以其剿袭前人成说、仓促成书受到学者诟病。如顾炎武指出,《四书大全》是在倪士毅《四书辑释》基础上小有增删,而与朱子《大学或问》《中庸或问》保持一致;《春秋大全》全袭元人汪克宽《胡传纂疏》,《诗经大全》全袭元人刘瑾《诗传通释》。

  当日儒臣奉旨修《四书五经大全》,颁餐钱,给笔札,书成之日,赐金迁秩,所费于国家者不知凡几,将谓此书既成,可以章一代教学之功,启百世儒林之绪,而仅取已成之书抄誊一过,上欺朝廷,下诳士子,唐、宋之时,有是事乎?岂非骨鲠之臣已空于建文之代?而制义初行,一时人士尽弃宋、元以来所传之实学,上下相蒙,以饕禄利而莫之问也。呜呼!经学之废,实自此始。③

朱彝尊指出:

  永乐中诏修《五经四书大全》,开馆则给月馔,书成则赐钞赐币

---

① [清]张廷玉等《明史》卷七十,第1694页。
② 林庆彰指出,朱棣从建文帝手中夺取帝位,对忠于建文帝的朝臣进行残酷的镇压,"被杀者恐有万人以上,被谪戍者更不知其数"。为消除恐怖,收拾人心,网罗贤才,朱棣开科取士,纂修《永乐大典》与《四书五经大全》,以"恢宏圣道",即以道统自任,志在彰显其统治之合法性。说详氏撰《〈五经大全〉之修纂及其相关问题探究》一文,载《中国文哲研究所集》(创刊号),1991年,第363—366页。
③ [清]顾炎武《日知录》"四书五经大全"条,[清]黄汝成集释《日知录集释》卷十八,道光十四年(1834)嘉定黄氏西溪草庐重刊本。

赐燕，又御制《序》文颁行，称为广大悉备，不知胡广诸人止就前儒之成编，一加抄录而去其名。如《诗》则取诸刘氏，《书》则取诸陈氏，《春秋》则取诸汪氏，四书则取诸倪氏；《礼》则于陈氏《集说》外，增益吴氏之《纂言》；《易》则天台鄱阳二董氏、双湖云峰二胡氏。于诸书外，全未寓目，所谓《大全》，乃至不全之书也。夫既窃其廪赐，并未效纤毫搜采之勤，攘私书为官书以罔其上，岂不顾博闻之士见而齿冷乎？即此可见胡广心术之不纯，而同事诸臣亦苟且游戏甚矣。(《经义考》卷四十九"胡氏[广等]《周易传义大全》"条)

时贤对《五经大全》进行勘验，认为"《五经大全》确实取材于元人的著作。顾炎武等人的指陈，大抵可信。惟各经《大全》所根据的底本，则与顾氏等人的说法略有出入"①。

虽然如此，由于科考功名的巨大吸引力，士子莫不注重《大全》，客观上为四书类文献的勃兴提供了条件，影响士林风气。四库馆臣为明人薛应旂《四书人物考》撰写提要，指出："明代儒生，以时文为重，时文以四书为重，遂有此类诸书，襞积割裂，以涂饰试官之耳目。斯亦经术之极弊。非惟程、朱编定四书之时不料其至此，即元延祐用四书义，明洪武定三场法，亦不料其至此者矣！"②

科考不仅影响士林学风，还推动了相关商业出版的繁荣。研究者观察到：

> 从15世纪晚期开始，科举应试者人数急剧增长，带来了对考试用书和应试手册的需求。例如，杭州下属的一个州于1480年前后因印刷科举程文盈利后，福建和其他地方的印刷者争相效仿，应试指南的出版甚至比南宋还繁荣。一些作者——许多是科场上的失

---

① 林庆彰《〈五经大全〉之修纂及其相关问题探究》，载《中国文哲研究所集》（创刊号），1991年，第376页。
② [清]永瑢、纪昀等《钦定四库全书总目》卷三十七，武英殿刻本，《景印文渊阁四库全书》第1册，第753页。

败者——靠为这一膨胀的读者群编书为生。"比岁以来,"李廉抱怨说,"书坊非举业不刊,市肆非举业不售,士子非举业不览。"①

清承明制,"有清科目取士,承明制用八股文。取四子书及《易》《书》《诗》《春秋》《礼记》五经命题,谓之制义"②。在命题范围上同明代保持了一致。有清一代,共产生进士两万六千七百四十七名③。"书坊非举业不刊,市肆非举业不售,士子非举业不览"的状况得以延续,四书类文献因朝廷选才、士子需求与商业牟利的交互为用而呈勃兴之势。事实上,这一态势直到近代废除科举考试以后才得以终止。

四、结语

通过以上探讨,可知"四书"原来是互相独立的四种文献,《大学》《中庸》是《礼记》中的两篇,《论语》《孟子》各自独立,在《汉志》中分属《六艺略》与《诸子略》,地位并不相同。《六艺略》就是后世的经部,在《汉志》内,《论语》即已获得仅次于"六经"的地位;至王俭《七志·经典志》、阮孝绪《经典录》,《论语》当在其中。《孟子》原是子书,直到唐代,地位开始上升,有所谓"升格运动";五代时,刻为石经,已经跻身经典;在宋代私家书目里,渐与《论语》并称为类,完成了经典化。至于《大学》《中庸》,至中唐时开始受到韩愈、李翱的重视;至宋,朱子继承二程学说,撰有《大学章句》《中庸章句》《论语集注》《孟子集注》,并于淳熙九年(1182),以《四书章句集注》之名,合梓于婺州,"四书"之称因此流播天下而被广泛接受。

---

① [美]周绍明(J.P. McDermott)《书籍的社会史:中华帝国晚期的书籍与士人文化》,第67页。

② 赵尔巽等《清史稿》卷一百八,中华书局,1977年,第3147页。

③ 见[美]何炳棣《清代进士的地理分布》一表(载氏撰《科举和社会流动的地域差异》一文,第302页)。何氏指出,由于进士分省定额的实施与清代人口的激增,寒微之士在竞争中处于劣势,即使在浙江省,"平民通常需要一代人以上的努力,才能跻身于社会上层。"(同前,第306—308页。)

自元代科举取士以朱子《四书章句集注》为作答标准、勒为定则之后，明、清两代沿用不辍；经过科举功令的强化，四书类文献因此急剧增多，成为中国文化史、学术史上的一个极为突出的文化现象。

　　四书类文献的兴起，说明学术的发展对文献的传承与流播，具有重要的推动作用。当然，科举考试的强化，是此类文献在元、明、清三代久盛不衰的重要原因①。科举背后，则是皇权对于人才选拔的需求与操控。学术发展与政治需求，是四书类文献得以勃兴与传承的双重动力。

---

① 事实上，作为《礼记》篇目的《大学》《中庸》被列入"四书"后，《礼记》原有面貌因此不齐，明代祝允明、郝敬及清初王夫之等，均提倡《大学》《中庸》回归《礼记》，以复旧貌，并在乾隆官修《礼记义疏》中得以实现。(详石立善《〈大学〉〈中庸〉重返〈礼记〉的历程及其经典地位的下降》，载《国学学刊》2012 年第 3 期。)此一回归进程，也是学术发展与政治需求合力的结果。

第六章
曹溶、朱彝尊、周筼与清初文献传承

古代中国,文献极为弘富,而命运多舛,传承中充满劫难。每当易代之际(尤其是东汉末叶、南北宋之交、宋元之间、明清之际等),存世文献通常罹受大规模的焚毁之厄;新朝建立,传世典籍又往往因政治需要而被重新"发现"与整理,成为构建新朝文化方略的思想资源与文献基础。这是古代文献在治乱之际得以大规模恢复、整理与传承的主线。朝代更易,身怀故国而又反复无望的一批士人,在进退失据、举步维艰的境况下,往往转而致力于前朝史籍、传世文献的整理与刊布,从中寄寓自己的思想情怀与文化抱负。既有文献因此得以恢复与保存,新纂文献也应时而生,构成了古典文献传承的另一主线。

明清易代,带给前明知识阶层极为强烈的心理冲击。"自古帝王临御天下,中国居内以制夷狄,夷狄居外以奉中国,未闻以夷狄居中国、治天下者也。"①此际入主中原的满洲政权,其建立者本来只是关外的少数族群,在前明知识阶层看来,满洲位在四夷之列;一旦攘取帝位并进而夺得天下,由此产生的心理震撼与巨大落差可想而知。面对清政权凌厉的军事攻势与高压的统治手段,在夷夏大防、生死大考的巨大压力之下,前明士人选择各异,分裂成不同取向的士人群体:或奋起抵抗,尽忠而死,

---

① 朱元璋吴王四年(1367)遣将北伐之檄文。[明]陈建撰,[明]沈国元订补《皇明从信录》卷三,明刻本。

治乱交替中的文献传承

如刘宗周;或"以生为死","虽生犹死",如徐枋①;或经营谋复,矢志不移,如顾炎武;或抗清无果,葆节不仕,如黄宗羲;或抵抗失败,遁身佛道,如金堡(释澹归);或迫于压力,应征出仕,如鸿博诸儒;或认可清廷,投身科考,如昆山徐乾学、徐元文、徐秉义兄弟;或望风归降,甘为前驱,如洪承畴;或虽降不甘,暗中作为,如钱谦益;等等。

易代之际,身受儒家正统思想教育、以传承道统为己任的知识阶层,对于古代文献的传承,贡献不一。身居高位、仅在皇帝一人之下的宰辅(大学士)群体,无疑是知识群体的最上层。崇祯朝位居宰辅者有五十人(曹溶有《五十辅臣传》,详下),明亡之后,存者尚多。但是诸人进退不一,其中有十五位堪称完人。朱彝尊《题十五完人墨迹》云:

> 崇祯十七载,爰立作宰辅五十人。国亡后,存者尚多,其出处或殊,居恒与世接,欲求为完人,难矣。机山阁老考终于江南,未入皇朝版图之前,皭然无滓。当时幸免东市之祸,晚节益为正人所依归。即卷中九人,皆见危授命者也。公孙介维持以示予,予请悉出箧中所藏,复益以傅公(冠)、张公(国维)、文公(安之)、彭公(期生)、沈公(犹龙)五先生手迹,装池卷后,并阁老标题,改称"十五完人墨宝",谨拜手而书其末。②

所谓"十五完人",指的是钱龙锡(1579—1645)、傅冠(1595—1646)、张国维(1595—1646)、文安之(1592—1659)、彭期生(1593—1646)、沈犹龙(?—1645)、黄道周(1585—1646)、倪元璐(1593—1644)、徐汧(1597—1645)、吴甡(?—1645)、张肯堂(?—1651)、史可法(1601—1645)、徐石麒(1578—1645)、夏允彝(1596—1645)、陈子龙(1608—

---

① 徐枋"以死志未遂,于是形存而志等于死,生平戚友俱绝,操作勤苦"。详赵园《明清之际士大夫研究》之分析(北京大学出版社,1999年,第33页)。

② [清]朱彝尊《曝书亭集》卷五十三,清康熙五十三年(1714)刻本。

1647)①。明清易代,以上诸人或抗清被俘,不屈而死(如黄道周、史可法、傅冠、沈犹龙),或势穷自裁,以尽孤忠(如倪元璐、张国维、彭期生、徐汧、吴佳胤、张肯堂、徐石麒、夏允彝),或壮志未酬,郁郁而卒(如文安之);其共同点在于,在易代之际的艰难时刻,能够奋不顾身,忠于明室,大义凛然,因此彪炳史册。所谓"完人",正在其坚韧不拔、舍生取义,大节无亏,符合儒家教化及封建伦理对于人臣作为的要求与期待。如就著述而言,其中惟黄道周有《易象正》《洪范明义》《月令明义》《表记集传》《石斋集》,倪元璐有《儿易内仪以》《儿易外仪》《倪文贞集》,著述稍丰。如果将五十位宰辅合而观之,就明清易代前后的文献传承而言,宰辅群体之贡献其实有限。明清易代,承担起此际文献传承重任者,乃是知识群体的中层及下层士人,像黄宗羲、顾炎武、曹溶、朱彝尊等人,无不因此在文献文化史上留下盛名。

在中国古代文化版图上,有许多人杰地灵、英才辈出的区域,地处杭嘉湖平原中心地带的嘉兴,就是其中之一。嘉兴"陆有蚕桑麻麦粳稻之利,水有菱藕鱼蟹之租"②,经济发达,人文昌盛,清代初期涌现出一大批文学与学术兼长的士人。曹溶、朱彝尊、周筼,即是其中身份、地位、人生取径与文化贡献均有差异的处于不同阶层的士人。本章选取曹溶、朱彝尊、周筼三氏作为代表,考察知识群体中下层士人在易代之际的人生取径及其文化作为,借以考见此际文献传承的不同面相。曹溶进士出身,沉浮于明清两朝之官场,属于中上层士人;朱彝尊以抗清之"大布衣",转变为仕清之博学鸿儒,由江湖之远跃为侍直之近,最后止步于官场而归田园居以终老,属于由底层而上升至中层的士人;周筼则始终处于文士的底层,虽不乏著述,而谋生匪易,是更为广大的中下层士人的一个代表。曹、朱、周三氏彼此俱有交游,还具有考察易代之际地方文人群体活动的研究价值。

---

① 诸人姓名及事迹,详张宗友《文本、禁忌与心态:读〈题十五完人墨迹〉》一文所考(载《南京师范大学文学院学报》,2018年第4期,第155—158页)。
② [清]朱彝尊《太守佟公述德诗序》,载《曝书亭集》卷三十八。

一、曹溶与明季文献之传承

明清易代之际,身仕二朝,后来被弘历定为"贰臣"①,而又致力于前明历史及文献之整理、成就卓著者,当以曹溶最具代表性②。

(一)曹溶及其著述

曹溶其人,今人所编《明清进士录》,所记较为简要:

> 曹溶(1613—1685) 明 崇祯十年(1637)丁丑科三甲三名进士。
> 秀水(今浙江嘉兴)人。字洁躬,一字鉴躬,号秋岳,又号倦圃,别号金陀老圃,秀水人,官御史。入清,历官少司农、山西阳和道,行广东布政使,终户部侍郎。晚年辞归,筑室范蠡湖。工文词,辑有

---

① 曹溶名列《贰臣传》(见《清史列传》卷七十八。王锺翰点校,中华书局,1987年,第6491—6493页)。《贰臣传》由弘历下令纂修,始于乾隆四十二年(1777)。尽管贰臣们对于清王朝有归附、拥戴之功,弘历仍从儒家伦常的角度,指责这类臣子对明朝不忠,于大节有亏。(详Wing-ming Chan, "Official Historiography and Ideological Indoctrination in High Qing: Emperor Qianlong's Compilation of the 'Erchen Zhuan' and 'Nichen Zhuan'", *Oriens Extremus*, 2003/04, Vol. 44 [2003/04], pp.253 - 274.)

② 关于曹溶在文学及学术上的贡献,以下文章,颇有见地:谢正光《顾炎武、曹溶论交始末》《清初贰臣曹溶及其"遗民门客"》(均收入氏著《清初诗文与士人交游考》,南京大学出版社,2001年),马大勇《清初贰臣诗人曹溶及其诗歌》(《华夏文化论坛》,2007年),张宏生《师承授受与浙西立派——曹溶与吴陈琰》(《古典文献研究》第11辑,2008年),陈雪军《论曹溶的词学观及其在浙西词派中的地位》(《文艺理论研究》,2009年第2期),曹秀兰《浙西词派先驱曹溶词论说》(《南阳师范学院学报》,2009年第10期)、《曹溶任职山西大同期间的故国之思》《山西大同大学学报》,2009年第4期)、《清初浙西词派先驱曹溶的遗民心态——从曹溶拒试博学鸿儒谈起》(《淮北师范大学学报》,2013年第2期),唐碧红《曹溶词学观及其与浙西词的关系新探》(《中南大学学报》,2011年第5期),汲言斌《曹溶与〈流通古书约〉》(《图书馆工作与研究》,2012年第7期)等。

第六章　曹溶、朱彝尊、周篔与清初文献传承

《学海类编》《倦圃莳植记》《粤游草》《静惕堂诗集》等。①

上述记载,过于简略。乾隆时期,曹溶被视作"贰臣",列入《贰臣传》甲编(《清史列传》卷七十八)。清人所编《鹤征录》②、《文献征存录》③等有传。今人亦为编辑简谱④。根据曹氏本人文字,并结合传、谱,知其生平与著述,可补者尚多:

曹溶别号,尚有金陀老人、金陀老翁、锄菜翁等。

同年进士,有陈子龙(卧子、懋中。青浦人。1608—1647)、夏允彝(彝仲,瑗公。嘉善人。1597—1645)、钱肃乐(希声、虞孙、止亭。鄞县人。1607—1648)等抗清、尽节之士。

曹溶仕途,颇为坎坷:先赴武昌任学使,后回京任御史,因故革职。崇祯十七年(1644)三月,浙直总督张国维题授曹溶为浙直监军御使,未及赴任,京城告破,被李自成部下勒索,拷掠几死。山右诸生王旗鼓为李自成部下,曾读曹溶所著书,出手相救,招之授职,以足创未行⑤。五月,曹溶降清,复任御史。疏请定官制、定屯田规制、禁兵丁牧马等六事,深切时务,下所司即行。六月,授顺天学政,请旌表殉节明大学士范景文、倪元璐等,皆下部议行。顺治二年(1645)冬,回任御史。次年二月,充会试监试官。三月,迁太仆寺少卿。坐失察,降二级调用;复以选拔贡生逾额,革职回籍。顺治十年,福临亲政,诏复原官。次年,授太常寺少卿,寻迁左通政。十二年三月,擢左副都御史。又擢户部右侍郎。九月,授广

---

① 潘荣胜主编《明清进士录》,中华书局,2006年,第732页。
② [清]李集辑、李富孙补辑《鹤征录》卷三,嘉庆十五年(1810)漾葭老屋刻本。
③ [清]钱林辑,王藻编《文献征存录》卷十,咸丰八年(1858)有嘉树轩刻本。
④ 陈雪军《曹溶年谱》,附于陈氏著《梅里词派研究》,上海古籍出版社,2009年,第298—306页。
⑤ [明]钱𡵺《甲申传信录》卷四:"曹溶,浙江平湖人,丁丑进士。任御史,曾华〔革〕职。甲申三月,浙直总督张国维题授浙直监军御史。未行被获。重掠,悉索寓中,纳二百两。贼心未厌,直加严刑。伤足,异出,又纳五十两。发王旗鼓再拷。王为山右诸生,尝读溶文,谕杨枝起招之授职,以足创不能行。又数日,阑逋。客劝其暂守城以待太子,而遇干〔大〕清。"(上海书店,1982年,第69页。)

东布政使。十三年,以浮躁降一级,仍外用为山西阳和道。次年九月,在广东接到调命,因祖母去世,返乡丁忧。至康熙二年(1663)始到任,至六年因裁缺离任。康熙十五年,三藩举兵,曹溶随军福建,有榕城之役。十七年,清廷征博学鸿儒,大学士李霨、杜立德、冯溥合疏荐曹溶,以丁忧未赴①。十九年,大学士徐元文荐溶佐修《明史》,部议俟服满,牒送史馆。二十四年,卒。

曹溶著述,可考者有:(1)《明人小传》。抄本。(2)《古林金石表》一卷。又称《金石表》。抄本。(3)《崇祯五十宰相传》一卷。清研古楼抄本(南图藏),丁丙跋。又清宣统三年(1911)张氏《适园丛书》铅印本,朱世楠修订。(4)《五十辅臣编年录》(残本)一卷。(5)《明漕运志》一卷。(6)《刘豫事迹》一卷。(7)《流通古书约》一卷。有《藕香零拾》本、《知不足斋丛书》本等。(8)《增订馆则》二十卷首一卷、《新增馆则》一卷。明崇祯刻、清康熙二十七年袁懋德重修本。(9)《砚录》一卷。(10)《倦圃莳植记》三卷、《总论》二卷。清抄本。(11)《地学指归》一卷。有清徐淳抄本。南图藏。(12)《静惕堂宋元人集目》二卷。抄本。又名《静惕堂书目》《静惕堂藏书目》,包括宋人集一卷、元人集一卷。(13)《秋岳尺牍》八卷。(或称《曹倦圃先生尺牍》,五卷。)黄汝铨康熙三十九年序刻本。(14)《倦圃曹先生尺牍》二卷。又名《倦圃尺牍》。清含晖阁刻本,胡泰选编。(15)《粤游草》一卷。又名《粤游诗集》。(16)《德藻堂诗集》(不分卷)。即《倦圃诗集》(版心题"倦圃诗集"),曹氏手定原本。(17)《云中集》。诗集。清代上海李氏藏曹溶手写原稿。李氏另藏有《静惕堂诗稿》二册、《续稿》三册、《词稿》一册。(18)《文隐堂诗集》一卷。见《曹溶未刻编年佚诗》,广东中山图书馆藏。(19)《始洋近稿》一卷、《楚游诗稿》一卷。日本静嘉堂文库藏,抄本。(20)《静惕堂诗集》四十四卷。清雍正三年(1725)李维钧刻本。(21)《静惕堂词》一卷。曹氏

---

① 按:《鹤征录》(卷三)将曹氏列名于"未试丁忧十四人";《清史列传》(卷七十八)称"以丁忧未赴"(第6493页)。《文献征存录》(卷十)所载有异:"康熙十七年,举博学鸿儒,以病辞。"盖曹溶不愿出仕,托词应付而已。

手定。清康熙四十六年(1707)朱丕戟等刻本。(22)《寓言集》一卷。词集。(23)《静惕堂文集》。有曹氏原稿一册(上海图书馆藏)。(24)《学海类编》八百一十卷。丛书,收四百四十种。清道光六年晁氏活字印本。曹溶致友人书札内,谈及其著述还有《续献征录》《崇祯疏钞》《传谕录》《宋文鉴》《元诗裁》《元文类》等。

曹溶之著述,堪称宏富。那么,作为出身科第、历仕二朝,久经官场沉浮的官员,何以能有如此众多的著述? 对于清初的文献传承,曹溶做出了何种贡献? 以下试予探讨。

(二) 曹溶与明季文献之整理与传承

曹溶在古代文献之传承方面,贡献卓著:收藏图书颇丰,并具有匡救时弊的流通图书之理念;长期致力于明代(尤其是明末)史料的搜集,编撰史著近十种,对《明史》纂修贡献尤著。

首先,曹溶酷爱文献,收藏颇丰,流通图书之理念,极具现实意义。

曹溶极爱读书、藏书,自称"生来具蠹鱼癖"①,"好观古人未见之籍"②。晚年裁缺离任归里,筑室于范蠡湖滨,题其名曰"倦圃",构"静惕堂"于其中,庋置藏书。其藏书以宋元人文集为特色。有《静惕堂书目》(又名《静惕堂宋元人集目》),专记宋元人集,共著录宋人集201种,元人集153种,共354种③,可见其收藏之富。其中宋人集有徐铉《骑省集》,

---

① [清]曹溶《与张瑶皇》,《倦圃曹先生尺牍》卷上第136通,[清]胡泰选,康熙含晖阁刻本。
② [清]曹溶《又(与徐健庵)》,《倦圃曹先生尺牍》卷上第11通。徐乾学(1631—1694),字原一,号健庵,昆山人。顾炎武甥,徐秉义、元文兄。康熙九年进士,授翰林编修,历官礼部侍郎、左都御史、刑部尚书等。主持纂修《大清一统志》《古文渊鉴》等书,同纳兰性德编梓《通志堂经解》,著有《读礼通考》《憺园文集》等。参张宗友《朱彝尊年谱》(凤凰出版社,2014年) 45.8条。
③ 按:此目刊本有观古堂本、《古学汇刊》本,抄本有丁丙跋抄本,缪氏藕香簃抄本,刘履芬抄本,汪文柏抄本,蒋维基抄本,袁廷梼、陆烜抄本,休释手斋抄本,刘氏味经书屋抄本等。以上传本,有两个系统,即附录本系统(附于《绛云楼书目》)与味经书屋抄本。前者有曹溶题识,实为未竟之本,载宋人集196种,元人集136种,共332种。味经书屋抄本出于朱休度所藏,系单行之本,无序跋、无注文,比附录本多出22种,并且内容有所删改,次序有所调整。可见曹溶在不断增补、调整此目。详范玉芳《曹溶藏书与清初文献传承研究》一文(南京大学2017年硕士学位论文。由笔者指导)。本节关于曹溶藏书的文字,未注出者主要引据该文。特此说明。

王禹偁《小畜集》，柳开《河东先生集》，《穆修集》，《张咏集》，《寇准集》，等等，对于嗜古佞宋的清代学林而言，足以引人注目。朱彝尊藏书达八万卷，所编《潜采堂宋人集目录》《潜采堂元人集目录》，不少与曹氏重合，可知深受曹氏之影响。

　　古人聚书不易。曹氏藏书总数无法精确考知，但上述三百馀种宋元人集，并非朝夕可致，一定有长期的搜集过程。曹氏先在京师为官，南至粤，西北至云中，一生交结，不仅有朝廷命臣、地方官员，更有前明遗民、落魄文士（如朱彝尊等人，皆曾延为入幕之宾）。康熙五年（1666），当时名动儒林的顾炎武、朱彝尊、李因笃、屈大均四人，竟同时会聚在曹溶幕中。曲折的为官经历与复杂的人际网络，为其搜罗文献、聚集图书提供了便利条件。明清易代之际，天下大乱，故家藏书散出，为搜集图书提供了机遇。曹溶曾大量收购焦竑的藏书："南中焦氏，秘册极多，弟购得近百种清秘。"①焦竑（弱侯、漪园、澹园。江宁人。1540—1620）是明代著名文献学家，尝撰《国史经籍志》等，人称焦太史。有五车楼、抱瓮轩等藏书处②。其"储书之富，几胜中簿，多手自抄撮。惜近年俱散失矣"③。另一藏书大家祁承㸁澹生堂藏书散出，曹溶多所购置。如澹生堂藏明刊本《周易本义通释》十二卷，"此书为明祁承㸁澹生堂藏书，有'澹生堂经籍记'藏书印，后归曹溶"④。祁氏手录群书目八册，"今存古林曹氏"⑤。

　　曹溶为官南北，游历四方，足履所及，不忘搜集图书。如在苏州期间，"小驻虎阜，竭力收书"⑥。曹溶自顺治四年至八年（1647—1651），寓居苏州，先后购得《参寥子诗集》《湛然居士集》（耶律楚材）、《佩韦斋集》

---

① [清]曹溶《又（与汪晋贤）》，《倦圃曹先生尺牍》卷上第225通。
② 范凤书《中国著名藏书家与藏书楼》，大象出版社，2013年，第78页。
③ [清]朱彝尊《静志居诗话》卷十六，黄君坦点校本，人民文学出版社，2006年，第467页。
④ [清]丁丙《善本书室藏书志》卷一，《清人书目题跋丛刊》第2册，中华书局，1990年，第399页。
⑤ [清]朱彝尊《静志居诗话》卷十六，第495页。
⑥ [清]曹溶《与黄俞邰》，见《倦圃曹先生尺牍》卷下第183通。

（俞德邻）等，还有罕见传本，如薛师石之《瓜庐集》①。在致龚翔麟札内，曹溶甚至表达了"拟历大江南北，抉剔未见之书"②的宏愿。

曹溶还委托友人，多方搜求图书。其与周筼札云："弟处藏书甚少，特令扁舟奉请，幸尽发群贤秘本助之。……陈大猷《尚书集说》乞为我转借，随便付来。"③与汪文柏札云："元人成集者，约三百种，而敝箧所蓄，不过百馀。吴兴极多藏书家，老年翁就近寻求，扩弟所未备，然后珠联璧合，压倒诸家选耳。"④

曹溶特别重视对宋元人集的搜访。致汪森书札云："太冲老人曾将弟所列《未备宋元书目》，标识箧中所有，弟欲见之，因以访诸藏书家，幸传示荷甚。"⑤太冲老人，指黄宗羲（1610—1695。太冲其字）。所谓"未备宋元书目"，即是一种征访书目。曹溶《静惕堂书目》，就是不断搜访宋元人集的记录。

经过长期努力，曹溶藏书日渐可观。在京师为官时，曹溶于堂上列书六七千册，供人借阅，名播遐迩。当时名儒黄宗羲，亦欲"约观"⑥。曹氏晚年统计所收图书，除宋元人集外，"历年收明集约九百馀种"⑦，堪称繁富。

为了便于图书流通，防止珍贵古籍在藏书家手里遭遇灭顶之灾，曹溶提出《流通古书约》，公开呼吁藏书家各抄珍贵典籍，互易互补，以使典籍化身若干，避免亡佚。中云：

---

① 薛师石(1178—1228)，字景石，号瓜庐。浙江永嘉人。有《瓜庐集》。
② [清]曹溶《又（与龚蘅圃）》，《倦圃曹先生尺牍》卷上第148通。
③ [清]曹溶《与周青士》，《倦圃曹先生尺牍》卷上第150通。
④ [清]曹溶《与汪季青》，见《倦圃曹先生尺牍》卷上第242通。汪文柏(1659—1725)，字季青，号柯庭、柯亭，汪森弟。
⑤ [清]曹溶《与汪晋贤》，《倦圃曹先生尺牍》卷上第221通。
⑥ [清]黄宗羲《天一阁藏书记》，《黄宗羲全集》第十册，浙江古籍出版社，1985年，第119页。
⑦ [清]曹溶《又（与汪晋贤）》，《倦圃曹先生尺牍》卷上第229通。

予今酌一简便法：彼此藏书家，各就观目录，标出所缺者，先经注，次史逸，次文集，次杂说，视所著门类同，时代先后同，卷帙多寡同，约定有无相易，则主人自命门下之役，精工缮写，较对无误，一两月间，各赍所钞互换。此法有数善：好书不出户庭也，有功于古人也，已所藏日以富也，楚南燕北皆可行也。敬告同志，鉴而听许。①

时贤指出此约有四个原则："安全、平等、利己和利于书籍保存"，并认为曹溶与嘉兴的朱彝尊和苏州的陆漻（1644—？）达成了抄书协议②。曹溶经济能力有限，抄书是其丰富典藏、从事史著编撰的必由之途。曹溶与友人书札往还，营求书籍是最重要的内容，抄书之约，比比皆是。试节钞数例：

《与刘赓拜》："文章事业，随世变迁，惟忠孝节义，不以异代分。近观《明史》之编，尚表章而除忌讳，藏书毕出，宜在此时。闻令伯富于搜罗，幸察千里同心，录副本寄我，徐当有以报。"（《倦圃曹先生尺牍》卷上第30通）

《与黄俞邰》："海隅初定，治象一新，侍从清班，必当首及贤者，固不待史书告成也。小儿入都，令拜床下，有欲抄名臣列传，必皆邺架所备，惟祈不秘鸿宝，以稿付小儿，嘱其缮写寄出。"（《倦圃曹先生尺牍》卷上第50通）

又："弟小驻虎阜，竭力收书，已得参寥子、耶律楚材、俞德邻之集，其它常常者多。德邻宋之遗民，渊源出于考亭，诗文皆工，乃知古人文字，晦匿不传者，不少宜亟搜采，勿失也。冠山堂宋集已许对抄十四种，苏颍、方回等其中弟有之，不啻先生有之，通融最便。某处尤多奇秘，以利动之，欣然代抄。今之天下，以多财为贵，然箕子大圣，亦以富列五福之次，我辈终窭，安能饶有秘本耶？为之三叹。弟十月之间，不免北行，九

---

① ［清］曹溶《流通古书约》（附刻于祁承㸁《澹生堂藏书约》之后），鲍廷博《知不足斋丛书》第五集，清刻本。
② ［美］周绍明《书籍的社会史：中华帝国晚期的书籍与士人文化》，第140页。

月前后,尚冀龚天老使者来。弟已抄就《中兴洁海录》《靖康要录》等书,恐勚老未遽到,故不敢冒昧。寄语天老,乞致此意。"(《倦圃曹先生尺牍》卷下第183通)

《与钱临皋》:"贵里藏书,海内推重,宋元秘集抄本必多。昨奉教,老年翁定为留意。兹托敝门人梅子走候,奉指使示图之。"(《倦圃曹先生尺牍》卷上第58通)

《与龚蘅圃》:"前委近代名公志传,发抄已累百页,又有写就《建康要录》《中兴御侮》等书,俱存山房,未得即寄。来岁仲春,图放棹秣陵,奉缴兼饱读新制耳。"(《倦圃曹先生尺牍》卷上第202通)

又:"弟今岁稍闲,拟觅遗书,江左此行若果,当携末年论撰,就正如椽。缘编纂未成,难于录寄,久辜深意,良为歉然。老年翁经笥一刻,今必增多,幸以全帙寄我,倘有未备之册,无妨列目寄来,当缮写奉到。古人未刻之集,得我而流通,真大快事也。钞书十七册附使者。"(《倦圃曹先生尺牍》卷下第136通)

又:"使者数至,而所抄书籍,犹左寄观。今拟仲冬,专仆赍上也。弟近纂末年书二种,已送史馆,遂乞闲身,长远束缚。明年拟历大江南北,抉剔未见之书,老年台当快我老勇耳。"(《倦圃曹先生尺牍》卷上第148通)

又:"弟枯茧馀年,愿以丹铅自蔽,蓬蒿没径,绝迹应酬,惟藏籍未多,颇有遗憾,安得博雅好古如老年翁,动念故人,时时通借书之使,则彼此均益矣。向需诸种,业已毕工,托俞老奉上,惟孙莘老《春秋解》卷帙稍繁,尚在缮写者手,八月可寄也。分兄度甚安好,因俞老迫解维,不及作报札,幸道相怀,先抄子野、遗山词二种。其雪楼蛾术,更欲得否?晤时一询之。"(《倦圃曹先生尺牍》卷下第263通)

《与朱千仞》:"雨中慢甚,馀兴在菊花前也。陆姓必系名手,敝箧有钞本数十种,可试其技。明日谕之来,若朱卷恐会城有人耳。"(《倦圃曹先生尺牍》卷上第186通)

《与朱锡鬯》:"五云深处,念及幽居,被渥饮醇,铭心无已,承需宋说,先当抄寄,其王霸世纪等,竭终岁之力,次第写来。《琬琰录》及《朝野杂记》,如教摘览。惟玉溪编事,弟处所乏,世间亦未见有此书,不知何故,列入目中也。牧来腔语,敬拜嘉惠,台处既多秘册,又能博访诸家,弟欲转抄二十四种,以敝箧所藏相准,犹恐不均。有新收数种,在俞老札中,可取阅也。"(《倦圃曹先生尺牍》卷上第 251 通)

《与金亦陶》:"目前曾以湛然居士集奉纳,已达记室否?借书最忌浮沉,故特动问。箧中元人秘集甚多,幸录目垂示,闻此中有逸人钦远游,富于抄本,其人往矣,其书当存,老年翁留意,弟将藉目焉。"(《倦圃曹先生尺牍》卷下第 77 通)

《与陈云襄》:"不佞编史之暇,一意著书,巾箱易穷,固陋自哂。贵邑藏书之富,夙所动心,特托门人梅子过之,其应谒何人,可购何种,抄写何法,为便乞一一指授,梅子奉教而行,庶可捆载归舟,大慰饥渴也。"(《倦圃曹先生尺牍》卷下第 147 通)

《与高念祖》:"两日借到书籍,已分头发抄,再借谢宋、陈旅、刘彦昺、郭奎、李孝光五种集,望即付以便另人并工缮写,庶不迟滞。吴门杂卖铺无一佳书,不及武林远甚,此中真少好事之人也。"(《倦圃曹先生尺牍》卷下第 207 通)

又:"年兄有山左之行,手录寓吴杂稿,携之驴背,西风恐益增离索感也。"(《倦圃曹先生尺牍》卷下第 208 通)

《与项井东》:"江山之胜,以金陵为第一……所寄俞邰、融谷二札,皆自为抄书地,幸一笑为我寄之。俞邰嗜学,有文书必肯借,烦觅人速写。"(《倦圃曹先生尺牍》卷下第 396 通)

以上诸人中,黄虞稷(字俞邰。1629—1691)、朱彝尊(字锡鬯。1629—1709)、龚翔麟(字天石,号蘅圃。1658—1733。父龚佳育)、金侃(字亦陶。?—1703)、高佑釲(字念祖。1628—1712)均是当时名人,黄、朱、龚三人尤以藏书著称。黄氏系文献世家,典藏八万卷,与修《明史》及《一统志》,有《千顷堂书目》名世。朱氏至晚年积书八万卷(详下节所考)。龚氏亦系世家子,"浙西六家"之一;藏书处曰玉玲珑阁,有《田居诗稿》《红藕庄词》等,刻《玉玲珑阁丛书》。

第六章　曹溶、朱彝尊、周筼与清初文献传承

曹溶书札往还，商量抄书最多者为裘杼楼主人汪森①。试观如下诸札：

> 秣陵山水，经月盘桓，夜泛玉舟，昼歌金缕，分襟缱绻，时系予怀。俞郃兄曾约过吴，欲因之布谢，今未蒙顾也。远承手教，若逢话言，披惠三书，悉副所乏。敝垫所钞，按来单已毕大半，正付装潢家。而使者不能为一日待，先上五种，馀当续送。内唐人一集，系俞郃兄所须，如邺架未备，并可存贮。冗中率复，未罄欲言。（《倦圃曹先生尺牍》卷上第201通，《与汪晋贤》）

> 闻续有《词综》两卷，补未备姓名极善，已付刻否？如未刻，乞命使者录一本见寄。弟所蓄宋人词不少，或邺架所乏者，可还录相报也。里巷苦贫，旧书杳出，中间颇有秘本，我两家共为收拾，而又有无互相换抄，天一阁、冠山堂不难并时也。老年翁许之乎？冗不尽意。（《倦圃曹先生尺牍》卷上第222通）

> 顷在吴门，见先儒经解及宋元集甚多，囊无济胜具，往往交臂失之。邺架近日必大有收藏，幸垂示目录，庶为彼此借抄之藉也。……承惠《遗民录》，领到《汪玉山集》，较《秋崖小稿》为少，他日当再抄宋集一二种奉易耳。（《倦圃曹先生尺牍》卷上第223通）

> 弟购得近百种清秘，倘有所乏，不妨遣人来写。闻收藏之富，日异月新，亦望列目示之，图借观一二也。（《倦圃曹先生尺牍》卷上第225通）

> 微云密雪，了却岁华，淡寂之中，正与诗情相近。老年翁茂对景物，赋咏缤纷，能寄我快读否？……故家出售宋人集二种，价亦不高，如邺架所未备者，斟酌收之也。尊斋宋元集目，希附一阅，他日将彼此互钞耳。（《倦圃曹先生尺牍》卷上第226通）

---

① 汪森（1652—1726），字晋贤，号碧巢，浙江桐乡人，原籍安徽休宁。藏书处为裘杼楼、碧巢堂、华及堂。藏书印有"碧巢秘籍定本""碧巢""汪森私印""休阳汪氏珍藏"等。（《文献家通考》，第129页。）著有《桐扣词》《小方壶文钞》《小方壶存稿》，编有《粤西诗载》《文载》《丛语》《名家词话》等。（《朱彝尊年谱》，第171页。）

> 弟入秋来埋首铅椠，与吟啸稍疏，今史辑已成，将以岁寒灯火，料理元诗选事。恨所藏元集止百家，未称大备。前闻老年翁□收濮川沈氏书，多奇秘，能以书目见示否？弟与昆山昆季，通借钞之约，一年所增，彼此各不下数十种，同人多以为便，仿而行之。裘杼楼主人当亦踊跃从事也。(《倦圃曹先生尺牍》卷上第227通)

> 藕花湖上，小系扁舟，相左《瑶华》，久虚报谢。《词综》一选，追丽声于既往，发骚客之幽光。《花庵》以还，再睹斯盛。然彼近搜时彦，此遍采遗篇，功固倍之耳。闻老年翁有《明词》之续，邺架所藏必多秘本，弟历年收明集约九百馀种，倘果是举，愿出相助，备乐府大观也。挥汗率布，不尽欲言。(《倦圃曹先生尺牍》卷上第229通)

汪森于曹溶为晚辈。由以上数札，不难看出曹溶对汪森倾心结纳，互相抄书，互通消息，不仅为其本人的编纂志业搜求文献(如"料理元诗选事")，而且慷慨地为对方的学术作为提供秘藏(如"历年收明集约九百馀种""愿出相助")。曹氏诸札事约情挚，可谓工于尺牍。

综上可知，曹溶流通古书之约，乃是基于其本人收藏与著述之需要而提出，并且已有与同时藏书大家互借互钞、互利互惠之实践基础①。曹溶建立了一个有效的文献交流网络，在互利互惠的前提下，流通古书之约(实质上是互抄图书，即"有无互相换抄")易于得到同人之共鸣("同人多以为便")。鉴于钱谦益绛云楼藏书不戒于火，无数珍本付之一炬的惨痛教训②，曹溶藉抄书以广流通的思想，无疑有其现

---

① 出于读书或治学的需要，知识群体内部有互抄图书的自发行为。例如，黄宗羲曾与友人"约为抄书社"，"时藏书之家，不至穷困，故无轻出其书者，间有宋集一二部，则争得之矣。"(《思旧录》"许元溥"条，《黄宗羲全集》第1册，第389页。)

② 曹溶曾慷慨地向钱谦益分享他的六七千卷藏书，而后者却婉拒了曹氏借读《九国志》《十国纪年》的请求。直到绛云楼失火，钱谦益才对其惜书不借的行为深表后悔。([美]周绍明《书籍的社会史：中华帝国晚期的书籍与士人文化》，第125—126页。)

第六章 曹溶、朱彝尊、周筼与清初文献传承

实意义①。

清初藏书家无不受益于曹氏流通古书的主张。朱彝尊藏书达八万卷,其中《字鉴》《隶续》《梦粱录》《五代会要》《刘豫事迹》《刑统赋解》等书,均自曹溶处抄得(见《曝书亭集》中相关序跋)。

其次,曹溶尤其注意明季文献,长期搜集,"撰造不休",对《明史》之纂修,贡献甚巨。

曹溶自称"自丁未归田,惟编纂明史是务"②。《寄顾宁人都下》诗结句作"亭成野史空留约,军幕无心倒浊醪",可见曹溶志意所在③。但是,鉴于清廷禁网渐密,文人动辄得咎,曹溶此际编纂明史著述,仍是小心翼翼,不敢大张其帜。直至康熙十八年(1679),曹溶方迎来公开编纂明史的契机。

康熙十七年,清圣祖玄烨下诏广征博学鸿儒,曹溶由当时大学士李霨、杜立德、冯溥合疏共荐。其时曹溶已离官归田十馀载,虽有从军榕城之举,而久已深味官场之吉凶莫测,再无出仕之心,因此托辞不赴。关于此节,《清史列传》载曹氏"以丁忧不赴",《文献征存录》记曹氏"以病辞"(见前引)。《鹤征录》置曹溶于"未试丁忧"之列,而所记独详:

> 先是,鸿词之征前一年,早有信,政府首推之。先生坚辞云:"某为东家妇,焉能复理妆,效西家颦乎?吾禾有朱彝尊、李良年、徐嘉炎,率皆渊雅闳通,深达国体,其材施之,无所不可。"(《鹤征录》卷三)

又云:

---

① 周绍明(J.P. McDermott)指出:"在从宋代到清代的学术世界里,学者和学生们一直在抱怨难以读到他人藏书中的学术著作。书籍一旦被从上一章所描述的商业店铺中买走,往往就被储藏起来,几乎不向非家庭成员展示,直到它们因被转卖或继承而重新现身。"([美]周绍明《书籍的社会史:中华帝国晚期的书籍与士人文化》,第116页。)个中缘故,在于"这些书的主人倾向于把书视为自己的物品,差不多好像是他们自己的创造物,认为拥有这些书有利于通过高度个人化的传递链条控制书中知识的传播。"(同前,第117页。)由宋至清初,像尤袤、焦竑、赵绮美、钱谦益等大藏书家,都吝于借书与人。(同前,第125页。)

② [清]曹溶《与胡猥庵》,《倦圃曹先生尺牍》卷上第15通。

③ [清]曹溶《静惕堂诗集》卷三十五,雍正三年李维钧刻本,《四库全书存目丛书》第198册,齐鲁书社,1997年,第313页。

> 先生居忧不应召试，杜门著述。(《鹤征录》卷三)

曹溶托辞以时过境迁，无复出仕之心，以免东施效颦。"东家妇"之喻，可以有二解：一指曾为清臣，一指曾为明臣。度曹溶此际，以明臣自许的况味可能更多。

玄烨征召鸿儒，选拔一等、二等共五十人，全部入《明史》馆修书。康熙十八年，《明史》开馆，监修徐元文（1634—1691）致札曹溶，欲延请入馆。纂修《明史》，正同曹溶宿志相合，而且一旦上升为朝廷意志，搜集前明史料、撰写相关著作，即师出有名，无疑有了护身符。此际当何去何从？曹溶当有艰难之考量。试观其回复徐元文札：

> 不瞻道范，已历数年。怀仰之诚，与日俱积。阁下以经邦馀暇，综核典章，领袖群英，编摩有绪，欲尽罗天下之士，共成一代之书。而猥贱姓名，亦蒙采及，推奖之语，读之汗流。某壮而失学，老更遗忘。杜门以来，久废操笔。阁下念其生长于前朝之季年，目染耳濡，粗知事迹。遂欲验途老马，问稼农夫，谊在博收，敢不感而自奋。顾某之衾陋，既阁下所素知。而蛰伏多年，资用窘诎。若使出营车马，入计米薪，思虑既分，万不能复操笔札之事。其为切肤之苦，有倍于衾陋者。踌躇固审，终不忍负阁下之盛心。拟乞病躯，息影蓬舍，出以所纂辑末年杂事，重加参订，厘为数书，敬于仲冬恭上史馆。昨具呈抚院，蒙赐题明。伏惟仁人在朝，必使万物各得其所。某之沥恳，出自至诚，倘荷俯俞，则某虽潜处田间，不啻身侍左右。进书之外，更图驰驱江浙，搜访佚编。体大疏所云"遣使者而某身任之，当阁下所乐闻也"，奏记崇严，心神战栗。①

---

① ［清］曹溶《与徐立斋》，《倦圃曹先生尺牍》卷上第5通。徐元文字公肃，号立斋，昆山人。顾炎武外甥，徐乾学之弟。顺治十六年赐进士第一。康熙九年，迁祭酒，充经筵讲官。康熙十八年，任《明史》总裁。后官至刑部、户部尚书，任文华殿大学士、翰林院掌院学士。有《含经堂集》《得树园诗集》。

第六章 曹溶、朱彝尊、周筼与清初文献传承

此札当作于康熙十八年（1679）仲冬之季，是解读曹溶晚年心境、探讨《明史》纂修历程的重要文本。徐元文系顺治十六年（1659）进士，徐、曹二人对彼此之才器学问，当有了解。《明史》开馆，二人朝野相隔，所谓"不瞻道范，已历数年"者以此。纂修《明史》，非学养深厚、才具干练之臣，不能膺其任。徐元文为官清正，屡见擢用，此次出任监修，续纂《明史》，可见玄烨之器重，曹溶夸其"综核典章，领袖群英"，乃是写实。自唐以来，历代王朝为前朝修纂正史，以明本朝正朔之所在，已成传统。清廷纂修《明史》，显然以继承前明治统者自命，是对前朝与本朝的双重认同。所谓"一代之书"者，即指此而言。徐元文领命监修《明史》①，深知兹事体大，上《自陈辞监修明史疏》，不许；复上《修史开馆疏》《请购明史遗书疏》《特举遗献录用史才疏》②，十分用心。其《特举遗献录用史才疏》云：

> 原任副使曹溶之著作巨手，博极群书；候补主事汪懋麟之学识淹通，篇章赡敏；布衣黄虞稷、监生姜宸英之纵览弘富，思致渊精：实皆才气不群，通练旧典，诸臣论荐，良为得人。倘属以编摩，真足佐成良史。惟望特沛恩旨，征取到馆，与诸臣一体分纂。

当时"部议不许，上特从公言召之"③。徐氏欲延请曹溶入馆，并有"推奖之语"，可谓知人。曹溶深谙其中道理，以"验途老马，问稼农夫"相况，足证其深察徐氏之用心。曹溶既不应博学鸿儒之征，可见其对再度出仕，毫无兴趣；而纂修《明史》，正是其念兹在兹的大事业、好契机，又怎能拒绝？是否应荐，曹溶应该经过慎重考量。曹溶在复札中提出的应对

---

① 按：康熙十八年二月，玄烨召徐元文监修《明史》，其时徐元文服丧在家，尚未禫除。九月，抵京履任。参韩菼《资政大夫文华殿大学士户部尚书掌翰林院事徐公行状》（见韩氏《有怀堂文稿》卷十七，康熙四十二年刻本）、王逸明《昆山徐乾学年谱稿下编》（学苑出版社，2011年，第77—79页）。

② ［清］徐元文《含经堂集》卷十八，清刻本。

③ ［清］韩菼《资政大夫文华殿大学士户部尚书掌翰林院事徐公行状》，见韩氏《有怀堂文稿》卷十七。

之策,包括三个层面:一是婉拒不赴。曹溶以晚年之经济困境("资用窘诎")为由,说明即便入馆,也不能安心修史。二是进献图书。曹溶"出以所纂辑末年杂事,重加参订,厘为数书,敬于仲冬恭上史馆"。三是表态支持。曹溶以"驰驱江浙,搜访佚编"自许,承诺为修史弘业,继续贡献绵薄。此札情理兼备,应对得体,曹溶既表明心志,也为自己编纂明史著述,获得官方之理解与认同。易代之际,王纲解纽,言论松动,私人撰史兴起,而清廷极为忌讳。康熙初年庄氏明史案引发的文字大狱,受戮上千人,曹溶自然不会淡忘。

纂修史书,并非易事。钱谦益撰写建文帝逊国史事,"伤心扪泪,抽书染翰,促数搁笔,其故有三:一则曰实录无征也,二则曰传闻异辞也,三则曰伪史杂出也。"① 史料不足、史实难考,无疑是制约史书修纂的瓶颈。清廷纂修《明史》,人事几易,断续相间,先后历顺治、康熙、雍正、乾隆四朝,费时几近百年(1645—1739),可见其曲折。修史所需的大量史料,大都由身经易代之际的士人整理所得,尤其以康熙朝所征召之博学鸿儒群体贡献最巨。此外尚有一批士人,虽然未应征鸿博、不入史馆,但也对《明史》纂修做出了杰出贡献。如黄宗羲,作诗送弟子万斯同(季野,石园。1638—1702)、万言(贞一,管村。1637—1705)入馆,并提供《大事记》《三史钞》等资料②。黄宗羲关于《明史》纂修的意见,也能通过弟子传达到史馆,如《答万贞一论明史历志书》《移史馆论不宜立理学传书》等③。故全祖望《梨洲先生神道碑文》云:"公虽不赴征书,而史局大案必咨于公。"④ 又如顾炎武,有《答汤荆岘书》《复汤荆岘书》《与史馆诸君书》

---

① [清]钱谦益《建文年谱序》,载《牧斋有学集》卷十四,钱仲联标校,上海古籍出版社,1996年,第683页。

② [清]黄炳垕《黄梨洲先生年谱》卷下,载《黄宗羲全集》第十二册,浙江古籍出版社,2005年,第48页。(《送万季野北上》诗有"四方声价归明水,一代贤奸托布衣"句。)万斯同生卒,见柴德赓《万斯同之生卒年》一文(载氏著《史学丛考》,中华书局,1982年,第244—246页)。

③ [清]黄宗羲《南雷诗文集·书类》,载《黄宗羲全集》第十册,第213—214、219—223页。

④ [清]全祖望《鲒埼亭集》卷十一,载《全祖望集汇校集注》,朱铸禹汇校集注,上海古籍出版社,2000年,第223页。

《与公肃甥书》等①,讨论《明史》纂修事宜;而《明史》监修徐元文(字公肃)、总裁徐乾学二人系其外甥,在馆修史的潘耒系其弟子,顾氏因此拥有一定的影响力。

曹溶既不应博学鸿儒之征,也不应荐入明史馆,但其实际贡献,并不在黄、顾二氏之下。曹溶的贡献,不仅在于"出以所纂辑末年杂事,重加参订,厘为数书,敬于仲冬恭上史馆",还在于"驰驱江浙,搜访佚编",以搜罗史料、谋刊史著为职志。

那么,曹溶搜罗了多少明代史料?纂成了多少种明史著作?向史馆进献了多少种?史无明文。近人杨钟羲(1865—1939),光绪十五年(1889)进士,曾任襄阳、安陆、江宁知府等,精熟有清一代掌故。其《雪桥诗话续集》卷一记曹溶云:

> 曹秋岳记诵淹博,收宋元人文集至三百馀家。明三百祀,词学失传,搜集南宋遗集,表而出之。与朱竹垞邮亭官舍,更唱迭和。晚自蜀归,筑倦圃,自号种菜翁。辑《学海类编》,唐宋秘本综四百馀种。生平著述上之史馆者:《崇祯疏钞》《五十宰相传》。藏之家者:《续献征录》六十卷,起万历中叶,讫崇祯甲申;《古林金石表》《静惕堂诗古文词》。②

杨氏所叙曹溶纂辑文献的贡献,可谓简明扼要。据其所记,曹溶进献史馆者二种(《崇祯疏钞》《五十宰相传》),加上家藏一种(《续献征录》),那么,曹溶有关明代之史著,不过三种而已。这一记述,显然不够全面。考曹溶复李霨札:

---

① [清]顾炎武《亭林文集》卷三,载《顾亭林诗文集》,华忱之点校,中华书局,1983年,第51—55页。

② [清]杨钟羲《雪桥诗话续集》卷一,第141条。见《雪桥诗话全编》(雷恩海、姜朝晖校点),人民文学出版社,2011年,第801—802页。

治乱交替中的文献传承

> 避暑山中,远拜教札,酌酒解衣之惠,感佩不忘。伏见圣人在御,班马盈廷。阁下以奎璧神姿,总领群彦,鸿文法翰,彪炳一时。谓宜风示四方,所在云兴霞涌。……迂僻如某,咿唔一生,妄有论撰。拙稿以外,所辑明史事实六种、选定宋元诗文秘集五种,就尘箧中,饱蠹鱼之腹。①

李霨(1625—1684)是举荐曹溶应征博学鸿儒的大学士之一,"总领群彦,鸿文法翰,彪炳一时"。曹溶在复札中请求李霨为自己著述寻找资助刊刻者,谈及所著,"所辑明史事实六种",远超杨钟羲所记。

又曹溶致吴甫及札云:

> 去冬遣大儿入都,不意取道楚中,淹留至今日,兹送之江干,决成行矣。从家信得老亲台手札,见念之深,形于新咏。魏晋间语,非近人所能追步,弟何足以当之。弟年来衰相转甚,久无用于人间,惟所编辑故明事迹,共七种计六千馀页,皆与史书相关,足供局中采择者,不授之梓,则向后湮没无传。自伤家贫,莫可措手,因寄书高阳相公,嘱其为我成就,书并托老亲台也。小儿年已过壮,一事无成,妄思以笔札自效,幸为婉曲筹之。统惟台照。②

在此札中,曹溶自陈其"所编辑故明事迹,共七种计六千馀页"。高阳相公,即李霨。此札同前揭复李霨札为同时之作。

又曹溶致黄宗羲(太冲,南雷。1610—1695)札云:

---

① [清]曹溶《与李高阳》,《倦圃曹先生尺牍》卷上第7通。按:李霨(1625—1684),字景霱,别字坦园,直隶高阳人。明顺治三年进士,康熙朝官至吏部尚书、保和殿大学士、太子太师,谥文敏。有《心远堂诗集》《续集》。(见《朱彝尊年谱》,51.10条。)李霨自康熙十五年二月起,一直担任保和殿大学士。

② [清]曹溶《与吴维申》,《倦圃曹先生尺牍》卷下第36通。按:彭孙遹《松桂堂全集》卷三十七有《吴维申策稿序》,知吴氏为进士。

第六章　曹溶、朱彝尊、周篔与清初文献传承

河上干旄,不足动高贤之盼。国史蹉跎至今日,海内有馀望焉。弟衰后始解读书,荟蕞末年事七八种,得之亲见,稍异剽闻。①

曹溶此札,谓其"荟蕞末年事七八种"。谢正光认为:"今所知秋岳著述如《明人小传》《崇祯五十宰相传》及《明漕运志》等,当在其中。"②又曹溶致张遗札云:

故国故人,白云在望。弟早衰善病,惧朝露及之。将募刻《传谕录》《崇祯疏钞》《续献征录》三书,近始有见商者,未卜成就何如,是以久栖于此。弟生来具蠹鱼癖,野史尚有六七种涉忌讳者,藏败簏中,不敢以问世也。③

曹溶"将募刻《传谕录》《崇祯疏钞》《续献征录》三书",知三书已成;而"野史尚有六七种",合计则接近十种。

通过以上数札,知曹溶所纂辑明末史事("所纂辑末年杂事""所辑明史事实""所编辑故明事迹""荟蕞末年事"),书稿有近十种之多。曹溶长期搜集明代各种史料,实不难抽绎出若干主题,"厘为数书"(《与徐立斋》)。在未进献、付梓之前,实可根据需要,加以续纂或剪裁。试观曹溶致黄虞稷札:

海隅初定,治象一新,侍从清班,必当首及贤者,固不待史书告

---

① [清]曹溶《与黄太冲》,《倦圃曹先生尺牍》卷上第137通。
② [美]谢正光《清初贰臣曹溶及其"遗民门客"》,载氏著《清初诗文与士人交游考》,南京大学出版社,2001年,第296—297页。按:札中言"荟蕞末年事七八种",而《明人小传》《明漕运志》,均关乎有明一代之史传,似不当在"末年事"之列。
③ [清]曹溶《与张瑶皇》,《倦圃曹先生尺牍》卷上第136通。按:张遗,王士禛记云:"字瑶星,金陵遗民也。居栖霞一小庵,数十年不入城市。著书十馀种,有一书纪南渡时事,可禆史乘,惜未版行。凡所撰著,称《白云自怡》。年九十而终。"(《香祖笔记》卷八,上海古籍出版社,1982年,第143页。)

成也。小儿入都，令拜床下，有欲抄名臣列传，必皆邺架所备，惟祈不秘鸿宝，以稿付小儿，嘱其缮写寄出。弟所辑《续献征录》已十得八九，遇好事之家相助，便可授之剞人，故急仰先生成就之耳。末年之书，最易散失，一经鉴赏，当与流传。弟野处多闲，收拾不少，先生如有所惠，必思所以相报也。冗率不备。①

黄虞稷系清初藏书、文献大家，拥书八万馀卷，徐元文因延入史馆。曹溶遣子求见，欲"抄名臣列传"，以补足《续献征录》一书。所谓"十得八九"，意在就黄氏处抄书，实际上可随时成书。

那么，曹溶有关明末史事之近十种史著，除上揭《传谕录》《崇祯疏钞》《续献征录》外，可考者尚有何书？进献《明史》馆者系何书？何时进献？

考《鹤征录》载：

> 荐修《明史》，不赴。辑《崇祯疏钞》《传谕录》以呈史馆。又著《续献征录》《五十辅臣传》，俱未刊行。(《鹤征录》卷三)

又引《松窗笔乘》云：

> 荐举令下，政府诸公首以曹秋岳列荐。力辞不至，进所藏崇祯朝邸报五千馀册上史馆。时崇祯未有《实录》，乃取邸钞辑为《长编》，作史始有所稽考焉。(《鹤征录》卷三)

而《文献征存录》载：

> 荐修《明史》，不赴。进崇祯朝邸报五千馀册。时未有《实录》，乃取之辑为《长编》，作史始有所称考。又著《续献征录》《五十辅臣

---

① [清]曹溶《与黄俞邰》，《倦圃曹先生尺牍》卷上第50通。

第六章 曹溶、朱彝尊、周篔与清初文献传承

传》。其《崇祯疏钞》《传谕录》上史馆。(《文献征存录》卷十)

由上揭资料，知曹溶进献史馆者有两类。第一类，崇祯朝史料，即"邸报五千馀册"。考虑到明清易代之动荡、曹溶遭大顺军拷掠之惨酷，即知此一数量之极为惊人与不易。第二类，曹溶所撰明代史著。明确可考者为《崇祯疏钞》《传谕录》二种。此外，曹溶所撰《续献征录》《五十辅臣传》等，尚未进献史馆。

至于进献时间，前揭曹溶致徐元文札中，声称"以所纂辑末年杂事，重加参订，厘为数书，敬于仲冬恭上史馆"。此札作于康熙十八年己未(1679)，系曹溶期许之辞，未必果行。而曹溶致吴兴祚札，其中云：

> 自家季燕怀参谒后，相知从粤来，每传樽俎燕闲，犹挂贱姓名于齿颊。林泉朽质，得此增荣，自惭力懦志颓，不能趋走戟门，备扫除之役，以为此生憾事。……圣朝图治方殷，必移元臣自近，内赞鼎耳，外控两江，使执笔鄙生，得瞻奉玉节，陈风谣以颂勋德，谨竦息俟之。某呫哔小儒，濡首丹墨，曾编明末事二种，于庚申年进呈史馆，中间绝无忌讳。①

所谓"明末事二种"，当指《崇祯疏钞》《传谕录》，而进献时间则为康熙十九年庚申(1680)。盖曹溶原拟于己未(1679)仲冬遣子入都，迁延至次年成行，二书或即由其子进献。至于《续献征录》《五十辅臣传》等书，是否进献，曹溶自有考量。曹溶致徐乾学札云：

> 青霄万里，仰奉朵云，稚子无知，猥蒙垂盼。至以钟镛巨响，下宠衰蒲，丘壑之年，意色增壮。所以副相期、报知己者，惟不忘呫哔

---

① [清]曹溶《与吴伯成》，《倦圃曹先生尺牍》卷上第21通。吴兴祚(1632—1697)，字伯成，号留邨，山阴州山人。贡生。历官福建按察使、福建巡抚、两广总督。有《宋元诗声律选》《史迁句解》《粤东舆图》等。

采辑旧闻而已。《五十辅臣传》讥切过多,未敢轻出。惟《续献征录》,俱系名臣事迹,可以公之海内。以末年诸臣,间与本朝相涉,或有阑入世家者,恐干忌讳,正在删修。亟欲令传书者见之,敬当次第缮写,秋冬呈寄。龙门在望,辄以谀闻陋笔,仰备典签,殊自愧其不知量也。①

此札作年,当在《崇祯疏钞》《传谕录》进献之后,也即康熙十九年庚申(1680)之后。徐乾学于康熙十八年(1679)三月补原官翰林院编修、右赞善,二十年辛丑(1681)二月充日讲起居注官,二十一年壬戌(1682)七月二十七日,充《明史》总裁官②。曹溶札中"仰备签典"云云,明其时应在徐乾学升任总裁之后。曹溶称《五十辅臣传》"讥切过多,未敢轻出",当时还不能进献;《续献征录》虽可"公之海内",但"恐干忌讳,正在删修",而且"敬当次第缮写,秋冬呈寄",则有进献之意。由"亟欲令传书者见之",度徐乾学到任后,也托人致书曹溶,加以罗致。曹溶此札,即是回应。

综上,曹溶近十种明史著述,可考者有《崇祯疏钞》《传谕录》《续献征录》《五十辅臣传》四种。前二者已成书、进献,后二者书稿已备,其中《续献征录》已明确进献,惟《五十辅臣传》尚"未敢轻出"。所谓"讥切过多",不过是托词——曹溶实际上欲探徐乾学之口风,而非绝对不可进献。其中顾虑,不在书成与否,而在是否触犯清廷之忌讳(前揭致张遗札称"涉忌讳者,藏败簏中,不敢以问世也")。四种之外,或"掩蔽于禁忌,剥蚀于时间"③,竟莫能考。

曹溶以上四种史著,其性质如何?从书名上看,《崇祯疏钞》《传谕录》二书,分别是崇祯之谕旨与其群臣之奏疏,按《四库全书总目》之分类,当属诏令奏议类。至于《续献征录》,曹溶致汤斌札中,论及其内容:

---

① [清]曹溶《与徐健庵》,《倦圃曹先生尺牍》卷上第10通。
② 参[清]韩菼《资政大夫经筵讲官刑部尚书徐公行状》(见韩氏《有怀堂文稿》卷十八,清康熙四十二年[1703]刻本)、王逸明《昆山徐乾学年谱稿下编》(第77—90页)。
③ 赵园《明清之际士大夫研究》,第488页。

第六章　曹溶、朱彝尊、周筼与清初文献传承

　　《明史》一书，浩如烟海，最难论定者，在末年邪正之间。曩奉诲言，衡审精确，此班、马所不能及者。海内翘首，望此书之成矣。某本迂儒，过不自量，辄以搜采之暇，成《续献征录》，列传五百有奇。虽荒僿无文，颇竭一生心力，名臣事迹，借以流传。欲付梓人，而困于贫乏，惟天上之咳唾，足以耸动四方。幸遇有心者一及之，亦正史之附翼也。①

知此书"列传五百有奇"，系为明代名臣作传。曹溶致徐旭龄札中，称此书"所记皆名臣事迹"：

　　老先生为圣明倚注久矣……自闻新命，深为世道志喜。……大河乔岳，截然改观，盛德丰功，继此无极，浙水虽远，将引领受庇焉。弟老而无成，与世日隔，惟尚存秃管，撰造不休。除无所关系之外，中间编缀故明末年之书，已进二种，未进尚五六种。岁月有限，今将择绝无忌讳者，先刻《续献征录》一书，计六十卷，所记皆名臣事迹。②

《续献征录》此时已属"绝无忌讳者"，知曹溶已经删订完毕。书名所以名"续"，因为此书有其前承，即明代焦竑所撰之《国朝献征录》。此书专录明代名人事迹，"取累朝训录、方国纪志与家乘野史，门分类别，采而

---

①　[清]曹溶《与汤潜庵》，《倦圃曹先生尺牍》卷上第17通。汤斌（1627—1687），字孔伯，号荆岘，一号潜庵，睢州人。顺治壬辰进士，应鸿博征，任侍讲学士、侍读学士，充日讲官起居注、《明史》总裁。后历官江苏巡抚及礼部、工部尚书，卒，谥文正。有《洛学编》《汤子遗书》等，今人集为《汤斌集》。（张宗友《朱彝尊年谱》，54.15条。）

②　[清]曹溶《与徐敬庵》，《倦圃曹先生尺牍》卷上第20通。徐旭龄（1630—1687），字符文，号敬庵，钱塘人。顺治乙未进士，官至总河尚书。（张宗友《朱彝尊年谱》，33.24条。）按：徐旭龄于康熙二十三年（1684）十二月就任漕运总督，曹溶札中"自闻新命""大河乔岳，截然改观"云云，即为此而发。

缉之。自禁中之副、名山之藏、通都大邑之传,毕登于简,一代史林,犁然大备"①。其书分宗室、戚畹、勋爵(如驸马都尉)、中书省、内阁、詹事府、翰林院、六部等门目著录官员,又分孝子、义人、儒林、艺苑等门目登载无官之人,"自洪武迄于嘉靖,搜采极博。然文颇泛滥,不皆可据"②。曹溶此书,既为接续焦竑《献征录》而作,"起万历中叶,讫崇祯甲申"(杨钟羲《雪桥诗话》卷一。见前揭),则不仅在时代上有所承续,意其分类,也必然受到焦竑的影响。此书当属史部传记类。

《五十辅臣传》,也属传记类。所谓"辅臣",即崇祯朝之内阁大学士。明代自胡惟庸以下,不立宰相,但是入阁办事者,相沿仍以相国呼之(详下引《总目》提要),所以又称"宰辅"。崇祯帝朱由检(1627—1644年在位),勤于政事,持身节俭,然而刚愎多疑,杀袁崇焕,自毁长城;更换辅臣如走马灯,所谓"崇祯十七载,爰立作宰辅五十人"(前揭朱彝尊《题十五完人墨迹》)者是已。曹溶既为明代名人作传,对这五十位宰辅,自然十分重视,将诸人传记单独列出,勒为专书。乾隆时修《四库全书》,由浙江巡抚采进《崇祯五十宰相传》一卷,藏书家吴玉墀进献《五十辅臣编年录残本》一卷:

> 此《传》皆崇祯时入阁诸臣事迹,凡六篇。前有《年表》一篇。明代自胡惟庸以后,不立丞相,然自后入阁办事者,亦相沿以相国呼之。此书题曰"宰相",从俗称也。崇祯十六年间,辅臣至五十人,其行事皆见于《明史》。说者谓其轻进易退,不收实用。溶篇末《总论》,独谓其私心朋比,门户相承,邪正虽殊,植党则一。斯诚探本之说矣。《传》虽分列五十人,而所录事实,皆取贤否悬殊关系治乱之大者。其成基命以下十四人,但叙官阀。黄立极以下四人,亦极简

---

① [明]顾起元《献征录序》,载焦竑《国朝献征录》卷首(《焦太史编辑国朝献征录》一百二十卷,明万历四十四年徐象枟曼山馆刻本)。

② [清]永瑢、纪昀等《钦定四库全书总目》卷六十二《献征录》提要,武英殿刻本,《景印文渊阁四库全书》第2册,台湾商务印书馆,1983年,第369页。

略。盖以为无关劝戒,不足书也。溶门人陶越乃取陈盟所作《崇祯内阁行略》补之,非溶意矣。此书《槜李诗系》作《崇祯五十辅臣传》五卷。其实为《传》六篇,加以《年表》一篇,非五卷也。(《崇祯五十宰相传》提要①)

不著撰人名氏。板心有"槜李曹氏倦圃藏书"字,盖曹溶家旧本。疑溶尝作《崇祯五十辅臣传》,此其稿本之一册尔。始于天启七年八月,中间惟崇祯元年一月差详。崇祯二年则惟韩爌调停沈维炳、薛国观申救任赞一事,而卷尾题曰"五十辅臣编年录",殊不可晓。书中文理断续,率不可读。缮写恶劣,亦几不成字。(《五十辅臣编年录残本》提要②)

四库馆臣将以上二种均列入存目,没有收入《四库全书》。今人编《续修四库全书》《四库全书存目丛书》,均收入清研古楼抄本《崇祯五十宰相传》一种(南京图书馆藏)。此本首《宰相年表》,次《宰相列传》六篇(首篇十二人,次篇十人,第三篇十四人,第四篇六人,第五篇、第六篇各四人),同上揭《崇祯五十宰相传》提要相合。但细检《宰相年表》,崇祯元年内并无一月记事,崇祯二年内也无救任赞事,同《五十辅臣编年录残本》提要不合。

由上揭文献所记,知《崇祯五十宰相传》,实即《五十辅臣传》之定名或别称;至于《编年录》,既可视为编辑《辅臣传》而产生的副产品,二者关系极为密切;也可视为曹溶有意编纂的另一形式的史著,是其近十种明末史著之一。两种史著主题相近,且在纂修《四库全书》时采进,表明曹溶当年可能并未进献,而书稿则在身后流传。

综上,曹溶晚年致力于明末史料之搜集与编撰,颇具保存文献之功。对于《明史》之修纂,贡献有二:其一,进献崇祯时邸报五千馀册。这一数

---

① [清]永瑢、纪昀等《钦定四库全书总目》卷六十三,《景印文渊阁四库全书》第2册,第383—384页。

② [清]永瑢、纪昀等《钦定四库全书总目》卷六十三,《景印文渊阁四库全书》第2册,第384页。

量惊人的第一手史料，大大推动了《明史》的修纂。钱林《文献征存录》特予表出："时未有《实录》，乃取之辑为《长编》，作史始有所称考。"（见前揭）徐元文奉命监修《明史》，到职后即上《请购明史遗书疏》，认为"撰次史书，惟凭载籍。今胜国文献，日就湮没。使非广购遗编，安能讨论尽善？伏察馆阁现存书籍，有关明史者甚少"，"购采书籍，实史馆第一要务"①。顾炎武则指点其甥徐元文："修史之难，当局者自知之矣。……窃意此番纂述，止可以邸报为本，粗具草稿，以待后人。"（《与公肃甥书》②曹溶进献邸报五千馀册，急史馆之所急，堪称雪中送炭。其二，进献所撰明史著述。已知进献者有《崇祯疏钞》《传谕录》二种，另有《续献征录》一种，也在拟献之列。至于《五十辅臣传》等是否进献，尚未确知。

再次，曹溶致力于明季文献的搜集、撰著与传承，是其心怀故国、自我救赎的体现。

读曹溶晚年手札，知其为刊刻所编明史著述，向昔日有旧之大吏显宦求助，而用语谦卑，如称"趋走戟门，备扫除之役"，自居"呫哔小儒"之类。以当年慷慨好义③、广纳名士、嗜好藏书、刊布文献④而著称的曹溶，晚境窘迫如此，读之甚为不忍。那么，曹溶为何积极致力于明代文献的搜集，"撰造不休"，并四处请助，以求刊刻？从现有资料上看，至少有以下两个层面的原因：

---

① ［清］徐元文《含经堂集》卷十八，清刻本。
② ［清］顾炎武《亭林文集》卷三，载《顾亭林诗文集》，第54—55页。
③ 曹溶对遗民多有援手。例如钱澄之《寄曹秋岳司农问素臣后事》云："当湖志士君宗彦（谓素臣），久客天南事已非。乱日去留家是累，别来生死愿都违。十年消息凭谁问，万里妻孥仗汝归（素臣死岭外，闻公挈其家还里）。自识门庭零落甚，遗孤此外更何依？"（［清］钱澄之《田间诗集》卷十七，康熙刻本。）据此可知曹溶对遗民（名素臣者）后人颇多照顾。顺治五年，浙江发生五君子抗清被难一案，李桢、李邺嗣父子牵连入狱，李桢经万泰营救，获释后绝食而死。万泰为料理后事，曹溶"慨然出二万钱为赙，得以助办"。曹溶与李桢为进士同年。（详［美］谢正光《清初贰臣曹溶及其"遗民门客"》，载氏著《清初诗文与士人交游考》，第242—243页。）
④ 曹溶曾助友人刊刻文献多种。例如，吴任臣撰《十国春秋》，无力授梓，赖曹溶等出资相助，方能付刻。（见柏克莱加州大学东亚图书馆编《柏克莱加州大学东亚图书馆中文古籍善本书志》史部杂史类《十国春秋》提要，上海古籍出版社，2005年，第66页。）

第六章　曹溶、朱彝尊、周筼与清初文献传承

其一，著书立言，传名后世。曹溶致李霨札云：

> 迂僻如某，咿唔一生，妄有论撰。拙稿以外，所辑明史事实六种、选定宋元诗文秘集五种，就尘箧中，饱蠹鱼之腹。自伤冉冉老矣，窘陋日甚，而幸深辱阁下之知。不因此时有所陈请，则湮没者抱恨无穷。伏惟垂念拙学之苦，于在外大僚，能任刻书费者，以此事谆告之，使鄙志得伸，姓名借以传后，真莫大之荣，过赐爵执珪百倍也。因犬子某入都之便，敬布肝膈，仰冀谅察，悚息无已。①

传统士人有立德、立功、立言之追求。曹溶身仕二朝，有损大节，于"立德"自然无缘；作为官员，虽有建言，不过循吏而已，也无"立功"可言。惟"立言"一项，尚可追求。所谓"姓名借以传后"，其"鄙志"不出"立言"之外。

其二，抢救史料，惧其放失。曹溶致吴甫及札中云："所编辑故明事迹，共七种计六千馀页，皆与史书相关，足供局中采择者，不授之梓，则向后湮没无传。"（见前揭。）又致张遗札云：

> 《明史》纂修废时旷日，窃虑万历后七十馀年之事迹，史局未必尽知，知之未必尽公，图治苦心，将趋湮没。足下既高简不出，弟复老病侵寻，坐视而不能救，徒付之无可奈何而已。②

可知曹溶更忧虑的是明末史料逐渐散佚的问题。清廷虽开史馆，未必尽能掌握史料；即使完全掌握，也会从清廷角度加以审视、取裁，不可能出以曹溶等前明臣子所期待之公心。曹溶当然不能坐视不救。曹溶汲汲于明季史料之搜集，意图保存明朝正史，即此可觇。明清易代，"士夫既以

---

① ［清］曹溶《与李高阳》，《倦圃曹先生尺牍》卷上第 7 通。
② ［清］曹溶《与张瑶星》，《倦圃曹先生尺牍》卷上第 136 通。

'存国史'为'存明',这一特殊的史学情结,使得史事最是'共同事业'。"①

又,曹溶致吴兴祚札:

> 某咕哔小儒,濡首丹墨,曾编明末事二种,于庚申年进呈史馆,中间绝无忌讳。……一代之兴,必有网罗散佚,勒成巨编,如《广记》《册府》等,为图史增光者。②

曹溶以新朝之兴,必"网罗散佚,勒成巨编","为图史增光",用此劝动吴氏助其刊刻明末史著。其实这也正是曹氏志意之所在。

以上两个方面,表明曹溶志在网罗散佚,在正确书写明季历史方面,有所建树。这当然是符合实际的,但是,却并非促使曹溶积极搜罗明季史料、编纂史著动因之全部。如果要准确理解曹溶的纂史努力,还必须结合曹溶所处的历史情境,深切把握曹溶文献纂修活动背后的心理动机。

事实上,作为进士出身、深受儒家传统教育的前明官员,曹溶出仕清廷虽然为形势所迫,有其不得已之苦衷,但终不免于大节有亏,引起物议。钱谦益(1582—1664)执文坛牛耳,降清后虽致力于反清,且以"虞山不死,国史未死"③自许,而时人讽其为"两朝领袖"④。又将曹溶与钱氏等视为同类人:

> 当时钱牧斋、吴梅村、龚芝麓、陈素庵、曹倦圃为江浙五不肖,皆

---

① 赵园《明清之际士大夫研究》,第439页。
② [清]曹溶《与吴伯成》,《倦圃曹先生尺牍》卷上第21通。
③ [清]钱谦益《题程穆倩卷》,载氏著《牧斋有学集》卷四十七,第1549页。按:钱谦益编《列朝诗集》,即以诗存史之意。(见其《列朝诗集序》,载《牧斋有学集》卷十四,第678—679页。)
④ [清]侯方域《书练贞吉日记后》:"尝闻有先朝巨公……尝游虎丘,其为衣,去领而阔袖。一士前揖,问:'何也?'巨公曰:'去领,今朝法服;阔袖者,吾习于先朝久,聊以为便耳。'士谬为改容曰:'公真可谓两朝领袖矣!'"(载氏著《壮悔堂文集》卷九,清顺治刻增修本。)其事出于私人日记,不可究诘,但可见其时士人议论如此。

蒙面灌浆人也。(沈冰壶《重麟玉册》卷三[清抄本]《李映碧传》附记①)

钱牧斋即钱谦益,吴梅村指吴伟业(1609—1671),龚芝麓指龚鼎孳(1615—1673),陈素庵指陈之遴(? —1662),都是以前明官员的身份,投靠清廷继续做官者,所以被骂作"江浙五不肖""蒙面灌浆人"。什么是"蒙面灌浆人"? 谢正光先生指出:

"蒙面"一词,孔尚任(字季重,号东塘。一六四八~一七〇八)在《桃花扇》里便用过。该剧第三出《闹丁》中记吴应箕(字次尾,一五九四~一六四五)咒骂阮大铖(字集之,号圆海。一五八七~一六四六)的话说:"你的罪过,朝野俱知。蒙面丧心,还敢入庙?"这是说阮圆海"虽然蒙着人的面皮,却丧失了人的良心"。至于"灌浆"二字,乃"馒头"的别称;馒头实心无馅,引喻为"无良心"。合而观之,"蒙面灌浆"意即"蒙着人的面皮却无心肝"。用这四个字来骂人,狠毒可见!②

如前所述,曹溶同顾炎武等明遗民,保持了密切交往。但是,"贰臣"与遗民,因为是否守节、忠于明朝的问题,始终有一层看不见的心理隔阂横亘其间。顾炎武虽然同曹溶交往密切,在访碑考古方面志趣相投,但二人唱和之什,顾炎武于其诗文集中一字不予保留,即能洞见顾氏对于曹溶的微妙态度。曹溶对于时议及友人姿态,能无觉察? 事实上,投靠清廷伊始,曹溶曾积极建言(见《清史稿》本传),试图做一位尽忠于新朝

---

① [美]谢正光《清初贰臣曹溶及其"遗民门客"》,载氏著《清初诗文与士人交游考》,第222页。
② [美]谢正光《清初贰臣曹溶及其"遗民门客"》,载氏著《清初诗文与士人交游考》,第222—223页。

的投诚者①。但在重满轻汉、风谲云诡的官场,曹溶逐渐边缘化,失去了在朝廷升迁乃至立足的机会。投事新朝带来的道德高压,如影随形,成为无法卸去的重担。"升沉淹速,不常厥居,南游岭表,西北至云中"②,官场沉浮之际,曹溶的心情当极为压抑。他沉迷于搜书、抄书、购书、藏书、著书、编书、刻书,用心交结遗民,访碑问遗,"撰造不休",其实均在用以自证对于前明的忠贞,实现对于仕清行为的自我救赎③。相较于当时士人普遍的悔罪心态与消极行为(诸如"不入城"、焚弃儒服、不入县庭、不赴讲会、不结社、一书不两序、不收门徒等④),曹溶的史学作为反而更具有积极的文献传承意义。

总之,作为前明进士、朝廷要员、地方大吏,虽然晚景寂寞乃至凄凉,曹溶一直处于知识群体的中上层。作为大顺政权拷掠、勒索的苦主,曹溶不得已转仕入据北京的清朝政权。沉浮官场、南北奔波之际,曹溶用心交结顾炎武、李因笃等前明遗民,接纳屈大均、金堡等抗清志士,提携朱彝尊等同乡后进,纂集《学海类编》等稀见文献,同时汲汲于搜集明季史料,访碑问遗,撰造不休,对于古典文献之传承,尤其是明代史著之编纂,做出了积极贡献。借助上述作为,曹溶一方面尽显文士本色,跻身藏书、著述大家之列;另一方面,也表现其对个人仕清行为的正视与自我救赎。

---

① 对于曹溶这类欲效忠清廷的投诚者,弘历称之为"贰臣",而时贤或称之为"忠诚的变节者"("Loyal turncoat")。见 Ying Zhang, *Confucian Image Politics: Masculine Morality in seventeenth-Century China*, University of Washington Press,2017, p.158.

② [清]曹溶《与黄太冲》,《倦圃曹先生尺牍》卷上第 137 通。

③ 对于易代之际遗民与失节者之心态,时贤颇有分析,如龚鼎孳出手援救阎尔梅,钱谦益从事复明活动,均是投事新朝者的"自我救赎"行为。(赵园《明清之际士大夫研究》,第 498 页。)

④ 详王汎森《清初士人的悔罪心态与消极行为》一文(《晚明清初思想十论》,复旦大学出版社,2004 年,第 187—247 页)。

二、朱彝尊与清初文献传承

朱彝尊以其身份特殊、文学优长(说见下)而致力于文献编撰、整理与传承,对考察士人如何自觉承担文化使命、致力于文献传承的问题而言,极具典型意义,其实绩、影响及动因,均值得深入探讨[①]。

(一)朱彝尊及其编撰、整理文献之业绩

朱彝尊(锡鬯,竹垞。1629—1709),作为前明显宦之后(其曾祖朱国祚,曾官至户部尚书、武英殿大学士、太子太傅;祖朱大竞,曾官云南楚雄知府),早岁同魏耕、山阴祁氏兄弟(理孙、班孙)等交契,秘密抗清;事泄机失而"通海案"发,被迫远走避祸,游幕四方,清廷官员曹溶、王显祚、刘芳躅、龚佳育等,先后成为其幕主;康熙十七年(1678),应征博学鸿儒,次年为康熙帝玄烨亲自拔置一等,授翰林检讨,与修《明史》;后擢经筵日讲官,知起居注,主持江南乡试。朱彝尊书生本色,以布衣之身而入宦海,两遭贬谪,罢官归田。前明遗民、没落贵胄、抗清志士、落拓文人、寄食幕客、翰林检讨、归田太史,朱彝尊集诸种身份于一身,可谓"身份特殊"。在清初士林,朱彝尊首以文学知名。"自少时以诗古文辞见知于江左之

[①] 朱彝尊是学界关注较多的清初人物之一,代表性成果有:关于生平事行者,有王利民《博大之宗——朱彝尊传》(浙江人民出版社,2006年)、张宗友《朱彝尊年谱》(凤凰出版社,2014年)等;关于文学成就与思想者,有苏淑芬《朱彝尊之词与词学研究》(文史哲出版社,1986年)、于翠玲《朱彝尊〈词综〉研究》(中华书局,2005年)、李瑞卿《朱彝尊文学思想研究》(京华出版社,2006年)等;关于经史之学者,有杨果霖《朱彝尊〈经义考〉研究》(花木兰文化出版社,2005年)、张宗友《〈经义考〉研究》(中华书局,2009年)等;其他综合研究则有朱则杰《朱彝尊研究》(浙江古籍出版社,1993年)、秀洲区政协《一代文宗朱彝尊》(中国文史出版社,2014年)等。此外,尚有各种专题的学术论文(包括十馀篇学位论文)。既有研究,多从诗、词、古文或史学、经学等角度研究朱氏之贡献,瞩目于朱氏文学成就、学术成就两大领域的某一个方面,而鲜能从文献传承的角度,深入探讨朱氏文化贡献之业绩、影响及动因。

耆儒遗老"①,于诗、词、古文等,俱有深造。其诗初与沈进并称"朱沈",后与王士禛声价相齐,被目为"南朱北王"。其词则与陈维崧比肩,更能开派浙西。叶舒崇赞其"天上谪星,人间达士。弄桓伊之笛,姿致无双;鼓安道之琴,风流第一"②。顾炎武尝推崇同时诸人,以为"文章尔雅,宅心和厚,吾不如朱锡鬯"③。王士禛则云:"锡鬯之文,纡馀澄澹,蜕出风露,于辩证尤精。诗则舍筏登岸,务寻古人不传之意于文句之外。今之作者,未能或之先也。"(王士禛《曝书亭集序》,载《曝书亭集》卷首)《清史稿》本传谓:"当时王士禛工诗,汪琬工文,毛奇龄工考据,独彝尊兼有众长。"④朱氏晚年自定诗文集,达八十卷之钜,堪称"文学优长"。

朱彝尊不仅是清初文学大家,同时也是学术大家,虽然后一面貌常为其文学盛名所掩,但其学术成就及编撰、整理文献之业绩⑤,班班可考,蔚然称盛:

就经籍而论,朱彝尊在文献传承上的贡献有二。一是编撰经学目录钜著《经义考》三百卷(成书于康熙三十八年[1699],朱氏生前仅刻成一百六十七卷,至乾隆二十年[1755]由卢见曾补刻完成)。《经义考》将上起先秦、下迄清初的八千四百馀种经学著述,上万条解说、评论及补充资料,以及近千条按语,通过辑考体的目录体例而熔为一炉,堪称"二千年来经部群籍之总汇"⑥,"既是一部经学著述与资料的汇编,堪称经学目

---

① 清国史馆《清国史·文苑传·朱彝尊传》(嘉业堂抄本),中华书局,1993年,第12册,第827页。
② [清]叶舒崇《江湖载酒集序》,载[清]朱彝尊《曝书亭集》卷首,清康熙五十三年(1714)刻本。按:以下出自该本者,径附注于文末,以省繁复。
③ [清]顾炎武《亭林文集》卷六《广师》篇,载《顾亭林诗文集》,第134页。
④ 赵尔巽等《清史稿》卷四百八十四,中华书局,1977年,第13340页。
⑤ 关于朱彝尊著述情况,详吴梁《朱彝尊著述考略》(载《古籍整理研究学刊》,1992年第4期,第15—17页)、杜泽逊、崔晓新《朱彝尊著述续考》(载《古籍整理研究学刊》,2009年第1期,第53—57页),张宗友《朱彝尊著述补考》(载《嘉兴学院学报》,2018年第2期,第5—10页)。
⑥ 陈鸿森《〈经义考〉札迻》,载郑卜五主编《经学研究集刊》第五期,2008年11月,第101页。

录的集大成之作";在一定程度上,又是一部有着目录形式的、蕴含了朱氏本人经学见解的独特的经学史"①。该著兼跨经学、史学两大领域,著录宏富、体例完备、考证精详②,向为学人所珍视③;其中关于《尚书》部分的考果,曾汇成《古文尚书考》一种单行。其实,朱彝尊对于群经均有发明,唯其成果散诸《经义考》及本集中,易被忽视。二是倡议并参与编纂《通志堂经解》。《通志堂经解》收书一百四十种,合一千八百六十卷,以宋元著述为主,兼及唐、明,是清初最重要的一部经解丛书,开启有清一代编纂经解丛书的先河。朱彝尊同该书编者纳兰成德系知交好友④,同该书实际主持者徐乾学也早有交游⑤。据徐乾学《通志堂经解》总序所记"竹垞之言"及所据诸本⑥,知《通志堂经解》之编撰,实起于朱彝尊之倡议与启发。《通志堂经解》刻成于康熙十九年(1680),彼时朱彝尊已在京与徐氏同朝为官,此书之成,得朱氏之力必多。纳兰成德殁后,徐乾学为刻《通志堂集》,收有诸经解序,惟《吕氏春秋解序》不收;而《曝书亭集》内恰有《吕氏春秋集解跋》一篇,文字颇同,知此篇原出朱彝尊之手。因此,朱彝尊不仅搜罗诸书,还代为撰写部分序文,对《通志堂经解》贡献较多。朱彝尊后来能编成《经义考》,此时助编《经解》之作为,实已肇其端始。

---

① 张宗友《〈经义考〉研究》,中华书局,2009 年,第 343 页。
② 详张宗友《〈经义考〉研究》第八章《馀论》,第 342 页。
③ 例如,刘起釪先生撰《尚书学史》(中华书局,1989 年),每每征引《经义考》之著录为证;林庆彰先生考论清初之群经辨伪,即引据朱彝尊关于《易图》《古文尚书》《诗传》《诗说》等有关主题的考辨成果(《清初的群经辨伪学》,台北,文津出版社,1990 年)。
④ 按:朱彝尊同纳兰成德定交于清康熙十二年(1673)。参张宗友《朱彝尊年谱》45.14 条(凤凰出版社,2014 年,第 205 页)。
⑤ 按清顺治七年(1650),江南文士举行"十郡大社",大会南湖,徐乾学、朱彝尊均与盛会,彼时或已相识。参张宗友《朱彝尊年谱》22.11 条(第 46—47 页)。
⑥ 徐乾学《新刊经解序》:"往秀水朱竹垞谂予:'书策莫繁苡于今日,而古籍渐替,若经解厪有存者,弥当珍惜矣。'……因悉予兄弟家所藏本覆加校勘,更假秀水曹秋岳、无锡秦对岩、常熟钱遵王、毛斧季、温陵黄俞邰及竹垞家藏旧版书若钞本,厘是正,总若干种,谋雕版行世。"(载氏著《憺园文集》卷二十一,清康熙冠山堂刻本,《续修四库全书》集部第 1412 册,第 590—591 页。)所提诸人,分别是曹溶、秦松龄、钱曾、毛扆、黄虞稷。

治乱交替中的文献传承

　　就史籍而论,朱彝尊终生耕耘不辍,著述宏富,可证其整理故籍、传承文献之雄心。朱彝尊可考之著述,包括以下几组:1.《五代史记注》《补元史艺文志》(均未竟)。前者系朱氏欲仿裴松之注《三国志》故事而注欧阳修《五代史》,引同里后进锺渊映为助(详《曝书亭集》卷三十五《五代史记注序》);后者因"《元史》不作《艺文志》,典籍无征",故思欲补撰(详《曝书亭集》卷五十五《跋济生拔萃方》)。2.《鹤征录》(又名《鹤书录》《鹤书集》。未竟)。此系归田后,采同征鸿博诸人之仕履行迹而编撰之①。又考补《至正庚辛唱和集》所录二十六人爵里事迹②。3.《日下旧闻》《禾录》《石柱补记》《风庭扫叶录》《粉墨春秋》。《日下旧闻》志京师(北京)地理,分星土、世纪、形胜、宫室、城市、郊坰、京畿、侨治、边障、户版、风俗、物产、杂缀等一十三门,终以《石鼓考》,凡四十二卷。此书受到清高宗弘历的激赏,不仅作诗褒扬,还下令四库馆臣加以考证、增补,使该书由四十二卷增至一百六十卷,成为一部空前的京师地理专著,为今天编写北京百科全书提供了便利③。《禾录》志嘉兴,分郡邑、建置、祠墓、古迹、碑碣等门,广采《嘉禾图经》《舆地碑目》《方舆纪要》《吴郡诸山录》《至元嘉禾志》等书之史料荟萃注之,惜编撰未竟④。朱彝尊藏有宋槩《石柱记》,亡阙大半,因予补撰,成《石柱补记》,交郑元庆笺释成书⑤。《风庭扫叶录》一种,《竹垞行笈书目》著录,当有稿本流传;据《日下旧闻考》所引,知其所记,实以景物为主⑥。《粉墨春秋》,同《风庭扫叶录》等

---

　　① 参[清]法式善《康熙己未词科掌录序》[载《存素堂文集》卷二,清嘉庆十二年(1807)刻增修本,《续修四库全书》第1476册]、张宗友《朱彝尊年谱》81.52条(第568页)。

　　② [清]朱彝尊《〈至正庚辛唱和集〉跋》,载王利民、胡愚《曝书亭集外诗文拾补》卷六,见《曝书亭全集》,吉林文史出版社,2010年,第959页。

　　③ 赵洛《出版说明》,见[清]于敏中等《日下旧闻考》,北京古籍出版社,2000年,第9页。

　　④ [清]冯登府《禾录跋》,载氏著《石经阁文续集》卷六(道光刻本),《清代诗文集汇编》第540册,第812页。

　　⑤ [清]郑元庆《石柱记笺释》(清康熙四十一年[1702]郑氏刻本)卷前朱氏、郑氏二序。朱序后收入本集,题《颜鲁公石柱记释序》(载《曝书亭集》卷三十五),文字略异。

　　⑥ 参张宗友《朱彝尊年谱》37.19条,第138—139页。

均撰于康熙四年,于敏中等奉敕增补《日下旧闻》时,于《杂缀》下曾引证此书①。据知此著有稿本流传,且所纪乃人物,同《吉金贞石志》之纪名物(金石。见下)、《风庭扫叶录》之纪景物,各有分工,属同时之作。此外,朱彝尊还欲补邓牧《大涤洞天志》(详《曝书亭集》卷六十八《洞霄宫题壁》)。4.《瀛洲道古录》(又名《竹垞道古录》)。朱彝尊任翰林检讨,见前人所编翰林故事荒疏,遂有心志其沿革遗闻,分制诰、讲读、仪注、选任、论议、书籍、宴赉、纂修、记注、使命、典型、廨宇、官制、杂志、附志等十五门。因入内抄撮群书,为忌者参劾致谪,是书亦因此未竟(详《曝书亭集》卷四十四《跋洪遵翰院群书》)。5.《鹾志》(又名《两淮盐策志》)。该书是两淮盐务的专门史。康熙四十五年(1706),朱彝尊受曾任两淮盐政的李涛所托,许辑是书,次年完成并交付之;至四十八年四月,复交稿于曹寅,曹氏许为刊集②。此外,朱彝尊还以朝鲜人申叔舟《海东诸国纪》,补亡友锺渊映所作《历代建元考》(详《曝书亭集》卷四十四《书海东诸国纪后》)。6. 作为杰出的目录学家,除《经义考》外,朱彝尊还编撰了多种目录。甲、《曝书亭著录》八卷,系康熙三十八年朱氏手定藏书总目,分为八类,按经、艺、史、志、子、集、类、说部次,总数达八万卷之巨,"足以豪矣!"(详《曝书亭集》卷三十五《曝书亭著录序》。)该目渐散,李富孙尝访得残本而补阙之③。乙、《潜采堂宋元人文集目录》,叶德辉收入《观古堂书目丛刻》,包括宋人集目录、元人集目录各一卷,分别著录169、149 条。丙、《潜采堂书目》四种。计有:《全唐诗未备书目》,为帮助曹寅编修《全唐诗》而作,著录 170 条,有补阙之用;《明诗综采摭书目》,系选《明诗综》时,除"专集暨府州县志"之外的引据书目,凡著录282 条;《两淮盐策书引证书目》,系纂修《鹾志》时引据书目,收书 335种;《竹垞行笈书目》(又名《曝书亭目录》),"以'心事数茎、白发生涯、一

---

① 所引仅一条,列出在大都之"元人善画者"多人。(于敏中等编《钦定日下旧闻考》卷一百五十九,北京古籍出版社,2000 年,第 2560 页。)
② 参张宗友《朱彝尊年谱》78.12 条、79.27 条、81.17 条等(第 525、536、560 页)。
③ [清]李富孙《编次曝书亭著录自序》,载氏著《校经庼文稿》卷十二,清道光刻本。

片青山、空林有雪、相待古道、无人独还'二十四字编目,不分四部,殆行笈之记号也"①,共著录 777 条。7.《吉金贞石志》与《金石文字跋尾》(六卷)。《吉金贞石志》,始撰于康熙四年,后合于本集中②。《金石文字跋尾》,系朱记荣将朱氏本集中金石跋文(自卷五十六至卷六十一)裁出别行而成③。以上是朱彝尊史部著述大要,涉及正史、传记、地理、职官、政书、目录及金石等七类④。

朱彝尊属于子部的著述较少,主要有《百六丛书》等。《百六丛书》,朱彝尊跋吴伟业《绥寇纪略》时谈及:"《明史》开局,求天下野史,有旨勿论忌讳,尽上史馆。于是先生足本出,予抄入《百六丛书》。归田之岁,为友人借失。后十八年,从吴兴书估购之,恍如目接先生之謦欬也。"(《曝书亭集》卷四十四《跋绥寇纪略》。)四库馆臣以此为据,直认《百六丛书》为朱氏所辑⑤。

朱彝尊以文学名世,在集部文献整理与刊布上,极为用心,尤以《词综》《明诗综》二编,称誉学林。康熙九年(1670),朱彝尊开始辑《词综》,初成十八卷;至康熙十一年,广为二十六卷;经汪森(晋贤。1653—1726)增补至三十卷,于康熙十八年付梓;其后汪森、周篔(青士,筜谷。1623—1687)、沈进(山子。1628—1691)等续加增补,至康熙三十六年由裘杼楼印行,形成三十六卷定本。参与此书编纂者前后有二十一人。该书以唐宋以降一百六十馀家词集为取裁对象,共收录六百五十九位词人(不包括无名氏)凡二千二百五十二首词作,是一部规模宏大、流传最广的词选集,成为浙西词派形成的重要标志之一。朱彝尊早著诗名,曾助曹溶辑

---

① [清]冯登府《竹垞行笈书目跋》,载《晨风阁丛书》,清刻本。
② 参张宗友《朱彝尊年谱》37.19 条,第 138—139 页。
③ 参[清]陈其荣《金石文字跋尾序》,载《金石文字跋尾》(《藏修堂丛书》本)卷首。
④ 按:《四库全书》史部目录类分经籍之属与金石之属,《续修四库全书》则将金石类设为独立类目。
⑤ [清]永瑢、纪昀等《钦定四库全书总目》卷四十九《绥寇纪略》提要:"而彝尊所辑《百六丛书》为人借失者,虽称后十八年从吴兴书贾购得,今亦不可复见,此二卷遂佚之矣。"武英殿刻本,《景印文渊阁四库全书》第 2 册,台湾商务印书馆,1983 年,第 107 页。按:朱彝尊为友人借失、复从书估购得者,乃《绥寇纪略》,非《百六丛书》,馆臣有误记。

《岭南诗选》,又抄尤袤诗而成《梁溪遗稿诗钞》,编《王翙诗选钞》及《锺渊映诗集》,同陆奎勋编《洛如诗钞》等,具有丰富的诗集编纂实践。晚年所辑《明诗综》一百卷(康熙四十一年编定付刻,是为白莲泾本),共著录三千四百馀位诗人的诗作,系有明一代诗歌总集,被目为明诗选本的代表,接续《宋诗钞》《元诗选》而成宋元明三代诗歌选本系列。

(二) 朱彝尊编撰、整理文献之影响

如上所考,朱彝尊编撰、整理了大量文献,通贯四部,可谓繁富,在清初学者中,罕有其匹①。那么,朱彝尊对于清代之文献传承、学术研究等,有何影响?

朱彝尊上揭繁富之著述,大大丰富了古代文献的内容,朱氏也以此跻身清初文献大家之列。朱彝尊有所著述,以编撰为主,向以资料宏富著称,因此对于保存前人著述,尤其是易代人物之著述,功不可没。随着时间的推移,许多古人著述或见解因水火兵燹而逐渐沦亡、散佚,幸而能于朱氏著述中,存其大体或部分片段,使今人尚得以管窥一二。执此以论,朱彝尊对于保存、传承文献而言,可谓成就斐然。兹举一例。

《经义考》卷二百一十一论语类"《古论语》"一条,引"谭贞默曰":"孔子一生,仕止久速,造次颠沛,纂修删述,盛德大业,靡一不具《论语》;及门弟子德性气质,学问造诣,浅深高下,进止得丧,靡一不具《论语》。《论语》多记言,少记事。知孔子之言者,即知孔子之事。知及门弟子之言者,即知及门弟子之事矣。"②

按:此条引文,不见他处。谭贞默(1590—1665),字梁生,号埽庵,又号孟恂、憨山,别署髯道人、道一居士,法名福征。父谭昌言,弟谭贞良(朱彝尊姑父)。崇祯戊辰(1628)进士,掌国子监整理祭器、书籍等务。

---

① 于翠玲曾就《四库全书总目》所录顾炎武、阎若璩、朱彝尊三家著述分布情况进行比较,认为朱彝尊更具有博综的特色。(参氏著《朱彝尊〈词综〉研究》,中华书局,2005年,第9—11页。)所举虽未备,结论颇可参考。

② [清]朱彝尊《经义考》卷二百一十一,见《经义考新校》,林庆彰、蒋秋华、杨晋龙、冯晓庭主编,上海古籍出版社,2011年,第3851—3852页。

著有《三经见圣编》《孔子论语年谱》《孟子编年略》《韵史搜诠》《谭子雕虫》《鸳社诗选》《垾庵诗存》《其间集》等①。谭氏好古文辞，居家十五年，杜门著书，"嘉郡称文学者，自李太仆日华外，唯贞默云"（《浙江通志·文苑传》）②。朱彝尊少谭氏近四十岁，而谭氏殁时，朱氏正当壮年，又有姻亲关系，故能谙熟谭氏学问及著作。《经义考》卷二百五十九（四书类）有"谭氏（贞默）《四书见圣编》一百□卷"条，"存"；录高佑釲之语曰："先生为予外舅，勤于著述，五经皆有解诂，惟《四书见圣编》镂板白门。以《论语》《中庸》《大学》为孔经，谓《中庸》《大学》皆子思所作也；以《孟子》七篇为孟经。"③其书既"存"，则朱氏必能寓目。据谭志贤《三经见圣编辑存》末跋语④，知此《四书见圣编》，即《三经见圣编》。此书专门发挥并评论《论语》《孟子》及《中庸》《大学》（谭氏以"《大学》"即《中庸》之后小半"，见馆臣《三经见圣编》提要），故上揭朱氏引文，或即出自该书。惜此书被征诣四库馆后，仅以存目视之，后竟不知所踪。谭氏家传者，亡于"洪杨兵燹"（即太平天国兵祸），谭志贤"于陆陇其所著《正续四书讲义》《困勉录》中辑获所引《见圣编》七十馀条，名曰《辑存》，不过存什一于仟佰耳"⑤。谭志贤搜辑之难，恰可证朱彝尊引据之文献，具有保存原著要文（尽管只是片段）、反映著述内容以及提供辑佚、整理资料等方面之价值。

对清代学术研究而言，朱氏著述影响甚巨，主要有以下两个方面：

其一，朱彝尊开创了古代文献编撰、整理、传承的新范式，起到了开示门径、引导后学的作用。兹举其大者而言。朱氏著述中，尤以《经义

---

① 以上生平，参用永瑢等《四库全书总目》卷三十七《三经见圣篇》提要（台湾商务印书馆，1983年影印乾隆武英殿刻本，第1册，第759页）及龚肇智《嘉兴明清望族疏证》下卷（方志出版社，2011年，第683页）。

② ［清］嵇曾筠等监修、沈翼机等编纂《浙江通志》卷一百七十九，《景印文渊阁四库全书》第524册，台湾商务印书馆，1983年，第25—26页。

③ 《经义考新校》，第4633页。

④ ［清］谭贞默《三经见圣编》，见谭志贤辑《三经见圣编辑存》，《四库全书存目丛书》经部，第166册，第9页。

⑤ ［清］谭贞默撰，谭志贤辑《三经见圣编辑存》，第9页。

考》《词综》二种,影响最巨。《经义考》集经学目录之大成,是古代中国最大的一部经籍总目,"实史部谱录类一部最重要的书,研究'经史学'的人最不可少"①。朱彝尊开创性地采用以辑录体为主、辑考体为辅的目录体例,使其内容之繁富、体例之包容,均前所未有。该著一经问世,即引起学人高度注意,出现了续作、补作、校订之作等系列著作。续作者,按《经义考》之体例,接续成书。主要有:沈廷芳《续经义考》(四十卷)、冯浩《续经义考》、杨谦《续经义考》(十卷)、朱休承《续经义考》、钱东垣《续经义考》(二十卷)、佚名《续经义考》(二十卷)等。补作者,补《经义考》之未备,搜辑成书。主要有:全祖望《读易别录》(三卷)、王聘珍《经义考补》、钱东垣《补经义考》、冯登府《逸经补正》(三卷)、陈矩《孟子弟子考补正》(一卷)、陆茂增《经义考补遗》、林国赓《经义考补》等。校订者,校《经义考》之讹失,订正成书。主要有:翁方纲《经义考补正》(十二卷)、严元照《经义考补正》、胡尔荣《经义考校勘记》(二卷)、罗振玉《经义考校记》等。近来,林庆彰等对该著加以整理校订,先后成《点校补正经义考》《经义考新校》二种。此外,由于《经义考》树立了学科目录的编撰典范,出现了一大批拟仿其体例而编撰的学科目录。小学目录如谢启昆《小学考》、黎经诰《许学考》、胡元玉《雅学考》等,史学目录如章学诚等《史籍考》等,子学目录如王重民《老子考》、张鹤龄《子籍考》、丹波元胤《医籍考》等,文学目录如周采泉《杜集书录》等;诸家目录虽在具体细节上有所调整,但总体格局及编排体例上,俱是效法《经义考》,则无疑义②。又《词综》一书,朱彝尊以其严谨的体例、深厚的考证功力,为浙派词人整理词集、编纂词选树立了典范。清中期词学名家厉鹗,即师法朱氏,同查为仁著成《绝妙好词笺》;夏秉衡编《清绮轩词选》,吴锡麟编《伫月楼分类词选》,俱以《词综》为准则③。以《词综》为核心的补作、续作有:陶樑《词综补遗》(二十

---

① 梁启超《中国近三百年学术史》之十三《清代学者整理旧学之总成绩》,载《饮冰室合集》第10册,中华书局,1989年,第203页。
② 详张宗友《〈经义考〉研究》第七章《论〈经义考〉之学术影响》(中华书局,2009年,第234—248页)。
③ 说详于翠玲《朱彝尊〈词综〉研究》,第165—168页。

卷)，王昶《明词综》(十二卷)、《国朝词综》(四十八卷)，王绍成《国朝词综二集》，黄燮清《国朝词综续编》(二十四卷)，丁绍仪《国朝词综补》(五十八卷)等，形成了以《词综》为典范的系列著作。以朱彝尊《经义考》《词综》等著述为核心，出现了衍生著作群，成为学术史上一道独特的景观；这同中国古代史部文献围绕《春秋》之编年体、《史记》之纪传体、《通典》之纪事本末体等而产生系列史著之生成方式，颇为相似，足以昭示朱氏著述所具有的典范意义及其学术影响。

其二，朱彝尊以博雅会通为特色的治学取向及其实践，一纠明末以来的空疏学风，使清代学术走向征实。朱氏治学，以广征群籍为基础，以崇尚雅正相号召，淹博渊懿，会通四部。此种治学取向的形成，有其宏大的历史背景。满洲以少数族群入主中原，给当时士子以莫大刺激；而反思亡国之由，则归因于王学末流空疏学风之弊。顾炎武指出，明末讲学"一皆与之言心言性，舍多学而识，以求一贯之方，置四海之困穷不言，而终日讲危微精一之说"①。朱彝尊指出，其时"士守绳尺，无事博稽，至问以笺疏，茫然自失"(《曝书亭集》卷三十四《五经翼序》)。梁启超论清初学风，云："其时正值晚明王学极盛而弊之后，学者习于'束书不观，游谈无根'，理学家不复能系社会之信仰。炎武等乃起而矫之，大倡'舍经学无理学'之说，教学者脱宋明儒羁勒，直接反求之于古经。而若璩辨伪经，唤起'求真'观念，渭攻'河洛'，扫架空说之根据：于是清学之规模立焉。"②顾炎武高举"博学于文""行己有耻"的大旗，对空疏学风予以反拨："士而不先言耻，则为无本之人；非好古而多闻，则为空虚之学。"③意在端正人心，通经致用。朱彝尊身被易代之痛，对四部典籍作大规模之搜辑、编撰与整理，显然也是对晚明空疏学风的反拨，其努力与用心正与

---

① ［清］顾炎武《亭林文集》卷三《与友人论学书》，载《顾亭林诗文集》，第40页。
② 梁启超《清代学术概论》，上海古籍出版社，1998年，第4页。
③ ［清］顾炎武《亭林文集》卷三《与友人论学书》，第41页。

顾炎武等诸儒相同①。王国维论清代学术云:"我朝三百年间,学术三变:国初一变也,乾嘉一变也,道咸以降一变也。顺康之世,天造草昧,学者多胜国遗老。离丧乱之后,志在经世,故多为致用之学。求之经史,得其本原,一扫明代苟且破碎之习,而实学以兴。"②由前揭朱彝尊编撰、整理文献之业绩,可知其于国初学风之变,实与有力焉。时贤推崇朱氏"对于转变清初空疏,开创乾嘉尚实学风,确居首功"③。乾嘉学风以征实、考据见长,朱彝尊以其实绩而具导源之功,同顾炎武、阎若璩等相比,实不遑多让。

(三)朱彝尊文献成就诸因析论

朱彝尊以文学大家而兼治学术,终生致力于编撰、整理、刊布古典文献,成果丰硕,业绩昭然,影响甚巨,同顾炎武、阎若璩等并驾,引领清初学风,蔚然一代大家。那么,朱彝尊何以能取得如此影响深远的成就,在文献文化史上享有盛名?我们认为,主要归因于以下几个方面:

首先,朱彝尊树立了以"崇儒传道"为核心的学术思想与文化使命观,奠定了其后治学趋向与人生取径的思想基础。

康熙元年(1662),"通海案"发,魏耕等同志惨死,宣告朱彝尊抗清事业的终结。此后至康熙十七年(1678)应征博学鸿儒之间,朱彝尊落拓江湖,依人远游,艰辛备尝。此时的朱彝尊,必然经历了一生中最大的思想困惑与转折,即在清祚日固、反复无望的形势下,何以自处?如何作为?康熙三年(1664)九月,朱彝尊往依曹溶幕府,大约作于此后不久的《原

---

① 《钦定四库全书总目》卷一百一十九《通雅》提要云:"惟[方]以智崛起崇祯中,考据精核,迥出其上。风气既开,国初顾炎武、阎若璩、朱彝尊等沿波而起,始一扫悬揣之空谈。"(见[清]永瑢、纪昀等撰,武英殿刻本,《景印文渊阁四库全书》第3册,台湾商务印书馆,1983年,第587页。)盖引朱氏为顾、阎二氏之同道。

② 王国维《沈乙庵先生七十寿序》,载《王国维文集》第一卷,中国文史出版社,1997年,第97页。

③ 卢仁龙《〈经义考〉综论》,载《社会科学战线》1990年第2期,第338页。

教》一文①,凝聚了朱彝尊对儒家之道与自身使命的深入思考。该文表明,朱彝尊超越了原有的家天下的认识,其胸襟与抱负,不再拘泥于一家一姓之朝代更替②,而是着眼于儒家教化之承传;其以"崇儒传道"为核心的学术思想与文化使命观由此形成,从此重拾以学术自立的人生取径③,汲汲于故国文献之整理与儒家典籍之传承。此一志意,朱彝尊同顾炎武在晋交游期间(康熙五年,1666),当有沟通,并且得到顾氏之同情与理解④。关于此节,由朱彝尊在晋期间忙于同顾氏访碑问遗,并且在北上应征鸿博时,仍能得到顾氏"文章尔雅,宅心和厚"的评价,即可觇知⑤。由此可以理解,朱彝尊为何敢于不顾非议,出仕清廷;授职之后,积极与修《明史》,先后七次上书总裁,直陈己见;同时充分利用一切机会,醉心于求书、抄书、编书、刻书,终能拥书八万卷,成一代藏书大家;志愿恢宏,著述不辍;即便因此而谪官、罢官、无暇经营产业,亦毫不介怀。盖其所谋者远,所取者大,故能孜孜矻矻,寤寐求之。

其次,朱彝尊通过苦心经营,建构起庞大的学术文化交流网络,为其文献搜访、收藏、生产与流通,提供了广阔的人际脉络与丰富的学术资源。

---

① 该文最重要的是其首段:"始为三教之说者谁与?其小人而无忌惮者与?生民之初,草衣而血食,露处而野合。圣人者出,教之田里,教之树畜。养生之本既具,然后修道以明之。其理身心性命,其治家国天下,其端礼乐刑政,其文《易》《诗》《书》《礼》《春秋》。盖自庖牺氏作,而伊耆、轩辕、尧、舜、禹、汤、文、武、周公、孔子,以数圣人损益之,而教已大备,初未尝有所不足,必待佛、老之说以济之也。"(载《曝书亭集》卷五十八。)

② 顾炎武《日知录》卷十三"正始"条中云:"有亡国,有亡天下。亡国与亡天下,奚辨?曰:易姓改号,谓之亡国;仁义充塞,而至于率兽食人,人将相食,谓之亡天下。"见[清]黄汝成集释《日知录集释》卷十三,清道光十四年(1834)嘉定黄氏西溪草庐重刊本。

③ 朱彝尊早岁就读于谭氏家塾,受塾师、第八叔父朱茂晥之影响与指点,放弃时文而肆力古学,开启了以学术自立的人生取径。说详笔者《朱彝尊家学考——兼论竹垞文学与学术之起点》一文(《苏州大学学报》,2018年第3期,第131—139页)。

④ 关于朱彝尊与顾炎武二人在晋之交游,参张宗友《朱彝尊年谱》38.10、38.11、38.32等条(第142—143、148页)。

⑤ 说详张宗友《"多文之谓儒"——以〈原教〉篇为中心看朱彝尊之"文章尔雅"》一文(载《苏州大学学报》2016年第4期,第146—152页)。

第六章　曹溶、朱彝尊、周筼与清初文献传承

在明清易代的时代巨变中,朱彝尊奔波无定,《清史稿》本传谓其"家贫客游,南逾岭,北出云朔,东泛沧海,登之罘,经瓯越",只是道出了部分事实①,其实朱氏足迹,踏遍苏、浙、赣、粤、鲁、豫、晋、闽诸省及京师等地。朱彝尊文学优长,而又集多重身份于一身,故每到一地,都能迅速获得身份认同,结交文人知己,融入当地文化圈,从而为其学术活动建构起庞大的交际网络。终朱彝尊一生,共与多少士人有过交游?这是一个无法精确统计的问题,因为不是所有交游人物都能进入书写体系被记录下来。但是,对朱彝尊影响较大的人物,一定会被朱彝尊或其友人载诸笔端,从而为我们考察朱彝尊的学术文化交流网络,提供了可靠的线索。根据《朱彝尊年谱》所附《人物索引》统计②,共有人物八百八十人;虽然朱彝尊家人应剔除在外,但考虑到《年谱》存在疏漏的可能,那么,这个统计数字是基本可靠的。根据《索引》可以发现,朱彝尊的学术文化交流圈,几乎就是清初学术文化圈的一个缩影;从不同的角度去分析,都能得出颇具意义的启示。例如,从政治上来看,朱彝尊的学术文化圈可以分为明朝遗民群体、清朝官员群体、其他士民群体等;从地域上来看,有江南、岭南、福建、山西、京师等不同的文人文化圈。从个体身份上看,既有高踞金字塔尖的当朝皇帝(玄烨),也有围绕在权力核心的当朝显贵(如权臣高士奇、徐乾学,贵公子纳兰成德等);既有遗民志士(如屈大均、魏耕等),也有仕清"贰臣"(如曹溶、李清等);既有地方要员(如王显祚、刘芳躅、龚佳育等),也有幕僚清客(如徐善等);既有少年知己(如周筼、谭吉璁等),也有萍水风尘(如静怜等);既有学术大家(如钱谦益、黄宗羲、顾炎武、阎若璩等),也有好学后进(如锺渊映、查慎行等);既有藏书大家(如黄虞稷、李延昰等),也有流通书估(如陆溥、张星等)。另如王士禛、宋荦等人,也是集多重身份于一身。以上各类人物,背景不同,取向各

---

① 赵尔巽等《清史稿》卷四百八十四,第 13339 页。按:本传中"东泛沧海,登之罘"之说不确,详张宗友《〈清史稿〉朱彝尊本传辨正》一文所考(载《澳门文献信息学刊》2015 年第 3 期,第 79—81 页)。

② 崔晓新《朱彝尊交游考论》(山东大学博士学位论文,2012 年),末附《朱彝尊交游人物列表》,所列人物有 460 馀人。

异,涉及清初社会的各个层面,都因"文章尔雅,宅心和厚"的朱彝尊而交织起来,构成了一个庞大的学术文化网络。朱彝尊访书、购书、抄书、编书、刻书、售书,能够醉心于故国文献之整理、儒家典籍之传承,都得益于这个学术文化网络所提供的各种资源。朱彝尊晚年长居苏州,以编书、刻书为务,频繁往来于宁、扬、湖、嘉等地,没有上揭学术文化网络的支持,是不可想象的。总之,朱彝尊以其杰出才华与多重身份,优游于该学术文化圈内,不仅聚书达八万卷之巨,足以傲视东南;而且以自己杰出的文学创作、博雅的治学取向、精审的学术著述、勤勉的治学精神、弘富的文献成果,为清初学术文化交流提供了丰富的内容,进而影响了清初的士林学风,使之走向博雅、征实一途。就清初学术及文献传承而言,朱彝尊及其构建的学术文化交流网络,就是具体而微且内涵丰富的景观呈现。

试以抄书为例。朱彝尊建构学术文化交流网络的重要途径,就是以文献搜访、收藏、生产、流通为中心的访书、购书、借书、抄书、编书、著书、刻书、藏书以至售书等一系列的文化活动;至其晚年,藏书竟达八万卷之巨,称豪一时。朱彝尊出生于秀水朱氏没落之时,成长于易代之际,早弃时文,不事生产,家累极重,又无充任地方大吏的经历,积聚图书尤为不易。因此,抄书成为朱彝尊读书治学、积累人脉、丰富典藏最重要的手段。朱彝尊尝自称:"中年好钞书。通籍以后,集史馆所储,京师学士大夫所藏弄,必借录之。有小史能识四体书,间作小诗慢词,日课其传写,坐是为院长所弹去官,而私心不悔也。归田以后,钞书愈力。"(《曝书亭集》卷三十九《鹊华山人诗集序》)试读其集中所作跋文(《曝书亭集》卷四十二至五十二),可证其抄书之举,斑斑可征,所言非虚。朱彝尊所抄典籍,通贯四部,而以史部、集部文献居多。传抄事由,多因其书罕传,或因其书为足本、善本而抄。如:

《周易集传》十八卷,元湖广儒学提举龙仁夫撰……今书止存八卷尔。通志堂集《经解》,以阙书未开雕,写以藏诸笥。(《曝书亭集》卷四十二《龙氏易集传跋》)

唐元和中,西蜀人梅彪撰《石药尔雅》。……唐代遗书传世者,

罕矣,乃抄而入诸经部。(《曝书亭集》卷四十二《石药尔雅跋》)

吴兴陈伯玉《书录解题》载曾端伯所编《乐府雅词》十二卷《拾遗》二卷,予从藏书家遍访之未获也。既而抄自上元焦氏,则仅上中下三卷及《拾遗》二卷而已。绎其自序,称三十有四家,合三卷。词人止有此数,信为足本无疑。(《曝书亭集》卷四十三《乐府雅词跋》)

韦述《东西京记》,世无完书。宋敏求本之,撰《河南》《长安》二志,世称其该洽。《长安志》旧有雕本,字画麁恶。斯编借录于汪编修文升,善本也。惜乎《河南志》不复可得,为之怃然。金风亭长彝尊识。(《曝书亭集》卷四十四《书熙宁长安志后》)

作为清初大家,朱彝尊精通经史之学,因此其抄书并非泛泛而为,而是同校勘、整理文献以及图书评鉴、学术研究等结合在一起。试观以下数跋:

词人之作,自《草堂诗馀》盛行,屏去激楚阳阿,而巴人之唱齐进矣。周公谨《绝妙好词》选本,虽未全醇,然中多俊语,方诸草堂所录,雅俗殊分。顾流布者少,从虞山钱氏抄得。……公谨自有《蘋洲渔笛谱》,其词足与陈衡仲、王圣与、张叔夏方驾。(《曝书亭集》卷四十三《书绝妙好词后》)

亡友仁和吴志伊,以经史教授乡里。束脩所入,就市阅书,善价购而藏之。欧阳忞《舆地广记》其一也。志伊既卒于官,书多散失。是书偶归予插架,顾阙首二卷。徐尚书总裁《一统志》,请权发文渊阁故书以资考验,是编首二卷存焉。予亟传写,遂成完书。重是亡友物,不轻假人。每一展读,尚如手新触也。……(《曝书亭集》卷四十四《宋本舆地广记跋》)

闽中多藏书家。康熙壬子(1672),过福州,访梁丞相《三山志》,无有也。后三十年,睹武进庄氏书目有之,借观不可得。又六年,而昆山徐学使章仲以白金一镒购之,予遂假归录焉。书凡四十二卷,丞相自为之序。志闽地者,晋有陶夔,唐有林谞,宋有林世程诸书,

治乱交替中的文献传承

均佚。是编亦罕流传。以三山士夫未著录者,一旦有之,足以豪矣。特其体例附山川于寺观之末,未免失伦。然十国之事,可征信者多,有出于黄氏《八闽通志》、王氏《闽大纪》、何氏《闽书》之外,学者所当博稽也。(《曝书亭集》卷四十四《淳熙三山志跋》)

朱彝尊一生跌宕起伏,际遇不凡,而其本色乃一读书人,嗜书如命,学林盛传其"雅赚""美贬"的风雅故事①。实际上,朱彝尊对许多珍贵文献,念兹在兹,搜求往往长达数十年:

《建康志》五十卷,宋景定中承直郎宣差充江南东路安抚使司干办公事武宁周应合撰。岁在戊午(1678)春,予留白下,亡友周雪客语予曾睹是书阙本,<u>访之三十年未得也</u>。今年秋九月,过曹通政子清真州使院,则插架存焉。亟借归录之。……康熙丁亥十一月,竹垞七十九翁彝尊书。(《曝书亭集》卷四十四《景定建康志跋》)

《唐会要》一百卷,宋建隆二年,宰相王溥撰进。……今雕本罕有。<u>予购之四十年</u>,近始借抄常熟藏书家写本,惜乎第七卷至第九卷失去……安得收藏家有善本借抄成完书,姑识此以俟。(《曝书亭集》卷四十五《唐会要跋》)

鄱阳姜尧章撰《绛帖平》二十卷,<u>予搜访四十年始抄得之</u>,仅存六卷尔。记在都下于孙侍郎耳伯所,获观宋拓绛帖二册,光采焕发,令人动魄惊心。过眼烟云,至今搅我心也。……(《曝书亭集》卷四十三《绛帖平跋》)

---

① 陈康祺《郎潜纪闻初笔》卷十二"雅赚美贬"条:"竹垞先生嗜书若命。典试江左时,绛云已燔,闻牧斋族孙钱遵王撰《读书敏求记》,载宋板元钞次第完阙甚备。撤棘,求一见之,秘不肯出。乃置酒召诸名士高谦,遵王与焉。私以黄金及青鼠裘赂其侍史,启箧得之,招藩署廊吏数十人于密室,夜半写毕,并录得《绝妙好词》,时人谓之'雅赚'。又先生直史馆日,私以楷书手王纶自随,录四方经进书。掌院牛钮,劾其漏泄,吏议镌一级,时人谓之'美贬'。噫!翰林官以是左迁,视今之废书不观,滥跻华要者,荣辱何如!"(《郎潜纪闻初笔二笔三笔》,中华书局,1984年,第259—260页)。

第六章　曹溶、朱彝尊、周筼与清初文献传承

古文至南宋，日趋于冗长。独罗鄂州小集，所存无多，极其醇雅。所撰《新安志》，简而有要，篁墩程氏取其材作《文献志》。此地志之最善者。予年八十，始抄得是书。每劝新安富家开雕，终鲜应者。甚矣，今人之不好古也！（《曝书亭集》卷四十四《书新安志后》）

朱彝尊晚年罢官，归田园居，而求书、抄书、刻书（如《经义考》《明词综》等），从事愈力，至老弥笃。由于财力有限，朱彝尊就动员友朋之有力者刊刻珍罕文献。例如：

《汗简》六卷，《略叙》《目录》一卷，周宗正丞书学博士洛阳郭忠恕集七十一家篆法，鸟迹、科斗毕具……予偶得旧抄一册，爱其奇古。……钱唐汪主事立名坚请发雕，遂锓诸枣木。……予也侨吴五载，力赞毛上舍扆刊《说文解字》，张上舍士俊刊《玉篇》《广韵》，曹通政寅刊丁度《集韵》、司马光《类篇》。将来徐锴之《说文系传》，欧阳德隆之《韵略释疑》，必有好事之君子镂板行之者，庶几学者免为俗学所惑也夫。（《曝书亭集》卷四十三《汗简跋》）

"毛上舍"指常熟毛扆（斧季，省庵。1640—1713），毛晋之子。毛氏汲古阁刻书，名满天下，其中即有据宋刻大徐本重刻之《说文解字》。"张上舍"指长洲张士俊（字吁三，号六峰阁主人），刻有《泽存堂五种》（《群经音辨》《玉篇》《宋本广韵》《佩觿》《字鉴》），叶德辉称为"最精"①；其中《玉篇》《广韵》二种，"为考据经学者必备之书"②。"曹通政寅"指兼任两淮盐政、江宁织造的曹寅（子清，荔轩、楝亭。1658—1712）。"楝亭掌织造、盐政十馀年，竭力以事铅椠，又交于朱竹垞。曝书亭之书，楝亭皆钞有副本。"③除刻《全唐诗》外，曹寅还刻有《曹楝亭五种》（《大广益会玉篇》《大

---

① 叶德辉《书林清话》卷十，《郋园先生全书》本，1935年。
② 叶德辉《书林清话》卷八。
③ 叶德辉《书林清话》卷九。

宋重修广韵》《集韵》《类篇》《附释文互注礼部韵略》）。诸书得以刊刻，朱彝尊与有力焉。

根据《曝书亭集》所载跋文，朱彝尊抄书来自以下藏书家：古林（倦圃）曹氏，平湖陆氏，海盐胡氏、郑氏，四明范氏，吴兴潘氏，昆山徐氏，虞山钱氏，常熟（琴川）毛氏，长洲何氏、汪氏，上元焦氏，新城王氏，棠村梁氏，以及曹寅等。从地域上看，诸家以江浙为主（嘉兴、湖州、宁波、苏州、江宁等府），北及山东、直隶。实际上，朱彝尊在应征博学鸿儒之前，曾四次入都，应征之后，常居京师十馀年，以个人之力沟通了江南文化圈与京师文化圈，建立起庞大而有力的学术交流网络，而互抄书籍是其中强有力的联结手段。叶德辉论明以来钞本，"秀水朱竹垞彝尊潜采堂"在列，"竭一生之力交换互借、手校眉批，不独其钞本可珍，其手迹尤足贵"①。

总之，朱彝尊书生本色，醉心于访书、购书、借书、抄书、编书、著书、刻书、藏书以至售书等文化活动，建构起庞大的学术文化交流网络，为其文献搜访、收藏、生产与流通，提供了广阔的人际脉络与丰富的学术资源。

再次，朱彝尊幼承家学，弃时艺而习诗古文，安贫乐学，勤勉有加，追求博雅，融贯经史，塑造了良好的学术品格，为其编撰、整理文献提供了坚实的学术基础。

朱彝尊能成为一代文学及学术大家，颇受益于家学渊源、清廉门风及实学精神。高祖朱儒（宗鲁，东山。1515—1591），任太医院使，著有《太医院志》《立命元龟》等。曾祖朱国祚（兆隆，养淳。1559—1624），以清廉、刚直称，有《孝宗大纪》《册立仪注》《介石斋集》等。祖父朱大竞（君竽，忱予），官至云南楚雄知府，政尚廉静，清贫自守，奔丧回籍时，竟"力不能具舟楫"。嗣父朱茂晖（子若，晦在。1598—1675），诸生，未仕，博览经史，兼综诸子百家。复社集会，同盟奉为伦魁。有《禹贡补注》《棘闱记》《晦在先生集》等。诗入《御选明诗》。朱彝尊尝记其学云："先君好博览，经史之外，诸子百家，靡不兼综。性乐取友，海内文彦过嘉禾者，必尽

---

① 叶德辉《书林清话》卷十。

第六章　曹溶、朱彝尊、周筼与清初文献传承

款曲。古文辞源本六艺，韵语不屑蹈袭前人，尺牍日可百函。"①本生父朱茂曙（子蘅。1601—1663），邑庠廪生，未仕。其人恂恂儒雅，笃于孝友，取予进退，介而有节。少善属文，工行楷书，能画山水竹石，为董其昌所称。明季即弃去诸生业，经史之外，旁习天文、医卜诸家书。有《两京求旧录》《春草堂遗稿》等。诗入《御选明诗》。朱彝尊家自祖父起，家道中落；易代之变，竟至断炊。对此困局，朱茂曙安之若素，乡人因私谥曰"安度先生"。朱彝尊本生母唐孺人，系明礼部尚书董其昌外孙女；董氏（玄宰，思白。1555—1636）以书法、绘画名世。朱彝尊七岁时，祖母徐安人以外曾祖潘恩所订《诗韵集略》相授，由是始知别四声。九岁时，学习八分书，嗣父朱茂晖授以《石台孝经》。十岁时，开始受业于叔父朱茂晥（子苇，苇园。1607—1672）。茂晥为崇祯县学生，远浮名，务实学，有《猎碣考异》《忠贞服劳录》《颁颔集》等。后茂晥教朱彝尊弃时文，务实学，以黄淳耀文稿相授，并教习《周官礼》《春秋左氏传》《楚词》《文选》及丹元子《步天歌》等，一改当时浮华骈俪之文风。综上可知，朱彝尊父祖之著述，涉及医学、经学、史学、文学，实已通贯四部；又有诗学、书画传统，早具文艺渊源；清廉自守、安贫乐道的精神，更是直观的身教与熏染。对朱彝尊影响最大的则是朱茂晥。对古文经典、文学经典的教习，对以气节著称的黄淳耀著述的传授与激扬，均为朱彝尊在剧烈世变中的出处进退、奋力著述，奠定了坚实的学术基础，塑造了良好的学术品格②，也奠定了博通雅正的学术追求。清初孙承泽（耳伯，北海、退谷。1592—1676）云："吾见客长安者，务攀援驰逐，车尘蓬勃间不废著述者，惟秀水朱十一人而已。"③孙氏亦以著述弘富而著称；他所观察到的表象之下，乃是朱彝

---

① ［清］朱彝尊《静志居诗话》卷二十二，姚祖恩编，黄君坦点校，人民文学出版社，1990年，第 670 页。

② 兹举一例。叶德辉引《鸡窗丛话》云："竹垞凡刻书写样本，亲自校两遍，刻后校三遍。其《明诗综》刻于晚年，刻后自校两遍。精神不贯，乃分于各家书房中，或师或弟子，能校出一讹字者送百钱。"（《书林清话》卷十。）叶氏对此说颇有怀疑。但此说从一侧面说明朱彝尊校刻图书之认真不苟，因此受到士林高度认同，犹如前揭之"美贬"，作为美谈而流播后世。

③ ［清］杨谦《朱竹垞先生年谱》，载《曝书亭诗集注》卷前，清木山阁刻本。

尊为"崇儒传道"而致力于儒家文献之整理、传承而勤勉不休的用世追求。

三、周筼学行与清初士林

周筼(1623—1687),名筜,字公贞,更字青士,又字筜谷,嘉兴梅会里(简称梅里)人,梅里文学群体重要成员。青年时期的朱彝尊在移寓梅里之后,即与同里诸子结为诗课,流连风雅,吟咏不绝,且相交笃厚,深刻地影响了朱彝尊此后的出处进退与学术取径。周筼就是同朱彝尊相交莫逆的同里诸子之一。

周筼终生未仕,以布衣诗人名世,所著有《投壶谱》《析津日记》《词纬》《今词综》《采山堂集》等,因此又是一位词人兼学者,为清国史馆采入《文苑传》[①]。虽然如此,自清末以降,周筼之学行并未引起学界足够重视,通常只是在讨论朱彝尊及浙西词派时附带论及。二十世纪五十年代,邓之诚《清诗纪事初编》卷二(《前编下》)录其诗五首[②];八十年代,钱仲联《清诗纪事·明遗民卷》载其诗七首[③]。邓、钱两家对周筼事行有简要揭示,但更注重周氏诗作以诗纪事、以诗存史的文学、史学双重价值。近三十年来,学人开始评述其文学活动与成就,由词学而扩及其诗学、古文,研究逐步走向深入[④]。不过,对于以"布衣诗人"名世的周筼,何以能在文学创作领域取得佳绩,并且颇有著述的问题,仍有未发之覆;对于周筼在清初文献传承上的贡献,则未论及。事实上,根据现有资料及学界

---

① 《清史列传》卷七十一,王锺翰点校,第 5780—5781 页。
② 邓之诚《清诗纪事初编》卷二(《前编下》),中华书局,1984 年,第 276—279 页。
③ 钱仲联《清诗纪事·明遗民卷》,江苏古籍出版社,1987 年,第 739—748 页。
④ 以下研究贡献较著:吴熊和认为周筼是梅里词学群体的"重要人物",并略述其功绩。(载氏著《吴熊和词学论集》,杭州大学出版社,1999 年,第 430—431 页。)于翠玲注意到周筼的词学活动,分析周筼校勘《词综》的方法。(载氏著《朱彝尊〈词综〉研究》,第 37—38 页、52—54 页。)崔晓新对周筼与朱彝尊的交游历程,有详细揭示(《朱彝尊交游考论》,山东大学博士学位论文,2012 年,第 122—139 页)。陈吉研究周筼诗、词、古文创作的成就,并为其编制了数个年表。(见《周筼研究》,扬州大学硕士学位论文,2019 年。)

已有之讨论,可知周筼具有布衣、遗民、商贾、诗人、词人、学者等多重身份。在清初宏大的时代背景与政治格局之下,周筼的不同身份各有其社会与文化意义。如果要对周筼的文学创作进行更为全面的评述,那么,就必须对其人之学行有更为深入的考察与分析。例如,周筼颇有著述,那么,其学问之渊源何在?学术基础如何得以奠定、巩固?在学术史上,周筼之著述具有何种价值?等等。对这些问题的解答,均有赖于对周筼学行的进一步考察。

基于上述认识,以下首先考察周筼、朱彝尊之交游,借以管窥周筼之生平大略、人生追求。选择周、朱二氏之交游作为考察的起点,是出于以下两个方面的考虑:其一,周、朱二氏系至交好友,均是彼此文学与学术交流网络中最重要的人物之一。其二,虽经学界抉发,周筼事行可以得其大概,但由于其人著述文字与生平资料的大量佚失,学界对周氏仍然缺乏较为深入的了解;与此同时,学界对朱彝尊生平事行的研究则相对充分(拙撰《朱彝尊年谱》达五十馀万言),因此可以作为类比观察的参照。

(一)患难之交:"最亲切者莫如竹垞"

周筼约长朱彝尊七岁,二人至迟相识于顺治三年丙戌(1646)。周筼《沈知退诗序》:"丙戌,朱竹垞来居,亦以知退诗似余也,合录以谋梓焉。"① 朱彝尊自称:"予年十七,从妇翁避地六迁,而安度先生九迁,乃定居梅会里。家具率一艘,研北萧然,无书可读。"② 朱彝尊定居梅会里在顺治六年己丑(1649),其时二十一岁③。周筼所谓丙戌"来居"者,盖系朱氏"六迁"之一,而其时即已与周筼、沈进(晚号知退叟。1628—1691)等相结交。自此之后,周、朱二氏交游可考者,略如下表(表内上标数字,为《朱彝尊年谱》页码):

---

① [清]周筼撰,余霖辑《采山堂遗文》卷上,民国五年(1916)仿宋印本。
② [清]朱彝尊《曝书亭著录序》,载《曝书亭集》卷三十五。
③ 张宗友《朱彝尊年谱》,第41页。

治乱交替中的文献传承

表 6-1 周筼、朱彝尊交游略表

时间	周筼、朱彝尊交游考略
顺治六年(1649)	朱彝尊迁居梅里,同周筼、王翃、缪永谋、沈进、李绳远、李良年、李符、朱一是等相唱和[41-42]
顺治十二年(1655)秋	朱彝尊游山阴,有诗寄周筼(《对月简周[筼]缪[永谋]》)[63]
顺治十二年(1655)十月十六日	周、朱同缪永谋、郑玥、沈进等同游横山[63]
顺治十六年(1659)秋	周、朱同徐善、朱彝鉴等均有诗寄屈大均[88]
顺治十六年(1659)八月	周、朱同朱一是、屠爌、屠焯、李镜、缪永谋、郑玥、沈进、李绳远、李良年、李符等过释行筏西溪精舍,联句成诗[90]
顺治十七年(1660)	周、朱同魏耕、项奎等集钟渊映宅[94]
顺治十七年(1660)秋	屈大均来梅里,与周、朱相约游山阴[95]
顺治十八年(1661)秋	周、朱同沈进往访曹溶[109]
康熙元年(1662)春	周、朱同钟渊映、朱彝鉴等采莼西湖[111]
康熙元年(1662)九月	周氏兄弟与朱彝尊相聚于湖州长兴[114]
康熙八年(1669)春	朱彝尊游幕济南,分铢两接济周筼[166]
康熙八年(1669)十月初	周、朱与沈传弓登嘉兴胥山,联句题壁[169]
康熙十年(1671)六月	朱彝尊在扬州,有诗寄周筼(《送柯大[崇朴]还里兼寄周[筼]》)[189]
康熙十一年(1672)四月	周、朱至嘉善访柯崇朴,商榷词选。时《词综》已广至二十六卷[193-194]
康熙十七年(1678)闰三月	周、朱至桐乡访汪森。时《词综》付刻(已增补至三十卷)[225]
康熙二十年(1681)秋	朱彝尊主持江南乡试,得暇归里,与周筼、汪森会,商量《词综》增补事宜[279]
康熙二十年(1681)十月	周、朱同王翚、龚翔麟、邵瑸、朱彝玠、朱建子、包铭、曹彦枢等在江宁,访碑摄山[281]

第六章 曹溶、朱彝尊、周筼与清初文献传承

续　表

时间	周筼、朱彝尊交游考略
康熙二十年(1681)十月	周、朱同柯崇朴在江宁,登燕子矶[281]
康熙二十四年(1685)秋杪	周筼至京师,常住朱彝尊居所(近二年)[325—326]
康熙二十五年(1686)三月	周、朱同陆嘉淑、姜宸英、钱金甫、孙致弥、查慎行、汤右曾、陈曾薿等看花于乔莱一峰草堂[333]
康熙二十五年(1686)闰四月初一日	周、朱联句于紫藤花下[332]
康熙二十五年(1686)秋	周筼同孙致弥、姜宸英、顾贞观等至朱彝尊海波寺寓所(古藤书屋),竹炉煮茶,赋诗青藤下[336]
康熙二十六年(1687)正月	周、朱同赏米研山石于古藤书屋[341]
康熙二十六年(1687)春	周、朱同孙致弥赏枣花[342]
康熙二十六年(1687)三月六日	周、朱同陆嘉淑、乔崇烈、顾仲清、朱昆田、龚翔麟、刘国黻、刘中柱等至一峰草堂看花[342]
康熙二十六年(1687)夏	周、朱同孙致弥联句咏桎[344]
康熙二十六年(1687)秋	周筼辞别朱彝尊南返,途中染疾卒(《曝书亭集》卷七十二《布衣周君墓表》)

由上表所列,知周筼、朱彝尊相识后,交游颇多,且终生未辍;周筼生命中最后两年,均与朱彝尊旦夕相处(详下)。不过,以上并非周、朱二人交往之全部,大量相对谈诗论艺的事实,因未形诸笔墨或虽有文字而未流传,便无从考知。二人相交之始,至迟在顺治三年(1646)。其时明祚倾覆,义师抗清,嘉兴城破,屠戮无算;清兵残暴,盗贼横行,堪称人间惨境(见朱彝尊《曝书亭集》卷二《晓入郡城》《平陵东》等诗)。其时朱彝尊入赘冯氏不及三年,为避乱四处迁移,不遑宁居(《晓入郡城》:"辛苦乡关路,重来断客魂");移居梅会里,却受到周筼的热情接引,并能与沈进等人切磋诗艺。以周筼的豪侠性格(详下),对朱彝尊必有多方照拂。朱彝尊于乱世中犹能着意于周、沈二氏诗集之合刻,则当时梅里之暂时安宁、周筼等相交之欢然可知。乱世中凝结的情谊系患难之交,最为珍贵而持久。后来周筼境遇困顿,游幕在外且家累极重的朱彝尊不顾自身窘境,

治乱交替中的文献传承

分其铢两,加以接济①;周筼晚年至京师(康熙二十四年),更是长住朱彝尊海波寺寓所。朱彝尊《喜周筼至》诗云:

> 耆旧西吴大雅材,白头才一到金台。最愁马上乘船似,不道天边犯雪来。酒盏四年方得共,烛花昨夜记曾开。郊扉晚计何时遂,十里夂山日往回。(《曝书亭集》卷十二)

诗中表达到了对故人前来的惊喜,记录了对周筼的热情招待,以及对晚年归田园居的愿景。朱彝尊《布衣周君墓表》(《曝书亭集》卷七十二。以下简称《墓表》")云:"既至,留二年。率在予寓居,合计舍色公家不过五六旬也。"知周筼虽馆于色公家,却长住于朱氏寓所。周、朱二人在彼此困顿之时,均热诚接纳对方,堪称清初士人交游之佳话。交接之初,比邻而居,相见频繁;京师同住,旦夕相处,更为亲近。作为后辈,参与《词综》编写、刊刻的汪森(1653—1726),曾屡延周筼入馆,在《周筜谷小传》中称周氏"最亲切者莫如竹垞"②,可谓知言。

上表虽然简略,却大致能反映周筼文学交游之概貌。周筼文学活动,大略可分为三期。早期,以家乡梅里为中心,与同里诸子相颉颃。中期,足迹遍及江宁、湖州、杭州、绍兴等更为广大的江南地区,交游更广。后期,北上京师,则与在京文士相过从。前后相与唱和者,既有王翃、沈进、缪永谋及"浙西三李"(李绳远、李良年、李符)等同里诸子,也有朱一是、魏耕、屈大均等流寓、抗清志士;既有曹溶等文学前辈、清初大吏,也有汪森、查慎行等文学后进。虽然各自交游有广狭之别,但合周、朱二人事行以观,无疑能联结起以嘉兴梅里为中心的江南文化圈与京师文化圈,在清初士人交游中颇具特色。

周筼能与江南文化圈、京师文化圈一众文士相交接,并且同朱彝尊成为患难之交,显然并不仅仅由于其文学才华。朱彝尊应征博学鸿儒,

---

① [清]朱彝尊《报周青士书》,载《曝书亭集》卷三十一。
② [清]汪森《小方壶文钞》卷六,清康熙四十六年(1707)刻本。

成为当时"四大布衣"之一(另三人为李因笃、严绳孙与潘耒);与此同时,周筼也以布衣诗人著称于世。(朱彝尊《曝书亭集》卷三十六《屠东蒙诗集序》:"予友周筼青士,以布衣称。")所谓"布衣",其实就是周、朱等人在易代之际做出的政治抉择;以布衣身份而肆力学术,在清初艰难的时局中更显难得。

(二)布衣学者:周筼著述考

周筼列名清国史文苑传(见《清史列传》卷七十一),传文之史源则以朱彝尊《布衣周君墓表》、汪森《周筜谷小传》(载《小方壶文钞》卷六。以下或简称《小传》)等为主。《墓表》首云:

> 君讳筼,初字公贞,更字青士,又字筜谷。先世居弇山之麓千金圩,徙嘉兴之梅会里。曾祖考某,祖考某,考某,皆不仕。君幼治书,年十九丧父,居忧读丧祭礼,乡党以孝称。遭乱,乃弃举子业不治,就市廛卖米。

《小传》首云:

> 周筼字青士,号筜谷,嘉兴人。少嗜学。学成去,学贾。贾之暇,辄从王先生迈人及先生之兄介人所学诗,且贾且读。身虽在市阛中,未尝一日无诗也。与竹垞、蓝村、秋锦最友善,相倡酬。诗日工,名日著,远近英流乐造访焉。

合以上记述以观,周筼实际上具有布衣、商贾、文士(诗人)等多重身份。所谓"布衣",是指不出仕的读书人而言。康熙朝名动一时的"四大布衣",除李因笃授官后即以养母为由告归外,朱彝尊、严绳孙、潘耒三人则就任翰林检讨之职,纂修《明史》,"布衣"身份终为"翰林""太史"等官方身份所替代。周筼终身不仕,是名副其实的布衣。《墓表》所称"遭乱",即指明清易代之变。"弃举子业不治",其实揭出周筼对待新朝不合作的政治态度。持这种态度的文士,就是遗民。周筼得以列名《清诗纪事初编》之《前编》与《清诗纪事》之明遗民卷,即在于此。

布衣、文士、遗民、商贾之外,周筼还是一位学者。朱彝尊编纂《词综》,即颇得周筼之力。周筼本人还撰有不少著作。《布衣周君墓表》指出:"君所撰有《采山堂集》二十四卷,《词纬》三十卷,《今词综》十卷,《析津日记》三卷,《投壶谱》一卷。"已有五种六十八卷。

周筼著述,可考者如次:

1.《采山堂集》二十四卷

《采山堂集》,汪森《周筜谷小传》称作《采山集》。此集系周筼诗文集,逐渐散佚。后人集为《采山堂诗》八卷,收诗九百一十八首;又《采山堂遗文》二卷,有序、传、记、书、跋及信札等各体文章四十七篇。其词作收入《全清词》者则有三十四首。以上诗、词、文,合计共近千首。

2.《词纬》三十卷

蒋景祁(京少。1644—1697)《刻瑶华集述》:"近日周布衣青士(筼)独著一书,网罗古今,分别源委,富至二千馀叶,名曰《词纬》,将次问世。"①汪森《周筜谷小传》:"(先生)又精于词律,遍搜唐宋元诸词家各调中有字句长短平侧变换者,分别体裁,辑《词纬》一书。惜未行世。"陆奎勋(聚绥,坡星。1665—1740)指出:"先生向有《词纬》一书,能究声律之所以然,以示后学。此又可以见先生为诗学之准绳无疑矣。"②可见此书根据词律分体编纂唐宋元诸词,是一种词学著作。吴熊和先生云:"今吉林大学图书馆藏有《词纬》稿本。沈雄《古今词话·词品上卷》引周筼论词中换头藏韵,又《词辨》下卷引周筼论小令中调前后两韵,可能即出于《词纬》。"③

3.《今词综》十卷

《今词综》显系接续《词综》之作。朱彝尊好倚声填词,标榜南宋,开

---

① [清]蒋景祁编《瑶华集》卷前,清康熙天藜阁刻本。
② [清]李稻塍、李集编《梅会诗选》二集卷九,清乾隆三十二年(1767)寸碧山堂刻本。
③ 吴熊和《吴熊和词学论集》,第431页。

创浙西词派,《词综》则是一部通代词集,收录唐、五代、宋、元五百馀家词人词作。至康熙八年(1669),朱彝尊编成十八卷,以仅及所见之半,邀请汪森予以补辑①。康熙十一年(1672)四月,朱彝尊与周筼至嘉善访柯崇朴,商量补辑事宜,其时《词综》已达二十六卷②。康熙十七年(1678),在汪森、周筼、柯崇朴等人帮助之下,朱彝尊编成《词综》三十卷并付梓,于《词综发凡》中畅厥旨趣③。康熙二十年秋,朱彝尊借主持江南乡试空隙,返乡同周筼、汪森聚,商量《词综》补辑事宜④。至康熙三十年,增补至三十六卷⑤。不难看出,对于《词综》之成书,周筼颇有补辑、校雠之劳。朱彝尊在《词综发凡》中,对周筼大加表彰:"周布衣青士,隐于廛市,于书无所不窥,辨证古今字句音韵之讹,辄极精当。是集借其校雠。如史梅溪《绮罗香》后阕'还被春潮晚急',原系六字为句,《草堂》坊本脱去'晚'字,诸本因之。周晴川《十六字令》'眠,月影穿窗白玉钱',原系'眠'字为句,选本讹作'明'字,遂以'明月影'为句。欧阳永叔《越溪春》结语'沉麝不烧金鸭,玲珑月照梨花',并系六字句,坊本讹'玲'为'冷','珑'为'笼',遂以七字五字为句。德祐太学生《祝英台近》'那人何处,怎知道愁来不去',讹'不'为'又'。一字之乖,全旨皆失。今悉为改正。他如苏子瞻《念奴娇》则从《容斋随笔》,汪彦章《点绛唇》则从《能改斋漫录》,王晋卿《烛影摇红》则从《漫录》去其前阕,李后主《临江仙》则从《耆旧续闻》补其结语。其馀纠定,难更仆数。坊间虽有图谱,倚声者宜考质焉。"⑥《今词综》之作,显系周筼借校补《词综》之机,放眼当代,规仿其例而编成。《今词综》之"今"字,显就当代而言,故清初之词必在其列;又由周筼的布衣身份与遗民认同,则明末之词也应在其列。如果上述推论不误,那么,周筼此书虽佚,却是王昶《明词综》《国朝词综》之先声。

---

① 张宗友《朱彝尊年谱》,第170页。
② 张宗友《朱彝尊年谱》,第193—194页。
③ 张宗友《朱彝尊年谱》,第225—226页。
④ 张宗友《朱彝尊年谱》,第279页。
⑤ 张宗友《朱彝尊年谱》,第386页。
⑥ [清]朱彝尊、汪森编《词综》,上海古籍出版社,1978年,第12—13页。

4.《析津日记》三卷

此书未见学界论及。其书亦佚,然而尚有若干片段,保留在清人著作中,尤其以朱彝尊《日下旧闻》引用稍多。以下略举数例:

(1)京师像设之奇古者,曰刘銮塑。说者疑銮与元音相近而误。考郝伯常《陵川集》燕有四贤祠,其像塑自刘銮,则銮别是一人,著名于正奉之先者也。正奉塑像,虞文靖特为作记。《元史·方技传》云:"有刘元者,尝从阿尔尼格学西天梵相,亦称绝艺。"下云:"元字秉元,蓟之宝坻人。"而刘同人纪帝京景物,遂目为"艺元",足资喷饭。(《日下旧闻考》卷四十二引。注云:"《析津日诗》。"又云:"原在郊坰门,今移改。"①按:前注为朱彝尊所引,文渊阁《四库全书》本作《析津日记》,当从。后注为于敏中等增补时所加。)

(2)吴匏庵园居有海月庵、玉延亭、春草池、醉眠桥、冷澹泉、养鹤阁。今访其遗迹,已不可得。(《析津日记》)……臣等谨按:玉延亭、海月庵,《析津日记》云:"访其遗迹,已不可得。"而《春明梦馀录》以为在皇墙之西,故朱彝尊原书列之中城西偏,其实亦传闻之词耳。(《日下旧闻考》卷四十五引②。按:前一条为朱彝尊所引,后一条按语为于敏中等所加。)

(3)天寿万宁寺,在鼓楼东偏。元以奉安成宗御象者。今寺之前后皆兵民居之。从湢室而入,有穹碑二尚存,长各二丈馀。西一碑,国书不可读。东一碑,欧阳原功文,张起岩书,姚庆篆额,题曰成宗钦明广孝皇帝作天寿万宁寺神御殿碑。其北列明碑四,一为冯祭酒梦祯文,一为焦太史竑文。(《析津日记》)臣等谨按:万宁寺,《析津日记》所纪四碑,撰文姓名只标其二,此外二碑,想无足传,故原书略之。今寺中止存焦竑一碑,馀俱无考。(《日下旧闻考》卷五十四引③)

(4)《析津日记》:"天坛生龙须菜,清明后鬻于市,食之甚脆。"(《[雍

---

① [清]朱彝尊原撰,[清]于敏中等增编《日下旧闻考》,北京古籍出版社,2000年,第658页。

② [清]朱彝尊原撰,[清]于敏中等增编《日下旧闻考》,第704—705页。

③ [清]朱彝尊原撰,[清]于敏中等增编《日下旧闻考》,第867页。

正]畿辅通志》卷五十六,《土产·蔬属》"龙须"条)①

（5）《析津日记》:"仙露寺遗址地名千人邑,故比丘尼皆曰邑头尼。"（《御定韵府拾遗》卷四下"邑头尼"条）②

由以上各例,知《析津日记》以记京师名胜、景物、特产等为主。因此,周筼自康熙二十四年（1685）至京师后,除至色公府授徒、与朱彝尊同居并交游之外,花费大量时间流连京师各地,了解地理情况、景观概貌与土风物产。周筼写作日记时,与朱彝尊旦夕同住,因此朱彝尊对此书相当熟悉(或即保存于朱氏之手),是以能在《日下旧闻》中加以征引。由《（雍正）畿辅通志》之引据,知此书可能至雍正时期尚存,其后则逐渐散佚。

5.《投壶谱》一卷

周筼此著,朱彝尊《经义考》著录于礼记类,注曰"存"③,知朱彝尊必亲见其文稿。此著后来未见著录,可知也已亡佚。《投壶》是《礼记》中的一篇（今通行本《礼记》之第四十篇）。孔颖达云:"郑《目录》云:'名曰投壶者,以其记主人与客燕饮,讲论才艺之礼,此于《别录》属吉礼,亦实《曲礼》之正篇。'是投壶与射为类。此于五礼宜属嘉礼也。或云,宜属宾礼。"④朱子编《仪礼经传通解》,将《投壶》列为乡礼⑤。实际上关于《投壶》篇之性质,学界一直未能定论。据朱彝尊考察（《经义考》卷一百四十七）,关于此篇的单种著作,有虞潭《投壶变》一卷、郝冲《投壶道》一卷、亡名氏《投壶经》四卷、上官仪《投壶经》一卷、史玄道《续投壶经》一卷、卜恕《投壶新律》一卷、钟唐卿《投壶格》一卷、刘敞《投壶义》一卷、司马光《投壶义》一卷、王瓘《投壶礼格》一卷、朱子《壶说》一卷、方承贇《投壶图》一

---

① [清]唐执玉、李卫、田易等编《（雍正）畿辅通志》,《景印文渊阁四库全书》第505册,第292页。
② [清]康熙敕撰《御定韵府拾遗》,《景印文渊阁四库全书》第1029册,第134页。
③ [清]朱彝尊《经义考》卷一百四十七,清乾隆二十年（1755）卢见曾续刻本。
④ [汉]郑玄注,[唐]孔颖达正义《礼记注疏》卷五十八,[清]阮元校刻《十三经注疏》本,第1665页。
⑤ [清]朱彝尊《经义考》卷一百三十二。

卷、熊朋来《投壶说》一篇、王恽《投壶引》一篇、刘仁敏《倾壶集》三卷、佚名《高丽投壶仪》、亡名氏《投壶考正》一卷、何宗姚《投壶新式》一卷、汪褆《投壶仪节》一卷、李孝先《投壶谱》一卷及《拾遗》一卷、周履靖《投壶仪制》一卷、詹景凤《投壶说》一篇等，凡二十馀种。朱彝尊将周筼《投壶谱》著录在上述著作之后，显然以其性质相类，因此其学术价值也在该著述系列中得以凸显。

6.《乐章考索》十卷

朱彝尊《柯寓匏振雅堂词序》："柯子寓匏，学士馆甥，其于词，盖幼而习焉。既而助予编次宋元人之词，又同周布衣青士博采词人体制，探其源流，为《乐章考索》一书。其用心也勤，其倚声也敏，其于诗也兼工，而日进于作者，殆习伏众神而臻于巧者与！"（《曝书亭集》卷四十）则周筼又同柯崇朴（寓匏其号）合著有《乐章考索》一书，主旨则在考索词律。此著未刻，存有旧抄本（十册。题《乐章考索未刻稿》）。金蓉镜曾将其同万树《词律》对校数过，发现此著"增出词调""凡五十三调"，"所采博矣"；"《词律》缺字讹句尤多，此书皆无讹，凡数十处"；"两公所据之本，精于红友"①（万树，字红友）。则此著之词学价值可知。

周筼著述，可考者有上述六种。从学术分类上来看，《投壶谱》与古礼有关，属于经部之学。《析津日记》以"日记"为名，似当置于子部杂家，但其内容则以纪京师景观、物产为主，兼有考证，其实是朱彝尊《日下旧闻》之先导，则当置于地理类，属史部之学。至其《词纬》《今词综》《乐章考索》及其诗文集《采山堂集》，当置于集部。如果按照《四库全书总目》的分类，那么，其著述即分属经部之礼类（《投壶谱》）、史部之地理类（《析津日记》）、集部之别集类（《采山堂集》）与词曲类（《词纬》《今词综》《乐章考索》）。由于词律与音乐相关，因此注重礼乐之学，是周筼学术研究中最显著的特色，同朱彝尊注重经史之学与集部之学，形成对比与互补；《词综》得以成书，周筼之贡献不难觇知。

长期以来，朱彝尊作为学术大家的一面，为其巨大的文学成就所遮掩，直到近二十年来才有所改观。与此相类，学界多注意周筼作为布衣、

---

① 《文澜学报》第二卷，第三、四合期，1936年，第164—166页。

遗民、文人之身份，而对其学者身份，通常忽焉不察。以上著述，就是周筼学术贡献的明证。周筼不仅协助蒋景祁编《瑶华集》，还协助朱彝尊、汪森编纂、补辑词学巨著《词综》；其《析津日记》一书，其实就是《日下旧闻》的先导之作，对朱彝尊颇具启发与助益。明了此节，当有助于加深对集布衣、遗民、商贾、文人、学者于一身的周筼的全面认识。

那么，周筼的学术起点是什么？易言之，周筼具备何种学术基础与条件，能支撑其学术活动与文学交游？以下试予考溯。

（三）周筼学术渊源考

讨论古人学术，当论世以知人。盖古人治学，除先天禀赋外，必与其成长环境有关。至于周筼，前揭汪森《周笥谷小传》，止称其"少嗜学。学成去，学贾。贾之暇，辄从王先生迈人及先生之兄介人所学诗，且贾且读"，信息较少。朱彝尊《布衣周君墓表》，称其"先世居夋山之麓千金圩，徙嘉兴之梅会里。曾祖考某，祖考某，考某，皆不仕。君幼治书，年十九丧父，居忧读丧祭礼，乡党以孝称。遭乱，乃弃举子业不治，就市廛卖米"，信息略丰，而于周筼之家世，所论无多。考周筼《从弟弇山诗序》云：

> 余家檇李之长水者盖六世，其间出为赘婿及继为人后、冒他姓者，迄今亦四世。间与从弟林於考问谱谍，追求支派，始知浮屠悬崖之冒陆姓，予臣、弇山之冒徐姓，其先皆出于一。为欷歔者久之。……乃天既俾我二三兄弟于支分派别之后，仍得寻本溯原，用相亲爱……惟于伦常大义，所关躬行实践之无愧，而后文采风流、技巧艺能，庶可得而称也，非所谓植其本而枝叶是茂乎？若本之不固而枝叶是务，吾见其朝荣而夕瘁也。……则吾宗其克复振也乎？（《采山堂遗文》卷上）

综合上述三篇文献，知周筼祖辈自千金圩（属海宁）迁居檇李长水（即嘉兴梅里），至周筼已有六世；迁居后，颇有出为僧人、赘婿及冒用他姓者，则其家族迁居之初，生计颇为艰难。汪森为周筼作传，不提其父、祖之事行；朱彝尊撰墓表，虽提及周筼三代而不书其名字（古人作墓表，有不知其父、祖名字而空置之例,但朱彝尊与周筼系生平知交,不可能不知),可见只是普通百姓,"皆不仕"云云,透露出周筼父、祖具有一定文化水平;但也有可能是朱彝尊出于对老友之尊敬,仅仅是美化之笔。由周筼"少嗜学""幼治书"以观,则至其父一辈,家境实大有改观,能为周筼提供较为完备且长期之童蒙、科考教育(至十九岁丧父止),期待周筼能走读书科举之路。从周筼后来"学贾""就市廛卖米"的营生来看,其父可能同时从事商贾,家境逐渐丰殷,因此具备提供科举教育之馀力。

发蒙读书、致力科举,长达十馀年的教育无疑为周筼奠定了初步的学术基础。当时科考,"专取四子书及《易》《书》《诗》《春秋》《礼记》五经命题试士。盖太祖与刘基所定。其文略仿宋经义,然代古人语气为之,体用排偶,谓之八股,通谓之制义。""后颁科举定式,初场试四书义三道,经义四道。"①士子所读,以永乐时所颁《四书五经大全》为准(由胡广、杨荣、金幼孜等奉命撰成)。《四书大全》系总名,包括《大学章句大全》一卷、《或问》一卷、《中庸章句大全》二卷、《或问》二卷、《论语集注大全》二十卷、《孟子集注大全》十四卷,共四十卷。自朱子表彰"四书",作《大学》《中庸》之《章句》《或问》及《论语》《孟子》之《集注》之后,其说为宋元诸儒所服膺、发挥,出现了不少经解之作,其中以陈栎《四书发明》、胡炳文《四书通》,较为简当。倪士毅合陈、胡二书为一,颇加删正,成《四书辑释》。永乐时纂就之《四书大全》,"其书因倪氏《四书辑释》稍加点窜"②而成。《五经大全》,包括《周易传义大全》《书传大全》《诗经大全》《春秋集传大全》《礼记集说大全》五种,也是在宋元诸儒成书基础上,抄撮编成。不过,"当时程序,以四书义为重,故五经率皆庋阁,所研究者惟四书,所辨订者亦惟四书","有明一代士大夫学问根柢,具在于斯"③。周筼早年欲走读书科举之路,所读当以《四书大全》为主,主程朱理学,其学问亦当植

---

① [清]张廷玉等《明史》卷七十,第1693—1694页。
② [清]永瑢、纪昀等《钦定四库全书总目》卷三十六,《景印文渊阁四库全书》第1册,第732页。
③ [清]永瑢、纪昀等《钦定四库全书总目》卷三十六,《景印文渊阁四库全书》第1册,第733页。

第六章 曹溶、朱彝尊、周筼与清初文献传承

基于此。

周筼的学术之路与其人生遭际密切相关。"年十九丧父,居忧读丧祭礼,乡党以孝称。"(《墓表》)"年十九",其时为崇祯十四年(1641)。"居忧读丧祭礼",则周筼其时开始对礼类文献加意研读。周筼之所以对礼类文献特别在意,应当同其家族境遇有关。周氏一族迁居梅里后,处境颇为不易,至周筼之时,"聚族不及二十人"(《墓表》);周筼走读书科举之路,承载的其实是整个家族的希望。周筼也一心以发扬家声、振兴家族为己任。前揭《从弟弇山诗序》特别强调族人"寻本溯原,用相亲爱",重视"伦常大义""躬行实践",希望能深植其本而"枝叶是茂"。周筼居丧读礼,一方面使其赢得"孝"的美名("乡党以孝称"),受到同里乡绅、士人之认同(在以宗族、血缘为凝结纽带的古代社会,"孝"的声誉特别重要);另一方面,也有助于突破《四书大全》的制义局限,进一步夯实其经学根基。

如果说周筼因丧父而失去强有力的经济与情感支持,那么,明清易代之巨变,则彻底改变了周筼的人生道路。出于对清兵残暴不仁之痛恨、对清廷以关外异族入主中原之排斥,周筼"弃举子业不治",选择做一名布衣、遗民;与此同时,周筼"就市廛卖米",承负起家庭重担。周筼因家庭变故、王朝废兴而放弃科考功名,同时却走上了文学与学术之路。朱彝尊《布衣周君墓表》云:

> 府城初破,有括故家遗书,连船载以鬻于市者,君买得一船积楼下,每日中交易,箕筥斗斛权衡堆满肆,拨乱书糠粃中,吟诵不辍。其为古今诗,超超拔俗,不轻袭前人片语。时同里王翃、范路、路弟子缪泳,交赏君诗。会予移居市南,而海宁朱一是亦来侨居。里诸生沈进、布衣李麟友,皆与君倡和。四方名士过者,君辄留饮,或醵金会餐,泊舟于门相接也。

顺治二年(1645)六月,清兵进据嘉兴府城,并对次月(闰六月)爆发的嘉兴人民抗清义举进行残酷镇压[①],繁华都市,因此荡然,城中故家之

---

① 参张宗友《朱彝尊年谱》17.3 条(第 34 页)。

财物,也因此散尽。周筼能购得一船"故家遗书",正在此际。此批遗书,构成了周筼继续读书问学的文献基础。

周筼的学术之路,同其生长环境密切相关。事实上,在清初动荡、肃杀的政治局势下,文士之间正需要声气相通、相互扶持,方能共度时艰。吟诗填词、切磋学问,就成为谋生之外的文化需求与交际手段。在共同的文化诉求之下,以梅里为中心的文人群体得以形成,周筼、朱彝尊均是重要成员。朱彝尊为周筼撰《墓表》,仿照柳宗元为其友人独孤申叔墓碣书故友姓名之故事,列出了周筼交游最为密切的友人。具见下表(上标数字为所据《朱彝尊年谱》页码):

表6-2 《布衣周君墓表》所载周筼友人表

友人姓名	《布衣周君墓表》文字	补充说明
王翃 (1603—1653)	字介人,以布衣称,诗见赏于陈推官子龙,为之作序。有《秋槐堂集》。	称秋槐老人。陈子龙赏其诗,作序赞其有盛唐之风。另有《春槐堂集》《王介人集》。朱彝尊选辑有《二槐草存》。杨钟羲《雪桥诗话馀集》卷一:"梅里诗派虽盛于竹垞,而实开于介人。"[42]《梅会诗选二集》卷四录其今体诗八十一首。
范路 (1610—1653)	字遵甫,自兰溪迁长水,经乱,卖药于市,有《灵兰馆集》。	兰溪布衣,流寓嘉兴。含贞履信,博通古今。门人私谥贞简先生[45]。《梅会诗选二集》卷七录其古今体诗四十七首。
朱一是 (1610—1671)	字近修,崇祯壬午举人,后不出,里居授徒,著《为可堂集》。	又字敬修。后名恒海,字以养,晚号欠庵,别号林居士、梅溪旅人等。海宁人。崇祯壬午(1642)举孝廉。尝往游吴伟业之门,娄东张采、张溥雅器之,名重复社。顺治四年(1647)移居梅里,衣缁衣教授,秘密抗清。诗文脍炙人口,与同里屠爌、范路称三友。有《史论》《梅里词》《为可堂集》等[43]。《梅会诗选二集》卷六录其古今体诗六十二首。

续 表

友人姓名	《布衣周君墓表》文字	补充说明
王沨 （？—1660）	字千明，秀水学生，有文行。君与隔水居。还往尤数。含山盗起，昼劫梅会里。沨被执，家故贫，勒索不遂，遇害。	县学生。顺治十七年（1660）为含山盗所劫，家贫不能赎，遂死之。（参《曝书亭集》卷三《寇至二首》诗自注。）57
沈进 （1628—1691）	字山子，嘉兴学生，早年诗尚清丽，与周君同调，乡人目之曰"周沈"。晚编所作为《蓝村集》，归于冲澹。又辑《文言会粹》二卷、《行国录》一卷。	初名驭，晚号知退叟，称蓝村先生。所居曰"半巢居"，教子翼读书，手自抄录，陶然自乐。晚适馆于桐乡汪氏。另有《东园诗》《蓝村稿》《半巢居稿》《退叟行吟》《力圃萧闲词》《袁溪文稿》等，共三十馀卷。（参《曝书亭集》卷七十四《文学沈君墓志铭》。）37—38《梅会诗选二集》卷十一录其古今体诗五十七首。
李麟友	字振公，扬州学官自明次子。史可法兵败，自明自缢于学宫。麟友求其父骨不得，遂弃举子业。其诗慷慨奔放，不屑裁剪字句。	又字于苑。明季布衣。有《醒斋吟草》。《梅会诗选二集》卷十六录其诗四首。
朱彝鉴 （1635—1665）	字千里，予同怀弟也。精篆法，善画，兼工艺事。尝听经师讲《诗·小戎》章，诮其昧于车制，乃削木为小戎，市绢人马御轮执辔，欲观者出示之。诗长于送别，有《笏在堂遗稿》。	朱彝尊大弟。朱彝尊落拓江湖之际，赖其支持门户。英年早逝，无子，朱彝尊以弟彝玠子德铉承其嗣135。《梅会诗选二集》卷十六录其诗九首。
褚标	字霞建，诗饶风韵，夭卒。	《梅会诗选二集》卷十六下止录其五言古诗二首（《古别离》《静夜思》），小传称其遗稿失传。
周篁	字林於，君从弟，别字鸥塘，以名其诗集。	秀水监生。有《寒玉楼集》。《梅会诗选二集》卷十录其古今体诗二十二首（附小传）。

以上共九人,加上朱彝尊则有十人。作为梅里文人群体的"关键人物"①,周筼的同里友好当然不止十人之数;"缪永谋等因尚在世,故不附名。"②但由以上诸人之简介可知,以周筼为重要成员的梅里文人群体,可谓人人能诗。大乱之后,诸人提唱风雅,梅里弦歌不绝,堪称中国地域文化史上一处十分亮丽的景观。周筼在从事商贾、谋生之馀,不废吟咏,究心学问,从事礼学、诗律、词律等研究,在梅里文人群体中颇为夺目。周筼率性自适,仗义豪放(详下),是梅里文人群体中起核心作用者之一。

周筼作为布衣、遗民,在艰难谋生之际,犹能致力于学术,不断进取。周筼"往来嘉善、桐乡间,以诗格授人"③,帮助"有事于诗刻"的汪森"采辑校雠"(《周筜谷小传》),协助朱彝尊编成《词综》,撰成《投壶谱》《析津日记》《乐章考索》等著作,取得创作诗词千馀首的成绩,在时局动荡的清初,实属不易。在梅里文人群体中,周筼学术成就班班可考,较为突出。周筼得以列名清国史《文苑传》,显然在于其文学创作、学术著述与学行影响。

（四）周筼与清初士林

周筼具有布衣、遗民、文人、学者等多重身份,在颇为艰难的形势下,犹能在文学创作(诗、词、古文)、学术研究两个层面,取得不俗的成就。周筼的学术生涯中,最突出的是其对于礼乐之学的讲求,并因此精心研究诗律、词律,不仅作为谋生之具(讲授诗格、担任塾师),而且协助朱彝尊、汪森完成《词综》的编纂,在学术史、文化史上自有其积极的贡献。不过,由于周筼的学术根柢仅是备科考之用的《四书大全》之学,其后始终保持布衣、遗民的身份而生活在文士底层,因此缺乏在学术上更进一步的机缘与条件。周筼所撰《投壶谱》一种,属经学著作,为朱彝尊所熟知。朱彝尊在《经义考》中,虽著录此书,而仅称曰"存"而已,没有更多的文字

---

① 吴熊和《吴熊和词学论集》,第430页。
② 吴熊和《吴熊和词学论集》,第431页。
③ 《清史列传》卷七十一,第5780页。

介绍。按照《经义考》的著录通例,除著录书名、篇卷、存佚之外,一般还要涉及人物生平事行、本书序跋及学人评论;对于重要问题,朱彝尊通常还会用按语的形式予以发明。对于周筼《投壶谱》,《经义考》在上述几个方面均不着一字,可见此书价值一般,没有引起朱彝尊的特别注意。《经义考》内,也没有征引周筼对于其他经学问题的见解。因此,周筼在经学方面,其实谈不上有什么特别的贡献。晚年入京,周筼利用长住朱彝尊寓所之机会,广游京师,对景观、风物加以著录,写成《析津日记》三卷,价值较高,因此为朱彝尊《日下旧闻》等官私著述所采择。由于《日下旧闻》及其增补之作《日下旧闻考》(乾隆时期于敏中等奉敕增补)体制更为完备,资料更为丰富,《析津日记》因此逐渐散佚,没有全本保留下来。尽管如此,周筼此书其实是《日下旧闻》的先导著作之一,其贡献不应被忽视。与此相类,周筼《今词综》的散佚,一方面由于未能及时刊刻,另一方面也由于学界有了更为全备完善的著作(《词综》《国朝词综》)。

  周筼是梅里文学群体(学界称为梅里诗派、梅里词派)的重要成员。嘉兴人文昌盛,"户户读书,入井西之图画;人人谭理,擅江左之风流"①,而清初形成的梅里文学群体,在诗学、词学上贡献卓著,成为令人瞩目的地域文化现象。作为与同里诸子唱和及个体人生经验的呈现,周筼现存《采山堂诗》多达918首,在题材上涉及纪游、宴集、送别、田园、咏物、杂感、咏怀等诸多方面,且各体具备,技巧娴熟,在诗学上颇有造诣。乾隆时期,沈德潜编选《清诗别裁集》,录周筼诗二首(《七歌集句》《怀张考夫》),小传称:"青士隐于市,然能穿穴古今,尤工韵语。"②许灿《梅里诗辑》云:"周布衣古文出入欧、曾……诗篇真趣流行,清超朴淡,五言尤胜。"③近人邓之诚先生作《清诗纪事初编》,录周筼诗五首,评曰:"筼诗格老成,实过朱彝尊,彝尊但华好耳。读筼诗,字字沉着,凄人心脾。求之同时,异曲同工者,唯一吴嘉纪,足以匹敌。"④邓氏以史家身份点评诗

---

① [清]朱彝尊《重修嘉兴府儒学募疏》,载《曝书亭集》卷六十一。
② [清]沈德潜《清诗别裁集》卷十三,清乾隆二十五年(1760)教忠堂刻本。
③ 转引自钱仲联《清诗纪事·明遗民卷》,第742页。
④ 邓之诚《清诗纪事初编》卷二(《前编下》),第277页。

作,评价未免拔高,但是可以说明周筼诗作具有相当的艺术成就。

周筼在诗学、词学上的贡献,除创作实绩外,主要在于其与同里诸子文学活动的本身:一方面,周筼通过自身努力,促进了梅里文学群体的形成,为朱彝尊等人的文学与学术事业提供了文化环境与支持;另一方面,周筼的诗文创作又是明清易代之际,一代布衣诗人、学者的事行、心灵实录,具有诗史互证、文史互证的研究价值。邓之诚、钱仲联两位先生选录其人其诗,着眼点正在于此。

在清初梅里文学诸子中,周筼是核心人物之一。其核心作用,不仅在于其创作实绩,还在于其气节与人格魅力。朱彝尊在《屠东蒙诗集序》里(载《曝书亭集》卷三十六。屠廷楫字东蒙,系周筼好友之一),首先从周筼谈起:

> 予友周筼青士,以布衣称。诗乐于取友,故老遗民,交相酬和,下至群屐子弟,沙弥道童,皆愿从之游。每入市,语笑诙嘲,衣袖牵拂。

"语笑诙嘲,衣袖牵拂",足状周筼市井优游之态,其亲和力、号召力可见一斑。朱彝尊于《布衣周君墓表》内,首先表彰其"吟诵不辍"之好学、"膳必具酒肉"之孝行与能"急人难"之善举:

> 府城初破,有括故家遗书,连船载以鬻于市者,君买得一船积楼下,每日中交易,箕筥斗斛权衡堆满肆,拨乱书糠秕中,吟诵不辍。其为古今诗,超超拔俗,不轻袭前人片语。时同里王翃、范路、路弟子缪泳,交赏君诗。会予移居市南,而海宁朱一是亦来侨居。里诸生沈进、布衣李麟友,皆与君倡和。四方名士过者,君辄留饮,或醵金会餐,泊舟于门相接也。
>
> 君奉母孝,膳必具酒肉。与人交,胸无柴棘。人有匮乏,倾肆中钱米给之。有戴丙鬻女于巨室,及笄,将以配傔仆,君亟赎以金,为择婿以嫁。采石估载米八百斛,得直千金,贮君筪。估独往硖石,中

道溺死。君具棺以敛,手书呼其子至,倾笥还之。岁潦,率私钱散米,以食饿者。

其次记录周篔访问僧庐、率性自适的隐逸行为:

> 尝岁除,忽挐舟泊皋亭山,访僧灵章,遂抵西湖。又尝元日挈子晈至武康铜井山寻禅人行筏,转入径山,时已昏暮,去山二十里,雪甚,虎迹交于途。君循涩路前,晈哭于后,君不少顾。遥见林中灯,修修就之,则僧墨浪所居。僧曰:"山多虎,居士远来,得不心动乎?"君曰:"吾行不失道,心一动则饱虎口矣。"僧方煨芋魁,因啖君,围炉话清净理。留信宿,乃跻山巅,遍历七十二精舍还。
>
> 又尝独行魏塘,见赤马船缚布为帆,君问焉往,船人以入泖对。君思就九峰访故人,请附载。比及泖,则已暝,船人促君登岸。望见僧庐,君闯入。小沙弥见之,骇,强君出。君周步琉璃灯下,睹壁间所锓诗笺有己作,指示沙弥曰:"吾诗人尔,非贼也。"沙弥以语主僧,煮白饭,止君宿。诘朝自泖达九峰,抵华亭,遂访高士吴骐、王光承之居,兼旬乃返。

其次记录周篔豪放不羁的江湖性格:

> 岁在辛酉,予典江南秋试,榜既发,今户部侍郎德州田公雯为予张燕。君适造予,道遇吏部郎曲阜颜君光敏,偕之来,布衣纵屦,众宾皆睥睨。颜君语曰:"此浙西诗人周青士也。诸公未之识乎?"田公肃君上坐,欢饮而散。自是燕予者辄及君。有漆人头为饮器者,坐客莫敢视。君满引三卮。湖州太守江都吴公绮壮之,赋乐章赠焉。
>
> 游摄山,道见石辟邪立草中,穹碑二丈馀,将仆,人不敢近。君骑驴径诣其下,读之,知是刘孝绰所制梁安成康王秀碑也。是日投山寺,客皆倦,君登绝顶赋诗。于是上元郑簠以分书题名于壁,常熟

王翚为绘作图。

其次表彰周篆蔑视权贵、轻财重节的事行：

> 予滞京师，君念予不置。会太仆卿色公闻君名，具书币，属有司延君，敦促就道。既至，留二年。率在予寓居，合计舍色公家，不过五六旬也。在都下，未尝投贵人一刺。朝士愿交君者，一饭后，君不复过其宅。尚书昆山徐公乾学好延揽海内士，徐秀才善主其家，君尝就善同卧起。徐公欲见，终不见。
>
> 宗人子所爱小妻周买自楚，谓其夫曰："妾实禾人。公客篆，妾季父也。"宗人子以语君，将令小妻出拜。君曰："篆，农家子也。聚族不及二十人，未尝有之楚游者。"拂衣出。
>
> 给事中某知君还，削三缄赠行曰："挟此可得百金。"答曰："篆不耐持竿牍伺候人。"却不受。

周篆在京师期间，徐乾学（原一，健庵。1631—1694）任内阁学士兼礼部侍郎，同时充任《明史》《大清会典》《大清一统志》总裁，深受玄烨宠信，权倾一时。谢国桢指出："明末遗民意志是坚强的，性情是真率的，他们既不肯屈膝事清，也不甘于受投降派如钱谦益、徐乾学辈甜言蜜语的牢笼。"①举止慷慨、洒脱不羁的周篆，正是一位意志坚强、性情真率的遗民。

朱彝尊系一代文儒，所撰古文辞受到顾炎武的激赏，"谓出朝宗、于一之上"②（侯方域字朝宗，王猷定字于一，均系清初古文名家）。此篇《墓表》，迥异于常见表墓之文的写法，在朱彝尊文章中可谓独具一格；通过对周篆生平中几个片段的截取，一位孝敬双亲、好学不辍、急人之难、豪放不羁、率性自适、蔑视权贵、轻财重节的士人形象，跃然纸上。朱彝

---

① 谢国桢《明末清初的学风》，上海书店出版社，2006年，第46页。
② ［清］朱彝尊《与顾宁人书》，载《曝书亭集》卷三十一。

第六章　曹溶、朱彝尊、周筼与清初文献传承

尊护持家风、奋起抗清的重节作为，乐于交接、慷慨好义的江湖性格，其实都深受周筼言行的熏染。周、朱二人相交莫逆，终身无悔，不因时势、境遇之异而有所改变，在天翻地覆的易代之际、风谲云诡的政治情势下，尤为难得。透过《布衣周君墓表》平静的文字书写，不难感知朱彝尊对挚友的衷心推赏与一往情深，不难体会周筼对朱彝尊的持久而深远的人格与文学等多重影响。

曹溶、朱彝尊、周筼都是嘉兴人，属于嘉兴地域文化孕育出来的杰出士人。虽然曹、朱、周三氏人生取径不同，却颇多交集。通过上文探讨，可知朱彝尊与曹溶、周筼与朱彝尊都有密切之交往。曹溶是朱彝尊的幕主，又是学术引路人；周筼与朱彝尊则是梅里文学群体的核心人员，周筼将朱彝尊视作"人生知己"[①]。曹溶进士出身，很早就是朝廷要员，处于知识群体的中上层；周筼一直生活在社会底层，处于知识群体的中下层。曹、周二人，身份、地位、人生路径都有差异，但由于同属嘉兴，因此也不乏交集。以下试举二例。

周筼《曹秋岳先生出所藏金石手迹及朱紫阳手制墨二笏见示因赋》诗："同山先生好古迹，金石奇文手摹勒。吴中好事今几家，锦轴牙签谁与匹。文士过从每出观，神明焕发照眼寒。藏者维艰观者逸，如得美食忘朝餐。解囊更视二丸墨，奕奕精光如点漆。款识犹然是紫阳，数百年间遗手泽。紫阳学术贯天人，小物区区自可珍。古来藏墨思诸用，独此堪留百代新。"[②]"紫阳"指朱子。此诗可见曹溶颇富收藏，不乏精品，并且向周筼出示，可见二人关系颇近。曹溶《与周青士》云：

> 侧闻酌椒魏里，不以岁事萦怀，此古人高度也。入春以来，甚阔

[①] 周筼《送朱十彝尊之维扬》诗："人生知己良难遇，别时长久俄时聚。宝胜桥边一棹轻，送君重上维扬去。维扬此去莫伤情，来往无过十日程。作客依人随近远，滇南万里会须行。李家兄弟才多妙，幕府闻声沓相召。绝徼西南归未期，与君且得同欢笑。尊前追忆故交疏，却悔当年误读书。屠沽亦自有投分，不似吾曹长索居。"（[清]周筼《采山堂诗》卷三，清道光十年（1830）信芳阁木活字印《国初十家集诗抄》本。）

[②] [清]周筼《采山堂诗》卷三。

对语,岂驾不能出城耶? 吴门聂乐读,仁兄必识其姓名,将刻《百家诗钞》,颇谓骊珠在吾郡。弟处所藏甚少,特令扁舟奉请,幸尽发群贤秘本助之。兴到便与偕访桐川,使裘杼主人分草堂一座,亦好事所乐闻也。陈大猷《尚书集说》乞为我转借,随便付来。弟书解甚多,当有以奉答耳。①

此札虽短,信息颇丰。首句以周筼寿辰事相问(魏里在梅里西北),次句云久未相见,第三句即告以聂先(字乐读)刻《百家诗钞》事,并托周筼代为访求诸家诗籍秘本。所托有二:一是委托周筼"尽发群贤秘本",二是委托周筼往桐乡汪森(藏书处曰裘杼楼)处借书(包括陈大猷《尚书集说》)。最后承诺愿以个人所藏出借共享,作为"奉答"。此札由人情开篇,继以文事,终于愿景,要言不烦,简而有法,不愧作手。由此札可知:(甲)由周筼寿辰事,知系晚年,应当在周筼归家著述之后。(乙)曹、周二氏颇有交接,相见者数,不乏珍藏互赏之举。(丙)曹溶虽宅居不出,而热心于书籍编纂,明史之外,于诗总集(《百家诗钞》)亦颇用心,在江南文化圈内,很有号召力。(丁)周筼在嘉兴地方文人群体内人脉极广,谙熟诸家典藏,是以久在官场浮沉的曹溶,需要借周筼之力。以上事实,足为清初丰富的地域文化活动提供生动的案例。

四、结语

通过以上三节之探讨,可知易代之际,如何安身立命、维系斯文,对于深受儒家传统熏染的士人阶层而言,无疑是一场严峻的关乎生死的大考。处于知识群体高层的崇祯朝宰辅群体,曾经高踞知识阶层的权力顶端,面对易代之变,其中颇有保全气节的完人,受到后人的景仰;但在保存故国信史、传承既有文献方面,总体上乏善可陈。而进士出身、在朝廷与地方均有历练的曹溶,堪称是士林中上层人物的代表。曹溶身历三

---

① [清]曹溶《倦圃曹先生尺牍》卷上,第150通。

第六章 曹溶、朱彝尊、周筼与清初文献传承

姓、出仕二朝的坎坷经历,使其背负沉重的道德枷锁,终其一生小心翼翼,周旋于满清新贵、前明故僚、遗民新友等不同身份的人物之间。与此同时,曹溶对前明政权念兹在兹,搜集、保存了大量明季史料,仅崇祯朝邸报即有五千馀册,数量极为惊人。考虑到曹溶几为大顺政权拷掠至死的悲惨境遇、沉浮于官场与军营的坎坷经历,即知其保存如此珍贵的史料,实具有非凡之信念与毅力,实非常人所能为。曹溶晚年致力于明季著述的编撰,成果颇丰(约有十馀种之多),对于清廷纂修《明史》贡献甚巨(进献可考者有《崇祯疏钞》《传谕录》等)。曹溶喜收藏,在诗、词、古文方面造诣颇深,兼以古道热肠,屈大均、顾炎武、李因笃、傅山、朱彝尊等均系其座上之客或入幕之宾,是清初起到核心作用的士林人物之一。曹溶虽被清廷目为"贰臣",但其人对于古代文献(尤其是明季史料)之传承的贡献,理应受到学人之高度重视。

在清初弘阔的历史背景之下,崛起于士人底层而终能在文学、学术等领域做出卓越贡献者,颇有其人,朱彝尊就是其中一位具有代表性的人物。明清易代,朱彝尊从前明遗民的立场出发,由文弱书生一举变为抗清志士;在清祚日固而抗清无望的情势下,朱彝尊又及时调整人生取径,坚守儒家士人的底色,超脱了朱姓天下的局限,以"崇儒传道"为职志,而积极致力于故国文献之整理与儒家典籍之承传。朱彝尊著述遍及四部,极为宏富,尤其以《经义考》《日下旧闻》《明诗综》《词综》等学术著作以及其诗文集《曝书亭集》等影响最为深远。朱彝尊开创了古代文献编撰、整理、传承的新范式,起到了开示门径、引导后学的作用(其表征之一,就是围绕《经义考》《词综》等出现了系列衍生著作)。与此同时,朱彝尊以博雅会通为特色的治学取向及其实践,与顾炎武、阎若璩等清初大家同调共鸣,一纠明末以来的空疏学风,使清代学术走向征实之途。秀水朱氏之家学与门风使朱彝尊形成了优异的学术品格与坚忍不拔的治学精神,长期建构的庞大的学术文化交流网络使其能充分利用各种资源。在曹溶、朱彝尊、周筼三人之中,朱彝尊早岁家境最为困苦,但是凭借坚强的信念与勤奋的耕耘,朱彝尊取得的成就无疑最为突出。朱彝尊弘富的著述及其所树立的文儒典范表明,中华文明生生不息,古典文献

治乱交替中的文献传承

传承不坠,正是因有朱彝尊这样追求博雅而终生治学不辍的学人的努力,才使之成为可能。

在清初士人群像中,周筼是一位集布衣、遗民、商贾、诗人、词人、学者于一身的独特人物。明清易代之际的风云变幻、江南水乡小镇的深厚文脉,为周筼独特的文学与学术人生提供了广阔的时空背景。在清朝政权以关外异族而入主中原之际,周筼放弃科举,终生坚持布衣、遗民的身份,无亏于大节。乱后百废待兴,周筼与同里诸子结社吟诗,弦歌不坠,并以极大的热情拥抱移居、流寓而来的朱彝尊、朱一是等人,成为梅里文人群体的中坚力量。在谋生艰难的情况下,周筼犹能好学不倦,创作大量的诗、词、文章,并且撰成可分别归类于经部、史部、集部的多种著述。周筼学术基础虽本于《四书大全》之学,却能利用收藏故家遗书的机会,孜孜向学,对礼类文献加意研读。周筼的学术贡献,以礼乐之学为其特色所在,尤其精通声律,因此能协助朱彝尊、汪森等完成《词综》之编纂。所著《今词综》,是后来《国朝词综》之先声;所撰《析津日记》,则成为朱彝尊《日下旧闻》的先导之作。梅里文人群体在清初的崛起,朱彝尊在文学创作、学术研究方面的卓越贡献,都离不开周筼的同调共鸣与先行示范。周筼得以列名清国史《文苑传》,正在于其文学创作、学术著述与学行影响。朱彝尊笔下孝敬双亲、好学不辍、急人之难、豪放不羁、率性自适、蔑视权贵、轻财重节而又颇有撰述的士人形象,正是周筼其人学行的真实写照。由此返视康熙二十四年(1685)周筼北赴京师、投奔朱彝尊的场景,不难发现,罢官闲居的朱彝尊热烈欢迎远道而来的老友,一如当年周筼热情接纳移居而至的朱彝尊;朱氏所赋《喜周筼至》诗(见前揭),欣喜与感怀交融,往事与现实相映,足证二人情谊之深;首句"耆旧西吴大雅材"之评鉴,妥切得体,堪称解人。从古代文献传承的角度来看,由于禀赋、才性、际遇不同,周筼本人学术著述在深度上有其局限性,因此未能获得广泛认同;就《词综》编纂而言,周筼主要作为朱彝尊、汪森的助手而起辅助作用。因此,周筼的贡献不能同曹溶、朱彝尊相提并论,但对于身处底层的文士而言,已属出类拔萃,十分难能可贵。

总之,以弘扬道统、传承文献自命的士人,无论时局走向、人生境遇如何，均不乏在各种逆境中艰难求生、积极致力于文献编纂与传承的文化担当者。朱彝尊由抗清志士转为翰林检讨，曹溶由前明官员而转仕清廷，周筼以布衣诗人、学者的身份而辗转奔波；人生境遇虽有其困顿、一再转移之时，曹、周、朱三氏却能坚守读书人本色，心系故国、肆力著述，对清初文献传承各有其积极贡献。在清初风谲云诡的政治形势下，曹溶体现出对仕清之举的正视与救赎，朱彝尊体现出"崇儒传道"的文儒本色，周筼则展露出率性自适、好学不辍的士人精神。曹、朱、周三氏之交游及其文化作为，均能映照出易代之际古代文献如何进行艰难传承的历史面相。实际上，在朝代更迭、动荡不安的艰难时期，正是以曹溶、朱彝尊、周筼等为代表的中层或下层士人，承担起了古代文献传承的历史重任。

第七章
清代前期的文化方略与文献纂修

秦汉以降,大一统是中国历史发展的主流。但无论是大一统时期,还是分裂、对峙时期,历代王朝均采用郡县制的中央集权体制。在这种体制内,一般由帝王掌握最高权力,通过官僚系统治理天下,掌控政治、经济、军事、文化等各个层面的资源与发展态势。就文化而言,历朝立国之初,无不重视对传世典籍的恢复与整理,以及对本朝新典籍的编纂,深刻影响了古代文献传承的主题与方向。例如,汉代确立了官方整理文化典籍的传统,建构与政治体制相适应的文献体系;唐代形成了为前朝修纂正史的定例,使古代中国的纪传体正史,蔚成系列,构成完整的官方历史叙事,成为中国经史传统中"史"部的基石。

那么,以帝王为首的皇权对古代文献的传承与生产,究竟有着怎样的影响力?为回答这一问题,我们选取清代前期(以顺治、康熙、雍正、乾隆四朝为主)这一较长的历史时段作为考察对象,进行讨论。清代是古代中国最后一个大一统王朝,是帝王权力最为集中的朝代之一,也是古代学术大总结、大发展的时期,在讨论帝王与文献传承的论题上,具有代表性。本章讨论集中在以下几个论题上:其一,清初御定经解的经典化与学术取向;其二,清高宗(爱新觉罗·弘历)构建极权帝国文献体系的政治作为;其三,清修《四库全书》的禁毁策略;其四,《四库全书》与文献传承。

第七章　清代前期的文化方略与文献纂修

一、清初御定经解的经典化与学术取向

古代中国,每当易代之际,中央集权的大一统王朝在建立之后,通常组织编纂大型文献,以笼络各层儒家知识分子,使天下思想趋于一统,既巩固了自身统治,也往往影响甚至决定了学术文化发展的取向与进程。历史上,儒家思想占据主流意识形态的地位,儒家所推崇的据称由孔子注入微言大义的几部经典,也备受中央王朝关注,唐初修《五经正义》,明代修《五经四书大全》,堪称其中显例。明清易代之后,以儒家经典为核心,产生了一大批经学著作,晚明以降沉闷蹈虚的学术氛围为之一新。除学者个人的考证、阐释之作外,还出现了具有集大成性质的经解丛书(徐乾学、纳兰性德《通志堂经解》)、经学总目(朱彝尊《经义考》)等,呈现出博大的学术气象。而以皇帝名义编纂的御定经解,亦蔚成系列(如"日讲"系列与"汇纂"系列),与前述几类经学著作鼎足并立,堪称此期学术史、政治史上的突出景观。较诸唐修《正义》、明修《大全》,清初御定经解不仅在产生方式上有所不同,在所担负的政治、文化使命上也存在差异,又因为时势转移而产生出与其他经解著作迥然相别的历史际遇,深刻影响了传世经典的研究与传承。考察御定经解编撰的历史面貌与社会背景,寻绎其经典化表象下的学术脉络及深层动因,探究其对后世尤其是乾嘉学风的深远影响,当是极具价值的学术论题。

(一)清初御定经解之编纂

本文所说的"清初",指清朝取得中央政权之后的顺治、康熙、雍正三朝,而以康熙朝为主。在这一历史时期,清朝贵族军事集团建立起中央集权的大一统王朝,其统治渐趋稳固,于政治、经济、文化等各个层面,均呈现出盛世气象。"御定经解",即由作为封建皇权最高独裁者的皇帝,下令编撰的阐释儒家经典的解经著作。虽然各种著作所藉名义有所不同(如"钦定""敕撰""御制""御纂"等),且清初诸帝参与程度也有所区

别，但出于皇帝之命、成于儒臣之手，则毫无二致。兹为论述方便，将上述不同名义的经解著作统称为"御定经解"。

清初御定经解的编纂，创始于顺治朝，大成于康熙朝，续纂于雍正朝，而毕功于乾隆朝。

顺治朝共有两部经解得以完成。最早的一部是《御定孝经注》，成于顺治十三年(1656)。四库馆臣于书前提要中称："《孝经注》一卷，顺治十三年大学士蒋赫德恭纂，仰邀钦定御制序文冠首。"可知此书虽名"御定"，实由大学士蒋赫德等儒臣纂就。第二部经解是《易经通注》九卷，由大学士傅以渐、日讲官曹本荣等负责编纂，成书较速，顺治十五年冬十月即表进之。清世祖(福临)还着手进行《孝经》的集解工作，而未竟其业①。

清初御定经解，就其编纂宗旨、规模而言，主要确立、完备于康熙朝。清圣祖(玄烨)雄才大略，藉经筵日讲的途径，有步骤地学习汉文化，研读儒家经典，并下令儒臣将君臣讲习的结果编撰成书，从而有了"日讲"系列经解的问世；复又汇集前儒经说，又有"汇纂"(即"集解")等系列经解的问世。

"日讲"系列经解，主要有以下五种：《日讲四书解义》二十六卷，成书于康熙十六年(1677)；《日讲书经解义》十三卷，问世于康熙十九年；《日讲易经解义》十八卷，康熙二十三年编讫；《日讲礼记解义》六十四卷，创始于康熙朝，告成于乾隆朝；《日讲春秋解义》六十四卷(另有《总说》一卷)，亦创始于康熙朝而纂成于乾隆朝。按照传统经典的序列，该系列应当还有《日讲诗经解义》一种，而未见行世。清圣祖玄烨已为此书撰写序文(载《圣祖仁皇帝御制文第二集》卷三十一)，足证当时已有编撰规划。

"汇纂"系列经解，以"汇纂"二字标题的有以下三种：《钦定春秋传说汇纂》三十八卷、《钦定诗经传说汇纂》二十一卷、《钦定书经传说汇纂》二十四卷(后两种成书于雍正朝)。该系列中无《钦定易经传说汇纂》一种，

---

① 此外，与政治教化密切相关、属于子部儒家类的书籍，在顺治朝也完成了三部，分别是《劝善要言》一卷、《御定资政要览》三卷(另《后序》一卷)、《御定内则衍义》十六卷。

第七章 清代前期的文化方略与文献纂修

或因《御纂周易折中》二十二卷足以当之,如清世宗(胤禛)即将其与《春秋》《诗经》两种相提并论:"我皇考圣祖仁皇帝右文稽古,表章圣经,《御纂周易折中》既一以《本义》为正,于《春秋》《诗经》,复命儒臣次第纂辑,皆以朱子之说为宗。"①至于礼,乾隆时弘历命儒臣纂修《三礼义疏》,兼有补足之意。

除《御纂周易折中》外,康熙朝还编纂了属于乐类的《御制律吕正义》五卷。顺治朝即已着手编纂的《御定孝经衍义》一百卷,也完成于此际。此外,小学为通经之途,康熙朝完成的《御定康熙字典》三十六卷,也具有集成性质②。出于尊崇程朱理学的需要,玄烨还下令编纂了《御纂朱子全书》六十六卷、《御纂性理精义》十二卷。这两种书,属于传统文献分类上的子部儒家类。

综上可知,正是在清圣祖玄烨的醉心研习与大力推动之下,清廷大体上完成了"五经""四书"的新注工作,尤以脱胎于经筵日讲的"日讲"系列与汇集前儒解说的"汇纂"(即"集解")系列影响最大。

上述御定经解与相关著述之编撰情况,略见下表(表7-1)。

如果把清初御定经解,与唐修《五经正义》、明修《四书五经大全》相较,那么,清初御定经解的时代特色是显而易见的。虽然同出帝王之命,而《正义》与《大全》均全出儒臣之手,帝王鲜能参与其事。清初御定经解(尤其是"日讲"系列),则以经筵日讲的讲章与研讨心得为基础,玄烨亲与讨论,直接决定了此类经解的理论基调与纂修进程。

---

① [清]爱新觉罗·胤禛《世宗宪皇帝御制诗经传说汇纂序》,载《钦定诗经传说汇纂》卷首,[清]王鸿绪等纂修,《景印文渊阁四库全书》第83册,台湾商务印书馆,1986年,第1页。
② 康熙五十五年闰三月十九日《御制康熙字典序》:"朕每念经传至博,音义繁赜,据一人之见,守一家之说,未必能会通罔缺也。爰命儒臣,悉取旧籍,次第排纂,切音解义,一本《说文》《玉篇》,兼用《广韵》《集韵》《韵会》《正韵》。其餘字书,一音一义之可采者,靡有遗逸。至诸书引证未备者,则自经史百子,以及汉晋唐宋元明以来诗人文士所述,莫不旁罗博证,使有依据。然后古今形体之辨,方言声气之殊,部分班列,开卷了然,无一义之不详,一音之不备矣。"见《景印文渊阁四库全书》第229册,第2页。

表 7-1 清代御定经解一览表

序次	书名	帝王	儒臣	编纂时间	部类	备注
1	《御定孝经注》一卷	福临	蒋赫德	1646	孝经类	顺治序
2	《劝善要言》一卷	福临		1655	儒家类	顺治序
3	《御定资政要览》三卷《后序》一卷	福临	吕宫、蒋赫德	1655	儒家类	顺治序
4	《御定内则衍义》十六卷	福临	傅以渐	1656	儒家类	顺治序
5	《御定孝经衍义》一百卷	福临 玄烨	叶方蔼、张英、韩菼	1656—1682	儒家类	康熙序、进表
6	《易经通注》九卷	福临	傅以渐、曹本荣	1656—1658	易类	饬命、进表、傅序
7	《日讲四书解义》二十六卷	玄烨	喇沙里、陈廷敬	1677	四书类	康熙序
8	《日讲书经解义》十三卷	玄烨	库勒纳、叶方蔼	1680（编成）	书类	康熙序、进呈疏
9	《日讲易经解义》十八卷	玄烨	牛钮、孙在丰	1684（成）	易类	康熙序、进呈疏
10	《钦定春秋传说汇纂》三十八卷	玄烨	王掞、张廷玉	1699—1721	春秋类	康熙序
11	《御定康熙字典》三十六卷	玄烨	张玉书、陈廷敬	1710—1716	小学类	康熙上谕、康熙序
12	《御制律吕正义》五卷	玄烨		1713	乐类	《御制律历渊源》之一

252

续 表

序次	书名	帝王	儒臣	编纂时间	部类	备注
13	《御纂周易折中》二十二卷	玄烨	李光地	1713—1715	易类	康熙序
14	《御纂朱子全书》六十六卷	玄烨	李光地、熊赐履	1714	儒家类	康熙序、进表
15	《御纂性理精义》十二卷	玄烨	李光地	1717	儒家类	康熙序、进表
16	《钦定诗经传说汇纂》二十一卷	玄烨、胤禛	王鸿绪等	1727（成）	诗类	雍正序
17	《日讲春秋解义》六十四卷《总说》一卷	玄烨、胤禛、弘历	允礼、张廷玉、方苞	1729（再校订）1737（刊成）	春秋类	康熙序、乾隆序
18	《钦定书经传说汇纂》二十四卷	玄烨、胤禛	王顼龄	1730（成）	书类	雍正序
19	《日讲礼记解义》六十四卷	玄烨、弘历	张廷玉、鄂尔泰、汪由敦	1747（成）	礼类	康熙序、乾隆序

（二）尊奉程朱，经筵日讲：清初编纂御定经解之历史背景

如上表所示，清初御定经解并非成于一时，虽发端于顺治朝，而大成于康熙朝，全部完成则至于雍正朝、乾隆朝。这批经解的编纂，是在明清易代之后，清廷逐渐接受汉文化、尊崇程朱理学的宏大历史背景下进行的，与清初政局的演进历程，密切相关。

1. 清初编纂御定经解之历史背景

满清入关之前，实行军政合一的八旗制度，虽僻处关外，人口较少，而战斗力强，成为与明王朝、李自成、张献忠相并峙的四大军事集团之一。顺治元年（1644年，当崇祯十七年），李自成攻入北京，覆亡明朝。清朝以前明降将吴三桂为前驱入关，打败了李自成、张献忠及明朝残馀力量，在军事上取得了决定性的胜利，为建立大一统的中央王朝奠定了基础。清朝上层深知，巧取中原，可以凭借军事手段，借势而为；而治理天下，则远非军事一途可恃，必须"兴文教，崇经术"①，建立起与中央集权的统一王朝相适应的政治制度与文化方略。清朝在崛起过程中，即不断地吸纳汉族知识分子（如范文程、洪承畴等），参赞机务；定鼎中原以后，积极采取虚心学习汉文化的统治策略。在政治制度上，清廷基本上因袭明制，而以满人为主导；在思想文化上，则接受汉文化，尊奉程朱理学，作为新王朝笼络人心、统一天下思想的工具。于是开科取士，作育人才；尊孔祭孔②，追封并优礼

---

① 顺治十二年（1655）三月壬子，福临谕礼部："朕惟帝王敷治，文教是先；臣子致君，经术为本。自明季扰乱，日寻干戈，学问之道，阙焉未讲。今天下渐定，朕将兴文教，崇经术，以开太平。"见《世祖章皇帝实录》卷九十，[清]巴泰、图海等纂修，《清实录》第3册，中华书局，1985年，第712页。

② 康熙二十三年十一月己卯，玄烨南巡，亲至曲阜祭孔，行三跪九叩礼。御制祝文曰："仰惟先师，德侔元化，圣集大成，开万世之文明，树百王之仪范。永言光烈，莫不钦崇。朕丕御鸿图，缅怀至道。宪章往哲，矩矱前模。夕惕朝乾，覃精思于六籍；居今稽古，期雅化于万方。綮惟典训之功，实睹乂安之效。兹者巡省方国，至于岱宗。瞻望鲁郊，爰来阙里。空堂止止，恍闻丝竹之声；旧寝徘徊，喜动宫墙之色。车服礼器，宛然三代遗风；几杖册书，复矣千秋盛迹。忾明灵之俨在，文治遐昌；肃禋祀以惟虔，精忱庶格。"见《圣祖仁皇帝实录》卷一百一十七，[清]马齐、张廷玉等纂修，《清实录》第5册，第231—232页。

圣贤后人①，以示褒崇。种种措施，不一而足。举行经筵日讲，由皇帝与儒臣共同研习儒家经典，则为重中之重，从国家典礼、帝王教育的层面，体现了清廷对汉文化与程朱理学的全面礼敬与接受，起到了垂则天下的示范作用②。经筵日讲的举行，不仅使清廷上层接受了汉文化，养成研习儒家经典的社会风尚，还直接促成了御定经解在康熙朝有系统地编纂。

2. 顺治朝经筵日讲之举行

清代经筵日讲，始于顺治朝。清廷入主北京不久，即有儒臣上疏请开经筵日讲③。其时朝廷大权掌握在摄政王多尔衮（1612—1650）手中，儒臣的建议虽能得到顺治的认同，但并未付诸实施。多尔衮卒后，清世祖福临亲政，三年之间，儒臣章凡数上，其中以编修曹本荣之疏最要：

> 皇上亲政以来，良法美意，渐见施行。而犹水旱洊臻，星辰失次，何欤？诚以圣学未讲，而纪纲未张也。何谓圣学？皇上得二帝三王之统，当以二帝三王之学为学。凡四书、六经及《通鉴》中有裨身心要务、治平大道者，内则朝夕讨论，外则经筵进讲。君德既成，

---

① 顺治元年（1644）十月丙辰，应山东巡抚方大猷疏请，"以孔子六十五代孙孔允植仍袭封衍圣公，照原阶兼太子太傅，其子兴燮照例加二品冠服，孔允钰、颜绍绪、曾闻达、孟闻玺，仍袭五经博士。衍圣公保举曲阜知县孔贞堪仍为原官，其在汶上县管圣泽书院事、世袭太常寺博士，应以衍圣公第三子承袭。至尼山书院、洙泗书院及四氏学录等官，俱照旧留用。管勾、司乐、掌书等缺，听衍圣公咨部补授。"（《世祖章皇帝实录》卷九，《清实录》第3册，第92—93页。）顺治九年九月癸巳，"午门前赐衍圣公、五经博士、四氏子孙、祭酒司业、学官等袍帽，监生每名银一两，吏典每名银四钱。又赐敕勉励师生。祭酒捧至彩舆，同迎导至太学开读行礼。"（《世祖章皇帝实录》卷六十八，《清实录》第3册，第539—540页。）

② 按：经筵日讲，原系古代中国帝王教育的一种仪制与方式，是帝王学习儒家经典、进德修业的主要途径。就清代而言，"经筵"是定期举行的国家典礼，一般于仲春、仲秋举行；"日讲"则具有常课性质，儒臣事前撰好讲章，需要时可以择期进讲。

③ 顺治元年（1644）十月丙辰，户科给事中郝杰上书云："从古帝王，无不懋修君德，首重经筵。今皇上睿资凝命，正宜及时典学。请择端雅儒臣，日译进《大学衍义》及《尚书》典谟数条；更宜遵旧典，遣祀阙里，示天下所宗。"（《世祖章皇帝实录》卷九，第93页。）获顺治首肯。

天命自相与流通矣。①

大理寺少卿霍达之奏，亦颇中肯綮：

> 帝王之治天下，惟在正心，正心之道，端在勉学。然非取典谟经籍讲求而力行之，无以追踪二帝三王之盛业也。皇上春秋鼎盛，正当及时力学，则日讲之官，不可不专设；日讲之事，不可不急行。②

合曹、霍二疏以观，儒臣已将经筵日讲提高到讲求圣学、养成君德、继承治统、践履天命的政治高度，这也正是儒臣希望经筵日讲所能达到的终极功效。

顺治十二年(1655)夏四月癸亥，"以学士麻勒吉、胡兆龙、李霨、侍读学士折库纳、洗马王熙、左中允方悬成、右中允曹本荣，俱充日讲官。择于本月二十五日开讲。"③日讲虽已开始，而经筵典礼的举行，已是两年之后的九月④。据统计，顺治朝共举行六次经筵典礼⑤。

顺治朝经筵日讲举行较晚，前期固然出于多尔衮之掣肘，清世祖福临本人并不十分热心也是重要原因。清朝上层对于学习儒家经典、吸收汉文化，还怀有一定程度的疑虑，保持了某种疏离感。终顺治一朝，御定经解仅有两种，对程朱理学的尊奉，也主要不是通过经筵日讲的途径表现出来。

福临《御制孝经序》云：

> 朕惟孝者，首百行而为五伦之本，天地所以成化，圣人所以立教，通之乎万世而无斁，放之于四海而皆准，至矣哉，诚无以加

---

① 《世祖章皇帝实录》卷六十九，顺治九年(1652)十月庚申条，第546页。
② 《世祖章皇帝实录》卷八十八，顺治十二年(1655)正月壬子条，第698—699页。
③ 《世祖章皇帝实录》卷九十一，第714页。
④ 《世祖章皇帝实录》卷一百一十一，顺治十四年(1657)九月丙午条，第872页。
⑤ 陈东《清代经筵制度研究》，山东大学博士学位论文，2006年，第16页。

第七章 清代前期的文化方略与文献纂修

矣。……朕万几之暇,时加三复。自《开宗明义》迄于终篇,见其言近而指远,理约而该博,本之立身以行道,推之移风而易俗。爱敬所著,公卿士庶,皆得循分以承欢;感应所通,东西南北,罔不渐被而思服。诚万世不刊之懿矩,百圣不易之格言,自天子以至于庶人,不可一日阙者。夫子所谓"吾志在《春秋》,行在《孝经》",良有以也。①

福临对《孝经》"移风易俗"的认识,并未超越前儒,虽有化成四方之意,但尚未上升到治国方略的高度。顺治十四年(1657)二月,谕大学士傅以渐、日讲官曹本荣:

朕览《易经》一书,义精而用博,范围天地万物之理。自魏王弼、唐孔颖达有注释、正义,宋程颐有传,迨朱熹《本义》出,而后之学者宗之。明永乐间,命儒臣集元代以前诸儒之说汇为《大全》,皆于《易》理多所发明。但其中同异互存,尚有繁而可删、华而寡要之处。迄今几三百年,儒生、学士发挥经义者,亦不乏人。当并加采择、折衷诸论,简切洞达、辑成一编,昭示来兹。尔等殚心研究、融会贯通。其必析理精深,敷词显易,约而能该,详而不复,使羲经奥旨,炳若日星,以称朕阐明四圣人作述之至意。②

福临注意于采择、折中前儒诸论,目的在发挥圣人作述之意,虽然身份特殊,但其识见与一般注《易》儒者,并无不同。福临并未将本朝所撰经解拔高为王朝经典,与其对儒家经典的认识水平正相吻合。

---

① 载《御定孝经注》卷首,末署"顺治丙辰仲春望日序"。见《景印文渊阁四库全书》第182册,第255—256页。

② 《世祖章皇帝实录》卷一百零七,《清实录》第3册,中华书局,1985年,第834—835页。按:《易经通注》卷首载顺治饬命一道,署"顺治十三年(1656)十二月十五日"(《景印文渊阁四库全书》第37册,第1页)。傅以渐在《易经通注序》中,称其时为"岁在丙申嘉平之望"(同前,第4页)。四库馆臣在该书提要中亦承此说(《四库全书总目》卷六)。

3. 康熙朝经筵日讲与御定经解之编撰

康熙朝经筵日讲，直接决定了御定经解之编撰。康熙即位不久，即有儒臣上书，要求及时举行经筵。具有代表性的是康熙七年(1668)九月癸丑，内秘书院侍读学士熊赐履的上书。熊氏指出，"朝政积习未祛，国计隐忧可虑"，并引宋儒程颐"天下治乱系宰相，君德成就责经筵"之语，以为"是讲学勤政，二者不可偏废。而在今日，尤为最切要者也。臣请莅政之暇，间御便殿，接见儒臣，咨诹讲论。如天人理欲之分，危微操舍之界，道术是非之辨，政事得失之由，一一明晰而讨究之"。清圣祖玄烨责其不能实在指陈，属"妄行冒奏"，以沽虚名，竟下部议处①。次年(1669)四月辛巳，兵科给事中刘如汉疏言"帝王首务，莫大于视学，莫急于经筵"，要求"请敕礼部，详考旧章，先行日讲，次举经筵。选择儒臣，分班进讲"②，所议较熊赐履平和，玄烨遂"嘉其言，下部议行"③。

清圣祖玄烨作为一代雄主，宏图大略，好学深思，对汉文化及儒家经典极为推崇。同乃父相似，亦以幼龄登极，惟早期朝政，把持在辅政大臣鳌拜手中。内忧未除，壮志难酬。康熙八年(1669)五月，铲除鳌拜；次年十月丁酉，谕礼部："帝王图治，必稽古典学，以资启沃之益。经筵日讲，允属大典，宜即举行。尔部详察典例，择吉具仪奏闻。"④次月丙辰，礼部遵旨议覆："经筵应照顺治十四年例，每年春秋二次举行。择于明年二月十七日午时开讲。前期皇上亲祭奉先殿，及先师孔子。讲官听内阁酌定员数题用。经书讲章，应令讲官撰送，内阁酌量改定，预期恭进御览。礼仪筵宴，俱照旧例。其日讲日期，择于本年十一月二十一日巳时开讲。日讲官亦俟内阁酌定题用。"⑤次年(1671)二月己亥，首次举行经筵典礼，并于前一日遣大学士杜立德告祭先师孔子⑥。根据《圣祖实录》之记

---

① 《圣祖仁皇帝实录》卷二十七，《清实录》第4册，第373—374页。
② 《圣祖仁皇帝实录》卷二十八，《清实录》第4册，第393—394页。
③ 《圣祖仁皇帝实录》卷二十八，《清实录》第4册，第394页。
④ 《圣祖仁皇帝实录》卷三十四，《清实录》第4册，第462页。
⑤ 《圣祖仁皇帝实录》卷三十四，《清实录》第4册，第462—463页。
⑥ 《圣祖仁皇帝实录》卷三十五，《清实录》第4册，第474页。

载,康熙朝举行经筵典礼达六十次之多①。

与顺治朝相较,康熙朝经筵日讲有以下几个方面较为突出:

(1) 按期举行,成为定制。

康熙朝经筵典礼,一般于春季二月、秋季八月举行,形成定例(在外巡行除外)。康熙二十二年(1683)八月辛丑,谕经筵讲官等:"经筵关系大典。自大学士以下,九卿詹事科道俱侍班。所讲之书,必君臣交儆,上下相成,方有裨于治理。向来进讲,俱切君身。此后当兼寓训勉臣下之意,庶使诸臣,皆有所警省。"②经筵前一日,例应祭先圣先师于传心殿,或亲诣,或遣官恭代。康熙二十五年二月己酉,太常寺以文华殿告成请旨。谕:"经筵大典,于文华殿初次举行。先圣先师,道法相传。昭垂统绪,炳若日星。朕远承心学,稽古敏求。效法不已,渐近自然。然后施之政教,庶不与圣贤相悖。其躬诣行礼,以彰景仰之意。"③

(2) 慎择讲官,褒崇优待。

对经筵讲官,玄烨选择尤慎。康熙十年二月,首批讲官是"吏部尚书黄机,刑部尚书冯溥,工部尚书王熙,都察院左都御史明珠,礼部左侍郎常鼐,户部右侍郎田逢吉,刑部右侍郎多诺,中和殿学士折尔肯,保和殿学士达都,翰林院掌院学士折库纳、熊赐履,侍读学士傅达礼、史大成,侍讲学士胡密色、李仙根,国子监祭酒徐元文"④,俱为一时之选。是年八月,设立起居注官,由日讲官兼摄,并"添设汉日讲官二员,满汉字主事二员,满字主事一员,汉军主事一员"⑤。此后根据进讲需要,随时添设日讲官员。例如康熙二十年(1681)正月辛巳,谕翰林院:"日讲官敷陈经史,日侍顾问。赞襄典学,职务繁多。宜广其员,以彰右文之治。"⑥是年二月甲午,一次就增加了八员日讲起居注官,分别是翰林院侍读学士孙

---

① 《清代经筵制度研究》,第 16 页。
② 《圣祖仁皇帝实录》卷一百一十一,《清实录》第 5 册,第 136 页。
③ 《圣祖仁皇帝实录》卷一百二十四,《清实录》第 5 册,第 321 页。
④ 《圣祖仁皇帝实录》卷三十五,《清实录》第 4 册,第 473 页。
⑤ 《圣祖仁皇帝实录》卷三十六,《清实录》第 4 册,第 489 页。
⑥ 《圣祖仁皇帝实录》卷九十四,《清实录》第 4 册,第 1187 页。

在丰、侍讲汤斌、检讨秦松龄、编修曹禾、检讨朱彝尊、严绳孙、左春坊左赞善徐乾学、编修王顼龄、检讨潘耒①。其中朱彝尊等六人为应征中选的博学鸿儒,系当代名士,益见康熙笼络鸿儒的治世用意及虚心向学的风范。

  玄烨对讲官颇为优待。表现为:甲、赐宴。经筵典礼之后,即赐大学士、九卿、詹事及讲官等宴,成为定例。乙、赐物。如康熙十九年(1680)六月甲申,"以御书卷轴,赐学士库勒纳、叶方蔼,詹事格尔古德、沈荃,侍读学士牛纽、常书、崔蔚林、蒋弘道,侍讲学士张玉书、严我斯,侍讲董讷、王鸿绪各一。谕曰:'尔等日侍讲筵,夙夜匪懈。启沃之暇,每以朕书为请。朕万几馀闲,研精典籍,间取古人墨迹临摹。尔等既为文学侍从之臣,即有成就德业之责。故因所请,辄以颁赐。朕意其悉之。'"②丙、赐金。如康熙二十三年九月庚午,谕新授江宁巡抚汤斌云:"以尔久侍讲筵,老成端谨,江苏为东南重地,故特简用。"并赐以白金五百两,表里十端③。丁、晋秩。如康熙十九年五月壬辰,议叙日讲官起居注官,分别给予加衔、增俸、晋级之奖励④。

  由于日讲官侍奉在侧,系文学亲近之臣,玄烨便借机观察其品行、能力,以选拔人才⑤。

  (3) 勤奋学习,务求明彻。

  在举行经筵日讲的过程中,玄烨表现出了极大的学习热情,可以"迫不及待""如饥似渴"二语形容之。玄烨要求讲官改变隔日进讲的惯例,

---

① 《圣祖仁皇帝实录》卷九十四,《清实录》第4册,第1190页。
② 《圣祖仁皇帝实录》卷九十,《清实录》第4册,第1143页。
③ 《圣祖仁皇帝实录》卷一百一十六,《清实录》第5册,第214页。
④ 《圣祖仁皇帝实录》卷九十,《清实录》第4册,第1134页。
⑤ 康熙三十三年(1694)五月甲辰,谕礼部尚书兼管翰林院掌院学士事张英曰:"翰林系文学亲近之臣,向因日讲,时时进见,可以察其言语举止。近日进见稀少,讲官侍班不过顷刻,岂能深悉?着将翰林院、詹事府、国子监官员,每日轮四员,入直南书房。朕不时咨询,可以知其人之能否,以备擢用。"见《圣祖仁皇帝实录》卷一百六十三,《清实录》第5册,第782页。

第七章　清代前期的文化方略与文献纂修

每日进讲①,无论是宫殿修葺等小事②,还是军机急务③,都不能影响日讲进程。玄烨极为勤政,未明即起,也要求讲官待漏宫门,于部院未奏事前进讲④。玄烨打破讲官在讲筵行礼后才进讲的旧例,要求儒臣直接把讲章赍至内廷进讲⑤。玄烨学习进度很快,讲官甚至来不及编写讲章⑥。

在研习方式上,玄烨要求于讲官进讲后,自己再进行"覆讲"⑦,有时还先于讲官试讲:

  辰时,上御弘德殿,讲官喇沙里、陈廷敬、叶方蔼进讲"万章问曰

---

① 康熙十三年(1674)九月壬戌朔,"翰林院诸臣,以几务殷繁,请间日一进讲。上曰:'军机事情,有间数日一至者,亦有数日连至者,非可限以日期。其仍每日进讲,以慰朕拳拳向学之意。'"见《圣祖仁皇帝实录》卷四十九,《清实录》第 4 册,第 644 页。

② 康熙十二年(1673)三月,以内廷修葺宫殿,需移驻瀛台,暂留数日。康熙谕学士傅达礼曰:"以夫进讲所以致知,蓄德期于日新,未容少间。讲官其日至瀛台,如常进讲。"见《圣祖仁皇帝实录》卷四十一,《清实录》第 4 册,第 551 页。

③ 康熙十三年(1674)九月壬戌朔,谕翰林院掌院学士傅达礼等曰:"日月易迈,虽当此多事之时,不妨乘间进讲,于事无误,工夫不间,裨益身心非浅。"见《圣祖仁皇帝实录》卷四十九,《清实录》第 4 册,第 644 页。

④ 康熙二十二年(1683)八月庚子朔,"谕讲官:'朕每旦,未明求衣,坐待部院奏事。奏事既毕。然后入讲。不惟迟延暑刻,亦且稽误工夫。自后于未启奏前进讲,方得从容议论,多所发明。'自是讲官,待漏宫门。甫辨色,上已御讲筵矣。"见《圣祖仁皇帝实录》卷一百一十一,《清实录》第 5 册,第 136 页。

⑤ 康熙二十五年(1686)闰四月己未,"上谕翰林院掌院学士库勒纳、张英等曰:'尔等每日将讲章捧至乾清门豫备,诣讲筵行礼进讲,为时良久,妨朕披览功,着暂停止。《春秋》《礼记》,朕在内每日讲阅。其《诗经》《通鉴》讲章,俱交与张英,令其赍至内廷。'"见《圣祖仁皇帝实录》卷一百二十六,《清实录》第 5 册,第 336 页。

⑥ 康熙二十四年(1685)四月丁未,"翰林院奏:'皇上聪明天纵,好学敏求,洵从古所未有。臣等会同詹事等官,正在昼夜撰拟日讲讲章。伏乞皇上少缓进讲,俾得陆续撰拟进呈。'得旨:'仍着按日进讲。其讲章,尔等撰拟后,节次进呈。'"见《圣祖仁皇帝实录》卷一百二十,《清实录》第 5 册,第 264 页。

⑦ 康熙十四年(1675)四月辛亥,"谕起居注官学士傅达礼、侍读学士喇沙里曰:'日讲原期有益身心,增长学问,今止讲官进讲,朕不覆讲,但循旧例,日久将成故事,不惟于学问之道无益,亦非所以为法于后世也。嗣后进讲时,讲官讲毕,朕仍覆讲。如此互相讨论,庶几有裨实学。'"见《圣祖仁皇帝实录》卷五十四,《清实录》第 4 册,第 702 页。

敢问交际何心也"四节。方展书,上谕曰:"朕先讲一次,然后进讲。"讲官拱立听讲。讲毕,喇沙里等奏曰:"皇上天语朗彻,义理晓畅,足征圣学高深,非臣等所能仰窥万一。恭听之下,臣等不胜欣庆。"①

有时讲毕,玄烨还要反复琢磨经典大义,务求道理明彻②。以下这条材料,颇能见出玄烨对讲筵的理解与日常情形:

> (康熙五十年二月)辛巳。上御经筵。谕大学士等曰:"从来经筵之设,皆帝王留心学问、勤求治理之意。但当期有实益,不可止饰虚文。朕观前代讲筵,人主惟端拱而听,默无一言。如此,则虽人主不谙文义,臣下亦无由而知之。若明万历、天启之时,何尝不举行经筵?特存其名耳,何裨实用。朕御极五十年,听政之暇,勤览书籍,<u>凡四书、五经、《通鉴》《性理》等书,俱经研究,每儒臣逐日进讲,朕辄先为讲解一过。遇有一句可疑、一字未协之处,亦即与诸臣反复讨论,期于义理贯通而后已</u>。盖经筵本系大典,举行之时,不可以具文视也。"上亲讲"四书""忠恕违道不远"一节、《易经》"九五飞龙在天"一节。讲毕,赐大学士、九卿、詹事及讲官等宴。③

玄烨通常要求逐日进讲,而且要亲自"覆讲",与儒臣往复质辨大义,可谓深得"日讲"本义。后来编撰成书的御定经解,虽以讲官讲章为蓝本,亦包涵君臣共同研讨的内容,蕴有玄烨本人见解在内。御定经解(尤其是"日讲"系列),因此可视为玄烨与日讲诸臣共同完成的解经之作。

玄烨通过举行经筵日讲,不仅完成了儒家经典的启蒙教育,下令编

---

① 《康熙起居注》"十六年四月十四日庚申"条,中国第一历史档案馆整理,中华书局,1984年,第302页。

② 康熙十二年(1673)三月,谕学士傅达礼:"学问之道,在于实心研索,使视为故事,讲毕即置之度外,是务虚名,于身心何益?朕于诸臣进讲后,每再三绎,即心有所得,尤必考正于人,务求道理明彻乃止。"见《圣祖仁皇帝实录》卷四十一,《清实录》第4册,第551页。

③ 《圣祖仁皇帝实录》卷二百四十五,《清实录》第6册,第432页。

撰了"日讲"系列及后续的"汇纂"系列经解,而且从巩固统治出发,将尊崇程朱理学作为文化方略,进而提升御定经解的学术与政治地位,欲将其形塑为王朝新经典,并为此做好了充分的理论准备。

顺治帝福临、康熙帝玄烨,俱为幼年登基,同受满、汉文化的双重教育。他们对儒家经典的不同体认,与各自所处的时代条件、需要应对的政治局面密切相关。福临即位时,满洲权贵军事集团刚刚夺得政权,天下未定,如何平定李自成、张献忠、南明政权的残馀军事力量,是摆在面前的急务。玄烨登基时,天下初定,面对前明区域的族群构成特点、地理与文化环境,需要解决的是如何稳定局面、巩固统治。福临之于儒学,被动接受的成分较多,而且其兴趣主要在佛学,出世之意较浓。玄烨本人,好学多能,勤于政事,对儒家经典尤为热衷,用世之意独深。玄烨将接受汉文化、学习传统经典、尊奉程朱理学视为朝廷方略,虽有个人爱好成分,更多的则是出于笼络天下士子、巩固王朝根基的考虑①。无论从御定经解的数量,还是对传统经典的认识上来看,玄烨都堪称清初编纂御定经解的核心人物。有清一代之御定经解,实奠基并大成于康熙朝。

（三）新经典:御定经解之历史使命

古代中国,儒家思想居于主流地位。汉代儒术独尊,儒家对居于旧王官之学核心的"五经"的阐释与传承,上升为官方意志,成为汉代官学的主流。唐初孔颖达等修《五经正义》,集两汉以降诸儒解经之大成,成为唐代的官学经典。"四书"经朱子表彰,在明初与"五经"一起,同与《大全》之修,又成就了明朝官学之经典。可见历次官学经典之生成,必以"五经"为核心,以发挥圣人微言大义为职志,在前儒经解或新说的基础上加以裁断,既与前修相立异,又能适应当代政治与学术之需求。传统中国的主流思想与学术,正是遵循这一演进模式,不断地赋旧典以新义,

————————
① ［清］玄烨《御制朱子全书序》中谓:"朕一生所学者,为治天下,非书生坐观立论之易。"（载《御纂朱子全书》卷首,末署"康熙五十二年癸巳夏六月"。《景印文渊阁四库全书》第720册,第2页。）

治乱交替中的文献传承

守正出新,传承不绝。

清朝定鼎中原,除军事外,大都因袭明制,但是注意保留关外特色,从而对前明体制保持了一定的距离。例如在政治制度上,虽承袭明制,而以满族官员为主导。在思想文化上,虽不得不全面接受汉文化,尊崇程朱理学,而为与前明相别,又需要寻找新的理论与文献工具。通过经筵日讲,清廷不仅在国家礼制与帝王教育层面体现了对汉文化的礼敬与尊崇,而且以帝王之尊,研习、精熟传统经典,以承继圣贤之心法自许,自信能阐发微言大义,俨然以道统传人自居①。如此,治统在握的帝王通过学统而集道统于一身,强化了至高无上的统治权力。通过经筵日讲而实现的这一转换,堪称完美。玄烨正是遵循上述转换思路,通过经筵日讲的途径,醉心于研习儒家经典、学习汉文化,并将君臣讲习的结果,通过编纂御定经解的方式呈现出来。御定经解实以演绎程朱理学为理论基点,以儒臣经筵讲义为文本基础,声称蕴含清帝之治学心得,从而与前明经典(《大全》)相区别,为本朝的统治合法性构建理论与文献上的准备。在清圣祖玄烨、清世宗胤禛、清高宗弘历三位君主的政治推动下,作为清廷钦定的解经标准,这批御定经解逐渐成为新的王朝经典,不仅天下士子向风而习,而且还影响了有清一代的治学理念与取向。

1. 康熙朝对御定经解的功能建构与颁行

如上所述,通过经筵日讲,玄烨在儒臣讲求圣学、养成君德、继承治统、践履天命的定位中,不仅接受了对儒家经典的启蒙,还下令编撰了"日讲"系列等经解。玄烨本人又是一代雄主,博学多能,在统驭纷繁复杂的政局、寻找巩固统治的文化方略过程中,展示了极强的理论建构能力。玄烨从帝王治理天下的角度,来审视、研读经典,并赋予御定经解以接续道统的重要使命,使其成为新王朝的载道之具。玄烨在数篇御制序文内,曾对此反复申述;其中以《御制日讲四书解义序》(康熙十六年

---

① 如前揭康熙二十五年二月己酉谕:"经筵大典,于文华殿初次举行。先圣先师,道法相传。昭垂统绪,炳若日星。朕远承心学,稽古敏求。效法不已,渐近自然。然后施之政教,庶不与圣贤相悖。"见《圣祖仁皇帝实录》卷一百二十四,《清实录》第5册,第321页。

[1677]十二月）较为完备，也最具代表性。序云：

> 朕惟天生圣贤，作君作师。<u>万世道统之传，即万世治统之所系也</u>。自尧、舜、禹、汤、文、武之后，而有孔子、曾子、子思、孟子。自《易》《书》《诗》《礼》《春秋》而外，而有《论语》《大学》《中庸》《孟子》之书，如日月之光昭于天，岳渎之流峙于地，猗欤盛哉！盖有四子而后，二帝三王之道传；有四子之书，而后五经之道备。四子之书，得五经之精意而为言者也。孔子以生民未有之圣，与列国君大夫及门弟子论政与学，天德王道之全，修己治人之要，具在《论语》一书。《学》《庸》皆孔子之传，而曾子、子思独得其宗。明新止善，家国天下之所以齐治平也；性教中和，天地万物之所以位育，九经达道之所以行也。至于孟子继往圣而开来学，辟邪说以正人心，性善仁义之旨，著明于天下。此圣贤训辞诏后，皆为万世生民而作也。<u>道统在是，治统亦在是矣</u>。历代贤哲之君，创业守成，莫不尊崇表章，讲明斯道。朕绍祖宗丕基，孳孳求治，留心问学，命儒臣撰为《讲义》，务使阐发义理，裨益政治，同诸经史进讲，经历寒暑，罔敢间辍。兹已告竣，思与海内臣民共臻至治，特命校刊，用垂永久。爰制序言，弁之简首。每念厚风俗必先正人心，正人心必先明学术，诚因此编之大义，究先圣之微言，则以此为化民成俗之方，用期夫一道同风之治，庶几进于唐虞三代文明之盛也夫。①

在另外几篇序中，玄烨也从不同角度展开申论。康熙十九年（1680）四月，《御制日讲书经解义序》谓："天生民而立之君，非特予以崇高富贵之具而已，固将副教养之责……盖治天下之法，见于虞夏商周之书，其详且密如此，宜其克享天心而致时雍太和之效也。所以然者，盖有心法以为治法之本焉。……朕万几馀暇，读四代之书……夙夜兢兢，思体诸身

---

① 本序载《御制日讲四书解义》卷首（《景印文渊阁四库全书》第 208 册，第 1—2 页），又收入《圣祖仁皇帝实录》卷七十（《清实录》第 4 册，第 899 页）。

心,措诸政治,以毋负上天立君之意,夫岂敢一日忘哉!"① 又康熙二十二年(1683)十二月,《御制日讲易经解义序》:"朕惟帝王道法,载在六经……朕夙兴夜寐,惟日孜孜,勤求治理,思古帝王立政之要,必本经学……朕惟体乾四德,以容保兆民,且期庶司百执事,矢于野涣群之公,成拔茅允升之美,则泰交媲于明良,而太和溢于宇宙,庶称朕以经学为治法之意也夫!"②

综合以上诸序,可知玄烨对儒家经典之体认,至少有以下几个层次:

甲、四子之书("四书")亦传承二帝三王之道,实"得五经之精意而为言",因此与"五经"同为"载道之具"。

乙、"天生民而立之君",故帝王与先师同源而殊途,使命与职分俱出于天("天生"),惟分别"作君作师"而已。先师所传之"道统",与帝王分守之"治统",亦属同源,故曰"万世道统之传,即万世治统之所系"。

丙、"五经""四书"既为先师载道之具,"为万世生民而作",那么,其中亦包蕴有治世之法,"帝王道法,载在六经"③,即所谓"道统在是,治统亦在是矣"。

丁、帝王禀天命以治天下,须从经典中寻找道法、治法,即"古帝王立政之要,必本经学"。是以创业守成之君,研习经典自即应有之义,"阐发义理,裨益政治",期能获得"化民成俗之方",达成"一道同风之治",甚而进于儒家所盛称之"唐虞三代文明之盛"。

总之,玄烨不仅步武朱子,表彰"四书",将其推为与"五经"相齐的"载道之具",而且从上天"作君作师",分司治统、道统这一逻辑起点出发,为帝王研习经典以羽翼治统找到了合理的根据。易言之,作为道统所系的"五经""四书",在玄烨手里,转换成了兼能治理天下的治统之具,从而为"以经学为治法"铺平了道路,为现实政治提供服务。其高明之处

---

① 本序载《御制日讲书经解义》卷首,《景印文渊阁四库全书》第64册,第1—2页。
② 本序载《御制日讲易经解义》卷首(《景印文渊阁四库全书》第37册,第201—202页),又载于《圣祖仁皇帝实录》卷一百一十三(《清实录》第5册,第170—171页)。
③ 按:"六经",盖即"五经"加上《乐经》(后者并无经文流传)。

第七章　清代前期的文化方略与文献纂修

在于,既避开了满汉之别,又为帝王阐释儒家经典找到了合理依据,从而为御定经解上升为清王朝的官方新经典奠定了理论基础。

玄烨进行上述理论建构的学理根据,实本于朱子。试观其《大学章句序》:

> 大学之书,古之大学所以教人之法也。盖自天降生民,则既莫不与之以仁义礼智之性矣。然其气质之禀或不能齐,是以不能皆有以知其性之所有而全之也。一有聪明睿智能尽其性者出于其间,则天必命之以为亿兆之君师,使之治而教之,以复其性。此伏羲、神农、黄帝、尧、舜,所以继天立极,而司徒之职、典乐之官所由设也。①

不仅如此,玄烨在接受汉文化、研习儒家经典的历程中,还贯穿了一条主线,即将程朱理学视为朝廷方略,倍加推服与尊崇。玄烨自称:

> 朕自冲龄至今,六十年来,未尝少辍经书。唐虞三代以来,圣贤相传授受,言性而已。宋儒始有性理之名,使人知尽性之学,不外循理也。故敦好典籍,于理道之言尤所加意。临莅日久,玩味愈深,体之身心,验之政事,而确然知其不可易。②

对朱子学说,尤为推崇,盖因朱子"集大成而绪千百年绝传之学,开愚蒙而立亿万世一定之规;穷理以致其知,反躬以践其实。释《大学》则有次第,由致知而平天下,自明德而止于至善,无不开发后人,而教来者也";是以"朕读其书,察其理,非此不能知天人相与之奥,非此不能治万邦于衽席,非此不能仁心仁政施于天下,非此不能外内为一家。读书五十载,只认得朱子一生所作何事"③。所获教益亦多:"持身务以诚敬为

---

① [宋]朱熹《大学章句序》,见《四书章句集注》,中华书局,1983年,第1页。
② 玄烨《御制性理精义序》,载《御纂性理精义》卷首,《景印文渊阁四库全书》第719册,第589页。
③ 玄烨《御制朱子全书序》,《景印文渊阁四库全书》第720册,第2页。

本,治天下务以宽仁为尚。此心此念,恪守五十年,夙夜无间。即纤悉细务,不敢稍有怠忽。"①玄烨还下令汇编《朱子全书》,纂修《性理精义》,重修《性理大全》。诸举措实与纂修御定经解,后先辉映,相得益彰,为中央王朝的稳固统治提供了文献与理论支撑。

玄烨之动机,自然在收拾人心,稳固统治②。他对朱子的服膺,全在于朱子"忠君爱国之诚,动静语默之敬,文章言谈之中,全是天地之正气,宇宙之大道"③。程朱理学对封建纲常秩序的维护,最有利于王朝的巩固与统治。而是否有助于治政,正是玄烨衡量经史书籍之标准:

> 自古经史书籍,所重发明心性,裨益政治。必精览详求,始成内圣外王之学。朕披阅载籍,研究义理,凡厥指归,务期于正。诸子百家,泛滥诡奇,有乖经术。今搜访藏书善本,惟以经学、史乘实有关系修齐治平、助成德化者,方为有用。其他异端诐说,概不准收录。④

与此相映照的,是对所谓"小说淫辞"的厉行严禁:

> 朕惟治天下,以人心风俗为本。欲正人心、厚风俗,必崇尚经学,而严绝非圣之书。此不易之理也。近见坊间多卖小说淫辞,荒

---

① 《圣祖仁皇帝实录》卷二百四十五,康熙五十年三月庚寅条,《清实录》第6册,第435页。
② 康熙五十七年(1718)四月癸未,藉太和殿策试之机,玄烨表明了自己广文教、讲经术、推尊朱子的治国方略与学术旨趣:"朕临御天下垂六十年,仰惟祖宗付托之重,知天子以乂安海宇为孝,是以夜寐夙兴,勤求治理。政事之馀,留意经术,期为天下广文教。……广励士习者,以通经为要务。近代诠释群经,至朱子无可议。朕潜心玩味,见其皆切于躬行日用,绝无华言浮说以汩乱乎其间。夫虚文多则本意晦,枝辞盛则实理微。……夫人皆知孝行之为先,则臣节必砥,此即经学之本也。……诸士于经术世务,素所宜讲。其何以助上宣德化而成治功? 悉心陈之,朕将亲览焉。"见《圣祖仁皇帝实录》卷二百七十八,《清实录》第6册,第728—729页。
③ 《圣祖仁皇帝实录》卷二百四十五,康熙五十年三月庚寅条,《清实录》第6册,第435页。
④ 《圣祖仁皇帝实录》卷一百二十六,康熙二十五年闰四月庚申条,《清实录》第5册,第336页。

唐俚鄙，殊非正理。不但诱惑愚民，即缙绅士子，未免游目而蛊心焉。所关于风俗者非细，应即行严禁。①

玄烨不仅完成了对御定经解上升为新经典的理论建构，也通过皇权的力量不断向全国推广诸书。康熙朝完成了《日讲四书解义》二十六卷、《日讲书经解义》十三卷、《日讲易经解义》十八卷三部经解的编撰与刊印（有汉文、满文两种版本），另外纂成了《钦定春秋传说汇纂》三十八卷、《御制律吕正义》五卷、《御纂周易折中》二十二卷及《御纂朱子全书》六十六卷、《御纂性理精义》十二卷。"日讲"系列尤为玄烨心血所系。康熙十七年（1678）十二月辛巳，"颁《日讲四书解义》于满汉文武大臣"②。康熙十九年十一月甲戌，"赐诸王、贝勒、贝子、公、内大臣、都统以下，阿思哈尼哈番以上，并满大学士、学士、九卿、詹事、国子监祭酒等官，清文《日讲书经解义》各一部"③。康熙十九年十二月丁亥，"赐汉大学士、学士、九卿、詹事、国子监祭酒等官，汉文《日讲书经解义》各一部"④。康熙二十三年四月丁巳，翰林院掌院学士牛钮等进呈刻成《日讲易经解义》。玄烨下旨："《易经》阐发天人理数，道统攸关。朕朝夕披玩，期造精微。讲幄诸臣，殚心剖析。深有裨于典学。着即颁行。"⑤康熙二十四年，左副都御史胡升猷疏请刊刻经筵讲义，颁示中外，翰林院请玄烨御制序文，得到允许⑥。

康熙二十五年（1686），为表示对程朱等宋儒之尊崇，玄烨下令礼部："御书'学达性天'四字匾额，颁发宋儒周敦颐、张载、程颢、程颐、邵雍、朱

---

① 《圣祖仁皇帝实录》卷二百五十八，康熙五十三年夏四月乙亥条，《清实录》第 6 册，第 552 页。
② 《圣祖仁皇帝实录》卷七十八，《清实录》第 4 册，第 999 页。
③ 《圣祖仁皇帝实录》卷九十三，《清实录》第 4 册，第 1177 页。
④ 《圣祖仁皇帝实录》卷九十三，《清实录》第 4 册，第 1178 页。
⑤ 《圣祖仁皇帝实录》卷一百一十五，《清实录》第 5 册，第 193 页。
⑥ 《圣祖仁皇帝实录》卷一百二十，康熙二十四年四月丁酉条，《清实录》第 5 册，第 264 页。

熹祠堂及白鹿洞书院。又以湖广长沙府岳麓书院,为宋儒张栻、朱熹讲学之所,一体给匾,并颁《日讲解义》经史诸书。"①将"日讲"系列经解颁岳麓书院,更具教化天下的象征意义。颁书范围,也由朝中大臣而扩及天下书院,体现出由官僚系统而扩及教育系统的推广态势。

2. 雍正朝对御定经解的续纂与推广

清世宗胤禛对乃父清圣祖玄烨之功业,倍加推崇。即位之初,即效法乃父故事,下诏举行经筵日讲:

> 皇考圣祖仁皇帝,英年践阼,即设日讲起居注官,于词臣中择其才品优长者,以原官充补。巨典茂昭,度越前代,诚为圣帝哲王之盛事。御极六十一年,绍精一执中之统,励敬天勤民之心。文谟武烈,经纬万几。盛德日新,大业鸿显。天下臣民,仰瞻至治。不啻日月丽天,江河行地,莫不敬信悦服。记注之臣,美不胜书。皇考圣祖仁皇帝,谦德弥光,圣不自圣。②

以乃父为圣人,甚至定庙号为"圣祖",正是绍承玄烨"君师"出于天授的理论,为御定经解上升为新经典张目。

康熙朝开始编纂的《钦定诗经传说汇纂》二十一卷、《钦定书经传说汇纂》二十四卷两种集解性质的经解,至雍正朝始竟其业。《日讲春秋解义》一书,创始于康熙朝,由胤禛下旨编成,刊成于乾隆③。雍正五年(1727),《御制诗经传说汇纂序》称玄烨"右文稽古,表章圣经",御定《周

---

① 《圣祖仁皇帝实录》卷一百二十八,康熙二十五年十一月丙申条,《清实录》第 5 册,第 370—371 页。
② 《世宗宪皇帝实录》卷六,鄂尔泰、张廷玉等纂修,雍正元年四月乙丑条,《清实录》第 7 册,第 131—132 页。
③ 弘历《御制日讲春秋解义序》:"(世宗)念钦定《春秋》于胡氏之说既多驳正,则廷臣当日所进《讲义》,一遵胡氏之旧者,于圣心自多未洽,是以迟之又久,未尝宣布,必将俟诸经备成而后重加讨论也。故再降谕旨,命果亲王允礼、大学士张廷玉、内阁学士方苞,详细校订。始事于雍正七年(1729),恭呈御览者再,而后告成,凡六十四卷。乾隆二年(1737),锓版既讫,诸臣请制序文,颁示海内。"见《景印文渊阁四库全书》第 172 册,第 3 页。

第七章 清代前期的文化方略与文献纂修

易》《春秋》《诗经》经解,"皆以朱子之说为宗";本书之纂,"期以阐先王垂教之意与孔子删诗之旨,学于是者,有得于兴观群怨之微,而深明于事父事君之道,从政专对,无所不能,则经学之实用著,而所谓用之乡人用之邦国以化天下者,亦于是乎行焉"①。胤禛对玄烨传承朱子之说、求经学之实用,实能心领神会。雍正八年(1730),《御制书经传说汇纂序》有更进一步的申发:

> 朕思六经皆治世之书,而帝王之大经大法,昭垂万古者,惟《尚书》为最备。盖自继天立极,精一执中,二帝三王之心法,递相授受,而治法亦因之以传。……我皇考圣祖仁皇帝,圣学渊深,治功弘远,存于中者,二帝三王之心;发于外者,二帝三王之治。而稽古好学,于典谟训诰之篇,沈潜研究,融会贯通。……夫后世之天下,唐虞三代之天下也,而治法之垂为典章,心法之原于性命者,先后同揆,百世之圣君贤辅,未能易也。故为君者,必思比德于尧舜禹汤文武,而后无忝乎为君;为臣者必思媲休于皋夔伊傅周召,而后无忝乎为臣。朕夙夜兢兢,冀克守主敬存诚之道,以遂觐光扬烈之怀。尤冀卿尹百执事,共体元首股肱之谊,殚协恭励翼之忱,寅亮天工,诚和民志。俾薄海内外,永底乂安,于以远宗圣哲,而仰承皇考尊崇经学,启牖万世之盛心,顾不美欤!②

胤禛是序,以《尚书》备帝王之大经大法,而乃父玄烨集帝王与圣人为一身,故能融会贯通,深得二帝三王之心法与治法。胤禛实绍述乃父之理论建构而加以发挥,且其作为传人之志意亦跃然纸上。

科举是古代中国选拔人才的重要制度,也是读书人晋身之阶。科举命题范围的确定,实有引领天下学风的导向作用。胤禛即利用科举这一

---

① 胤禛《御制诗经传说汇纂序》(雍正五年春三月朔),载《钦定诗经传说汇纂》卷首,《景印文渊阁四库全书》第83册,第1—2页。
② 载《钦定书经传说汇纂》卷首(雍正八年仲春十二日序),《景印文渊阁四库全书》第65册,第396—397页。

途径,扩大了康熙朝御定经解的影响力。胤禛即位之初,即于各省学政科考生员时,增用经题文一篇①;复于雍正四年(1726),允许各省五经取中副榜之人,准作举人参加会试,以体现"士子读书制行之道,首在明经"②。雍正九年,直接采用《日讲四书解义》作为出题范围,以取满、蒙生员、举人、进士③。经雍正之手,御定经解影响开始扩至国家选才系统,进一步强化了钦定经典的教化功能。

3. 新经典的确立:乾隆朝对御定经解的尊崇与推广

清初御定经解的新经典地位,确立于乾隆朝。清高宗弘历即位之初,不待改元,即任命日讲起居注官④,表明对其祖、父经筵日讲制度的高度认同。复采取以下几个方面的措施,使御定经解的新经典地位得以确立:

(1)绍承前绪,肆力御定经解之编纂,使成完璧。

首先,康熙朝"日讲"系列经解中,《日讲礼记解义》六十四卷、《日讲春秋解义》六十四卷(另有《总说》一卷)两部经解,未卒其业,至乾隆朝始完成之。为编《日讲礼记解义》,乾隆专门拔擢人才充任编校⑤。

----

① 《世宗宪皇帝实录》卷十四,雍正元年十二月庚戌条,《清实录》第7册,第246页。
② 《世宗宪皇帝实录》卷四十九,雍正四年十月甲戌条,《清实录》第7册,第744页。
③ 《世宗宪皇帝实录》卷一百五:"(雍正九年四月)壬戌。……(内阁)寻议:'八旗、蒙古旗分内能蒙古翻译者,请照考试清文翻译例,三年内考取生员二次、举人一次、进士一次。其考试蒙古举人、进士,与考试清文举人、进士,合为一闱,令满洲坐东号房,蒙古坐西号房。取中后,将满洲、蒙古,各为一榜。其考试生员,派蒙古提督学政一员,于清字《日讲四书》内,视汉文三百字为准。出题一道。考试举人、进士,派蒙古主考一员,蒙古同考官二员,仍以清字《日讲四书》一道为首题,再加清字奏疏一道为次题。俱令其以蒙古文翻译。至生员、举人、进士额数,着考试官选择应取试卷,临期奏请。'从之。"见《清实录》第8册,第395页。
④ 《高宗纯皇帝实录》卷七:"(雍正十三年十一月己未)命太子太保、都察院左都御史兼管翰林院掌院学士福敏,吏部右侍郎兼管翰林院掌院学士邵基,詹事府少詹事福什宝,翰林院侍讲学士世臣,侍讲张若涵、蒋溥,编修余栋,检讨常保住,俱以原衔充日讲起居注官。"([清]庆桂、德瑛等纂修,见《清实录》第9册,第287页。)按:乾隆朝正式举行进筵在乾隆三年,即服丧期满之后。参下文。
⑤ 《高宗纯皇帝实录》卷三十五:"(乾隆二年正月丙辰)大学士鄂尔泰、张廷玉,议覆尚书衔徐元梦奏称:'江南贡生王文震,潜心经书,于《礼记》讲习尤深。请将王文震赏给国子监助教职衔,遇缺题补,令在三礼馆纂修上行走,专心编校《日讲礼记》,则《日讲五经》俱全,可以并垂永久。'应如所请。从之。"见《清实录》第9册,第658页。

其次，康熙朝"汇纂"系列经解中，尚无礼类。弘历即位之始，即命儒臣纂修《三礼义疏》，以足成康熙"汇纂"经解系列，冀垂永久：

> 昔我皇祖圣祖仁皇帝，阐明经学，嘉惠万世。以《大全》诸书，驳杂不纯，特命大臣等，纂集《易》《书》《诗》《春秋》四经传说，亲加折衷，存其精粹，去其枝蔓，颁行学校，昭示来兹。而《礼记》一书，尚未修纂。又《仪礼》《周礼》二经，学者以无关科举，多未寓目。朕思《五经》乃政教之原，而《礼经》更切于人伦日用，《传》所谓"经纬万端，规矩无所不贯"者也。昔朱子请修三《礼》，当时未见施行。数百年间，学者深以为憾。应取汉、唐、宋、元以来注疏诠解，精研详订，发其义蕴，编辑成书，俾与《易》《书》《诗》《春秋》四经，并垂永久。①

（2）褒崇诸作，视御定经解成为圣人传心之作。

乾隆二年（1737）二月，弘历撰《日讲春秋解义序》，强调其祖、父以帝王之尊，能解圣人之大义，抉其根源；开通《春秋》之窾窍，善继善述：

> 盖是经乃孔子所手定也，辞约而义深。圣心之所运用，每举一事，其义必贯于全经，非若他经一章一节，各指一事，虽有不通，而不害其可通者。……我圣祖仁皇帝，聪明天亶，自少时即笃好经书，及躬揽大政，辨色出视朝，裁决万几甫毕，即召儒臣讲论经义，务抉其根源，参伍群言，以求至当。……夫《解义》之成，盖数十年于兹矣。观皇祖之久不宣布，可以征望道未见之心；观皇考之再三考订，而后命刊，可以知善继善述之义。岂惟是经之窾窍，将由是以开通哉！即两朝圣人之心法、治法，亦于斯可睹矣。②

---

① 《高宗纯皇帝实录》卷二十一，乾隆元年六月己卯条，谕总理事务王大臣文。载《清实录》第9册，第501页。

② 弘历《御制日讲春秋解义序》（乾隆二年仲春），载《日讲春秋解义》卷首（《景印文渊阁四库全书》第172册，第2—3页）。

次年正月,弘历下令举行经筵,谕礼部曰:

> 朕惟四子六经,乃群圣传心之要典,帝王驭世之鸿模。君天下者,将欲以优入圣域,茂登上理,舍是无由。我皇祖圣祖仁皇帝、皇考世宗宪皇帝,时御讲筵,精研至道,圣德光被,比隆唐虞。朕凤承庭训,典学维殷,御极以来,勤思治要。已命翰林科道诸臣,缮进经史,格言正论,无日不陈于前。特以亮阴之中,经筵未御。兹既即吉,亟宜举行。①

弘历视祖玄烨、父胤禛为两朝圣人,直与孔子并列,是以能"绍前圣之心法,集先儒之大成"(见上引)。如此,则经其"继""述"之经解,自然具有合法的权威性,成为新的经典文本。

(3) 推广流布,使御定经解成天下士子必读之书。

弘历推广御定经解的途径有二。一是商业途径,听任民间刷印。弘历谆谆告诫直省抚藩诸臣,招募坊贾人等,听任刷印,以广流布。乾隆元年四月辛卯,谕总理事务王大臣:"从来经学盛,则人才多;人才多,则俗化茂。稽诸史册,成效昭然。我皇祖圣祖仁皇帝,道隆羲顼,学贯天人。凡艺圃书仓,靡不博览,而尤以经学为首重。御纂《周易折中》《尚书汇纂》《诗经汇纂》《春秋汇纂》等编,又有《朱子全书》《性理精义》,正学昌明,著作大备。我皇考世宗宪皇帝,至德同符,孝思不匮,特敕直省布政司,将诸书敬谨刊刻,准士子赴司呈请刷印。盖欲以广圣教,振儒风,甚盛典也。乃闻各省虽有刊板,而士子刷印寥寥,盖由赴司递呈,以俟批发,既多守候之劳,且一生所请,不过一部,断不能因一部书而特为发板开刷,士子所以欲多得书而其势不能也。朕思诸书,实皇祖惠教万世、皇考颁行天下之典籍,安可不广为敷布?着直省抚藩诸臣,加意招募坊贾人等,听其刷印,通行鬻卖,严禁胥吏阻挠需索之弊。但使坊贾皆乐于刷

---

① 《高宗纯皇帝实录》卷六十,乾隆三年正月癸亥条,《清实录》第10册,第3—4页。

第七章　清代前期的文化方略与文献纂修

印,斯士子皆易于购买,庶几家传户诵,足以大广厥传。"①

二是教育途径,指定学政课士。上揭谕旨又谓:"朕又思圣祖仁皇帝四经之纂,实综自汉迄明二千馀年群儒之说而折其中,视前明《大全》之编仅辑宋元讲解、未免肤杂者,相去悬殊。各省学臣,职在劝课实学,则莫要于宣扬圣教,以立士子之根柢。每科岁案临时,豫饬各该学,确访生童中有诵读御纂诸经者,或专一经,或兼他经,着开名册报。俟考试文艺之后,该学政就四经中斟酌旧说有所别异处,摘取数条,另期发问。只令依义条答,不必责以文采。有能答不失指者,所试文稍平顺,童生即予入泮,生员即予补廪,以示鼓励。务宜实力奉行,以副朕尊经育才之意。"②

弘历即位不久,即致力于倡导"黜浮华而崇实学"的学术风气,御定经解则成为其心目中之完美规范,因此再次饬命推广:

> 士人以品行为先,学问以经义为重。故士之自立也,先道德而后文章;国家之取士也,黜浮华而崇实学。……至于学问,必有根柢,方为实学。……至于书艺之外,当令究心经学,以为明道经世之本。其如何因地制宜,试以经义,俾士子不徒视为具文者,在学政酌量行之。务期有益于胶庠,各省亦不必一辙。我皇祖御纂经书多种,绍前圣之心法,集先儒之大成,已命各省布政司敬谨刊刻,听人印刷,并准坊间翻刻广行。恐地方大吏,不能尽心经理,则士子购觅,仍属艰难,不获诵读。着督抚藩司等,善为筹划,将士子应读之书,多为印发,以为国家造士育才之助。③

综上,弘历通过续纂、补修,使康熙朝"日讲"与"汇纂"两大系列的御定经解成为完璧,又通过理论演绎,将其提升为圣人绍述之作,然后通过各种途径加以推广。至此,清王朝的新经典终于建构完成。弘历以政治

---

① 《高宗纯皇帝实录》卷十七,《清实录》第9册,第448页。
② 《高宗纯皇帝实录》卷十七,《清实录》第9册,第448—449页。
③ 《高宗纯皇帝实录》卷七十九,乾隆三年十月辛丑条,《清实录》第9册,第243—244页。

威权作后盾,赋予这批经解全新的历史地位与使命,圣贤大义一举变作帝王家学,御定经解拔高成为权威文本。御定经解不仅垄断了儒家核心经典的义理解释,而且成为士子必读之书,变成集学术、政治、教育等功能于一体的王朝经典。

(四) 清初御定经解之学术影响

在思想与学术领域,某种权威一旦树立,伴随而来的必然是某种程度上思想的禁锢与学术的沉闷。汉武时儒术独尊,其他诸子自此黯淡;唐初《正义》一出,而自汉以来"笃实谨严"[①]之治经风尚难再;明代《大全》悬为令甲,王学末流遂至于狂禅。清初御定经解,经玄烨、胤禛、弘历祖孙三代之努力,逐渐被树立为清王朝的新经典,从而产生了深远的学术影响。

1. 四库馆臣对御定经解新经典地位之认同

乾隆时开馆纂修《四库全书》,充任馆臣的是当时最为优秀的一批学者,如戴震、翁方纲、姚鼐、邵晋涵、余集、纪昀等,堪称乾嘉学术的中坚力量。按修书流程,每书最后均经弘历过目。奏上之前,馆臣必撰写提要一篇(通常末署"总纂官纪昀、陆锡熊、孙士毅,总校官陆费墀"等衔名),供弘历了解其书之学术源流与价值。这批提要,通常被称作"书前提要",是后来《四库全书总目》的主要部分,但是未经润色或夸饰,最能见出四库馆臣对所选书籍的学术评价,易言之,实能代表当时主流学术群体对相关学术著作之共同见解。因此,馆臣对御定经解的评价,为我们认识当时的学人风尚提供了一个较好的观察角度。兹摘录部分提要之评论文字,勒成下表(采用《景印文渊阁四库全书》本):

---

① 《四库全书总目·经部总叙》论及汉代经学风气:"其初专门授受,递禀师承,非惟诂训相传,莫敢同异,即篇章字句,亦恪守所闻,其学笃实谨严,及其弊也拘。"见[清]永瑢、纪昀等《钦定四库全书总目》卷一,武英殿刻本,《景印文渊阁四库全书》第1册,台湾商务印书馆,1983年,第53页。

表 7-2　清代御定经解书前提要简表

御定经解	书前提要摘录
《日讲易经解义》十八卷	我圣祖仁皇帝服膺朱子之书，而悦心研虑，订为斯编。仍诏讲幄诸臣，日以进讲，盖心契三圣之微言，以阐造化之功。用序所云"以经学为治法"者，崇德广业，咸基于此矣。
《御纂周易折中》二十二卷	我圣祖仁皇帝道契羲文，心符周孔，几馀典学，深见弥纶天地之源，诏大学士李光地，采撷群言，恭呈乙览，以定著是编。冠以图说，殿以启蒙……盖数百年分朋立异之见，至是而尽融；数千年画卦系词之旨，乃至是而大彰矣。
《日讲书经解义》十三卷	仰惟我圣祖仁皇帝，契精一之传，敷荡平之极，于二帝三王之道，集其大成，犹命儒臣，排日进讲。凡精微之奥，诸臣所不能尽窥者，天语谆详，亲为阐绎，日积岁粹，以成此书。其于汉唐以后诸儒之说，掇其菁华，亦若涓尘之益海岳焉，洵乎君师统一，万古为昭矣。
《钦定书经传说汇纂》二十四卷	《书经传说汇纂》二十一卷，圣祖仁皇帝御定……是编汇萃众说，略短取长，大要虽衷蔡《传》，而于制度名物、道里山川，益加详审，是万古治世之大法，实备于此，固不仅为说经标准已也。
《钦定诗经传说汇纂》二十卷	是编之作，恭逢圣祖仁皇帝天亶聪明，道光经籍，研思六义，综贯四家，于众说之异同，既别白瑕瑜，独操衡鉴；而编校诸臣，亦克承训示，考证详明，一字一句，务深溯诗人之本旨。故虽以《集传》为纲，而古义之不可磨灭者，必一一附录，以补缺遗，于学术持其至平，于经义乃协其至当，风雅运昌，千载一遇，岂前代官书任儒臣拘守门户者，所可比拟万一乎！
《日讲礼记解义》六十四卷	是书为圣祖仁皇帝经筵所讲，皆经御定，而未及编次成帙。皇上御极之初，乃命取翻书房旧稿，校刊颁行。礼为治世之大经，《周礼》具其政典，《仪礼》陈其节文，《礼记》一书，朱子以为《仪礼》之传。……是编推绎经文，发挥畅达，而大旨归于谨小慎微、皇自敬德，以纳民于轨物。卫湜所集一百四十四家之说，镕铸翦裁，一一荟其精要，信乎圣人制作之意，惟圣人能知之矣。
《日讲春秋解义》六十四卷	是编因宋儒进御旧体，以阐发微言，每条先列左氏之事迹，而不取其浮夸；次明《公》《穀》之义例，而不取其穿凿。反复演释大旨，归本于王道，允足明圣经之法，而探帝学之本原。圣祖仁皇帝、世宗宪皇帝，圣圣相承，郑重分明，以成此一编，岂非以经世之枢要，具在斯乎？

续 表

御定经解	书前提要摘录
《钦定春秋传说汇纂》三十八卷	钦惟圣祖仁皇帝道契天经，心符圣义，于尼山笔削，洞鉴精微，虽俯念士子久诵胡《传》，难以骤更，仍缀于三《传》之末，而指授儒臣，详为考证。凡其中有乖经义者，一一驳正，多所刊除。至于先儒旧说，世以不合胡《传》摈弃弗习者，亦一一采录表章，阐明古学。盖以圣人之德，居天子之位，故能荡除门户，辨别是非，挽数百年积重之势，而反之于正也。……臣等缮校之馀，为《春秋》幸，尤为天下万世读《春秋》者幸也。
《日讲四书解义》二十六卷	自朱子定著"四书"，由元明以至国朝，悬为程试之令甲，家弦户诵，几以为习见无奇。实则内圣外王之道，备于孔子；孔子之心法，寓于"六经"；"六经"之精要，括于《论语》，而曾子、子思、孟子，递衍其绪。故《论语》始于言学，终于尧舜汤武之政，尊美屏恶之训。《大学》始于格物致知，终于治国平天下。《中庸》始于中和位育，终于笃恭而天下平。《孟子》始于义利之辨，终于尧舜以来之道统。圣贤立言，大旨灼然可见。盖千古帝王之枢要，不仅经生章句之业也。我圣祖仁皇帝初年访落，即以经筵讲义，亲定是编。所推演者，皆作圣之基，为治之本。词近而旨远，语约而道宏。圣德神功所为，契洙泗之传，而继唐虞之轨者，盖胥肇于此矣。

细绎上述评论，可知四库馆臣对康熙、雍正、乾隆三帝之理论建构全盘接受："五经""四书"，为帝王治世之具，圣贤传道之书；本朝诸帝以帝王而兼圣人（所谓"以圣人之德，居天子之位"，且"圣圣相承"，"圣人制作之意，惟圣人能知之"），推服朱子之学（如称"服膺朱子之书"），洞悉圣贤立言之旨（如称"所推演者，皆作圣之基，为治之本"），绍承尧舜相传之道（如称"道契羲文，心符周孔"，"契洙泗之传，而继唐虞之轨"，"足明圣经之书法，而探帝学之本原"），达到"君师统一，万古为昭"。四库馆臣完全把御定经解当作本朝之新经典而大力鼓吹。

古代中国学术发展的脉络与进程，通常为政治所左右。四库馆臣对御定经解的认同与推崇，正体现了在政治强权推行下的新经典的巨大影响力。另一方面，在清王朝将御定经解新经典化的历程中，除帝王提倡之外，还必须得到广大知识阶层的认同、接纳与推广。四库馆臣既入朝廷彀中，岂敢与弘历立异？作为当时最为杰出的学术群体，馆臣对御定经解的大力鼓吹,恰从学术上与弘历所代表的政治威权形成合力,进一步确立了御定经解的新经典地位。

2. 御定经解之学术影响

清初御定经解被树立为王朝新经典,其直接影响有二:

首先,阻滞了程朱理学的进一步发展。程朱理学虽被树立为清王朝官方意识形态,但并没有得到进一步的拓展,有学者甚至感慨,哲学遗风至清初竟然"消歇"①。盖清王朝虽然推尊程朱理学,以"四书""五经"课士,但都是出于维护其统治的需要。清廷表彰汤斌、张伯行等服膺程朱的理学名臣,看重的是其理乱解纷的治世能力与忠贞不贰的个人品节,而不是其绎解程朱的理论水平。康熙帝玄烨天资聪颖,勤奋好学,通过经筵日讲,完成了儒家经典的启蒙与会通,复旁通西学,博学多能,其学术识见反在一般理学名臣之上。事实上,玄烨对一众理学诸臣之学识、品行,不无腹诽。在康熙三十三年的一道上谕中,玄烨称熊赐瓒学识不广,魏象枢见解迂腐、挟仇怀恨;复云:

> 又李光地、汤斌、熊赐履,皆讲道学之人,然而各不相合。李光地,曾授德格勒《易经》。李光地请假回籍时,朕召德格勒进内讲《易》。德格勒奏言:"李光地熟精兵务,其意欲为将军提督。皇上若将李光地授一武职,必能胜任。"反复为李光地奏请。尔时朕即疑之。德格勒又奏:"熊赐瓒所学甚劣,非可用之人。"朕欲辨其真伪,将德格勒、熊赐瓒等考试。汤斌见德格勒所作之文,不禁大笑,手持文章堕地。向朕奏云:"德格勒文甚不堪,臣一时不能忍笑,以致失仪。"既而汤斌出,又向众言:"我自有生以来,未曾有似此一番造谎者,顷乃不得已而笑也。"使果系道学之人,惟当以忠诚为本。岂有在人主之前,作一等语,退后又别作一等语者乎?今汤斌虽故,李光地、德格勒现在也。又熊赐履所著《道统》一书,王鸿绪奏请刊刻颁

---

① [美]余英时《清代思想史的一个新解释》,载其《中国思想传统的现代诠释》,江苏人民出版社,1989年,第20页。

行学官，高士奇亦为作序，乞将此书刊布。朕览此书内，过当处甚多。凡书果好，虽不刻，自然流布，否则，虽刻何益？道学之人，又如此务虚名而事干渎乎？今将此等处，不过谕尔等闻知。朕惟以治天下国家之道存之于心，此等人议论，又何足较也。①

李光地、汤斌、熊赐履、德格勒、王鸿绪、高士奇等人，各携其私，党同伐异，忠诚之本既弃不守，议论之语焉足取信？明讲道学，实与道学相去甚远，宜其为玄烨所轻。此时康熙所衷心推服者，恐惟五百年前之朱子一人而已。（玄烨当众揭臣下之短，与弘历所鼓吹之"圣人"相去甚远。）熊赐履既著有《学统》，又著有《道统》；由前者内容模拟可知，《道统》所叙，正为理学源流。康熙既以为"过当"，听其"自然流布"，乾隆时修《四库全书》，即不予收录。理学名臣之理学著作而不容于以推尊程朱理学相尚的清廷，正与最高统治者驭下之术以及对理学名臣之实际期许密切相关。

御定经解上升为王朝经典，对程朱理学做进一步演绎的空间即大为压缩，从而阻碍了程朱理学的进一步发展。于是，一方面高调地推尊程朱理学，另一方面却又阻碍了程朱理学的发展：这一看似矛盾实则合理的现象，就出现在御定经解被经典化的历程之中。

弘历即位后，"勤思治理，广开言路，俾大小臣工，皆得密封折奏。盖深虑民隐或壅，庶事失理，故公听并观，以求济于实用。诸臣必宅心虚公，见理明彻，虑事周详，各抒忠悃。实有切于国政民依，官方吏弊，然后可以佐朕不逮。故凡言有裨益，立见施行"②。但是，谢济世、李徽之上奏，却引起弘历痛责与讥骂：

迩来诸臣所奏……其中尤可诧怪者，谢济世请用其自注《学》

---

① 《圣祖仁皇帝实录》卷一百六十三，康熙三十三年闰五月癸酉谕大学士之语。《清实录》第5册，第785页。
② 《高宗纯皇帝实录》卷十三，乾隆元年二月庚辰条，《清实录》第9册，第375页。

第七章 清代前期的文化方略与文献纂修

《庸》易朱子《章句》,颁行天下。独不自揣己与朱子分量,相隔如云泥,而肆口诋毁,狂悖已极!且谓明代以同乡同姓,尊崇朱子之书,则直如爨下老婢,陈说古事,虽乡里小儿,亦将闻而失笑也。李徽欲以《孝经》与"四书"并列为五,立义支离,属辞鄙浅,于宋元大儒所论《孝经》源流离合,曾未寓目,即欲变乱历代论定、列于学官、数百年不易之旧章,亦不自量之甚矣。……夫此数人者,皆舆论所推服为读书人而久不见用者也。今朕拔而用之,而数人之识见若此、陈奏若此,岂不有愧于士林之清议,与朕特擢之恩乎?①

谢济世、李徽积极应诏陈策,或欲用其自注《学》《庸》以易朱子《章句》,或欲升《孝经》与"四书"并列,试图改变现有之经典现状,均未正确揣测上意。在弘历看来,谢、李之动议显然对康、雍、乾主持的经学阐释权构成了严重挑战。新经典既已树立,意味着以义理解经的路径已为新经典所垄断,其他人等,非帝非圣,焉容僭越?谢、李应命上奏而被斥,唯有置诸树立新经典的背景下,才可以得到合理之解释。此事堪称弘历尊崇程朱、维护御定经解义理解释权之显例。

其次,迫使学者选择以训诂考据为主的治学方向。以义理解经的治学路径既被御定经解所垄断,且文网日密,学者唯有竞趋于训诂考据一途。这是乾嘉考据学得以独盛的非常重要的原因之一。四库馆臣作为当时最优秀的学术群体,使四库馆成为考据学的大本营。兹以戴震为例。作为其中最有代表性的学者,戴氏著述等身,当时即享有盛名。但其名著《孟子字义疏证》,却是一部讲求义理之学的著作②。在御定经解悬为经典的压力下,戴震为其书采用了一个纯粹具有训诂、考据学意味的书名。戴氏称:"经之至者道也,所以明道者其词也,所以成词者字也。由字以通其词,由词以通其道,必有渐。"(《与是仲明论学书》)虽欲达到

---

① 《高宗纯皇帝实录》卷十三,乾隆元年二月庚辰条,《清实录》第 9 册,第 375—376 页。
② 按:该书分三卷,上卷谈理,中卷谈天道,下道谈性,故今人目为戴氏"最重要的哲学著作"(《点校说明》,[清] 戴震撰《孟子字义疏证》,何文光整理本,中华书局,1981 年,第 1 页)。

治乱交替中的文献传承

"明道"这一义理之学的目的,却仍然采用了从训诂入手的策略,不能不说受到了御定经解所代表的政治威压的影响。

相较义理之学,清代考据之学独盛,尤以乾嘉为盛,这是众所周知的事实。造成这一局面的原因,学界提出各种解说。如梁启超提出"理学反动"说,余英时提出"内在理路"说,王俊义、黄爱平等提出"康乾盛世为主"说。近来,有论者在批评上述诸说之后,提出要从内外两个方面进行分析。内因是"儒家文化积累所产生的知识条理性与真确性的需要",外因是"清廷统治方略的铁腕主导"[①]。诸家各执一说,各得一端[②],均未充分认识到义理之学(程朱理学)本身在清初发展的际遇问题。御定经解被标举为新经典,悬为令甲,则义理之学本身有被皇权垄断的趋势,至少从表面上陷入停滞状态。康熙盛世所提供的物质条件,又为学术的发展提供了极佳的际遇。考据之学遂因势而盛,蔚成大国。

晚清咸同之际,太平天国起而反对清廷,兵燹所至,经籍荡然。有识之士,欲起而刊印经籍,振兴封建文教。其策略,仍欲仿效清初推广御定经解之故事。江苏学政鲍源深之上疏(同治六年[1867]五月前),称:"窃维士子读书,以穷经为本,经义以钦定为宗。臣伏读世祖章皇帝御注《孝经》、圣祖仁皇帝御纂《周易折中》、钦定《书》《诗》《春秋》三经《传说汇纂》,世宗宪皇帝御纂《孝经集注》、高宗纯皇帝御纂《周易述义》《诗义折中》《春秋直解》、钦定《三礼义疏》,皆阐发精微,权衡至当,足使穷经之士,不淆于众说,得所指归。以上各书,请旨敕下各抚藩,先行敬谨重刊,颁发各学,并遵旧例,听书估印售,以广流传,庶使僻壤穷乡,皆知研求经

[①] 以上参《中国经学思想史》第四卷第八十九章《乾嘉考据学形成的历史原因》(姜广辉主编,中国社会科学出版社,2010年,第250—262页)。所谓"统治方略的铁腕主导",是指文字狱等高压政策以及开三礼馆、明史馆、博学鸿儒科等笼络政策。

[②] 例如余英时先生即承认:"我虽然批评了以上各种解释,但我自己提出的'内在理路'的新解释,并不能代替外缘论,而是对它们的一种补充,一种修正罢了。"([美]余英时《清代思想史的一个新解释》,载其《中国思想传统的现代诠释》,第227页。)

学。"①鲍氏所奏,足证御定经解一旦悬为经典,流布全国,即具有统一思想、作育人才之教化功能,甚至到了近代,中兴诸臣仍抱持不放,视为良方。

综上讨论,可知清初诸帝,为与大一统的中央集权政治相适应,采取全面接受汉文化、尊崇程朱理学的文化策略。通过经筵日讲活动,诸帝完成了儒家经典的启蒙。玄烨雄才大略,博学多能,尤能会通儒家思想,下令编纂了系列御定经解及部分理学著作。为进一步巩固思想统治,玄烨从天赋道统、君权出发,赋予御定经解作为本朝新经典的功能,颁赐群臣及书院。胤禛、弘历遵循并强化了这一理论建构,视前任君主为圣人,完成了御定经解的纂修工程,并渐次扩广至天下,成为士人必读之书。四库馆臣对御定经解的认同与推崇,复从学术的角度巩固了新经典地位,也体现了在政治强权推行下的新经典的巨大影响力。新经典的确立,使清廷垄断了对经典的义理解释权,一方面阻碍了程朱理学的进一步发展,另一方面又迫使儒家学者选择训诂考据的治学之路,深刻地影响了乾隆朝以降的思想与学术面貌,决定了传世经典文献的传承路径。

二、清高宗弘历构建极权帝国文献体系的历史背景与制度设计

官修图书是古典文献生成、整理与传承的重要途径,尤以帝王名义进行(或由帝王亲自主导)的图书整理、纂修活动,常能发中秘之藏,征民间之书,拯文献于将灭之际,寓扬弃于编纂之中,构建起同本朝政治态势相适应的文献体系,在古代文献之恢复、整理与传承的历史演进中起决定性作用。汉代刘向、歆父子领校群书,清高宗弘历纂修《四库全书》,是其中最具代表性的两次官修活动。

由清高宗弘历主导的《四库全书》纂修工程,在中国古代史上规模最

---

① [清]鲍源深《请购刊经史疏》,载《同治中兴京外奏议约编》卷五,[清]陈弢编,清光绪刻本。

治乱交替中的文献传承

为宏大,不仅编成了具有百科全书性质的最大的一套丛书,催生了一批附属典籍(如《四库全书总目》《四库全书简明目录》《四库全书考证》《武英殿聚版丛书》《四库全书荟要》等),而且寓禁于征,寓毁于修,造成了古代典籍的空前浩劫,使古代中国的文字之狱达于顶峰。通过纂修《全书》,弘历成功地构建了与极权政体相适应的文献体系,垄断了文化阐释的主导权;既笼络了汉族士人,巩固了清朝统治,也决定了传世文献或存或毁的命运,限制了思想文化多维发展的可能性。故步自封的后果,就是导致晚期中华帝国走向衰落,在西方列强坚船利炮的进攻下举措失宜,节节败退,陷入亡国灭种的空前困境。研究《四库全书》与古代文献传承之论题,不仅能在厘清史实的基础上,明辨弘历苦心营构的制度设计、实施步骤与禁毁策略,总结这项工程对于文献传承的作用与影响,同时也有助于回答中华帝国晚期的"少数族群统治问题"与"满洲问题"①。

关于《四库全书》的研究,自二十世纪以来,渐成显学,即四库学;在史实考辨,尤其是全书纂修历程及《四库全书总目》专题研究方面,已有较为丰硕的学术成果问世,像《办理四库全书档案》《纂修四库全书档案》《四库抽毁书提要》等资料汇编,像《四库提要辨证》《四库全书纂修考》等考证性著作,以及各种目录学史、文献学史中的通论性考察等。对全书禁毁、未收、续修乃至提要著录底本丛书的刊印,形成了四库丛书系列,颇能延续四库馆臣开辟的学术路径,将古代中国主要的文献典籍囊括于内,蔚然称盛。但是,关于《四库全书》与古代文献传承的课题,研究还相对薄弱。为此,本文拟从弘历及其所处时代出发,探讨《四库全书》纂修的历史背景、制度设计、禁毁策略及其对于古代文献传承的学术影响等问题。

---

① 按:"少数族群统治问题",就是"满清何以能统治中国近三百年之久";"满洲问题",就是"在中华帝国晚期,满洲实施统治与汉人实施统治,对历史产生的影响有何不同"。参 Mark C. Elliott, *The Manchu Way: The Eight Banners and Ethnic Identity in Late Imperial China*, Stanford University Press, 2001, pp.2—8, 346—361.

（一）清高宗弘历其人及其时代

作为盛世君主，清高宗弘历是《四库全书》纂修工程的发动者、主持者与最终裁定者，全书及相关典籍的修成，是以弘历为代表的清朝统治上层所实施的文化方略的集中呈现。没有弘历，就没有《四库全书》。对清高宗弘历及其时代予以简要回顾，将有助于了解纂修《四库全书》的宏大的历史背景。

清高宗弘历，姓爱新觉罗，名弘历，清世宗胤禛（年号雍正）第四子。乾隆是其年号，高宗是其庙号。在中国古代帝王中，弘历保持了两项最长的纪录。一是最长寿。弘历生于康熙五十年八月十三日（公元1711年9月25日），卒于嘉庆四年正月初三日（1799年2月7日），享年八十九，是古代中国最为长寿的皇帝。二是掌握最高权力时间最长。雍正十三年八月二十三日（1735年10月8日），清世宗胤禛去世，弘历继位，开始独掌大权；次年改元乾隆。在位六十年后，传位其子清仁宗颙琰（年号嘉庆），自居太上皇①，其实仍大权在握，前后柄政长达六十五年之久，是古代中国掌握最高权力最久的一位皇帝。

清朝以关外少数族群入主中原，袭用传承近两千年的以郡县制为基础的中央集权政治体制。至弘历继位时，清朝开国已有百年，明亡也有九十余年。经过清世祖福临（年号顺治）、圣祖玄烨（年号康熙）、世宗胤禛（年号雍正）三代之励精图治，其时政局稳定，根基稳固，经济发展，军事强盛，人口增加，古代中国进入最为强盛的历史时期（史称"康乾盛世"）。

清代是自宋以来发达的君主独裁制度达到顶点的时代②。从政治上看，自明已降，中央集权体制下的皇帝权力，其集权程度逐步加深。沿袭千年的宰相（丞相）一职，号称百官之长，在一定程度上能分散皇帝的

---

① 以上见《高宗纯皇帝实录》卷一，《清实录》第9册，中华书局，1985年，第138页；又卷一千四百九十四，《清实录》第27册，第988页。

② ［日］岸本美绪《"后16世纪问题"与清朝》，见《清朝的国家认同——"新清史"研究与争鸣》，刘凤云、刘文鹏编，中国人民大学出版社，2011年，第312—313页。

权力,起纠偏止弊的作用;至明代则遭废除,代以内阁,相权遭到分割。清承明制,亦设内阁,同时沿袭满洲亲贵议事的关外作风,根据需要召开议政王大臣会议,议决军国大事。其皇权体系开始由民主合议制走向君主专制①,进而走向独裁体制。为了集中皇权,清帝利用官僚体系以制衡满洲亲贵,削弱其权力与影响;又通过密折制度等监督、掌控官僚体系。清圣祖玄烨,常召亲近大臣于南书房,讨论机要;清世宗胤禛,则设立军机处,与亲信大臣议决枢密。于是议政王大臣会议形同虚设,内阁权力也被弱化。至清高宗弘历时,议政王大臣会议被废止。军机处虽非正式机构,但其地位显赫,承诏问对,上传下达,成为皇帝的秘书、咨询班底;内阁虽存,"其职仅票拟承旨"②而已。军国大权,统于皇帝一人。此时中央集权的政治体制,实际上发展到了"极致"阶段,演变成为一种极权体制:皇帝高踞权力顶端,掌控一切,罕有可以制衡、约束的力量,其权力之大,实已登峰造极。弘历集征服者、家族首领、神权领袖、道德典范、律令制定者、军事统帅、文化艺术赞助者等多重身份于一身③。在皇帝之下,则是人数不多而十分干练的秘书班子兼咨询机构——军机处,军机大臣从殿阁大学士或各部尚书中选任,协助皇帝议决大事;其次才是各部院大臣、地方督抚等,分掌中央及地方政务,根据皇帝旨意处理具体事务。在这种极权体制下,皇帝高踞帝国权力的金字塔顶,拥有无限权威。对此,弘历本人直言不讳:

> 朕为天下主。一切庆赏刑威,皆自朕出。即臣工有所建白,而采而用之,仍在于朕,即朕之恩泽也。④

---

① [美]柯娇燕《中国皇权的多维性》,见《清朝的国家认同——"新清史"研究与争鸣》,第59页。

② 《高宗纯皇帝实录》卷一千一百二十九,《清实录》第23册,第85页。

③ [美]柯娇燕《中国皇权的多维性》,见《清朝的国家认同——"新清史"研究与争鸣》,第54页。

④ 《高宗纯皇帝实录》卷七十一,《清实录》第10册,第140页。

此语简直就是西哲所谓"暴君剥夺臣民,算是公正;暴君让臣民活着,算是施恩"之注脚①。弘历又曰:

> 朕临御以来,事事推心置腹,以至诚接待臣工……况乾纲独断,乃本朝家法。自皇祖、皇考以来,一切用人听言,大权从无旁假。即左右亲信大臣,亦未有能荣辱人、能生死人者。盖与其权移于下,而作福作威,肆行无忌。何若操之自上,而当宽而宽,当严而严?此朕所恪守前规,不敢稍懈者。②

弘历公开宣称"乾纲独断,乃本朝家法",足见其自信、傲慢与毫无顾忌。清朝崛起关外,在人身关系上,还带有北方少数族群主奴依附的烙印,而不仅仅是君臣相对的关系。所以在弘历看来,他人非臣即奴③,毫无平等可言,对帝国大事,没有任何决定权,最多只有建议权;而臣子的建议,采用与否,尚在两可之间;如果幸而被纳,也是出于皇帝的"恩泽"。臣子如有妄议,即被打压或惩罚(见前节谢济世、李徽例)。在极权体制下,弘历拥有绝对的权力与无上的权威,所以能"乾纲独断"。极权帝王君权天授、独裁一切的政治特性④,赋予其当然的政治合法性与道德优

---

① [法]卢梭《论人类不平等的起源和基础》,李常山译,商务印书馆,1997年,第135页。
② 《高宗纯皇帝实录》卷三百二十三,《清实录》第13册,第334页。
③ 弘历之父清世宗胤禛,于雍正二年七月丁巳,颁布亲制《朋党论》,从理论上树立君主的绝对权威。其开篇即云:"朕惟天尊地卑,而君臣之分定,为人臣者,义当惟知有君。惟知有君,则其情固结不可解,而能与君同好恶。夫是之谓一德一心而上下交。"(见《世宗宪皇帝实录》卷二十二,《清实录》第7册,第357页。)把儒家君臣相对的互动关系变成了臣子绝对服从君主的单向关系。臣子惟君主好恶是瞻,则独立之人格与批判之精神自然无从谈起。
④ 黄宗羲对独裁体制下君主的角色已有深刻的思考。《明夷待访录·原君》指出:"后之为君者不然,以为天下利害之权皆出于我,我以天下之利尽归于己……其既得之也,敲剥天下之骨髓,离散天下之子女,以奉我一人之淫乐,视为当然,曰'此我产业之花息也'。然则为天下之大害者,君而已矣。""今也天下之人怨恶其君,视之如寇雠,名之为独夫,固其所也。"(《黄宗羲全集》第一册,浙江古籍出版社,1985年,第2—3页。)后世视极权统治者为"独夫""民贼",良有以也。

越感,从而能凌驾于万千臣民与官僚机构之上。

由于政局稳定,加上清廷采取了相对宽松的赋税政策,鼓励贫民开荒拓边,同时新的农耕技术得以运用,新的经济作物(如番薯、玉米等)种植区域不断扩大,因此在弘历执政时期,生产力有了很大的提高,经济发展进入了良性轨道,社会财富得以大幅增加。据记载,乾隆十八年(1753)全国田地数字为735,214,536亩,较顺治十八年(1661)的549,357,640亩有大幅增加①。另据估算,乾隆时期共增加耕地约1.5亿亩,每年增加达210万亩之巨,全国耕地面积则达到10.5亿亩②。最能说明问题的是人口的增加。据统计,乾隆六年,全国人口为1.4341亿,至乾隆六十年,不过半个世纪,人口已达2.9696亿,总数竟然增长一倍以上,年均增长率高达12.9‰③;根据嘉庆《大清一统志》,嘉庆二十五年(1820)时,全国可考的十四省户数为49,589,715,人口数为264,278,228④。这是古代中国人口增长最快的历史时期。人力资源充足,对以小农经济为主的大国来说,乃是立国之本、赋税之源,是帝国强盛的根基与体现。弘历主政时,屡次劳师征伐,多次蠲免赋税,而赈济灾荒、治水浚河、大兴土木,无不耗费巨帑,却能保持国库始终充盈。弘历继位之初,国库存银三千馀万两;退位时,存银达七千馀万两,有增无减⑤。经济发展,财政无忧,为乾隆平叛靖边、治理天下提供了充足的财力支持。

清朝入主中原之后,不仅采用郡县制中央集权的政治体制,而且全盘接受汉文化,把儒家思想,尤其是程朱学说,作为新朝的统治思想。因为中国之所以为中国,奥秘全在于以汉字为主要载体的文化传统⑥;在

---

① [美]何炳棣《中国古今土地数字的考释和评价》,中国社会科学出版社,1988年,第104页。
② 戴逸《乾隆帝及其时代》,中国人民大学出版社,1992年,第307页。
③ 戴逸《乾隆帝及其时代》,第325页。
④ [美]何炳棣《明初以降人口及其相关问题:1368—1953》,葛剑雄译,生活·读书·新知三联书店,2000年,第66页。
⑤ 戴逸《乾隆帝及其时代》,第468页。
⑥ Odd Arne Westad, *Restless Empire: China and The World Since* 1750, Basic Books, 2012, pp.3—4.

这一传统里，讲究中央一统，协和万邦。因此，入主中原的少数族群，无不努力营建本朝作为中央王朝正统的统治体系，保持勃勃向上的强盛气象。

弘历自六岁起，即开始接受系统的程朱理学教育。弘历自称："朕自幼读书宫中，讲诵二十年，未尝少辍，实一书生也。"①九岁时，翰林院庶吉士福敏为之启蒙授读。雍正元年（1723），徐元梦、张廷玉、朱轼、嵇曾筠四人担任弘历的师傅，后来又增加蔡世远为专职教读。以上诸人，均主程朱理学。福敏、朱轼、蔡世远，对弘历影响最大。乾隆四十四年（1779），弘历撰《怀旧诗》二十三首，前三首分别怀念"龙翰福先生""可亭朱先生""闻之蔡先生"，自称于三先生分别"得学之基""得学之体""得学之用"。其怀蔡世远诗云：

> 先生长鳌峰，陶淑学者众。奉命训吾曹，风吟而月弄。虽未预悬勤，八载寒暑共。常云三不朽，德功言并重。立言亦岂易？昌黎语堪诵。气乃欲其盛，理乃欲其洞。是实为学方，虚车徒驾耍。因以书诸绅，未敢妄操纵。德功吾何有？言则企该综。呜呼于先生，吾得学之用。

自注云："自甲辰至辛亥，从学凡八年，昕夕讲诵无少辍。"②从学八年（1724—1731），正是弘历由少年长成青年的黄金时期（十四岁至二十一岁），因此打下了坚实的汉文化根基。弘历能诗善文，诗作高达43000多首，是中国最多产的诗人。弘历还是收藏家、鉴赏家，论者至有"文化巨人"之目③。弘历对其汉文化修养，也十分自负。乾隆八年，弘历告诫王公宗室保持满洲旧例、奋勉习学，有云：

---

① 《高宗纯皇帝实录》卷五，《清实录》第9册，第232页。
② ［清］爱新觉罗·弘历《御制诗四集》卷五十八，《景印文渊阁四库全书》第1308册，第284页。
③ 按：欧立德《乾隆帝》第七章，即以"文化巨人"为题。见［美］欧立德（Mark C. Elliott）《乾隆帝》，青石译，社会科学文献出版社，2014年，第154—181页。

治乱交替中的文献传承

> 且满洲、蒙古、汉人,皆有一定之理。<u>即以汉人文学而论,朕所学所知,即在通儒,未肯多让</u>。此汉人所共知者。亦由朕于书文,勤加披览,不染委靡之习故耳。①

弘历主持纂修《四库全书》,对征缴上来的典籍,常能透过字里行间嗅出"违碍"的蛛丝马迹,这种分文析字、深文周纳、驰骋联想、无限上纲的能力,不能不说是拜其深厚的汉文化素养所赐。

清朝崛起关外,利用李自成倾覆明祚的有利时机,乘间入关,逐鹿中原,竟得天下。八旗兵强悍的作战能力是其成功的重要保证,故清初诸帝,无不葆有尚武传统。当弘历之世,八旗劲旅雄风犹在,弘历以之镇压内乱,抵御外敌,底定新疆,以所谓"十全武功"②而自号十全老人。在弘历手中,基本奠定了今日中国的版图格局,这是弘历最为辉煌的历史伟绩。在尚武传统下,弘历本人也勤习武事,谙熟骑射。《高宗纯皇帝实录》开篇即说:

> 上生而神灵,天挺奇表,珠庭方广,隆准颀身。发音铿洪,举步岳重,规度恢远,嶷然拔萃。自六龄就学,受书于庶起士福敏,过目成诵。课必兼治,进业日勤,动契凤悟。洎康熙壬寅,年十二,祗谒圣祖于圆明园之镂月开云。见即惊爱,命宫中养育,抚视周挚。备荷饴顾恩慈,亲授书课,教牖有加。偶举《爱莲说》以试,诵解融彻,奖悦弥至。命学射于贝勒允禧,学火器于庄亲王允禄,肄辄擅能,精传家法。每呈彀官门,习围南苑,闾体审机,叠发奇中。垂髫英武,观者莫不钦为天授。而神枪宝鞬,准的具存,贻诲有深焉者。其年秋,随侍圣祖巡避暑山庄,赐居万壑松风,读书其中。一日望见御舟

---

① 《高宗纯皇帝实录》卷二百二,《清实录》第 11 册,第 595 页。
② 弘历《十全记》云:"十功者,平准噶尔为二,定回部为一,扫金川为二,靖台湾为一,降缅甸、安南各一,即今二次受廓尔喀降,合为十。"(《高宗纯皇帝实录》卷一千四百一十四,《清实录》第 26 册,第 1018 页。)

泊晴碧亭畔，闻圣祖呼名，即趋岩壁而下。顾谓勿疾行，恐致蹉跌，爱护殊常。狮子岭之北，为世宗藩邸扈跸时赐园。圣祖幸园中进膳，特命孝敬宪皇后率孝圣宪皇后问安拜觐。天颜喜溢，连称有福之人，以上豫信也。木兰从狝，入永安莽喀围场，命侍卫引射熊，取初围获熊兆。甫上马，熊突起，控辔自若，圣祖御枪殪之。事毕，入武帐，顾语温惠皇贵太妃曰："是命贵重，福将过予。"恩鉴之神，灼然知圣母圣子允能膺受多福，引觊方来，深信不爽者如此。雍正元年癸卯，春正月，次辛祈谷礼成，是为世宗登极后初次大祀之典。召上入养心殿，赐食一脔。意已为他日付托之本，志早先定，仰告昊苍，故俾承福受胙也。①

开篇文字，力图把弘历描述成生而神灵、福泽天授的英明帝王②，虽然不无夸饰的成分，但弘历很早就表露出过人的文采、武艺，深受乃祖玄烨、乃父胤禛之宠爱，当是事实。早年被圣祖玄烨养育宫中的经历，弘历多次深情忆及。雍正元年，弘历即被秘密立为储君；及至继位，清廷内外均视为理所当然，因而波澜不惊。这与前此诸帝即位前后之争夺杀戮、血雨腥风相比，实有天壤之别。当然，这也与秘密立储制的建立密切相关。

清圣祖玄烨、世宗胤禛是对弘历影响最大的两位皇帝。玄烨宏图伟略，深谋远虑，平定三藩，招降明郑，功业称盛，惟晚年施政，失于宽纵。胤禛殚精竭虑，勤于政事，深刻断制，以律下严苛著称。弘历更像是乃祖、乃父之集合体：志向远大，能力超群，洞悉几微，为政讲究宽严得中。弘历既有冷酷、血腥的一面，如镇压抗清之士，用兵西北时殃及无辜民众，乃至诛杀像讷亲、张广泗等满洲亲贵大臣、军功名将，均毫无犹疑；又有为政宽厚的一面，如赦免雍正时代遭囚禁的皇室成员、被革职或抄家

---

① 《高宗纯皇帝实录》卷一，《清实录》第9册，第139—140页。
② 按：欧立德考察了"乾隆"一词作为年号的意义，指出无论是汉语还是满语（Abkaiwe-hiyehe），"所要表达的意思都是天意与帝王统治的一致性"。（参氏著《乾隆帝》，青石译，第17页。）

的能吏良将,以及赈灾济困、普免钱粮①等。

弘历精力过人,勤于政事,六十年如一日。曾任军机处行走的赵翼,记其勤政云:

> 上每晨起,必以卯刻。长夏时天已向明,至冬月才五更尽也。……自十二月二十四日以后,上自寝宫出,每过一门,必鸣爆竹一声。余辈在直舍,遥闻爆竹声自远渐近,则知圣驾已至乾清宫。计是时,尚须燃烛寸许,始天明也。余辈十馀人,阅五六日轮一早班,已觉劳苦,孰知上日日如此。然此犹寻常无事时耳。当西陲用兵,有军报至,虽夜半亦必亲览,趣召军机大臣指示机宜,动千百言。余时撰拟,自起草至作楷进呈,或需一二时,上犹披衣待也。②

清高宗弘历所处的时代,正当十八世纪。在世界的西方,英国开始了产业革命,机器工业、社会化大生产开始出现;法国出现了启蒙运动,爆发了资产阶级大革命,制订了《人权宣言》;在北美,诞生了新兴的资本主义国家美国,三权分立,宣扬"天赋人权"。人类历史由此进入新的纪元。但是,由于天然的地理阻隔及长期的历史惯性,弘历未能超越他的时代,将其目光投向更为遥远的西方,未能对西方的交流需求做出积极的响应。相反,他仍然在传统的文化体系与自然疆域内实施极权统治,按照既有的规程与惯性,管理庞大的中央帝国,平叛御侮,底定边疆,闭关自固,期望基业永存。这位才华出众、精力过人、勤于政事的极权统治者,武功既达于极盛,文治方面势必有所作为。纂修《四库全书》,就是弘历在思想文化方面最大的建树,对中央集权的大一统帝国的正统文献体

---

① 乾隆六十年十月乙酉,普免天下地丁钱粮。谕称:"朕自临御以来,勤求民隐,日有孜孜,惟期藏富于民,家给人足。仰荷昊苍眷佑,列祖贻庥,寰宇升平,重熙累洽,行庆施惠,闾泽频加。节经普免天下漕粮三次,地丁钱粮四次,其馀遇有偏灾,随时蠲赈,不下亿千万两。近将各省积欠钱粮,概行蠲免,又复数千馀万两。所以子惠元元,休养生息者,至周且渥。"(《高宗纯皇帝实录》卷一千四百八十八,《清实录》第27册,第909页。)

② [清]赵翼《檐曝杂记》卷一"圣躬勤政"条,中华书局,1982,第6—7页。

系之构建及古代文献之传承,作用巨大,影响深远,值得今人细加论析。

(二) 弘历发动纂修《四库全书》的历史背景

纂修《四库全书》,无疑是一项极为宏大的文化工程。如果向前追溯清朝的文治策略,就会发现,《四库全书》的纂修并非一个孤立的事件,而是受到帝王修书传统、清初诸帝的文化方略及弘历构建极权帝国文献体系之恢宏愿景等因素影响下的产物。

1. 历代帝王的修书措施

自有文字记录以来,文化典籍即成为文明的重要载体,凝固了人类的历史经验、生存智慧与思想情感。历代统治者无不深知文化典籍的重要性。《隋志序》开篇体现出来的文献认识,堪称代表(参见本书第四章第一节)。显然,掌握文化典籍的主宰权,是历代帝王维系并保障其统治的当然选择。由于历史际遇、帝王抱负的不同,对文化典籍的操控手段也有所不同。综合起来看,大致有以下几种:

甲、设官分职,委员典掌。如《周礼·春官》:"大史掌建邦之六典,以逆邦国之治。""小史掌邦国之志,奠系世,辨昭穆。""外史掌书外令,掌四方之志,掌三皇五帝之书,掌达书名于四方。""御史掌邦国都鄙及万民之治令,以赞冢宰。"《汉志》春秋类小序云:"古之王者,世有史官,君举必书,所以慎言行、昭法式也。左史记言,右史记事。事为《春秋》,言为《尚书》,帝王靡不同之。"① 史官即因专司典籍而设,其文字记录都是历史资料,后世经史文献,即从此而出;著名的"六经皆史"之说,亦基于此。历代均设有掌领文化典籍之机构与官员。司马氏世典周史,太史公方能成其《史记》;班固曾任兰台令史,所以能著其《汉书》。

乙、禁毁。对于己不利、动摇人心的学说,统治者为禁其传播,常对相关典籍,予以禁毁。"禁"者,阻止其传播;"毁"者,烧毁其实物(如简牍、帛书、板片、纸本等)。秦始皇焚书坑儒、隋炀帝禁毁谶纬,即是其中显例。

---

① [汉]班固《汉书》卷三十,中华书局,1962年,第1715页。

丙、整理。如果没有天灾人祸的阻滞,在纵向发展的历史进程中,传世文献当然会呈现持续增加的发展态势。如何面对前人留下的文化遗产,如何使之成为有利于统治的工具,就是历代帝王需要面对的问题。因此,对存世文献进行符合需要的整理,就成了必然的选择。汉成帝时,刘向、歆父子奉命领校群书,对先秦以来、秦火以后的存世文献进行大规模的整理,构建了一套与中央大一统帝国相适应的文献体系,保存了大批传世文献,厥功称伟。

丁、纂修。盛世修书,是历来统治者竞相以"稽古右文"相标榜的文治传统。如果说,禁毁与整理,是较为消极地对待存世文献;那么,纂修新书,则是吐故纳新、化为己用的积极手段。历代官修典籍,如唐初修《五经正义》,明初修《五经四书大全》,清初御定各种经解与史籍,都可作如是观。

以上手段,积极与消极并存,通常兼而用之,于整理中有禁毁,在纂修时有取舍。弘历下令纂修《四库全书》,即是寓禁于征、寓毁于修的典型。

2. 清初诸帝的文化方略

顺治元年(1644),清军入关,先后击败李自成、张献忠等军事、政治集团,倾覆南明政权,奄有天下。但是,满洲以少数族群崛起关外,其人口数量、生产水平、文化发展均与关内不可同日而语①。面对广袤的国土、众多的臣民、深厚博大的传统文化、难以彻底根除的反清思想与武力扑灭的起义之举,清朝诸帝"日益面临着沦为自己成功的牺牲品的危险"②,时刻处于社稷倾覆、江山易姓的深切忧惧之中。这是清朝帝王与

---

① 入关之前,满洲八旗有三百一十个牛录,蒙古八旗一百一十八个牛录,汉军八旗一百六十四个牛录,按当时规定一牛录大致为二百丁来推算,满洲八旗有男丁六万二千,蒙古二万三千六百,汉军三万二千八百,合计十一万八千四百丁。经过连年征战,到顺治五年,满洲八旗仅有五万五千三百三十丁。(参周远廉《顺治帝》,吉林文史出版社,1993年,第35页。)满汉人口比例,达到惊人的1:35。(见 Mark C. Elliott, *The Manchu Way: The Eight Banners and Ethnic Identity in Late Imperial China*, p.2.)

② [美]欧立德《乾隆帝》,第7页。

生俱来的生存焦虑,迫使他们无法高枕而眠,必须殚精竭虑,有所作为①。

如何维系人心、稳固统治,成为清朝统治者急需解决的棘手问题。清初诸帝及满洲上层深切意识到,要对如此幅员辽阔的广袤帝国实施有效的统治,单凭武力是远远不够的,必须要在文化上、思想上实施高明的策略,使前明遗民在文化心理、思想认知上接受新朝、认同新朝,最终成为驯服的新朝子民,自觉以大清子民的身份行事。为此,清朝上层实施了一系列的举措。首先,保持武力威慑。清军入关后,曾经制造了"扬州十日""嘉定三屠"等骇人听闻的大屠杀。天下初定,清廷在葆有本族尚武传统、巩固满蒙联盟的基础上,由八旗兵驻防全国要地,维持高压的军事态势。旗人成为世袭的职业军人阶层。其次,全盘接受前明政治体制与结构(即所谓"清因明制"②),在保持延续性的基础上进行因革损益。清廷大量招降、任用前明臣僚,保证政权的运转与过渡;同时又预为之防,凡属要职,均实行以满人为主的满汉复员制。奏折制度与军机处这两项制度创新,为清帝了解臣民动态、加强极权提供了有力的手段,为乾隆时期令人瞩目的军事成就的取得,提供了助力。"如果说奏折是在帝国系统中循环的血液和氧气,那么军机处就是帝国的心和肺。没有军机处,乾隆的权力就不可能如此集中。"③再次,在葆有关外文化传统、加强

---

① 试从清朝诸帝的甘苦自道中窥其一斑。如福临云:"焦心劳思,以求化理,夙夜祗惧,不敢荒宁。""夙夜冰兢,罔敢怠忽。"(以上二条,分见《世祖章皇帝实录》卷八十八、九十九,《清实录》第 3 册,第 691、771 页。)玄烨云:"夙夜兢惕,不敢怠荒。""翼翼兢兢,五十馀年如一日。"(以上二条,分见《圣祖仁皇帝实录》卷八十二,《清实录》第 4 册,第 1050 页;又卷二百五十六,《清实录》第 6 册,第 536 页。)胤禛云:"朝乾夕惕,惟恐有负皇考付托之重。""日夕忧勤,惟以爱民为念。"(以上二条,分见《世宗宪皇帝实录》卷四十五、五十八,《清实录》第 7 册,第 668、877 页。)

② 谢国桢《清初利用汉族地主集团所施行的统治政策》,明清史国际学术讨论会秘书处论文组编,《明清史国际学术讨论会论文集》,天津人民出版社,1982 年,第 237 页。

③ [美]欧立德《乾隆帝》,第 42 页。

治乱交替中的文献传承

满洲文化认同的同时①,全面接受汉文化,把儒家思想作为统治思想。于是礼敬孔子,尊奉程朱,开科取士,举行经筵,征召鸿儒,努力塑造本朝作为前代继承者的形象,试图把前明知识阶层、文化精英纳入本朝统治体系内,使之认同、服务于本朝。

顺治元年(1644)十月丙辰,清世祖福临以孔子六十五代孙孔允植袭封衍圣公,孔允钰、颜绍绪、曾闻达、孟闻玺等袭五经博士②。顺治九年九月癸巳,"午门前赐衍圣公、五经博士、四氏子孙、祭酒司业、学官等袍帽,监生每名银一两,吏典每名银四钱。又赐敕勉励师生。祭酒捧至彩舆,同迎导至太学开读行礼。"③顺治十二年三月壬子,福临宣称:"朕惟帝王敷治,文教为先;臣子致君,经术为本……今天下渐定,朕将兴文教,崇经术,以开太平。"④康熙二十三年十一月己卯,玄烨南巡,亲至曲阜祭孔,行三跪九叩礼⑤。以征服之主、帝王之尊而行此大礼,足见尊崇。玄烨祭孔,更具象征意义,是满族汉化至最高程度"在礼仪上的表现"⑥,昭示着清朝对儒家文化传统的全面礼敬与全盘接受。雍正五年七月癸酉,胤禛道出了清廷礼敬孔子、尊奉儒家思想的原因:

> 朕惟孔子以天纵之至德,集群圣之大成。尧舜禹汤文武相传之

---

① 按:清朝在入关之前,是作为一种不同于关内的异质文化而存在的,表现在以下方面:对女真、蒙古文明的继承与吸纳;萨满教;满语;渔猎、采集、游牧、农耕混合型经济,特别强调的是森林狩猎经济;共议制下的统一和集中;崇尚法治,整体权利和义务概念明确;严主奴名分;组织严密,纪律严明;求真务实的思维方式和行为方式。(参阅成康《也谈满族文化》,《清史研究》,2002年第2期,第31页。)乾隆帝促进满洲民族认同的措施有:推进满语的使用、整理并编辑历史资料、书写赞美满洲故土的诗歌、整编宗教礼仪及庆祝满洲的尚武文化等。(参[美]欧立德《乾隆帝》,第80页。)

② 《世祖章皇帝实录》卷九,载《清实录》第3册,第92—93页。
③ 《世祖章皇帝实录》卷六十八,《清实录》第3册,第539—540页。
④ 《世祖章皇帝实录》卷九十,载《清实录》第3册,第712页。
⑤ 《圣祖仁皇帝实录》卷一百一十七,《清实录》第5册,第231—232页。
⑥ [美]何炳棣《捍卫汉化——驳罗友枝之〈再观清代〉》,见《清朝的国家认同——"新清史"研究与争鸣》,第41页。

道,具于经籍者,赖孔子纂述修明之。而《鲁论》一书,尤切于人生日用之实,使万世之伦纪以明,万世之名分以辨,万世之人心以正,风俗以端。若无孔子之教,则人将忽于天秩天叙之经,昧于民彝物则之理,势必以小加大,以少陵长,以贱妨贵,尊卑倒置,上下无等,干名犯分,越礼悖义。所谓君不君,臣不臣,父不父,子不子。虽有粟,吾得而食诸? 其为世道人心之害,尚可胜言哉。惟有孔子之教,而人道之大经,彝伦之至理,昭然如日月之丽天,江河之行地。历世愈久,其道弥彰。统智愚贤不肖之俦,无有能越其范围者。纲维既立,而人无踰闲荡检之事,在君上尤受其益。《易》曰:"君子以辨上下,定民志。"《礼运》曰:"礼达而分定。"使非孔子立教垂训,则上下何以辨? 理制何以达? 此孔子所以治万世之天下,而为生民以来所未有也。使为君者,不知尊崇孔子,亦何以建极于上,而表正万邦乎? 人第知孔子之教,在明伦纪,辨名分,正人心,端风俗。亦知伦纪既明,名分既辨,人心既正,风俗既端,而受其益者之尤在君上也哉! 朕故表而出之,以见孔子之道之大,而孔子之功之隆也。①

顺治朝还开科取士,举行经筵典礼,编纂御定经解。尤其是开科取士,以科第和功名为诱饵,为底层知识分子开辟了上升空间,这对于希图能够治国、平天下,至少能"光宗耀祖和平步青云"②的汉族士子来说,无疑最具吸引力,大大增强了他们对新朝的认同感。上述举措,均为康熙朝、雍正朝所沿袭。康熙十八年(1679),举行博学鸿儒试,取中五十名,分等授官,使修《明史》,以进一步笼络前明遗民暨汉族杰出学者。

与此同时,清廷还大兴文字之狱。当顺、康之际,天下未定,文网稍疏;至雍正时,天下大局已定,文网趋严。据不完全统计,顺治朝有文字狱五起,康熙朝有十一起,雍正朝有二十五起,至乾隆朝,则在一百三十

---

① 《世宗宪皇帝实录》卷五十九,《清实录》第7册,第905—906页。
② 谢国桢《清初利用汉族地主集团所施行的统治政策》,第229页。

五起以上①。"清风不识字,何故乱翻书","明月有情还顾我,清风无意不留人",类似涉及"明""清"以及"夷""夏"之防的敏感字句,都因触及清廷忌讳而引起文字之狱②。通过屡兴文字大狱,清廷进一步消磨了汉族士子的反叛、不服之志,使一般读书人噤若寒蝉。

上述统治方略,均为弘历所继承。纂修《四库全书》,可以视为上述方略在乾隆朝的继承与发展。

3. 清高宗弘历构建极权帝国文献体系的宏伟构想

弘历嗣位,高踞极权体制的权力核心、金字塔顶,拥有至高无上的权威与荣耀,君临天下,乾纲独断。乾隆十三年(1748)二月己卯,弘历诣曲阜孔庙,行三跪九叩礼③,如康熙故事,标志其对既有文化方略的贯彻与遵循;至癸未,复登泰山,致祭岱岳庙④,如历代帝王故事,这一举动被视为对其天子地位的自我确认。能让弘历钦服心折者,恐唯有乃祖康熙帝玄烨一人而已,以至于晚年传位其子颙琰(年号嘉庆)时,也以不敢超过乃祖在位六十一年之记录为说辞。事实上,与玄烨的雄才大略相比,弘历并不逊色,祖孙二人同具过人的文韬武略,建立了不世功业。弘历兴师平乱,弭平准噶尔与回部,底定新疆;发兵御侮,大败廓尔喀,扬威绝域异国;接纳万里归国之土尔扈特部族,使之重归祖国等,均是中国历史上浓墨重彩的华章。据研究,在乾隆时代,大清疆域"令人吃惊地"扩大了三分之一,仅次于十三世纪成吉思汗所建立的蒙古帝国⑤,奠定了今日中国版图的基本格局;弘历巩固边疆、团结内部族群的努力与成效,延续至今。其赫赫武功,应予肯定。四库馆臣称其"功烈之盛,为千古帝王所

---

① 胡奇光《中国文祸史》,上海人民出版社,1993年,第175页。
② 陈登原《国史旧闻》卷五十四"清风诗紫牡丹诗"条,中华书局,2000年,第449—450页。按:陈氏概括文字狱之源起有七端:(一)批评时政之禁止,(二)满俗稚野之嫌讳,(三)对比明清之妒忌,(四)是古非今之反对,(五)中外限防之憎恶,(六)皇权绝峰之维持,(七)思想自由之统制。(《国史旧闻》卷五十四"清文字狱"条,第451—457页。)
③ 《高宗纯皇帝实录》卷三百九,《清实录》第13册,第51页。
④ 《高宗纯皇帝实录》卷三百九,《清实录》第13册,第56页。
⑤ [美]欧立德《乾隆帝》,第124页。

未有"(《四库总目》卷四十一《钦定西域同文志》提要),确有事实依据,并非全属谀上之词。

弘历继位时,反清力量未能根除,不奉清朝正朔的遗民意识仍然存在;而民间藏书极富,其中必有宣扬反清思想的"违碍"书籍,为士子所阅读与传播。如何能尽收天下典籍并加以改造,使之成为维护统治的有力工具?弘历在保持武力镇压与扩张、政治独裁与高压的同时,继承了清初帝王既有的文化方略,大兴文字之狱;而纂修《四库全书》,则是弘历超迈前人的文化举措,达到了清代文治的高峰[①]。借"稽古右文"、纂修《四库全书》之机,弘历将天下藏书网罗齐备,甄别处理,或刊刻,或抄录,或存目,或禁毁,对存世图书全面"清洗"一空;又通过"钦定""御纂"等名义,新修本朝的开国史、制度史、文化史,完成对本朝历史叙事的建构。上述两个层面的努力,实为一"破"一"立"、正反相合,最终修成门类齐全、蔚为大观的《四库全书》。弘历修书的根本目的,是以保障极权体制为出发点,构建文献体系,树立文化权威,彰显文治之盛,维护满洲统治。

乾隆三十九年十月十四日(公元 1774 年 11 月 17 日),弘历命建文渊阁于文华殿后,其《文渊阁记》曰:

> 国家荷天庥、承佑命,重熙累洽,同轨同文,所谓礼乐百年而后兴,此其时也。而礼乐之兴,必借崇儒重道,以会其条贯。儒与道,匪文莫阐。故予搜四库之书,非徒博右文之名,盖如张子所云"为天

[①] 王重民先生曰:"(乾隆)假借'稽古右文'的美名,提出纂修《四库全书》的办法,想借以烧尽杀绝有民族思想的一切文化典籍。这才是乾隆纂修《四库全书》的真正目的。所以说乾隆纂修《四库全书》是康熙以来文化教育政策的继续,也是他'十全武功'的继续。"(王重民《论〈四库全书总目〉》,《北京大学学报》,1964 年第 2 期,第 62 页。)又有学者认为,从乾隆三十九年(1774)至四十八年(1783)十间年,涌现六十多起文字狱案,是乾隆时期文祸的第二高峰,同时也是清代文祸与古代中国文祸的顶峰。"大体说来,乾隆朝之于顺、康、雍三朝,既传下了以文字狱整汉人民族意识、以文字狱反朋党的成规,又创造了从查办禁书里制造文字狱、从疯子呓语、怪人奇谈里制造文字狱的新法。正因为这样,乾隆朝的文字狱就比前三朝更为阴毒、更为荒唐。"(胡奇光《中国文祸史》,第 175 页。)这一古代中国文字狱的高峰时期,正好是弘历纂修《四库全书》的历史时期。

地立心,为生民立道,为往圣继绝学,为万世开太平",胥于是乎!故乃下明诏,敕岳牧,访名山,搜秘笥;并出天禄之旧藏,以及世家之独奔。于是浩如渊海,委若邱山,而总名之曰《四库全书》。盖以古今数千年、宇宙数万里,其间所有之书虽夥,都不出四库之目也。①

弘历此文,展示了超迈前人的弘伟抱负。弘历从天赋皇权的政治合法性出发,为其纂修《四库全书》之举措,赋予了会通儒、道,兴起礼乐的文化使命;同时强调,此举并非贪图"稽古右文"的虚名,而是要达到宋儒张载所主张的"为万世开太平"的最高境界。毫无疑问,弘历所开的"太平",当然是其极权统治的"太平"。弘历由治统出发,而承担起道统、学统之使命,并在纂修《四库全书》一事上达到了高度统一。网罗古今、域内之书而熔为一炉,实为应有之义。

(三)弘历纂修《四库全书》之制度设计

纂修大型图书,因其"大",通常需要强有力的理论或政治权威做主导,需要优秀的学术群体承担其事,需要健全的组织体系保证运行,需要强大的人力物力作为后盾。清朝是古代中国最后一个封建王朝,各项制度堪称完备,文献资料极为丰赡。通过梳理乾隆一朝史料,尤其有关纂修《四库全书》的档案资料来看,弘历在实施纂修《四库全书》宏大的文化工程之时,既有隐晦的终极目标、宏伟的理想建构,也有精心设计的制度安排、实施步骤与禁毁策略。为网罗存世典籍(尤其是民间藏书),从而对"违碍"内容予以禁毁,弘历设立了庞大的、高规格的修书机构(即四库全书馆);对纂修人员,制订了严格的奖惩条例,以保障全书之纂修能卓有成效地运转并克期完成。

1. 设立专馆,选官任职

设立专门机构,选官任职,表明纂修工作全面而有序的展开。纂修《四库全书》的专设机构,官称为"办理四库全书处"。乾隆三十八年

---

① 《高宗纯皇帝实录》卷九百六十八,《清实录》第20册,第1211页。

(1773)三月二十三日,内阁奉上谕:"此次考列二等之陆蓉等十四名内,有愿在办理四库全书处效力者,准其在誊录上行走。"①"办理四库全书处"一名,首见于此,则至迟不晚于此日,这一专门纂修机构已经成立。同年闰三月十一日,办理诸臣首次以"办理四库全书处"之名义,向弘历上奏言事②。这一机构又简称作"四库全书处""全书处"。如同年三月二十八日,内阁奉上谕:"英廉着充四库全书处副总裁官。"③又乾隆四十四年七月,"全书处遵将乾隆四十四年四月初起至六月底止,呈进过全书七次,内缮写讹错,奉旨记过,应行汇核之总裁、总阅、总校、分校逐次开具于后。"④

按惯例,大型图书的编纂机构通常习称为馆,如明史馆、实录馆、一统志馆等。办理四库全书处,因此又习称作"四库全书馆",简称"四库馆"。乾隆三十八年五月十六日,安徽学政朱筠上奏购献遗书事宜,中称"臣程晋芳现在四库全书馆与充纂校之事"⑤,首见"四库全书馆"之称。同年九月十五日,两江总督高晋上奏续购遗书事宜,将所得之书,"开列清单,恭呈御览,仰恳敕交四库馆总裁大臣核定饬取,即行解送"⑥,首见"四库馆"之称。乾隆四十一年六月初三日上谕内,称"昨四库馆呈进哀集《永乐大典》散篇内,有《麟台故事》一编"⑦云云。可见弘历本人,也将办理机构省称作四库馆。

办理四库全书处,最初设于翰林院内。乾隆三十八年三月二十八日,弘历下诏曰:"现在查办四库全书之翰林官等,着照武英殿修书处之

---

① 中国第一历史档案馆编(张书才主编)《纂修四库全书档案》,第四十二条,上海古籍出版社,1997年,第66—67页。按:编者为每一条档案均拟写了标题,因非原据档案所有,且为简略计,本书征引时从略。
② 《纂修四库全书档案》,第四十九条,第74—75页。
③ 《纂修四库全书档案》,第四十四条,第69页。
④ 《纂修四库全书档案》,第六三二条,第1063页。
⑤ 《纂修四库全书档案》,第七十二条,第115页。
⑥ 《纂修四库全书档案》,第一〇七条,第152页。
⑦ 《纂修四库全书档案》,第三二七条,第518页。

例,给与饭食。即交福隆安派员经理。"①随着办理事务日繁,人员不断增加,机构随之扩大,部分事务另在武英殿办理,因此,四库馆的办理地点,分别有翰林院与武英殿两处,所以又有"翰林院四库馆""武英殿四库馆"之称。如乾隆四十六年(1781)十一月初二日,军机大臣奏称:"遵旨交翰林院四库馆查取《续通典》内所载《高丽史鉴》《日本东鉴》《中山世鉴图》等书。"②又乾隆四十九年七月十六日,军机大臣等为临雍大典事致武英殿四库馆:"交武英殿四库馆:现在奉旨建立辟雍,明岁仲春举行临雍大典,所有一切制度、仪注、乐舞、讲书,俱应详悉补入《会典》《国子监志》《日下旧闻考》等书,并续写入《四库全书》,以彰盛典。合行片交该馆,即行遵旨添入可也。"③

同其他修书机构相比,四库馆具有规格高、任务重、分工细、人员多等特点。

(1) 规格高。

四库馆规格极高,反映了弘历对这项宏大文化工程的高度重视。其重要表征就是,选拔高级别的官员担任馆职。现以总裁官为例。总裁官总揽馆务,总领全局,是负责纂修事务的最高官员。据《纂修四库全书档案》所载上谕统计,历任四库馆总裁略见下表:

表7-3 四库馆总裁一览表

总裁官	任命时间	出处	备注
刘统勋	乾隆三十八年(1773)闰三月十一日	《纂修四库全书档案》第四十八条	军机大臣
刘纶	同上	同上	军机大臣
于敏中	同上	同上	军机大臣
福隆安	同上	同上	军机大臣

---

① 《纂修四库全书档案》,第三十九条,第63页。
② 《纂修四库全书档案》,第八二三条,第1431页。
③ 《纂修四库全书档案》,第一〇三七条,第1786—1787页。

续　表

总裁官	任命时间	出处	备注
王际华	同上	同上	户部尚书
裘曰修	同上	同上	
舒赫德	乾隆三十八年（1773）九月十七日	《纂修四库全书档案》第一一〇条	军机大臣
永瑢	乾隆三十八年（1773）九月二十四日	《纂修四库全书档案》第一一二条	皇六子
蔡新	同上	同上	
程景伊	乾隆三十九年（1774）十月十九日	《纂修四库全书档案》第一九八条	吏部尚书
嵇璜	同上	同上	兵部尚书
沈初	乾隆四十一年（1776）九月二十四日	《纂修四库全书档案》第三四二条	兵部侍郎。嘉庆初出任军机大臣
钱汝诚	同上	同上	刑部侍郎
刘墉	同上	同上	内阁学士。后任礼部、吏部尚书
英廉	乾隆四十二年（1777）五月二十日	《纂修四库全书档案》第三八五条	后任刑部尚书
阿桂	乾隆四十二年（1777）七月十七日	《纂修四库全书档案》第四〇五条	军机大臣
永璇	乾隆四十四年（1779）二月初一日	《纂修四库全书档案》第五九四条	皇八子
永瑆	同上	同上	皇十一子
曹文埴	乾隆四十五年（1780）六月初八日	《纂修四库全书档案》第六九五条	都察院左副都御史
和珅	乾隆四十五年（1780）十月十五日	《纂修四库全书档案》第七一六条	军机大臣

如上表所示，先后担任四库馆总裁一职的有二十人，其中有皇子三人，军机大臣七人（此外，沈初在嘉庆初年亦升任军机大臣）。首次任命的六位总裁，有四位（刘统勋、刘纶、于敏中、福隆安）是军机大臣。当时

军机大臣总数为五人,另一大臣庆桂,其时已赴云南处理军务,所以仅挂名副总裁。这样看来,当时的军机大臣,全部领衔处理四库馆务。从胤禛(雍正帝)时代起,作为协助皇帝决定军国大事最重要的助手,军机大臣地位仅次于皇帝,均从殿阁大学士或各部尚书中选任,一般都是一品或从一品大员。

在清廷上层,一共投入了多少人力,处理四库馆务?乾隆四十四年(1779)二月十二日,军机处对当时满汉三品以上官员充任四库馆总裁、总阅及未任四库馆职的情况做了统计①,为我们认识这一问题提供了一个参考。

表7-4 乾隆四十四年满汉三品以上官员充任四库馆总裁等情况表

满汉三品以上大臣现充四库全书馆总裁、总阅名单	满汉三品以上大臣未兼四库全书馆名单
总裁: 大学士·公阿桂(差),大学士于敏中,协办大学士英廉、程景伊。 尚书·公福隆安。 尚书梁国治、嵇璜。 署尚书金简。 侍郎王杰、刘墉(差)、董诰、沈初、钱汝诚、彭元瑞(差)。 总阅: 侍郎谢墉、周煌。 内阁学士达椿、钱载、汪廷玙(差)、胡高望。 宗人府府丞窦光鼐。 左副都御史曹文埴。 詹事府詹事金士松。	尚书德保、曹秀先(原充四库馆总裁)、蔡新(原充四库馆总裁)、德福、袁守侗(差)。 侍郎瑚世泰、和珅、阿肃、金辉、阿扬阿、喀宁阿、胡季堂、德成、雅德、徐绩、刘浩、保泰。 内阁学士塔永阿、塔章阿、嵩贵(现在穿孝)、图思义、永信。 左副都御史巴彦学、耀海、罗源汉。 通政使哈福纳、张若淳。 大理寺卿德尔泰、袁芳松。 太常寺卿德明、吴玉纶。 詹事府詹事梦吉。 光禄寺卿奇臣(现在穿孝)、陈孝泳。 太仆寺卿江兰。

据该表,其时满汉三品以上官员共五十八人,其中担任四库馆总裁者十四人,担任总阅者九人,合计任四库馆职者有二十三人;未任馆职者三十五人,因有两人守孝,实际在任者为三十三人,其中又有两人原充四库馆总裁。合起来看,其时在任三品以上官员合计五十六人,曾任馆职

---

① 《纂修四库全书档案》,第五九九条,第1001—1003页。

者两人,现任馆职者二十三人,合计有二十五人,约占在任三品以上官员总数之百分之四十五。担任馆职的三位皇子尚不在统计之列。

由此可知,弘历差遣皇子、军机大臣及其他近半数三品以上在任官员处理四库馆务,可以说至少动员了帝国半数以上的精英政治力量。这充分表明,弘历把纂修《四库全书》视为最重要的军国要务来处理。实际上,通过下文不断揭引的档案可知,弘历本人不仅是这项宏大工程的设计者、主持者,还密切关注纂修过程中的每一个细节,是进呈图书命运的最后裁定者。如果考虑到征缴图书的任务由各直省总督、巡抚、学政等大员亲自主持,自上而下,逐层发动,深入闾里乡村,那么,弘历为了保证《四库全书》纂修的顺利进行,可以说几乎动员了全国的官僚体系与行政力量。

(2) 分工细。

四库馆图书来源有二:一是清廷内府藏书,如《永乐大典》、武英殿刻书等;二是各直省督抚进呈书,有采自民间藏书者,也有承办官员购置者。四库馆臣要对来源不一、形态各异、数量巨大的各类图书,分别应刊、应钞、应毁等不同情形,进行处理,应刊、应钞者需要详加校勘,钞成定本,可谓头绪纷繁,业务庞杂,极为棘手。为此,随着编纂的推进,四库馆建立了严密细致的分工体系,表现为众多的馆职系列,蔚成系统。

如上所述,四库馆最高级别的职位是总裁,但军机大臣等多系兼职。其次则是副总裁,同样直接听命于弘历、总揽纂修事务。乾隆三十八年(1773)三月二十八日,弘历派英廉充"四库全书处副总裁官"[①]。闰三月十一日,下诏曰:"现在办理四库全书,卷册浩繁,必须多派大臣董司其事。刘统勋、刘纶、于敏中、福隆安、王际华、裘曰修,俱着为正总裁。英廉、庆桂外,并添派张若溎、曹秀先、李友棠为副总裁。"[②]据统计,历任副总裁有庆桂、曹秀先、张若溎、李友棠、金简、董诰、刘墉、沈初、钱汝诚、王

---

① 《纂修四库全书档案》,第四十四条,第69页。
② 《纂修四库全书档案》,第四十八条,第73页。

杰、梁国治、锺音、曹文埴、彭元瑞等,凡十四人①。

四库馆主要分为翰林院四库馆、武英殿四库馆两个部分。随着编纂事务日繁,分工益细,设官日多,蔚成系统。翰林院四库馆内负责勘阅编辑的职官主要有总纂官、提调官、协勘总目官、纂修官、收掌官等;武英殿四库馆内负责缮校装潢的职官主要有总阅官、总校官、提调官、复校官、分校官、编次黄签考证官、督催官、收掌官、监造官等②。除总裁外,总纂官系要职,负责全书的校阅、编辑工作,包括《四库全书总目》的修订与编辑。此职由纪昀、陆锡熊、孙士毅三人充任③。纂修官负责撰写提要,校正内容,提出处理意见(分别刊、抄、应存、毋庸存目等情形),是评判图书内容与价值的第一经手人,对任职者之学术水平、文化素养等要求颇高,一般由翰林院选员充任。也有经总裁推荐入馆的,如戴震等即是,当时并有"五征君"之目:

> 三十八年,诏开四库馆。延置儒臣,以翰林官纂辑不敷,大学士刘统勋荐进士邵晋涵、周永年,尚书裘曰修荐进士余集、举人戴震,尚书王际华荐举人杨昌霖,同典秘籍。后皆改入翰林,时称"五征君"。此其著者也。④

戴震为清代学术代表性人物。当代杰出学人之风云际会,足以影响一时风气。章学诚《周书昌别传》云:

---

① 参张升所制《历任副总裁表》(载氏著《四库全书馆研究》,北京师范大学出版社,2012年,第358—359页)。
② 参张升《四库全书馆研究》,第44页。
③ [清]朱珪《经筵讲官太子少保协办大学士礼部尚书管国子监事谥文达纪公墓志铭》:"三十八年,擢侍读。时开四库全书馆,命为总纂官,搜罗逸书,与内廷翰林一体宴赉,同事者陆君锡熊,提调则陆君费墀,而公实总其成。"载氏著《知足斋文集》卷五,清嘉庆九年(1804)阮元刻增修本,《续修四库全书》第1452册,第333页。另参张升《四库全书馆研究》,第57、359页。
④ 赵尔巽等《清史稿》卷一百九,中华书局,1977年,第3187页。

第七章 清代前期的文化方略与文献纂修

余自己丑、庚寅间,京师闻书昌名,未得见。辛卯始识与桐,欲访书昌,时二君甫成进士,俱罢归铨部,意不自得,先后出都门。余亦游涉江湖,不遑安处。乙未入都,二君者方以宿望被荐,与休宁戴震等特征修四库书,授官翰林,一时学者称荣遇。而戴以训诂治经,绍明绝学,世士疑信者半。二君者,皆以博洽贯通,为时推许。于是四方才略之士,挟策来京师者,莫不斐然有天禄、石渠句坟抉索之思,而投卷于公卿间者,多易其诗赋举子艺业,而为名物考订,与夫声音文字之标,盖骎骎乎移风俗矣。①

"与桐"为邵晋涵字,"书昌"为周永年字。据统计,担任此职之学者达到六十五人②。

总校官"专司收发督催、稽考字体、课程及款式、篇页诸事"③,实际上负武英殿校书之总责,由陆费墀担任此职。"四库馆中各馆职设置合理,分工明确,层级关系合理,环环相扣,展现出了一个复杂而成熟的书馆体系。"④

在内设机构上,翰林院四库馆为四库馆总裁、总纂等处理事务所在,统领全书事宜,机构有总办处、提调处、校办处(包括校办《大典》辑佚书处、校办各省遗书处、校办内府发出书处)、总目处、收掌处等;武英殿四库馆则有缮书处、收掌处、监造处、聚珍处(馆)、荟要处等机构⑤。两馆在具体业务上各具独立性,但后者又受总裁、总纂之指导与制约,因此又统属于前者。翰林院内办公地点有西斋房、原心亭、宝善亭、敬一亭、清秘堂(东斋房)等地,武英殿内办公地点有恒寿斋等地⑥。

---

① [清]章学诚《章学诚遗书》(据吴兴刘承干1920年《章氏遗书》本断句影印)卷十八,文物出版社,1985年,第181页。
② 参张升所制《纂修官表》(载氏著《四库全书馆研究》,第361—365页)。
③ 《纂修四库全书档案》,第一二五条,第168页。
④ 张升《四库全书馆研究》,第62页。
⑤ 参张升《四库全书馆研究》,第43页。
⑥ 参张升《四库全书馆研究》,第45—55页。

就功能而言,简单地说,翰林院四库馆负责前期编书,处理的是勘阅编修等事务;武英殿四库馆负责后期整书,处理的是缮写校对、装订收掌等事务。

(3) 任务重。

在中国文化史上,《四库全书》以著录宏富闻名于世,是古代中国最大的一套丛书。实际上,能够进入丛书的只是"著录"书,另外还有存目、销毁的图书。根据《四库全书总目》,著录书有 3500 种,而存目书则有 6700 种,接近著录书的两倍。至于以"违碍"的罪名而被销毁的图书,更是不知凡几。尤其是各地进呈之书,因为各直省承办官员都是独立征缴的,所以复本颇多,四库馆臣的甄别、编纂、校对、誊录等事务,更形繁重。兹举一例。

四库馆臣张埙,于乾隆癸巳(1773)有《校书戏作》诗,谈校书之难:

校书如扫叶,揩眼欲生花。难正千金误,能无匹练差。客喧门外凤,我乐睡中蛇。载酒偏寥寂,奇文近不夸。①

次年(1774),张氏复有《校书稍倦述怀十韵》,谈校书之苦:

中年奇气漫崚嶒,山积残书校未能。心血耗多如撞鹿,目光枯少若飞蝇。逢时懒逐朝华茂,见道难言夜气凝。一枕羲皇身外梦,满庭风月岁寒朋。看花不爱临綦劫,对酒何妨食肉僧。游北溟鱼天地乐,出东门犬古今惩。甘为浮瓠沉香笑,赢得黄金白发增。堕地茫茫全苦境,登楼岌岌最高层。半帆风送仍沿岸,小炷油添不烬镫。如此生涯非落拓,是非恩怨我何曾。②

(4) 人员多。

任务重、分工细,所需官员、所用人手自然就多。据统计,日常在馆

---

① [清]张埙《竹叶庵文集》卷七,《续修四库全书》集部第 1449 册,第 148 页。
② [清]张埙《竹叶庵文集》卷七,第 156 页。

臣工之数，乾隆四十二年以前大致为一百六十馀人，乾隆四十三年大致一百八十人左右，乾隆四十四、四十五年大致为一百九十人左右；前后在馆的四库馆臣共有四百七十六人①。由于全书规模太大，不可能刻板印行，所以定本、副本，均需手工誊录。据研究，四库馆所用誊录人员，前后共有三千人以上②。如果加上为纂修全书服务的勤杂人员，全馆用人之数更大。从人员规模上看，四库馆当是古代用员最多的一个修书机构。

2. 订立规章，严格奖惩

《四库全书》体量巨大，纂修事务千头万绪，最终归结到图书的编定与誊录上来。弘历意图将全书打造成符合极权统治所需要的文献体系，作为官方定本而公诸天下。为此，弘历除建立专馆、选材授官外，特别注意对文献的甄别处理，选用有利于维护与加强统治的"正统"图书，而对"违碍"图书予以禁毁。此外，弘历还注意加强对图书质量的管理，尤其注重对文字校对问题的处理，建立规章制度，加强校对力量，辅以奖惩手段，用以保障全书高质量地完成。

（1）重视校对，订立条例

官修图书，因迫于期限，成于众手，通常仓促成书，鲁鱼帝虎，在所难免，往往为后人所讥。例如，元修《宋史》，其"舛谬不能殚数"（《四库全书总目》卷四十六）。弘历深知其弊，对图书质量特别留意。乾隆三十八年（1773）十月初九日，内阁奉上谕：

> 现在纂办四库全书，以广石渠、金匮之藏，自应悉心校缮，俾免鲁鱼亥豕之讹。今呈进已经缮成之《荟要》各卷内，信手翻阅，即有错字二处，则其馀书写舛误者，谅复不少。若不定以考成，难期善本。其如何妥立章程，俾各尽心校录无讹之处，着总裁大臣详议具奏。③

---

① 参张升《四库全书馆研究》，第137—138页。
② 参张升《四库全书馆研究》，第235页。
③ 《纂修四库全书档案》，第一二一条，第163—164页。

弘历对纂修中存在的问题具有敏锐的观察力，虽然是"信手翻阅"，发现"错字二处"，立即推测"其馀书写舛误者，谅复不少"，明白隐患所在，因此要建立章程，以杜讹误。以皇子永瑢为首，诸大臣于十八日奏复①，"臣等承办之总裁及分校、誊录，疏漏之咎，实无可辞。仰蒙圣恩不加谴责，实深感悚"。诸大臣把出现讹字的原因，归结为二："一由于校录之未尽精审，一由于各员之未有考成。"也就是没有有效的覆校措施与考核制度，加以约束。为此，诸臣建议从两个方面来加强校对质量。一是添设覆校官员。"谨拟嗣后四库全书缮本添派覆校官十六员，《荟要》缮本添派覆校官六员，均于现在分校各员内，择其校书精确者，如数充当。其分校之缺，另为选补。每于分校交书后，令覆校之员，细加覆勘。"二是拟订《功过处分条例》，严立功过处分。条例共三条，第一条是"严核功过，以示劝惩"：

> 查誊录各员缮写之书，陆续交分校官校对，如校出错字，即伤随时补改。并查所错之字，如系照原本讹误者，免其记过；若原本无讹，该誊录粗率误写者，每错一次，记过一次。倘有能将原本讹字看出，签请酌改得当者，每一处记功一次。至分校各员，除校改誊录错误，分所应为，毋庸记功外，若能将原本讹舛应改之处，校正签出，精确得当者，每一处记功一次。校毕后交覆校官校勘，如誊录有错，分校官未得看出，经覆校之员查改者，将原办之分校、誊录各记过一次。若覆校人员能于原本错误处签改切当者，将覆校官记功一次。至校毕送武英殿后，经臣等随意抽查，如见有誊录错字，未经各员校改者，将承办疏忽之覆校、分校、誊录人员，各记过一次。若进呈后，经皇上指出错误，即将覆校、分校、誊录人员加倍记过，并将臣等总裁交部察议。其各书款式、卷篇、次叙，如有舛误，责在总校。若总校官未能看出，经臣等抽查发改及蒙皇上指出查改者，总校之员，过亦如之。若总校官果能查勘无误，每月记功一次。

---

① 《纂修四库全书档案》，第一二五条，第167—171页。

第七章 清代前期的文化方略与文献纂修

条例规定,自誊录逐级而上,直至最高级别的总裁而止,分别记过、记功。记过办法是:"每错一字,记过一次";记功办法是:如能校出原本讹字,"每一处记一次"。第二条条例是"添设功过簿,以专责成也",谈如何根据功过记录,评定上、中、下等级,及相应处理办法。第三条是"校出原本错讹更正之处,应附载卷末也",谈校勘记的处理办法。

上述条例的制订与实施,有利于提高全书的校对质量。但是,大规模纂修官书,其疏漏不可避免,所以全书的错讹之处,同样不能杜绝,弘历所谓"鲁鱼亥豕,累牍连篇"是也。至乾隆四十二年(1777)三月二十四日,弘历下令,由军机大臣负责对办竟书籍"通行查核","经朕看出错讹者,其分校、覆校名下错至两次,总裁名下所校错至三次者,均着查明,奏请交部议处",并建立"每三月一次,查办奏闻"的制度①。至五月二十七日,弘历又"派皇八子、皇十一子及书房行走之侍郎周煌、内阁学士汪廷玙、卿吴绶诏、侍讲学士朱珪、侍讲姚颐、编修倪承宽,分与应校之书,同该管总裁一体校勘,陆续呈进"②,加强校勘力量。由皇子领衔,足见弘历对全书校对之重视。尽管如此,全书的文字讹误问题始终存在。

(2)奖惩并举,全程监督

极权帝王对臣下有生杀予夺之大权,实施奖励与惩罚,既是高明的驭下之术,也是推进各项政令的必要手段。为顺利推进《四库全书》之纂修,弘历对四库馆臣及参与人员有奖有惩,且逐渐形成定例。其中值得注意的有两点,一是奖惩成为推进全书完工、保证质量的有效手段,二是在奖励措施的激励下,四库馆成为读书人出仕为官的终南捷径。

乾隆三十八年(1773)五月初一日,弘历下令,给四库全书处总纂官、翰林院编修纪昀,与军机处郎中陆锡熊,"着照懋勤殿翰林节赏年赏之例,各赏给一分"③。这是纪、陆二人以四库馆臣身份受奖之始。同年八月十八日,内阁奉上谕:"办理四库全书处将《永乐大典》内检出各书,陆

---

① 《纂修四库全书档案》,第三七〇条,第576页。
② 《纂修四库全书档案》,第三八九条,第62页。
③ 《纂修四库全书档案》,第六十七条,第109页。

续进呈。朕亲加披阅,间予题评,见其考订分排,具有条理,而撰述提要,粲然可观,则成于纪昀、陆锡熊之手。二人学问本优,校书亦极勤勉,甚属可嘉。纪昀曾任学士,陆锡熊现任郎中,着加恩均授为翰林院侍读,遇缺即补,以示奖励。"①又如前述戴震等五征君,因"实力编排,行走勤慎","进士邵晋涵、周永年、余集俱授为翰林院庶吉士,准其与壬辰科庶吉士一体散馆;举人戴震、杨昌霖作为进士,准其与乙未科进士一体殿试,以示鼓励。"②杨昌霖又因"由散篇裒辑书内《春秋经解》一种,编校颇见实心","加恩授为翰林院庶吉士"③。此后从总裁到誊录、校对人员,均屡受封赏。至《四库全书》四分完竣时,弘历发布上谕:"所有总裁、总阅、总纂等俱着交部从优议叙。其提调、总校、分校、收掌、誊录人等,并着该总裁查明,分别具奏,咨部议叙。"④

至于惩罚,乾隆三十八年为全书开始编纂之年,成品较少,所以馆臣尚无受罚之纪录。目前可考之首次受罚之例,始于乾隆三十九年(1774)二月二十一日。是日内阁奉上谕:

> 四库全书处进呈录成书本内,有《圣祖仁皇帝御制文集》。据总裁等于面页签明,原本校刊精审,并无应签之处。朕以为其中断无错误矣。及偶取披阅,则圣祖仁皇帝御制集诗内,"桃花","桃"字误写"梅"字,未经校出。朕于所缮各种书籍,原未尝有意苛求,亦实无暇通身细阅,而信手披翻,错字自然呈露,则其他舛误处,谅更不少。总裁等岂宜概以轻心掉之耶!此内如皇六子质郡王永瑢、舒赫德、福隆安,虽派充总裁,并不责其翻阅书籍,乃令统理馆上事务者。英廉办理部旗及内务府各衙门,事件较繁,亦难悉心校阅。金简另有专司,此事本非其职。至于敏中,虽系应行阅书之人,但伊在军机处

---

① 《纂修四库全书档案》,第一○○条,第145页。
② 《纂修四库全书档案》,第二二三条,第316页。
③ 《纂修四库全书档案》,第二七○条,第404页。
④ 乾隆四十九年(1784)十一月二十六日,见《纂修四库全书档案》,第一○六四条,第1822页。

第七章　清代前期的文化方略与文献纂修

办理军务，兼有内廷笔墨之事，暇时实少，不能复令其分心兼顾。所有皇六子永瑢、舒赫德、于敏中、福隆安、英廉、金简，俱着从宽，免其交部。其馀总裁，每日到馆，岂可于呈览之书，竟不寓目！且全书卷帙浩繁，朕并非责伊等挨篇细校，但能每本抽阅数处，时为驳正，则校对及誊录等皆知有所儆畏经心，何竟见不及此耶！王际华、蔡新、张若淮、曹秀先、李友棠，俱着交部察议，其覆校、分校等员，并着一并交部议处。①

弘历"于所缮各种书籍，原未尝有意苛求，亦实无暇通身细阅"，此次"偶取披阅"，发现误字，于是勃然大怒，责总裁等"以轻心掉之"，"岂可于呈览之书，竟不寓目"，于是交部察议。此后，弘历抽查定本、惩处馆臣，成为《四库全书》纂修的常态，贯穿终始。乾隆四十二年（1777）七月二十三日，弘历以"校勘载籍与部院衙门办事不同"，不能"因官秩之崇卑，定处分之轻重"，"且分校、覆校、总校等偶或讹舛，尚有总裁等为之勘核，若总裁复掉以轻心，其误竟无由改正"，"况充总裁者俱系尚书、侍郎，其平日所得廉俸本属优厚，即罚俸一、二年，尚不至遽形窘乏。若总校、分校、覆校各员，不过翰林、中书等官，伊等常俸之外又无养廉，若将一年之俸罚去，其何以赡给身家，情形未免拮据"，因此规定："嗣后总裁应议者，仍令罚俸半年；其总校、覆校、分校各员应议者，止须罚俸三月，即自此次为始。其从前已经议处罚俸一年之总校等官，并着照此例行，庶足以昭公当而示体恤。"②次年三月二十七日，弘历又规定："嗣后阿哥等所校之书，如有错误，亦应一体查核处分，以昭公当。其应罚之俸，着照尚书例议罚，即于应得分例内坐扣。"③取王子与庶民同罚之义。

弘历上述谕旨，得以严格执行。兹举一例，以见流程。乾隆四十三年（1778）四月至闰六月期间，四库馆向军机处进过全书两次、散片三次，

---

① 《纂修四库全书档案》，第一四七条，第 199 页。
② 《纂修四库全书档案》，第四〇七条，第 639—640 页。
③ 《纂修四库全书档案》，第四八九条，第 806 页。

治乱交替中的文献传承

武英殿进过《荟要》三次,军机大臣详加抽查,发现《春秋直解》卷前所录御制文脱写一行,"非寻常错误可比,另行奏明将总裁董诰、总校陆费墀各记过三次,即照三次议处"。总裁程景伊记过二次,钱汝诚记过三次,董诰记过二次,王杰记过一次,朱珪记过二次,吉梦熊、倪承宽各记过一次,"应请旨交部分别察议"。总校张能照记过九次,缪琪记过七次,王燕绪记过六次,朱钤、仓圣脉各记过三次,分校杨寿楠记过四次,王锺泰、李燨、王璸各记过三次,方维甸、戴心亨、郭祚炽各记过二次,应将张能照至郭祚炽,"一并交部察议"。其馀总校吴绍澯、何思钧各记过二次,胡荣、杨懋珩各记过一次,分校萧九成、龚大万、励守谦、吴典、潘奕隽、王家宾、叶兰、袁文邵、李斯咏、鲍之锺、邱桂山、蔡镇、常循、卜维吉各记过一次,"均未应交部,应毋庸讲"。"总裁董诰,总纂陆锡熊、纪昀,总校陆费墀,前经奉旨免其议处,是以臣等未经查核"①。经弘历批示后,军机大臣的意见于七月初十日移送都察院。都察院随即移咨吏部,查明上述诸人"有无加级纪录"情况,然后议处如次:

> 应将协办大学士·吏部尚书程景伊、户部左侍郎·署吏部左侍郎董诰、刑部右侍郎钱汝诚、吏部右侍郎王杰、翰林院侍讲学士朱珪、太仆寺卿吉梦熊、鸿胪寺卿倪承宽,均照不行详查罚俸六个月例,罚俸六个月。该总校记过在三次以上,分校记过在二次以上者,均应议处。应将总校官记过九次之编修张能照、记过七次之归班进士缪琪、记过六次之原任中允王燕绪、记过三次之中书朱钤、庶吉士仓圣脉,分校官记过四次之编修杨寿楠、记过三次之中书王锺泰、李燨、王璸,记过二次之中书方维甸、编修戴心亨、原任太常寺典簿郭祚炽,均照疏忽罚俸三个〔月〕例,罚俸三个月。查郭祚炽系候补之员,应于补官日罚俸三个月。缪琪系归班进士,应于得官日罚俸三个月。王燕绪已经革职,在四库馆效力行走,其罚俸之处应行注册。查吉梦熊有纪录四次,罚俸三个月注抵,今议罚俸六个月,连前共罚

---

① 《纂修四库全书档案》,第五二二条,第860—861页。

俸九个月,应销去纪录一次,抵罚俸六个月,其罚俸三个月之处仍注于纪录,合计抵销。李寿楠、李㮅俱有纪录一次,罚俸三个月注抵,今均罚俸三个月,连前共罚俸六个月,应各销去纪录一次,抵罚俸六个月,均免其罚俸。戴心亨有纪录一次,今议罚俸三个月,应注于纪录,合计抵销。查总裁董诰又因《春秋直解》卷前恭录御制文脱写一行,既经四库馆奏明非寻常错误可比,计过三次,照三次例议处,应将总裁·户部左侍郎·署吏部左侍郎董诰照例再罚俸六个月。总校·詹事府少詹事陆费墀照例罚俸三个月,有纪录七次,今议罚俸三个月,应注于纪录,合计抵销。

八月二十一日,弘历下旨:"程景伊、钱汝诚、王杰、朱珪、倪承宽俱着罚俸六个月;董诰着每案罚〔俸〕六个月,张能照着罚俸三个月;吉梦熊着销去纪〔录〕一次,其罚俸三个月之处仍注于纪录抵销;杨寿楠着销去纪录一次,免其罚俸;戴心亨、陆费墀俱着罚俸三个月,注于纪录抵销。馀依议。"①

通过上例,知四库馆臣一旦办理出错,无论何人,担任何职,均受到罚俸的惩处。此外,尚有降职、受罚校书等。

3. 劝以利禄,笼络人才

在极权体制下,帝王享有绝对权力与无上权威,操控着帝国几乎所有的资源与机会,主宰着普通臣民的命运。古代士大夫治国、平天下的抱负,对大多数读书人而言,仅仅是停留在书卷上的理想而已。只有力图使自己成为帝国庞大的官僚体系的一员,才有"致君尧舜上"的阶梯与可能。因此,通过科举之路,层层上攀,成为天子门生,以图晋身之阶,就成为大多数读书人的共同选择。但是,由于通过科举晋身的可能性很小,不少人便试图通过捐纳、交结权贵等,来获得出仕的机会。然而,欲走"终南捷径",仍须有雄厚的财力、广泛的人脉作为支撑,并非人人可行。

---

① 《纂修四库全书档案》,第五三三条,第873—877页。

治乱交替中的文献传承

《四库全书》的纂修,为部分读书人提供了新的"终南捷径"。因为四库馆需要大量人手,而按照开馆修书"五年议叙"的惯例,入馆供职者均有"议叙"的机会。章学诚表彰周永年修书功绩,有云:

> 庚子、辛丑之间,《四库全书》将竣,而馆阁被命特修之书,若《开国方略》《满洲源流》《职官表》《河源考》之类,指不胜屈,皆欲趣成,以入四库著录。馆阁撰述需人,翰林稍知名者,一人常兼数馆,又借才外曹,若进士、举贡诸生未得官者,或借以超资换阶,纷然竞赴功名之会。而书昌不得与,意泊如也。①

可见对未得官之进士、举贡诸生而言,入馆供职便有"超资换阶"的机会,因而"纷然竞赴功名之会"。四库馆职很多,现以誊录一职为例。乾隆三十八年(1773)闰三月十一日,军机处上奏办理全书事宜,内称:

> 誊录一项,前经臣等奏明酌取六十名在馆行走,仅供写录《永乐大典》正副本之用。今恭缮《四库全书》陈设本一样四分,卷帙浩瀚,字数繁多,必须同时分缮成编,庶不致汗青无日,而其字画均须端楷,又未能日计有馀,非多派誊录人员不能如期蒇役。臣等公同酌议,令现在提调、纂修各员于在京之举人及贡监各生内择字画工致者,各举数人,臣等覆加阅定,共足四百人之数,令其充为誊录,自备资斧效力。仍核定字数,每人每日写一千字,每年扣去三十日,为赴公所领书交书之暇。计每人每年可写三十三万字,并请照各馆五年议叙之例,核其写字多少以为等差。如五年期满,所写字能逾十分之三以上者,列为头等,准咨部议叙。其仅足字数者,次之。若写不足数,必须补写完足,方准咨部。如此则人知奋勉,其书可冀速成。至应写书内,如《礼器图式》《西清古鉴》等书内,应绘图样颇多,并拟

---

① [清]章学诚《周书昌别传》,载《章学诚遗书》卷十八,第181页。

另行酌选通晓画法之贡监生等十员作为誊录,令其一体效力,以资办公。①

誊录的工作就是抄书,在修书诸职中,同校对相类,誊录是最为辛苦的职位之一,而且需要人手也最多(前后共达三千人左右),如果没有议叙的机会,使履职者有出仕为官的希望,就没有多少吸引力。军机处此奏,首陈多派誊录人员之必要性,次述誊录人员举荐之办法,复论如何考核等差、何者能列为头等,谋虑颇为周详,因此得到弘历首肯。后来,弘历两次下诏,于甲午、丁酉两科京试乡试落榜卷内,择"字画匀净、可供抄录"之贡生、监生,作为补充人选②。于是,入馆抄书,同其他修书、校书一例,成为晋身之阶、禄利之途,士子因此趋之若鹜。

但是,誊录人员最初由"提调、纂修各员于在京之举人及贡监各生内"举荐,且条件苛刻,尚须"自备资斧效力",不可避免地带来一些弊端。一方面,官场利益盘根错节,往往所举非人,不胜其任;另一方面,能胜任者又常因家境贫寒而无人可托,投效无门。于是,一个畸形的佣书市场竟因此产生,甚至出现了买卖誊录资格的现象③。馆臣张埙《偶成口号三首》④,堪称佣书实录:

> 村塾冬烘五子歌,春蛇秋蚓漫相诃。今年得奉君王诏,庑下佣书价直多。
>
> 炉香一缕午晴舒,秘本亲雠半鲁鱼。那有人间写韵手,神仙下嫁只钞书。
>
> 袞袞头衔车骑新,比将吏掾最荣身。平原笔法高千古,字里曾多干禄人。

---

① 《纂修四库全书档案》,第四十九条,第 77—78 页。
② 参乾隆三十九年八月十九日、四十二年七月二十五日上谕,《纂修四库全书档案》,第一八一条、四〇九条,第 246、641 页。
③ 关于贿买与佣书的现象,参看张升《四库全书馆研究》第六章第四节,第 240—247 页。
④ [清]张埙《竹叶庵文集》卷六,《续修四库全书》集部第 1449 册,第 151 页。

治乱交替中的文献传承

　　张埙的诗揭出供职者多是"干禄人"的事实。誊录者但以功名利禄为念,或者仅以此作为衣食之资,内心深处并无对纂修全书所谓"稽古右文""益昭美备"①之弘业的认同感,体现在实际操作中,便是频频有误。乾隆四十三年(1778)五月二十六日,弘历下诏严饬馆臣:

> 朕博搜载籍,特命诸臣纂辑《四库全书》,奔藏三阁,又择其尤精者为《荟要》,分储大内及御园,用昭美备。所以多选誊录,宽予限期,以期校成善本,嘉惠艺林。昨办书期届五年,将校对、誊录诸人,优予议叙,用示劝扬。惟是进呈各书,朕信手抽阅,即有讹舛,其未经指出者,尚不知凡几。既有校对专员,复有总校、总裁,重重覆勘,一书经数人手眼,不为不详,何竟漫不经意,必待朕之遍览乎?若朕不加检阅,将听其讹误乎?朕因《四库全书》应缮写者,统计十六万八千册,卷帙浩繁,既成大事,不妨略其小节。自开馆以来,无不曲予加恩,多方鼓舞,所以体恤之者倍至。若如此任意疏忽,屡训不改,长此安穷?是徒以四库书馆开幸进之阶,为终南捷径,又岂可不防微杜渐耶?前定总裁、总校、分校等按次记过,三月查核,交部议处,原不过薄示惩儆,使知愧励,乃各总裁仅请每部抽看十之一二,以图卸责。身为大臣,即不宜如此存心,乃既经抽看而仍听其鲁鱼亥豕,累牍连篇,其又何辞以自解饰耶?嗣后务宜痛加猛省,悉心校勘。其于去取誊录、分校之际,更不宜左袒,屡乞恩准,以无负朕稽古右文之意,毋再因循干咎。将此再行严饬在馆诸臣知之。②

　　其实,四库馆之所以"开幸进之阶,为终南捷径",作为实际主持者与最后裁定者,弘历才是始作俑者。仅"自备资斧效力"一项,无形中就把家境贫寒的士子拒于四库馆大门之外。

---

① 弘历《谕内阁着直省督抚学政购访遗书》中语,《纂修四库全书档案》,第一条,第1—2页。

② 《纂修四库全书档案》,第五〇六条,第836—837页。

根据出身、议叙等级的不同，校对、誊录等人员可以获任知县、州同及以下各级官职，成为官僚体系中的一员。但是，科举出身的进士是选拔官员的正途，轮到四库馆议叙人员，实已僧多粥少。兹举一例，以见一斑。

武进人陈逵，于乾隆四十四年(1779)六月起，在四库馆"自备资斧"，充当供事。至四十六年十二月初六日第一分全书告竣，"钦奉恩旨，议叙从九品，归于双月五缺选用，年满回籍候选"。至五十八年，十二年过去，毫无授官音信，于是赴京，到吏部恳请挑选，两次均借故驳回，"进退维谷，未免向隅"。情急之下，陈逵直接上书弘历，祈求开恩授官：

伏思臣自乾隆四十四年六月到馆，至四十九年十一月离馆，连闰计在馆自备资斧当差五年零七个月，朝入晚出，无日休暇，仰望一官以资菽水，即欲致身报国，努力前驱。今屈指选期，即开选有期，轮选到臣，尚须五十馀年。微臣今年四十有四，遥望服官之日，必须寿臻四皓，偃蹇馀生，安能至此。又思科甲两班，例以年分先后轮流铨选，圣朝立法，大公至正，例义昭然。供事之与科甲，固属两途，而供事与供事初无二致，从前各馆议叙，俱以双单月五缺选用，此等班次既多，知难铨选。今另立双单月两缺三缺四缺，辗转到班，在随可选，以致近邀议叙者，一年每班可选数人；前邀议叙者，十年一班不获一选，非有繁简之分也。四库书以三万六千册为一分，书成议叙，近来各馆之书多者千册，少者不过数十册，亦书成议叙，非有多寡之别也。四库馆额设供事三十九名，其内廷各馆有多无绌，繁简之相去如此，铨选之迟速如彼，可谓天壤相悬也。臣缘家贫亲老，干禄情殷，盛世欣逢，希荣倍切。有心向上，望铨次以何年；壮志欲行，托空言而无补。寸草有心，宁甘终弃！为此沥陈下悃，伏乞圣恩，俯念迫切微忱，原情略节，逾格施仁，俾一介寒微，得沾天家雨露之恩；树静风宁，共沐圣主栽培之德。身心感激，有口难名，惟竭犬马愚诚，仰报鸿慈于万一。臣父天祚，今年八十有四，精神强健，凤蒙寿寓之陶成；教子有方，时示纲常之大义。无如家世清贫，釜瘦难继，甘旨之

奉缺如，人子之心弥戚。早夜以思，与其后抱恨于终天，莫若前乞恩
于圣主。故不揣愚昧，冒罪以闻。伏祈皇上矜悯愚臣，得遂微志，三
天之戴，三世衔恩，微臣当披沥肝胆以报也。为此泥首道旁，恳求
恩旨。①

其情其境，可悯可叹。通过这个案例可以看出，四库馆供职人员众多，而议叙出仕的机会很少；加以各馆任务多寡不同，铨选迟速有天壤之别，轮到陈逵等人，尚须五十馀年，彼时陈氏已近百岁，可以说此生无望。弘历强力推动的这项宏大的文化工程，在纂修时以"稽古右文"相号召，对供职人员以议叙作为诱饵，实际上最终能如愿出仕者只占少数，多数人惟黯然向隅而已。以高尚事业为口号，假名位悬为令甲，最终口惠而实不至，是历代极权统治者或有司负责官员驱使、愚弄普通读书人最为惯用的卑鄙伎俩。

综上所述，清高宗弘历继承了官修史书的传统，延续清初诸帝全面接受儒家文教传统的文化方略，以"稽古右文"的使命相号召，发动空前的《四库全书》纂修活动，试图建构与清朝极权政治相适应的文献体系，达到掌控士人与思想的目的，以维护清廷之长治久安。为此，弘历成立了高规格的四库馆，制订了严格的规章制度、奖惩措施，作为顺利实施的制度保障；通过议叙等手段，企图用功名利禄来驱使、笼络人才。上述努力，为弘历实施禁毁策略、清洗存世典籍做好了舆论、制度与人才等方面的充分准备。

三、寓禁于征，寓毁于修：清高宗弘历纂修《四库全书》的禁毁策略

纂修《四库全书》，是清高宗弘历为构建极权帝国文献体系而主导进行的中国历史上规模最为宏大的文献纂修工程。为此，弘历利用帝王威

---

① 《纂修四库全书档案》，第一四七八条，第2343—2345页。

第七章 清代前期的文化方略与文献纂修

权与官僚体系,作了精心的制度安排与设计,包括设立庞大的、高规格的修书机构(即四库全书馆),制定严格的奖惩条例等。这项宏大工程的成果无疑是空前的,仅《全书》本身便有三万六千卷,四百七十万页,体量是明代《永乐大典》的三倍;此外尚有一批附属典籍,如《四库全书总目》《四库全书简明目录》《四库全书考证》《武英殿聚版丛书》《四库全书荟要》等,各有其学术价值与影响。面对如此成果,学人评价不一:誉之者认为《四库全书》为文人提供了"精确的文本",是"研究中国古代文学、哲学和历史最为倚重的标准工具书"之一,这构成了《全书》"最有价值"的一个层面[①];"集古今学术之大成,一朝盛业,古所未有也"[②]。批评者认为《全书》的修纂乃是"书籍的空前浩劫",是弘历"将已有著作中的一切不符合统治集团要求的东西驱除干净"的巧妙手段[③];"想借以烧尽杀绝有民族思想的一切文化典籍"[④]。不可否认的是,任何时代的整理、纂修图书的活动,都有其价值导向、取舍标准;面对传世文献与当代著述,都既有保留,也有扬弃。由于《四库全书》的巨大体量,由于清高宗作为少数族群帝王的特殊身份,也由于清朝是中国走向共和之前的最后一个王朝,在特定历史阶段内成为革命的对象,因此,《四库全书》纂修中的禁毁问题,曾长期受到不同阶层的知识分子的广泛关注[⑤];在既有研究中,学人对弘历"寓禁于征"的手段,也不乏深入的揭示与解读。时至今日,从族群对立、帝王治术的视角审视《全书》纂修中的禁毁问题,其必要性已大为降低;而从文献传承的角度,探讨古典文献在极权帝国体制下,如何被整理、扬弃与传承,却是颇富学术价值的论题。

---

① [美]欧立德《乾隆帝》,第175—176页。
② [清]金梁《四库全书纂修考跋》,《东方杂志》第二十一卷第九号,1924年,第106页。
③ 陈正宏、谈蓓芳《中国禁书简史》,学林出版社,2004年,第218页。
④ 王重民《论〈四库全书总目〉》,《北京大学学报》,1964年第2期,第62页。
⑤ 鲁迅曾说:"清人纂修《四库全书》而古书亡,因为他们变乱旧式、删改原文。"(《病后杂谈之余——关于"舒愤懑"》,见《且介亭杂文》,《鲁迅全集》第6卷,人民文学出版社,2005年,第191页。)鲁迅师从章炳麟,颇受乃师革命思想的影响;但上揭不无偏激的观点,却是鲁迅将晁说之《嵩山文集》的四库本同影旧抄本施以比较之后而得出的,不为无据。

治乱交替中的文献传承

如果从极权帝国体制的语境下探讨纂修《四库全书》对于文献传承的意义,则不难发现,弘历不仅有完善的制度设计,而且也有高明的禁毁策略:既"寓禁于征",又"寓毁于修";既全面铺展,又重点突出;既整理传世典籍,又纂修御定新著,从而构建起符合极权体制需要的文献体系。弘历高明的禁毁策略,隐伏于长篇累牍的官方文书(如奏折、上谕)、文字案例中;本节将通过文本细读的方式,力图做出较为明晰的勾勒,为解读《全书》纂修的文化功过与影响,提供更为简要的历史线索与坚实的分析基础。

(一)禁毁策略一:先征后禁,步步诱进

清高宗弘历在纂修《四库全书》的同时,还对图书内容进行梳理、审查,对"违碍"内容进行改动、抽毁乃至全毁,学界对此,并无疑议。问题在于,弘历在纂修《全书》之始,是否即抱有禁毁"违碍"图书的目的? 从现有史料上看,的确没有直接的证据表明,禁毁"违碍"是弘历纂修《全书》的最初动机所在[①];但如果通观《四库全书》纂修的全过程,透过烦琐文书的表象,分析弘历诸如"稽古右文"之类冠冕说辞之后的本意,那么,弘历为构建极权帝国文献体系而采取的修书与禁毁策略,仍然呈现出逐步推进的清晰脉络。下诏征缴图书、开馆修书,这是第一步。其次,先征后禁,边禁边缴,边缴边修,边修边毁。最后,征缴、禁毁、纂修,同时进行,直至全书告成。

1. 下诏征书

清高宗弘历修四库全书,肇始于何时? 学界曾有不同见解[②]。乾隆三十七年正月初四日(1772年2月7日),内阁下达征书上谕。这篇诏书极为重要,兹录如次:

---

① 欧立德(Mark C. Elliott)即认为:"如果认为乾隆从一开始就想通过编纂《四库全书》来对学术和文学的发展加以审查,这是有失公允的。"见《乾隆帝》,第178页。

② 按:学界关于《四库全书》始修的时间,有乾隆三十二年、三十七年、三十八年等多种说法(参张升《四库全书馆研究》,第25—31页)。其中关键在于,是否将四库馆(官称为办理四库全书处)的开馆时间,定为始修时间。

第七章 清代前期的文化方略与文献纂修

朕稽古右文,聿资治理,几馀典学,日有孜孜。因思策府缥缃,载籍极博。其巨者,羽翼经训,垂范方来,固足备千秋法鉴;即在识小之徒,专门撰述,细及名物象数,兼综条贯,各自成家,亦莫不有所发明,可为游艺养心之一助。是以御极之初,即诏中外搜访遗书;并命儒臣校刊十三经、二十二史,遍布黉宫,嘉惠后学;复开馆纂修《纲目三编》《通鉴辑览》及三通诸书。凡艺林承学之士,所当户诵家弦者,既已荟萃略备。第念读书,固在得其要领,而多识前言往行,以蓄其德,惟搜罗益广,则研讨愈精。如康熙年间所修《图书集成》,全部兼收并录,极方策之大观,引用诸编,率属因类取裁,势不能悉载全文,使阅者沿流溯源,一一征其来处。今内府藏书,插架不为不富,然古今来著作之手,无虑数千百家,或逸在名山,未登柱史,正宜及时采集,汇送京师,以彰稽古右文之盛。其令直省督抚会同学政等,通饬所属,加意购访。除坊肆所售举业时文,及民间无用之族谱、尺牍、屏幛、寿言等类,又其人本无实学,不过嫁名驰骛,编刻酬倡诗文,琐碎无当者,均毋庸采取外,其历代流传旧书,有阐明性学治法,关系世道人心者,自当首先购觅。至若发挥传注,考核典章,旁暨九流百家之言,有裨实用者,亦应备为甄择。又如历代名人,洎本朝士林宿望,向有诗文专集,及近时沈潜经史,原本风雅,如顾栋高、陈祖范、任启运、沈德潜辈,亦各有成编,并非剿说、卮言可比,均应概行查明。在坊肆者,或量为给价;家藏者,或官为装印。其有未经镌刊,只系钞本存留,不妨缮录副本,原书给还。并严饬所属,一切善为经理,毋任吏胥借端滋扰。但各省搜辑之书,卷帙必多,若不加之鉴别,悉行呈送,烦复皆所不免。着该督抚等先将各书叙列目录,注系某朝某人所著,书中要指何在,简明开载,具折奏闻。候汇齐后,令廷臣检核,有堪备览者,再开单行知取进。庶几副在石渠,用储乙览,从此四库七略,益昭美备,称朕意焉。钦此。①

---

① 《纂修四库全书档案》,第一条,第 1—2 页。

弘历此篇征书上谕，大旨有以下几点：

首先，为何征书（"搜访遗书"）。弘历自称其为好学之人（"几馀典学，日有孜孜"），故征书是为了丰富藏书，藏书是为了读书；而读书，小者可以"游艺养心"，大者能"羽翼经训，垂范方来"，"足备千秋法鉴"，从而彰显其"稽古右文，聿资治理"的堂皇主题。在这一主题下，本朝征书、修书之举，因此具有了既崇高（"右文"）又实用（"读书"）的目标与意义。其中对康熙朝所修类书巨著《古今图书集成》的体认（该书只能"因类取裁"，而未能"悉载全文"），展示了弘历既有继承乃祖玄烨修书策略之志意，也有试图超越乃祖功业之雄心。

其次，如何选书。天下有字之书极富，何者当采集，何者当摒弃？弘历指出，关键在于其书能否"阐明性学治法，关系世道人心"，是否"有裨实用"；其实际判断尺度，是从图书的政治功能上着眼，即是否符合统治需求。后来在征书及纂修时，应刊、应抄、应毁三类之划分，其依据即溯源于此。而判断图书价值的权力，又掌握在各地大员（督抚、学政）手里，弘历则握有最终裁定权。这为后来甄别图书、禁毁"违碍"书籍埋下了伏笔。

其三，如何征书。弘历为各直省督抚、学政等设计了搜访方案，或量为给价，或官为装印，或移录副本，以免"吏胥借端滋扰"；实则担心民间珍视所藏，不愿献书，或畏于文字之祸，不敢献书。与此同时，弘历还要求编纂目录，便于甄别取用。虽曰"将各书叙列目录"，但结合后来征书实际，此处并非指一书之"目录"（"目"指篇目，"录"指叙录），而是群书之"目录"（"目"指书名清单，"录"指各书提要）；惟提要内容从简，仅"注系某朝某人所著，书中要指何在，简明开载"而已。由此看来，弘历要求各地进呈的是一种简明书目，目的是使各地承办官员，对所采图书内容，预做鉴别，以便检核，"有堪备览者，再开单行知取进"，为进一步之甄别、处理，提供便利。此后各地有简明进呈书目，即溯源于此；进呈书目内的简明提要，即是后来四库馆臣撰写各书叙录（提要）之先声；而各书提要的撰写，又为编纂《四库全书总目》提供了可能。

总之，从此篇诏旨可见，弘历此次下诏求书，绝非只是因循前例，虚

第七章　清代前期的文化方略与文献纂修

应故事,而是深谋周虑,既有盛世之主稽古右文、彰显文治的堂皇理由,又有网罗天下典籍、集其大成的政治雄心;既有如何搜集的策略设计,又为后来如何甄别、处理预设了伏笔。此时虽无"四库全书"之名义,而纂修《四库全书》之前期准备,当溯源于此①。结合十八世纪清帝国所处的宏大的历史背景以及弘历建构极权帝国文献体系的宏伟构想(详本章第二节),可知弘历此次下诏求书,绝非一时心血来潮的即兴之举,必定有其酝酿、斟酌、深谋周虑的历史进程。

弘历下诏后,各地督抚、学政等,反应并不积极。直至十月,方有贵州巡抚图思德上奏,借口"黔省夙号荒徼,人文卑陋",无书可采②。极权君主面临的最大难题是,虽然大权独揽,毕竟分身乏术,不得不依赖庞大的官僚体系推行其政策;官僚集团亦非铁板一块,并不都能与皇帝同心同德,多数人看重的乃是个人官位与名利。十月十七日,在求书诏下近十个半月后,弘历不得不下诏催促,要求各省督抚学政"恪遵前旨,饬催所属,速行设法访求,无论刊本、钞本,一一汇收备采,俟卷帙所积稍充,即开具目录,附折奏明,听候甄择移取。仍将现在作何办定章程及有无购得若干部之处,先行据实奏覆"③。此诏一下,各地督抚学政始予重视,有所作为。十一月初三日,山东巡抚徐绩、学政李中简等,首先奏覆购访遗书情形并进呈书目④;其后,直隶、山西、湖北、河南、江西、浙江等地方大员,先后上奏购访事宜。

但是,当奉天府尹博卿额也遵旨采访遗书,并奏上书目清单时,却遭到了弘历的斥责,骂其"拘泥无谓""殊不晓事"。理由是"奉天风俗淳朴,本少著述流传,坊肆阮(原)无可采购"⑤,不准采访遗书。奉天是清朝

---

① 盖博坚(R. Kent Guy)也认为,《四库全书》的纂修,发端于此。不过,他误将日期推为公元1772年2月2日(实为7日)。R. Kent Guy, *The Emperor's Four Treasuries: Scholars and the State in the Late Ch'ien-lung Era*, Harvard University, 1987, p.9.
② 《纂修四库全书档案》,第二条,第3页。
③ 《纂修四库全书档案》,第四条,第5—6页。
④ 《纂修四库全书档案》,第五条,第6—7页。
⑤ 《纂修四库全书档案》,第二〇条,第33—34页。

"龙兴"之地。可见弘历此番征书、修书,主要针对前明统治区域,而发迹之地,不在其列。其戒备之意、深谋之虑,昭然若揭。

2. 定名《全书》

作为古代中国规模最为宏大的一项图书编纂工程,《四库全书》的纂修,是在清高宗弘历的发动与主持下进行的,动员了全国的官僚系统参与其事,首当其冲者,则是那些主政一方的各直省总督、巡抚、学政等地方大员。在众多的地方要员中,安徽学政朱筠对弘历下诏求书一事,响应最为积极。乾隆三十七年(1772)十一月二十五日,朱筠除上奏购访遗书情形外,另上一折,专门谈到了如何购访遗书及校核《永乐大典》。朱筠此奏,非同寻常①,且事关全局,极为重要。

朱筠首先对弘历下诏求书并要求开列目录一事,予以鼓吹:"窃惟载籍重于左史,目录著于列代,典至巨也,制至详也。"随之提出四项非常重要的建议:

一、旧刻抄本,尤当急搜也。汉唐遗书存者希矣,而辽、宋、金、元之经注、文集,藏书之家尚多有之,顾现无新刻,流布日少。其他九流百家,子馀史别,往往卷帙不过一、二卷,而其书最精。是宜首先购取,官抄其副,给还原书,用广前史艺文之阙,以备我朝储蓄之全,则著述有所原本矣。

一、金石之刻,图谱之学,在所必录也。宋臣郑樵以前代著录陋阙,特作二略以补其失。欧阳修、赵明诚则录金石,聂崇义、吕大临则录图谱,并为考古者所依据。请特命于收书之外,兼收图谱一门。而凡直省所在现存钟铭碑刻,悉宜拓取,一并汇送,校录良便。

一、中秘书籍,当标举现有者,以补其馀也。臣伏思西清、东阁所藏,无所不备,第汉臣刘向校书之例,外书既可以广中书,而中书

---

① 盖博坚(R. Kent Guy)认为,虽然学政有上奏之权,但极少涉及教育之外之事,而且此折还是对乾隆已经颁布的诏书加以议论,更加不同寻常。R. Kent Guy, *The Emperor's Four Treasuries: Scholars and the State in the Late Ch'ien-lung Era*, p.57.

亦用以校外书,请先定中书目录,宣示外廷,然后令各举所未备者以献,则藏弆日益广矣。臣在翰林,常翻阅前明《永乐大典》。其书编次少伦,或分割诸书以从其类,然古书之全而世不恒觏者,辄具在焉。臣请敕择取其中古书完者若干部,分别缮写,各自为书,以备著录。书亡复存,艺林幸甚!

一、著录校雠,当并重也。前代校书之官,如汉之白虎观、天禄阁,集诸儒较论异同及杀青;唐宋集贤校理,官选其人。以是刘向、刘知几、曾巩等,并著专门之业。列代若《七略》《集贤书目》《崇文总目》,其书具有师法。臣请皇上诏下儒臣,分任校书之选,或依《七略》,或准四部,每一书上必校其得失,撮举大旨,叙于本书首卷,并以进呈,恭俟乙夜之披览。臣伏查武英殿原设总裁、纂修、校对诸员,即择其尤专长者,俾充斯选,则日有课,月有程,而著录集事矣。①

上述四条建议,第一条针对古书(旧刻抄本),以"现无新刻,流布日少",亟宜急搜。此系搜求图书之要者。第二条针对"金石之刻,图谱之学",此为弘历上谕所未及言者,扩大了搜访图书的范围。第三条则借鉴西汉刘向、歆父子合中、外藏书以相校之故事,建议先将"内书"(即内廷藏书。内廷即宫内)做一梳理,不足者由"外书"(即外廷藏书。外廷即官府机构)补阙。尤其是翰林院所藏《永乐大典》,系古代中国最大一部类书,常常有珍贵古书全本抄于其内。朱筠建议充分利用《大典》,从中辑出"古书完者"。这一使"书亡复存"的建议,开启了后来的《永乐大典》辑佚工作,从而使《永乐大典》成为《四库全书》最重要的图书来源之一。第四条建议,谓著录与校雠并重,即不惟开列目录,还要能"校其得失,撮举大旨",如刘向、歆父子领校群书,每书必载叙录之故事。这就较弘历仅命地方大员开列简明书目之构想,更进一步,直接推动了对各书提要的撰写;而各书提要,正是全书总目的重要组成部分。在这条建议里,朱筠

---

① 《纂修四库全书档案》,第十三条,第20—21页。

还提出选择儒臣,专门承办校书事务,"武英殿原设总裁、纂修、校对诸员,即择其尤专长者,俾充斯选,则日有课,月有程,而著录集事"。任事必选人,人选一旦确定,校书之事自然可行。后来四库馆的建立,朱筠当有首倡之功。由于此时弘历尚未表露出禁毁"违碍"图书的用心,可知朱筠纯从读书治学的角度(朱氏进士出身,时任学政),借鉴历史经验,对如何征书、校书、选员任事、编撰目录提出了具体可行的建议,从而为纂修《四库全书》这一宏大的文化工程起到了积极的推动作用。

朱筠此奏,指出了搜访图书的重点,扩大了整理图书的范围,对弘历诏书有所延伸与细化,因此深契帝心。十二月十一日,弘历命大臣会议其事。次年(1773)二月初六日,领班军机大臣、东阁大学士刘统勋领衔上折奏覆,对朱筠四条建议,虽在细节上略有驳论、"毋庸再议",大体则予以认同①。覆奏中有两点最为重要,事关此后《四库全书》纂修全局。

首先是校核《永乐大典》之事。奏称:"查《永乐大典》一书,系明永乐初年所辑,凡二万二千九百馀卷,共一万一千九十五册,最称浩博。旧存皇史宬,复经移置翰林院典籍库。扃贮既久,卷册又多,即官隶翰林者,不得遍行检阅。今该学政所奏,亦只系约略大凡,于原书未能悉其梗概。臣等因派员前往库内逐一检查,据称:此书移贮之初,本多缺失,现存在库者,共九千馀本,较原目数已悬殊。复令将原书目录六十本取出,逐细阅看。其书大指,系用韵以统字,用字以统事,将平、上、去、入韵字为纲,依次编序。凡经史子集等部,或依音,或从其类,随字收载,多系割裂琐碎。但查原书,采取各种,为数甚夥。其中凡现在流传已少,不恒经见之书,于各卷中互相检勘,有足裨补缺遗、津逮后学者,亦间有之。若一概摒为陈册,不为分别检查,殊非采购遗书本义。惟是卷帙繁多,所载书籍又多散列各韵之中,非一时所能核定。相应奏明,容臣等就各馆修书翰林等官内,酌量分派数员,令其陆续前往,将此书内逐一详查。其中如有现在实无传本,而各门凑合尚可集成全书者,通行摘出书名,开列清单,恭呈御览,伏请训示遵行。"知刘统勋等在会奏之前,已派员将《永乐大

---

① 《纂修四库全书档案》,第三十一条,第50—55页。

典》检查一过,所幸尚存四分之三左右;并拟派员开列可辑佚之书单(简明书目)。

其次是校核全书、编撰总目之事。针对朱筠著录校雠并重、择派武英殿职员充任校职之建议,刘统勋等议曰:"查古人校定书籍,必缀以篇题,诠释大意。《汉书·艺文志》所称'条其篇目,撮其指意'者,所以伦次得失,使读者一览了然,实为校雠良法。但现今书籍,较之古昔日更繁多,况经钦奉明诏,访求著录者,自必更为精博。若如该学政所奏,每一书上必撮举大旨,叙于卷首,恐群书浩如渊海,难以一一概加题识。查宋王尧臣等《崇文总目》、晁公武《读书志》,皆就所有之书,编次目录,另为一部,体裁最为简当,应即仿其例。俟各省所采书籍全行进呈时,请敕令廷臣详细校定,依经史子集四部名目,分类汇列,另编目录一书,具载部分、卷数、撰人姓名,垂示永久,用昭策府大成,自轶唐宋而更上矣。"诸臣一方面认可古人为所校书籍撰写提要("条其篇目,撮其旨意")为"校雠良法",另一方面又畏于此次征书之后,群书必浩如烟海,"难以一一概加题识",因此,仅建议仿照《崇文总目》《郡斋读书志》体裁,"另编目录一书"。这是第一次编纂总目的倡议,但著录对象限于各地进呈之图书,编纂形式上取其简明,仅"具载部分、卷数、撰人姓名"("部分"即分类),并无提要,等于是简明的进呈图书总目而已。刘统勋等军机大臣,需要擘画事务、落到实处,故取其易成。其实,这一构想中的简明总目与《崇文总目》《郡斋读书志》并不相同,因为后两部书目都是有提要的;与后来的《四库全书总目》《四库全书简明目录》既有联系,也有区别。可见,诸臣尚未预料到弘历后来有开馆修书、编撰完备的《四库全书》及其总目的举措,对其寓禁于征、改造图书的深谋远虑,未能预知。

对军机大臣所奏,弘历迅速做出反应,当日即以"恐责成不专,徒致岁月久稽,汗青无日"为由,下令:"着即派军机大臣为总裁官,仍于翰林等官内选定员数,责令及时专司查校,将原书详细检阅,并将《图书集成》互为较核,择其未经采录而实在流传已少、尚可裒缀成编者,先行摘开目录奏闻,候朕裁定。其应如何酌定规条,即着派出之大臣,详悉议奏。至朱筠所奏每书必校其得失,撮举大旨,叙于本书卷首之处,若欲悉仿刘向校书序录成规，未免过于繁冗。但向阅内府所贮康熙年间旧藏书籍，多有摘叙简明略节，附夹本书之内者，于检查洵为有益。应俟移取各省购书全到时，即令承办各员将书中要指隐括，总叙厓略，黏贴开卷副页右方，用便观览。"①

弘历此旨，有三点特别值得注意。一是令军机大臣充任校阅《永乐大典》总裁官。如前所述（见本章第二节），军机处由雍正时设立，弱化了外廷内阁参预机密之权，强化了皇帝专制权威，表明封建极权政治达到了前所未有的高度②。此时军机大臣共有六人，汉臣为刘统勋、刘纶、于敏中，满臣为福隆安、丰升额、庆桂③。除丰升额外④，馀五人均在朝当值，当实董其事。此前弘历下旨讨论朱筠所奏，也应由此五人执行。由军机大臣出任总裁，此次任命，足见弘历对校阅《永乐大典》之高度重视。二是要求承办诸臣清点、甄别《大典》存书，将"未经采录而实在流传已少、尚可裒缀成编者"，"先行摘开目录奏闻"，也就是要求编纂简明的《大典》辑佚书目录，供弘历本人做进一步之甄别、处理。三是关于各书提要之编撰。弘历虽有"繁冗"之语，其实并不认同诸大臣所奏意见，仅未明予批驳而已；随后"隐括""要指""总叙厓略"之指示，实际上认可了朱筠为所校图书撰写叙录的建议，效仿的是朱筠所乐道之刘向、歆父子故事。编纂简明《大典》辑佚书目录、为所校图书撰写叙录（提要），较此前下令各地大员送呈简明征书目录，更往前迈进了一大步。后来开四库馆，彻底清查、甄别图书内容，进而编纂《四库全书总目》及《简明目录》，此时已在弘历谋划之中，成为应有之义、必行之事。

---

① 《纂修四库全书档案》，第三十二条，第55—56页。按：此谕又载《高宗纯皇帝实录》卷九百二十六，末有"馀依议"三字。

② 军机处设于邻近内廷的隆宗门内，外官严禁擅入值庐。参《清朝典制》，郭松义、李新达、李尚英著，吉林文史出版社，1993年，第189—191页。

③ 有学者认为其时军机大臣仅有刘统勋、刘纶、于敏中、福隆安四人（张升《四库全书馆研究》，第3页），不尽准确。

④ 丰升额系武将，此时在四川军营，负责金川战事。参李桓《国朝耆献类征初编》卷九十五《丰升额传》，周骏富主编《清代传记丛刊》第146册，台北，明文书局，1985年，第205—212页。

第七章　清代前期的文化方略与文献纂修

四日之后（乾隆三十八年［1773］二月十日），军机大臣兼校核《永乐大典》总裁刘统勋等奏进原本二十本（含目录十本、全书十本）①。弘历再次反应迅速，于次日下诏指示②。此诏内容也事关全局，对《永乐大典》之辑佚与《四库全书》之纂修，意义重大。

首先，指摘《大典》之不足，决定采用传统四分法。弘历认为，明人所修《永乐大典》有其不足："意在贪多务得，不出类书窠臼。是以踳驳乖离，于体例未能允协"，"至儒书之外，阑入释典、道经，于古柱下史专掌藏书、守先待后之义，尤为凿枘不合"。针对《大典》类次之失，弘历主张在辑佚中，采用传统目录学的分类方法："从来四库书目，以经史子集为纲领，裒辑分储，实古今不易之法。是书既遗编渊海，若准此以采撷所登，用广石渠金匮之藏，较为有益。"弘历对古代文化传统研习较深，通晓四分法在古代典籍分类中的主流地位；上述见解无疑是正确的，它决定了后来全书之"裒辑分储"（即征集、整理、辑佚及分贮等），采用经史子集四分法③。相应地，后来编纂《四库全书总目》及《简明目录》，也自然采用四分法。

其次，添派官员，酌定条例，校核《永乐大典》。盖前所任命之总裁官刘统勋等人，皆为军机大臣，政务繁忙，有必要加强力量。此外，弘历还指示如何对《大典》进行辑佚："除本系现在通行，及虽属古书而词义无关典要者，不必再行采录外，其有实在流传已少，其书足资启牖后学、广益多闻者，即将出〔书〕名摘出，撮取著书大指，叙列目录进呈，候朕裁定，汇付剞劂。其中有书无可采而其名未可尽没者，只需注出简明略节，以佐

---

① 《纂修四库全书档案》，第三十三条，第56页。
② 《纂修四库全书档案》，第三十四条，第56—58页。
③ 盖博坚（R. Kent Guy）认为，四分法在唐宋时代很流行，但宋以后就被弃用，因此，弘历对四分法的采用，代表了一种历史复兴；弘历采用四分法的目的，在于直接唐、宋统绪，从而在编纂规模、组织方法上超越《永乐大典》。(R. Kent Guy, *The Emperor's Four Treasuries: Scholars and the State in the Late Ch'ien-lung Era*, pp.77—78.)这一见解无疑是错误的，因为四分法自隋、唐以降，是中国图书分类的主流，宋以后的大部分目录（如元修《宋史·艺文志》等），仍然采用四分法；《大典》是类书，《全书》是丛书，二者在文本组织上因此自然有别。

流传考订之用，不必将全部付梓，〔以〕副朕裨补阙遗、嘉惠士林至意。"由此看来，弘历根据价值高下，把大典本分成了三类：（一）不予采录者，（二）叙列目录候裁者，（三）注出节略佐订者。那么，何者应采，何者候裁，何者仅存之以佐流传考订？其尺度应即前揭征书诏中"阐明性学治法，关系世道人心"等标准。从实用价值上判断、甄别图书并决定其命运，是极权帝王的政治警觉使然，这与学者从学术角度考虑图书、分门别类，取径自然不同。尤其值得注意的是其中第二类与第三类。第二类的入选标准，要在上揭"阐明性学治法，关系世道人心"的前提下，再加上"实在流传已少，其书足资启牖后学、广益多闻"的条件。这一类书实际上就是后来能够入选《四库全书》、分发七阁庋藏者，也即《四库全书总目》中的著录书。这一类是弘历关注的重点，所以要求"将出〔书〕名摘出，撮取著书大指，叙列目录进呈，候朕裁定，汇付剞劂"，即不仅要"叙列目录"，还要刻板梓行。所谓"叙列目录"，就是要为各书撰一叙录（本书提要），汇总起来，即为后来《四库全书总目》中的著录书提要。第三类系"书无可采而其名未可尽没者"，处理亦异："只须注出简明略节，以佐流传考订之用，不必将全部付梓"。所谓"注出简明略节"，也就是撰写简明提要，实际上就是后来《四库全书总目》中的存目书提要。由此可见，弘历上述要求，规定了后来四库馆的主要工作，也是编写四库提要的重要指示。《四库全书总目》的骨干材料就是著录书提要与存目书提要。存目书提要比著录书提要简略，其原因也正在于此。最后，弘历要求诸臣从速办理："刻期告竣，不得任意稽延，徒消汗青无日。仍将应定条例，即行详议，缮折具奏。"

在弘历的高度重视与严旨催促下，刘统勋等总裁官不敢怠慢，于二十一日即上折奏事，颂扬弘历"论断精微，折衷至当"，"综群书之渊海，广四库之储藏，补缉搜罗，实为至周且备"，将其指示大为鼓吹；同时拟定校核《永乐大典》条例十三条，并对人员、场地安排等提出建议。弘历当日即批示道："是。依议。将来办理成编时，著名《四库全书》。钦此。"[①]

---

① 《纂修四库全书档案》，第三十五条，第58—60页。

《四库全书》"之名,即始于此。"四库"指经史子集四部,已如上述;"全书"则标榜其"全",超越"大典"之"大",彰显了弘历汇集古今典籍的雄心,意味着这将是一项史无前例的宏大的文化工程。《永乐大典》是由朱棣命名的,弘历命名《四库全书》,也符合其专制君主的身份①。值得注意的是,《四库全书》之得名,并非仅对《永乐大典》之辑佚书而言。如果联系乾隆三十七年(1772)正月初四日即下诏求书,且各地图书正源源报送之事实,那么,弘历要编一套大型丛书的宏伟规划,至此已昭揭于世。

如果说,下诏求书与校核《永乐大典》并辑佚书籍,是纂修《四库全书》之先声,那么,为这项宏伟工程预期之成果,定名为《四库全书》,则昭示着纂修工作走上正轨。专门办理机构——办理四库全书处,应该在此诏下达不久即告成立(见乾隆三十八年三月二十三日上谕②)。

3. 限期征缴

乾隆三十八年(1773)二月二十三日,在为《四库全书》定名不久,弘历即谕令两江总督高晋、浙江巡抚三宝,追查流出中秘之外的《永乐大典》,重点是康熙朝显宦徐乾学、王鸿绪、高士奇之家,因为此三人曾与修书事务,担任总裁,可能将书籍携出中秘;另外,又密令高晋查访书贾坊林,并"须谕有司不动声色,善为搜求,不可假手吏胥,致令借端滋扰"③。

从此际上谕来看,弘历对地方督抚、学政等征访书籍之事,并不满意。乾隆三十八年三月二十八日,内阁发布上谕,严令各地督抚,给予半年期限,要求迅速购访遗书。这份上谕对购访图书的目的、现状、原因等有较好的说明与分析,展示了弘历对地方承办官员、藏家心理的准确把握,颇能见出弘历的执政风格,在此类谕旨中颇具代表性。兹录如次:

前经降旨,令各该督抚等访求遗书,汇登册府。近允廷臣所议,

---

① 盖博坚(R. Kent Guy)认为,为这项编纂工程命名,体现了弘历对自身角色的认知。R. Kent Guy, *The Emperor's Four Treasuries: Scholars and the State in the Late Ch'ien-lung Era*, p.78.

② 《纂修四库全书档案》,第四十二条,第66—67页。

③ 《纂修四库全书档案》,第三十六条,第60—61页。

治乱交替中的文献传承

以翰林院旧藏《永乐大典》,详加别择校勘,其世不经见之书,多至三四百种,将择其醇备者付梓流传,馀亦录存汇辑,与各省所采及武英殿所有官刻诸书,统按经史子集编定目录,命为四库全书。俾古今图籍,荟萃无遗,永昭艺林盛轨。乃各省奏到书单寥寥无几,且不过近人解经、论学、诗文私集数种,聊以塞白。其实系唐宋以来名家著作,或旧版仅存,或副稿略具,卓然可传者,竟不概见。当此文治光昭之日,名山藏弆,何可使之隐而弗彰!此必督抚等视为具文,地方官亦第奉行故事,所谓上以实求,而下以名应,殊未体朕殷殷谘访之意。且此事并非难办,尚尔率略若此,其他尚可问乎?况初次降旨时,惟恐有司办理不善,借端扰累,曾谕令凡民间所有藏书,无论刻本、写本,皆官为借抄,仍将原本给还。揆之事理人情,并无阻碍,何观望不前,一至于此!必系督抚等因遗编著述,非出一人,疑其中或有违背忌讳字面,恐涉手干碍,预存宁略毋滥之见,藏书家因而窥其意指,一切秘而不宣。甚无谓也!文人著书立说,各抒所长,或传闻异辞,或纪载失实,固所不免。果其略有可观,原不妨兼收并蓄。即或字义触碍,如《南》《北史》之互相诋毁,此乃前人偏见,与近时无涉,又何必过于畏首畏尾耶!朕办事光明正大,可以共信于天下,岂有下诏访求遗籍,顾于书中寻摘瑕疵,罪及收藏之人乎?若此番明切宣谕后,仍似从前疑畏,不肯将所藏书名开报,听地方官购借,将来或别有破露违碍之书,则是其人有意隐匿收存,其取戾转不小矣!且江浙诸大省,著名藏书之家,指不胜屈,即或其家散佚,仍不过转落人手。闻之苏湖间书贾书船,皆能知其底里,更无难于物色。督抚等果实力访觅,何虑终湮?惟当严饬地方官,勿假手吏胥,借名滋扰,众人自无不踊跃乐从。即有收藏吝惜之人,泥于借书一痴俗说,此在朋友则然,今明旨征求,借后仍还故物,于彼毫无所损,又岂可独抱秘文,不欲公之同好乎!再,各省聚书最富者,原不尽皆本地人之撰著,只论其书有可采,更不必计及非其地产,则搜辑之途更宽,方不致多有遗逸。着再传谕各督抚等,予以半年之限,即遵朕旨,实力速为妥办。俟得有若干部,即陆续奏报,不必先行检阅。若再似从前之因循搪塞,惟该督抚是问。将此一并通谕中外知之。①

这篇上谕,首先回顾了近期访求遗书、校勘《永乐大典》的文化举措,以"俾古今图籍,荟萃无遗,永昭艺林盛轨"的弘大事业相号召。其次,指出各省办理不力,所进书单,寥寥无几,不过"聊以塞白"而已。再次,分析各地办理不力之原因,在于承办官员的两大弊病:一是将求书之诏"视为具文",没有足够的重视,"上以实求,下以名应",虚与应付;二是担心书中恐有干碍之处,致藏书者因疑忌而不敢献出。为打消藏书者之疑虑,弘历故作宽宏大量,慰以好言,对"略有可观之书",要"兼收并蓄",并自诩其"办事光明正大,可以共信于天下,岂有下诏访求遗籍,顾于书中寻摘瑕疵,罪及收藏之人乎?"随之,对藏书之人施以恫吓,如此次不献,"将来或别有破露违碍之书,则是其人有意隐匿收存,其取戾转不小矣!"对地方督抚,弘历指责他们没能"实力访觅",要求不假手胥吏,不限于本地人之撰著,以半年为限,"速为妥办","若再似从前之因循搪塞,惟该督抚是问"。弘历对承办官员、藏家之心理,可谓洞若观火,因此恩威并用,限期克功。

以"稽古右文"、荟萃古今图籍的宏大前景相号召,以不罪及收藏之人作为条件,弘历试图树立光明正大的正面形象,唤起官僚征书与民间献书的热情。类似说辞在此后的诏书中,屡屡提及,几成滥调。需要注意的是,弘历提到了"遗编著述"中的"干碍""违碍"问题。由于清廷曾屡兴文字大狱,读书人、藏书家无不心有馀悸。弘历试图消除藏书者因文获罪的疑虑,正表露出他本人对此其实极为介怀。大规模征书、修书,只是其彻底改造、禁毁图书的先声。

4. 甄别处理

弘历下诏征书之时,为避免打草惊蛇,只口不提禁毁之事。但从求书到修书、禁书,其中仍有理路可寻。前揭弘历催书诏(乾隆三十七年十月十七日)内,要求各省督抚学政"恪遵前旨,饬催所属,速行设法访求,

---

① 《纂修四库全书档案》,第四十三条,第67—69页。

无论刊本、钞本,一一汇收备采,俟卷帙所积稍充,即开具目录,附折奏明,听候甄择移取",预示将来必有甄别、选择的举措。又弘历在添派《永乐大典》总裁官时(乾隆三十八年二月十一日),将大典本分成三类:(一)不予采录者,(二)叙列目录候裁者,(三)注出节略佐订者。不久,又在限期购访遗书的上谕(同年三月二十八日)中,表示将择《永乐大典》中"醇备者"付梓流传,且不会因为上缴"违碍"之书而罪及收藏之人。那么,何者应"不予采录"?何者应"叙列目录候裁"?何者方为"醇备"?何者又为"违碍"?在这些辞意隐微的表述背后,是弘历欲对存世图书甄别处理的预谋和企图。

江浙地区向为人文渊薮,是文献最为集中的地区。在发布限期购访上谕之次日(乾隆三十八年三月二十九日),弘历专门谕令两江总督高晋、江苏巡抚萨载、浙江巡抚三宝,要求"实力购觅"。同时,进一步消除其疑惧心理:

> 至书中即有忌讳字面,并无妨碍,现降谕旨甚明。即使将来进到时,其中或有诞妄字句,不应留以疑惑后学者,亦不过将书毁弃,转谕其家不必收存,与藏书之人并无干涉,必不肯因此加罪。至督抚等经手汇送,更无关碍,又何所用其疑畏乎?朕平日办事光明正大,可以共信于天下,高晋等尤所深知。而其所隶州郡,藏书什倍于别省,征访之事,更当向其责成。①

在这道上谕中,弘历故作宽松之态,对三位要员予以慰勉,却透露了他对于"违碍"("有忌讳字面""有诞妄字句")图书的处理办法,那就是"毁弃""不必收存";而对于逾期不缴的藏书人,一定会"因此加罪"。此谕恩威并施,宽慰之外,隐含恫吓,足见弘历成算已久,步步深入。

乾隆三十八年(1773)闰三月十一日,办理四库全书处诸臣上奏排纂全书事宜,首称"遵旨排纂四库全书,仰蒙皇上指示,令将《永乐大典》内

---

① 《纂修四库全书档案》,第四十五条,第69—71页。

原载旧本酌录付刊,仍将内府所储、外省所采以及武英殿官刻诸书,一并汇齐缮写,编成四库,垂示无穷",可知四库馆需要处理的图书来源有三:(一)内府藏书("内府所储"之书,包括《永乐大典》);(二)"外省所采",即各直省督抚、学政采进之书;(三)"武英殿官刻诸书"。诸臣所奏第一条云:

> 《永乐大典》内所有各书,现经臣等率同纂修各员逐日检阅,令其将已经摘出之书迅速缮写底本,详细校正后即送臣等复加勘定,分别应刊、应抄、应删三项。其应刊、应抄各本,均于勘定后即赶缮正本进呈,将应刊者即行次第刊刻。仍均仿刘向、曾巩等目录序之例,将各书大旨及著作源流详悉考证,诠疏崖略,列写简端,并编列总目,以昭全备。即应删者,亦存其书名,节叙删汰之故,附各部总目后。凡内廷储藏书籍及武英殿官刻诸书,先行开列清单,按照四部分排,汇成副目。此外,或有向系通行并非应访遗书,而从前未归插架者,亦应查明开单,另为编录。至于纂辑总目,应俟《永乐大典》采撮完竣及外省遗书开送齐全后,再行汇辨进呈。①

这条办法,首先谈到了大典本的处理流程:(一)逐日检阅,摘出著述(即前文所言"醇备"者);(二)缮写底本;(三)详细校正;(四)由纂修诸臣"复加勘定",分成应刊、应抄、应删三类;同时为应刊、应抄之书,撰写叙录(本书提要),列于书前;(五)应刊、应抄者,勘定后缮写正本进呈;(六)应刊者即予付刻。在上述流程中,对于应予抄写的大典本图书,至少有大典原本、缮写底本、校正定本三种传本形态;对于应刊者,另外还会有新刻本。其次,则谈到了针对不同著录对象的总目的处理流程:(一)编纂大典本应刊及应抄书总目,且分类编列。这应当是一个简明总目。(二)编纂大典本应删书总目,附于前述总目各部之后。这部分总目有简明提要,旨在"节叙删汰之故",即向皇帝说明其书何以"应

---

① 《纂修四库全书档案》,第四十九条,第 74—75 页。

删"。反证前述总目是分部编排,而且应该是没有提要的,因为各书叙录已载在书前,一览即知。(三)编纂内廷藏书及武英殿官刻诸书之清单,属分部编排的一个简明书目,作为前述总目的副目。这三项合起来,构成了一个包括正目(大典应刊、应抄本总目)、附目(大典本应删总目)、副目(朝廷藏书、刻书总目)在内但体例不一的中央(包括内府与外廷)藏书总目。(四)编录未入藏、非应访遗书的通行本总目。基于其性质,也应是一个简明总目。(五)最后,纂辑四库馆办理图书总目。这一总目包括上述中央藏书总目、通行本总目及外省进呈图书总目。其体例虽未论及,当仍采用前述简明形式,而且按弘历所定四部分类无疑。由一"仍"字,知部分工作已在进行。这就为后来编纂《四库全书总目》奠定了基础。从收书范围上看,这一构想中的办理总目,无疑超过后来的《四库全书总目》。

上述办法中尤为值得注意的是,大典本分成了"应刊""应抄""应删"三类。在后来的谕旨中,"应刊"一词,有时被称为"应刻"①。所谓"应删",即摒弃不用,当属弘历所谓"毁弃"情形之一。这种划分,显然是对前揭弘历"不予采录""择其醇备"及"毁弃"等说法的进一步细化,而表述更为明白与简洁。其时四库馆开馆不久(本年二月二十一日《四库全书》定名,三月二十三日出现"办理四库全书处"的机构名称),总裁大多由军机大臣兼任,弘历每天都要与军机大臣们商量国是,因此,这三种划分,体现的显然是弘历的志意。

四库馆臣所奏第四条,谈选派官员担任纂修。中云:"至各书详检确核,撮举大纲,编纂《总目》,其中繁简不一,条理纷繁,必须斟酌综核,方不致有参差罣漏。臣等公同酌议,查现在纂修·翰林纪昀、提调·司员陆锡熊,堪膺总办之任。此外,并查有郎中姚鼐,主事程晋芳、任大椿,学政汪如藻,原任学士降调候补之翁方纲,亦皆留心典籍,见闻颇广,应请添派为纂修官,令其在馆一同校阅,悉心考核,方足敷用。又查有进士余

---

① 如乾隆三十九年(1774)七月二十五日上谕内称:"办理四库全书处进呈总目,于经史子集内,分晰应刻、应抄及应存书名三项。"见《纂修四库全书档案》,第一七一条,第228页。

集,邵晋涵、周永年,举人戴震、杨昌霖,于古书原委亦能多识,应请旨行文调取来京,在分校上行走,更足资集思广益之用。"①这就为编纂《总目》配备了完善的组织架构与合适的人选。

随后,弘历借口为取用方便,下令修纂《四库全书荟要》(以下简称"《荟要》"),意在萃取全书之精华。乾隆三十八年(1773)五月一日上谕中指出:

> 朕几馀懋学,典册时披,念当文治修明之会,而古今载籍未能搜罗大备,其何以裨艺林而光策府?爰命四方大吏,加意采访,汇上于朝。又以翰林院署旧藏明代《永乐大典》,其中坠简逸篇,往往而在,并敕开局编校,芟芜取腴,每多世不经见之本。而外省奏进书目,名山秘笈,亦颇裒括无遗。合之大内所储,朝绅所献,计不下万馀种。自昔图书之富,于斯为盛。特诏词臣,详为勘核,厘其应刊、应抄、应存者,系以提要,辑成《总目》,依经、史、子、集部分类众,命为《四库全书》,简皇子、大臣为总裁以董之。②

此时各地采进之书正源源上奏,全书之纂修已步入弘历所期望的正轨,于是正式昭告天下,开始甄别图书、编纂《总目》,重申《四库全书》之命名。在军机大臣上奏的基础上,弘历把甄别图书的范围扩大到存世典籍(即前揭四库馆办理图书总目的著录对象),厘为"应刊""应抄""应存"等类别(实际上还有"应删"一类),区分处理。同前揭军机大臣奏文相较,此处把"应删"改成了"应存",虽有一字之异,但并没有改变甄别图书的实际,"应刊""应抄""应存"之外,当然另有不应存之书,也即隐含有"应删"一类;用"应存"一词,更具其蒙蔽性而已。前揭军机大臣所奏之办法,还仅对大典本而言,弘历此诏,则欲对所有存世典籍,逐一审查、甄别,从而拉开了大规模禁毁图书的序幕。而"系以提要,辑成《总目》",则

---

① 《纂修四库全书档案》,第四十九条,第 76—77 页。
② 《纂修四库全书档案》,第六十六条,第 108 页。

表明弘历正式下令纂修总目录,著录对象是"应刊、应抄、应存"之书,分类上采用四分法,体例上则系解题(提要)目录。其成书,即为后来的《四库全书总目》。弘历在这道措辞温和的纂修《荟要》的上谕中,透露了他大规模甄别存世典籍、禁毁"违碍"典籍、编纂全书《总目》的志意与计划①。此时距其初次发布征书上谕,尚不足十六个月。

由上面诏旨可以看出,此时对图书的甄别处理,由四库馆臣承担。至五月十七日,"据江浙督抚及两淮盐政等奏到购求呈送之书,已不下四五千种,并有称藏书家愿将所有旧书呈献者"。但弘历认为"尚未能深谕朕意",下诏云:

> 方今文治光昭,典籍大备,恐名山石室,储蓄尚多,用是广为搜罗,俾无遗佚,冀以阐微补阙。所有进到各书,并交总裁等,同《永乐大典》内现有各种详加核勘,分别刊钞。择其中罕见之书,有益于世道人心者,寿之梨枣,以广流传,馀则选派誊录,汇缮成编,陈之册府。其中有俚浅讹谬者,止存书名,汇为总目,以彰右文之盛。此采择四库全书本指也。②

弘历此诏,令四库总裁等将图书分别"应刊""应钞"等情形,区别对待;又将"俚浅讹谬者"归为一类,纳入《总目》,"止存书名",即列为存目之书。"应刊""应钞""存目"三类之分(此外即禁毁之书),弘历在数年后仍有强调③。值得注意的是,《四库全书总目》的著录范围,由此得以确定,形成了"著录书"与"存目书"的两大分野。尤其需要注意的是,弘历

---

① 陈登原指出:"据上,三十八年二月方定《四库全书》之名,而三月上谕,已有将书毁弃之言,五月上谕,又有应删、应存之旨,然则四库修书之初,已半有借此毁书之意。排比时间,可以断言。"见《国史旧闻》卷五十四"修四库书为禁书说"条,第463页。
② 《纂修四库全书档案》,第七十四条,第116—117页。
③ 乾隆四十一年(1776)十一月十六日,内阁奉上谕:"前因汇辑《四库全书》,谕各省督抚,遍为采访。嗣据陆续送到各种遗书,令总裁等悉心校勘,分别应刊、应钞及存目三项,以广流传。"见《纂修四库全书档案》,第三五二条,第552页。

强调，甄别处理图书，是其纂修《四库全书》之"本指"。易言之，其纂修《四库全书》之根本用意，是要对存世图书进行甄别处理，或刊或存，或禁或毁。至于地方督抚、学政等，此时任务还仅限于采访遗书，"务使陈编旧帙，尽登天府"①，"务使山陬海澨，尽献所藏"②，"开列清单，恭呈御览，仰恳敕交四库馆总裁大臣核定饬取，即行解送"③，还没有甄别"违碍"的要求。

5. 寓禁于征

经弘历前期发动、反复晓谕并限期购访之后，各地征访图书、进呈书目等工作逐渐步入正轨。至乾隆三十九年（1774）八月之前，弘历对各省禁毁"违碍"书籍一事，仍然不做要求。盖此期仍以征访遗书为主。其间只有两次例外。一次是乾隆三十八年十二月，山西平定人戎英，为希图功名，到四库馆进献《万年配天策》《天人平西策》二书，自称于《河图》《洛书》中衍出，内含兵法，能扫平金川，结果引起清廷警觉，被执下狱。弘历因谕山西按察使黄检，严查其家是否有悖逆语句。最后，这场闹剧以戎英被发遣至乌鲁木齐种地收场④。同年十二月十七日，大学士舒赫德等奏：

> 查从前奉旨，谕令各省将钱谦益《初学集》《有学集》等书，解京销毁。前经臣等将解到各书，奏交内务府烧毁。续据各省解到《初学集》等书，共二万三十一本，又未钉者四十部。理合奏明，仍交内务府销毁。再，查有解到《初学集》等书板片，共二千九十八块，应交武英殿收查。其中或有尚可铲用者，作为刊刻别项书籍之用，其残损浇薄者，即行烧毁。⑤

---

① 《纂修四库全书档案》，第七十九条，第122页。
② 《纂修四库全书档案》，第一〇三条，第147页。
③ 《纂修四库全书档案》，第一〇七条，第152页。
④ 参见《纂修四库全书档案》，第一三四、一三五、一三八、一四一诸条。
⑤ 《纂修四库全书档案》，第一三九条，第191—192页。

治乱交替中的文献传承

　　弘历谕令各省将钱谦益著作解京销毁,从现有文献上看,是乾隆三十九年八月前仅有之例,可以看作是大规模查禁、销毁违碍书籍的先声。弘历销毁钱氏著作,是由于牧斋"在明已居大位,又复身事本朝","不能死节,腼颜苟活,乃托名胜国,妄肆狂狺,其人实不足齿,其书岂可复存?自应逐细查明,概行毁弃,以励臣节而正人心"①。

　　乾隆三十九年(1774)三月,弘历命闽浙总督钟音,向江苏巡抚萨载密传谕旨,要求留心查看"稍有忌讳之书"。萨载又密札两江总督高晋,一体查办②。可知此时弘历已暗中布局,为查禁"违碍"书籍做准备。

　　乾隆三十九年(1774)八月初五日,大学士于敏中向两江总督高晋、江苏巡抚萨载、安徽巡抚裴宗锡、江西巡抚海成、两广总督李侍尧、广东巡抚德保、浙闽总督钟音、浙江巡抚三宝、福建巡抚余文仪、署湖广总督陈辉祖等,发布弘历上谕,开始部署查禁违碍事宜。上谕在历数前旨、自诩宽大之后,宣称:

> 朕办事光明正大,各督抚皆所深知,岂尚不能见信于天下?该督抚等接奉前旨,自应将可备采择之书,开单送馆。其或字义触碍者,亦当分别查出奏明,或封固进呈,请旨销毁,或在外焚弃,将书名奏明,方为实力办理。<u>乃各省进到书籍,不下万馀种,并不见奏及稍有忌讳之书。岂有裒集如许遗书,竟无一违碍字迹之理?况明季末造野史者甚多,其间毁誉任意,传闻异词,必有诋触本朝之语,正当及此一番查办,尽行销毁,杜遏邪言,以正人心而厚风俗,断不宜置之不办。</u>此等笔墨妄议之事,大率江浙两省居多,其江西、闽粤、湖

---

① 乾隆四十一年(1776)十一月十六日上谕。见《纂修四库全书档案》,第三五二条,第552页。

② 按:萨载于乾隆三十九年九月初日上奏中说:"本年三月内,浙闽督臣钟音觐回任过苏,曾密传谕旨,令臣留心查察。维时书籍均已解京,臣复通饬各府州县学,再为搜访晓谕,无使一书不献,并密札督臣高晋,一体查办。"(《纂修四库全书档案》,第一八六条,第254页。)高晋十三日上奏中说:"今春臣曾接抚臣萨载密行札会,有闽浙督臣钟音陛见回任,遇(过)苏口传谕旨,稍有忌讳之书,命臣等一体留心查办。"(《纂修四库全书档案》,第一八九条,第259页。)

广,亦或不免,岂可不细加查核?高晋、萨载、三宝、海成、钟音、德保皆系满洲大臣,而李侍尧、陈辉祖、裴宗锡等亦俱系世臣,若见有诋毁本朝之书,或系稗官私载,或系诗文专集,应无不共知切齿,岂有尚听其潜匿流传,贻惑后世?不知各该督抚等查缴遗书,于此等作何办理者。着即行据实具奏。①

"各省进到书籍,不下万馀种",足见各地征缴遗书一事,进展极为顺利。弘历乘势而为,不失时机地要求各地查禁"违碍"图书。本条上谕首先历数前旨,将自己刻画成"光明正大"的帝王形象,进而预设罪名,责备各地督抚办理不力;其次举出明季野史抵触本朝为例,要求借征访图书之机,及时查办,以"正人心而厚风俗"之名,行"尽行销毁,杜遏邪言"之实。上谕中罕见地对各地督抚大员一一点名,提醒其"满洲大臣"或"世臣"的身份,俾其尽力。此外,对各省已经进到之书,则下令由四库馆检查,"如有关碍者,即行撤出销毁"。对藏书之家,则恩威并施,加以恫吓:"着传谕该督抚等,于已缴藏书之家,再令诚妥之员,前去明白传谕,如有不应存留之书,即速交出,与收藏之人,并无干碍。朕凡事开诚布公,既经明白宣谕,岂肯复事吹求。若此次传谕之后,复有隐讳存留,则是有心藏匿伪妄之书,日后别经发觉,其罪转不能逭,承办之督抚等亦难辞咎。"②

弘历此谕,辞气远较下诏征书时严厉,对各地督抚、四库馆臣、藏书之家,均恩威并施,催逼恫吓。盖因其时各省征访图书较为顺利,弘历胜券在握,因此有恃无恐。自此,在纂修《四库全书》的名义下,各省由征访图书、进呈书单的阶段,过渡到征缴、禁毁同时进行的阶段,即"寓禁于征""寓毁于征"的阶段。

在弘历严旨督促下,各地督抚不敢怠慢,迅速上奏表态。浙江巡抚三宝反应最快,于九月初八日即上奏云:"自应钦遵现奉谕旨,再加询查,以期尽净,毋使观望逡巡,将偶有干碍之书,存留不缴,贻惑后世。臣现

---

① 《纂修四库全书档案》,第一七七条,第239—240页。
② 《纂修四库全书档案》,第一七七条,第240页。

于丞倅中择其明干诚妥者，饬令督同原在局之教官，并于各府属内遴派教职数员，令其分头剀切宣布，务使家喻户晓，访询无遗。"①初九日，江苏巡抚萨载上奏："臣系满洲世仆，若见有诋毁本朝之书，恨深切齿……臣现在凛遵饬令局员，将已缴藏书之人姓名、里居，逐一查明，开单分委妥员，各就其家，宣播恩旨，令将不应存留之书，即速交出，并无干碍。士民具有人心，屡邀我皇上宽大之诏，若果有其书，谅必不敢始终藏匿，自取重罪。俟有交出书籍，当即固封呈进，候旨销毁。"②十三日，两江总督高晋上奏："臣系满洲世仆，具有天良，正可乘此采访遗书，留心查办。……臣身任封疆，受恩至重，敢不仰体圣心，奋勉查办。臣现在凛遵，派诚实可信之丞倅及试用人员，分赴各州县，前往已缴藏书之家，明白宣示，善为劝导。"③其他地方大员，也纷纷上奏表态。

最先奏称查出违碍书籍者，是两广总督李侍尧与广东巡抚德保。十月初四日，两人联名上奏，称已查获屈大均《广东新语》《翁山诗外》《翁山文外》等书，黏签固封进呈④。弘历立即抓住这一案例，于十一月初九日发布上谕，催促其他督抚实力办理：

> 前此谕令各督抚遍行晓谕，如有收藏违碍之书，即及早交出，免其治罪，并以此等笔墨诋毁之事，大率江浙两省居多，其江西、闽粤、湖广亦或不免，因指名交各督抚留心查办。乃高晋、萨载、三宝皆覆奏称，查无违碍之书。今李侍尧等既从粤省查出屈大均诗文，不应江浙等省转无明末国初存留触碍书籍。岂高晋等办事不及李侍尧等之实力乎？抑江浙各藏书之家尚不能深喻朕意乎？着传谕各督抚，再行明白晓谕，此时即速呈献，尚不为晚，不过将不应收藏之书尽行销毁，杜遏邪言，以正人心而厚风俗。何可稍存观望，自贻伊戚乎？若再隐匿不缴，后经发觉，即治以有心藏匿之罪，必不姑宽，并

---

① 《纂修四库全书档案》，第一八五条，第 252—253 页。
② 《纂修四库全书档案》，第一八六条，第 254 页。
③ 《纂修四库全书档案》，第一八九条，第 259 页。
④ 《纂修四库全书档案》，第一九四条，第 267—269 页。

第七章 清代前期的文化方略与文献纂修

于该督抚等是问。①

弘历褒责并举,连续发问,足见其肝火之旺、禁毁之切。次日,弘历再次发布上谕,以宽赦收藏屈大均著述之屈稔浈、屈昭泗为例,重申其"办事光明正大,断不肯因访求遗籍,罪收藏之人",对藏书之家胁迫催逼:"若经此番诫谕,仍不呈缴,则是有心藏匿伪妄之书,日后别经发觉,即不能复为轻宥矣。朕开诚布公,海内人民,咸所深喻,各宜仰体〔朕〕意,早知猛省,毋自贻悔。"②

乾隆四十三年(1778)闰六月十九日,弘历再次下令:"屡经降旨各省督抚,查缴违碍书籍,送京销毁。各该省陆续查出应毁之书,虽纷纷呈缴,但恐此等违碍书籍外间尚有存留,而僻壤穷乡未必能家喻户晓。此时续行缴出,仍可遵前旨不加究治,若匿不呈出,后经发觉,即难以轻逭,不可不将此意明白谕示,令其查缴剔厘净尽,以正人心而厚风俗。着再传谕各省督抚,务须实力查办,不可稍有疏漏。"③

在弘历恐吓、逼迫之下,督抚大员惧因查禁不力而获谴,藏书之家因惧罹文字之狱,上下合力,使各省查禁"违碍"图书之举,自乾隆三十九年(1774)八月之后,渐次拉开大幕。各地督抚如临大敌,或表态证白,或出谋划策,唯恐人后。如湖广总督陈辉祖,查出《博物典汇》《前明将略》两种,"竟有悖逆不经之语",斥为"鸮鸣狂吠","发指痛恨",与弘历同仇敌忾;"一面通饬各属,再行详查,并分咨各省,如有前书及版片,尽数销毁,以正人心而厚风俗"④。浙江巡抚三宝,"查有字义触碍应行销毁者,计一十五种;并有从前设局时未经购及之书,尚可以备采择者,共六十三种。经臣于十二月初六日,将各书目一并开列清单,恭折具奏,一面委员解送四库全书处,分别查办销毁。今复钦奉恩旨,剀切周详。臣系满洲

---

① 《纂修四库全书档案》,第二〇二条,第282—283页。
② 《纂修四库全书档案》,第二〇三条,第284页。
③ 《纂修四库全书档案》,第五一八条,第815页。
④ 乾隆三十九年(1774)十一月三十日,陈辉祖奏折,见《纂修四库全书档案》,第二一〇条,第297页。

世仆,具有人心,急思搜寻净尽,以除风俗人心之害。除严饬各委员等,再加逐一搜查采访,如有前项诞妄不经及字句违碍之书,务令尽数缴出,续行具奏,断不使浙省绅士等家及村塾书肆,稍有存留,自干罪戾,以仰副我皇上维持风教垂训谆谆之至意。"①两江总督高晋则献策,按照钦部事件通行各府州之例,限期六个月,"责成各地方官端委明妥教官,亲诣有书之家,并坊林、书肆、小市、荒摊,将明末国初人著作,遍加查阅,凡涉字句触碍之书,概行呈缴汇奏,责处道府实力稽查";并由州县教官出具印结,"日后别经发觉,不但藏书之人加以重罪,即出结之道府州县教官一体查参议处"。如此立限办理,"地方官各知考成严切,自必尽心搜罗,一切诞妄不经之书,可期销毁净尽,无复留贻"②。浙江巡抚三宝,不仅责令地方官及教官等劝谕呈缴,还将教职闲空人员,派回原籍府分,因京及友,询访清查,"将来即以缴书多寡,为补用名次后先"。弘历以"教官籍系本省,其往来原籍,既可不致滋扰,而于亲友家所藏书籍知之必详,翻查亦易,其呈缴必多"③,下令将这种做法向全国推广。

对于各地查出违碍书籍及其板片,弘历要求一律解京处理。乾隆三十九年(1774)十二月二十三日,"着传谕陈辉祖并各省督抚,遇有查出应禁书籍,一面将原书封固进呈,一面查明如有版片,即行附便解京,交军机处奏闻削毁"④。其用意在于销毁务尽,避免横生枝节。所以,当贵州巡抚韦谦恒,准备"将缴到禁书封固,发还书局,俟奉旨后在外销毁"时,受到弘历严旨斥责,称其"所办实属乖谬",申论云:"即如韦谦恒之意,将书封固候旨,亦应封存署内,静候批示遵行,乃竟将原书发还书局,实无此情理。幸而黔省人心稚鲁,或未必有潜留传播之事。若在江浙等省,

---

① 乾隆三十九年十二月十二日三宝奏折,见《纂修四库全书档案》,第二一九条,第309—311页。
② 乾隆四十二年八月十九日上谕,见《纂修四库全书档案》,第四一六条,第681—682页。
③ 乾隆四十年正月初八日,高晋奏折,见《纂修四库全书档案》,第二二四条,第318—319页。
④ 《纂修四库全书档案》,第二二一条,第314页。

闻有应毁之书，必且以为新奇可喜，妄行偷看，甚或私自抄存，辗转传写，皆所不免。是因查销应禁之书，转多流传底本，成何事体！韦谦恒即系江南人，宁于此等事，亦未计及？且韦谦恒于苏壎一案，既不能察劾于前，又不知请罪于后，其办事已属大错。今收查遗书一事，乃读书人本分所应，为何亦茫然不知，轻重若此！看来韦谦恒竟是一胡涂不晓事之人，岂尚堪胜封疆重任耶！韦谦恒着传旨严行申饬，并令其自行明白回奏。"①弘历之用心，恐在担心地方官员办事不力，销毁不尽，致有漏网之鱼。

兹举一例，以见办理情形。乾隆四十二年（1777）四月十五日，江西巡抚海成上奏续得应选及应毁书籍②，称"选得堪备甄择者九种，又新查出《何文毅集》《静悱集》《陈鉴韦集》《英巨集》《甬东集》《春草楼集》六种，语多狂吠，应请销毁"，"先摘录简明指要清单，同新获应毁书六种标贴黄签，一并开单恭呈御览。仍将新获应毁之书开单行文各省，一体严行查禁外，臣仍加意督率购觅，务期净尽"。下附《新获应毁书目清单》，附有应毁事由。兹据以表列如次：

表7-5 乾隆四十二年江西新获应毁书目清单

序次	书名	应毁事由
1	《何文毅集》	系明代金溪人何宗彦所作诗文。其人于泰昌、天启年曾任阁臣，时值用兵，语多违碍，应请销毁。
2	《静悱集》	系明代临川人吴之甲所作诗文。其人于天启年曾入仕籍，妄言兵事，语多指斥，应请销毁。
3	《陈鉴韦集》	系明代高安人陈儒所作诗文。板已漫灭。其中抵触狂吠之语不胜指摘，应请销毁。
4	《英巨集》	系明代临川人傅朝佑所作诗文。其人于崇祯时曾任言官，《明史》有传。但私集语多违碍，应请销毁。
5	《甬东集》《春草楼集》	以上二种抄作一本，前后姓名俱经墨笔涂去，无从稽考。查阅诗词，于前明曾经出仕，每因宽奠一事抒词狂妄，应请销毁。

---

① 乾隆四十年十月十四日上谕，见《纂修四库全书档案》，第二九〇条，第446—447页。
② 《纂修四库全书档案》，第三七九条，第586—588页。

以上均为明人著述。其"违碍"之处,应该与清初史事或对清朝不敬有关。

又如湖南省例。乾隆四十六年(1781)九月二十五日,湖南巡抚刘墉上折奏查缴应毁遗书事①,内称:

> 据印委各官晓谕士民将应禁各省书籍及前人著作陆续呈缴解省,董率局员逐一校核,内有各省暨本省曾经奏缴今续获重复各书共一百四十九种,计完全者一千五百九十二部,残缺者一千八百四十七部。此外,查有本省人著作陆续呈请销毁之书五十种,计完全者四十九部,残缺者十一部;又外省人著作应行销毁之书二十四种,计完全者十三部,残缺者十四部;应行摘毁之书十一种,完全者二部,残缺者九部;并各板片二十四副。俱应解京销毁等情。臣细加核对,凡有违碍之处,俱黏签贴说,编号装箱,预期委员运解起程,咨送军机处验收,酌计此时可以运至京城。理合开具书目,恭呈御览,听候军机处请旨销毁。

下附三个清单:(一)《湖南本省人著作书目板片单》,(二)《外省人著作应请销毁书目清单》,(三)《外省人著作应请摘毁书目单》。第一个清单下,于目录前有文称:"谨将湖南本省人著作应毁书目开列清单,恭呈御览。"目后文称:"以上书五十种,均有违碍及板片,俱请销毁。"实际是湖南本省著作应请销毁清单。书单仅有书名、本数、著者及板片四项。第二个清单仅列书名、本数、著者(或编者)三项,末云:"以上书二十四种,俱应销毁。"第三个清单系摘毁(即抽毁)者,所以列有事由(即应抽毁篇目)。

6. 寓毁于修

在乾隆三十九年(1774)八月以前,四库馆的任务主要是修书。弘历在严命各地督抚查禁"违碍"图书的同时,要求四库馆对各省已经进到之

---

① 《纂修四库全书档案》,第八〇六条,第1390—1397页。

书予以检查,"如有关碍者,即行撤出销毁"(前揭八月五日上谕)。自此以后,四库馆又多了一项查禁"违碍"图书的任务。凡涉"违碍"之处,处理方式有三:

一是改写。即用新写的文本替换原文。

二是抽毁。又称"摘毁",即将原书部分内容抽出毁弃①。

三是全毁。即将全书及书版烧毁,使之消失于天壤间。

以上三种禁毁措施,均不同程度地损毁文献原貌,实际上是"寓毁于修"。从弘历的要求上看,"寓毁于修"是"寓禁于征"的后着。无论是"寓禁于征",或是"寓毁于修",贯彻的都是最高统治者弘历的个人意志,体现了这位极权君主全面清洗、改造存世典籍的图谋。

在实际操作中,"寓禁于征"同"寓毁于修",有时是同时进行的,犹如一体之两面。各地督抚在查禁"违碍"书籍及板片时,将书籍封存,解交四库馆查办,同时将板片解送军机处销毁。例如,乾隆四十年二月初四日,两江总督高晋等上奏,内称:"窃臣钦奉上谕,查缴明末野史等书,前经臣将各属送到遗籍,逐一检阅,内有堪备采择者三十三种,又字句触碍应行销毁者七种,开列清单,将各书分别封固,解交四库馆查办。……兹又据各属陆续解送前来。臣覆加查阅,内有《寰宇分合志》一种,系明人徐枢著,其中虽无诋毁圣朝字句,但第一卷分合总论内,议论诞妄,不宜流播,以惑后人。又有《明代野史》一种,破损不全,不载著书人姓名。又《群书备考》一种,系明人袁黄著。又《离忧集》一种,系明人文祖尧等著。又《啜墨亭集》一种,系明人徐时进著。均有字句触碍之处,应请销毁。除将各书封固,一面解交四库馆查办,一面转饬各属,查明有无板片追缴军机处销毁外,理合开列清单恭呈御览。"②

---

① 陈垣《〈四库提要〉中之周亮工》云:"惟抽毁对全毁言,谓书中有一叶或数叶应抽出毁板也。若周亮工、李清之书,除《诸史同异》有旨销毁外,其他虽经奉毁,实只撤出或扣除。撤出对著录言,扣除对存目言。今故宫此类书缮本既残留多种,可为未毁之证。"(载陈智超编《陈垣四库学论著》,商务印书馆,2012年,第42页。)则"抽毁"复有"撤出""扣除"之别:撤出者尚可列于存目,而扣除者即摈于全书之外也。

② 《纂修四库全书档案》,第二三五条,第334—335页。

又如乾隆四十三年(1778)五月二十六日上谕称:"前经各省将查出应毁违碍各书陆续送京,经该管大臣派员查办,分别开单进呈,请旨销毁。所有应毁各书,着该馆开单行知各督抚,一并实力查办。其中有浙江宁波周乃祺所撰《历志》一本,册面题曰第二十一卷,尚非完书,此外存留卷帙,恐复不少。着传谕王亶望即行加意访查,勿使私藏干戾。至此书或有流传他省者,并谕各督抚一体查察,随时送京销毁,毋得视为具文。"①端居京城的弘历,实能全程操控各省禁毁之事。

军机大臣多兼任四库馆总裁,四库馆如查出"违碍"之处,需予禁毁,最后由军机大臣予以审定。各地禁毁书版,也会缴往军机处。军机处对各地书版进行审查后,又会把处理意见,反馈给四库馆,俾修书时予以留意。因此,军机处上奏的禁毁清单与处理意见,最能反映"寓禁于征""寓毁于修"的实际情况。乾隆四十八年(1783)九月,也就是在弘历下达禁毁图书诏的第十年,军机处列出了从初办至续办共七次禁毁书的详细目录,并且附有禁毁理由②,可见查办禁毁图书一斑。兹摘其第七次为例:

表7-6 乾隆四十八年军机处第七次禁毁清单

次序	著述	禁毁理由
续办第七次应销毁书共五种	《西台建白》,抄本二本	系明末御史金忠士奏疏,其子星耀亦有疏数篇。虽未显涉干犯,然语多狂谩沽直,应毁。
	《倪文正公奏牍》,二本	系四库馆办理抽毁之书。此奏牍自应销毁。
	《豹陵集》,十一本	系明末梁云构所作诗、文、序、论、疏、启,凡二十六卷。内有违碍,应毁。
	《使蜀稿》,一本	系明庐陵刘惟德著,传序诗铭诸体略。其间有字句疵碍,应毁。
	《庙堂忠告》,一本	系张养浩所著。残破不全,应毁。

---

① 《纂修四库全书档案》,第五〇五条,第835页。
② 《纂修四库全书档案》,第九九七条,第1740—1748页。

7. 禁毁务尽

征缴、改造存世典籍，禁毁"违碍"书籍，是弘历为建构极权帝国文献体系而实施的文化举措。弘历虽携极权帝王之威，大力推行上述举措，但仍然存在各种制约因素，最显著者有二：一是民间匿书不献，二是官员承办不力。有鉴于此，弘历精心设计，恩威并施，步步诱进，寓禁于征、寓毁于修，将全部帝国都置于稽古右文、纂修全书的旗号之下，纳入征书、修书、禁书的进程之中。为了保证禁毁措施的顺利施行，弘历殚精竭虑，时刻警觉，保持高压的政治态势，禁毁务尽，欲求全功。

弘历下诏求书之始，本以纂修《全书》相号召。乾隆四十六年（1781）十二月，《四库全书》第一分告竣；至四十九年十一月，四分（即分贮北四阁者）告竣①。乾隆四十七年七月，弘历命续办全书三分（即分贮南三阁者），至乾隆五十二年六月告成②。全书虽已渐次修成，而禁毁"违碍"书籍，却未停止。

例如，弘历查阅四库馆进呈的续缮三分书，发现李清《诸史同异录》内，"称我朝世祖章皇帝与明崇祯四事相同，妄诞不经，阅之殊堪骇异"，下令："所有四阁陈设之本及续办三分书内，俱着掣出销毁，其《总目提要》亦着一体查删。"所有办四库全书之皇子、大臣，及总纂纪昀、孙士毅、陆锡熊，总校陆费墀、恭泰、吴裕德，覆校许烺等，"俱着交部分别严加议处"。专司校对的监生朱文鼎，本已议叙举人，亦因此"着即斥革，以示惩儆"③。

又如，乾隆五十二年（1787）十月初三日，军机处"遵旨将纪昀所奏《四库全书》应行撤毁及语意可疑等书，逐部详细阅看。谨将应行撤毁、删销及毋庸议毁各书，缮写清单，并将原书黏签，一并进呈"，提供了一份"应行撤毁、抽毁、删削各书"清单。弘历即日下旨，命"所有四阁及江浙三分书，均照此办理"④。这份清单为我们考察四库馆的撤毁、抽毁、删

---

① 参《纂修四库全书档案》，第八三二条（第1446页）、第一〇六四条（第1822页）。
② 参《纂修四库全书档案》，第一一八七条（第1986—1988页）、第一二一五条（第2025—2027页）。
③ 乾隆五十二年三月十九日上谕，见《纂修四库全书档案》，第一一九一条，第1992页。
④ 《纂修四库全书档案》，第一二四九条，第2065—2067页。

削情况,提供了一个较好的样本。现以此清单为据,表列如次:

表7-7 乾隆五十二年军机处禁毁清单

序次	书籍	办理意见	备注
1	《国史考异》	《国史考异》,系考订明太祖、成祖两朝国史之是非。其中引钱谦益之说甚多,而不著其名,且词相连属,难以删削,应行撤毁。	撤毁
2	《十六家词》	《十六家词》内,纪昀所指邹祗谟《满江红》词一首,辞意愤激,然并无谤讪之意,似可毋庸抽毁。惟书内有龚鼎孳所著词一种。查龚鼎孳所著全集业经销毁,不应复存此词,应一律抽毁,改为《十五家词》。	抽毁、改书名
3	《曝书亭集》	朱彝尊《曝书亭集》,并无违碍。惟纪昀指出《谭贞良墓表》内所称"贞良百折不回,卒保其发肤首领,从君父于地下"等语,似有语病,应一律抽毁。	抽毁
4	《绥寇纪略》《东林列传》	吴伟业《绥寇纪略》、陈鼎《东林列传》二书,均无违碍,而内外之词称谓有乖体制,应一律改正。	改写
5	《千顷堂书目》	黄虞稷《千顷堂书目》多列已毁之书,应行一律删削。	删削
6	《元明事类考》《杜诗详注》	姚之骃《元明事类考》、仇兆鳌《杜诗详注》,俱袭引钱谦益撰著,而去其名,应一律删削。	删削
7	《愚庵小集》	朱鹤龄《愚庵小集》,纪昀所指《书元好问集后》一篇,意在痛诋钱谦益,持论未为失当。诚如圣谕,若于推许钱谦益者既经饬禁,而于诋訾钱谦益者复事苛求,未为允协。惟朱鹤龄未与钱谦益绝交之先,往来诗文,有赠某先生诗等作,又《笺注李义山诗注序》内红豆庄主人皆系指钱谦益,应一律删削。其全集仍应拟存。	删削

第七章　清代前期的文化方略与文献纂修

续　表

序次	书籍	办理意见	备注
8	《林蕙堂集》	吴绮《林蕙堂集》间有近于慨叹兴亡之语，多系文人习套，并无谤讪，仍应拟存。	拟存（不改）
9	《读书斋偶存集》	叶方蔼《读书斋偶存集》，语无违碍。纪昀指出《南海子》诗"何当小住三千岁，再见桑田变海时"二语，诚如圣谕，此系文人习用套语，仍应拟存。	拟存
10	《渔洋精华录》	王士正《精华录》内《秋柳》诗，所用白门、梁园、琅琊、洛阳、灵和殿、永丰坊，皆咏柳习用故典，似无所指，仍应拟存。	拟存
11	《敬业堂集》	查慎行《敬业堂集》内《殿庭草》绝句"春风吹绿花砖缝，下有陈根几百年；惆怅履綦行迹尽，雍和门外浴堂前。"详其词句，似系偶然寄托，尚无别意，仍应拟存。	拟存
12	《渔洋精华录》《敬业堂集》	臣等查王士正集内有《赠一灵道人》绝句一首，查一灵道人即系屈大均。又查慎行集内有《清明后一日同戴田有游南池》一首，查戴田有即戴名世。其诗均不应存，应行挖改抽换，以昭画一。	挖改抽换

是月二十四日，军机大臣再次奏进禁毁书单，"各书底本，除李清所撰四种早经销毁外，所有翰林院续行撤出底本六种，应一并交进销毁"①。其中关于《国史考异》一种，前次上奏意见还是"撤毁"，此次则明确为"应毁"。

以上是针对已经修成的《四库全书》而言。乾隆五十三年（1788）五月初四日，弘历下诏斥责两江总督书麟、江苏巡抚闵鹗元、浙江巡抚琅玕、江西巡抚何裕城等：

今据陈用敷奏，伊到任后，各属呈缴各书，已有三十馀种。安徽

---
① 《纂修四库全书档案》，第一三一九条，第2143—2145页。

尚非大省，应禁之书，历年犹未能缴搜净尽。江苏、江西、浙江省分较大，素称人文之薮，民间书籍繁多，何以近来总未据该督抚等续行查缴？岂该三省于应缴之书，业已搜查净尽，抑该督抚于此等事件，视为无关紧要，竟不饬属认真查办耶？着传谕书麟、闵鹗元、何裕城、琅玕等，各严饬所属，悉心查察。如应禁各书，该省尚有存留之本，即行解京销毁，务宜实力查办，俾搜查净尽，毋得久而生懈，视为具文。仍着将现在因何未行查缴之处，据实覆奏。将此各传谕知之。陈用敷摺，并着各抄寄阅看。①

可见，弘历对地方禁毁"违碍"图书一事，并不因《四库全书》告成而有所松懈，相反，却不失时机地敲打地方督抚，要求"务宜实力查办，俾搜查净尽，毋得久而生懈，视为具文"。果然，在弘历严饬下，各地又掀起了新一轮的查禁行动。督抚可以换任，禁毁大业，须常抓不懈。六月六日，江西巡抚何裕城"陆续呈缴"，"内中《通鉴纲目续编》一书较多，计缴到一百八十七部"，"其馀应禁之书四十四种，计一千一百二十四本，又五十八帙"②。同月十五日，两江总督书麟送缴"违碍"书籍，内有一种《古今小品》，系漳州人陈天定所选。弘历认为"其序文及书内所列诸人姓氏，俱有违碍，应行抽毁"，并"恐该省尚有从前刷印之本及板片存留"，于是命闽浙总督李侍尧、福建巡抚徐嗣曾，"务宜饬实力查办"③。

可以说，终乾隆之世，禁毁图书之举，从未消歇。如乾隆五十四年(1789)五月十七日，弘历再次严饬江南、江西、浙江各督抚，继续查禁④。同年十月，浙江巡抚觉罗琅玕奏缴"应禁各书名目缮具清单"，"共书一百四十六种，共计一千五百三十五本，俱系军机处暨四库馆行知全毁、抽毁并外省、浙省缴过各书"⑤。乾隆五十七年(1792)二月三十日，军机大臣

---

① 《纂修四库全书档案》，第一二九六条，第2121—2122页。
② 《纂修四库全书档案》，第一三〇二条，第2128—2129页。
③ 《纂修四库全书档案》，第一三〇三条，第2132页。
④ 《纂修四库全书档案》，第一三三六条，第2158—2159页。
⑤ 《纂修四库全书档案》，第一三四〇条，第2162—2168页。

等遵旨将发下各种违碍书籍,详加阅看,内有必应全毁各书共五十种,"逐一粘贴黄签,分晰开单呈览",附有一份五十种书名及事由的《全毁书籍清单》①。乾隆五十八年(1793)正月十一日,军机大臣"遵旨将缺页不全及应毁书共六种,开单同原书进呈。其抽出篇页字句,并无违碍,因系钱谦益、屈大均等所制,是以抽出销毁。谨一并呈览。"附单:不全者三种:《三重赋》一本,《蚁诚吟》一本,《古文快笔贯通》二本。应毁者三种:《天下才子必读书》一套,《岱史》七本,《东林列传》一套。②

8. 纠谬补偏

弘历以稽古右文、纂修全书号召天下,寓禁于征、寓毁于修,依靠的是庞大的帝国官僚体系,尤其是各直省督抚及其下属各级官吏、胥役等,负责征访、查禁、缴纳图书及板片,乃至缉拿人犯等具体事务。弘历精于政事,深知官场积蔽,既想网罗天下图书尽归朝廷,以便改造、禁毁,又希望地方承办官员能尽职尽责,松弛有度,不致民怨骚然,以致沸腾。为此,弘历屡下诏旨,予以纠偏补谬。其措施包括严禁需索、发还原书等,但更主要的是了防止地方官员过于吹求,无限上纲。

(1)严禁需索

弘历深知官场积蔽,担心各级官员、吏胥借征书之机,敲诈需索,危及禁毁大业。如乾隆三十八年(1773)闰三月初三日,弘历指示两淮盐政李质颖,向盐商征访图书:"李质颖系翰林出身,于典籍气味尚近,且现为盐政,查办尤易为力。止须派总商内晓事之人,如江广达等,令其因亲及友,广为访借,不必假手吏胥,更可不致滋扰。"③

又乾隆三十八年(1773)五月十七日,弘历谕浙江巡抚三宝④,乾隆四十三年(1778)闰六月十九日,弘历谕各省督抚⑤,均重申此意。

---

① 《纂修四库全书档案》,第一四四〇条,第 2296—2299 页。
② 《纂修四库全书档案》,第一四七二条,第 2337 页。
③ 《纂修四库全书档案》,第四十六条,第 72—73 页。
④ 《纂修四库全书档案》,第七十三条,第 115—116 页。
⑤ 《纂修四库全书档案》,第五一八条,第 815 页。

(2) 发还原书

发还原书,是弘历鼓励藏家献书的一种手段。乾隆三十八年(1773)五月十七日,弘历谕浙江巡抚三宝:"现已明降谕旨,凡各省解到之书,抄录已竣,概令给还本家珍守。所有范懋柱等呈出各书,着三宝先行传谕伊等,将来解京抄毕,仍发回浙省,令其领取收藏。"①

次日,大学士刘统勋等,上奏给还遗书办法:"臣等酌议刊刻木记一小方,印于各书面页,填注乾隆三十八年某月、某省、督抚某、盐政某送到,某人家所藏,某书计若干本,并押以翰林院印,仍分别造档存记。将来发还之日,即按书面木记查点明白,注明底档,开列清单,行文各督抚等派员领回,按单给还藏书之家,取具收领存案。如有交发不明,惟该督抚是问。如此则吏胥等既无从私自扣留,而藏书家仍得全其故物,且有官印押记,为书林增一佳话,宝藏更为珍重,盖戴圣主右文公好之仁于无既矣。"②

此后,弘历于乾隆三十九年六月二十六日③、乾隆四十一年(1776)九月二十一日④,均有旨重申此意。

(3) 防止过求

畏于弘历屡次严旨申饬,地方官员在办理《四库全书》的过程中,不免草木皆兵,过分诛求。为此,弘历不得不随时予以纠正,以防止过于吹毛求疵,造成民怨沸腾、天下动荡的局面。如乾隆四十年(1775)三月三十日,谕广西巡抚熊学鹏:"今阅缴到书籍内高熊征抄本文集,其《平滇三策》,尚属有见,即其中签出各句,亦系为贼意诘难之词,并无关碍。所云昭义将军,系马承荫,曾经袭封伯爵,后降顺逆藩,党恶为虐,原属反复无良之人。但熊征致书于彼,劝其归正,非与私通。此外诸篇,虽间有激烈过甚之词,并非谬妄,不在应毁之列。至陆显仁《格物广义》一部,多系剽窃前人讲学尘言,杂以一己拘墟之见。所论多椿〔踳〕驳不纯,留之恐贻

---

① 《纂修四库全书档案》,第七十三条,第115—116页。
② 《纂修四库全书档案》,第七十五条,第117—118页。
③ 《纂修四库全书档案》,第一六二条,第217—218页。
④ 《纂修四库全书档案》,第三三八条,第533—534页。

误后学,其书板、书本自应销毁,并书名亦不必存。至其书内所签各处,均非讪诋之语,不得谓之悖逆,竟可无事苛求。恐熊学鹏因查有应毁书籍,辄将其家属拘系,致愚民畏惧惊惶,则过当矣。着传谕熊学鹏,如查书之家,其子孙有拘系者,即行释放宁家,但谕以向后勿拾唾馀,妄有著述,致干不遵教令之咎。熊学鹏即速妥协办理,毋致稍涉滋扰。将此谕令该抚知之。"①

此后,乾隆四十二年(1777)十一月十四日、乾隆四十三年六月二十日、乾隆四十五年九月十四日、乾隆四十五年十一月十一日、乾隆四十七年三月十四日、乾隆四十七年三月十六日、乾隆四十七年五月初三日、乾隆四十七年五月初七日②,弘历均有旨重申此意,以免激起民怨。

9. 奖励先进

对踊跃献书的藏家予以表彰,是广征图书、实现禁毁违碍的积极手段。此事起于乾隆三十九年(1774)五月十四日,于敏中奏请表彰献书超过一百种以上之藏家,受到弘历首肯③。同日,弘历下诏说:

> 今阅进到各家书目,其最多者,如浙江之鲍士恭、范懋柱、汪启淑,两淮之马裕四家,为数至五、六、七百种,皆其累世弆藏,子孙克守其业,甚可嘉尚。因思内府所有《古今图书集成》,为书城巨观,人间罕觏,此等世守陈编之家,宜俾尊藏勿失,以永留贻。鲍士恭、范懋柱、汪启淑、马裕四家,着赏《古今图书集成》各一部,以为好古之劝。又进书一百种以上之江苏周厚堉、蒋曾莹,浙江吴玉墀、孙仰曾、汪汝瑮,及朝绅中黄登贤、纪昀、励守谦、汪如藻等,亦俱藏书旧家,并着每人赏给内府初印之《佩文韵府》各一部,俾亦珍为世宝,以

---

① 《纂修四库全书档案》,第二五四条,第370—371页。
② 以上分见《纂修四库全书档案》,第四五二条(第751—752页)、第五〇九条(第844—845页)、第七一一条(第1215页)、第七九一条(第1357—1358页)、第八六二条(第1548—1549页)、第八六三条(第1549—1550页)、第八七九条(第1576—1577页)、第八八〇条(第1578页)。
③ 《纂修四库全书档案》,第一五六条,第209—210页。

示嘉奖。①

同年七月二十五日,弘历下诏,除颁赏《古今图书集成》及初印《佩文韵府》外,还要求"择其书尤雅者,制诗亲题卷端,俾其子孙世守,以为稽古藏书者劝"。又下令:"今进到之书,于纂辑后,仍须发还本家,而所撰《总目》,若不载明系何人所藏,则阅者不能知其书所自来,亦无以彰各家珍弆资益之善。着通查各省进到之书,其一人而收藏百种以上者,可称为藏古之家,应即将其姓名附载于各书提要末;其在百种以下者,亦应将由某省督抚某人采访所得,附载于后。其官板刊刻及各处陈设库贮者,俱载内府所藏,使其眉目分明,更为详备。"②从传世《总目》来看,弘历这一要求得以贯彻执行。

综上所述,弘历从下诏征书开始,根据情势发展,步步为营,逐层加码,一方面对督抚等地方大员紧抓不放,限期征缴;一方面对民间藏家恩威并施,区别对待;自乾隆三十九年八月之后,开始实施其禁毁计划,寓禁于毁,寓毁于征;复寓毁于修,达到征、禁、毁同步进行,而且一禁到底,绝不放松。为实现禁毁大计,对官员胥吏也不乏约束之举,对献书较多之藏家也略有表彰,足见其手腕之高明。后实际效果上看,弘历这一先征后禁、步步诱进的策略,是比较成功的。因此,禁毁"违碍"图书,乃是弘历纂修《四库全书》主要动机之一,当无疑义。

(二) 禁毁策略二:突出重点,以点带面

清高宗弘历发动纂修《四库全书》,欲构建极权帝国文献体系,为此不惜对涉及"违碍"内容之图书予以全面禁毁,除先征后禁、步步诱进之策略外,还特别注意突出重点,以点带面,推动治内征缴、禁毁图书大业的顺利进行。其大要有以下几个方面:

---

① 《纂修四库全书档案》,第一五七条,第 210—211 页。
② 《纂修四库全书档案》,第一七一条,第 228—229 页。

1. 突出重点区域，紧盯藏书大家

乾隆时代的中国，幅员辽阔，人口众多，但各地经济、文化发展水平参差不齐。一般来说，边疆逊于内地，前明统治区域则高于其他地区①。奉天为满洲龙兴之地，但其文化水平远远不及关内，清初诸帝以保持原貌、不予开发作为代价，对之进行政策保护，期望能避免汉化，葆持满洲传统。弘历下令不准奉天府征缴图书（参前揭）即其体现，可见其禁毁举措，主要针对前明统治区域。

自唐宋以降，东南地区（包括今江苏、浙江、安徽、江西等地）就是经济、文化最为发达的区域。弘历于下诏求书之始，即对作为"人文渊薮"的江南地区格外关注。乾隆三十八年（1773）三月二十九日，即弘历下诏限期采访图书的次日，弘历用"四百里传谕"的方式，指示两江总督高晋、江苏巡抚萨载、浙江巡抚三宝等如何"采访遗书"：

> 昨以各省采访遗书，奏到者甚属寥寥，已明降谕旨，详切晓示，予以半年之限，令各督抚等作速妥办矣。遗籍珍藏，固随地俱有，而江浙人文渊薮，其流传较别省更多，果能切实搜寻，自无不渐臻美备。闻东南从前藏书最富之家，如昆山徐氏之传是楼，常熟钱氏之述古堂，嘉兴项氏之天籁阁、朱氏之曝书亭，杭州赵氏之小山堂，宁波万〔范〕氏之天一阁，皆其著名者，馀亦指不胜屈。并有原藏书目，至今尚为人传录者，即其子孙不能保守，而辗转流播，仍为他姓所有。第须寻原竟委，自不至湮没人间。纵或散落他方，为之随处踪求，亦不难于荟萃。又闻苏州有一种贾客，惟事收卖旧书，如山塘开铺之金姓者，乃专门世业，于古书存佚原委，颇能谙悉。又湖州向多贾客书船，平时在各处州县兑卖书籍，与藏书家往来最熟。其于某氏旧有某书，曾购某本，问之无不深知。如能向此等人善为咨询，详加物色，因而四处借抄，仍将原书迅速发还，谅无不踊跃从事。

---

① 参戴逸《乾隆帝及其时代》第五、六等章，中国人民大学出版社，1992年，第277—414页。

弘历要求高晋等“恪遵朕旨，实力购觅，并当举一反三，迅速设法妥办，以副朕殷殷伫望之意”[①]。弘历在此道诏书中展现出来的对江南社会情况（尤其是江南藏书实际）的谙熟，令人吃惊，显然得益于弘历本人的好学与勤政、数次南巡[②]以及清廷密折制度的高效[③]。对惯于因循敷衍的官员而言，高踞权力塔尖且洞察几微的弘历，是一位无法不竭力响应、小心侍对的雄主。

弘历在诏书中提到藏书家，俱是一时之选：

传是楼主人徐乾学（1631—1694），字原一，号健庵，昆山人。康熙九年进士，授翰林编修，历官礼部侍郎、左都御史、刑部尚书等。主持纂修《大清一统志》《古文渊鉴》等书，同纳兰性德编梓《通志堂经解》，著有《读礼通考》《憺园文集》等[④]。

述古堂主人钱曾（1629—1701），字遵王，号也是翁，又号贯花道人，常熟人。有《读书敏求记》《述古堂书目》《也是园书目》《怀园集》等多种[⑤]。

天籁阁主人项元汴（1525—1590），字子京，号墨林，号鸳鸯湖长等，秀水人[⑥]。擅画山水，其藏书与鄞县范氏齐名。

曝书亭主人朱彝尊（1629—1709），字锡鬯，号竹垞、醧舫、金风亭长、

---

① 《纂修四库全书档案》，第四十五条，第69—71页。

② 弘历此前已分别于乾隆十六年（1751）、二十二年、二十七年、三十年四次巡视江南。通过巡游来了解民情、彰显皇权，是一项历史悠久的统治策略。玄烨、弘历都特别擅于使用这一策略。据估算，弘历花在巡游上的时间累计达十五年之久，约占其全部统治时间的四分之一。统计数字见［美］欧立德（Mark C.Elliott）《乾隆帝》第五章《巡游之治》，青石译，社会科学文献出版社，2014年，第98页。

③ 吴秀良（Silas H. L. Wu）指出，密折制度使雍正帝胤禛对官僚系统的控制，大为加强（Silas H. L. Wu. *Communication and Imperial Control in China: Evolution of the Palace Memorial System 1693—1735*. Harvard University Press, 1970, p.107）。这是胤禛留给其子弘历的一笔高效有力的制度遗产。

④ 张宗友《朱彝尊年谱》，凤凰出版社，2014年，第202页。

⑤ 张宗友《朱彝尊年谱》，第278页。

⑥ ［清］徐沁《明画录》卷四，《明代传记丛刊》第71册，台北，明文书局，1991年，第71页。

小长芦钓鱼师等,秀水人。康熙十八年应鸿博征,试一等,授检讨,充日讲官,知起居注,入直上书房,与修《明史》《一统志》等。著有《经义考》《曝书亭集》《日下旧闻》,编有《词综》《明诗综》等。聚书达八万卷。

小山堂主人指仁和赵昱、赵信兄弟。赵昱(1689—1747),原名殿昂,字功千,号谷林。有《爱日堂集》《小山堂书目》等①。赵信(1701—?),字辰垣,号意林,有《酰略》《同林唱和集》《秀砚斋吟稿》等②。并称"二林"。

天一阁为鄞县藏书世家范氏的著名藏书楼,创始人为明代范钦(1506—1585),字尧卿,号东明,嘉靖十一年进士,知随州,任至兵部侍郎。

以上数家,均为东南藏书大家,图书之富,称甲一时。值得指出的是,上述各家往往声气相求、互通有无,构织起江南地区的图书流通网络,对传世文献的流通、刊布与传承,居功至伟。弘历对此如数家珍,可见他对东南士风与藏书文化极为熟稔。令人称异的是,弘历对苏州书贾情况,也非常了解,甚至具体到"山塘开铺之金姓者"。东南大吏在接受弘历之谕旨之时,无法不感受到倍增之压力。

至该年闰三月初三日,弘历又用"三百里传谕"的方式,指示两淮盐政李质颖:"至淮扬系东南都会,闻商人中颇有购觅古书善本弆藏者,而马姓家蓄书更富,凡唐宋时秘册遗文,多能裒辑存贮,其中宜有可观,若能设法借抄副本呈送,于四库所储,实有裨益。""止须派总商内晓事之人,如江广达等,令其因亲及友,广为访借……查访藏书内流传已少及现在并未通行各书,向其家借出,缮录副本呈送,其原书速行给还。"③两淮盐政驻节地扬州,向为东南形胜之地,富商云集,藏书大家颇众,其中马曰琯(1688—1755)、马曰璐(1695—1769后)兄弟最为知名,人称"扬州二马"。曰琯字秋玉,号嶰谷、沙河逸老,原籍安徽祁门,祖上因业盐致富,遂居于扬州。有《沙河逸老集》《嶰谷词》等。马曰璐字佩兮,号半槎、

---

① 郑伟章《文献家通考》,中华书局,1999年,第202—205页。
② 郑伟章《文献家通考》,第238页。
③ 《纂修四库全书档案》,第四十六条,第72—73页。

半查,又号南斋。有《南斋集》。马氏藏书处曰小玲珑山馆、丛书楼。马氏兄弟刻书达二十馀种,号称"马版"①。曾以数万金购得徐乾学传是楼、朱彝尊曝书亭藏书,所藏达十馀万卷。曰瑁子马裕,字符益,号话山②。面对接踵而至的清廷征书,马家主要由马裕出面周旋。

由于弘历严旨催促,地方大员不敢怠慢,一面专门设立苏州书局,"委员专司其事"③;一面对弘历提到的藏书大家,派人逐一清查。徐氏传是楼,于雍正二年"不戒于火,书籍悉遭焚毁"④。钱氏述古堂,房屋早经售易,书籍散失,仅能购得《述古堂书目》与《绛云楼书目》⑤。项氏天籁阁,"历年久远,明季已毁于火,子孙并无读书之人,所有藏书,早经散失,莫可稽考"。朱氏曝书亭,"久经坍废,书亦散佚无存,但为时较近,尚易踪迹。其族孙现任嵊县训导朱休度,曾经觅送过三十二种,内选取一十二种,已在前二次进呈书目之内"。赵氏小山堂,"家业日替,旧藏书籍或已售卖,或已遗失"。范氏天一阁,"阁中书籍尚未散失,但收存已久,半多残缺不全"⑥。只有扬州马氏,财力雄厚,变动较小。于是,马氏藏书就成了弘历眼中的重中之重,屡屡成为"征访"(实为榨取)的对象。

乾隆三十八年闰三月十五日,两江总督高晋上奏,自马氏"借"得一百一十八种,开列书目进呈⑦。至二十日,高晋再奏,自马家借得六十八

---

① 关于马氏兄弟生平,见方盛良《清代扬州徽商与东南地区文学艺术研究》附录一"扬州二马"年谱,人民文学出版社,2008年,第208—268页;马氏藏书,见方著第五章《徽商的学术研究与文化传承》,第179—181页。
② 郑伟章《文献家通考》,第357页。
③ 乾隆三十八年闰三月十五日两江总督高晋奏折,《纂修四库全书档案》,第五十条,第8页。
④ 乾隆三十八年闰三月十五日两江总督高晋奏折,《纂修四库全书档案》,第五十条,第81页。
⑤ 乾隆三十八年闰三月二十日两江总督高晋奏折,《纂修四库全书档案》,第五十一条,第84—85页。
⑥ 以上各条,均见乾隆三十八年闰三月二十六日浙江巡抚三宝奏折,《纂修四库全书档案》,第五十三条,第89—90页。
⑦ 《纂修四库全书档案》,第五十条,第81—82页。

种发局校阅,"其堪备采择者,计五十九种",开单进呈①。同日,两淮盐政李质颖上奏称:"奴才钦奉上谕,传该商到署,宣示德音,善言询问。该商欣喜踊跃,即将书目呈出。奴才查其全目共一千三百八十五种,内督臣高晋选去一百三十三种,又已经选定尚未取去知会奴才查办者六十二种。今奴才悉心采择,又选出二百十一种,开叙目录,向其家借取抄缮。超马裕禀称:商人受皇上培养深恩,沦肌浃髓,今蒙购访遗书,商人家内所藏,苟有可采,得以仰邀睿览,已为非分之荣,何敢复烦抄缮,致需时日,只求将原书呈进,便是十分之幸了。"②

不过,弘历很快发现有问题。同月二十八日,弘历传谕高晋、萨载、李质颖等,指出:"至昨阅单内所开各书,亦多系近代人诗文等集,其于古书善本,尚不概见。马裕家夙称善于收藏,何所存仅止于此?或原办时,尚系地方官往彼询访其家,未免心存畏惧,又惮将善本远借,故所开尚尔不精不备,亦未可知。并着李质颖善为询觅。如单外另有佳本,仍开目录续奏,以便检核借用,务期多多益善。"③紧盯马家不放。

四月初六日,李质颖复于马家选出三百七十种④。在接到上揭弘历谕旨后,李质颖派员密访,于四月十九日上奏云:

> 至马裕家藏书总目,共一千三百八十五种,奴才前奏业已声明,合计前后共送过七百七十六种,下剩六百九种,俱系通行共见之书,无可再加采选。奴才恐其或有善本另藏,未尝载入目内者,亦经详细密访。据各商总咸称:"马裕为人小心谨饬,今所送之书目,乃其家因卷帙繁多,虞其遗失,逐一登明,以便查考,系伊家原有之藏书私账,所以纤悉不遗,俱开在内,江广达等闲时常到其家,曾见此书目"等语。奴才窃思初次奉到上谕之时,传谕该商,即欣然将书目呈

---

① 《纂修四库全书档案》,第五十一条,第85页。
② 《纂修四库全书档案》,第五十二条,第87页。
③ 《纂修四库全书档案》,第五十四条,第92页。
④ 《纂修四库全书档案》,第五十六条,第93页。

出,及至借抄之际,又再三禀请,恐稽时日,求将原书呈送。是其感激天恩,乐于从事,出自中心之所诚,然合之众商总之言,亦属确情,似无别有秘藏之事。①

经过弘历三次下旨督办,马氏藏书最终被地方大员采选七百七十六种,是"进呈"图书最多的藏书家。据统计,《四库全书总目》著录马氏藏本三百七十三种、五千五百二十九卷,未及采进书之一半;其中经部五十七种,史部一百二十三种,子部四十三种,集部一百五十种②。

在采进马氏藏书的示范下,对其他藏书家图书的征访、采进,也颇为顺利。如浙江巡抚三宝于乾隆三十八年(1773)四月十三日奏进者,"计鲍士恭家有六百二十六种,吴玉墀家有三百五种,汪启淑家有五百二十四种,孙仰曾家有二百三十一种,汪汝瑮家有二百十九种,共一千九百零五种"③。又二十八日上奏云:"臣查范氏收藏书籍,据开不下数千种,第历年久远,不无残缺,更有与臣前奏单内各书重复者颇多,除检去外,现实有书六百零二种。又慈溪郑大节家藏书,虽远逊于范氏之多,其中亦有未曾习见之书可备采择者,亦复抒诚愿献,现查有书八十二种。再,曝书亭家藏之书,久已散落各方,今据嘉兴县知县王士澣广行购觅,找获得有六十九种。以上共书七百五十三种。"④弘历所期待的征访、采进图书的局面,自此打开。

综上可知,弘历把征缴图书的重点区域锁定在以江、浙为主的东南地区,又重点瞄准江南藏书大家,扬州马氏、鄞县范氏等则是重点关注对象。事实证明,弘历这一重点突破的策略极为奏效,打开了征访、采进图书的局面,为大规模禁毁图书、纂修全书奠定了文献基础。

---

① 《纂修四库全书档案》,第六十二条,第102—103页。
② 此系郑伟章统计数字(《文献家通考》,第357—358页)。方盛良统计出,经部只有五十六种,因此总数为三百七十二种(见《清代扬州徽商与东南地区文学艺术研究》附录二,第269—286页)。
③ 《纂修四库全书档案》,第五十九条,第97—98页。
④ 《纂修四库全书档案》,第六十四条,第105—106页。

2. 突出重要案例，指示查禁违碍

弘历在成功发动大规模的征访、采进图书之后，即开始布局查禁"违碍"事宜。如前所述，弘历于乾隆三十九年(1774)八月初五日，正式寄谕各省督抚，要求查禁"违碍"书籍。由于担心对地方官员未能领会其全面改造存世文献之志意，陷入"视为具文""漫不经意"之积蔽，弘历亲自出面，过问一些重要"违碍"案例的处理，为承办官员们指示办理路径。在投上所好、上行下效的官场习气的影响下，此类案例无疑具有样板、示范作用。以下略举二例，以见一斑。

（1）屈大均例

屈大均(1630—1696)，初名绍隆，字翁山，又字介子，自号八泉翁。后为僧，名今种，字一灵。番禺人。诗文名世，同陈恭尹、梁佩兰并称"岭南三大家"。有《成仁录》《广东新语》《四书补注》《翁山诗略》《翁山文外》《翁山诗外》等[1]。屈大均是著名的前明遗民之一，且志在抗清，奔走不已，是清朝统治者的敌人，清廷必欲除之而后快。此次纂修《四库全书》，正是弘历君臣禁毁其著作、消除其影响的良机。当两广总督李侍尧与广东巡抚德保率先奏进查获屈大均《广东新语》等"违碍"书籍时，弘历立即抓住此例，严饬其他督抚全力跟进，实施查禁[2]。弘历甚至连屈大均在雨花台的衣冠冢也不肯为过，"悖逆遗秽，岂可任其留存"，于乾隆三十九年(1774)十一月初十日，命大学士舒赫德、于敏中四百里传谕两江总督高晋，要求"确访其处，速为刨毁，毋使逆迹久留"[3]。

屈大均既成为弘历亲自过问的典型，承办诸员自然不敢怠慢，不仅雷厉风行，甚至变本加厉。该月十七日，高晋奏称："查雨花台在江宁聚宝门外，离城不远，屈大均所葬衣冠之处，易于访寻，此等悖逆遗秽，亟应刨毁并碎其碑铭，庶逆迹不致久留。臣遵即密札委令江宁藩司闵鹗元亲

---

[1] 张宗友《朱彝尊年谱》，第 71 页。

[2] 李侍尧、德保上奏时间为乾隆三十五年十月初四日，弘历下诏在十一月初九日。详张宗友《寓禁于征，寓毁于修：清高宗弘历纂修〈四库全书〉的禁毁策略（上）——〈四库全书〉与文献传承研究之二》，第 17—18 页。

[3] 《纂修四库全书档案》，第二〇八条，第 291 页。

赴雨花台,确访其处,验明碑碣,封记看守。其所葬衣冠,历年久远,必须亲看,确有凭据,方可信其实在葬处。臣俟验收潘家屯工程事毕回省,即亲往看明,刨验属实,再行销毁,据实奏闻。"①

但是,因时代久远,"确查并无踪迹",高晋复于乾隆四十年二月二十六日行文两广总督德保,要求向其后裔查明"屈大均从前往来江宁,曾在何寺为僧"②。德保督促广州知府暨南海、番禺二县,向屈大均之孙屈自暎及族人等调查,结果屈大均"生前在于江宁何寺为僧,有无埋葬衣冠之事,实因远隔百年,无从查考"。德保复奏云:"兹据该司亲令屈自暎等指出该犯坟茔,系葬于伊父屈宜遇墓下,当用灰印封记,饬保看守,禀复前来。伏思屈大均造作逆书,肆行狂吠,罪大恶极,覆载不容,虽经百有馀年,应已形消骨朽,但当此光天化日之下,未便仍留秽迹,封植依然,俾其子孙得守坵垄,岁时拜扫,相应请旨刨毁,仍剉其尸,以快人心,以申国法。"③古人讲究人死为大,入土为安,因此刨坟剉尸,手段下作,至于其极。弘历顾及其父胤禛已赦免屈氏家人,恐刨坟有违父志,因此没有同意德保所奏。举凡屈大均著述,一概禁毁。

(2) 王锡侯《字贯》例

专制社会等级森严,极权体制下尤甚。帝王姓名,在避讳之列,如果在著述中无意中称引及之,就会触犯"违碍"之例,著述即在禁毁之列。乾隆时王锡侯刻《字贯》一事,就是其例。江西巡抚海成,自上任后于征访图书、查禁违碍非常积极。乾隆四十二年(1777)十月前后,海成因"新昌县民王泷南呈首举人王锡侯删改《康熙字典》,另刻《字贯》,实为狂妄不法",上折要求"请革去举人,以便审拟"④。弘历开始以为"不过寻常狂诞之徒,妄行著书立说,自有应得之罪",仅令大学士、九卿议奏。但是翻阅《字贯》之后,立即找到了违碍之处:

---

① 《纂修四库全书档案》,第二〇八条,第 291—292 页。
② 《纂修四库全书档案》,第二四四条,第 347 页。
③ 《纂修四库全书档案》,第二四四条,第 348—349 页。
④ 《纂修四库全书档案》,第四四一条,第 737 页。按:海成此折不可见,但据弘历谕旨,其上奏时间当在十月前后。

第七章 清代前期的文化方略与文献纂修

及阅其进到之书第一本序文后《凡例》，竟有一篇将圣祖、世宗庙讳及朕御名字样悉行开列，深堪发指！此实大逆不法，为从来未有之事，罪不容诛，即应照大逆律问拟，以申国法而快人心。①

令弘历大发雷霆的违碍页面，见下图所示②。可见该书将弘历祖、父及其本人名字"玄""烨""胤"（缺末笔）、"禛""弘""历"六字，虽然标注"御名"，而且注明取代用字，但是仍然把讳字刊刻出来，因此触犯龙鳞，从而掀起一场文字大狱。其实不难看出，此书刻制粗劣，足证王锡侯乃底层困苦之读书人，不过据以兜售谋生而已，岂敢有意冒犯圣讳？

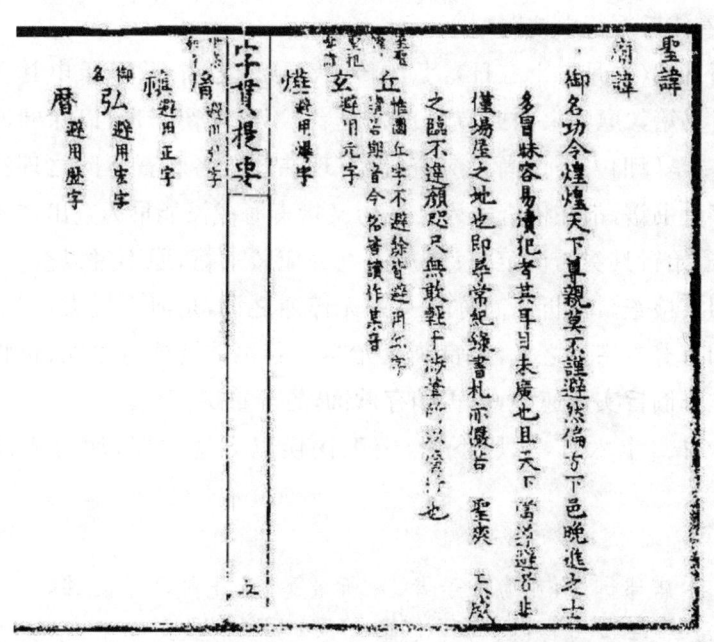

图 7-1 王锡侯《字贯提要》（辽宁图书馆藏清日本刻本）

---

① 乾隆四十二年（1777）十二月二十一日上谕，见《纂修四库全书档案》，第四四一条，第737—738页。

② 王锡侯《字贯提要》（辽宁图书馆藏清日本刻本），《四库禁毁书丛刊》经部第10册，第493页。

367

弘历认定王锡侯"大逆不法",决定将其"照大逆律问拟",并且采取系列措施:(一)令海成亲自驰往其家,"将所有不法书籍字迹即行封固进呈";(二)将王锡侯"迅速锁押解京,交刑部严审治罪",限于十一月内解到;(三)其他"应行缘坐之人,亦着查明,委员分起解京";(四)所有书版及已经刷印成帙者,并着查明,解京销毁;(五)令各省督抚留心访查,"如有此书刷印本及翻刻版片,均着即行解京销毁"①。总之,弘历意图连人带书,彻底消灭。此案不仅株连王氏家人,而且波及巡抚海成。因仅奏将王氏革去举人审拟,海成也被弘历痛斥,以未能亲自检阅为由,骂其"双眼无珠,茫然不见",并无人臣尊君敬上之心,"天良尽昧,负朕委任之恩,着传旨严行申饬"。

两日后(十月二十三日),弘历传谕海成及各省督抚,重申其查办应行销毁书籍,"原因书内或有悖理狂诞者,不可存留于世,以除邪说而正人心","是以旧人著作尚且应查,岂有现在刊行者转置不问之理?"也就是凡存世书籍,都在稽查之列。弘历又指责海成没能早为查出,"及至为人首告,始行具奏",认定"海成从前查办应毁书籍,原不过以空言塞责,并未切实检查。且折内尚称其书并无悖逆之词,是海成视大逆为泛常,全不知有尊君亲上之义,天良澌灭殆尽。着再传旨严行申饬,仍将此案遵奉昨降谕旨实力速办,毋再稍存欺饰,更干重戾。"②

十月二十六日,弘历下诏,定王锡侯以大逆之罪,斥海成以昧尽天良:

> 庙讳御名,凡为臣子者,皆所敬悉,至先师孔子之讳,尤众所共知。何至遍为告语,乃该犯胆敢逐一罗列,笔之于书,实系有心显斥,反明列先师之讳于前,以遁其迹,此非大逆不道而何?其妄作《字贯》,驳书之罪,转不足论矣。况此页系序文后之凡例,开卷即

---

① 乾隆四十二年(1777)十二月二十一日上谕,见《纂修四库全书档案》,第四四一条,第738—739页。
② 《纂修四库全书档案》,第四四三条,第741—742页。

见,海成岂得诿为不知? 乃折内尚称其无悖逆之词,是直视大逆为泛常,全不知有尊君亲上之义,实属昧尽天良。海成着交部严加议处。①

十一月初六日,弘历下诏,责"海成系满洲世仆,经朕加恩简任巡抚,乃于此等大逆之书恬不为怪,具称其语无悖逆,实属昧尽天良,负恩蔑理,莫此为甚,因交部严加议处。今据吏部议请将海成革职,交刑部治罪",革职送京;同时,"江西省藩臬两司同办此案,其处分均重,将来亦难姑宽",均受株连②。

随着案情的发展,又查出《字贯》内有侍郎李友棠古诗一首;王氏家谱内,有原任大学士史贻直序文,其《经史镜》《唐人试帖详解》内有原加尚书衔钱陈群序文。弘历大怒,认为"李友棠身为大臣,乃见此等悖逆之书,尚敢作诗赞美,即属丧心蔑理,伊复何颜忝列搢绅"? 于是将其革职。史贻直、钱陈群均已身故,则不复深究③。

十一月十八日,弘历发现两江总督高晋所奏应毁书单内,并无《字贯》,因此认为"外省查办书籍,不过以空言塞责,并不切实检查"。又于海成上奏续查《字贯》板片及新刷二部,发现其凡例内庙讳、御名一篇,已另行换刻,与初次奏到之本不同。弘历因此认定王锡侯"自知悖逆,潜行更改",海成则"已见其初刻,尚称其书无悖逆之词,实属天良澌灭,全不知有尊君亲上之义"。又怀疑高晋"止查旧人著作而于现在刊行者转置不问",因此警告各督抚"一体遵照妥办,毋稍疏漏干咎"④。

是月二十五日,弘历谕江苏巡抚,至史贻直、钱陈群家,令其子史奕昂、钱汝诚,将家藏王锡侯之书,如数上缴⑤。至二十八日,将王锡侯"从

----

① 《纂修四库全书档案》,第四四六条,第744页。
② 《纂修四库全书档案》,第四四八条,第745—747页。
③ 乾隆四十二年(1777)十一月十二日上谕,见《纂修四库全书档案》,第四四九条,第748页。
④ 《纂修四库全书档案》,第四五四条,第752—753页。
⑤ 《纂修四库全书档案》,第四五七条,第756—757页。

宽改为斩决"①。次年（乾隆四十三年）正月初十日，弘历谕江西巡抚郝硕，将知府郭联奎、署知县王宾王等相关官员之责任，查明定罪②。至正月三十日，以"因此一事而通省罢斥多员，又非朕不为已甚之意也"，将所参各员，不予革职治罪，"止须交部分别议处"；同时声明："此系朕格外加恩，各省地方官当共加感惕，务时刻留心查察。倘所属内，或有不法书籍刊布流传，即行禀报督抚严拿重治。"③

综上可知，王锡侯《字贯》一案，发生在弘历下令大规模禁毁图书（乾隆三十九年八月五日上谕，见前文）之后的第三年。其时弘历正欲扩大禁毁成果，不仅要对存世古书（所谓"旧人著作"）予以查禁，还要对当代著作（所谓"现在刊行者"）进行审查，不留任何漏网之书。《字贯》一案，正逢其时，遂为弘历所用。其严诏峻词、雷霆手段，足以震慑地方官僚；处理时又松紧有度，达到了警示、市恩的政治效果。此案表明，弘历能于公文之字里行间、上呈书籍之版本异同内，发现问题，进而吹毛求疵，呵斥问责，令地方大员人人悚然，普通士民不敢隐瞒。海成因系满人，在弘历眼里，不过家奴而已，所以言辞峻厉，几同谩骂。弘历在继位前曾历练政务，长期浸淫于公文案牍，所以能深明官场积弊，体察实情；又长期接受汉文教育，学养深厚，所以能分文析字，无限上纲。极权君主对于臣工的恫吓催逼、犹疑猜忌、刻薄寡恩，一览无馀。

3. 突出重要典型，督促官员办理

弘历高踞权力之巅，但如欲推动禁毁大业，不得不依赖帝国官僚系统；尤其是督抚、学政等地方大员，上达天听，下连地方，最为关键。弘历深明此节，对地方大员恩威并施，威逼利诱，其驭下之策，极为高明。树立正反典型，用以敲打、督促各级官员，即是惯用手段。江西巡抚海成，就是乾隆树立的一个典型。

---

① 《纂修四库全书档案》，第四五九条，第758页。
② 《纂修四库全书档案》，第四六六条，第769页。
③ 《纂修四库全书档案》，第四六九条，第773—774页。

第七章　清代前期的文化方略与文献纂修

海成系满洲人,乾隆三十七年(1772)五月,由山东布政使迁为江西巡抚①。其时正逢弘历发动全书纂修事宜,不过海成同其他督抚一样,开始并不积极,而持观望态度。至乾隆三十九年八月五日,弘历诏令查禁违碍书籍,"尽行销毁,杜遏邪言";复于十月初日,以两广总督李侍尧、广东巡抚德保为例,督促力办(见前揭)。海成遂积极查访、征缴图书,上奏弘历。海成此折,今不可见,但其举措,在弘历诏旨中尚保留一二:

> 绅士明理之人,现在宣扬恩旨,伊等天良难泯,自当呈献无遗。但恐村僻愚民,本不知书,而家藏断简遗篇,或涉不经。更有读书旧家,子孙零替,其败簏残篋中,不无违碍书籍,而目不识丁,虽出示收缴,亦难必其尽献。现在复饬各属,传集地保,逐户宣谕,无论全书废卷,俱令呈缴,按书偿以倍价,俾尽行缴出,以便分别办理。②

海成审时度势,充分考虑到民间藏书之实际与心理,因此广泛发动,"传集地保,逐户宣谕"。如果能施行,实能一网打尽。这一举措,无疑深契弘历本意,遂顺水推舟,以海成为榜样,命各督抚"一体妥办":

> 今日海成奏到搜罗遗书一折,据称……等语。所办颇好。各省查办遗书,其中狂悖字句,节经降旨各督抚实力查缴,并准其自行出首,仍不加之罪愆。虽现在各省已有缴到者,而所缴尚觉寥寥,其势似未能遍及。今海成所办,较为周到,且又不致烦扰,各省自可仿而行之。着传谕各督抚,照式一体妥办。海成原折,并着抄寄阅看。将此遇各奏事之便,传谕知之。③

---

① 钱实甫编《清代职官年表》,中华书局,1990年,第1623页。
② 《纂修四库全书档案》,第二二六条,第321页。按:度海成上奏时间,当在乾隆三十九年(1774)十二月。
③ 《纂修四库全书档案》,第二二六条,第321页。弘历此诏发布日期为乾隆四十年(1775)正月初九日。

治乱交替中的文献传承

海成让地保逐户宣谕，无论全书废卷，俱令呈缴，可谓掘地三尺。乾隆四十一年(1776)十二月十三日，弘历又以海成为例，谕两江总督高晋、江苏巡抚杨魁、浙江巡抚三宝：

> 据海成奏，将各属续获应毁书籍，分晰开单进呈，并称自展限倍价购买以来，据各属搜买以及民间缴呈应毁禁书，前后共有八千馀部之多，虽屡经家谕户晓，乃尚不能一时净尽，再请展限购求等语。所办甚好。看来查办遗书一事，惟海成最为认真，故前后购获应行毁禁书籍，较江浙两省尤多。江浙为文物所聚，藏书之家，售书之肆，皆倍于他省，不应购获各书，转不及江西。且海成此次具折，尚恐屡买未能遽尽，仍请展限，竭力购求。江浙两省自呈缴数次后，即未见陆续呈缴，又未将如何购求及作何展限、设法妥办、务期净尽之处，据实奏闻。皆因该督抚视为无关紧要，徒以具文塞责，并不实力查办，则藏匿应禁之书，何由尽出？高晋、三宝办经数年，杨魁亦已到任半载，何以轻率若此？俱着传旨严行申饬，并令该督抚再行严饬所属，加意收查，务使应毁之书，尽行缴出，勿敢稍有隐匿。如此番查办之后，民间尚有违禁潜藏者，将来别经发觉，除将本人治罪外，仍惟该督抚是问，恐不能当其罪也！将此由四百里谕令知之。海成折并着抄寄阅看。①

从弘历此诏不难看出，海成受弘历表彰之后，办理更为积极，前后呈缴达八千馀部，可谓惊人，因此得到"最为认真"之评价。弘历复借海成之业绩，转相督促江浙，令督抚之间，形成竞争态势，足见其驭下手段之高明。

在极权体制下，即使贵为地方督抚，也不过是最高统治者的奴才与打手，稍有不慎，即有可能夺官去职，败身毁家。海成因王锡侯《字贯》一案，被弘历骂作"天良澌灭，全不知有尊君亲上之义"之人，带罪办事；后

---

① 《纂修四库全书档案》，第三五八条，第561—562页。

弘历复以海成"全不知有尊君亲上之义,实属昧尽天良","着交部严加议处"①。海成由正面典型,一举变为反面典型。细读《纂修四库全书档案》可知,此后弘历不断以海成为例,敲打、警示地方大员。平心而论,作为满洲大吏,海成的汉学修养远未达到弘历的水平,因此无法从《字贯》中看出"违碍"来。但弘历其时正要寻找典型案例,遂借机无限上纲,不仅震慑民间藏书之家,也用以胁迫地方大员。因纂修《四库全书》而产生的官场悲喜剧中,海成无疑是其中一个具有典型意义的角色②。

(三) 禁毁策略三:掌控内容,维护纲常

清高宗弘历借修《四库全书》之机,欲对存世文献全部进行征缴、查检、禁毁,建构新的文献体系,试图从文化上确立、强化本朝的正统地位。为此,弘历对图书内容施以全面而精确的掌控:一方面,弘历特别注重对满洲历史的建构,希望"正本清源",放大先祖功业;另一方面,弘历对遗民及前明著述,禁毁尤力,并且波及前代对辽、金、元等少数族群政权史实的记述。此外,弘历为彰显王朝的合法性,大力宣扬正统观念,维护纲常教化。

1. 满洲史事

清朝崛起关外,其先实为金人后裔,元时属斡朵里万户府。其后建州女真等部,内附明朝,其首领分别担任建州卫指挥、建州左卫指挥

---

① 乾隆四十二年(1777)十月二十六日内阁所奉上谕,《纂修四库全书档案》,第四四六条,第774页。

② 乾隆四十二年十一月,海成被革去巡抚一职(《清代职官年表》,第1628页)。至于此公身后下落,军机大臣乾隆四十九年(1784)四月十六日一道奏折中有所透露:"遵旨查海成于乾隆四十二年(1777年,丁酉)在江西巡抚任内,因王锡侯编造《字贯》,中多悖逆,未经看出办理,问拟斩决。奉旨改为斩监候。于四十三年二月奉旨释放,派往乌什,在章京上效力行走,十一月赏给头等侍卫职衔,派往哈尔沙尔办事。四十四年十月奉旨补放工部侍郎。四十五年调往车库办事。因前在哈尔沙尔时,于大学士、九卿定拟李侍尧罪名一案,海成越职妄言,依违具奏,奉旨交部严加议处,经吏部议以革职,仍留该处自备资斧效力。"(《纂修四库全书档案》,第一〇二条,第1772页。)可见弘历市恩,先将其由"斩决"改为"斩监候",复又下令释放起用。这也是弘历惯用的驭下之道。海成以其满洲世仆之身份、忠心办事之表现,终得身全。

等。努尔哈赤以"七大恨"告天起兵,自称建州国汗。建州最尊之称曰"满住",后借"洲"字以影附地名,实则"满洲"初非地名而为酋长之尊号。皇太极天聪九年(1635),定"满洲"为族名、国名。次年,改国号为清,改元崇德①。自元灭金至建立国号之前,他们一直在中央集权的大一统帝国的版图之内,获得中央王朝委任的官职,接受中央政府的节制与管辖。

对于满洲早期臣属中央王朝(尤其是明朝)的史实,清帝极为忌讳,曲为护饰②,对开国史实多有篡改,对明人著述中涉及满洲史实者,也特别留意,凡涉"违碍",必予禁毁。弘历以稽古右文、纂修全书相号召,为其大规模改写史实、禁毁史籍提供了契机与便利。弘历深知,"国史之修,所以彰善瘅恶,信今传后","实扶植纲常,为世道人心之计"③。为此,弘历多次亲自指示史书删改、禁毁事宜。以下略举数例。

明臣黄道周④,弘历称其"立朝守正,风节凛然","不愧一代完人"。至其《博物典汇》一书,弘历认为"不过当时经生家策料之类",其中有一篇涉及清朝开国事迹,"于李成梁设谋戕害,具载本末,尤足征我朝祖宗行事正大光明,实大有造于明人,而彼转逞狡谋阴计,以怨报德。伏读

---

① 参孟森《满洲名称考》(见氏著《满洲开国史》,上海古籍出版社,1992年,第3—6页)。皇太极天聪九年十月戊子上谕:"我国原有满洲、哈达、乌喇、叶赫、辉发等名,向者无知之人,往往称为诸申。夫诸申之号,乃席北超墨尔根之裔,实与我国无涉。我国建号满洲,统绪绵远,相传奕世,自今以后,一切人等,止称我国满洲,原名不得仍前妄称。"([清]鄂尔泰、张廷玉、徐本等修《太宗文皇帝实录》卷二十五,《清实录》第2册,中华书局,1985年,第330—331页。)这是"满洲"一词最早见于史籍处。作为崛起关外的一个族群,满洲人是女真人为主体的共同体,包含纳入八旗制度下的蒙古人与汉人;他们共同承担军事、政治义务,分享同等的权力,为努尔哈赤及其子孙创建帝国、维系统治而服务。(参盖博坚[R.Kent Guy]书评《谁是满洲人》,载《清朝的国家认同——"新清史"研究与争鸣》,刘凤云、刘文鹏编,中国人民大学出版社,2011年,第129—146页。)

② 如雍正七年九月癸未,胤禛谕诸王文武大臣曰:"我朝之于明,则邻国耳。"见《世宗宪皇帝实录》卷八十六,《清实录》第7册,第149页。

③ 《纂修四库全书档案》,第一〇〇〇条,第1749—175页。

④ 黄道周(1585—1645),字幼元,一字螭若,号石斋,漳州镇海卫人。天启壬戌进士,官至礼部尚书,明亡殉难。(参张宗友《朱彝尊年谱》,第62页。)

《实录》,我太祖高皇帝以七大恨告天,师直为壮,神戈所指,肇造鸿基,实自古创业者所莫及。虽彼之臣子,亦不能变乱黑白,曲为隐讳,存其言并可补当年纪载所未备"。因所记事实可与《实录》相印证,有助于树立本朝形象,弘历"因命馆臣酌加节改,附载《开国方略》后,以昭征信"①。馆臣遂于《皇清开国方略》卷一内,以"臣等谨按"的方式,引黄氏此书为证,"深斥当日抚臣之凭陵肆虐,自启衅端,为罪不容诛也"。

谷应泰《明史纪事本末》一书,弘历早岁曾见之,"以其举有明一代之事,仿袁枢《通鉴纪事》之体,逐事贯穿始末,俾览者了然,而逐段所论,四六文颇佳"。四库馆抄书进呈,弘历"详加披阅",对书中所载"李自成攻陷京师,挟太子、二王东向永平,吴三桂顿兵山海关,悉锐出战,击杀数千人;大清兵绕至三桂之右,所向披靡,自成遁走,三桂复率大兵追贼,连战于保定、真定;贼西度固关,入山西",认为"其言不足传信"。为此,弘历专门予以辩白:

> 当流贼攻陷京城时,吴三桂以一旅偏师,顿兵山海关外,而贼方以太子、二王为奇货,载之马上东行,且欲招致三桂,执其父襄,胁令作书以诱其子。其时三桂之惧贼,不啻风鹤皆惊,一军胆慑,其所以迄〔乞〕兵复仇,皆借本朝兵力。及我睿亲王奉命统率义师入关讨贼,我兵奋勇冲杀,贼人望风披靡,自相蹂践,自成遂弃京师西走,而英亲王复率师驱逐。是贼之狼狈窜死,《实录》所载甚明。是李自成之窜败,皆系本朝满洲兵力。使三桂彼时果能办此,伊尚将攘为己有,安肯复请本朝兵乎?此自成之败,非三桂之力更为彰明较著者也。而谷应泰乃称三桂顿兵山海关,悉锐出战,击杀数千人,追奔逐北。似此则自成之败,败于三桂,而非败于本朝。谷应泰系汉人,犹及明末,未免意存回护,故为左袒,而非当日实在情形,不足传信。

---

① 乾隆四十一年(1776)十一月十六日上谕,《纂修四库全书档案》,第三五二条,第553页。

治乱交替中的文献传承

（乾隆五十一年［1786］七月二十一日上谕。）①

弘历不愿把打败李自成的功劳记在吴三桂身上，而是记在睿亲王多尔衮名下，当成"本朝"的武功。他的根据是："《实录》记载甚明"，其实《实录》早已根据需要有所改写。弘历下令："着军机大臣详查《开国方略》所载入关杀贼实事，将书中此一节重行改正，以昭正论信史。"②

在弘历指示下，四库馆臣对《明史纪事本末》作了删改。此书之四库本，记事至李自成攻破京师、诸臣殉难而止，其后内容则被删除，上揭弘历所引文字，亦因此不见。至于四库本《皇清开国方略》，则记其事云：

（夏四月）乙卯，大军入山海关，吴三桂迎降，贼首李自成败走。丁丑，摄政睿亲王军次连山。……己卯，师至山海关，吴三桂率众出迎。……遂入关。时李自成率贼众自北山横亘至海，列阵以待。是日，大风扬尘，咫尺莫辨。我军对贼布阵，不能横列及海。睿亲王集诸王、贝勒、贝子、公及诸大臣等，谓曰："尔等毋得越伍躁进，此兵不可轻击，须各努力破此，则大业成矣。我兵可向海，对贼阵尾，鳞次布列。吴三桂兵分列右翼之末。"号令毕，诸军齐列。及进兵，令军士呼噪者再，风遂止。各对障奋击，大败贼众，追杀至四十里。贼首尾不相顾，遁走燕京。阵获晋王朱审烜，获驼马缎币无算，俱给赏随征将士。是日，进吴三桂爵为平西王，赐玉带、蟒袍、貂裘、鞍马、玲珑、櫜鞬、弓矢等物，令山海城内军人薙发，以马步兵一万隶平西王，随睿亲王直趋燕京，追杀流贼。③

在馆臣笔下，大败李自成的将领变成了睿亲王多尔衮，且指挥有方，

---

① 《纂修四库全书档案》，第一一五〇条，第1944—1945页。
② 《纂修四库全书档案》，第一一五〇条，第1945页。
③ ［清］阿桂、梁国治等《皇清开国方略》卷三十二，《景印文渊阁四库全书》第341册，台湾商务印书馆，1986年，第461—462页。

如有神助。"军士呼噪者再,风遂止",尤具神化、斧凿之痕。吴三桂仅率众"分列右翼之末",其功劳自然不值一提。但此种记述,无法解释上揭文本内披露的如下事实:明朝降将颇众,吴三桂以何功能晋爵平西王?且能统率万人大军,充当逐鹿中原之前驱?

前明进士李清①,撰有史著多种。其《诸史异同录》一书,业已选入全书之内,缮成七分。但弘历抽查时发现,"称我朝世祖章皇帝与明崇祯四事相同,妄诞不经,阅之殊堪骇异"。清世祖即顺治帝福临,为康熙帝玄烨之父。《诸史异同录》内顺治帝与明崇祯帝相提并论,而后者为亡国之君,因此大触忌讳。弘历欲罪此书,首先攻击对李清之人品:"李清系明季职官,当明社沦亡,不能捐躯殉节,在本朝食毛践土,已阅多年,乃敢妄逞臆说,任意比拟。"其次则欲加之罪:"设其人尚在,必当立正刑诛,用彰宪典。今其身既幸逃显戮,其所著书籍悖妄之处,自应搜查销毁,以杜邪说而正人心。"此书因此从七阁《全书》内抽出销毁②。欲抹杀某人之著述或影响,先诋毁其人之人品与道德,也是极权统治者惯用之卑鄙伎俩。

记载明季政治得失的著作,对清朝而言,具有借鉴、资治的作用。弘历对这类书,往往留存,而改写、抽毁其中"违碍"之处。例如朱东观编辑《崇祯年间诸臣奏疏》一卷,"其中多指言明季秕政,渐至瓦解而不可救,亦足取为殷鉴",弘历因此指示:"虽诸疏中多有乖触字句,彼皆忠于所事,实不足罪,惟当酌改数字,存其原书,使天下万世,晓然于明之所以亡,与本朝之所以兴。俾我子孙永念祖宗缔造之艰难,益思兢兢业业,以祈天而永命。其所裨益,岂不更大,又何必亟毁其书乎!"③

2. 遗民著述

满清入关后,要面对以官员、士人为主的庞大的遗民群体。该群体

---

① 李清(1602—1683),字心水,号映碧,又号枣园、碧水翁、天一居士等,兴化人。崇祯辛未进士,官至大理寺左寺丞。有《史论》《删注南北史》《南渡录》《诸忠纪略》《三垣笔记》《澹宁斋集》等。参《朱彝尊年谱》,第273页。
② 乾隆五十二年(1787)三月十九日上谕,《纂修四库全书档案》,第一一九一条,第1992页。
③ 乾隆四十一年(1776)十一月十六日上谕,《纂修四库全书档案》,第三五二条,第553页。

仍心怀前朝,对清廷暴虐统治多有反抗,或揭竿而起,武装抗争;或形诸诗文,传遗子孙。清高宗弘历借修《四库全书》之机,遍征天下典籍,对"违碍"图书予以禁毁,遗民著述自然成为重点禁毁对象。

乾隆四十一年(1776)十一月十六日,弘历在一份上谕中,公告了他对前明遗民著述的禁毁态度。弘历把钱谦益、金堡、屈大均等视为异类,钱氏"在明已居大位",金、屈二氏则"遁迹缁流",弘历从品行上攻击他们"不能死节,腼颜苟活,乃托名胜国,妄肆狂狺","其人实不足齿,其书岂可复存"? 对其作品"自应逐细查明,概行毁弃,以励臣节而正人心"①。弘历的理由冠冕堂皇,实际上是因为钱、金、屈等人均有抗清行为,所以在必禁之列。以下略举金堡、函可为例。

(1)金堡例

金堡(1614—1680),原名金俊,字道隐,又字卫公,号性因,又号蔗馀,仁和人。崇祯庚辰进士,知临清州。明亡后,起兵抗清,势孤而败。复任职于永历政权,授礼科给事中,以直臣著称。后被黜,留居桂林,与瞿式耜一起抗清。桂林城破,削发为僧,取名性因。又名今释,字澹归,号舵石翁。居韶州,辟丹霞寺,任住持。晚隐平湖卒。著有《徧行堂集》等②。其师函昰,为道独上人弟子,系曹洞三十二传法嗣③。同屈大均相类,金堡作为前明遗臣、抗清志士,属于清朝政权的对立面,在弘历发起的声势浩大的纂修全书的运动中,其著述自然难逃被禁毁的命运,而且还是由弘历亲自点名实施。

乾隆四十年(1775)闰十月十八日,弘历下谕给两江总督高晋、两广总督李侍尧、江苏巡抚萨载、广东巡抚德保:

> 朕昨检阅各省呈缴应毁书籍内,有僧澹归所著《徧行堂集》,系韶州府知府高纲为之制序,兼为募资刊行。因查澹归名金堡,明末

---

① 《纂修四库全书档案》,第三五二条,第552页。
② 张宗友《朱彝尊年谱》,第73页。
③ 谢国桢《清初东北流人考》,载氏著《明末清初的学风》,人民出版社,1982年,第113—114页。

进士,曾任知县,复为桂王朱由榔给事中,当时称为五虎之一,后乃托迹缁流,借以苟活。其人本不足齿,而所著诗文中多悖谬字句,自应销毁。高纲身为汉军,且系高其佩之子,世受国恩,乃见此等悖逆之书,恬不为怪,匿不举道,转为制序募刻,其心实不可问。使其人尚在,必当立置重典。因令查阅其家收存各种书籍。今于高纲之子高秉家,查有陈建所著《皇明实纪》一书,语多悖谬,其书板自必尚在粤东。着传谕李侍尧等,即速查明此书板片及所有刊印之本,一并奏缴。又,查出《喜逢春传奇》一本,亦有不法字句,系江宁清笑生所撰。曲本既经刊布,外间必尚有流传。该督抚等从前未经办及,想因曲本搜辑不到耳。一并传谕高晋、萨载,于江宁、苏州两处,查明所有刷印纸本及板片,概行呈缴。①

弘历发现各省所呈应毁书籍内,金堡的《徧行堂集》竟由前韶州知府、汉军人高纲为之作序,因此大怒,下令追查高家所藏书籍,又查出陈建《皇明实纪》及《喜逢春传奇》两种"违碍"图书,是以下令上述督抚,严加查禁。弘历对身为"八旗大臣子孙"的高纲尤为痛恨,骂其"天理难容,自然败露",其子高秉则因"匿不呈缴",所以交刑部审办②。一场文字之狱,由是而起。

次日,弘历又传谕两广总督李侍尧、广东巡抚德保,指出陈建《皇明实纪》,又名《皇明通纪》,可能有两副刻板,要求仔细查缴;至于金堡《徧行堂集》,"语多悖谬,必应毁弃,即其馀墨迹墨刻,亦不应存",也就金堡所有文字,均在烧毁之列。弘历犹觉不足,下令"将所有澹归碑石,亦即派诚妥大员前往椎碎推仆,不使复留于世间"。至于金堡创建的丹霞寺,弘历也不放过,认为"谬种流传,实为未便",于是"着李侍尧等即速详悉查明,将其寺作为十方常住,削去澹归开山名目,官为选择僧人,住寺经

---

① 《纂修四库全书档案》,第二九五条,第 454 页。
② 《纂修四库全书档案》,第二九五条,第 454—455 页。

理，不许澹归支派之人，复为接续"，要把金堡从文字到传人，彻底消灭干净①。至乾隆四十年(1775)十一月初三日，江苏巡抚萨载上奏，苏州书局内现有收缴的《徧行堂集》正、续集各一部，但是没有高纲序文，猜测另有一个版本②。

弘历因金堡一案，迁怒于为金堡作序的原韶州知府高纲，并殃及其子孙。经查，高纲之子(高秼)在江南河工效力的革职道员李奉瀚处，其妻及子女则在其岳父原宁国府知府翟照廷处。乾隆四十年(1775)十一月初九日，两江总督高晋奉命将高一家拿获，李奉瀚也因此附参，听候部议③。

乾隆四十年(1775)十一月十六日，两广总督李侍尧、广东巡抚德保，上奏对金堡著述及所创丹霞寺等的处理情况：(一)将《徧行堂集》(正集、续集)查出进呈，板片则委员解赴军机处。(二)密令广州知府李天培，驰赴韶州府，会同南韶道李璜，前往丹霞，悉心查办。"凡金堡所有墨刻墨迹，逐一查出，现存碑石，摹拓进呈，一面椎碎抛弃，不使片纸只字，复有留存。并将其支派僧众悉行逐出，令地方官选择诚实戒僧住持。"(三)派同知全保、高要知县高暎至东莞陈建家，搜查图书及板片。其裔孙陈与屏等呈出《明通纪》四部，无板片；另有陈建所著《学蔀通辩》十九部、《治安要议》三十部，均有板片。(四)省中书贾、寺僧呈出《丹霞志》一部，《徧行堂随见录》一本，及金堡墨刻各种。《丹霞志》内"诗文语录，诸多悖逆"；据徐乾学所撰塔铭，知金堡尚有《岭海焚馀集》《梧州诗》二种。(五)查出丹霞寺有下院两处，一名会龙庵，在韶州府东门外；一名龙护院，在南雄府城内。恐有金堡碑记字迹及其支派僧众，均"一体查办"。(六)丹霞寺墨刻内有尚可喜、耿精忠两位藩王重修省城光孝寺碑记，系金堡撰文。所树之碑，"业已一并椎碎"。(七)据《丹霞志》载，海螺岩有金堡埋骨之塔，刊刻铭志，"委员查办，不使存留"。(八)派员对

---

① 《纂修四库全书档案》，第二九五条，第455—456页。
② 《纂修四库全书档案》，第三〇二条，第465页。
③ 《纂修四库全书档案》，第三〇四条，第469—471页。

志乘"调集磨勘",如有记载之处,"提板铲削,以清秽迹"①。

至此,在弘历严旨督办之下,举凡金堡之尸骨、著作、碑刻,均遭销毁,同时祸及多人及多种图书。其著述也成为各地督抚查办禁毁的重点对象,不断被查出送毁。丹霞寺五百僧人,虽在方外,也惨遭杀戮②。极权君主为巩固其统治,无所不用其极,严令一下,有司变本加厉,便是无数冤魂。

(2) 函可例

函可(1616—1659),俗姓韩,名宗騋,法名函可,字祖心,号剩人,广东博罗人。父曰缵,万历三十五年进士,官至礼部尚书,谥文恪。韩宗騋与曾起莘一同归依道独上人,分别赐名函可、函昰。明亡后,函可北上,亲睹南京失守,遂作私史,被执,充军沈阳。其弟宗麟、宗駥、宗骊,均抗清而死。沈阳谴谪士人颇众,函可因品格高尚,为众所敬,先后在普济、广慈、大宁、永安、慈航、接引、向阳等七座大刹阐扬佛法,收徒约六七百众。著有《千山语录》、《千山诗集》二十卷及《补遗》一卷③。

乾隆四十年(1775)闰十月二十三日,弘历谕盛京将军弘晌、府尹富察善:

> 朕检阅各省呈缴应毁书籍内,有《千山和尚诗本》。语多狂悖,自应查缴销毁。查千山名函可,广东博罗人,故又称为博罗剩人。后因获罪,发遣沈阳。函可既刻有诗集,恐无识之徒,目为缁流高品,并恐沈阳地方,或奉以为开山祖席,于世道人心,甚有关系。着弘晌、富察善即速确查,从前函可在沈阳时,曾否占住寺庙,有无支派流传,承袭香火,及有无碑刻字迹留存,逐一查明,据实覆奏。将此由三百里传谕知之。④

---

① 《纂修四库全书档案》,第三〇七条,第475—479页。
② 谢国桢《清初东北流人考》,载氏著《明末清初的学风》,第114页。
③ 谢国桢《清初东北流人考》第二节《僧函可谪戍沈阳》,载氏著《明末清初的学风》,第112—116页。
④ 《纂修四库全书档案》,第二九七条,第456—457页。

弘晌、富察善遂于十一月十一日上覆奏办理情况。据《盛京通志》载:"千山和尚名函可,字祖心,别号剩人。来至沈阳,自普济历广慈、大安、永宁、慈航、接引、向阳等寺,故后于辽阳之千山双峰寺建有小塔。"弘晌等遂据此先于省城各寺庙严密搜查,获得《函可语录》,内有诗句,注称其《剩和尚语录》刻板存辽东香岩寺,《普济剩和尚语录》刻板存都京西长安街双塔寺、三元庵等地。弘晌等即驰赴辽阳千山各寺庙查勘,发现均已残破不整,并无承袭函可支派僧人。但是,双峰寺却有函可碑塔并语录、诗句、手录戒仪字迹,承袭函可支派僧人法贞、默慧、默兆、默祥、默喜、契宽、契先、契和等,"细察伊等情形,实皆愚蠢,均属务农山僧"。弘晌等"恐其另有支派流传,以及皈依僧众收徒聚会情事,覆加密访居民乡保人等,佥称并无前项情事";"又赴香岩寺搜查所存《剩和尚语录》刻板,无从起获,严加讯究,实因年久,遗失无存"。弘晌等认为:"函可系获罪发遣之犯,胆敢放荡诗词,肆意狂悖,殊与世道人心大有关系。现在承袭伊支派僧人法贞等,虽委系务农山僧,若不即令还俗,惟恐日后出有不肖僧徒,假借名色,转相纠结,招徒聚会,以致煽惑滋事,关系非浅。"因此,"应请将法贞等先令还俗,并将双峰寺所建碑塔,尽行拆毁;《盛京通志》内所载函可事迹,逐一删除;其存三元庵之语录刻板,请敕在京该管衙门查起销毁。"此外,"严饬奉省旗民地方官,在于所属各寺庙内,留心严密查访,如有函可语录、诗句、字迹以及支派承袭之人,俱照奴才等现在奏请办理,以杜其渐。"并将查出的《函可语录》、戒仪并碑记、诗句等抄录包封进呈①。

至此,函可在盛京遗存,荡毁无遗,其著述亦在各省必予禁毁之列。例如,浙江巡抚李质颖于乾隆四十五年(1780)九月初八日上奏之《第十九次查缴应毁各书清单》,即有"《千山诗集》一部。刊本。是书释函可撰"一条②。

乾隆四十四年(1779)十一月二十四日,弘历上谕中云:"钱谦益、屈

---

① 《纂修四库全书档案》,第三〇五条,第471—473页。
② 《纂修四库全书档案》,第七〇八条,第1211页。

大均、金堡等所撰诗文,久经饬禁,以裨世教而正人心。今各省郡邑志书,往往于名胜、古迹编入伊等诗文,而人物、艺文门内并载其生平事实及所著书目,自应逐加芟削,以杜谬妄。至从前各省节次缴到应毁书籍,经朕发交馆臣覆勘,奏定应行销毁者,俱经该馆陆续咨行各省,自可遵照办理。"弘历要求各督抚:"将省志及府县志书悉心查核,其中如有应禁诗文而志内尚复采录并及其人事实书目者,均详悉查明,概从芟节,不得草率从事,致有疏漏。"①

3. 明季著述

满洲最初臣附明朝,接受官职与节制,其后崛起,同中央王朝长期处于时战时和的状态。对其上层而言,大明王朝是一个沉重的"他者",一个庞大的敌对存在。夺取天下后,清初诸帝对前明遗产,既爱又惧:一方面不得不因袭既有的制度与文化,以便实施统治;另一方面,又深恐本族无力抗衡庞大的汉族人口与悠久、先进的汉文化,从而失去本族群的独立性。为从文化上树立本族群的合法性、正统地位,就必须对前明著述,予以彻底的改造或禁毁。几任帝王相继兴起文字大狱,就是这种改造或禁毁的体现之一。

纂修四库全书,为弘历改造、禁毁明季著述提供了良好的契机。乾隆四十一年(1776)十一月十六日,弘历在一份上谕中,公告了他对明季著述的总原则:"前因汇辑四库全书,谕各省督抚,遍为采访。嗣据陆续送到各种遗书,令总裁等悉心校勘,分别应刊、应钞及存目三项,以广流传。第其中有明季诸人书集,词意抵触本朝者,自当在销毁之列。"②而何者算是"词意抵触本朝",解释权当然操在四库馆臣手中,弘历本人则是最高、也是最后裁定者。

区分类别、分别对待,是清廷甄别前明大臣的一着妙招。弘历将刘宗周、黄道周、熊廷弼等归为直臣(即忠臣)一类。刘、黄二氏,弘历赞其"立朝守正,风节凛然,其奏议慷慨极言,忠荩溢于简牍,卒之以身殉国,

---

① 《纂修四库全书档案》,第六六〇条,第1129页。
② 《纂修四库全书档案》,第三五二条,第552页。

不愧一代完人",评价极高。熊廷弼为前明辽东经略,满洲宿敌,弘历也称赞其"受任疆场,材优干济,所上封事,语多剀切",可惜"为朝议所挠,至使身陷大辟"。弘历尝阅其疏,读至"洒一腔之血于朝廷,付七尺之躯为边塞"二语处,"亲为批识云:'观至此为之动心欲泪,而彼之君若不闻,明欲不亡,得乎!'可见朕大公至正之心矣!"可见公心谋国的忠臣良将,即使敌对一方也真心钦服。此类还有王允成,其《南台奏稿》,弹刻〔劾〕权奸,指陈利弊,亦为无惭骨鲠"。又叶向高,"当时正人,颇负重望,及再入内阁,值逆阉弄权,调停委曲,虽不能免责贤之备,然观其《纶扉奏草》,请补阁臣疏至七十七上,几于痛哭流涕,一概付之不答,则其朝纲丛脞,更可不问而知也"。杨涟、左光斗、李应升、周宗建、缪昌期、赵南星、倪元璐等,也属此类。弘历认为,以上诸人之言,"若当时能采而用之,败亡未必若彼其速","是其书为明季丧乱所关,足资考镜,惟当改易违碍字句,无庸销毁"。弘历大度地表示:"即有一、二语伤触本朝,本属各为其主,亦只须改酌一、二语,实不忍并从焚弃,致令湮没不彰。"①也就是说,此类直臣,弘历表示欣赏与敬重,不忍全部禁毁其著述,但是凡涉违碍之处,还是要加以改易,不能保留全貌。弘历表彰直臣之人品,一则提倡忠君思想,维护正统,为己所用;二则此时距明亡已一百三十馀年,清朝一统天下,根基稳固,表彰前明忠臣,对本朝不构成任何威胁,相反,某些直臣令人扼腕的遭际,更能激起士民对前明朝廷昏愦的痛恨,从而彰显本朝的正大光明。

对于明臣著述中的记史之作,弘历肯定其中能够彰显本朝统治合法性的篇章,取其殷鉴之意,为本朝所用,其馀则予抽毁,如《博物典汇》《崇祯年间诸臣奏疏》等,已见前述。此外,对于明人著述中的某些门类,弘历也指示区别甄核,取其所用。例如,对于集部中"汇选各家诗文"的总集之作,弘历指示,如果内有钱谦益、屈大均辈所作,"自当删去,其馀原可留存,不必因一二匪人,至累及众"。对子部中的明人所刻类书,"其边塞、兵防等门,所有触碍字样,固不可存,然只须删去数卷,或删去数篇,

---

① 《纂修四库全书档案》,第三五二条,第552—553页。

或改定字句,亦不必因一、二卷帙,遂废全部"①。弘历用语似为宽容,实则但涉违碍,一概抽改禁毁,绝无商量馀地。

弘历对明季著述之禁毁,不仅仅局限于图书之禁毁。对于前明留下来的碑石文字,如涉违碍,亦在禁毁之列。以下略举数例。

乾隆四十三年,马兰镇总兵保宁上奏,有"石门地方有神祠,俗名将军庙,祀汉灵帝时中郎将孟谧,至明嘉靖万历间重修立碑,其文内多有妨碍本朝之字,随将此碑掩埋"等语。弘历敏锐地抓住"妨碍本朝"一节,于七月初九日下诏说:"明季碑碣既有触碍字样,自不应复留,但掩埋仍在土中,久或经掘出,其字尚在,不如将碑字尽行磨去,另拟碑文刊刻,叙述其神之事迹及士人立祠之意,既不使湮没无传,且不令字有违碍,方为两得。"②同日,弘历又传谕直隶总督周元理、山西巡抚巴延三,以直隶、山西一带沿边地方,可能建有列朝边将祠碑,也许刻有边防碑记,"其中触碍字面自所不免",命令二人派委晓事之员悉心查勘,"如神祠、门堡、隘口所存门扁碑碣等项,如有违碍字样,应磨毁者即行磨毁,应改刻者即行改刻,务须实心妥办,勿以空言塞责"③。磨毁、改刻碑石文字的序幕,自此拉开。

其后,弘历令奉天府丞李绶,"将奉天各属所有神祠坟墓碑碣及村堡隘口门扁等项详细查明,如有违碍字样,即行磨毁改刻"。李绶"陆续奏明应行磨毁改刻者共一百六十六件"。乾隆四十三年三月二十一日,弘历专门传谕盛京将军福康安,查实回奏④。可见,对碑石文字的磨勘,又从直隶、山西等沿边地区,深入奉天等关外龙兴之地,查禁极严。

4. 同辽、金、元三朝相关的著述

满洲为建州女真后裔,与蒙古同属北方少数族群,其人口规模、文化水平均无法与关内汉人相提并论。清朝统治者对文献中涉及华夷之分、

---

① 《纂修四库全书档案》,第三五二条,第553—554页。
② 《纂修四库全书档案》,第五二四条,第861—862页。
③ 《纂修四库全书档案》,第五二五条,第862—863页。按:马兰镇在直隶,康熙二年设总兵官一员。参《畿辅通志》卷六十。
④ 《纂修四库全书档案》,第六〇八条,第1015页。

轻视少数族群的内容,即使仅仅涉及辽、金、元等前朝史事,都极为敏感,视为审查、禁毁的对象。乾隆四十一年十一月十六日上谕中云:

> 他若南宋人书之斥金,明初人书之斥元,其悖于义理者,自当从删,涉于诋詈者,自当从改,其书均不必毁。使无碍之书,原听其照旧流行,而应禁之书,自不致仍前藏匿,方为尽善。①

作为金人后裔,弘历对南宋人之著述,自然要严加甄别。至于元朝,因系蒙古人所建立,同满洲建立清朝颇为相似,弘历大有同类之感;而且蒙古诸部又是清统治者最为借重的政治、军事同盟,号称满、蒙一家,所以对明人诋刺元人的地方,也感同身受。弘历上谕文字,辞气柔和,其实难掩其查检、禁毁之实质。何种图书内容属"悖于义理"? 其实全凭弘历君臣之解释。

同宋、金并峙的辽国,由契丹人所建。南宋学者叶隆礼奉命撰《契丹国志》二十七卷。四库馆臣引钱曾、苏天爵之说,以论其书:

> 钱曾《读书敏求记》称其书法谨严,笔力详赡,有良史风;而苏天爵《三史质疑》则谓隆礼不及见国史,其说多得于传闻,讥其失实甚多。今观其书,大抵取前人纪载原文,分条采摘,排比成编。……盖隆礼生南渡后,距辽亡已久,北土载籍,江左亦罕流传,仅据宋人所修史传及诸说部抄撮而成,故本末不能悉具。苏天爵所论,深中其失,钱曾盖未详核也。②

馆臣对该书失实及体例未一之处,均有所论列。弘历即本馆臣之说,发挥议论,指责此书"采摘通鉴长编及诸说部书,按年胪载,抄撮成

---

① 《纂修四库全书档案》,第三五二条,第554页。
② [清]永瑢、纪昀等撰《钦定四库全书总目》卷五十《契丹国志提要》,武英殿刻本,《景印文渊阁四库全书》,台湾商务印书馆,1983年,第2册,第120—121页。按:《总目》办竣于乾隆四十六年(1781)二月(参是月十六日上谕,《纂修四库全书档案》,第760条,第1292页)。

文,中间体例混淆,书法讹舛,不一而足"。具体而言,有以下几点:(一)"书既名《契丹国志》,自应以辽为主,乃卷首年谱,既标太祖、太宗等帝,而事实内或称辽帝,或称国主,岂非自乱其例?"(二)"是书既奉南宋孝宗敕撰,而评断引宋臣胡安国语,称为胡文定公,实失君臣之体。"(三)"大书辽帝纪元于上,而以宋祖建隆等年号分注于下,尤为纰谬。夫梁、唐、晋、汉、周僭乱之主,享国日浅,且或称臣、称儿、称孙于辽,分注纪元尚可。若北宋则中原一统,岂得以春秋分国之例,概予分注于北辽之下?"(四)"又引胡安国论断,以劫迫其父、开门纳晋军之杨承勋,谓变而不失其正。时承勋被围,虑祸及身,乃劫其父,致杀戮,而己受爵赏。夫大义灭亲,父可施之子,子不可施之父,父即(既)背叛,子惟一死,以答君亲,岂有蔑伦背义,尚得谓之变而不失其正? 此乃胡安国华夷之见,芥蒂于心,右逆子而忘天经,诚所谓胡说也!"①弘历自称"详加披览,经指驳者数十条,馆臣乃请撤出此部书",但"朕以春秋天子之事,是非万世之公","既有成书,纪载当存其旧,惟体例书法讹谬,于纲目大义有乖者,不可不加厘正"。于是下令纪昀等"详加校勘,依例改纂","并将此旨书于简端,以昭纲常名教、大公至正之义"②。

上例中弘历所在意者,一是"以辽为主",不能"自乱其例";二是不能失"君臣之体",欲明上下之分;三是"中原一统"的北宋,不得以春秋分国之例视之;四是胡安国有"华夷之见",所以"右逆子而忘天经"。弘历对华夷之防的警惕性,由此可见一斑。此书在弘历诏令下遭到删改(《四库全书总目》称"今并仰遵圣训,改正其讹,用以昭千古之大公,垂史册之定论焉"),四库本已非原貌。

5. 同封建纲常有关的文献

在专制政体下,极权君主最担心的不是敌国外患、官吏贪腐、水旱灾害,而是广大臣民对其是否忠诚,历来视"谋逆"、反叛之举为不赦之罪,施以无情镇压。同时,统治者会不失时机地宣扬忠孝观念,为己所用。

---

① 乾隆四十六年十月十六日上谕,《纂修四库全书档案》,第八一五条,第1418页。
② 《纂修四库全书档案》,第八一五条,第1419页。

治乱交替中的文献传承

清朝以关外少数族群而暴得天下,接受前明政治体制与文化思想,以天赋皇权为依据,自居王朝正统。因此,在宣扬纲常教化方面,不遗馀力,使之成为维护专制政体、加强极权的有效手段。弘历表彰前明忠臣、加封关羽,要求臣下严避历代君主名讳,为此不惜改写前代史籍,就是其维护纲常、宣扬忠孝的代表性举措。

朱璘《明纪辑略》一书,后附明末福王、唐王、桂王三王年号,被奏请销毁,受到弘历首肯。但是不久,弘历即下令不必禁毁,并且命令四库馆,"将唐、桂二王本末,撮叙梗概,并将当时死事诸臣姓名事迹,逐一登载,诠次成帙"①,附载书后。其中肯綮,在于弘历对待明末三王及其臣下的认识,有所转变。(一)对于福王南京政权,弘历以其"江山半壁,疆域可凭,使福王果能立国自强,则一线绵延,未尝不足比于宋高宗之建炎南渡","特因其荒淫孱弱,君若臣相率为燕雀之处堂,寻至自贻颠覆,而偏安之规模未失,不可遽以国亡之例绝之"。遂命"于甲申以后,附纪福王年号,仍从分注之例,而提纲则书明字以别之。直至芜湖被执,始大书明亡"。如此处理,"盖所以折衷至是,务合乎人情天理之公,以垂示天下后世也"。(二)对于遁迹闽、滇的唐王、桂王政权,弘历斥为"苟延残喘,不复成其为国,正与宋末昺、昰二王之流离海岛者相类,自不得等于福王之例"。但是二王系明室宗支,本非伪托,"与异姓僭窃及私相署置者不同",且称尊擅号十馀年,事迹多有可考。"与其听不知者私相传述,转致非实无稽,又何如为之约举大凡,俾知当日边隅偷息,不过若是之穷蹙无成,更何〔可〕以正传闻之讹异"。(三)特别是对于忠于三王、与清为敌的明臣,除了金堡等人之外,弘历还表彰其忠贞,认为"各为其主,守节不屈,以至陨首捐躯者,实不一而足,较宋末之文天祥、陆秀夫,差相仿佛"。"虽开创之初,兵威迅扫,不得不行抗命之诛,而诸臣琐尾间关,有死无贰,在人臣忠于所事之义,实为无愧。迄今日久论定,朕方深为嘉予,不欲令其湮没无传。"要求"书为某王之某官等,概不必斥之为伪",令四

---

① 乾隆四十年(1775)闰十月二十五日上谕,《纂修四库全书档案》,第三○○条,第459—461页。本段下引者均同此。

库馆臣"将唐、桂二王本末,撮叙梗概,并将当时死事诸臣姓名事迹,逐一登载,诠次成帙,具稿进呈,候朕裁定后,即刊附《通鉴辑览》之末。俾论史者征名核实,共知朕大中至正,无一毫偏倚之私,而表微阐幽,益称朕崇奖节义之意"。此时前明覆灭已有百年,清朝统治根基稳固,弘历将此书放过,彰显其颇为自信,更重要的是,可以借此"崇奖节义",表彰臣下对人主的绝对忠诚。

关羽字云长,汉末至三国时著名将领,同张飞共事刘备,"先主与二人寝则同床,恩若兄弟"。以功封汉寿亭侯、蜀前将军等,后战死,谥壮缪侯①。在民间,关羽被视为忠孝节义的化身,通过《三国演义》等通俗文学的传播与强化,在民间享有极高声望。这一点,正好是专制统治者所需要的,因此其封号由侯而王、而帝,不断升等。清朝统治者以"中国正统"自居,自然不会错过关羽这一典型人物。顺治帝福临,封其为"忠义神武大帝"。弘历认为"关帝在当时力扶炎汉,志节凛然,乃史书所谥,并非嘉名",指责"陈寿于蜀汉有嫌,所撰《三国志》,多存私见,遂不为之论定,岂得谓公"?遂于乾隆三十二年(1767)下令加封,称为"灵佑忠义神武大帝"。至此犹嫌不足,又于乾隆四十一年七月二十六日发布上谕:"今当抄录《四库全书》,不可相沿陋习,所有志内关帝之谥,应改为'忠义'。第本传相沿已久,民间所行必广,难于更易,着交武英殿将此旨刊载传末,用垂久远。其官版及内府陈设书籍,并着改刊,此旨一体增入。"②也就是把《三国志》内"壮缪"之谥,改为"忠义"二字。弘历如此兴师动众,不惜改写史籍,彰显的是其本人对于臣下"忠义"的渴求。

乾隆四十二年(1777),四库馆奏进书中,有宋人李廌《济南集》,系自《永乐大典》内辑出者。该书卷一有《凤凰台》一首:"舜韶奏九成,凤凰故来仪。汉彻方秦政,何乃误至斯。尔非鸡与鹜,出处当慎时。"弘历对其中"汉彻""秦政"二词,十分敏感,又查出《北史·文苑传叙》内有"颉颃汉

---

① [晋]陈寿撰,[南朝宋]裴松之注《三国志》卷三十六,中华书局,1959年,第939—942页。
② 《纂修四库全书档案》,第三三四条,第529—530页。

彻，跨躐曹丕"之句，认为"均属未协"。其理由是，秦始皇焚书坑儒，"其酷虐不可枚举，号为无道，秦后之人，深恶痛绝，因而显斥其名，尚无不可"。至于曹丕，以魏代汉，"躬为篡逆，称名亦宜"。汉武帝刘彻则不同，"在汉室尚为振作有为之主，且兴贤用能，独持纲纪，虽黩武惑溺神仙，乃其失之小疵"，不能直书其名，同嬴政、曹丕相提并论。弘历借此申发议论（十月初七日上谕）曰：

> 且自古无道之君，至桀纣而止，故有指为独夫受者。若汉之桓、灵，昏庸狂暴，遂致灭亡，亦未闻称名指斥，何于武帝转从贬抑乎？又如南北朝，彼此互相诋毁，南朝臣子称北朝主之名，北朝臣子亦称南朝主之名。宋之于金、元，金、元之于宋，亦然。此皆局于其地之私心，虽非天下之公，尚无伤于正理。若李延寿乃唐臣，李焘乃宋臣，其于中国正统之汉武帝，伊祖未常〔尝〕不曾为其臣，岂应率逞笔端，罔顾名义，轻妄若此？且朕御制诗文内，如周、程、张、朱，皆称为子，而不斥其名。又如韩昌黎、苏东坡诸人，或有用入诗文者，亦止称其号而不名。朕于异代之臣，尚不欲直呼其名，乃千古以下之臣，转将千古以上之君称名不讳，有是理乎？朕命诸臣办理四库全书，亲加披览，见有不协于理者，如关帝旧谥之类，即降旨随时厘正。惟准以大中至正之道，为万世严褒贬，即以此衡是非，此等背理称名之谬，岂可不为改正，以昭示方来。着交武英殿将《北史·文苑传叙》改为汉武，《韵府》删去此条，酌为改刊。所有陈设之书悉行改补，其《李焘集》亦一体更正。并谕四库全书馆臣等，于校刊书籍内，遇有似此者，俱加签拟改，声明进呈，毋稍忽略。将此通谕知之。①

弘历长篇大论，要求严行避讳，除桀、纣等无道之君外，即使千古以下之臣，也不能直称历代帝王之名。弘历显然以"中国正统"自居，号称"准以大中至正之道"，以维护封建纲常。为此，弘历下令对包括《北史》

---

① 乾隆四十二年十月初七日上谕，《纂修四库全书档案》，第四三三条，第727—728页。

《济南集》在内的四库所收书加以修改,"一体更正"。

6. 其他文献

上述弘历重点掌控、禁毁的文献,主要以历史著述、明人及遗民诗文集为主要领域,也就是以史部、集部文献为主。此外,对于其他妨碍清朝正统地位、有违封建纲常名教的文献,弘历同样严旨禁毁。计有以下几类:

(1) 道院青词

乾隆四十年(1775)二月,弘历为宋人胡宿《文恭集》题诗:"久曾割裂得全难,四库搜罗为复完。如此立朝有本末,可教遗帙听雕残。既经呈览斯予事,自与发潜令彼安。通集原应俾钞录,至文乃合命镌刊。教坊致语宁忠告,道院青词实异端。去取之间系旌瘅,示兹大略付儒官。"于"异端"下有注云:"胡宿文笔颇佳,允宜刊以传世。第集中兼及道场青词,殊乖正道。且代教坊致语,及为内中侍御贺词,则尤为琐狎。自当存其正者,刊行全集,钞存可耳。"①其中"道场青词""教坊致语",弘历以为并非"正者",下令删去,全书抄存。

至该年十一月十六日,弘历下诏将宋人刘跂《学易集》青词删去,以其"乃道流祈祷之章,非斯文正轨","今刘跂所作,则因服药交年琐事,用青词致告,尤为不经",故"虽抄本不妨始〔姑〕存,刊刻必不可也"。弘历复申发其论云:

> 盖青词迹涉异端,不特周、程、张、朱诸儒所必不肯为,即韩、杨、欧、苏诸大家,亦正集所未见。若韩愈之《送穷文》、柳宗元之《乞巧文》,此乃假托神灵,游戏翰墨,不过借以喻言,并非实有其事,偶一为之,固属无害。又如时文为举业所习,自前明以来,通人擅长者甚

---

① 诗名《御制题胡宿文恭集》,末署"乾隆乙未仲春"。载文渊阁四库本《文恭集》卷首。"宿字武平,常州晋陵人,天圣二年进士。历官两浙转运使,召修起居注,知制诰。由翰林学士拜枢密副使,以太子少保致仕。文恭,其谥也。事迹具《宋史》本传。宿立朝以廉直著,而学问亦极该博。"(《文恭集》书前提要)

多,然亦只可听其另集专行,不宜并登文集,况青词之尤乖典故者乎?①

弘历同时命馆臣将宋人王质《灵山集》内青词一种,"并当一律从删"。宋人穆修集内有《掺帐记》,"语多称颂,谬于是非大义,在所必删"。他要求馆臣"务须详慎决择,使群言悉归雅正,副朕鉴古斥邪之意"②。

(2) 演戏曲本

乾隆四十五年(1780)十一月十一日,弘历发布上谕,要求对演戏曲本"一体饬查",因为其中涉及南宋与金朝之词曲,"往往有扮演过当,以致失实者。流传久远,无识之徒或致转以剧本为真,殊有关系"。清朝为金人后裔,弘历因此十分敏感。由于"此等剧本,大约聚于苏、扬等处",弘历遂传谕两淮盐政伊龄阿、苏州织造全德,"留心查察,有应删改及抽掣者,务为斟酌妥办,并将查出原本暨删改抽掣之篇,一并黏签解京呈览。但须不动声色,不可稍涉张皇。"③至是月二十八日,又传谕各省督抚,"昆腔之外,有石牌腔、秦腔、弋阳腔、楚腔等项,江、广、闽、浙、四川、云贵等省皆所盛行",要求留心查察,"派员慎密搜访,查明应删改者删改,应抽掣者抽掣,陆续黏签呈览"④。

(3) 媟狎诗作

宋人桑世昌《回文类聚》,康熙中苏州人朱存孝为之补辑,成《补遗》一卷,馆臣于乾隆四十六年十月进呈。《补遗》内有《美人八咏》组诗,弘历批评其"词意媟狎,有乖雅正",谓其中《丽华发》等诗,"毫无寄托,辄取俗传鄙亵之语,曲为描写,无论诗固不工,即其编造题目,不知何所证据。朕辑四库全书,当采诗文之有关世道人心者,若此等诗句,岂可以体近香奁,概行采录?所有《美人八咏》诗,着即行撤出。"弘历还申发诗教云:

---

① 《纂修四库全书档案》,第三〇六条,第 474—475 页。
② 《纂修四库全书档案》,第三〇六条,第 474—475 页。
③ 《纂修四库全书档案》,第七二四条,第 1228 页。
④ 《纂修四库全书档案》,第七三四条,第 1235—1236 页。

第七章　清代前期的文化方略与文献纂修

> 夫诗以温柔敦厚为教,孔子不删郑、卫,所以示刺、示戒也。故三百篇之旨,一言蔽以无邪。即美人、香草,以喻君子,亦当原本风雅,归诸丽则,所谓托兴遥深,语在此而意在彼也。自《玉台新咏》以后,唐人韩偓辈,务作绮丽之词,号为香奁体,渐入浮靡。尤而效之者,诗格更为卑下。①

弘历用儒家诗教的标准,对诗作加以去取,务期雅正。"至此外各种诗集内,有似此者,亦着该总裁,督同总校、分校等详细检查,一并撤去,以示朕厘正诗体、崇尚雅醇之至意"②。

(4) 占验之书

乾隆四十六年(1781)二月初四日,弘历发布上谕:"阅奏缴销毁书籍,内有河南省解到之明仁宗所制《天元玉历祥异赋》及不知撰著名氏之《乾坤宝典》二种。此等天文占验妄言祸福之书,最易淆惑人心,未便存留在外。恐各省查办书内未能搜缴净尽,着传谕各督抚令其一体查缴,陆续解京,并查明有无板片,一并解送销毁。"③与《天元玉历祥异赋》相类似的《注解祥异赋》等书,则置于存目之列(参《四库全书总目》卷一一〇)。

此外,个别经部著述,也遭查禁,如明末瞿罕所著《孝经问对》《体孝录》等④。

(四) 禁毁策略四:纂修新著,建构信史

弘历发起并主持纂修《四库全书》这一规模空前的文化工程,意欲建构符合极权帝国需要的文献体系,以树立文化权威,彰显文治之盛,维护满洲统治。为此,弘历通过前述寓禁于征、寓毁于修的策略,实现对存世文献的查核与禁毁,试图消灭一切关涉"违碍"之思想与痕迹。另一方

---

① 乾隆四十六年(1781)十一月初六日上谕,《纂修四库全书档案》,第八二五条,第1433页。
② 同上,第1433页。
③ 《纂修四库全书档案》,第七五三条,第1276—1277页。
④ 《纂修四库全书档案》,第八二二条,第1430—1431页。

面,弘历又接续清初诸帝(顺治帝福临、康熙帝玄烨、雍正帝胤禛)的统绪,用"御纂""御制""钦定""御定""敕撰"等名义,续办、改编、翻译或撰写新的著述(为叙述方便,以下将这类典籍统称为"御定新著"①),阐释经典,书写历史,而且蔚成系列,成为弘历着力构建的本朝文献体系的核心部分。如果说,禁毁"违碍"着眼于"破",以消灭威胁清朝极权统治的思想与痕迹;那么,纂修新著就着眼于"立",直接建构本朝所需要的经典阐释、历史叙事及典章制度。这两种手段相互配合,成为纂修《四库全书》的一体两面。

清朝自顺治帝福临起,就形成由皇帝下令纂修新著的文化传统,至弘历时,这一传统得到更好的继承与发扬。据不完全统计,清前期各位君主所敕修书籍,福临六种,玄烨四十一种,胤禛九种;弘历则有九十五种(包括始于玄烨、胤禛而成书于弘历者),几乎是此前三位君主敕修图书总数的两倍。

1. 乾隆朝御定新著之统计

乾隆朝御定新著名目,如下表所示:

表7-8 乾隆朝御定新著一览表

序次	书名	始修时间	类别	《四库全书总目》著录情况
1	《御纂周易述义》十卷	乾隆二十年	经部易类	卷六
2	《御纂诗义折中》二十卷	乾隆二十二年	经部诗类	卷十六。题作《钦定诗义折中》
3	《钦定周官义疏》四十八卷	乾隆十九年	经部礼类	卷十九。系乾隆十三年《御定三礼义疏》之第一部

---

① 此取狭义。如果从广义上说,《四库全书》也是御定之书,而且是规模最大的一套御定丛书。本文所谓御定"新著",是相对于已经成书的存世著述而言的。

续 表

序次	书名	始修时间	类别	《四库全书总目》著录情况
4	《钦定仪礼义疏》四十八卷	乾隆二十年	经部礼类	卷二十。系乾隆十三年《御定三礼义疏》之第二部
5	《日讲礼记解义》六十四卷	乾隆二十一年	经部礼类	卷二十一
6	《钦定礼记义疏》八十二卷	乾隆十三年	经部礼类	卷二十一。系乾隆十三年《御定三礼义疏》之第三部
7	《御纂春秋直解》十五卷	乾隆二十三年	经部春秋类	卷二十九
8	《钦定翻译五经四书》一百三十一卷	乾隆二十年	经部五经总义类	卷三十三。题作《钦定翻绎五经》五十八卷《四书》二十九卷
9	《御制律吕正义后编》一百二十卷	乾隆十一年	经部乐类	卷三十八
10	《钦定诗经乐谱全书》三十卷首二卷附《乐律正俗》二卷	乾隆五十三年	经部乐类	卷三十八。题作《钦定诗经乐谱》三十卷
11	《御制增订清文鉴》三十二卷	乾隆三十六年	经部小学类	卷四十一。题作《御制清文鉴》三十二卷《补编》四卷《总纲》八卷《补总纲》二卷
12	《御定满洲蒙古汉字三合切音清文鉴》三十一卷	乾隆四十四年	经部小学类	卷四十一。题作《御定满洲蒙古汉字三合切音清文鉴》三十三卷
13	《钦定西域同文志》二十四卷	乾隆二十八年	经部小学类	卷四十一

续　表

序次	书名	始修时间	类别	《四库全书总目》著录情况
14	《钦定同文韵统》六卷	乾隆十五年	经部小学类	卷四十二
15	《钦定叶韵汇辑》五十八卷	乾隆十五年	经部小学类	卷四十二
16	《钦定音韵述微》三十卷	乾隆三十八年	经部小学类	卷四十二
17	《钦定辽金元三史国语解》四十六卷	乾隆四十六年	史部正史类	卷四十六
18	《明史》三百三十六卷(含目录四卷)	乾隆四年表进，康熙十八年始修	史部正史类	卷四十六
19	《御批历代通鉴辑览》一百十六卷	乾隆三十二年	史部编年类	卷四十七。题作《御批通鉴辑览》一百十六卷，附明唐桂二王本末三卷
20	《御定资治通鉴纲目三编》四十卷	乾隆四十年	史部编年类	卷四十七。题作《御定通鉴纲目三编》四十卷
21	《皇清开国方略》三十二卷	乾隆三十八年	史部编年类	卷四十七
22	《钦定平定金川方略》三十八卷	乾隆十三年	史部纪事本末类	卷四十九
23	《御定平定准噶尔方略》前编五十四卷，正编八十五卷，续编三十三卷	乾隆三十七年	史部纪事本末类	卷四十九
24	《钦定平定两金川方略》一百五十二卷	乾隆四十六年	史部纪事本末类	卷四十九

续 表

序次	书名	始修时间	类别	《四库全书总目》著录情况
25	《钦定剿捕临清逆匪纪略》十六卷	乾隆四十二年	史部纪事本末类	卷四十九。题作《钦定临清纪略》十六卷
26	《钦定兰州纪略》二十一卷	乾隆四十六年	史部纪事本末类	卷四十九
27	《钦定石峰堡纪略》二十卷	乾隆四十九年	史部纪事本末类	卷四十九
28	《钦定台湾纪略》七十卷	乾隆五十三年	史部纪事本末类	卷四十九
29	《钦定续通志》五百二十七卷	乾隆三十二年	史部别史类	卷五十
30	《钦定蒙古源流》八卷	乾隆四十二年	史部杂史类	卷五十一
31	《太祖高皇帝圣训》四卷	乾隆四年刊行。康熙二十五年编	史部诏令奏议类	卷五十五
32	《太宗文皇帝圣训》六卷	乾隆四年刊行。世祖、圣祖编	史部诏令奏议类	卷五十五
33	《世祖章皇帝圣训》六卷	乾隆四年刊行。圣祖编	史部诏令奏议类	卷五十五
34	《圣祖仁皇帝圣训》六十卷	乾隆六年刊行。世宗编	史部诏令奏议类	卷五十五
35	《世宗宪皇帝圣训》三十六卷	乾隆五年	史部诏令奏议类	卷五十五
36	《钦定明臣奏议》四十卷	乾隆四十六年	史部诏令奏议类	卷五十五
37	《钦定宗室王公功绩表传》十二卷	乾隆四十六年	史部传记类	卷五十八

续 表

序次	书名	始修时间	类别	《四库全书总目》著录情况
38	《钦定外藩蒙古回部王公表传》一百二十卷	乾隆四十四年	史部传记类	卷五十八。题作《钦定蒙古王公功绩表传》十二卷
39	《钦定八旗满洲氏族通谱》八十卷	乾隆九年	史部传记类	卷五十八
40	《钦定胜朝殉节诸臣录》十二卷	乾隆四十一年	史部传记类	卷五十八
41	《大清一统志》五百卷	乾隆二十九年	史部地理类	卷六十八
42	《钦定皇舆西域图志》五十二卷	乾隆二十一年	史部地理类	卷六十八
43	《钦定热河志》八十卷	乾隆四十六年	史部地理类	卷六十八
44	《钦定日下旧闻考》一百二十卷	乾隆三十九年	史部地理类	卷六十八
45	《钦定满洲源流考》二十卷	乾隆四十三年	史部地理类	卷六十八
46	《钦定盛京通志》一百二十卷	乾隆四十四年	史部地理类	卷六十八
47	《钦定河源纪略》三十六卷	乾隆四十七年	史部地理类	卷六十九
48	《钦定盘山志》二十一卷	乾隆十九年	史部地理类	卷七十
49	《皇清职贡图》九卷	乾隆十七年	史部地理类	卷七十一
50	《词林典故》八卷	乾隆九年	史部职官类	卷七十九
51	《钦定国子监志》六十二卷	乾隆四十三年	史部职官类	卷七十九

续　表

序次	书名	始修时间	类别	《四库全书总目》著录情况
52	《钦定历代职官表》六十三卷	乾隆四十五年	史部职官类	卷七十九
53	《钦定大清会典》一百卷	乾隆二十九年	史部政书类	卷八十一
54	《钦定大清会典则例》一百八十卷	乾隆二十九年	史部政书类	卷八十一
55	《钦定续文献通考》二百五十二卷	乾隆十二年	史部政书类	卷八十一
56	《钦定皇朝文献通考》二百六十六卷	乾隆十二年	史部政书类	卷八十一
57	《钦定续通典》一百四十四卷	乾隆三十二年	史部政书类	卷八十一
58	《钦定皇朝通典》一百卷	乾隆三十二年	史部政书类	卷八十一
59	《钦定皇朝通志》二百卷	乾隆三十二年	史部政书类	卷八十一
60	《钦定大清通礼》五十卷	乾隆元年	史部政书类	卷八十二
61	《钦定皇朝礼器图式》二十八卷	乾隆二十四年、三十一年	史部政书类	卷八十二
62	《国朝宫史》三十六卷	乾隆七年。乾隆二十四年增修	史部政书类	卷八十二
63	《钦定满洲祭神祭天典礼》六卷	乾隆十二年	史部政书类	卷八十二
64	《钦定南巡盛典》一百二十卷	乾隆三十五年	史部政书类	卷八十二。题作《南巡盛典》
65	《八旬万寿盛典》一百二十卷	乾隆五十四年	史部政书类	卷八十二

续 表

序次	书名	始修时间	类别	《四库全书总目》著录情况
66	《钦定康济录》六卷	乾隆四年	史部政书类	卷八十二
67	《大清律例》四十七卷	乾隆五年	史部政书类	卷八十二
68	《钦定武英殿聚珍板程式》一卷	乾隆四十一年	史部政书类	卷八十二
69	《钦定八旗通志》三百四十二卷首十二卷	乾隆五十一年敕撰	史部政书类	卷八十二。题作《八旗通志初集》二百五十卷
70	《钦定天禄琳琅书目》十卷	乾隆四十年	史部目录类	卷八十五
71	《钦定重刻淳化阁帖释文》十卷	乾隆三十四年	史部目录类	卷八十六。题作《钦定校正淳化阁帖释文》十卷
72	《御制评鉴阐要》十二卷	乾隆三十六年	史部史评类	卷八十八
73	《钦定古今储贰金鉴》六卷	乾隆四十八年	史部史评类	卷八十八
74	《御制日知荟说》四卷	乾隆元年	子部儒家类	卷九十四
75	《御览经史讲义》三十一卷	乾隆十四年	子部儒家类	卷九十四
76	《钦定授时通考》七十八卷	乾隆二年	子部农家类	卷一百二
77	《御定医宗金鉴》九十卷	乾隆十四年	子部医家类	卷一百四
78	《钦定历象考成后编》十卷	乾隆二年	子部天文算法类	卷一百六。题作《御定历象考成后编》十卷

第七章　清代前期的文化方略与文献纂修

续　表

序次	书名	始修时间	类别	《四库全书总目》著录情况
79	《钦定仪象考成》三十卷	乾隆九年	子部天文算法类	卷一百六。题作《御定仪象考成》三十二卷
80	《钦定协纪辨方书》三十六卷	乾隆四年	子部术数类	卷一百九
81	《秘殿珠林》二十四卷	乾隆九年	子部艺术类	卷一百一十三
82	《石渠宝笈》四十四卷	乾隆九年	子部艺术类	卷一百一十三
83	《钦定西清古鉴》四十卷	乾隆十四年	子部谱录类	卷一百一十五
84	《钦定西清砚谱》二十五卷	乾隆四十三年	子部谱录类	卷一百一十五
85	《钦定钱录》十六卷	乾隆十五年	子部谱录类	卷一百一十五
86	《钦定补绘离骚全图》二卷	乾隆四十七年	集部楚辞类	卷一百四十八
87	《世宗宪皇帝御制文集》三十卷	乾隆时修成	集部别集类	卷一百七十三
88	《御制乐善堂文集定本》三十卷	乾隆二十三年	集部别集类	卷一百七十三
89	《御制文集》九十二卷	乾隆时	集部别集类	卷一百七十三。题作《御制文初集》三十卷《二集》四十四卷
90	《御制诗集》四百五十四卷（包括五集，合四百三十四卷［含目录十二卷］；《馀集》二十卷［含目录三卷］）	乾隆时	集部别集类	卷一百七十三。题作《御制诗初集》四十八卷《二集》一百卷《三集》一百十二卷《四集》一百十二卷。按：共三百七十二卷

401

续　表

序次	书名	始修时间	类别	《四库全书总目》著录情况
91	《御选唐宋文醇》五十八卷	乾隆三年	集部总集类	卷一百九十
92	《御选唐宋诗醇》四十七卷	乾隆十五年	集部总集类	卷一百九十
93	《皇清文颖》一百二十四卷	康熙时下诏编录，雍正时续辑，乾隆时成书	集部总集类	卷一百九十
94	《钦定四书文》四十一卷	乾隆元年	集部总集类	卷一百九十
95	《钦定千叟宴诗》三十六卷	乾隆五十五年	集部总集类	卷一百九十

　　清朝开国百馀年来，通过在政治、经济、军事、文化等方面的苦心经营与不断积累，到了乾隆时代，终于在文治方面有了爆发式的"突破"，而《四库全书》的纂修，就是这种"突破"的集中呈现。上表中弘历御定的九十五种图书，并不都是始修于四库开馆之后，但是，由于许多图书卷帙弘富，纂修时间较长，直至四库开馆后，在雄厚的人力、物力保障之下，才最终告成。另有一些图书，因内容与时政紧密相关，不断地得以续修。例如，《大清一统志》有五百卷之巨，乾隆八年即已纂辑成书，到了乾隆二十年，因平定伊犁，拓疆二万馀里，值得大书特书，于是特诏重修。到了乾隆二十八年，回部平定，滇南内附；乾隆四十年，讨定两金川，开屯列戍，全志又因此增修。

　　乾隆四十二年（1777）三月二十九日，大学士舒赫德等，向弘历奏报"承办未竣书籍"事宜，涉及图书共十六种，要求加派馆臣督理。弘历当日即批示"依议"，且添派人员如下：

　　　　《蒙古源流》着派舒赫德、奎林，《临清纪略》着派舒赫德，彭元瑞，《金川方略》着派福隆安、丰升额，《一统志》着派袁守侗、和珅，

《西域图志》着派福康安、刘墉,《元史》《辽史》俱着派金简、钱汝诚,《明纪纲目》着派和珅、彭元瑞,《明史》着派英廉、钱汝诚,《通鉴辑览》《热河志》俱着派梁国治、和珅,《通志》《通典》俱着派钱汝诚、彭元瑞,《日下旧闻考》着派英廉、刘墉,《音韵述微》《太学志》俱着派梁国治、金士松。①

所谓"承办未竣书籍",就是弘历下令纂修的御定图书。《蒙古源流》,即《钦定蒙古源流》八卷。《临清纪略》,即《钦定临清纪略》十六卷。《金川方略》,即《钦定平定金川方略》三十八卷与《钦定平定两金川方略》一百五十二卷。《一统志》,即《大清一统志》五百卷。《西域图志》,即《钦定皇舆西域图志》五十二卷。《元史》《辽史》,分别为明代宋濂与元代脱脱所领修。《明纪纲目》,即《御定资治通鉴纲目三编》四十卷。《明史》,有三百三十六卷。《通鉴辑览》,即《御批历代通鉴辑览》一百十六卷。《热河志》,即《钦定热河志》八十卷。《通志》,即《钦定续通志》五百二十七卷、《钦定皇朝通志》二百卷。《通典》,即《钦定续通典》一百四十四卷、《钦定皇朝通典》一百卷。《日下旧闻考》,即《钦定日下旧闻考》一百六十卷。《音韵述微》,即《钦定音韵述微》三十卷。《太学志》,即《钦定国子监志》六十二卷。舒赫德此奏及弘历批示,为了解御定图书的编撰情况提供了一个历史横断面。图书名称之改易,往往反映其书经过长期的纂修、加工过程。

以下分别从内容与纂修方式上,对乾隆朝敕撰及修成的九十五种图书加以考察。

2. 乾隆朝御定新著之内容

从内容上看,乾隆朝御定新著,四部齐备,而以史部为主。

(1) 经部

经部之书,凡十六种,集中在两大领域:一是御定经解,分布在易、诗、礼、春秋、乐等传统六经诸类(有九种);二是小学类(有六种)。如前

---

① 《纂修四库全书档案》,第三七二条,第579页。

所论,这类图书主要有"日讲"与"汇纂"两个系列,创始于顺治帝福临,大成于康熙帝玄烨,续纂于雍正帝胤禛,而毕功于乾隆帝弘历。通过御定经解,清初诸帝将经学义理的解释权垄断于帝王之手,使其成为帝王家学,实现道统、治统与学统的高度融合,从而达到垂范天下、一统思想的目的。小学类的六种书,则是关于满洲文字与汉文、蒙文及其他文字(如西域等地文字)互译之类的著作。清朝疆域广大,境内族群众多,需要语言文字方面的专著作为媒介,以解决交流问题。如《御制增订清文鉴》一书,系就玄烨时所编《清文鉴》一书增定而成,"为部三十有五,子目二百九十有二。每条皆左为国书,右为汉语。国书之左,译以汉音,用三合切韵;汉书之右,译以国书,惟取对音。以国书之声多,汉字所无,故三合以取之。汉字之声,则国书所具,故惟用直音也。至于钦定新语,一一载入,尤为详备。"[1]就文字互译而论,弘历曾下令,将五经、四书译成满文,成《钦定翻译五经四书》一百三十一卷,属经部之五经总义类;又下令以索伦语正《辽史》,以满洲语正《金史》,以蒙古语正《元史》,成《钦定辽金元三史国语解》四十六卷,附于史部正史类。此类均属于为树立典范而扫除文字障碍之作。

(2) 史部

史部之书,为数最多,达五十七种,占乾隆朝御定新著总数的百分之六十。从类别上看,最多的是政书类,有书十七种;其次是地理类,有九种;再次是纪事本末类,有七种;又诏令奏议类,有六种。此外,正史类有两种,编年类有三种,别史类、杂史类各一种,传记类四种,职官类三种,目录类两种,史评类两种。除史钞、载记、时令三类外,遍及《四库全书》史部所分各类。史部御定诸书最突出的特点是,其内容都关乎清朝"当代史",即着意于建构本朝之历史叙事,奠定本朝之典章制度。

政书,即为政之书,记载官署职掌等制度之书。从历史上看,其内容不外乎两种,或"祖宗创法,奕叶慎守","为一朝之故事";或"后鉴前师,

---

[1] [清]永瑢、纪昀等《钦定四库全书总目》卷四十一,《御制清文鉴》提要,《景印文渊阁四库全书》第1册,台湾商务印书馆,1983年,第857页。

与时损益","为前代之故事"。至弘历御定政书,则以本朝为主,所谓"我皇上制作日新,垂模册府"①是也。《钦定大清会典》一百卷、《钦定大清会典则例》一百八十卷,记载官署(如宗人府、六部等)职掌,前书具政令之大纲,后书备沿革之细目,"互相经纬,条理益明"②。《钦定续文献通考》二百五十二卷、《钦定皇朝文献通考》二百六十六卷,则是延续马端临《文献通考》所开创之典章制度通史之例,前者采宋、辽、金、元、明五朝事迹议论,汇为一编,相当于清朝的"近代典章制度史";后者专叙有清事迹,为清朝的"当代典章制度史"。通过这两部书,清朝一代的典章制度及其历史前承,脉络自然分明。与此相类,《钦定续通典》一百四十四卷、《钦定皇朝通典》一百卷,前者接续唐代杜佑所创之政书《通典》,"所续自唐肃宗至德元年讫明崇祯末年"③,分选举、职官、礼、乐、兵、刑、州郡、边防、食货等,一仍杜氏之旧;后者专叙有清,"以八门隶事,一如杜佑之旧",而"卷目加繁,溢于旧笈"④。《钦定续通志》五百二十七卷、《钦定皇朝通志》二百卷,系仿郑樵《通志》体例而撰成,前者续撰至明代,后者专纪本朝典制。《通志》因有帝纪、皇后列传等内容,被目为纪传体通史,在四库分类中被归入别史类,《钦定续通志》亦因此归入此类;《钦定皇朝通志》则专纪有清一代史实,其帝纪、传记等内容,因为已有《实录》、国史等专书承担,所以本书不包含此类内容,而专载典制,因此隶于政书类。《钦定大清通礼》五十卷,为清朝本朝之礼制史,"首纪朝庙大典及钦颁仪式,其馀五礼之序,悉准周官,而体例则依仿仪礼"⑤。《钦定皇朝礼器图

---

① [清]永瑢、纪昀等《钦定四库全书总目》卷八十一,政书类小序,《景印文渊阁四库全书》第2册,第677页。
② [清]永瑢、纪昀等《钦定四库全书总目》卷八十一,《钦定大清会典则例》提要,《景印文渊阁四库全书》第2册,第688页。
③ [清]永瑢、纪昀等《钦定四库全书总目》卷八十一,《钦定续通典》提要,《景印文渊阁四库全书》第2册,第691页。
④ [清]永瑢、纪昀等《钦定四库全书总目》卷八十一,《钦定皇朝通典》提要,《景印文渊阁四库全书》第2册,第691—692页。
⑤ [清]永瑢、纪昀等《钦定四库全书总目》卷八十二,《钦定大清通礼》提要,《景印文渊阁四库全书》第2册,第707页。

式》二十八卷,分祭器、仪器、冠服、乐器、卤簿、武备六类,每器皆列图于右,系说于左,详其体制。《国朝宫史》三十六卷,载满清宫内诸事,如殿阁、官制、经费、图书等。《钦定满洲祭神祭天典礼》六卷,载本朝祭神祭天典礼。《南巡盛典》一百二十卷,纪弘历南巡。《八旬万寿盛典》一百二十卷,纪弘历八旬寿诞。《钦定康济录》六卷,纪历代救饥赈荒之事,而详于本朝。《大清律例》四十七卷,纪本朝法令体系①。《钦定武英殿聚珍板程式》一卷,纪本朝活字印刷技术。《钦定八旗通志》三百四十二卷首十二卷,系满洲八旗制度通史。

清朝开国至乾隆朝,武功极盛,内平诸藩,外服他族,一统华夏,拓地万里。因此,在弘历御定诸书中,记载本朝地理者也很多,有《大清一统志》五百卷、《钦定皇舆西域图志》五十二卷、《钦定热河志》八十卷、《钦定日下旧闻考》一百六十卷、《钦定满洲源流考》二十卷、《钦定盛京通志》一百二十卷、《钦定河源纪略》三十六卷、《钦定盘山志》二十一卷、《皇清职贡图》九卷等九种。此类图书,集中展示了清前期诸帝的武功之盛与疆域之广。其中要以《大清一统志》最为代表。康熙帝玄烨曾令徐乾学等纂修《一统志》。至乾隆八年,纂辑成书,每省皆先立统部,冠以图表,首分野,次建置沿革,次形势,次职官,次户口,次田赋,次名宦,统括一省。其诸府及直隶州,又各立一表,分隶属县,均首分野,次建置沿革,次形势,次风俗,次城池,次学校,次户口,次田赋,次山川,次古迹,次关隘,次津梁,次堤堰,次陵墓,次寺观,次名宦,次人物,次流寓,次列女,次仙释,次土产,各分二十一门,共成三百四十二卷。另外附录外藩及朝贡诸国。乾隆二十年,平定伊犁,拓地二万馀里,乃特诏重修。乾隆二十八年,平定回部;乾隆四十年,又讨定两金川,开屯列戍,益广幅员。"因并载入简编,以昭大同之盛轨"。馆臣赞其"版图廓于前而搜罗弥博,门目仍其旧而

---

① 在修改法律以适应社会需要方面,清代君主较前此历代君主都更为积极,《大清律例》至少有八个版本,《大清律续纂条例》至少有二十个版本。与之相配的传播体系得以建立,有效地保证了律例在辽阔疆域内的推广与实施。Ting Zhang, *Circulating the Code: Print Media and Legal Knowledge in Qing China*, University of Washington Press, 2020, p.11.

体例加详。一展卷而九州之砥属、八极之会同,皆可得诸指掌间矣"①。

纪事本末一体,创于宋人袁枢,与编年、纪传二体鼎足而三。乾隆朝御定图书中纪事本末一类,全是纪录清朝武功之盛的"当代史":《钦定平定金川方略》三十八卷、《钦定平定两金川方略》一百五十二卷,纪弘历两度平定云南金川事;《御定平定准噶尔方略》前编五十四卷、正编八十五卷、续编三十三卷,纪平定准噶尔事;《钦定剿捕临清逆匪纪略》十六卷,纪镇压山东王论起义事;《钦定兰州纪略》二十一卷、《钦定石峰堡纪略》二十卷,均纪平定西北回乱事;《钦定台湾纪略》七十卷,纪平定台湾林爽文起义事。

诏令奏议,系治国理政之实录。弘历御定图书中,此类凡六种:《太祖高皇帝圣训》四卷、《太宗文皇帝圣训》六卷、《世祖章皇帝圣训》六卷、《圣祖仁皇帝圣训》六十卷、《世宗宪皇帝圣训》三十六卷、《钦定明臣奏议》四十卷。前五种,分别记录清太祖努尔哈赤、清太宗皇太极、清世祖福临、清圣祖玄烨、清世宗胤禛的治国"圣训",用意自在不忘列祖列宗之训诫。至于第六种,则纪录明臣之奏议。弘历为什么会对明臣奏议感兴趣?这是一个值得探讨的问题。实际上,弘历在抽阅四库馆奏进各省送到违碍应毁书籍时,就对部分明臣奏疏颇为欣赏,认为徐必达《南州草》所载奸商、奸珰结贿欺君诸疏,"持论不挠,极为伉直";萧近高《疏草》内载劾大珰潘相等以矿税扰民,宋一韩《掖垣封事》劾东厂及税监李凤、梁永等蠹国病民诸疏,"详明剀切";侯震阳《天垣疏略》,以客氏再入禁中,抗章极论,并及于沈㴶之交通内臣,"侃侃不阿";徐尔一之疏,不乏谠论危言、切中彼时弊病者,"实俱无惭骨鲠";刘宗周、黄道周等,"立身行己,秉正不回,其抗疏直谏,皆意切于匡救时艰,忠荩之忱,溢于简牍"。因于乾隆四十四年(1779)二月二十五日下诏,"择其较有关系者,别加编录,名为《明季奏疏》,勒成一书,使天下万世晓然于明之所以亡,亦可垂示方来,永为殷鉴"。复云:"况诸臣弹劾权奸,指摘利病,至不惮再三入告,实

---

① [清]永瑢、纪昀等《钦定四库全书总目》卷六十八,《大清一统志》提要,《景印文渊阁四库全书》第 2 册,第 456 页。

皆出自爱君体国之诚,而其姓名章疏,不尽见于《明史》。朕方欲阐幽微显,又何忍令其湮没弗彰? 况诸臣在胜国言事,于我国家间有干犯之语,彼自为其主,不宜深责,非若身入本朝、肆为诋悖者可比。原不妨就其应存诸疏,将触背字面略为改易选录,馀仍分别撤毁,于办理违碍书籍,亦属并行不悖。着交该总裁遴选一二人,详悉校阅,编辑缮录,以次呈览,候朕鉴定。"①次年十一月十四日,军机大臣上奏拟选各篇目录清单,有宋祯卿《西台疏草》内六篇,高推《柱史小草》内三篇,为了解此书之编撰,提供了一个例证②。乾隆四十六年十月二十七日,弘历再次下达特谕云:

历代名臣奏疏,向有流传选刻之本,《四库全书》内,亦经馆臣编次进呈,其中危言谠论、关系前代得失者,固可援为法戒。因思胜国去今尤近,三百年中,荩臣杰士、风节伟著者,实不乏人。迹其规陈治乱,抗疏批鳞,当亦不亚汉、唐、宋、元诸臣,而奏疏未有专本,使当年绳愆纠谬、忠君爱国之忱,后世无由想见,诚阙典也。即或其人品谊未醇,而其言一事,陈一弊,切中利病、有裨时政者,亦不可以人废言。至神宗以后诸臣奏疏内,有因辽沈用兵,涉及本朝之处,彼时主暗政昏,太阿倒置,阉人窃柄,权幸满朝,以致举错失当,赏罚不明,其君缀旒于上,竟置国是若罔闻,遂至流寇四起,兵溃饷绝,种种秕政,指不胜数。若杨涟、左光斗、熊廷弼诸人,或折冲疆场,或正色立朝,俱能慷慨建议,剀切敷陈。设明之君,果能采而用之,犹不致败亡若是之极。其事距今百十馀年,殷鉴不远,尤当引为炯戒,则诸人奏疏不可不亟为辑录也。除《明史·本传》外,所有入《四库全书》诸人文集,均当广为搜采,裒集成编。即有违碍字句,只须略为节润,仍将全文录入,不可删改。此事关系明季之所以亡,与我朝之所以兴,敬怠之分,天人之际,不可不深思远虑,触目惊心。着派诸皇子同总师傅蔡新等为总裁,其皇孙、皇曾孙之师傅、翰林等,即着为纂

---

① 《纂修四库全书档案》,第六〇二条,第 1005—1007 页。
② 《纂修四库全书档案》,第七二五条,第 1229—1230 页。

修、校录,陆续进呈,候朕亲裁。书成后即交武英殿刊刻,仍抄入《四库全书》,将此旨冠于简端。所有前派纪昀等选出神宗以后各奏疏,即着归入此书,按其朝代,一体编纂。①

可见弘历意在"敷陈之得失,足昭法戒。而时代既近,殷鉴尤明。将推溯胜国之所以亡,与昭代之所以兴者,以垂训于无穷,故重其事也"②,作为本朝之镜鉴。

正史在史书中地位最为重要。古代中国有完善的史官制度,而且每当鼎革之后,新朝为前朝纂修正史也成为定例。清修《明史》,正是延续这一定例。《明史》自顺治朝即开始纂修,但直至乾隆四年,才由大学士张廷玉等表进。此外,弘历下令纂修之《钦定辽金元三史国语解》四十六卷,则系扫除文字障碍之作,已见前论。

编年是中国最古老的史书体例。清朝崛起于白山黑水之间,环境恶劣,生产力低下,文化发展较为落后,早期历史记载较少,史著阙如。乾隆三十八年,弘历下令纂修《皇清开国方略》,极力往前追溯,将开国先贤上推至十五王之久,以明本朝肇基所自,源远流长;通过这部书,弘历完成了对满洲开国历史的书写与建构。至于《御批历代通鉴辑览》一书,排辑历代史迹,起自黄帝,讫于明代;《御定资治通鉴纲目三编》,则专录明代史事。这两部书借鉴了司马光《资治通鉴》、朱子《资治通鉴纲目》的体例,在时代上前后相承,体现了弘历鉴古知今、资治当世的用意。

弘历御定传记类图书凡四种,《钦定宗室王公功绩表传》《钦定外藩蒙古回部王公表传》两种,系为满洲及蒙古功臣立传;《钦定八旗满洲氏族通谱》一种,则叙满洲各氏姓源流,每一姓中,取其勋劳茂著者冠冕于首,各系小传,以示旌异。《钦定胜朝殉节诸臣录》一种,则用以表彰易代之际,为大明朝战死或殉节之臣子,视其情形,分谥忠烈、忠节、烈愍、节

---

① 《纂修四库全书档案》,第八二〇条,第1428—1429页。
② [清]永瑢、纪昀等《钦定四库全书总目》卷五十五,《钦定明臣奏议》提要,《景印文渊阁四库全书》第2册,第241页。

愍等,入祀忠烈祠。弘历赞扬这些人"死不忘君,无惭臣节",其目的实在于"以励纲常",宣扬忠君思想,服务于本朝的政治需要。此外,《钦定蒙古源流》一书,与《钦定八旗满洲氏族通谱》相似,记载蒙古世系,所以弘历下令翻译,置于杂史类。

专纪职官之书有三种。《钦定历代职官表》,系通考历代职官沿革;《钦定国子监志》,记载元明以来国子监沿革故实;《词林典故》,则专记本朝翰林院事。目录书有两种,《钦定天禄琳琅书目》,专纪内廷所藏善本图书;《钦定重刻淳化阁帖释文》,则以内府所藏宋毕士安家淳化阁帖赐本详加厘正,重勒贞珉而成。史评类两种,《御制评鉴阐要》,系抄录《御批历代通鉴辑览》中的"御批"而成。至于《钦定古今储贰金鉴》,则取历代册立太子之事有关鉴戒者,为本朝确立皇位继承人做参考。乾隆四十八年(1783)十月十九日,弘历上谕云:

> 历览前代建储诸弊,及我朝家法相承,于立储一事之不可行,已明降谕旨,宣示中外。至史册所载,因建立储贰致酿事端者不可枚举,自当勒成一书,以昭殷鉴。着皇子等同军机大臣及上书房总师傅等,将历代册立太子事迹有关鉴戒者,采辑成书,陆续进呈。即着皇孙之师傅为誊录,书成,名为《古今储贰金鉴》。①

对极权君主而言,立储关涉本朝基业,系国之大事。至弘历时,清朝已实现由嫡长子立储到选贤立储的转变。弘历下令纂修此书,意在寻找历史镜鉴,彰显本朝立储之合理。

(3)子部

乾隆朝御定子部书较少,仅有十二种。值得注意的有以下几种。《御制日知荟说》,系取旧制各体文章,删择精要,得二百六十则,厘为四卷:第一卷论帝王治化之要,第二卷论天人性命之旨,第三卷论礼乐法度之用,第四卷论古今得失之迹,意欲教化天下。乾隆二年,弘历令翰林詹

---

① 《纂修四库全书档案》,第九九九条,第1749页。

事、六科十三道诸臣，轮奏讲义，"或标举经文，下列先儒义疏，而阐明其理蕴；或节取史事，下列先儒评品，而辨析其得失，略如宋人故事之例。其敷陈中理者，温纶嘉勉；或持论未当者，即召对开示，命复缮以进"①。但与宋人经筵讲章不同的是，弘历对诸臣所讲，复加议论，以品评其得失，由受教者一变而为仲裁者，凸显其合治道、道统、学统于一身之威权。乾隆十四年，命大学士蒋溥等编选讲义，成《御览经史讲义》三十一卷，公之于世。以上两种，弘历欲以帝王之意见教化天下，馆臣编入儒家类。《钦定历象考成后编》《钦定仪象考成》，讲天文测算之学，属天文算法类。《钦定授时通考》一种，分天时、土宜、谷种、功作、劝课、农馀，系指导农业生产之书，属农家类。此外，医家类有《御定医宗金鉴》，术数类有《钦定协纪辨方书》，艺术类有《秘殿珠林》《石渠宝笈》，谱录类有《钦定西清古鉴》《钦定西清砚谱》《钦定钱录》。

(4) 集部

乾隆时御定集部之书更少，仅有十种，没有达到康熙朝规模（有十三种）。其最大特色是别集类，凡四种，有三种是弘历本人诗文集，另有一种系其父胤禛的文集。弘历本人诗集，凡六集，前四集已有诗三万三千九百五十馀首。作为诗人的弘历，葆有令人惊叹的创作激情，是历史上最为高产的诗人。楚辞类一种，《钦定补绘离骚全图》，补绘于乾隆四十七年。总集类有五种：《御选唐宋文醇》《御选唐宋诗醇》《皇清文颖》《钦定四书文》《钦定千叟宴诗》。

综上可知，乾隆朝御定新著，以史部为主，而且重在"当代史"与"近代史"，着力构建满洲信史与完善的典章制度体系。经部、子部、集部新著相对较少，但也分别体现出了弘历对经典解释权的垄断，对封建伦常的强调，对御定诗文集的自信。

3. 乾隆朝御定新著之纂修

从纂修上看，乾隆朝御定新著有以下几类：

---

① ［清］永瑢、纪昀等《钦定四库全书总目》卷九十四，《御览经史讲义》提要，《景印文渊阁四库全书》第 3 册，第 67 页。

(1) 根据已有书稿,继续办理,予以刊行。

此类著述,经部主要有《日讲礼记解义》一种,史部主要有《明史》及清初帝王之圣训,集部有《钦定补绘离骚全图》等。清初御定经解,其中"日讲"系列与经筵讲习有关。玄烨曾御定《礼记讲义》,尚未及编次成帙。弘历继位之初,即命人取总书房旧稿,加以校对,成《日讲礼记解义》六十四卷,颁行于世。其书实以卫湜所集一百四十四家之说为基础,镕铸翦裁而成。又如《明史》一书,顺治二年(1645)五月即已开馆纂修,由大学士冯铨、洪承畴等充任总裁,但仅成数帙,因史料不足而中辍。康熙十八年三月二十九日,玄烨下令着博学鸿儒试取中之一二等凡五十人,纂修《明史》。内阁学士徐元文为监修,翰林院掌院学士叶方蔼、右庶子张玉书为总裁。雍正继位,复命张廷玉等续修之。直至乾隆四年(1739),此书才由大学士张廷玉等告成表进,凡三百三十六卷。借修《四库全书》之机,弘历复对《明史》加以修订。

(2) 根据已有著述,予以扩充,编成新著。

借修《四库全书》的机会,馆臣对已有著述加以推阐、改编、扩充、翻译,使其成为更丰富、更完备的新著。计有经部四种,史部五种。《御纂周易述义》一种,系推阐康熙御定《御纂周易折中》而作,所以名曰《述义》。《御制增订清文鉴》及《补编》等,系增订康熙《清文鉴》而作。后又增入蒙古语,成《御定满洲蒙古汉字三合切音清文鉴》一种。《钦定音韵述微》一种,其合声切字,则以康熙《御定音韵阐微》为本,而改变领字编次之顺序。以上经部。史部类此者则有《御批历代通鉴辑览》《钦定重刻淳化阁帖释文》《日下旧闻考》《钦定蒙古源流》《钦定八旗通志》等。

(3) 延续已有体例,编撰新著,蔚成系列。

规仿已有著述之体例,续撰新著,使之蔚成系列,是乾隆朝御定新著的另一种形式。此类仅限经部与史部。经部《钦定诗义折中》一种,实绍承康熙《钦定诗经汇纂》而作,其名称则规仿康熙《御纂周易折中》,而体例则与乾隆《御纂周易述义》相同。又《御制律吕正义后编》一种,其学术前承是康熙《御定律吕正义》,系《御定律历渊源》之第三部。后弘历又下令编撰《钦定诗经乐谱》,后编成《钦定诗经乐谱全书》也是接续之作,蔚成系列。

此类续撰新著,以史部最多。除接续纪传体正史传统而修纂的《明史》之外,尤以《通典》《通志》《通考》及《通鉴》系列最为显然。(甲)《通典》系列。有《钦定续通典》一百四十四卷、《钦定皇朝通典》一百卷。(乙)《通志》系列。有《钦定续通志》五百二十七卷、《钦定皇朝通志》二百卷。(丙)《通考》系列。有《钦定续文献通考》二百五十二卷、《钦定皇朝文献通考》二百六十六卷。(丁)《通鉴》系列。康熙朝有《御批资治通鉴纲目》五十九卷,乾隆朝接踵编成《御批历代通鉴辑览》一百十六卷、《御定资治通鉴纲目三编》四十卷。

(4)根据本朝需要,发凡起例,纂修新著。

纂修新著,是构建本朝文献体系的重要手段。四库馆集中了清帝国最优秀的知识精英,纂修新著极为顺利。经部有《钦定礼记义疏》《钦定周官义疏》《钦定仪礼义疏》(合称《御定三礼义疏》),有《钦定春秋传说汇纂》《御纂春秋直解》,有《钦定翻译五经四书》《钦定同文韵统》《钦定西域同文志》等。史部最多,有三十七种:正史类,有《钦定辽金元三史国语解》;编年类,有《皇清开国方略》;纪事本末类,有《钦定平定金川方略》《御定平定准噶尔方略》《钦定平定两金川方略》《钦定剿捕临清逆匪纪略》《钦定兰州纪略》《钦定石峰堡纪略》《钦定台湾纪略》;诏令奏议类,有《钦定明臣奏议》;传记类,有《钦定宗室王公功绩表传》《钦定外藩蒙古回部王公表传》《钦定八旗满洲氏族通谱》《钦定胜朝殉节诸臣录》;地理类有《大清一统志》《钦定皇舆西域图志》《钦定热河志》《钦定满洲源流考》《钦定盛京通志》《钦定河源纪略》《钦定盘山志》《皇清职贡图》;职官类,有《词林典故》《钦定国子监志》《钦定历代职官表》;政书类,有《钦定大清会典则例》《钦定大清会典》《钦定大清通礼》《钦定皇朝礼器图式》《国朝宫史》《钦定满洲祭神祭天典礼》《钦定南巡盛典》《八旬万寿盛典》《大清律例》《钦定武英殿聚珍板程式》;目录类,有《钦定天禄琳琅书目》;史评类,有《钦定古今储贰金鉴》等。另子部有《御制日知荟说》等十二种,集部有《御选唐宋文醇》等九种。以上通计六十六种。

此外,借修《全书》之机,纂修系列相关图书,成为《四库全书》的附属成果。此类著作,有《四库全书总目》《四库全书考证》《四库全书简明目录》等。另外,《四库全书荟要》的纂修,也是附带成果之一。

通过以上讨论,可知正是在稽古右文的旗号下,弘历通过纂修《四库全书》这一宏伟事业,寓禁于征,寓毁于修,成功地对传世典籍、当代著述进行了内容甄别与处理,构建起同极权帝国相适应的文献体系。为达此目标,弘历先征后禁,步步诱进;突出重点,以点带面;掌控内容,维护纲常;纂修新著,建构体系:体现出了高明的文化策略。尤其通过系列新著的纂修,弘历成功地将儒家经典变成帝王家学,构建了本朝的历史与典章制度,从文献上强化了本朝作为文化正统的地位。

四、《四库全书》与文献传承

《四库全书》是清帝国前期文化方略的集中呈现,也是古代中国的一座文化高峰。这部具有百科全书性质的空前丛书,对古典文献之传承,具有重要意义。

(一)《四库全书》是一笔巨大的文献遗存与丰厚的文化遗产

弘历发起并主持的《四库全书》纂修工程,其纂修成果如下:
1.《四库全书》,写本。

《四库全书》修成后,形成了四库本系列,除翰林院所藏底本(即缮清供抄录副本的正本)外,全书共钞成七份,分藏于紫禁城文渊阁、圆明园文源阁、沈阳文溯阁、热河文津阁、镇江金山文宗阁、扬州大观堂文汇阁、杭州西湖文澜阁,称为"四库七阁"。按地理位置的不同,又有"北四阁""南三阁"的名称。每部收书三千四百馀种,约七万九千三百馀卷,三万六千册[①]。这一数量,极为惊人。《四库全书》囊括了从先秦直至清代乾

---

① 各阁数字微有不同。1920 年,陈垣先生对文津阁《四库全书》做了调查,统计出共有 36,277 册,合 2,291,100 页。见陈垣《文津阁四库全书册数页数表》,载陈智超编《陈垣四库学论著》,第 20—24 页。

第七章　清代前期的文化方略与文献纂修

隆时期的重要文化典籍,是中国古代最大的一部丛书。

2.《武英殿聚珍版丛书》,刊本。

乾隆三十八年(1773)闰三月十一日,办理四库全书处诸臣上奏排纂全书事宜,所奏第一条云:"《永乐大典》内所有各书,现经臣等率同纂修各员逐日检阅,令其将已经摘出之书迅速缮写底本,详细校正后即送臣等复加勘定,分别应刊、应抄、应删三项。其应刊、应抄各本,均于勘定后即赶缮正本进呈,将应刊者即行次第刊刻。"①同日,弘历指示:"所有武英殿承办纸绢、装潢、饭食及监刻各事宜,着添派金简一同经管。至书册已分四色装订,检阅既便,散贮亦堪经久,不必更加外函,以免浆气致蠹。馀依议。"②同年十月二十八日,金简向弘历建议,改雕版印刷为活字印刷,得到允许③。乾隆三十九年四月二十五日,弘历将武英殿正在办理的四库全书活字版,命名为武英殿聚珍版④。后人将武英殿刊刻的这套以活字印刷为主的系列书籍称之为《武英殿聚珍版丛书》(或《武英殿聚珍版书》),共134种(含嘉庆时三种),2146卷,四部分别有31、27、33、43种(加上此前用雕版印刷的4种,一共有138种),是我国现存最大的一套木活字印本丛书。初印三百部,因购买者众,于乾隆四十二年九月,颁发东南五省各一分,并准翻刻印行⑤。

3.《四库全书荟要》,写本。

乾隆三十八年(1773)五月一日,弘历下令修纂《四库全书荟要》(以下简称《荟要》),命于敏中、王际华专司其事:

> 第全书卷帙浩如烟海,将来庋弃官庭,不啻连楹充栋,检玩为难。惟摛藻堂,向为宫中陈设书籍之所,牙签插架,原按四库编排。朕每憩此观书,取携最便。着于全书中撷其菁华,缮为《荟要》。其

---

① 《纂修四库全书档案》,第四十九条,第74页。
② 《纂修四库全书档案》,第四十九条,第78页。
③ 《纂修四库全书档案》,第一二九条,第177—179页。
④ 《纂修四库全书档案》,第一五二条,第204页。
⑤ 郭伯恭《四库全书纂修考》,台湾商务印书馆,1980年,第100页。

篇式一如《全书》之例。盖彼极其博，此取其精，不相妨而适相助，庶缥缃罗列，得以随时流览，更足资好古敏求之益。着总裁于敏中、王际华专司其事。书成，即以此旨冠于荟要首部，以代弁言。①

可见《荟要》之纂修，意在萃取全书之精华。为纂修便利，当时还设有四库全书荟要纂修处，由于敏中、王际华专司其事。这套丛书纂成于乾隆四十三年，次年别抄一份，分贮坤宁宫后御花园内摛藻堂（在乾清宫北）与长春园味腴书屋（与圆明园相邻）。其装帧、分类与《全书》同②。摛藻堂所藏《荟要》，共收书四百六十三种，都两万零八百二十八卷，一万一千一百四十五册，两千函。各部情况如下表③：

表 7-9 《四库全书荟要》图书数量表

类别	种数	卷数	册数	函数
经部	173	3576	2177	384
史部	70	6535	3445	640
子部	81	2866	2077	384
集部	139	7851	3446	592
合计	463	20828	11145	2000

此外，尚有分架图一函二册，简明目录一函六册。由于《荟要》仅供"御览"，"其字体、墨色之精洁，纸绢、装订之典重，固迥非《四库全书》所可媲拟，而此内廷秘籍，其足嗟美者至多"④，不仅底本选择较好，且删

---

① 《纂修四库全书档案》，第六十六条，第 108 页。

② 参见郭伯恭《四库全书纂修考》（第 198—207 页）、秦孝仪《景印摛藻堂四库全书荟要序》（《景印摛藻堂四库全书荟要》第 1 册，台湾世界书局，1978 年，第 1—3 页）。按：《荟要》纂成后进行了覆校。乾隆四十五年三月初九日，王杰上奏中称，"今《荟要》告竣"（《纂修四库全书档案》，第六八一条，第 1152 页），盖其覆校完成于本年。

③ 本表数字，见吴哲夫《影印摛藻堂四库全书荟要的学术价值》，《景印摛藻堂四库全书荟要》第 1 册，第 9 页。

④ 秦孝仪《景印摛藻堂四库全书荟要序》，第 2 页。

改、抽毁较少,校对、考证较严,足称四库精品。时贤将其优点概括为八个方面:甲、稀世珍本,仅存秘籍;乙、皇家修纂,最称富丽;丙、萃菁选英,卷帙精约;丁、迻录原本,存真求实;戊、传存古籍,延续旧本;己、校对核实,足资参证;庚、提要简练,瑕不掩瑜;辛、部次群书,别具特色①。"在内容上较全书存真而可靠,在质量上较全书精美而传神,诚为研究四库学及我国文化之重要参考资料"②。但由于藏在深宫,外人难睹其貌。味腴书屋所藏者毁于英法之役,摛藻堂所藏者今存台湾(世界书局 1978 年予以影印)。

4.《四库全书总目》二百卷,写本、刻本。

《四库全书总目》之编纂缘起,可上溯至乾隆三十七年正月初四日的征书上谕,以及同年十一月二十五日朱筠的上奏建议。乾隆三十八年闰三月十一日,四库馆臣奏请纂修办理图书总目。在此基础上,弘历于乾隆三十八年五月初一日下令,"特诏词臣,详为勘核,厘其应刊、应抄、应存者,系以提要,辑成总目,依经史子集部分类众,命为《四库全书》",拉开了纂修序幕。《总目》是此目之本称,在实际办理中衍生出《全书总目》《四库全书总目》等名称;又有《提要》《全书提要》《四库全书提要》及《总目提要》《全书总目提要》《四库全书总目提要》等不同的指称形式。其传本,多题以《四库全书总目》之名(或加"钦定"二字);十九世纪晚期以降,学人多称之为《四库全书总目提要》③。该目既有写本,分发七阁;又有刻本,分浙本、殿本两大系统。

除以上三种丛书、一部总目外,另有《四库全书考证》及《四库全书简明目录》两种附属成果等。在纂修全书的过程中,弘历君臣还留下了大量的文书档案(今人汇成《纂修四库全书档案》一种)。

---

① 吴哲夫《影印摛藻堂四库全书荟要的学术价值》,《景印摛藻堂四库全书荟要》第 1 册,第 5—14 页。

② 萧宗谋《影印摛藻堂四库全书荟要缘起》,《景印摛藻堂四库全书荟要》第 1 册,第 17 页。

③ 关于《四库全书总目》的称名问题,学界一直存在争论。详拙撰《论〈四库全书总目〉的称名问题》(载《国学研究》第 41 辑,北京大学出版社,2019 年)。

以上是乾隆朝纂修《四库全书》留下来的文献遗存。除文源阁、文汇阁、文宗阁三阁全书全毁于战火，文澜阁全书毁其大半以外，其他各阁丛书等流传至今。这批成果，成为研究包括乾隆时代在内的古代中国政治、思想、文化等各层面问题的基本文献，是一笔巨大的文献遗存与丰厚的文化遗产。研究《四库全书》，已经成为一门独立的学问，即四库学。经过学人不断努力，四库学正日益成为显学。

（二）《四库全书》构建了清帝国的文献体系，促进了国家认同

清朝自取代明朝之后，就全盘接受前明体制，积极打造大一统的郡县制中央集权帝国。在军事征服、武力镇压之外，致力于文化建设，努力建构与以满州亲贵为核心的极权体制相适应的文献体系。通过自福临、玄烨、胤禛至弘历四代君主的接力作为，以《四库全书》的修成为标志，清帝国的文献体系终告完成。对于以满洲为首的朝廷而言，该体系意义重大，最突出的要义有以下几点：

首先，经典解释大权的转移。

"日讲""汇纂"两大系列御定经解的完成，弘历等数任君主成功地将经典解释权操控于己手，完成对经典解释权的垄断，使传统经学一举变为帝王家学，从而集学统、道统与治统于一身，强化了君主至高无上的文化地位。（关于此节，详本章第一节第三小节"新经典：御定经解之历史使命"之讨论。）

其次，本朝历史叙事的完成。

通过对传世文献中"违碍"内容的禁毁，以及对本朝历史、典章制度的编写，弘历成功地完成了本朝的历史叙事与话语建构，使本朝作为王朝正统的合法性大大得以强化。（关于此节，详本章第三节第四小节"禁毁策略四：纂修新著，建构信史"之讨论。）

再次，古典学术体系的建构。

通过纂修《四库全书》，弘历君臣成功地梳理了古代中国的学术发展脉络，并通过筛选文献、编纂新书，建构了本朝的学术体系。这一梳理与建构，集中体现在《四库全书总目》的分类体系与类序体系中。《总目》采

用经、史、子、集四部分类法,是自《隋志》以降的主流分类法,而在具体细目上有所调整。其经部共分易、书、诗、礼、春秋、孝经、五经总义、四书、乐、小学等十类,史部有正史、编年、纪事本末、别史、杂史、诏令奏议、传记、史钞、载记、时令、地理、职官、政书、目录、史评等十五类,子部分儒家、兵家、法家、农家、医家、天文算法、术数、艺术、谱录、杂家、类书、小说家、释家、道家等十四类,集部则有楚辞、别集、总集、诗文评与词曲等五类。以上共四部、四十四类;与《汉志》《隋志》前后呼应,不难窥见古典学术嬗变之迹。《四库全书总目》所建构的学术格局,一直影响到终清之世,并且成为后世古籍分类的典范。

总之,以《四库全书》为表征的文献体系的建构,树立了清廷的文化权威,彰显了帝王的文治之盛,增强了对满洲统治合法性的认可,促进了知识阶层对于清王朝的国家认同。近代以降,曾国藩、左宗棠、李鸿章、张之洞等汉族出身的杰出士人,为清帝国的安危殚精竭虑,共同开创中兴之局,不能不归因于清前期诸帝在文化方略上取得的巨大成功。

(三)《四库全书》纂修中的禁毁行为,造成传世文献的巨大浩劫

弘历主导纂修《四库全书》,旨在建构本朝的文献体系,因此采用寓禁于征、寓毁于修的纂修策略,除积极纂修新著、构建本朝信史外,更主要的是对各地征访、上缴而来的图书,进行大规模的审查、甄别,对其中"违碍"之处,予以禁毁,从而造成巨大的文献浩劫。

1. 概说:"禁毁"之劫

四库馆臣在弘历主导下的纂修活动,对四库馆所拥有的传世文献(包括地方征缴者、中央所藏者、从《永乐大典》内辑出者),进行甄别处理,凡有"违碍"之处,均予清洗,从而造成巨大的文献浩劫。据统计,禁毁书籍达三千一百多种,约十五万部以上[①]。纂修中带来的破坏,主要有以下几个方面:

---

① 黄爱平《〈四库全书〉纂修研究》,中国人民大学出版社,1989年,第76页。

(1) 删改抽换,损害原貌

弘历是纂修《四库全书》的发起者、主持者,掌控图书征缴、禁毁、纂修的全部进程(参本章第三节)。对于具有"违碍"内容的图书的审查与甄别,也尽在其掌控之中。以下选取弘历有代表性的谕旨为例,以见一斑。

乾隆四十一年(1776)十一月十六日,内阁奉上谕:

> 前因汇辑《四库全书》,谕各省督抚,遍为采访。嗣据陆续送到各种遗书,令总裁等悉心校勘,分别应刊、应钞及存目三项,以广流传。①

按:"应刊"即"应刻","应钞"即"应抄","存目"当即前所言"应存"。按弘历指示,此三类均由四库馆臣进行初步校勘,审查后酌定意见。

此谕又云:

> 第其中有明季诸人书集,词意抵触本朝者,自当在销毁之列。节经各督抚呈进,并饬馆臣详悉检阅,朕复于进到时,亲加披阅,觉有不可不为区别甄核者。如钱谦益在明已居大位,又复身事本朝,而金堡、屈大均则又遁迹缁流,均以不能死节,腼颜苟活,乃托名胜国,妄肆狂狺,其人实不足齿,其书岂可复存?自应逐细查明,概行毁弃,以励臣节而正人心。若刘宗周、黄道周,立朝守正,风节凛然,其奏议慷慨极言,忠荩溢于简牍,卒之以身殉国,不愧一代完人。又如熊廷弼受任疆场,材优干济,所上封事,语多剀切,乃为朝议所挠,至使身陷大辟。尝阅其疏内,有"洒一腔之血于朝廷,付七尺之躯为边塞"二语,亲为批识云:"观至此为之动心欲泪,而彼之君若不闻,明欲不亡,得乎!"可见朕大公至正之心矣。又如王允成《南台奏稿》,弹刻〔劾〕权奸,指陈利弊,亦为无惭骨鲠。又如叶向高为当时

---

① 《纂修四库全书档案》,第三五二条,第552页。

正人,颇负重望,及再入内阁,值逆阉弄权,调停委曲,虽不能免责贤之备,然观其《纶扉奏草》,请补阁臣疏至七十七上,几于痛哭流涕,一概付之不答,则其朝纲丛脞,更可不问而知也。以上诸人所言,若当时能采而用之,败亡未必若彼其速。是其书为明季丧乱所关,足资考镜,惟当改易违碍字句,无庸销毁。又彼时直臣如杨涟、左光斗、李应升、周宗建、缪昌期、赵南星、倪元璐等,所有书集,并当以此类推。即有一二语伤触本朝,本属各为其主,亦只须改酌一二语,实不忍并从焚弃,致令湮没不彰。至黄道周另有《博物典汇》一书,不过当时经生家策料之类,然其中纪本朝事迹一篇,于李成梁设谋惎害,具载本末,尤足征我朝祖宗行事正大光明,实大有造于明人,而彼转逞狡谋阴计,以怨报德。伏读《实录》,我太祖高皇帝以七大恨告天,师直为壮,神戈所指,肇造鸿基,实自古创业者所莫及。虽彼之臣子,亦不能变乱黑白,曲为隐讳,存其言并可补当年纪载所未备。因命馆臣酌加节改,附载《开国方略》后,以昭征信。①

按:由以上文字,知弘历本来指示馆臣,"明季诸人书集,词意抵触本朝者,自当在销毁之列",也就是只要有"词意抵触",全书销毁,可见其对前明之痛恨。但随后进行了调整,区别对待。对于钱谦益等"贰臣"以及金堡、屈大均等抗清志士,文集必在销毁之列,不留任何馀地;对于刘宗周、黄道周等"一代完人",杨涟、左光斗等"直臣","立朝守正,风节凛然"之臣节,正是弘历所期待于臣下者,因此要保留其集,只删去违碍即可。因此,弘历对"明季诸人书集"所以要区别对待,不是对"明季诸人"有什么好感,而是要努力发掘其中可以利用的价值,为张扬本朝之正统服务。

此谕又云:

近复阅江苏所进应毁书籍内,有朱东观编辑《崇祯年间诸臣奏疏》一卷,其中多指言明季秕政,渐至瓦解而不可救,亦足取为殷鉴。

---

① 《纂修四库全书档案》,第三五二条,第552—553页。

治乱交替中的文献传承

虽诸疏中多有乖触字句,彼皆忠于所事,实不足罪,惟当酌改数字,存其原书,使天下万世,晓然于明之所以亡,与本朝之所以兴。俾我子孙永念祖宗缔造之艰难,益思兢兢业业,以祈天而永命。其所裨益,岂不更大,又何必亟毁其书乎!又若汇选各家诗文,内有钱谦益、屈大均辈所作,自当削去,其馀原可留存,不必因一二匪人,至累及众。或明人所刻类书,其边塞、兵防等门,所有触碍字样,固不可存,然只须删去数卷,或删去数篇,或改定字句,亦不必因一二卷帙,遂废全部。他若南宋人书之斥金,明初人书之斥元,其悖于义理者,自当从删,涉于诋詈者,自当从改,其书均不必毁。使无碍之书,原听其照旧流行,而应禁之书,自不致仍前藏慝,方为尽善。着四库馆总裁等,妥协查办,黏签呈览,候朕定夺。并将此通谕中外知之。①

按:《崇祯年间诸臣奏疏》得以幸存,既在于诸臣忠于其主,更在于该书能彰显明朝所以灭亡的教训,"俾我子孙永念祖宗缔造之艰难,益思兢兢业业,以祈天而永命"。南宋人斥金之书、明人斥元之书,由于涉及夷夏之防,触动满洲作为关外少数族群的忌讳,也一并在审查、甄别之列。

总之,弘历此谕,表面上处处透着宽容,实际上处处严苛,对明人甚至南宋人著述,实行严格的禁毁。无论是"改易违碍字句""改酌一二语""酌加节改",还是"删去数卷,或删去数篇",都是对原书面貌不同程度的损害。

事实上,由于弘历驭下极严,詈骂、罚俸、罢官、流放、下狱,无所不用其极(参前揭海成例),因此,馆臣在审查、甄别之时,为了对上负责,只有一切从严,变本而加其厉。因此,不仅明人著述、涉及夷夏观念的著作,必在甄别之列②,即使那些纯学术著作,甚至受到弘历表彰的著述,馆臣也不敢轻易放过,务必查出"违碍"内容、删改干净而后已。(下文将

---

① 《纂修四库全书档案》,第三五二条,第 553—554 页。
② 例如,周亮工《因树屋书影》一书,四库馆本已缮就,终因涉及违碍而撤出。馆臣缮录之时,"多有删落移易","已非原书之旧"。详《柏克莱加州大学东亚图书馆中文古籍善本书志》子部杂家类《因树屋书影》提要,第 187 页。

以弘历大力表彰的纯学术著作《经义考》为例,说明此节。)

(2) 销毁图书,书版俱焚

所谓销毁,既毁其书本,亦焚其版片,旨在从物质上让某种著述彻底消失于天壤间,用心最为狠毒。上揭弘历谕旨中,即对钱谦益、金堡、屈大均等人著作,必欲毁之而后快。馆臣此类作为,全受弘历驱动。兹截取其中一个纂修片段为例。乾隆四十三年(1778)五月十七日,军机大臣上奏云:

> 查各省送到违碍书籍,前经臣等详悉阅看,将必应销毁之书三百二十馀种,陆续开叙略节,即同原书进呈请毁在案。此种应毁书籍重本,又经各省督抚分起送到,向例俱交存方略馆,现在箱捆为数甚多,房屋已不能容,多系于院子内堆积,似应急为焚毁,方不致转有疏失。臣等酌拟此项违碍书籍,内除新到之本未经阅定者,现仍赶紧详阅,照旧开单同原书进呈外,其已经奏准应毁之重本,应请令原派阅看之翰林官查照原单,逐一详细检出。臣等酌派军机满汉司员眼同监看,在武英殿字炉尽数销毁,以免堆贮疏虞。是否如此办理,伏候训示遵行。谨奏。
>
> 乾隆四十三年(1778)五月十七日奉旨:仍着送进销毁。钦此。①

按:军机大臣例兼四库馆总裁,在弘历指示下查看各省进呈的违碍书籍,挑选出"必应销毁之书",有三百二十馀种。这些书刊行之本不在少数,各地又上缴重本,其体量当在数倍乃至几十倍之上,以至方略馆"房屋已不能容",只好"于院子内堆积"。军机大臣请示在武英殿炉尽数销毁。弘历回答极为干脆:"仍着送进销毁"。这一批三百二十馀种违碍书籍及数倍乃至数十倍的复本,从此灰飞烟灭。武英殿作为清代中央官刻的大本营,是文献生产的重地;其地竟建有焚书炉,同时也是销

---

① 《纂修四库全书档案》,第四九九条,第 829—830 页。

毁"违碍"书籍的大本营。修书与焚书,这两个价值向度完全相反的文化行为,竟同时在乾隆朝武英殿内上演,足以揭示弘历纂修《四库全书》的真实面相。

(3) 遗漏调换,差谬不一

为纂修《四库全书》,弘历殚精竭虑,设有专馆,动员了强大的人力物力;同时建章立制,保证全书高效地完成。但是,参与纂修的四库馆臣,上至总裁,下至书手,并非全有"稽古右文"的神圣使命感,或迫于皇威,或希求功名,心思不同,态度各异,因此在纂修的各个环节,都有可能同弘历的预期产生偏差;这种偏差的累积效应,就直接体现为成书中的各种讹误。弘历深悉内情,不敢掉以轻心,多次派员复查。以下试举一例。

乾隆五十六年(1791)十二月初九日,纪昀上奏云:

> 臣纪昀跪奏,为文渊阁书校勘完竣,据实奏闻事。窃臣遵旨覆勘《四库全书》,文源阁书先经勘竣,业经恭折奏闻在案。兹臣董率详校各官,又将文渊阁书细心检阅,现已办完。所有舛漏条数,视文源阁书较少十分之二。内除《性理大全》一部,歧误有由,承讹有自,非但文渊阁一处之事,已另行筹办追赔,专折具奏外,其馀寻常舛漏,现经检出修补者,谨逐一开列清单,进呈御览。所有续勘出遗失底本一种、遗失正本一种及捏注阙文各条,亦均于单内声明,伏乞敕下军机大臣核议,分别办理。谨奏。①

《四库全书》第一分告竣于乾隆四十六年(1781)十二月,至四十九年十一月,四分(即分贮北四阁者)全部告竣。由纪昀此奏可知,弘历又发起了全书覆校的工作。此次校勘文渊阁《四库全书》的结果,纪昀列有清单及情况说明,一并奏上。兹将其清单列表如次:

---

① 《纂修四库全书档案》,第一四二三条,第 2273 页。

表 7-10　纪昀覆校文渊阁《四库全书》差错表

差错类别	相关书籍	覆校说明
遗失《永乐大典》书三部	《春秋例要》	谨案:此书宋崔子方撰,乃《子方春秋》三书之一。通志堂所刻经解,仅有两书,佚此一种,久无传本。主事杨昌霖从《永乐大典》辑出补完。今架上未收。
	《秘书监志》	谨案:此书元王士点、商企翁同撰。原本久佚,编修今升祭酒邹炳泰从《永乐大典》辑出。今架上未收。
	《熬波图》	谨案:此书元陈椿撰。原本久佚,编修徐天柱从《永乐大典》辑出。今架上未收。
借本抵换《永乐大典》书一部	《公是集》	谨案:此书宋刘敞撰。原本久佚,编修周永年从《永乐大典》辑出,共五十四卷。今架上以坊刻徐嘉允《三刘文集》八卷,分为十卷抵换,迥非原书。
漏写遗书八部	《郑敷文书说》	谨案:此书宋郑伯熊撰。乃两淮马裕所进,又以《永乐大典》参校。今架上未收。
	《尚书表注》	谨案:此书元金履祥撰。载《通志堂九经解》中,乃两江总督所进。今架上未收。
	《石鼓论语问答》	谨案:此书宋戴溪撰。乃江西巡抚所进。今架上未收。
	《通鉴释例》	谨案:此书宋司马光撰。乃内府藏本。今架上未收。
	《归愚集》	谨案:此书宋葛立方撰。乃两江总督所进。今架上未收。
	《云栖诗集》	谨案:此书宋僧永颐撰。乃浙江巡抚所进。今架上未收。
	《菊山清隽集》附《题画诗》《锦钱集》《杂文》	谨案:《菊山清隽集》,宋郑震撰,题画诗等三种,并其子思肖撰。乃浙江巡抚所进。今架上未收。
	《词藻》	谨案:此书国朝彭孙遹撰。原载曹溶《学海类编》中,乃编修程晋芳所进。今架上未收。

续　表

差错类别	相关书籍	覆校说明
缮写未全书三部	《周易新讲义》	谨案：此书宋耿南仲撰。乃浙江巡抚所进。原本十卷，今架上仅六卷。自下经震卦以下均未写，并提要亦挖去十字，改为六字。
	《周易稗疏》	谨案：此书国朝王夫之撰。原本有《考异》一卷，今未写。
	《禹贡锥指》	谨案：此书国朝胡渭撰。原本有图一卷，共四十七幅。今未画。
伪本抵换书四部	《干禄字书》	谨案：此书唐颜元孙撰。两淮马裕家刻本，校雠颇精，题识详明。今所写草略殊甚。观其体例，似以魏裔介家所刻抵补，殊非善本。
	《太平寰宇记》	谨案：此书宋乐史撰。世所行钞本、刻本，虽卷帙多寡不同，均残缺已甚。惟浙江汪启淑所进，乃裒合诸本，互相参补，仅缺一百十三卷至十九卷，每卷末各有考证，校雠精密，最为善本。今所写仍坊间残阙之刻本。
	《吴文正集》	谨案：此书元吴澄撰。乃浙江孙仰曾所进。原本一百卷，又私录二卷，所阙者不过杂文四篇。今所写乃坊刻《草庐集》，仅五十卷。
	《象山集》	谨案：此书宋陆九渊撰。原本二十八卷，又《外集》四卷、《语录》四卷。乃臣陆锡熊家藏善本。今所写仅六卷，乃坊刻陋本，不足采录，且已列于别集类存目之中，尤为重出。

由此表可知，文渊阁《四库全书》成书，存在各种差错，匪夷所思。自《永乐大典》中辑佚图书，由弘历亲自指示办理，是《四库全书》重要来源，而文渊阁本中竟有三种遗失，另有一种以他著"迥非原书"者滥竽充数。所谓"漏写遗书"，是四库馆本有其书，但现在《全书》内实无；如"漏写"属实，则当初馆臣何以竟敢宣称告成？所谓"伪本抵换书"者，都用坊刻本

426

等以次充好,则原书可能已被攘为私有。由以上诸例,可见四库馆内部管理之混乱,以及经手人员之胆大包天。以上仅是纪昀根据总目清点成书而得到的结果。事实上,在《全书》誊录中产生的讹误,更是不胜枚举。

2. 例析:《经义考》四库本三种

如前所述,由于弘历驭下极严,恩威兼施,无所不用其极,因此,馆臣在审查、甄别之时,只有从严,变本加厉,即使是纯学术著作,也逐字磨勘,务求删改干净。兹以朱彝尊《经义考》为例。

选取《经义考》作为考察对象,是因为该著出于清初大家朱彝尊之手。该著三百卷(实际刻成二百九十七卷)通考上自先秦、下迄清初的历代经学著述,凡八千四百馀条,著者四千三百馀家,堪称"二千年来经部群籍之总汇"①,"既是一部经学著述与数据的汇编,堪称经学目录的集大成之作;在一定程度上,又是一部有着目录形式的、蕴含了朱氏本人经学见解的独特的经学史"②,"实史部谱录类一部最重要的书,研究'经史学'的人最不可少"③。当朱彝尊之世,清初文网渐密;由于《经义考》作为经学总目的文献性质,所收著述以解经之作为主,其中极少涉及政治问题,很难触犯清廷禁忌。这样一部纯学术著作,恰可作为考察馆臣纂修水平、实施禁毁程度的一个样本。

《经义考》问世后,针对其成例与不足,学人竞起效仿、校订、补正,相关成果,在清季即已形成校订、补作、续作三个系列,从而形成以《经义考》为核心文献的著作群④。但更应引起注意的是清廷对《经义考》的表彰。康熙四十四年(1705)四月,清圣祖玄烨在杭州,向前来进献《经义考》已刻之易、书二种的朱彝尊,颁赐"研经博物"匾额⑤。前此之康熙十八年,玄烨将参与博学鸿儒试的朱彝尊拔擢为一等,授翰林检讨,使与修

---

① 陈鸿森《〈经义考〉札迻》,载郑卜五主编《经学研究集刊》第五期,2008年,第101页。
② 张宗友《〈经义考〉研究》,中华书局,2009年,第343页。
③ 梁启超《中国近三百年学术史》之十三《清代学者整理旧学之总成绩》,载《饮冰室合集》第10册,中华书局,1989年,第203页。
④ 详张宗友《〈经义考〉研究》第七章《论〈经义考〉之学术影响》(第234—248页)。
⑤ 张宗友《朱彝尊年谱》,77.6条,凤凰出版社,2014年,第509页。

《明史》。其后三藩平定，清祚渐固，鸿儒诸人，渐被冷落，朱彝尊于两度罢官（康熙二十三年、三十一年）后，再无仕意，归田园居。玄烨此赐，既嘉奖朱氏能潜心著述，亦对其仕履失意，有所慰勉。笼络前明遗民、汉族知识精英，使之皓首于典籍与学问，从而消弭抗清、反复之思想，正是玄烨征召鸿儒的政治用意所在。

因朱彝尊财力有限，《经义考》仅刻成《易》《书》《诗》《礼》《乐》五类，凡一百六十七卷；馀下部分，直至乾隆二十一年（1756），方由卢见曾捐资刻成。卢氏将全本上进，但当时并未引起清廷的足够重视。弘历发动《四库全书》纂修工程（乾隆三十七年正月初四日［1772年2月7日］开始下诏求书），《经义考》重新进入朝廷视野。乾隆四十二年四月壬寅，弘历谕军机大臣等："朕阅四库全书馆所进钞本朱彝尊《经义考》，于历代说经诸书，广搜博考，存佚可征，实有裨于经学。朕因亲制诗篇，题识卷首。此书现已刊行于世，闻书版尚在浙江。着将御制诗录寄三宝，就便询问藏版之家，如愿将朕此诗添冠卷端，听其刊刻，亦使士林咸知朕阐崇经学之意。"诗云：

  秦燔弗绝殆如绳，未丧斯文圣语曾。
  疑信虽滋后人议，述传终赖汉儒承。
  天经地纬道由托，一贯六同教以兴。
  藜阁炎刘校诚题，竹垞昭代撰堪称。
  存亡若彼均详注，文献于兹率可征。
  远绍旁搜今古会，焚膏继晷岁年增。
  考因晰理求其是，义在尊经靡不胜。
  枕葃宁惟资汲鉴，阐崇将以示孙曾。①

  此诗颇能道出《经义考》之佳处，可证弘历对此书曾经细读，也可证

---

① 《高宗纯皇帝实录》卷一千三十，《清实录》第21册，中华书局，1985年，第808页。三宝时任浙江巡抚。

弘历对文化史、学术史上著名事件(如焚书坑儒、刘向歆父子校书等),实谙熟于心;从建构文献体系、实施文化方略的高度来审视《经义考》,弘历更能发现此书之独到价值。《经义考》以著录宏富、体例完备、考证精详著称,恰能符合喜以文治武功自炫的极权统治者的文化需要,用作本朝斯文兴盛的表征。明乎此,下列事实便顺理成章:《经义考》不仅入选《四库全书》,而且被优选进入《四库全书荟要》,成为弘历手边常备之书。

《经义考》进入弘历视野并被选入《四库全书》之后,遂于初稿本、初刻本、续刻本(卢见曾捐资,乾隆二十年刻成。此系《经义考》第一个较全之刊本,为此后各种传本之祖本。以下简称卢刻本)之外,又出现了成系列的四库本。四库诸本中,现存的主要有《四库全书荟要》本(以下简称荟要本)、文渊阁《四库全书》本(以下简称文渊本)、文津阁《四库全书》本(以下简称文津本)等。《经义考》四库诸本之优劣问题(包括四库诸本相较于卢刻本之优劣、四库诸本之间之高下等),在四库学、经学文献整理等领域,都是重要论题;因为《经义考》虽经弘历褒扬,但并不意味着在"寓禁于征,寓毁于修"文化方略的笼罩下,作为纯学术著作的《经义考》能够幸运地逃过被清洗的命运。

对于四库馆臣如何改易《经义考》的问题,学界已有不少探索,尤其集中在如何篡改钱谦益诸说的问题上。钱谦益(受之,牧斋、蒙叟、东涧老人。常熟人。1582—1664)因其士林领袖之身份、历仕二朝之转捩、暗结抗清之作为,特别引起弘历之憎恶,被目为"贰臣"而明著于史册,有所著述,自然是四库馆禁毁之重点。因此,从钱谦益等"问题"人物入手(同钱氏相类者还有金堡、曹溶、屈大均等),最能见出弘历之好恶,易于探讨四库禁毁政策之实施。1992年,吴政上先生对《四库全书》本和荟要本《经义考》引录钱氏诸说的方式,有初步之整理[1]。1998年,杨晋龙先生对四库馆臣如何改易《经义考》中钱氏诸说,有较为详尽之研究。杨氏考察了弘历对朱彝尊、钱谦益二氏及其诗文集的不同态度,清晰地揭示了

---

[1] 杨晋龙《〈四库全书〉处理〈经义考〉引录钱谦益诸说相关问题考述》,《"国立"高雄师范大学国文学系第七届所友学术讨论会论文集》,1998年,第32页,注2。

治乱交替中的文献传承

弘历对钱氏由轻视到仇视的转变历程;复对《经义考》中相关的七十条引文(其中实际引用钱氏文字者六十八条,由他人转引者二条),一一详考其出处,并对荟要本、文渊本改易情形,做了详细考察①,得出了颇为中肯而坚实的结论②。如杨氏认为:"《经义考》在钞录钱谦益之文时,已将违碍的'虏''夷''胡'等字主动删改,可见'文字狱'对朱彝尊的影响,也可能朱氏的'自我审查'使得《经义考》非常纯净,因而得乾隆的特别青睐。"③这一探索,对于正确把握《经义考》的文字面貌及朱彝尊著述心理,颇具启示意义。"自我审查"之揭出,对政治高压下士林心态之研究提供了一个极佳的切入视角。在杨晋龙先生既有研究的基础上,林庆彰先生从明末以降的经学演进出发,对四库馆臣篡改《经义考》的情况,逐一例析,指出馆臣"看似更用心篡改,其实是肆意妄作"之实际④。在四库馆臣的清洗下,《经义考》四库本已然非复旧貌;就传本优劣而言,四库馆臣此类行为,无疑是负面的,消极的,严重削弱了四库本的传本价值。

《经义考》四库诸本皆是抄本。在抄写过程中,不可避免地产生各类文字差异。那么,在这些文字差异中,除了诸如改易钱谦益相关文字等禁毁举措外,有无其他有益的、积极的改动,能够校正《经义考》之讹误,

---

① 据杨氏考察,《经义考》引录钱谦益之文六十八条,他人转引者二条,合计同钱氏有关者七十条;其中出《初学集》和《有学集》者各有五条,出自《列朝诗集小传》者五十五条。荟要本改作"钱陆灿"者六十四条,改作"陆元辅"者一条,改作"钱启新"和"钱有终"者各一条等,可能出于一人之手;文渊本改动情形则较为复杂,可能由各负责人任意填写。见杨晋龙《〈四库全书〉处理〈经义考〉引录钱谦益诸说相关问题考述》,第41—45页。

② 例如四库馆臣将"钱谦益"改作"钱陆灿",杨氏分析云:"《列朝诗集小传》实则钱陆灿(1612—1698)钞辑《列朝诗集》前诸家《小传》而成,那么将出自《列朝诗集小传》的文字,改称为'钱陆灿曰',岂非相当合宜。一则可应付乾隆的要求;再则可暗示后世读者引文的来源;三则可免删削过多,影响文献的完整。可见四库馆臣在改动时应当有过一番考虑,这当然以《荟要》本的修纂者表现较为明显,至文渊阁本则较为紊乱,或者出于多人之手,故仅能达到应付乾隆和保持文献完〔整〕的目的,无法暗示引文来源。"(杨晋龙《〈四库全书〉处理〈经义考〉引录钱谦益诸说相关问题考述》,第46页。)极为精到。

③ 杨晋龙《〈四库全书〉处理〈经义考〉引录钱谦益诸说相关问题考述》,第48页。

④ 林庆彰《四库馆臣篡改〈经义考〉之研究》,载《两岸四库学:第一届中国文献学学术研讨会论文集》,台湾学生书局,1998年,第261页。

第七章　清代前期的文化方略与文献纂修

从而提升该著之质量？四库诸本同卢刻本相比，其质量如何？四库诸本之间，有无差别？此类问题之解决，均有赖于细致的全文比勘与校理；只有在此基础上，才能得出较为谨慎的结论。

基于上述认识，现选取《经义考》前四卷作为考察范围，以卢刻本为底本，对现存荟要本、文渊本、文津本进行全文对读、细校，全面比较其中细微的文字差异，作为对荟要本、文渊本、文津本予以进一步申论的基础。《经义考》前四卷，第一卷御注、敕撰类，第二卷至第四卷易类（分别是《连山》《归藏》《周易》专卷）。此次考察，以卢刻本为底本（《经义考》前一百六十七卷出于朱彝尊自刻，因此，前四卷实为初刻本），而通校以荟要本（《摛藻堂四库全书荟要》，台北，世界书局，1988 年影印本，第 237 册）、文渊本（《景印文渊阁四库全书》，台湾商务印书馆，1986 年影印，第 677 册）、文津本（《文津阁四库全书》，商务印书馆，2005 年影印，第 225 册）。必要时，也会引及备要本（中华书局，1998 年影印）、校正本（《点校补正经义考》，林庆彰等，"中央研究院"文哲研究所筹备处，1997 年）、新校本（《经义考新校》，林庆彰等，上海古籍出版社，2011 年）。

经过对《经义考》前四卷的全面考察，可以得出诸本存在差异者凡 57 条。其结果，略如下表所示（为节省文字，存在差异的卢刻本原文、其他各本文字及详细分析、论证等，均从略①）：

表 7-11　《经义考》卢刻本及三种四库本前四卷异文汇总表

条数	卢刻本	荟要本	文渊本	文津本	备注
（1）	乎	——	乎	乎	荟要本脱
（2）	彝	彝	彝	懿	文津本误
（3）	为	为	——	为	文渊本脱
（4）	辄	辍	辍	辍	卢刻本误

---

① 按：笔者撰有《〈经义考〉四库本三种平议》一文（载《中国四库学》第四辑，中华书局，2019 年，第 196—216 页），对各条文字有详细之引据与辨析，可参。

续 表

条数	卢刻本	荟要本	文渊本	文津本	备注
(5)	弘	宏	弘	弘	均系避讳缺笔或改字
(6)	臣董讷 儒林郎	臣董讷 儒林郎	臣董讷 儒林郎	儒林郎 臣董讷	倒文,文津本正
(7)	弘	宏	弘	弘	均系避讳缺笔或改字
(8)	蕴	蕴	蕴	微	文津本误
(9)	诸	诸	之	诸	文渊本误
(10)	弘	宏	弘	弘	均系避讳
(11)	二十四日	二十四日	二十四日	——	文津本脱
(12)	伦	伦	论	伦	文渊本误
(13)	刑	刑	——	刑	文渊本脱
(14)	具内外	具内外	具内外	具乎内外	文津本衍"乎"字
(15)	占	占	占	——	文津本脱
(16)	谔	谔	谔	谔	当作"锷",各本皆误
(17)	东北	东北	东方	东北	文渊本误
(18)	氐	氐	氐	氐	荟要本正,卢刻本、文渊本、文津本误
(19)	五十六卦	五十六卦	六十四卦	五十六卦	文渊本误
(20)	序	序	序	叙	文津本误
(21)	寓	宇	寓	寓	异体,以"字"为正
(22)	连山	连山	连山	连	文津本脱
(23)	逢	逢	逢	峰	文津本误

续　表

条数	卢刻本	荟要本	文渊本	文津本	备注
(24)	四千	四千	七千	四千	文渊本误
(25)	姮娥	姮娥	姮娥	姮嫦	文津本误
(26)	□	注"阙"	聚	注"阙"	文渊本能补其字，佳
(27)	常娥	常娥	嫦娥	常娥	以"常娥"为正
(28)	营惑	荧惑	营惑	营惑	荟要本为正，卢刻本、文渊本、文津本当改
(29)	为马	为马	——	为马	文渊本脱
(30)	毋	母	母	母	卢刻本误，荟要本、文渊本、文津本正
(31)	者也	者也	者也	也者	文津本误倒
(32)	此类	此类	类此	此类	文渊本误倒
(33)	虫	虫	蛊	虫	文渊本误
(34)	志	志	志	制	文津本误
(35)	杨雄曰……	扬雄曰……	扬雄曰……	——	文津本本条全脱
(36)	是	是	是	故	文津本误
(37)	则	则	其	则	文渊本误
(38)	偶	偶	偶	耦	文津本误
(39)	戒	戒	戒	诫	文津本误
(40)	辞	辞	辞	词	文津本正，卢刻本、荟要本、文渊本误
(41)	形	刑	刑	形	荟要本、文渊本误

续 表

条数	卢刻本	荟要本	文渊本	文津本	备注
(42)	得	得	得	配	文津本误
(43)	四方	四方	四方	方	文津本脱
(44)	均	均	均	同	文津本误
(45)	尚其辞	尚其辞	尚其辞	尚存其辞	文津本衍
(46)	蕴	粗	粗	粗	卢刻本正,荟要本、文渊本、文津本误
(47)	邱	丘	丘	邱	文津本未讳改,误
(48)	托之	——	托之	讬之	荟要本脱,文津本异体
(49)	于	于	子	于	文渊本正,卢刻本、荟要本、文津本误
(50)	为	为	之	为	文渊本误
(51)	见	见	见	——	文津本脱
(52)	张伯枢曰	张伯枢曰	——	张伯枢曰	本条文渊本脱
(53)	评	评	评	议	文津本误
(54)	係	係	係	係	均误
(55)	易	易	易	翼	文津本误
(56)	易	易	易	易	均误
(57)	旗	旗	旂	旗	以"旗"为正

以上表为基础,《经义考》之卢刻本以及三种四库本(荟要本、文渊本、文津本)存在之异文类型及所涉条数,可归纳为下表:

表 7-12 《经义考》卢刻本及三种四库本前四卷异文统计表①

传本	异文类型	所涉条数	小计	合计
卢刻本	误	(4)(16)(18)(28)(30)(40)(49)(54)(56)	9	10
	倒	(6)	1	
	避讳	(5)(7)(10)	3	
荟要本	误	(16)(40)(41)(46)(49)(54)(56)	7	10
	脱	(1)(48)	2	
	倒	(6)	1	
	避讳	(5)(7)(10)	3	
文渊本	误	(9)(12)(16)(17)(18)(19)(24)(27)(28)(33)(37)(40)(41)(46)(50)(54)(56)	17	24
	脱	(3)(13)(29)(52)	4	
	倒	(6)(32)	2	
	异体	(57)	1	
	避讳	(5)(7)(10)	3	
文津本	误	(2)(8)(16)(18)(20)(23)(25)(28)(34)(36)(38)(39)(42)(44)(46)(47)(49)(53)(54)(55)(56)	21	30
	脱	(11)(15)(22)(35)(43)(51)	6	
	衍	(14)(45)	2	
	倒	(31)	1	
	避讳	(5)(7)(10)	3	

通过上文对《经义考》卢刻本及三种四库本(荟要本、文渊本、文津本)前四卷之校考与汇总、归纳,可以得出如下结论(因避讳所造成的文字形体差异除外):

(一)卢刻本出现误字 9 处,倒文 1 处,合计 10 处。作为《经义考》

---

① 说明:第(26)条涉及补阙(卢刻本有阙字,荟要本、文津本仅注出之,而文渊本能补之),不易归入异文类型内,因此未计入此表。

第一个较全之刻本(前五类属于初刻本,朱彝尊亲手为之),卢刻本在诸本中文字差异最小,体现了该本作为初刻本的优越性,理应作为《经义考》整理之底本。

(二)荟要本有误字7处,脱文2处,倒文1处,合计10处。众所周知,《四库全书荟要》是四库馆臣精心挑选的一套丛书,目的是供弘历亲览,因此其传抄水平是很高的。《经义考》荟要本前四卷仅有10处文本差异,竟同底本(卢刻本)持平,即是明证。

(三)文渊本有误字17处,脱文4处,倒文2处,异体字1处,合计24处。作为第一份办理完讫的《四库全书》,四库馆臣对此书花费了巨大的心血与精力。尽管如此,《经义考》文渊本前四卷存在文字差异的数量,竟是荟要本的两倍多;可见文渊馆臣用心有差,且此本之质量,实不如荟要本精善。

(四)文津本有误字21处,脱文6处,衍文2处,倒文1处,合计30处。从文字差异类型上看,文津本较荟要本、文渊本多出衍文一种类型;从差异数量上,文津本比文渊本多出五分之一,更是荟要本的三倍;近占三种四库本文字差异总数之一半。可证文津馆臣在办理此书时,其态度不能同文渊馆臣相提并论,更较荟要馆臣相去甚远。

(五)综合起来看,在四库诸本中,荟要本质量最佳,文渊本次之,文津本最下。

(六)荟要本、文渊本、文津本虽然质量有差异,但是各有其佳处,甚至分别能纠正底本(卢刻本)之误[如(4)(18)(28)(30)(40)(49)等条],因此,都是《经义考》很重要的传本;在进行《经义考》之点校、整理及深入研究之时,都不可或缺,需予参考。

(七)当然,由于本文选取的样本仅有四卷,如果推及全书,上述统计数字之比例,可能有所出入;但从总体上看,上述结论之准确性,应予肯定。本题之研究与结论,实为讨论四库本之优劣等问题,提供了一个较为可信的样本。

由以上考察可知,即使弘历大加表彰的纯学术著作《经义考》,也未能避免四库馆的全面清洗,所涉及的"违碍"内容,均遭到全面撤换或改写。时贤批评馆臣"看似更用心篡改，其实是肆意妄作"（前揭林庆彰先生语），其实主要针对具有"违碍"的内容而言。至于不涉及"违碍"的地方，由于馆臣水平、态度不一，一方面能纠正所据原本的讹误，另一方面又产生了新的错误。从传本利用的角度来看，四库诸本不能同所据之祖本（卢刻本）相提并论；但对于《经义考》整理与研究而言，馆臣则为后世留下了可供校勘的不同传本。在考量如何评价传世文献四库本的问题上，《经义考》可以说是一个颇具代表性的案例。

总之，弘历主导纂修《四库全书》，留下了一笔巨大的文献遗存与丰厚的文化遗产，构建了清帝国的文献体系，彰显了极权君主的文治武功，进一步促进了各族群的国家认同；与此同时，纂修中的禁毁行为，小则影响传世文献的本来面貌，形成水平参差不齐的传本系列，大则书版俱焚，造成不可估量的文献浩劫。

五、结语

通过以上各节之探讨，可以得出以下几个方面的认识：

（一）清朝以关外少数族群攘取帝位，建立大一统的中央帝国，如何巩固中央集权、实现帝国的长治久安，是清代帝王制订一切政策的出发点。加强中央集权，实施思想控制，成为清前期君主的既定国策。除军事征服、武力镇压外，在政治、文化等层面全盘接受明制并加以改造，将其转换成清帝国需要的政治体制、文化方略，是其中最重要的举措之一。

（二）清初诸位君主将程朱理学树立为官方意识形态，并以强大的皇权为后盾而介入学术领域，通过系列御定经解（"日讲"系列、"汇纂"系列）与理学著作的编纂，接力完成了对儒家经典的创造性改造，从政治层面垄断了儒家经典的义理解释权，通过强权的推动而定于一尊，从而使发挥圣人微言大义的传统经学，一举变为帝王的私人家学。拥有军事与行政权力的帝王，竟因此摇身变为传承道统的"圣人"，集道统、治统、学统于一身，成为大一统帝国"乾纲独断"的极权君主。

（三）上述历史进程，发端于顺治帝福临，奠基于康熙帝玄烨，强化于雍正帝胤禛,而大成于乾隆帝弘历。其中玄烨、弘历最称雄才大略,用力最巨。弘历秉承祖、父遗训,拓疆开土,肆力文治,使帝国走向空前强盛。纂修《四库全书》,是弘历巩固集权、加强思想控制的文化方略的集中体现。弘历以"稽古右文"相号召,设立专馆,笼络人才;建章立制,稳步推进,做足了舆论、制度与人才等方面的充分准备。

(四)纂修《四库全书》,弘历有"破"有"立"。所谓"破",就是实施"寓禁于征","寓毁于修"的禁毁策略,对不利于清朝(乃至涉及金、元二朝以及夷夏之防)的言论、文字,进行大规模清洗,消弭反清言论与思想;所谓"立",就是通过对御定经解、满洲历史、典章制度等方面典籍的纂修,通过对古典学术体系的总结与创造性的传承,建构起同大一统中央极权体制相适应的全新的文献体系。《四库全书》是帝国文献体系的实物呈现,《四库全书总目》则是帝国文献体系的理论表达。

(五)《四库全书》及其附属成果(如《武英殿聚珍版丛书》《四库全书荟要》等),是一笔巨大的文献遗存与丰厚的文化遗产。但是,由于禁毁政策的实施,对"违碍"内容的清洗,造成了传世典籍面貌的不同程度的改变,小则删改抽毁、影响文献面貌,大则书版俱焚、消失于天壤间,造成无可挽回的损失。由于纂修者水平参差、用心不一,传世文献的四库诸本质量参差[①],其中存在遗漏调换、差谬不一等各种错误。

(六)对于《四库全书》的纂成,馆臣于进表中不无夸耀:"上沿虞夏,咸挹海以求珠;下采元明,各披沙而见宝。六千篋璋分圭合,延阁储珍;二百卷部次州居,崇文列目。……分纲列目,见义例之有条;按籍披图,信源流之大备。水四瀛而山五岳,侔此壮观;前千古而后万年,无斯巨帙。"[②]对于馆臣而言,纂修《全书》实为政治任务,最重要的是皇帝满意

[①] 明人王元贞所刻欧阳询《艺文类聚》,改正了所据宋本的错误,"视宋本为优"。四库馆臣或即以王刻本为底本并参校他本,收入《全书》。经比较,文渊阁本对王刻本的误字"多已是正"。详《柏克莱加州大学东亚图书馆中文古籍善本书志》子部类书类《艺文类聚》提要,第210—211页。

[②] [清]永瑢、纪昀等《钦定四库全书总目》卷首二《进表》,武英殿本,《景印文渊阁四库全书》第1册,第21—22页。

第七章 清代前期的文化方略与文献纂修

与否,进表自然竭尽吹捧、夸饰之能事。对《全书》之称扬,当以此表为极。

作为一笔丰厚的文化遗产,《四库全书》在民国时期,才真正进入学界视野,成为学人研究、讨论的对象。民国是辛亥革命的硕果,而革命的对象则是大清王朝,因此,民国学人再无颂扬清帝的政治负担,能够较为客观地研究《全书》,其中对于弘历纂修《全书》的动机,尤为注意。例如,王伯祥指出:

> 原来清帝明知中国这样大,人口这样多,"夷夏之防"的观念又这样深,纵使捞到几个足以代表遗民思想的人物安顿了,而一般反侧的人心一时又那里收拾得尽,所以他们祖孙相承的唯一心传,便是监视知识阶级的言动。然而他们方且以"同文之盛"相夸饰,当然不肯彰明较著地蛮干,而自居秦皇焚坑的恶名;所以借着提倡文教的大招牌,一面采访古今遗书以博右文之誉,一面撷拾疑似抵触之词以兴文字之狱,于是他们认为反对或挑拨的言论,便可利用君主刑赏的大柄来从容消灭。①

对于弘历禁毁最严厉的批评,就是鲁迅所说的"清人纂修《四库全书》而古书亡"(见本章第三节开端所引)。这一评价,达到了否定的极点。

上述达于两极之评价,都从政治角度加以考量,因此均非持平之论。通过前揭对《四库全书》纂修历程的考察,知清修《四库全书》之得失,其实也可以用"寓禁于征,寓毁于修"八字加以概括:其功,在于"征"与"修";其过,在于"禁"与"毁"。整合帝国文献资源,汇集天下图书,编成具有百科全书性质的空前的大丛书,"古今数千年、宇宙数万里,其间所有之书虽夥,都不出四库之目"(前揭弘历《文渊阁记》),气势恢宏,是其功;禁毁"违碍"图书,兴起文字大狱,改变传世文献之面貌,甚至彻底销

---

① 王伯祥《四库全书述略》,载《小说月报》,1925年第16卷,第12期,第3页。

毁书版，造成不可估量的文献浩劫，是其过。功过并存而不能相抵。

  总之，清王朝自夺取天下之后，就不断致力于自身合法性之建设，通过军事征服与武力镇压、文化与思想掌控两个方面的努力，进一步巩固中央集权，尤其使帝王权力空前强大。通过纂修御定经解等形式，将君主形塑为集道统、学统、治统于一身的天子，取得相对于臣民的至高无上的道德与心理优势。弘历则更进一步，通过纂修《四库全书》，采取寓禁于征、寓毁于修的文化手段，一方面建构本朝的历史正统，一方面对有碍清廷统治的存世书籍进行禁毁，并借助对古典学术体系的总结与调整，构建起同极权统治相适应的文献体系，树立了清廷的文化权威，彰显了帝王的文治之盛，增强了对满洲统治合法性的认可，促进了知识阶层对于清王朝的国家认同。《四库全书》的纂修，既使帝国文献资源得以整合，一部具有百科全书性质的超大丛书得以告成，功不可没；又使所谓"违碍"图书改变文本原貌，甚至彻底消失，造成不可估量的文献浩劫，过不可掩。《四库全书》的纂修，形成了四库本系列，而诸本之质量，因参与者之能力、态度各异，因而各有其优劣，但都是不可或缺的存世传本。要之，极权在握的帝王不仅把持绝对权力、决定王朝走向，而且通过官僚系统掌控文化与思想，决定了既有文献的传承面貌与本朝新典籍的不断生成。《四库全书》得以纂修并分贮七阁，是弘历彰显其统治合法性与绝对权力的标志性事件。这一文献文化史上的标志性事件表明，在郡县制中央集权的大一统帝国，极权君主的绝对权力与文化方略，是影响古典文献生成与传承总体风貌的决定性因素。

第八章
晚清官书局与近代文献传承

近代中国,面对"数千年来未有之强敌",处于"数千年来未有之变局"①,自强新政、救亡图存先后成为时代主题。政治领域内,由讲求自强、实行新政、变法改良而至发动革命,最终推翻帝制;文化领域内,在译介西学、启蒙思想的同时,也着意于刊印传统文献②,恢复与重振文教,客观上保存了数千年传承不坠的文化遗产。由胡林翼、曾国藩、左宗棠、李鸿章等为代表的中兴名臣发其端,各地督抚等大员承其绪,晚清官书局应运而生,以其设立之广、刊书之多、校勘之精、影响之大,成为近代中国文化出版的主流。本章拟从文献传承的角度,探讨晚清官书局的时代背景、创设历程、刊书特点、传播策略,及其在近代社会文化史中的作用与地位。

一、晚清官书局兴起的时代背景

中国文化悠久,清代又是传统学术文化的整理与繁荣时期,传世文献极为宏富。但是,当时代迈进十九世纪,中国逐渐陷入外侮日亟、内患日深的困境。所谓外侮,是指还处在农耕社会的大清王朝,遭到了开始

---

① [清]李鸿章《筹议海防折》,载《李鸿章全集》卷二十四,时代文艺出版社,1998年,第1063页。

② 本文根据论述需要,使用"传统文献""传统典籍"等词,指称古代中国学术传统内的按经史子集分类的文化典籍,无论其为固有或出于清人新撰;而把来自西学的著述称作"西学文献"或"新学典籍"等。

治乱交替中的文献传承

实行机械化大生产的西方列强的侵略。道光二十年(1840),鸦片战争爆发,古老中国的大门为西方列强的坚船利炮叩开,由此被动地迈入近代社会①。经过历次侵华战争,中国主权步步丧失,深陷列强瓜分的危局。李鸿章(1823—1901)称之为"数千年来未有之变局":

> 今则东南海疆万馀里,各国通商传教,来往自如,麋集京师及各省腹地,阳托和好之名,阴怀吞噬之计,一国生事,诸国构煽,实为数千年来未有之变局。轮船电报之速,瞬息千里;军器机事之精,工力百倍;炮弹所到,无坚不摧;水陆关隘,不足限制:又为数千年来未有之强敌。②

康有为指出中国处在列强瓜分的危局之中:

> 俄北瞰,英西睒,法南瞵,日东眈,处四强邻之中而为中国,岌岌哉!况磨牙涎舌,思分其馀者,尚十馀国。③

伴随军事侵略、货物倾销、政治霸凌而来的,是西方宗教、文化的渐次传播并产生巨大影响。办报、译书,利用出版物进行宣传,是传播信仰与输出价值观的有效手段④。显著的例子是,洪秀全本来接受传统文

---

① 费正清(John King Fairbank)等认为,中国的人口增长与对外贸易都促使中国加强与外界的联系,因此,中国的国门是由英国炮舰洞开还是自行开放,已不再是一个大问题。(John King Fairbank, Merle Goldman, *China: A New History, Second Enlarged Edition*, Harvard University Press, 2006, p.187.)这一见解虽然指出了中国内部自我发展、自我革新的可能性,但无疑掩盖了英国等西方列强侵略中国的实质。
② [清]李鸿章《筹议海防折》,第 1063 页。该折作于同治十三年(1874)十一月初二日,分析日本侵略台湾之后的形势。李鸿章时任直隶总督兼北洋通商事务大臣。
③ 康有为《京师强学会序》,载《康有为全集》第二集,中国人民大学出版社,2007 年,第 89 页。该文作于 1895 年 9 月,康氏分析的是甲午战后中国面临的危局。
④ 据统计,自 1811 至 1842 年,传教士在马六甲、新加坡、巴达维亚、广州等地,共出版中文书籍与刊物 147 种;1843 至 1860 年,香港与上海、宁波等六个割让或通商口岸城市共出版各种西书 434 种,其中纯宗教宣传品即有 329 种,占 75.8%。见熊月之《西学东渐与晚清社会》(修订版),中国人民大学出版社,2011 年,第 6—7 页。

教,因科第失意而发起"拜上帝教",建立太平天国,西方宗教的影响无疑是促其转变的最重要的因素之一。

面对列强日益加剧的全方位侵略,有识之士群起探讨富国强民、救亡图存之道,始由制器层面发其端,师夷长技以制夷(林则徐);继由制度层面推其波,提倡中学为体、西学为用(张之洞),开展自强运动;进而变法维新,改良政体(康有为、梁启超)。在思想文化领域,一方面向西方学习,借鉴成功经验,其途径是大量翻译、刊印西学书籍(如李鸿章在江南制造局设立翻译馆);另一方面,则从悠久的文化传统中寻找资源,重新释读传世文献,为新政、变法提供经典依据。前者本质上是西学中用,化西为中;后者本质上是推陈出新,古为今用。但是,要取法先贤,与古为新,来完成自强、图存的使命,必须首先解决传统文献因兵燹之灾而造成的大规模焚毁与缺失的问题。

纵观近代史,直接给中国传统文献带来严重损毁、文教秩序带来巨大破坏的,主要不是外侮,而是内乱,更确切地说,就是咸丰元年(1851)太平天国崛起后长达十四年、波及大半个中国的兵燹之灾[①]。

太平天国主要在两个方面展示了颠覆传统的力量。一是在政治上,建立了一个迥异于现行政治制度的"天国"政权,号称遵奉"上帝",人人

[①] 兵燹之下,既有社会秩序崩塌,受害最深的通常是广大百姓。身处和平年代的人们,往往无法想象战火之下的悲惨世界。侥幸从太平天国战乱中逃生的浙江人张大野,在其回忆录《微虫世界》中,一再记录了当时社会失序、生灵涂炭的场景。例如:"呜呼! 杀戮之惨,余时尚幼,盖未之多逢也,然有足为寒心者。当包村之破,闻之人云,男女数十万,不可尽杀,乃驱而挤之一屋,取大篁裹以棉絮,灌油其中,竖置屋四围而焚灼焉,尽十一昼夜乃已。杭州人为多,邑人次之,郡人十之一也。事后,血肉狼藉,尸虫遍林,薄腥秽至闻十馀里。呜呼,酷哉!"(《微虫世界·二》,台北"国立中央图书馆"藏清光绪手抄本,《清代稿本百种汇刊》第 55 卷,台北文海出版社,1974 年。)包村屠戮之惨,见书于《清史稿·包立身传》,但称"合村死者,盖六十馀万人"(赵尔巽等《清史稿》卷四百九十三,中华书局,1977 年,第 13653—13654 页)。张大野此书虽是回忆文本,但是记录了大量亲历之事件及其细节,为了解当时历史提供了并非精英人物、也不完全是"普通人"的个体视角。(Xiaofei Tian, "Translator's Introduction", Zhang Daye, *The World of a Tiny Insect: A Memoir of the Taiping Rebellion and Its Aftermath*, University of Washington Press, 2013, p.29.)

平等,实行财产公有①;二是在文化上,焚弃了大量传统文献,捣毁了大批乡校书院,而后者正是传统文教秩序的象征。太平军宣称:

> 凡一切孔孟诸子百家妖书邪说者尽行焚除,皆不准买卖藏读也,否则问罪也。②

时人记云:

> 搜得藏书论担挑,行过厕溷随手抛,抛之不及以火烧,烧之不及以水浇。读者斩,收者斩,买者卖者一同斩。书苟满家法必犯,昔用撑肠今破胆。③

"尽行焚除",力度之大,超过乾隆朝纂修《四库全书》时对于具有"违碍"内容的图书的清洗。弘历高居庙堂之上,以天命自任,有传承道统、治理天下的正统包袱,禁毁图书之时,必须先行竖起"稽古右文"的大旗,发动官僚体系以贯彻其意志,对图书进行甄别处理;太平天国起自民间,借助囫囵吞枣的西方宗教教义,欲推翻既有秩序、建立"天国",因此没有任何精神或文化传统的负担,敢于宣称一切不合拜上帝教教义的传世典籍,都是"妖书邪说",可以"尽行焚除"。

虽然太平天国发起人多数是传统科举考试的失意者,但洪秀全(1814—1864)等还是在其控制区域内实行科举考试,以笼络人才。"每

---

① 在太平天国控制区域内,所有人都要服从太平天国的组织管理,参与宗教活动实践。在天京(天国首都),居民根据分配的口粮吃饭,并且在餐点上,所有人早晚都要祷告;太平天国会进行检查,确保居民诵经、念赞美诗,并在户籍簿上进行记录。见 Thomas H. Reilly, *The Taiping Heavenly Kingdom: Rebellion and the Blasphemy of Empire*, University of Washington Press, 2004, p.119.

② [清]黄再兴《诏书盖玺颁行论》,载《太平天国》(一),中国史学会主编,上海人民出版社,1957年,第 313 页。

③ [清]马寿龄《禁妖书》,载《太平天国》(四),第 735 页。

第八章 晚清官书局与近代文献传承

岁三月初三日考文秀才,三月十三日考武秀才;五月初五日考文举人,五月十五日考武举人,各省皆然。于九月初九日考文进士翰林元甲,九月十九日考武进士等。""改秀才为秀士,谓士人荣显之初,如卉木之方秀也;改补廪为俊士,谓智过千人为俊也;改拔贡为杰士,谓才过万人为杰也;改举人为博士,谓其博雅淹通也;今于庚申十一月蒙诏改为约士,谓能通彻四约也;改进士为达士,谓其通达事变足以兼善天下也;改翰林为国士,谓其学识超乎一国,以国士待之,自克以国士报也。至武秀才等,则改称英士、猛士、壮士、威士之殊。"①太平天国保留了传统科考的形式,而将其内容进行彻底更换:"四书五经"换成了《新旧约全书》的中译本,"天王"(洪秀全)、"东王"(杨秀清)的语录也成了出题范围②。显然,太平天国的科举考试是对传统科考的颠覆,没有任何传承古代文献的功效。由于"四书五经"的影响根深蒂固,无法彻底根除,洪秀全还尝试加以删改,从内容上加以清洗。"始以'四书五经'为妖书,后经删改准阅,惟《周易》不用,他书涉鬼神丧祭者削去。……《孟子》'则可以祀上帝','上帝'上加'皇'字,《诗》'荡荡上帝''上帝板板',皆加'皇'字。《论语》'夫子'改'孔某','子曰'改'孔某曰'。"③这种删改,意图植入半西半中的西方宗教教义,显然没有任何文献传承的意味,无疑是古代文献的又一次劫难。

对于太平天国扫荡古代文献、破坏传统文化的威力,曾国藩(1811—1872)在《讨粤匪檄》中有如下揭示:

> 自唐虞三代以来,历世圣人,扶持名教,敦叙人伦,君臣父子,上下尊卑,秩然如冠履之不可倒置。粤匪窃外夷之绪,崇天主之教,自其伪君伪相,下逮兵卒贱役,皆以兄弟称之。谓惟天可称父,此外凡

---

① [清]陈玉成、洪仁玕、蒙得恩等《钦定士阶条例》,载《太平天国》(二),第548—549页。
② Benjamin A. Elman, *Civil Examinations and Meritocracy in Late Imperial China*, pp.302—305.
③ [清]张汝南《金陵省难纪略·洪贼改字删书》,罗尔纲、罗文起辑录《太平天国散佚文献勾沉录》,贵州人民出版社,1993年,第15页。

治乱交替中的文献传承

民之父皆兄弟也,凡民之母皆姊妹也。农不能自耕以纳赋,而谓田皆天王之田;商不能自贾以取息,而谓货皆天王之货;士不能诵孔子之经,别有所谓耶稣之说、新约之书。举中国数千年礼义人伦,诗书典则,一旦扫地荡尽。此岂独我大清之变,乃开辟以来名教之奇变,我孔子、孟子之所痛哭于九原。凡读书识字者,又乌可袖手安坐,不思一为之所也?自古生有功德,没则为神。王道治明,神道治幽,虽乱臣贼子,穷凶极丑,亦往往敬畏神祇。李自成至曲阜,不犯圣庙;张献忠至梓潼,亦祭文昌。粤匪焚郴州之学宫,毁宣圣之木主,十哲两庑,狼藉满地。嗣是所过郡县,先毁庙宇,即忠臣义士,如关帝岳王之凛凛,亦皆污其宫室,残其身首。以至佛寺道院,城隍社坛,无庙不焚,无像不灭,斯又鬼神所共愤怒,欲一雪此憾于冥冥之中者也。①

作为檄文,所言容有夸大,但其文辞背后,乃是沉痛之现实。事实上,对传统文献毁灭愈力,愈能证明毁灭者对传统文献之功用,体认得愈深。

广西为太平天国策源地,兵燹之后,"人士流离,旧书悉毁,旧刊片板无存"②。湖北"三次失陷,遭乱最深,士族藏书,散亡殆尽,各处书板全毁,坊肆无从购求"③。安徽、江苏、浙江等地,向为人文渊薮,文教最为发达,受战乱之戕害也最重。藏有《四库全书》的江南三阁,扬州文汇阁、镇江文宗阁,图书荡然无存,杭州文澜阁所存不足四分之一④。"浙省自

---

① [清]曾国藩《讨粤匪檄》,载《曾文正公全集》第十六《文集》,大达图书供应社,1935年,第92—93页。
② [清]马丕瑶奏文,载《光绪朝东华录·光绪十五年十二月己亥》,[清]朱寿朋编,张静庐等校点,中华书局,1954年,总第270页。
③ [清]李鸿章《设局刊书折》(同治八年五月二十日),载《李鸿章全集》卷十五,第684页。
④ 文澜阁原存35990册,太平军入城后仅存8140册。见白君礼《抢救瑰宝 嘉惠后学——记丁丙对图书文化事业的贡献》一文(载《图书与情报》2003年第1期,第58页)。

遭兵燹,从前尊经阁、文渊阁所存书籍,均多毁失。士大夫家藏旧本,连年转徙,亦成乌有。……士子虽欲讲求,无书可读。"①南京为太平天国天京所在地,同治三年攻破后,"两岸房屋,十毁五六,存者亦止墙壁耳。文德桥面仅存一线,文庙东偏尚有三四间壁立,馀则片瓦无完者。"②"金陵本文物荟萃之区,自粤逆扰乱以来,风尘珍瘁,群籍荡然。往昔绩学之士,百不存一。"③苏州向来是书业发达之地,"赭寇乱起,大江南北,遍地劫灰,吴中二三百年藏书之精华,扫地尽矣。"④扬州是京杭大运河上的重镇,向系文化发达之区,太平军于咸丰三年(1853)起三占三撤,不仅民众遭到荼毒,家破人亡,文教设施与文化典籍也遭到空前破坏,文汇阁片瓦无存,文选楼藏书散佚殆尽,书版焚毁,书业凋零⑤。

同治六年(1867),距太平天国失败已有三年,江苏学政鲍源深上奏,论及文献之凋零,有云:

> 臣视学江苏,按试所经,留心访察,如江、苏、松、常、镇、扬诸府,向称人文极盛之地,学校中旧藏书籍,荡然无存,藩署旧有恭刊钦定经史诸书,版片亦均毁失。民间藏书之家,卷帙悉成灰烬。乱后虽偶有书肆所刻经书,俱系删节之本,简陋不堪。士子有志读书,无从购觅。苏省如此,皖、浙、江右诸省,情形谅亦相同。以东南文明大省,士子竟无书可读,其何以兴学校而育人才?⑥

学校、藩署、书肆、民间藏书之家,为各直省内传世文献最主要的保

---

① [清]马新贻《设局刊书疏》,载《同治中兴京外奏议约编》卷五,[清]陈弢编,清光绪刻本。
② [清]张文虎《张文虎日记·同治三年甲子十月初六日》,陈大康整理,上海书店出版社,2009年,第5页。
③ [清]曾国藩《曾国藩全集》第28册,岳麓书社,2011年,第760页。
④ 叶德辉《书林清话》卷九,《郋园先生全书》本,1935年。
⑤ 参见张灿《淮南书局研究》第一章之梳理(南京大学硕士学位论文[由笔者指导],2016年,第9—10页)。
⑥ [清]鲍源深《请购刊经史疏》,载《同治中兴京外奏议约编》卷五。

存之地,兵燹之下,几无幸免。"以东南文明大省,士子竟无书可读",太平天国失败三年之后,尚且如此,可见当年破坏之深重。当时士人直称为"二百年来,斯文之运,一大阨焉"①。

中国是历史悠久的文明古国,数千年文化统绪,绵延不坠,积累了浩如烟海的文化典籍,形成了成熟的社会制度与文献传承体系。历史上每次文献浩劫,都能很快得以恢复,浴火重生。这一次,面对数千年未有之变局,面对士子无书可读之困境,有识之士再次挑起了文献恢复与传承的重任。其中坚力量,就是在与太平军作战中崛起的以曾国藩为首的中兴名臣②。

二、早期官书局的创办与中兴名臣恢复文教、传承文献的努力

早期官书局的创办,是地方大员(总督、巡抚、学政等。因以前二者为主,以下简称"地方督抚")的文化自觉行为。地方督抚,以曾国藩、胡林翼(1812—1861)、左宗棠(1812—1885)、李鸿章为首。这与曾、胡、左、李等人处在与太平军作战的第一线,亲眼看见经籍荡然的文化浩劫密切相关。

---

① [清]刘寿曾《送曾相国移督畿辅序》,载《传雅堂文集》卷二,民国二十六年(1937)铅印本。

② 曾国藩等扑灭太平天国,并非易事。亲自拜见过曾氏的容闳指出:"彻底击溃太平军这样一支庞大的叛军,确不是一件容易事。曾国藩受命为最高统帅。为了使他能成功地对付太平军,政府授给他极高权力。七八省的财政收入,都掌握在他手里,听其处理。所有职官任免、地方行政,都听命于他一人。所以在当时曾国藩无论在名义上或实际上,都是最高权威。虽然权力如此之大,但从未听说过他滥用职权,也没有利用财权自饱私囊,或肥其亲友。他不像李鸿章那样给子孙留下四千万银两的遗产,而是身后萧条,政绩没有受到玷污,留下了受人尊敬的正直、爱国、廉洁的美名。他极有才干,却为人谦和;思想开明,却稳健节制。他是一位真正的绅士,一个最典型的贵族。一八六三年秋天我荣幸地接触到的,就是这样一个人物。"([清]容闳《西学东渐记》,王蓁译,中国人民大学出版社,2011年,第80页。)

（一）修《兵略》"以教将材"：胡林翼与武昌书局的创办

最早设局刊书的军政要员，当推时任湖北巡抚、与太平军作战方殷的胡林翼①。咸丰九年（1859），胡林翼在武昌设局，首刊《读史兵略》，目的在于"以教将材"②，为现实需要服务：

> 天下之治，常肇于忧勤。而其乱也，皆由于逸乐。……转移气化之柄，则赖在上者有以防患于未萌。……因条取其言兵者汇编之，以朝夕循览，期牖顽钝……庶几览斯编者，忧世风之日下，而思整武以豫为之防，以无悖于临事而惧，好谋而成之义云尔。③

胡林翼在给友朋及僚属的信札中，也反复申明此意。如与左宗棠书云："天下绝少智略之人，近月发愤著书，取《左传》《通鉴》之兵事地理而编次之。兵书以智略为上，地理以释今为考证。公讲舆地二十年，管兵事又十年，明晰此中之精微者矣。"又与粮台诸君书："梅村所著极佳，此编成，必敬授诸君子各一部，精而熟之，可为帝者师矣。"④"以帝者师"相期，可见胡氏对此书极为自负。

《读史兵略》的刊刻，"始于九年二月朔日，蒇事于十年十二月十二日。编辑者，及门江宁汪孝廉士铎；分辑者，汉阳孝廉胡君兆春、武昌孝

---

① 胡林翼（1812—1861），长沙府益阳县人。道光十六年（1836）进士，官至湖北巡抚，加太子太保。有《胡文忠公遗书》。湘军诸领袖中，胡氏"识量坚卓，志节高远"，实为"精神领袖，灵魂人物"（王尔敏《胡林翼的志节才略与湘军的维系》，《近代史研究所集刊》第七期，1978 年，第 159—186 页）。

② ［清］严树森编《胡文忠公（林翼）年谱》，载沈云龙主编《近代中国史料丛刊》第八辑，台北，文海出版社，1966 年，第 291 页。

③ ［清］胡林翼《读史兵略序》，载是书卷首，《续修四库全书》本（影印清咸丰十一年［1861］春武昌刻本），第 967 册，第 645 页。

④ 梅英杰编《清胡文忠公林翼年谱》卷三，载王云五《新编中国名人年谱集成》第四辑，台湾商务印书馆，1978 年，第 220—222 页。梅村指汪士铎（晋侯，梅翁。江宁人。1802—1889），史地学家，有《汪梅村先生集》《汪梅翁乙丙日记》等。

图 8-1　胡林翼《读史兵略》（武昌书局刻本，1861 年）

廉张君裕钊、独山孝廉莫君友芝、长沙明经丁君取忠、长沙布衣张君华理也。"①胡林翼虽忙于军务，仍亲与其事："当时开局于武昌，节次按寄黄州，故公与文若书，有'披阅节钞'语也。"②

武昌书局所刊书，除《读史兵略》外，还有《一统舆图》《练勇刍言》③，前者为地理之书，后者为兵学著作，都与军事有关；又有《弟子箴言》之刻④，属于劝导弟子向学的书籍。诸书或重军事，或重品行，可知其刊书注重的是教化与现实需要。胡氏殁后，武昌书局还刊刻了胡氏遗集⑤。

---

① ［清］胡林翼《读史兵略序》，第 645—646 页。按：付刻的《读史兵略》采录资料至五代时止，而胡序中说："其宋、元、明三史亦皆告成，将俟续刊之。"可知其原来构拟之规模尚不止此。

② 梅英杰编《清胡文忠公林翼年谱》卷三，第 220—222 页。

③ 参邓文锋《晚清官书局述论稿》所考（中国书籍出版社，2011 年，第 73 页）。

④ ［清］方宗诚《柏堂师友言行记》卷三："东南文字，尽毁于贼，胡文忠在湖北，首开书局，刻《读史兵略》《弟子箴言》。"《续修四库全书》第 540 册，第 568 页。

⑤ 张文虎同治四年（1865）五月十八日记："节相送《益阳胡文忠遗集》来，凡奏疏一卷、守黔书牍二卷、抚鄂书牍四三卷、抚鄂批牍三卷，其首卷则国史本传及年谱也，朝邑阎中丞敬铭所编，刊于武昌书局。文忠忠勇沈毅，干济多方，为节相所推服，读此集可见其概已。"见《张文虎日记》，陈大康整理，上海书店出版社，2009 年，第 39 页。

（二）梓六经"以资诵习"：左宗棠在宁波、杭州等地的设局刊书活动

另一位较早设局刊书的军政要员为左宗棠。曾入左幕的陈其元说："今各直省多设书局矣，而事则肇于左爵相，局则肇于宁波。爵相创军府于严州，严当兵燹之后，田畴荒芜，草木畅茂，遗民无所得食。爵帅于赈济之外，发银万两购买茶笋，俾百姓得采撷于深山穷谷以为资。茶笋制成，扎发宁波变价，往返二次，归正款外，得羡金数千两。爵相以乱后书籍板片多无存者，饬以此羡馀刊刻四书五经。嗣杭城收复，复于省中设局办理，即以宁波之工匠从事焉。苏州、金陵、江西、湖北相继而起，经史赖以不坠，皆爵相之首创也。"①左宗棠自称：

> 不佞少贫嗜学，苦无钱买书，于家塾中得见桂林陈文恭公在湖南刊行"四书"大字本及《五种遗规》，又于亲戚书塾中，得见仪封张清恪公正谊堂汇刻儒先各种书残缺本，辄欣然忘食。厥后抚浙，见歙鲍氏所刻"六经"，较文公大字本为精，遂取刻之。由宁波招致手民，期年告成，今所行之影刻本也。……当兵戈满目、学校颓敝之日，斯文断续之交，顾可坐令坠绪弗理乎？②

又云：

> 照得陕、甘回变以来，古籍销亡，诵习久废，"五经"、四子书坊间素无善本，近并坊本亦购觅维艰。屡据汉、回士民禀求颁发书籍，虽经随时由西安购取散给，既属无多，且坊本讹舛相因，无从校正。因

---

① [清]陈其元《庸闲斋笔记》卷三，中华书局，1989年，第59—60页。
② [清]左宗棠《翁藩司同爵呈赍各种书籍由》，载《左宗棠全集》第十六册，上海书店1986年据清光绪刊本影印版，第13979—13980页。"仪封张清恪公"，指清初名臣张伯行(1651—1725)，字孝先，号恕斋、敬庵，仪封人。康熙二十四年(1685)进士，官至礼部尚书。卒谥清恪。有《正谊堂集》等。

念本爵大臣同治三年戡定浙江时，曾捐廉觅匠，影刊鲍刻"六经"，最为精好，亟应翻刻此本，散布各府厅州县书院乡塾，俾边隅士子于古籍销亡之后，复得善本，以资诵习，庶经正民兴，异时有望也。①

同治二年（1863）四月，左宗棠任闽浙总督兼浙江巡抚，五月即收复宁波，次年一月、二月先后克复严州、杭州。其局"肇于宁波"，盖在同治二年，以刊印四书五经为务；次年迁杭州，刊鲍刻"六经"，刻工仍系从宁波招募者。鲍刻"六经"向称善本，左氏对此书最为乐道，数年后主政西北，还想再度翻刻，以期"经正民兴"。对此书之重视，足证左宗棠对刊刻经典、恢复文教秩序重要性的认同与力行。

（三）砥砺名节，重振士风：曾国藩、国荃兄弟与安庆、金陵书局的创立

纵览近代中国文化史，在设局刊书、传承文献方面贡献最巨、影响最大者，首推被视为中兴名臣之首的曾国藩。不少学者将创办官书局的事业首归于他。如刘声木云："同治年间，曾文正公国藩踵前代南监本、北监本之例，创立官书局。一时如江南、江苏、淮南、浙江、江西、湖北、湖南七处，均设立官书局，刻印四部中要籍，流传甚广。"②净雨也指出："红羊之后，各省官书局先后创立，至今犹多在焉。况周仪〔颐〕《蕙风簃二笔》：'咸丰十一年八月，曾文正克服江南，部署甫定，命莫子偲大令采访遗书。既复江宁，开官书局于冶成山，此江南官书局之俶落也。'"③《清史稿·艺文志》甚至认为，金陵、苏州、扬州、浙江、武昌等五家官书局都由曾国

---

① ［清］左宗棠《札陕鄂粮台翻刻六经》，载《左宗棠全集》第十六册，第14493—14494页。
② ［清］刘声木《苌楚斋续笔》卷三，载其《苌楚斋随笔续笔三笔四笔五笔》，中华书局，1998年，第283—284页。
③ 净雨《清代印刷史小记》，载《中国近代出版史料二编》卷三，张静庐辑，上海群联出版社，1954年，第342页。按："红羊"，洪（秀全）、杨（秀清）之谐音，代指太平天国。莫子偲，指莫友芝（1811—1871），子偲其字，号郘亭，入曾国藩幕。

藩倡导设立①。

同治二年(1863)，时任两江总督的曾国藩，欲重刊清初大儒王夫之的遗书，设局于安庆军械所内，资金则由其弟曾国荃(1824—1890)捐献，"军书旁午之时，文人学者，辐辏安庆，从事校刊"②。曾国荃旋率军围攻天京，刊书事务由曾国藩主持。书局延请名士欧阳兆熊"董其事"，分任校雠的则有张文虎、刘毓崧等十六人，都是一时俊彦。次年六月，曾国荃攻破天京，曾国藩移节署于江宁，书局也随之东迁。据张文虎日记，书局主要人员（包括刻工）于九月十五日乘舟出发，二十一日抵宁后，书局暂封在铜作坊伪慕王府内③。曾国藩《王船山遗书序》(以下简称"曾《序》")中揭示，全书"同治四年十月刻竣，凡三百二十二卷"，前后费时两年而成，即所谓"厄局于安庆，蒇事于金陵"④。曾氏亲与其役，"国藩校阅者，《礼记章句》四十九卷、《张子正蒙注》九卷、《读通鉴论》三十卷、《宋论》十五卷、《四书易诗春秋诸经稗疏考异》十四卷，订正讹脱百七十馀事"(曾《序》)。

曾国藩、国荃兄弟设立书局，首刻《王船山遗书》，其用意有三：

首先是刻全遗书，表彰乡贤。王夫之(而农，姜斋。1619—1692)为清初大家，承宋儒之学，"注《正蒙》数万言，注《礼记》数十万言，幽以究民物之同原，显以纲维万事，弭世乱于未形，其于古昔明体达用、盈科后进之旨，往往近之"(曾《序》)。湖湘学风，向崇程朱，曾氏兄弟对王夫之的学问，极为推服。王夫之著述达一百馀种、四百多卷，身后刊刻的只有二十多种，收入《四库全书》的也只有九种。道光十五年(1835)，其裔孙王

---

① 《清史稿·艺文志》："其后曾国藩金陵、苏州、扬州、浙江、武昌官书局，张之洞设广雅书局。"见赵尔巽等《清史稿》卷一百四十五，中华书局，1977年，第4220页。

② 柳诒徵《国学书局本末》，载《柳诒徵史学论文续集》，柳曾符、柳定生编，上海古籍出版社，1991年，第443页。

③ [清]张文虎《张文虎日记》，第1、3页。

④ [清]曾国藩《王船山遗书序》，载《曾文正公全集》第十六《文集》，第15—16页。据李志茗考证，《船山遗书》始刻于同治二年冬。参其《从倡节义到兴文教》一文，载《社会科学》2010年第10期，第14页。

世全谋刻一百五十卷,"新化邓显鹤湘皋实主其事,湘潭欧阳兆熊晓晴赞成之。咸丰四年,寇犯湘潭,板毁于火"(曾《序》)。曾国藩兄弟以湘军起家,重刻乡贤遗书,自能笼络湖湘子弟。事实上,正是经过曾氏兄弟的大力表彰,王夫之的学问才得以更受重视,广为传播;后来更与顾炎武(宁人,亭林。1613—1682)、黄宗羲(太冲,梨洲。1610—1695)并称"清初三大家"。

其次是弘扬节义,砥砺士气。明清易代,王夫之终身不出,迥出群流之上。曾国藩将其与以气节著称的顾炎武、李塨进行对比:"圣清大定,访求隐逸,鸿博之士,次第登进。虽顾亭林、李二曲辈之艰贞,征聘尚不绝于庐。独先生深闭固藏,邈焉无与。平生痛诋党人标榜之习,不欲身隐而文著,来反唇之讪笑,用是其身长遁,其名寂寂,其学亦竟不显于世。"(曾《序》)在太平军横扫区夏、人心动荡之际,以王夫之学问、人品相标榜,自有砥砺名节、重振纲常之考量。

再次是借以养士,引领士风。曾国藩自组练湘军以来,幕中聚集了大批能士,大者能统兵作战,经营国是,著者如李鸿章;小者亦能办理公务,刊校书籍,著者如张文虎(啸山,天目山樵。1808—1885)。总之,借王夫之遗书之刊刻,曾国藩兄弟实欲崇尚节义,收拾人心,恢复伦常,重振文教。

书局从安庆迁至江宁之初,曾国藩、国荃兄弟既已谋刻经史诸书。张文虎同治三年(1864)九月二十九日记:"同晓岑、壬叔往见沅帅。沅帅愿重刻《十三经》、段注《说文》《史记》《汉书》、胡刻《通鉴》《文选》诸书,举以见属。出至九儿巷,访芋仙不值,回局。沅帅来拜,商刻书事,并辞行。"①所涉诸书,堪称经部、史部、集部的代表作。十月十三日,"节相论刻书章程,谓十三经古注,惟《易》《书》《孝经》不足刻,固然。然相沿已久,不能废,且无他古注完本可补者,不能定也。"②则曾氏兄弟已与书局

---

① [清]张文虎《张文虎日记》,第3页。晓岑指欧阳兆熊,壬叔指李善兰,芋仙指李士棻,沅帅即曾国荃(字沅甫)。
② [清]张文虎《张文虎日记》,第6页。节相指曾国藩。

第八章　晚清官书局与近代文献传承

中人商略章程,讨论图书之版本事宜;也说明战火方熄,曾氏兄弟即致力于刊刻经史,恢复文教。刊书之议,因曾国荃还乡养病、曾国藩事务繁杂,一度进展缓慢。这一时期内,《张文虎日记》中不乏校《毛诗》传笺、《左传》《公羊传》的记载,可知书局实已着手准备。

值得指出的是,设局刊书,是曾国藩振兴文教、安定人心的举措之一。面对百废待兴的局面,曾国藩多措并举,务求尽快恢复统治秩序。时人记云:

> 曾公既克复金陵,立书院以养寒士,立难民局以招流亡,立忠义局以居德行文学之士,立书局校刊四书、十三经、五史,以聘博雅之士;故江浙被难者,无不得所依归。又立普育堂,养妇女幼孩数千人;并立义学,俾令幼童读书无荒嬉。凡妇女矢志守节不嫁者,立清节堂居之。又设医药局,以时施诊治。若绅士被难之家,其妇女则仅登簿籍,令归其家,而朔望给钱米周之——不令入普育堂者,养其耻也。①

曾于金陵书局校书的刘寿曾,在《送曾相国移督畿辅序》中赞曰:

> 乾嘉之间,大江南北,文学称极盛。后起诸儒,挹芳承轨,矢音不衰。洎粤寇难作,名城剧郡,波动尘飞,上天荐瘥,衣冠道尽。宿儒抱经以行,博士倚席不讲。拾樵采梠,惶恤其生。盖二百年来斯文之运,一大陁焉。惟爵相曾公,提兵东征,战胜攻取于羽檄矢石之交,慨然以振兴儒术为己任。当安庆、江宁之复也,公私扫地,百度草创。公于是时,从容整暇,规复讲舍,奏开乡闱,咨访老成魁硕之儒,授馆给饩,延以宾礼;属介弟沅浦中丞表章乡先辈王氏船山之学。公复与爵相李公刊刻经史,衣被庠序。于是士林之气,郁者通,靡者振,忧劳憔悴者感于和平。如披云见日,光景再中;如导海归

---

① 〔清〕方宗诚《柏堂师友言行记》卷三,第568页。

墟,万流仰镜。中兴人文之盛,实赖公牖启而扶持之。①

晚清中兴,曾国藩以其"既勘天下之乱,复昌天下之学"②的作为,对恢复秩序、重振文教,贡献、影响极大,确居首功。开局刊书,佐成其事者,除其弟曾国荃(即文中之"介弟沅浦中丞")外,主要是曾为曾氏幕宾、接任两江总督的李鸿章(即文中之"爵相李公")。具体承担局务者,则是曾国藩等延揽的一批优秀人物,计有孙衣言、李善兰、周学濬、张文虎、刘毓崧、刘恭冕、莫友芝、洪汝奎、钱泰吉、汪士铎、戴望、唐仁寿、成蓉镜、刘寿曾等③。在近代文化史上,以上诸人均卓有贡献④,享有令名,而入局校书,无疑为诸人提供了大乱之后的容身之所、用武之地。

(四) 刊印经史,恢复文教:李鸿章与金陵书局的刊书活动

同治四年(1865)五月,曾国藩奉命北上剿捻⑤,李鸿章继任两江总督。李氏到任后,也以刊印传世文献、恢复封建文教为职志,对书局业务既有承继,也有开新。

首先,接续原有刊书活动,扩大选题范围。《船山遗书》即完工于李鸿章任上。张文虎六月十八日记:"时李宫保欲重刻五经、四书以为童子读本,故分校之。"⑥可见童蒙教育读本,已入李氏视野。

其次,阅定章程,筹措经费。由张文虎所记,可知当时谋划,颇为周详:

---

① [清]刘寿曾《送曾相国移督畿辅序》,载《传雅堂文集》卷二。
② [清]刘寿曾《送曾相国移督畿辅序》,载《传雅堂文集》卷二。
③ 详谢正光《同治年间的金陵书局——论曾国藩幕府中的儒学之士》所考(载《大陆杂志》第37卷第1、2合期,1968年)。
④ 谢正光有《金陵书局诸人著述表》(载《同治年间的金陵书局——论曾国藩幕府中的儒学之士》一文)。
⑤ 《曾文正公年谱》:"(同治四年五月初九日)是日奉上谕:钦差大臣、协办大学士、两江总督、一等毅勇侯曾国藩,现赴山东一带督师剿贼。"(见《曾文正公全集》第二十六,第146页。)据《张文虎日记》,曾氏离开江宁的时间为五月二十五日。
⑥ [清]张文虎《张文虎日记》,第52页。

第八章　晚清官书局与近代文献传承

> 周缦老自李宫保处来，言所拟章程皆如议，准七月初开局。此费出自盐务馀款，每年约可六千金，每月五百金。若用写手六人，发刀十五人，挑清四十人，一日出字六千，一月出字十八万，计刻资二百八十八千，校勘薪水支销外，赢余以为纸料、印工之资，其书发坊货卖，所入亦添作经费，永为常例。

深知刻书匪易的张文虎由衷赞叹道："此举有益人文不少也。"①（周缦老，即周学浚，见下。）

再次，延请周学浚等入局，保留张文虎等精干力量，从事校勘。"傅相肃毅伯李公继督两江，议开书局刻经史各书，乌程周缦云侍御学浚总其事，仍延先生校理。因商定条例，以呈李公，公亟称善。"②周学浚（1810—1858），字深甫，号缦云（张文虎称其"周缦老"者以此），浙江乌程人。道光二十年举人、二十四年榜眼，授翰林院编修。后历任广西学政、国子监司业、山东道御史等官。历练丰富，颇受信用。

李鸿章在任期间，书局刻书不少。张文虎在给曾国藩的书信中，通报了刻书情况：

> 自七月以来，合肥李宫保悯乱后书籍残毁，坊刻经书多误文俗字，童蒙之始，在所宜慎，因即旧局，鸠工开雕善本。文虎缪承缦云侍御引佐校雠之役，先校刊《朱子本义》《吕氏音训》《诗集传》《四书集注》，均已竣事。《伊川易传》初授梓，《尚书蔡传》须俟之明春。其《三礼》《三传》拟用古注，次第刊行，而继之以《史记》《两汉书》《资治通鉴》《文选》。③

---

① ［清］张文虎《张文虎日记·六月廿四日》，第53页。
② 闵荟祥《张先生行状》，转引自《国学书局本末》，载《柳诒徵史学论文续集》，第445页。张先生即张文虎。
③ ［清］张文虎《上湘乡相侯》，见柳诒徵《国学书局本末》，第444页。

已刊之书，全为朱子著作，《易传》《蔡传》均程朱之学，与清廷尊奉程朱理学的既定文化政策高度一致；对史籍、《文选》的刊刻意图，与曾氏全同，可证李效曾后，同以传承文献、恢复文教为己任。

此外，李鸿章于同治四年设有江苏书局，至同治六年，已刊有《小学集注》等书①。

（五）表彰程朱，商量旧学：左宗棠与正谊堂书局的刊书活动

同治四年(1865)十二月，左宗棠平定福建，立即着手从经济、文化等方面恢复既有秩序。次年三月，"乃于会城开蚕棉馆，谕州县增积贮备荒，又以闽中理学之邦，思有以延其绪，设正谊堂书局"②。设立正谊堂书局的直接目的，就是刊刻《正谊堂全书》。该丛书为清初著名循吏、理学家张伯行抚闽时所汇刻，收有程朱学派著述达五十五种，"扫异学之氛雰，入宋儒之堂奥"③，表彰宋学，闽学由是大兴。左宗棠对张伯行非常推崇，早年从事举业时，就读过《正谊堂全书》的一部分，此次重刊，就成为他安抚士绅、商量旧学、恢复文教的重要举措。"兹来清恪旧治，亟询是书，仅存四十四种，而鳌峰书院所藏版片则蠹蚀无存矣。爰择省会文昌宫设正谊堂书局，饬司道筹款，就所存本先付手民开雕，馀俟访寻续刻。书成，散之各府县书院，俾吾闽人士得以日对儒先，商量旧学，以求清恪、文勤遗绪。"④其用意十分明显。为刊书顺利，他还注意招徕人才："近年科举频开，得举者多，谅不乏有志问学之士。其愿入局任分校之役者，各赴署报名，本月十六日取齐，定期十八日面试榜示。取入者月致膏火银五两。本爵部堂判事之暇，亦将来局与同志之士共相讨论，傥不以

---

① 徐苏《江苏官书局考辨》，载《图书馆杂志》1990年第5期，第61页。
② 罗正均《清左文襄公宗棠年谱》卷四，载《新编中国名人年谱集成》第二十辑，台湾商务印书馆，1981年，第25页。
③ ［清］左宗棠《创设正谊堂书局告示》，载《左宗棠全集》第十六册，第14583页。
④ ［清］左宗棠《创设正谊堂书局告示》，第14583—14584页。清恪、文勤，分别是张伯行、蔡世远谥号。蔡世远(1681—1734)，字闻之，号梁村，漳浦县人，人称梁山先生。

时过,不学而弃之乎?"①

书局设立的当年,即刊刻《全书》六十三种,超过了原有规模;后于同治八年至九年,又以正谊堂书院的名义,续刻了包括张伯行所辑《唐宋八大家文钞》在内的五种书。正谊堂书局的设立及《全书》的续刻,体现了左宗棠表彰程朱理学、绍复先儒正统的努力。在中国历史上,左宗棠以公忠体国著称,外御其侮而内平其乱,建省新疆,巩固大好河山;传承文献,延续中华文脉;其人其业,彪炳史册,值得后人表彰与研究。

(六)传承文献,引领风气:早期官书局的特点及其奠基作用

如将上述早期官书局的设立及刊书情况作为一个整体加以考察,那么,下列共性是显而易见的:

其一,书局的发起人或支持者,都是直接领兵与太平军(捻军为其馀波)作战的军政要员,胡林翼、曾国藩兄弟、左宗棠、李鸿章等,莫不如此。作为传统士人的杰出代表,胡、曾、左、李等以显赫的战功,成为中兴名臣,挽狂澜于既倒,振文教于将衰。尤其是曾国藩,一直主持或遥领金陵书局事务,以其设局刊书时间之早、持续之长、质量之精,著称于世,足为名臣中重建文教的代表人物。

其二,设局刊书,是曾国藩等中兴名臣的自觉行为。其原因当是在与太平军作战的过程中,亲眼看见了兵燹之灾给传统典籍、文教秩序带来的巨大破坏作用。作为传统文教体制下培育出来的精英人物,对此惨状,痛心疾首,自然不能袖手旁观。

其三,早期设局刊书的目的,在于砥砺气节、端正人心、培育人才,恢复、重建既有的文教传统。

其四,刻书内容,以军事实务、童蒙读物、传统经史为主,程朱理学一系的著述,受到空前重视。一方面由于程朱理学本来是清廷认可的正统

---

① [清]左宗棠《创设正谊堂书局告示》,第14584页。按:该告示又载于正谊堂书局刊本《正谊堂全书总目》卷首,题"左宫保示",落款为"同治五年五月初十日"。其下即为书局章程。

之学,科举以四书五经为范围;另一方面也由于程朱理学强调正心诚意,敦叙人伦,教化有序,切合时用。

其五,书局业务方面,经费出于自筹,人员主要延请幕僚充当。养士、刻书并举,既能保证质量,又能笼络士人,引领学术风气。

以上几点,实际上奠定了此后官书局刻书的基本理念与原则。设局刻书虽以恢复、重建文教为目的,客观上则承担起近代文献传承的历史使命。时人赞曰:

> 乌乎! 粤寇之兴,天下云扰,曾、胡诸公,左提右挈,卒夷大难,虽当时将帅攀附,多汗马之劳,然所至郡县,即兴学校、讲文艺、崇儒重道,不数年间东南元气逐渐以复,此其纲维国本者,岂不伟邪![①]

结合当时情势,可知这段评论较为公允,符合历史实际。

三、晚清官书局的广泛设立及其对传统文献的刊印

以曾国藩为首的中兴名臣早期自发的设局刊书活动,影响逐渐遍于全国,引起了其他地方主政官员的同调共鸣。同治后期至光绪初期,地方要员纷纷上疏陈情请准,官书局在各省得以广泛设立。其中,江苏学政鲍源深的上疏,最具代表性。

(一)鲍源深《请购刊经史疏》与官书局的广泛设立

同治六年(1867),时任江苏学政的鲍源深,上奏《请购刊经史疏》,要求广开书局,刊印经史。这是一篇非常重要的疏文,既回顾了本朝的文教传统,又指出了当前严峻的需求形势,进而提出合理的措施与建议。这一时期有关设局刊书的奏疏很多,但理据与措施,大都未能超出此篇

---

① 见[清]方宗诚《柏堂师友言行记》卷首序文(题"蓬莱慕玄父"撰),第541页。

第八章　晚清官书局与近代文献传承

之范围,因此,鲍氏此疏堪称代表之作。该疏对了解当时文献传承的状况及朝野共识极为有益,因此照录、分析如下:

疏文首先概括了本朝收藏、颁发、刊印御纂、钦定诸书的传统:"臣伏查学政全书,各省府州县学,向有尊藏御纂、钦定诸书,并于雍正、乾隆初年,迭经奏准,令直省抚藩将颁发御纂、钦定经史诸书,敬谨重刊,并听坊间印售,以广流传;又议准督抚将十三经、廿一史诸书购买,颁发各学收管,令士子讲习等因在案,仰见列圣右文稽古,嘉惠士林至意。"次陈近年兵燹之后,"以东南文明大省,士子竟无书可读"之窘境(参前引),实无以"兴学校而育人才"。再请旨购补,择要刊刻:"臣拟请旨,将殿板诸书,照旧重颁各学。诚恐内存书籍无多,武英殿书板久未整修,亦难刷印。因思由内颁发,不如由外购求。敬请敕下各督抚,转饬所属府州县学,将旧存学中书籍,设法购补,俾士子咸资讲习,并筹措经费,择书之尤要者,循例重加刊刻,以广流传。"复论当前经史书籍之缺乏及刊印之必要:"现在江宁省城,已设局刊刻四书五经,惟所刊皆系学中读本,于经史大部书尚未遑及。窃维士子读书,以穷经为本,经义以钦定为宗。臣伏读世祖章皇帝御注《孝经》、圣祖仁皇帝御纂《周易折中》、钦定《书》《诗》《春秋》三经《传说汇纂》,世宗宪皇帝御纂《孝经集注》、高宗纯皇帝御纂《周易述义》《诗义折中》《春秋直解》、钦定《三礼义疏》,皆阐发精微,权衡至当,足使穷经之士,不淆于众说,得所指归。以上各书,请旨敕下各抚藩,先行敬谨重刊,颁发各学,并遵旧例,听书估印售,以广流传,庶使僻壤穷乡,皆知研求经学。至穷经之外,读史为先。全史卷帙浩烦,现在经费未充,重刊匪易。恭请敕令,先将圣祖仁皇帝御批《通鉴纲目》,高宗纯皇帝御批《通鉴辑览》,敬谨先刊,分发各学,士子读之,已可贯串古今,赅通全史。其馀各书,再行陆续刊刻。"末申经费之易筹及刊书为中兴之盛举:"或疑现在各省经费支绌,筹饷艰难,似购书刊书,无暇遽及。夫勘乱则整武为先,兴学则修文宜亟,况购书刊书经费,每年不过筹饷中百之二三,筹捐尚易,诚令学校经史重完,士子深于经者,窥圣学之原,深于史者,达政事之要,体用兼赅,益卜人才蔚起,于以光列圣右文之治,广皇上

461

治乱交替中的文献传承

教育之仁,岂非黼黻中兴之盛举哉!臣愚昧之见,谨缮折具奏,伏乞皇上圣鉴,训示施行。谨奏。"①

鲍氏此疏,将稽古右文的治统与恢复文教的现实需要紧密结合,情理兼备,足以动人。"士子读书,以穷经为本,经义以钦定为宗","至穷经之外,读史为先",这些观点,应该说代表了当时朝野士大夫的共识。奏疏很快得到批复,从而使各地的设局刊书活动,由早期督抚的自觉行为,上升为统治集团的集体意志,具备了"奉旨刊书"的合法性依据。各地随后纷纷设立官书局,连偏远省份也积极响应,一时蔚然成风。

对近代中国究竟设立了多少家官书局的问题,学界尚无定论。最早的统计仅有十四家②,后来增至二十六家③,最新研究认为有四十馀家④。统计数字所以不同,一方面由于掌握史料多寡不同,另一方面,也由于学界对官书局的认定标准存在差异⑤。应当看到,官书局主要为重建、振兴封建文教而设,任务是刊印、传播传统典籍,实际上为近代中国的自我变革,提供了传统思想文化资源赖以存在的文献基础。因此,刊印传统典籍是判定官书局的必要条件。执此以论,那么,那些虽以官书局为名,实际上则以贩卖其他书局刻书,或者旨在翻译西学书籍而不在刊印传统典籍的机构,并不是严格意义上的官书局。按照这一理路,结合学界研

---

① [清]鲍源深《请购刊经史疏》,载《同治中兴京外奏议约编》卷五。李鸿章《设局刊书折》(同治八年五月二十日):"奏为遵旨设避〔局〕刊书,随时颁布以资实学而广人材,恭折奏祈圣鉴事。窃查接管卷内准礼部咨议,覆御史范熙溥奏:'军务肃清省分,亟应振兴文教,请将所属书院妥为整顿,奉旨依议,钦此。'续又准咨,同治六年五月初二日奉上谕:'鲍源深奏请刊刻书籍,颁发各学一折等因,钦此。'恭录行知,均经前署督臣李瀚章、前抚臣曾国荃商办理。"(载《李鸿章全集》卷十五,第684页。)可知鲍氏此疏当上于五月之前。
② 净雨《清代印刷史小记》,载《中国近代出版史料二编》卷三,第342—343页。
③ 参梅宪华《晚清的官书局》,载《出版史料》1989年第3、4合期,第67—68页。
④ 参邓文锋《晚清官书局述论稿》,第80—103页。
⑤ 王晓霞《晚清官书局研究综述》中指出,对官书局的范围,当前学界存在着三种不同的观点。载《大庆师范学院学报》2011年第2期,第114页。

究成果①,可知以下三十家当无疑议:

表 8-1 晚清官书局一览表

序次	书局名称	地点	创设时间	创设人	备注
1	武昌书局	武昌	咸丰九年（1859）	胡林翼	刻《读史兵略》《练勇刍言》等
2	宁波书局/杭州书局	宁波 杭州	同治二年（1863）	左宗棠	刻鲍刻"六经"
3	安庆书局/金陵书局/江南书局	安庆 南京	同治二年（1863）	曾国藩 曾国荃 李鸿章	刻《王船山全书》《史记》《文选》等。同治三年（1864）迁金陵,光绪初易名江南书局

---

① 除前引各种论著外,本处还参考了以下论文:孔毅《崇文书局刻书始末》,载《春秋》1987年第2期;顾承甫《清末官书局二三事》,载《出版史料》1989年第3、4合期;徐学林《曲江官书局是清末最早的官书局之一》,载《出版史料》1989年第3、4合期;张其中《四川官书局考略》,载《四川图书馆学报》1989年第5期;汪家熔《清末地方官书局》(上、下),载《图书馆杂志》1990年第1、2期;叶农《广雅书局始末及刻书考》,载《出版史料》1990年第2期;孔毅《清代官书局刻书述略》,载《文献》1992年第1期;胡昭熔《湖南书局、传忠书局、思贤书局考辨》,载《出版史料》1992年第2期;方振益《湖北官书局(崇文书局)考略》,载《出版史料》1993年第1期;汪家熔《"直隶官书局"和湖南官书局》,载《出版史料》1993年第1期;刘泳唐《严修创办贵州官书局》,载《贵州文史丛刊》1993年第5期;陈相因《广西官书局始末》,载《广西地方志》1994年第1期;陈邦翔《浙江书局刻书考》,载《书目季刊》2002年第4期;张雪琴《从浚文书局到山西书局》,载《新闻出版交流》,2003年第5期;张磊《张之洞与广雅书局》,载《图书情报工作》,2004年第5期;吴家驹《局本二十四史述略》,载《图书馆理论与实践》2007年第5期;王连浩《云南官书局考略》,载《兰台世界》2011年第2期;胡学彦《清末杭州的浙江官书局》,载《出版史料》2011年第2期;李志茗《金陵书局考辨——以晚清同光时期为中心》,载《史林》2011年第6期;寻霖《清代湖南官书局刻书》,载《图书馆》,2012年第2期;李明勇《贵州官书局出版发行考述》,载《现代出版》,2017年第4期;邢璐璐《直隶官书局述略》,载《濮阳职业技术学院学报》,2018年第6期;梁明青《云南书局、官书局及其刻书考》,载《文献》2019年第1期;石维娜《论陕西官书局的创立》,载《华夏文化》,2019年第1期;王晓霞《书局与政局:京都官书局始末》,载《现代出版》,2019年第2期。

续　表

序次	书局名称	地点	创设时间	创设人	备注
4	江苏书局	苏州	同治四年（1865）	李鸿章	刻《小学集注》《读礼通考》《牧令书辑要》《江苏全省舆图》等
5	正谊堂书局	福州	同治五年（1866）	左宗棠	刻《正谊堂全书》
6	浙江官书局	杭州	同治六年（1867）	马新贻	刻《御纂七经》《新唐书》《二十二子》《王文成公全书》等
7	崇文书局/湖北书局	武昌	同治六年（1867）	李瀚章 曾国荃	刻《说文解字》《明史》《胡文忠公遗集》等三百余种
8	聚珍书局	南京	同治六年（1867）	李鸿章	排印朱批谕旨
9	广东书局/粤东书局	广州	同治六年（1867）	蒋益澧 方濬颐	又称羊城书局。刻《通志堂经解》《钦定四库全书总目》《牧令书》等
10	曲水书局/曲江书局	安庆 常州	同治七年（1868）	吴坤修	刻《孝经章句》《汪子遗书》《乾坤正气集》《半亩园丛书》等
11	福建书局/福州书局	福州	同治七年（1868）	邓廷枏	刻《武英殿聚珍版丛书》等
12	成都书局	成都	同治七年（1868）	吴棠	刻《御纂七经》、前四史、《朱子全书》《八家文》等
13	淮南书局/扬州书局	扬州	同治八年（1869）	方濬颐	刻《全唐文》《盐法志》等
14	陕西官书局/西安书局	西安	同治十年（1871）	左宗棠	又称秦中书局。翻刻鲍氏"六经"，另刻《通鉴论》《史鉴节要便读》《日本政治撷要》等
15	江西书局	南昌	同治十一年（1872）	刘坤一	刻《御纂周易折中》《阮刻十三经注疏附校勘记》《江西通志》《农桑辑要》等

续　表

序次	书局名称	地点	创设时间	创设人	备注
16	传忠书局	长沙	同治十二年（1873）	骆秉章 毛鸿宾	前身为忠义录书局。曹耀湘主持。刻《曾文正公全集》，另有单刻本25部。光绪十七年并入思贤书局
17	湖南书局/省城书局/湘南书局	长沙	同治十三年（1874）		前身为长沙府学尊经阁，同治三年（1864）后一度改称尊经书局。刻有《十三经注疏》《松阳讲义》《亭林诗集》等，丛书两套50部，单刻本68部
18	山东官书局	济南	同治九年（1870）	丁宝桢	刻《十三经注疏》《历代通鉴纂要》《玉函山房辑佚书》等
19	云南书局/云南官书局	昆明	光绪五年（1879）	杜瑞联	刻《御纂周易折中》《御批历代通鉴辑览》《理学宗传》《古文渊鉴》等
20	浚文书局/山西官书局	太原	光绪五年（1879）	曾国荃 阎敬铭	刻《十三经读本》《史记译林》《牧令全书》《近思录集注》《古文辞类纂》等
21	尊经书局	成都	光绪五年（1879）	吴棠 张之洞	附设尊经书院内。刻有《春秋经传解诂》《蜀典》等
22	迪化书局	迪化	光绪五年（1879）	左宗棠	刊"六经"及《千字文》等童蒙读物
23	直隶官书局	保定 天津	光绪七年（1881）、八年（1882）	李鸿章	刻《左传杜林》《畿辅通志》《保定府志》等
24	南菁书局	江阴	光绪十一年（1885）	王先谦	专刻《皇清经解续编》

续　表

序次	书局名称	地点	创设时间	创设人	备注
25	广雅书局/广州/广东书局	广州	光绪十二年（1886）	张之洞	刻《周易解诂》《少室山房集》《离骚汇订四帙》等书，尤以刻《史记索隐》等史籍著称
26	桂垣书局/桂林书局	桂林	光绪十五年（1889）	马丕瑶	"刊六经读本，续刊有关实学诸书"（马氏奏文中称）
27	思贤书局	长沙	光绪十七年（1891）	郭嵩焘 王先谦	由原思贤讲舍刻书处与传忠书局合并而成。刻书86部及《玉函山房辑佚书》一套
28	味经官书局	泾阳	光绪十七年（1891）	柯逢时	刻《十三经》《廿四史》《通鉴》《通考》《通典》《通志》等
29	贵州官书局/资善堂书局	贵阳	光绪二十一年（1895）	严修	刻《四书正蒙三辨》《先正读书诀》《黔书》《续黔书》《书目答问》《算法须知》等
30	存古书局	成都	宣统元年（1909）	赵尔巽 赵启霖	主办人为罗元黼。调尊经、锦江书院版片刻书。刻有《尚书马郑注》《资治通鉴》《朱子全书》《八代诗选》等

就各地官书局设立情况来看，有以下几个特点：

其一，官书局地域分布不平衡。东部省份较多，东南诸省尤为突出。东南为文教重心所在，受内乱兵燹之灾最重，又是最早感知西方军事、经济、文化的巨大冲击的地区。

其二，官书局大规模设立，是在同治后期至光绪中期，确切地说，是在甲午战争以前。此一时期，清廷仍是国家中枢及士人向心力所在，有识之士仍以富国强兵为目标，高倡"中学为体，西学为用"，仍然从传统文化中寻找自强、新政、改良的思想资源。

其三,地方督抚等要员仍是设立官书局的中坚力量。曾国藩、左宗棠、李鸿章等仍继续主持局务,或开设新局;张之洞、丁日昌、马新贻等继起设局,遥相呼应。这与地方督抚实权在握、足以引领士风有关。应当看到,自近代以降,清廷对地方督抚的控制力实际上渐趋减弱,中央刻书已渐无足观。

晚清官书局设置地点不一,时间不一,存续不一,业务范围也各有侧重,但如果把晚清官书局作为一个总体加以审视,那么,历代各种形式的传统文献(包括启蒙读物、学术著作),都成为晚清官书局的刊刻对象,无论是内容,还是质量,晚清官书局都堪称刊印传统典籍的主要机构,是近代史上传承本邦文献的最大功臣。

(二) 晚清官书局以刊印传统文献为主

晚清官书局所刊书籍,遍及四部,经部、史部尤为大宗。

六经是先秦时代王官之学的文教遗存,是封建制帝国政教资源的集中体现,随着儒家地位在西汉的独尊,六经及其解说被确立为艺文之首,成为最重要的文献资源。历代围绕六经而产生的传、说、记、注、笺、疏、正义、集解之作层累式地发展,至中古时期蔚成经部,成为古代中国最重要的文献类别。晚清官书局以恢复文教、传承文献为己任,经部书籍理所当然地倍受重视。同治四年(1865),曾国藩在设局刊书之初,就着手刊印朱子《周易本义》十二卷,次年发雕朱子《诗经集传》八卷、《诗序辨说》一卷、程颐《易经程传》八卷、蔡沈《尚书蔡传》六卷、陈澔《礼记集说》十卷、姚培谦《春秋左传杜注补辑》三十卷,朱子《四书集注》十九卷则刊行于同治十一年[①],用以课举取士的四书五经全在刊刻之列,可见主事者试图恢复原有文教传统的努力。根据《国立中央图书馆筹备处木印部出版目录》,金陵书局所刻经部书还有:《大本四书十一经》《大本四书五经》《小本四书五经》《仿宋相台五经》《周易王韩注》《尚书孔传》《毛诗郑

---

① 参苏晓君《从国图馆藏看金陵书局所刻书》中之统计(载《中国典籍与文化》2010 年第 1 期,第 83—91 页)。

笺》《礼记郑注》《周礼》《仪礼郑注句读》《公羊传》《穀梁传》《御注孝经》《尔雅》《佩文广韵汇编》等①。此后大部分官书局都以刊刻经部典籍作为首要任务,《十三经注疏》《通志堂经解》《古经解汇函》等经解丛书广为刊刻流布。清代汉学鼎盛,官书局也刊印了不少本朝人的经学著作。光绪十一年(1885),时任江苏学政的王先谦设南菁书局于江阴,专门刊刻王氏所编《皇清经解续编》,以绍承阮元《皇清经解》之绪,使清人经解著作蔚成系列。

图 8-2　顾栋高《毛诗订诂》(江苏书局刻本,1896 年)

　　振兴文教,童蒙为先,因此各地书局都重视童蒙读物的刊刻与传播。左宗棠的看法十分具有代表性:"经正民兴,人才从此出,风俗亦从此厚矣。览诸生所陈义学条规,鲜有见及者。须知自洒扫应对至希圣希天,下学上达,皆是一贯。今日入塾童子,先宜讲求《幼仪》《弟子职》,而归重于《小学》一书,方为得之。"②

　　史部文献一向是晚清官书局的刊刻重点,不少书局就以刊印史籍而著称于世,如金陵书局、淮南书局、广雅书局等。金陵书局刻《史记》以至

---

① 参朱建飞《金陵书局研究》,南京大学硕士学位论文(由笔者指导),2017 年,第 90 页。
② [清]左宗棠《平凉县王令启春禀设义学条规由》,载《左宗棠全集》第十六册,第 13966 页。

《南史》十四部正史,又刻《元和郡县志》《元丰九域志》《舆地广记》《太平寰宇记》及《中兴将帅别传》《湘军记》《王船山年谱》《读史竟古编》等史著①。淮南书局地处扬州,因此注重盐务文献与地方文献的刊刻。涉及盐务文献的有《两淮盐法志》《淮南盐法纪略》《淮北票盐志》《淮北票盐续略》等,涉及地方文献的有《广陵通典》《胜朝殉扬录》《扬州水道记》《扬州画舫录》《淮扬水利图说》等②。

广雅书局由两广总督张之洞奏设于光绪十三年(1887),资金充裕,刊印了大量传统典籍,尤以史部为盛。1917年,广东图书馆择其版片尚佳、版式一致者刊为《广雅丛书》,凡经类二十六种、小学类十一种、杂类(大部分属子部书)十七种、史学类九十三种、集部七种。该丛书第一种为清人丁晏的《周易解诂》一卷,书前载有丛书目录,每种均注明版本。兹择其中与《史记》《汉书》有关的著述为例:

表8-2 广雅书局《史记》《汉书》相关著述表

序次	书名	著者	所据底本
1	《史记索隐》三十卷	司马贞	汲古阁本
2	《史记志疑》三十六卷	梁玉绳	清白士集本
3	《史记三书正讹》三卷	王元启	祇平居士集本
4	《史记月表正讹》一卷	王元启	传抄本
5	《史表功比说》一卷	张锡瑜	传抄本
6	《史记注补正》一卷	方苞	望溪集本
7	《史记毛本正误》一卷	丁晏	家刻本
8	《史汉骈枝》一卷	成孺	传抄本
9	《史记天官书补目》一卷	孙星衍	昭代丛书本
10	《史记楚汉诸侯疆域志》三卷	刘文淇	淮南书局本
11	《汉书辨疑》二十二卷	钱大昕	铜熨斗斋本

---

① 参朱建飞《金陵书局研究》,第90页。
② 参张灿《淮南书局研究》,第52—56页。

续　表

序次	书名	著者	所据底本
12	《汉书注校补》五十六卷	周寿昌	家刻本
13	《汉志水道疏证》四卷	洪颐煊	心桨斋本
14	《汉志西域传补注》二卷	徐松	阳湖张琦刻本
15	《汉书人表考》九卷	梁玉绳	清白士集本
16	《汉书人表考校补》一卷	蔡云	家刻本
17	《前后汉书注考证》二卷	何若瑶	何宫赞遗书本

清代为中国古代学术的大整理时期，史学非常发达，班马异同，尤为清代学人所喜论。上表中与《史记》《汉书》相关的著作即有十六种，远较他史为胜。广雅书局刊印史籍，特别重视以下两点：

（甲）以清人史著为主（丛书中只有《史记索隐》为唐司马贞所著，其他92种全为清人著作），不少著作是第一次刊印。

（乙）底本选择面广，既有已刊本，也有未刊本；既有家刻本，也有坊刻本。刘文淇《史记楚汉诸侯疆域志》一种，还选择了淮南书局的刻本作为底本，足见该书局刻本之精，也见出广雅书局的择善而从。

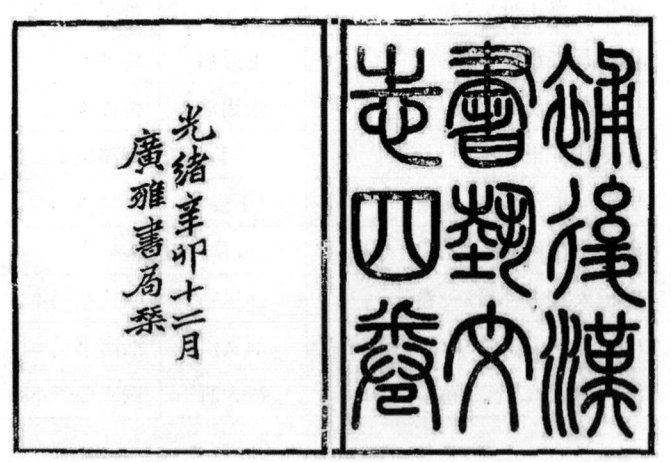

图8-3　侯康《补后汉书艺文志》（广雅书局刻本，1891年）

第八章　晚清官书局与近代文献传承

晚清官书局在刊刻史部典籍方面，还有一件艺林盛事，就是五局合刻《二十四史》。"五局"指金陵书局、浙江书局、湖北崇文书局、江苏书局与淮南书局；《二十四史》即由《史记》至《明史》的二十四部正史，它与《十三经注疏》一起，构成传统经史典籍的两大主干。浙江巡抚李瀚章、江苏巡抚丁日昌、湖广总督马新贻、湖广总督李鸿章，以及直隶总督任上的曾国藩，对五局合刻一事极为珍视，声气相通，共襄盛举，开创了中国近代地方官刻史上合刻典籍之先河①。柳诒徵指出："惟局虽分设，事多协商，故江南先刊四史，湖北踵刻史书，因有分任全史之举。当时督抚和衷共济，又多学者参预其间，综其颠末，不独为书林佳话，亦可见治体之休明。"②合刻本以校勘精审名世，为后世全面点校、整理正史奠定了坚实的基础。

牧令书是专讲为官之道、如何处理政务的一类史籍。清代自嘉道以降，已无康、雍、乾三朝励精图治之气象，八旗鱼烂，吏治废弛，地方官吏面对世变之局，常常茫然失措。曾国藩就任直隶总督后，就在给友人的信中抱怨"直隶吏治极坏"③，而直隶省拱卫京师，向称首善之区。督抚大员主政一方，迫切需要熟悉地方政务的干练之才。时人记云：

> 林文忠抚苏日，常谓僚属曰："吾恨不从牧令出身，事事由实践。"曾文正督两江日，尝曰："作官当从州县作起，才立得脚住。"今士人通籍，多以翰林为荣选，次亦望为六部曹郎，以升途较外吏捷耳。国计民生，不稍留意，虽宰辅何荣。而身为州县者，又往往急催科，缓抚字，瘠百姓，肥身家，案牍付之幕僚，耳目寄之胥吏，阅历利

---

① 具体分工是：浙江书局刻《旧唐书》《新唐书》《宋史》，江苏书局刻《辽史》《金史》《元史》，崇文书局刻《旧五代史》《新五代史》和《明史》，淮南书局刻《隋史》，金陵书局刻馀下十四史。
② 柳诒徵《国学书局本末》，第 449 页。
③ 王媛整理《曾国藩、李鸿章、洪汝奎等致张文虎函札》，载《文献》2009 年第 2 期，第 145 页。

弊,适济奸贪,又不如京朝官之冷署浮沉,不致殃民误国也。①

地方督抚在设局刊书、振起文教之时,讲求"治道"的牧令之书,也成为重视的对象。同治七年(1868),江苏巡抚丁日昌(1823—1882)上疏清廷,恺切痛陈:

> 窃惟国家设官分职,皆以为民,而与民最亲,莫如州县。得其人则治,失其人则乱,自古为然,于今尤急。溯自军兴以来,州县中歧途杂出,流品亦至不齐,虽其中固多可造之才,而平日于吏治诸书,曾未体会,一旦身膺民社,茫然无所持循。凡百工技艺,皆学而后能,岂有亲民有司,不学而能无谬失者! 此循良所以日鲜而民困所由日深。……故今日欲敦吏治,必先选牧令;欲选牧令,必先使耳濡目染于经济致治之书,然后胸中确有把握,临政不致无所适从。②

江苏书局特别重视牧令书的刊刻,如同治八年(1869)春刊竣的《牧令书辑要》一书,节录了顾炎武、于成龙以降六十馀位名儒、循吏之言行、治绩,分治原、政略、持家、用人、事上、接下、取善、屏恶、农桑、赋役、筹荒、保息、教化、刑名、戢暴、备武、事汇、宪纲等十八门,荟萃一书,略等于"为官指南",堪称牧令书的代表,丁日昌因此亲自选评。该局另外刻有《牧令五种》《牧令须知》《秋献集要》《筹济编》《图民录》《实政录》《捕蝗要诀》《蚕桑简明辑说》等。其他书局也重视牧令书的刊刻,如金陵书局刻

---

① 陈康祺《郎潜纪闻初笔》卷八"作官须牧令出身"条(载氏著《郎潜纪闻初笔二笔三笔》,中华书局,1984年,第165页)。"林文忠"指近代名臣林则徐(1785—1850),曾任江苏按察使、江宁布政使、江苏巡抚。

② [清]丁日昌《苏省设局刊书疏》,载陈弢编《同治中兴京外奏议约编》卷五。清廷对此,乐见其成:"同治七年三月初十日内阁奉上谕:丁日昌奏设局刊刻牧令各书一折。州县为亲民之官,地方之安危系之。丁日昌现拟编刊牧令各书,颁发所属,即着实力举行,俾各州县得所效法。"(载苏州书局所刊《牧令书辑要》卷首,[清]徐栋原辑,丁日昌选评,《续修四库全书》本,第755册,第367页)。

有《蚕桑辑要》,崇文书局刻有《荆楚疏修》《蚕桑辑要》《荒政辑要》《救荒补遗》等。

诸子学是古代中国重要的思想源泉,但汉武帝时儒家取得独尊地位之后,其他各家之学即渐趋衰微,从历代传世目录中诸子著作日渐减少的事实,即可发现这一趋势。清代学者对传统文献进行了大规模整理,诸子之学开始有所复苏。近代以降,面对外侮日亟、内乱频仍的困局,变法图强为有识之士所倡导,逞说强辩、务穷其智的诸子学,于是重新成为最重要的思想资源之一。在这种背景下,包括儒家类著述在内的子学著作也进入官书局的刊刻视野,如金陵书局刻有《大学衍义》《读书杂志》《老子章义》,淮南书局刻有《白虎通疏证》《春秋繁露》《孙吴司马法》,思贤书局刻有《荀子集解》《庄子集释》及《玉函山房辑佚书》等。崇文书局刻《百子全书》(又名《子书百家》),较为有名。但最具代表性的,当数浙江书局所刻《二十二子》。该局由被目为"乾嘉考据学之殿军"的俞樾(荫甫,曲园居士。1821—1907)担任总办,精选底本进行校雠,"注重吸收历代学者,尤其是清代诸家整理和研究诸子书的成果,汇编了历代刊本中较有代表性的精校、精注本。有些子书还附录有关参考资料。选目精当,刻印尤善,在这一时期所出版的诸子书汇刻本中,堪称上乘之作。"[①]百年之后,该书仍被翻印,足见其价值。其他类型的子书,也屡加刊刻,如浙江书局即刻有大型类书《玉海》等。

集部典籍也在官书局刊刻范围之内,本朝著述尤其受到重视。曾国藩等在创建书局之初,即谋刻《文选》,至同治八年(1869)刻成李善注本六十卷;此前已于同治五年开雕了两部诗选,即姚鼐《惜抱轩今体诗选》十卷与王士禛《渔洋山人古诗选》三十二卷,开创官书局刊刻集部典籍之先河。姚氏(姬传、梦谷。1732—1815)为桐城派古文的代表人物,王士禛(子真、贻上,阮亭。1634—1711)执清初诗坛之牛耳,他们选编的著述得以刊刻,不难看出主持大局的曾国藩之志趣所在。不少书局刻有名家

[①] 见《二十二子》书前《出版说明》,上海古籍出版社缩印浙江书局汇刻本,1986年,第1页。

别集注本及总集，如浙江书局有《苏文忠公诗编注集成》（苏轼著，王文诰辑），广雅书局有《全上古三代秦汉三国六朝文》（严可均编），思贤书局有《骈文类编》（张廷玉等编）等。

前揭鲍源深奏疏，将刊印御纂、钦定之书放在首要地位。"世祖章皇帝御制《孝经集注》，高宗纯皇帝御纂《周易述义》《诗义折中》《春秋直解》、钦定《三礼义疏》皆阐发精微，权衡得当，足使穷经之士，不淆于从说，得所指归"，请"旨敕各抚藩先行敬谨重刊，颁发各学，并遵旧例，听书估印售，以广流传。"同治帝即谕敕各省督抚实行，又准浙江书局重刊《钦定七经》《御批通鉴》《御选古文渊鉴》等书。今存宣统元年刻本《江西书局价目》中，不仅可见上述诸书，还可见《钦定诗经传说汇纂》《钦定春秋传说汇纂》《钦定书经传说汇纂》《御纂资治通鉴纲目三编》《御纂朱子全书》《御纂医宗金鉴》《钦定武英殿聚珍板程式》《御制劝善要言》等书。从内容上看，这类书以传统经籍为主，虽然在官书局所出图书中所占比例很小，但却是各局"敬谨先刊"的对象，反映了效法圣主、护持正统的取向。

近代以降，国门被迫洞开，国人欲求富国强民，奋起直追，先是追求"师夷长技以制夷"，继而主张"中学为体，西学为用"，学习西方制器之长。在睁眼看世界的过程中，不能不对西方的军事、史政、吏治、教育、外交、科技等方面，做全方位的了解。于是有关西学的书籍，也成为官书局刊刻对象。金陵书局即刻有《重学》《几何原本》[①]。其他如《临阵心法》《万国史略》《日本历史》《日本史纲》《蒙古史》《外国列女传》《英国警察》《日本军事教育编》《西政丛书》《日本师范》《交涉要览》《时务大成》《政治学》《伦理学教科书》《电学》《化学导源》等，都有官书局刻本。不过，刊印传统典籍、传承文献的任务，主要由官书局承担，而翻译西书、引进西学，则主要由江南制造局翻译馆等译书机构承担，构成了近代官刻的两大分野。

---

① 朱建飞《金陵书局研究》，第88页。

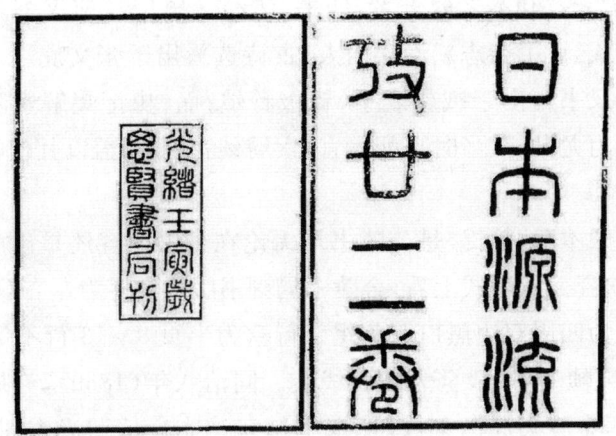

图 8-4　王先谦《日本源流考》(思贤书局刻本，1902 年)

(三)"但求雠校之精审,不问成书之迟速":"局本"的炼成

晚清官书局刻书,虽出于恢复文教、端正士风之急需,而不乏以底本精善、校雠精审闻名于世者,当时号称"局本"①。"诸局之书,皆校刊审慎,人呼为书局板,著于目曰'局本',以地名冠之。"②

虽然各家书局在刊刻质量上,因主持人之眼光、办理经费及人员素质之不同而颇有参差,不能一概而论,但总体说来,局本的确以质取胜,声名远播。前揭广雅书局刊刻的史学丛书,浙江书局刊刻的《二十二子》,都以底本精善、校勘精审而著称于世。如广雅书局所刻书,其底本有写本(稿本、清稿本、钞本)和刻本两个系列,后者又有家刻本、自刻本、原刻本、丛书本、局本、殿本等分别,选择范围涵盖了大部分版本类别③。对写本的刊刻,尤见官书局保存、流布传统文献的作用。

金陵书局成立较早,由于延请著名校勘学家从事其役,质量尤足称

---

① 据孔毅研究,官书局的底本大致有殿本、古籍善本、清人稿本和稀见刊本等,选择比较审慎。参其《清代官书局刻书述略》一文(载《文献》1992 年第 1 期,第 231—245 页)。
② 净雨《清代印刷史小记》,载《中国近代出版史料二编》卷三,第 343 页。
③ 参叶农《广雅书局始末及刻书考》,载《出版史料》1990 年第 2 期,第 110—115 页。

道。柳诒徵云："刊本之最著者,四书、诸经、《史记》《前汉书》《三国志》《文选》、王氏《读书杂志》、渔洋山人《古诗选》,出于张文虎之手;《穀梁》《毛诗》《后汉书》,出于戴望之手,皆极矜慎;而《史记集解索隐正义》一书,文虎用力尤勤。""当时京朝大官,索局刻者纷起,盖以其校刊之精,突过殿本也。"①

"突过殿本"的前提,是金陵书局无论在刻书内容还是出版形式上,都有精心抉择。从版式上看,金陵书局刻书版式大多为左右双边白口单鱼尾,少量为四周双边黑口双鱼尾。行款为半页 9—13 行不等,行 17—25 字。从装帧上来看,全为四孔线装。同治八年(1869),五局合刻《二十四史》,时金陵书局已刻成《两汉书》《三国志》,依照汲古阁本式样刻印,末页均书"金陵书局汲古阁本刊"。各局商定合刻事宜后,均与金陵书局当保持一致。从字体上看,金陵书局刻书字体上统一为流行于清代后期的匠体字。匠体字又叫宋体字,便于书写与雕刻,有助于提高书局的成书速度。其特点是"方、粗、清、匀"四字:"尝论刻板之精者,须兼方、粗、清、匀四字之长。方,以结体方整言,而好手写之则笔画多有棱角,是不仅在体,而并在画中见之;粗则耐于多刷,最忌一横之中太小,一撇之尾太尖等弊;清,则此字不与彼字相混,字遂不与直线拂;匀者,字之大小匀,画之粗细匀,布白之疏密匀。"②可见曾国藩在字体选择上主要考虑耐刷、清楚、不相混淆等实用因素。从用纸上看,金陵书局刻书所用纸有重皮宣纸、大料半宣纸、小料半宣纸、杭连纸、赛连纸、官堆纸等。所用纸张不同,价格自然不同,适应不同层次的文化需求③。

金陵书局所刻《史记》,堪称局本的代表,尤其在校勘是书过程中所确立的校勘理念,极为精要,成为官书局共同遵循的指导原则。能形成这样的局面,张文虎等人的精心校勘,主持者曾国藩的大力支持,缺一不可。

---

① 柳诒徵《国学书局本末》,第 447、448 页。
② [清]曾国藩《致周缦云》,见《曾国藩全集》第 30 册,第 308 页。
③ 本段关于金陵书局刻书形式的论述,参见朱建飞《金陵书局研究》,第 101—103 页。

第八章　晚清官书局与近代文献传承

金陵书局很早就着手《史记》的校勘工作。同治八年(1869)三月,还在直隶总督任上的曾国藩致信张文虎、唐仁寿,中云:

> 《史记》十表尚未刊就,又有四五卷须重刻者,自难迅速竣工。鄙意但求雠校之精审,不问成书之迟速。校勘记若在十卷以外,便恐伤繁,能再求简约,一洗汉学家好多好详之习,乃为尽善,过多则阅者反厌苦矣。①

"但求雠校之精审,不问成书之迟速",可谓掷地有声,体现了曾氏之胸襟与眼光,也为其他官书局刻书讲求质量树立了高标。是年八月,曾国藩再次致信张、唐,信中说:"《史记》旧少善本,此次会合诸家,斟酌体例,当可度越诸本。即成功稍迟,自不必以局外之讥评介意也。"②

据统计,张文虎等校勘《史记》,参校本达十七种之多③,的确做到"会合诸家",所以能"度越诸本"。二十世纪五十年代,国家组织力量点校正史,《史记》的底本就采用了金陵书局的本子。在以中华书局编辑部的名义写成的《点校后记》中,开篇就说:

> 《史记》版本甚多,史文及注文往往各本大有出入。我们不用比较古的如黄善夫本,也不用比较通行的如武英殿本,而用清朝同治年间金陵书局刊行的《史记集解索隐正义合刻本》(简称金陵局本)作为底本,分段标点,因为这是一个比较完善的本子。④

这个评价,恰如其分,代表了今日学界对官书局优秀刻本的认可。如果说刊印内容广泛,以经史为主,遍及四部,满足了"量"的要求,那么,

---

① 王媛整理《曾国藩、李鸿章、洪汝奎等致张文虎函札》,第145页。
② 王媛整理《曾国藩、李鸿章、洪汝奎等致张文虎函札》,第147页。
③ 邓文锋《晚清官书局述论稿》,第213页。
④ 点校本《史记》附录《点校后记》,中华书局,1959年,第10册,第1页。

精选底本、精心校勘,就满足了"质"的要求。在中国学术史、文化史上,以金陵书局为代表的晚清官书局,正以此奠定了近代文献传承的品质基础。

四、"平值售书",以广流传:晚清官书局文献传播的途径与策略

晚清官书局属于地方官刻,最重要的属性是"官"办,根本任务在于恢复并重建既有的文教秩序,为实施新政、变法维新等自改革运动提供传统思想资源的支持。在地方督抚及其幕僚的主持下,官书局资金较为固定和充裕,这就决定了在图书刊印、文献传播、图书发行等方面,确立了不以赢利为目的的原则,通过官方、市场两大途径,使图书得以快速流布、传播。这是其迥异于其他刻书主体(尤其是坊刻)的显著特点。

(一)官方途径

官书局的官办性质,使其在文献传播方面具有官方的发行渠道,概括起来,无非上行、平行、下行三种方式。

1. 上行方式

主要是进呈,即上呈皇帝或上缴中央机构。光绪二十年(1894),翰林院侍读王懿荣上奏:"曲阜衍圣公府自近岁不戒于火,旧藏书籍图箓焚毁一空,现在各直省设立书局,以官钱刻书者,三十年来,珍籍善本,灿然大备。除以初印精椠一分解送翰林院,敬备皇上取进御览,一分解交国子监,充备肄业诸生传习外,可否恳恩饬下各直省督抚有书局者,无论新旧诸刻本,亦以一分解交山东巡抚转行曲阜,作为恩赐,衍圣公孔令贻敬谨储藏,以为诵法之资。遇有新刻,陆续咨解。"[①]可知各书局新刻解送

---

① [清]王懿荣《重疏前请整理孔子祀田并清查地产疏》(光绪二十年十一月初四日),载《王文敏公遗集》卷三,《续修四库全书》本,第1565册,第160页。

翰林院、国子监为定例。光绪二十七年，礼部、政务处会奏变通科举章程："闱中备考书籍，均系钦颁，间有调阅，随时坊间购置。礼部向存书库，卷帙纷繁，兵燹之馀，全行散失，现又改试策论，讲求中国政治史事，及各国政治艺学，所需书籍尤多。查同治年间，江南、浙江、湖北、广东省，曾将各种书籍，设局刊版，流传已久；所有场中备用各书，拟由礼部开单，咨取江南、浙江、湖北、广东各省官书局，照单咨送。"①光绪二十九年，谕令江宁、江苏、江西、浙江、湖北、广东、四川等省督抚，将官书局刊刻书籍择要刷印，进呈御览。湖广总督端方，一次就上呈湖北书局所刻一百一十六种书②。

2. 平行方式

主要是咨调，在各地官府机构与各官书局之间进行。例如，"同治十年(1871)七月，立江南盐巡道。孙公衣言以江宁士子寒畯者多难于得书，请于总督曾文正公，取江宁、江苏、浙江、湖北四书局新刊经籍，每部四分，藏于惜阴书院，凡本籍士子，得诣书院借读，事领于官而簿钥出纳则绅士掌之。"③前揭王懿荣奏请将各直省书局刻书解送一分到山东曲阜，也属咨调。光绪十五年(1889)，马丕瑶上奏，请将江南、浙江、广东、湖南、湖北、四川等局所刊经史各本，"每种刷寄十部"，分发各府厅州书院，"妥议章程，俾士子获资借阅。""得旨，如所请行"④。两年后，"两江督臣咨送书三十二种"，江苏六十五种，湖北一百七十三种，湖南十六种，

---

① 《会奏变通科举章程》，载《中国近代出版史料二编》卷一，第65页。
② 端方《进呈书籍折》颇具代表性，兹录其奏文如次："奏为遵旨进呈书籍恭折仰祈圣鉴事：窃臣于光绪二十九年闰五月二十日承准外务部个电内开军机大臣面奉谕旨：'所有江宁、江苏、江西、浙江、湖北、广东、四川各省官书局刊刻书籍，着各该督抚择要刷印进呈，钦此。'钦遵电寄前来。伏查湖北官书局设自同治初年，历年刊刻，类多经史有用之书，当即札饬该局，将所刻书籍择要刷印两分，兹已装订成帙，计书一百一十六部，共二百零七函，委员赍解，赴京交纳，恭呈御览。"(载《端忠敏公奏稿》卷三，沈云龙主编《近代中国史料丛刊》第十辑，台北，文海出版社，1967年，第330—331页。)末附有清单。
③ 〔清〕汪士铎等纂《(同治)续纂江宁府志》卷六《实政》"劝学官书局"条，《中国地方志集成》本(江苏府县志辑第二种)，江苏古籍出版社，1991年，第53页。
④ 马丕瑶奏文，载《光绪朝东华录·光绪十五年十二月己亥》，总第2700—2701页。

浙江二十种，广东六十七种，江西一十八种，"裒集群籍，蔚为大观"，"凡艺林承学之士所当家弦户诵者，固已灿然美备，即名物象数，专门著述，亦颇并蓄兼收"①。光绪二十二年，李端棻奏请推广学堂，建设新政，"今请依乾隆故事，更加增广，自京师及十八行省省会，咸设大书楼，调殿板及各官书局所刻书籍，暨同文馆、制造局所译西书，按部分送各省以实之"，"古今中外有用之书，官书局有刻本者，居十之七八。每局酌提部数，分送各省，其费至省，其事至顺，一奉明诏，事即立办。而饷遗学者，增益人才，其益盖非浅鲜也。"②

3. 下行方式

主要是颁送，即广泛地颁送本地书院、学校。李鸿章《设局刊书折》："俟各书刻成之日，颁发各学书院，并准穷乡寒儒、书肆、贾人随时印刷，以广流传。"③可见，为了扩大传播范围，官书局还允许私人刷印刻成之书。前揭鲍源深《请购刊经史疏》中，已要求"请旨敕下各抚藩，先行敬谨重刊，颁发各学，并遵旧例，听书估印售，以广流传，庶使僻壤穷乡，皆知研求经学"。

（二）非官方途径

官书局虽以振兴文教为己任，不以赢利为目的，但校雠、刊印书籍，毕竟需要投入大量的人力、物力，费时经年，奏功匪易，如果没有雄厚的财力作后盾，势难持久。上述官方渠道的流通，虽能快速传播，扩大影响，但从经营的角度来看，大都是无偿送出或折价售出，势难保本。因此，通过向社会发售，以回收部分成本，维持正常运转，就成了各书局的必然选择。不过，与书坊旨在射利不同，官书局设立的宗旨，决定了在售书时定价较有节制，遵循的是"平值售书"的原则。

---

① 马丕瑶奏文，载《光绪朝东华录·光绪十七年二月壬戌》，总第2855页。
② [清]李端棻《奏请推广学校设立译局报馆折》，载《中国近代出版史料二编》卷一，第6页。
③ 载《李鸿章全集》卷十五，第685页。

第八章 晚清官书局与近代文献传承

曾国藩等人开创的金陵书局设置较早,"平值售书"的原则也由该局最先确立。汪士铎主纂的《续纂江宁府志》对此记载较详:"同治三年(1864)四月,总督曾文正公与弟今山西巡抚威毅伯刊《王船山遗书》,立局安庆。江宁收复,移局东下,初设于铁作坊,后移江宁府学之飞霞阁,延请绅士一人督理局事,提调道府一人佐之,并延四方绩学之士分任校勘,稽工匠之勤惰,遴长者授以事。书成,平其值售之。"①这一做法,同样为其他书局所采用,成为通行的原则。如淮南书局:"同治四年,署盐运使李宗羲开养贤馆,以收恤寒畯。八年,盐运使方浚颐议设书局,整理旧存盐法志及各种官书残版,刊布江淮间耆旧著述,即延馆中士人至局校理,其经费仍于裁减成本项下开支。书成,平其值售之。"②

"平值售书"是一种理念,只是一种理想状态,实际操作中难免会有所偏离。有的书局一旦发现估价过高,则立即予以纠正。江苏书局的售书目录中就有一个生动的例子③。

官书局图书销售的方式,有书局自售和书肆代售等。

(1) 书局自售。各书局都有出售自己刻书的,有些书局即设有专门售书的官书坊。少数无力刊刻书籍的官书局,则专以运售其他官书局刻书为务。例如,山东书局堪称是各省官书局的分销处,经销本局书有经

---

① [清]汪士铎等纂《(同治)续纂江宁府志》卷六《实政》"书局"条,《中国地方志集成》本第52—53页。按:该志刊竣于光绪七年(1881)。汪士铎曾入胡林翼幕修《读史兵略》。

② [清]谢延庆等修《(光绪)江都县续志》卷十六《学校考第六》"书局"条,《中国地方志集成》本(江苏府县志辑第六十七种),江苏古籍出版社,1991年,第227页。

③ 《江苏书局各书价目》载:"头品顶戴江南苏州等处承宣布政使司布政使邓,为晓谕事:案据内阁中书炳孙等呈请核减书价以惠艺林等情,当经行局议禀在案。兹据该局提调禀称,向章凡书刻成,均按每部需用纸张数目估计工本,酌加板息二成拟价。查板息系抵支局用工费之项,兹奉饬议减,惟有将板息减去一成。请自三月起,凡售各书,悉照前价九折。禀请查夺,前来本司查核。所议照旧价九折,与江宁、浙江书局刊行书价比较,均属有减无增。除批饬准行外合行晓谕,为此示,仰士商人等知照。嗣后书籍出售,悉照此次所刊折实、新订价目为凭。毋违特示(《古逸丛书》一种仍照原码不扣)。光绪十九年三月初一日示。"该目内页又名《江苏书局重订核实价目》,江苏书局编,清光绪十九年(1893)刊本。该目经部有书36种,史部61种,子部28种,集部36种,另有寄售书目13种。

部二十八种、史部九十四种、子部三种、集部八种①。光绪七年(1881),直隶总督李鸿章在天津设立官书局,"饬备成本,购运各省新刊书籍,设局照本发售,俾北方寒士,增广学识"②。山西官书局因经费不足而自身暂停刻书,专门购销其他书局刻书。

(2) 书肆代售。官书局所刻书刊刻精细,品质较好,又"平其值以售之",因此销路很好,书商均愿经销。孙殿起在北京经营通学斋书店,贩卖古籍数十年,就经销过官书局的图书。在其《贩书偶记》中,就记录了官书局所刻清人著述一百一十六种(该书著录严格,版本重复者不录)。其他机构也有代售者。光绪二十一年(1895),上海强学会欲"开大书藏",以"广考镜而备研求","其各省书局之书,皆存局代售"③。

(3) 批发。如广雅书局的书,"惟政府(备正式公文)咨调,坊间批发,九折计算。"④

以上仅就发行途径而言。此外如私人购买并相互转赠、传抄、借阅,所在多有,无疑使局本有了更广泛的传播。

(三) 灵活多变的流通策略

为振起文教,扩大影响,快速流通图书、传播文献,以与书坊乃至其他书局相竞争,不少官书局采取了灵活多变的文献流通策略,以满足不同层次的需要。在保证质量的前提下,行款、装订、用纸、售价方面都力求有所变化。以下是江苏书局几种图书的售书价目⑤,可见一斑:

---

① 据朱士嘉《官书局书目汇编》,中华图书馆协会,1933年铅印本。
② [清]沈家本等修《(光绪)重修天津府志》卷二十四《公廨》"官书局"条,《续修四库全书》本,第690册,第503页。
③ 康有为代张之洞撰《上海强学分会序》,下附《强学会章程》,载《中国近代出版史料初编》卷一,张静庐辑注,群联出版社,1954年,第39页。
④ 见朱士嘉《官书局书目汇编·附录》。
⑤ 见江苏书局编《江苏书局各书价目》。

第八章　晚清官书局与近代文献传承

《司马温公书仪》　每部一本
　　　　　　　　　连史纸　　　　每部足制钱　　壹佰玖拾肆文
　　　　　　　　　毛太纸　　　　每部足制钱　　壹佰贰拾肆文
《读礼通考》　　　每部三拾贰本
　　　　　　　　　连史纸　装　订　每部足制钱　伍千肆佰玖拾文
　　　　　　　　　　　　不装订　　　　　　　　肆千捌佰陆拾文
　　　　　　　　　赛连纸　装　订　每部足制钱　伍千贰佰贰拾文
　　　　　　　　　　　　不装订　　　　　　　　肆千伍佰玖拾文
《江苏全省舆图》　每部三本连夹板
　　　　　　　　　料半纸　着　色　每部足制钱　肆千文
　　　　　　　　　连史纸　不着色　　　　　　　贰千文

可出看出，纸张差别、装订与否、着色与否，都是决定售价的因素。甚至开本不同，售价也会随之改变。如江西官书局的《资治通鉴纲目三编》：

　　六裁官堆纸　一两七钱三分
　　八裁官堆纸　一两四钱三分
　　六裁吉连纸　一两一钱三分
　　八裁吉连纸　九钱五分①

如果同一种书为不同的书局刊刻，售价往往各异。尤其是四书五经，受科举体制的影响，几乎每家书局都有刊刻。直隶官书局运售各地官刻、私刻图书，为各官书局之间及书局与书坊之间"同台竞技"提供了平台。以下根据《直隶官书局运售各省官刻书籍总目》，略举两例：

---

① 见《直隶官书局运售各省官刻书籍总目》，直隶官书局清末（1905年后）刻本。

表8-3 直隶官书局运售价目表

书名	书局或书坊	纸质	定价
《四书读本》(六本)	江南局	官堆纸	五钱
	江苏局	连史纸	七钱六分
		官堆纸	五钱六分
		毛太纸	四钱六分
	湖北局	竹连纸	八钱
		官堆纸	七钱三分
	江西局	官堆纸	五钱五分
		吉连纸	四钱二分
	李光明	官堆纸	六钱四分
	浙江局	官堆纸	四钱
《易本义》(二本)	湖北局	竹连纸	三钱二分
		官堆纸	二钱七分
	江西局	官堆纸	二钱一分
		吉连纸	一钱五分
	江南局	官堆纸	二钱四分
	江苏局	官堆纸	一钱九分
	李光明	官堆纸	二钱四分

据该目前录公文及凡例,各书定价是在原价基础上,折合运输成本在内,并加利一成,主事者自称"得利甚微"。从上表可以看出,各局同等纸质书籍的售价,与当时著名刻书字铺李光明庄所刻童蒙读本大体持平,甚至更为低廉。

为扩大销售,有的书局还出台了一些优惠措施,进行打折或颁发优待证。如山东书局销售章程所载:"凡持有长期优待证者,一律按定价八折。如购书书价超过二百元者,即无优待证,亦照八折。满一千元者,折扣随时商定。"①许多书局还将本局书目低价售出或免费随书附寄,也有利于扩大影响。

光绪八年(1882),总理海防支应总局在天津问津书院,集中展销各省官书局书籍:"总理海防支应总局奉爵阁督宪札饬筹备成本,购运南省官书来直,原价发售,以惠士林。现择问津书院设局发卖,已将各省官书局书籍一律运齐安放,并于局内悬挂总书目、售书章程,又留存刊就总书目一本,所有价值照南省十足制钱,划一不二,定于二月初九日开售。士子欲买购,到本局查阅书目,照章付钱,取书无误。其各府州县尚未由地方官运书发卖者,各士子亦可转托亲友赴津购买。光绪八年二月告示。"②通过这个告示可以知道,各书局均有售书目录与章程,主办者还汇有总目;各府州县地方官运售局书,也成为日常事务之一。这次展销,实具后世书展、书市的性质。

五、晚清官书局与近代文献传承

近代中国处在急剧变革的时代。面对进行工业化的西方列强碾压式的科技与军事优势,如何改良、改革,以转向、适应新的世界秩序,让古老的国度焕发活力,是传统中国需要面对的时代课题。欲完成自强维新、救亡图存的历史使命,不得不分途为二:一是学习西方,寻求制器之法、变革之道;二是取法古人,从传统中寻找因革损益的文化资源。即使面对西方的器物制度,中国知识阶层仍然从既有的知识体系出发,逐步认识、理解与接受③,作为理论建构与道路抉择的基础。既有知识体系

---

① 见朱士嘉《官书局书目汇编·附录》。
② 张焘《津门杂记》卷中"官书局"条,沈云龙主编《近代中国史料丛刊》第五十七辑,台北,文海出版社,1970年,第123—124页。按:这次展销,实际上就是前揭李鸿章饬命设局售书的后续行为。
③ 王尔敏指出,"当西方知识器物传入中国,朝野士大夫恒以其固有的知识基础,从事了解说明和批判讨论","本着固有观念抽绎其理论系统"。(见氏著《晚清政治思想史论》,广西师范大学出版社,2007年,第2、5页。)

治乱交替中的文献传承

的文化基础,就是传统文献,主要通过官书局的刊印活动而得以巩固。在地方督抚及其幕僚的主持与推动下,晚清官书局刊印、传播了大量传统文献,成为近代文献传承的主要承担者。通过士大夫的口耳相传,通过局本的广泛流布,通过与中央官刻、坊刻的对比,通过与翻译、出版西学书籍的对比,我们不难得出这一结论。

官书局所刻书,以校勘精审,颇受朝中大臣青睐。曾国藩任直隶总督时曾致信马新贻,要求寄赠金陵书局所刻前四史:

> 本年正月,宝佩蘅索赠此书,弟许以不久寄赠。枢廷诸公,同声索取,亦皆允许。恭邸笑曰:"但须寄函谷帅,便无不了之愿。"将来敬求阁下留意,装订五部,由洋船寄来敝处。①

宝佩蘅指宝鋆,恭邸指恭亲王奕䜣,均为满洲亲贵,中兴名臣。此条史料,足以说明官书局所刻书在京师上层所受欢迎程度。

官书局所刻书,复以质美价廉,流播全国,乱后"经籍荡然"的局面渐为改观,传统文教基本得到恢复。光绪十七年(1891),马丕瑶上奏云:

> 发、捻之乱,烽火遍诸行省,海内藏书毁失不少。荡平以后,曾国藩、李鸿章、左宗棠等,皆孳孳以此为务,所至辄设局刊书。二十馀年,网罗散佚,渐复旧观。②

"渐复旧观",正是文教恢复后的景象。光绪二十二年,李端棻在奏折中,极赞官书局:

---

① [清]曾国藩《复马谷山制军函》,载《曾文正公书札续钞》,见《曾文正公全集》第二十种,第146页。"谷帅",指马新贻(1821—1870),谷山其字。
② 载《光绪朝东华录·光绪十七年二月壬戌》,第2856页。

第八章　晚清官书局与近代文献传承

　　古今中外有用之书，官书局有刻本者，居十之七八。每局酌提部数，分送各省，其费至省，其事至顺，一奉明诏，事即立办。而饷遗学者，增益人才，其益盖非浅鲜也。①

"古今中外有用之书，官书局有刻本者，居十之七八"，不无夸饰，但足见当时士大夫对官书局刻书之赞誉。又时人评浙江书局所刻书，有云："中兴而后，各行省创设官书局，延揽通人，搜罗善本，士生其间，诚哉厚幸。浙江之有官书局，始于同治六年，迄今三十载，镂板二百馀种，率古书之切要者。校字精而定价廉，读者便之。光绪七年以来，复累减书价，嘉惠寒畯，意美法良矣。"②不过，由于追求价廉，难免出现部分刻书行数、字数较密的情况。

光绪十六年(1890)江苏书局有一份抄本，记录了江苏官书坊两个月的销售记录。该坊闰二月份"新收"湖北、扬州、浙江三家书局的图书122种，三月份134种，而当月"开除"的数字也相同。每月销售以上百种计，可见其盛况③。

清代文化繁荣，出版发达，官刻、坊刻、家刻鼎足而三，共同承担起刊刻图书、传承文化的重任。近代兵燹使东南数省文教传统遭受重创，坊刻、家刻一蹶不振。此后虽有恢复，无论质量、数量，都很难与局刻抗衡。清代中央官刻原本极盛，尤以武英殿刻书闻名天下，但嘉道以降，刻书渐少，近代以来，人才、资金缺乏，管理不善，版片日损，同治八年(1869)又遭大火④，武英殿基本上无力刻书。光绪二十七年(1901)，礼部、政务处

---

① [清]李端棻《奏请推广学校设立译局报馆折》，载《中国近代出版史料二编》卷一，第6页。
② [清]许家惺《变通浙江官书局章程议》，载《经世报》1897年第7期。
③ [清]诸可宝辑《光绪十六年闰二月分官书坊收售各书数目四柱清册》，清光绪十六年(1890)江苏书局手抄本。
④ 参杨玉良《武英殿修书处及内府修书各馆》，载《故宫博物院院刊》1990年第1期，第3页。

会奏变通科举章程时还说："闱中备考书籍，均系钦颁，间有调阅，随时坊间购置。礼部向存书库，卷帙纷繁，兵燹之馀，全行散失。"①对比而言，传统文献的刊刻、流布与传承，基本上依赖各省官书局来完成。

由于官书局所刻之书分散各地，学界虽有不少个案统计，而各局刊刻之图书总量尚无法精确得出②。1930年，朱士嘉将江南、淮南、江楚、江苏、浙江、山东、湖北、广雅等局书目辑成《官书局书目汇编》，共收录2934种（其中由山东书局经销的局本即有1290种）。由于该目只统计了八家书局的情况，因此并非全貌。根据此一统计，即使是保守推算，官书局的刻书也至少在三千种以上。在灾难深重、左支右绌的近代中国，有此成绩，殊为不易。

近代中国为自强新政、救亡图存，不得不向西方学习，因此，译介、出版西学书籍，构成了近代文化史上另一大出版潮流。据统计，自1860至1900年，共出版西学书籍555种；1900至1911年，共出版西学书籍1599种，合计2154种③。这个时段，与官书局的出版活动时间大致相同，且官书局也开展了出版西学书籍的业务；但西学书籍的出版数量，远不及官书局刊印传统典籍的数量。两相比较，晚清官书局刊印传统文献的活动，仍然是近代出版活动的主流。值得注意的是，晚清官书局对传统文献的刊印与传播，主要集中在光绪庚子年（1900）以前，此后即渐趋式微；而西学书籍的翻译与出版，则在庚子年之后呈加速态势。因此，光绪庚子年堪称是近代出版史、文化史上的转折之年。升降转易之机，在

---

① 《会奏变通科举章程》，载《中国近代出版史料二编》卷一，第65页。

② 据学者统计，金陵书局至少刊有76种（李志茗）、广雅书局近300种（叶农）、崇文书局有300馀种（孔毅）、湖南书局118部、传忠书局25部、思贤书局86部（胡昭熔）、浙江书局有251种（陈邦翔。以上各家论文见前注）。江苏书局有206种，聚珍书局25种，南菁书局有209种，味经书局81种，江西书局172种，桂垣书局172种（以上六家据邓文锋《晚清官书局述稿》，第226—227页）。以上十三家，合起来超过2000种。

③ 熊月之《西学东渐与晚清社会》（修订版），第8—12页。另一个统计结果是："从1811年马礼逊在中国出版第一本中文西书，到1911年清朝统治结束，首尾100年，中国至少翻译、出版西学书籍2293种。"（同书，第12页。）

于戊戌变法失败、八国联军侵华给国人带来的强烈刺激。从此,改换天地的民族革命取代温和渐进的变法、改良,普世流行的民主、共和取代专权独裁的封建帝制,时代潮流,浩荡向前。时移势易,官书局已失去进一步开展业务的条件与动力。

晚清官书局毕竟是地方官刻机构,具有传统官僚机构不可避免的缺点,在人员安排、经费筹措、刊书内容等方面,过分依赖地方督抚等大员,主事者之眼光、好恶、学术水平、政治前途等,对刻书影响极大。在技术手段的应用上,不少官书局仍以传统的雕版印刷为主,从而失去书价上的优势。几种因素叠加起来,遂使不少官书局在末期陷入尴尬的境地①。光绪后期及宣统时期,清廷黯弱,政局日颓,官书局的刊书活动因此日趋式微。辛亥革命后,帝制瓦解,官书局赖以生存与维系的体制不复存在,振兴封建文教的使命于是终结②。

综上所论,在近代中国内外交困,救亡图存成为时代主题的历史背景下,晚清官书局因曾国藩等中兴名臣的文化自觉与大力扶持而得以广泛设立,为恢复、振兴封建文教而刊刻了大量传统典籍,且以质精价低的优势,使图书得以广泛传播与流通,从而为近代中国教育、自强及改良运

---

① 1907年,《云南》第六号上刊载了一则题为"云南官书局之可恶"的文字:"官书局之设,原以普利士林,非以渔利也。今吾滇官书局所售之书,价昂于坊间,士林罕向该局购取者,不知办事者是何居心?"(第12页)可为这种尴尬提供一个例证。

② 官书局终结方式不一,而衰落、改制及消失的趋势是一致的。兹以淮南书局、江苏官书局、金陵书局为例。光绪二十年(1894),戊戌变法,两江总督刘坤一上奏裁撤金陵、淮南书局。淮南书局于光绪二十六年停止刻书、售书,一应物什移交淮南总局。光绪三十三年,书局相关业务并入江楚编译局,至此淮南书局不复存在。(以上详张灿《淮南书局研究》,第44—45页。)江苏官书局于光绪二十四年遭到裁撤,归并为江苏官书坊,不再刻书;1914年并入江苏省立第二图书馆。(详张娟《江苏官书局研究》,河南大学硕士学位论文,2016年,第11页。)至于金陵书局,已于光绪初年易名江南书局。光绪二十九年(1903),由江楚编译局兼管。宣统元年(1909),改为江苏通志局。宣统三年,通志局与江南图书馆隶属同一总办,统一管理。清亡以后,转为中央大学区江南书局。1933年,所存书版由国立中央图书馆接管。抗战期间,书版毁于汪伪军队。(详朱建飞《金陵书局研究》,第44—47页。)

动,奠定了传统思想文化的文献基础,并因此成为近代文献传承的主要承担者,足称保存传统文化典籍的功臣①。官书局的出版事业,由此成为近代文献传承之"最良事业"②。

---

① 朱士嘉已称官书局是"传布文化、普及教育的无名英雄"(见《官书局书目汇编·引言》)。

② 刘声木云:"(官书局)刻印四部中要籍,流传甚广。平时人视之,若不甚措意。日本那波利贞撰《燕吴载笔》□卷,中言中国各省设立官书局,叹为文化设施之最良事业,甚为歆美。"(见刘声木《苌楚斋续笔》卷三,载《苌楚斋随笔续笔三笔四笔五笔》,第283—284页。)

结　论

作为文化昌盛、欣欣向荣的文明古国，中国拥有数量极为惊人的古代文献，是先民生活实践、思想智慧、审美情感的载体与结晶，是今日中国奋力前行的重要力量源泉。从孔子开始，中国知识阶层就以天下为己任，在"文献足征"的文化理想之下，积极致力于文献的生产与传承。虽然迭经磨难，乃至濒于灭顶之灾，古代文献依然能够在治乱交替的历史长河中，多次浴火重生，斯文赖以不坠，文化得以传衍。其中奥秘在于，作为知识、思想与记忆载体的古代文献，具有强大的文化内驱力，其核心典籍与文化架构，在历代研习、注解、新纂中不断实现代际传承。在集权体制下，掌握最高权力的历代帝王，从维护、巩固其统治地位、加强思想控制出发，必然重视文化建设，挟"乾纲独断"的"人主之威"而建构同本朝政治体制相适应的文献体系，从而成为文献恢复、整理、编纂与传承的有力推动者。唐初诸史、宋初四大书、明代《永乐大典》、清代《四库全书》等，都是由帝王直接推动纂修的文化巨献。作为社会精英，以士人（士大夫）为主的知识群体，则是古代中国研习文献、传承文献以及生产文献的主体力量。

汉代刘向、歆父子受成帝之命领校图书，在中国文化史、学术史上影响极为深远。向、歆父子对先秦以来的存世文献进行了整理，在详细比勘、精心校理的基础上，形成官方定本，使汉代中央藏书的面貌焕然一新，部类井然有序。通过六略、三十八种（类）的划分以及小序（包括略序、类序）的撰写（《别录》《七略》），向、歆父子建构起儒术独尊语境下的符合大一统帝国需要的文献体系,并因著录体系、分类体系、小序及解题体系的完备,使目录学成为一门独立的学问。在学术史上,向、歆父子开创了建构与书写学术史的目录学传统,《别录》《七略》因此成为目录学的奠基之作、典范之作。向、歆父子以其对国家藏书之整理与传承、对学术源流的建构与书写,在古代文献之传承上居功至伟。向、歆父子领校群书之事例说明,最高统治者的文化需求与政治支持、杰出学者的精心组织与学术努力,是古代官方纂修文献的传统得以建立、延续的前提,也是古代文献得以大规模整理、恢复与传承的两大关键性因素。

中国古代文献浩如烟海,类型多样,各有其文化价值与传承特色。目录类文献,就是一种比较特殊的文献门类。目录类文献本以著录图书为基本内容,而杰出的目录学家如刘向、歆父子等则在记录之学的基础上,讲求辨章之学,从而使此类文献兼具学术史之性质。如果能考知此类文献的面貌(如分类、著录、小序等),那么,相关历史时段的文献概况、某种学术门类的盛衰等,就会得到清楚的展示。目录类文献的传承,通常是经由目录学家的因袭与创新而得以实现。但是,中古时期的目录类文献,由于兵燹等种种原因而大都亡佚,从而为考察此期书目的文献著录与学术书写,带来了极大的困难。通过对既有记载与佚存文字的绎读,荀勖《晋中经簿》(奠定四分法)、王俭《七志》(实行七分法。实有九类)、阮孝绪《七录》(实行七分法。内篇五录、外篇二录)的分类源流、学术旨趣,大体上能得以清晰地揭示。通过辑佚与重构,《晋中经簿》有无解题的问题可以定论,而其解题的基本面貌也可以得到较为合理的构拟。中古目录类典籍的体制与传承,因此有了进一步深入研究的取径。

南北朝时期,政权更迭、时局动荡,导致典籍大量亡佚,因此,如果要考求这一时期的文化面貌与文献传承情况,必须要依赖于《隋书·经籍志》的记录与书写。在学术史上,《隋志》的编撰使经、史、子、集四部分类法得以定型,成为此后学术分类的基本方法。通过分类体系的建构,《隋志》将唐初现存之书以及南朝以降亡佚之书,分别著录于四部之下的四十个类别之中,从而为判断每部图书的学术性质提供了依据。而《隋志》总序与小序(各部、各类之序)对于学术源流的揭示,也展现了不同部类学术发展的基本历程。因此,历代正史经籍志、艺文志的学术书写,是在书籍亡佚的情况下加以补救的有效的学术手段,为古典文献的传承提供了另一途径。《隋志》由此能同《汉书·艺文志》《四库全书总目》相比肩,成为古代中国最重要的三部代表性官修书目。借助《隋志》以考察南北朝时期文献传承情况,得益于唐初奠定的为前朝编修正史的学术传统。

学术发展能深刻地影响文献传承的路径与面貌。《大学》《中庸》《论语》《孟子》,通称"四书",由于朱子及其后学的表彰,以及元、明、清三代科举制度的强化,在知识群体中拥有无与伦比的影响力。以朱子《四书章句集注》为代表,大批注解、笺释之作因此产生。由于理学发展的学术推动与科举选才的政治需求,四书类文献在宋元明清四代得以勃兴,并在书目体系内形成了经部的一个全新类别。四书类文献的勃兴表明,学术与政治通常相互作用,共同决定了某一部类文献的盛衰及其传承途径。

中国古代治世与乱世交替出现,文献传承之路并非坦途,在易代之际尤为艰难。少数族群通过军事征服而入主中原,通常带来巨大的文化破坏,从而对以传承文献为己任的知识群体形成极大的震撼。宋元之际、明清之际,无不如此。明清易代,作为身历三姓、出仕二朝的"贰臣",曹溶长期沉浮于官场,终至去职归乡。晚境困顿的曹溶,婉拒博学鸿儒之征、明史馆纂修之荐,而以搜罗明代史料、纂修明季史著为职志,曲折地表达了对前明的故国之思以及对文献传承的勇于担当。朱彝尊以前明显宦之后,早岁奔走抗清,后应征鸿博,与修《明史》。朱彝尊人生转折的背后,是其谋求学术立世的人生取径,因而自觉担负起整理故国文献、传承儒家经典的文化重任。朱彝尊以文儒自期,孜孜于文献搜集、整理、编纂与传承,留下了《经义考》《日下旧闻》《明诗综》《词综》等典范性著作。周篔是一位集布衣、遗民、商贾、诗人、词人、学者于一身的独特人物。明清易代之际的风云变幻、江南水乡小镇的深厚文脉,为周篔独特的文学与学术人生提供了广阔的时空背景。明清易代,周篔放弃科举,终生坚持布衣、遗民的身份,无亏于大节。周篔与同里诸子结社吟诗,成

治乱交替中的文献传承

为梅里文人群体的中坚力量。在谋生不易的情况下,周筼好学不倦,撰成可分别归类于经部、史部、集部的多种著述。周筼学问以礼乐之学为其特色所在,尤其精通声律,因此能协助朱彝尊、汪森等完成《词综》之编纂。所著《今词综》,是后来《国朝词综》之先声;所撰《析津日记》,则成为朱彝尊《日下旧闻》的先导之作。梅里文人群体在清初的崛起,朱彝尊在文学创作、学术研究方面的卓越贡献,都离不开周筼的同调共鸣与先行示范作用。总之,曹溶、朱彝尊、周筼是清初士人的代表人物,在文学创作、学术研究、文献传承方面各有其独到之贡献。曹溶体现出对其仕清行为的正视与救赎,朱彝尊则在艰难处境中体现出"崇儒传道"的文儒本色,周筼展露出豪放率真、好学不辍的士人精神。曹、朱、周三氏之文献作为,均能映照出易代之际古代文献如何进行艰难传承的历史实际。

郡县制、大一统的中央帝国,权力高度集中,明清两代尤其如此。经过清初顺治、康熙、雍正三朝的努力,至乾隆朝,皇帝已拥有至高无上、几乎不受制约的权力。弘历利用极权君主的威势,组织了当时最为优秀的学者,以军机大臣充任总裁,开馆纂修《四库全书》。弘历以"稽古右文"相号召,寓禁于征,寓毁于修,既对传世典籍进行了大规模的审查与甄别,分别应刊、应钞与应毁(分抽毁、全毁两种),同时又纂修了大量新书(包括御定经解、本朝史著等),对本朝开国历史进行溯源与建构。《四库全书》及其附属成果,是一笔巨大的文献遗存与丰厚的文化遗产;通过对古代学术体系的回顾与开新,弘历构建了适应本朝需要的文献体系与学术体系,进一步强化清朝作为王朝正统的合法性,促进了国家认同;而《四库全书》纂修中的禁毁行为,也造成了传世文献的浩劫。清修《四库全书》表明,专制君主集道统、治统、学统于一身,为实现个人意志而推动官僚体系高速运转,并以强大的人力物力作为后盾,能够强力推行大型文献的纂修活动,改变存世文献的基本面貌,深刻地影响文献传承的主要路径与学术生态。

十九世纪,随着西方工业列强的入侵,尚处于农耕社会的近代中国面临"数千年未有之变局",国门洞开,外侮日亟;席卷东南诸省的太平天国使战火延烧不绝,社会失序,文献荡然,文教沦丧,内患日深。以曾国藩、胡林翼、左宗棠、李鸿章等为代表的"中兴名臣",担负起恢复秩序、重振文教的重任,设局刊书就是其中最重要的文化举措之一。受到清廷认可的地方官书局随后得以广泛设立,并以刊刻、流播体现传统价值的经史子集等部类文献为主。部分官书局讲求校刊质量,"但求雠校之精审,不问成书之迟速"(曾国藩语),因而受到士林认可,为局本赢得了美誉。五局合刻二十四史,更是中国出版史、文化史上的佳话。为恢复、振兴封建文教,官书局大都采取"平值售书"的策略,质优价廉,在走出"士子无书可读"的文化困境方面功不可没。在光绪庚子(1900)以前,官书局刊印之传世文献总量,超过了西学书籍。因此,晚清官书局是近代文献传承的主要承担者,成就了古代官刻的最后辉煌。在工业化成为强国必由之路的时代大潮下,以传统农业为主的中国开始进入学习西方、改变国体的历史转折时期,官书局随着清政权的衰落与终结,不可避免地走向式微与解体。

历史潮流浩浩荡荡,作为文化载体的古代文献,在治乱交替的历史变局中历经磨难,传承极为不易。但是作为知识、思想与文化载体的特性,决定了古代文献具有强大的文化内驱力,在不同的时代条件下总能与古为新,传承不坠,折射出统治阶层的政治需求、学术发展的互动态势与杰出士人的卓绝努力。作为宝贵的人文遗产,古代文献在新千纪里必然能为当下的思想传承、学术演进,继续提供不竭的思想与文化动力。

征引文献

A

The Age of Confucian Rule：The Song Transformation of China，Dieter Kuhn，Harvard University Press，2009.

Authorship and Text-making in Early China，Hanmo Zhang，De Gruyter，2015.

B

《北堂书钞》，[隋]虞世南撰，[清]孔广陶校注，南海孔氏三十有三万卷堂校注重刊本，《续修四库全书》第1212册，上海古籍出版社，2002年。

《柏克莱加州大学东亚图书馆中文古籍善本书志》，柏克莱加州大学东亚图书馆编，上海古籍出版社，2005年。

《柏堂师友言行记》，[清]方宗诚撰，民国十五年（1926）京华印书局铅印本，《续修四库全书》第540册。

《补陈书艺文志》，[清]徐仁甫撰，《二十五史艺文经籍志考补萃编》第十二卷，清华大学出版社，2012年。

《补后汉书艺文志》，[清]顾櫰三撰，《二十五史艺文经籍志考补萃编》第六卷，清华大学出版社，2012年。

《补后汉书艺文志》，[清]侯康撰，《二十五史艺文经籍志考补萃编》

第六卷,清华大学出版社,2012年。

《补晋书艺文志》,[清]丁国钧撰,《二十五史艺文经籍志考补萃编》第十卷,清华大学出版社,2012年。

《补晋书艺文志》,[清]文廷式撰,《二十五史艺文经籍志考补萃编》第十卷,清华大学出版社,2012年。

《补晋书艺文志》,[清]黄逢元撰,《二十五史艺文经籍志考补萃编》第十一卷,清华大学出版社,2012年。

《补梁书艺文志》,[清]王仁俊撰,《二十五史艺文经籍志考补萃编》第十二卷,清华大学出版社,2012年。

《补南齐书经籍志》,高桂华、陈鸿儒、阎枕泉撰,《二十五史艺文经籍志考补萃编》第十二卷,清华大学出版社,2012年。

《补南齐书艺文志》,陈述撰,《二十五史艺文经籍志考补萃编》第十二卷,清华大学出版社,2012年。

《补三国艺文志》,[清]侯康撰,《二十五史艺文经籍志考补萃编》第九卷,清华大学出版社,2012年。

《补续汉书艺文志》,[清]钱大昭撰,《二十五史艺文经籍志考补萃编》第六卷,清华大学出版社,2012年。

The Book Worlds of East Asia and Europe,1450—1850:*Connections and Comparisons*,Joseph P. McDermott and Peter Burke,Hong Kong University Press,2015.

C

《采山堂诗》,[清]周筼撰,清道光十年(1830)信芳阁木活字印《国初十家集诗抄》本。

《采山堂遗文》,[清]周筼撰,余霖辑,民国五年(1916)仿宋印本。

《藏园群书经眼录》,傅增湘撰,中华书局,2009年。

《苌楚斋随笔续笔三笔四笔五笔》,[清]刘声木撰,中华书局,1998年。

《陈振孙评传》,武秀成著,南京大学出版社,2006年。

《陈垣四库学论著》，陈垣著，陈智超编，商务印书馆，2012年。

《楚辞补注》，[宋]洪兴祖撰，白化文等点校，中华书局，1983年。

《春在堂杂文六编》，[清]俞樾撰，《春在堂全书》第四册，凤凰出版社，2013年。

《传雅堂文集》，[清]刘寿曾撰，民国二十六年（1937）铅印本。

《词综》，[清]朱彝尊、汪森编，上海古籍出版社，1978年。

《存素堂文集》，[清]法式善撰，清嘉庆十二年（1807）刻增修本，《续修四库全书》第1476册。

China: A New History, Second Enlarged Edition, John King Fairbank, Merle Goldman, Harvard University Press, 2006.

Circulating the Code: Print Media and Legal Knowledge in Qing China, Ting Zhang, University of Washington Press, 2020.

Civil Examinations and Meritocracy in Late Imperial China, Benjamin A. Elman, Harvard University Press, 2013.

Collected Writings on Chinese Culture, Tsuen-Hsuin Tsien, Hongkong: Chinese University Press, 2011.

Communication and Imperial Control in China: Evolution of the Palace Memorial System 1693—1735. Silas H. L. Wu, Harvard University Press, 1970.

Confucian Image Politics: Masculine Morality in seventeenth-Century China, Ying Zhang, University of Washington Press, 2017.

D

《道·学·政：论儒家知识分子》，杜维明著，钱文忠、盛勤译，上海人民出版社，2000年。

《读史兵略》，[清]胡林翼编，清咸丰十一年（1861）春武昌刻本，《续修四库全书》第967册。

《端忠敏公奏稿》，[清]端方撰，沈云龙主编《近代中国史料丛刊》第十辑，台北，文海出版社，1967年。

E

The Emperor's Four Treasuries: Scholars and the State in the Late Ch'ien-lung Era, R. Kent Guy, Harvard University, 1987.

The Everlasting Empire: The Political Culture of Ancient China and Its Imperial Legacy, Yuri Pines, Princeton University Press, 2012.

G

《高宗纯皇帝实录》,[清]庆桂、德瑛等纂修,《清实录》第9—27册,中华书局,1985年。

《古典目录学》,来新夏著,中华书局,2013年。

《古今典籍聚散考》,陈登原著,华东师范大学出版社,2010年。

《古今事文类聚》,[宋]祝穆撰,《景印文渊阁四库全书》第927册,台湾商务印书馆,1986年。

《古书通例》,余嘉锡著,上海古籍出版社,1985年。

《顾亭林诗文集》,顾炎武撰,华忱之点校,中华书局,1983年。

《国朝耆献类征初编》,[清]李桓辑,《清代传记丛刊》第146册,周骏富主编,台北,明文书局,1985年。

《国名疏故》,陈登原著,商务印书馆,1936年。

《国史旧闻》,陈登原著,中华书局,2000年。

《国学概论》,钱穆著,《钱宾四先生全集》第1册,台北,联经出版事业公司,1994年。

《官书局书目汇编》,朱士嘉撰,中华图书馆协会,1933年铅印本。

《光绪朝东华录》,[清]朱寿朋编,张静庐等校点,中华书局,1954年。

《(光绪)重修天津府志》,[清]沈家本等修,《续修四库全书》第690册。

《(光绪)江都县续志》,[清]谢延庆等修,《中国地方志集成》本(江苏府县志辑第六十七种），江苏古籍出版社，1991年。

《光绪十六年闰二月分官书坊收售各书数目四柱清册》，［清］诸可宝辑，清光绪十六年（1890）江苏书局手抄本。

《广川画跋》，［宋］董逌撰，清陆心源刻《十万卷楼丛书》本。

H

《含经堂集》，［清］徐元文撰，《清代诗文集汇编》第132册，上海古籍出版社，2009年。

《韩愈全集校注》，［唐］韩愈撰，屈守元、常思春主编，四川大学出版社，1997年。

《汉书》，［汉］班固撰，中华书局，1965年。

《汉书艺文志拾补》，［清］姚振宗撰，王承略、刘心明主编《二十五史艺文经籍志考补萃编》第二卷，清华大学出版社，2011年。

《汉书艺文志条理》，［清］姚振宗撰，《二十五史艺文经籍志考补萃编》第三卷，清华大学出版社，2011年。

《汉书艺文志注解》，姚明辉撰，《二十五史艺文经籍志考补萃编》第四卷，清华大学出版社，2011年。

《何炳棣思想制度史论》，何炳棣著，中华书局，2017年。

《鹤征录》，［清］李集辑、李富孙补辑，清嘉庆十五年（1810）漾葭老屋刻本。

《后汉艺文志》，［清］姚振宗撰，《二十五史艺文经籍志考补萃编》第七卷，清华大学出版社，2011年。

《胡文忠公（林翼）年谱》，严树森编，载沈云龙主编《近代中国史料丛刊》第八辑，台北，文海出版社，1966年。

《淮南书局研究》，张灿著，南京大学硕士学位论文，2016年。

《皇览》，［清］孙冯翼辑，清刻本，《续修四库全书》第1212册。

《皇明从信录》，［明］陈建辑，［明］沈国元订补，明刻本。

《皇清开国方略》，［清］阿桂、梁国治等撰，《景印文渊阁四库全书》第341册。

《黄梨洲先生年谱》，[清]黄炳垕著，《黄宗羲全集》第十二册，浙江古籍出版社，2005年。

J

《汲冢书考》，朱希祖著，中华书局，1960年。

《甲申传信录》，[清]钱士馨著，《中国历史研究资料丛书》本，神州国光社，1951年；又中国书店，1982年（题[清]钱𫐉撰）。

《嘉兴历代进士藏书与刻书》，丁辉、陈心蓉著，黄山书社，2014年。

《嘉兴明清望族疏证》，龚肇智著，方志出版社，2011年。

《简帛古书与学术源流》，李零著，生活·读书·新知三联书店，2004年；又修订本，2008年。

《江苏官书局研究》，张娟著，河南大学硕士学位论文，2016年。

《江苏书局各书价目》（又名《江苏书局重订核实价目》），江苏书局编，清光绪十九年（1893）刊本。

《绛云楼书目》，[清]钱谦益撰，南京图书馆藏丁丙八千卷楼抄本。

《校雠广义·目录编》，程千帆、徐有富著，齐鲁书社，1998年。

《校雠通义》，[清]章学诚撰，叶瑛校注，中华书局，1985年。

《校经庼文稿》，[清]李富孙撰，清道光刻本。

《金陵书局研究》，朱建飞著，南京大学硕士学位论文，2017年。

《金明馆丛稿二编》，陈寅恪著，上海古籍出版社，1980年。

《金石文字跋尾》，[清]朱彝尊撰，[清]朱记荣编，《藏修堂丛书》本。

《晋书》，[唐]房玄龄等修，中华书局，1974年。

《经典释文序录疏证》，[唐]陆德明撰，吴承仕疏证，中华书局，2008年。

《经义考》，[清]朱彝尊撰，卢刻本（清乾隆二十年[1755]卢见曾续刻本）、荟要本（《摛藻堂四库全书荟要》，台北，世界书局，1988年影印）、文渊本（《景印文渊阁四库全书》，台湾商务印书馆，1986年影印）、文津本（《文津阁四库全书》，商务印书馆，2005年影印）、备要本（《四部备要》，中华书局，1998年影印）、校正本（《点校补正经义考》，林庆彰等，

"中央研究院"文哲研究所筹备处,1997年)、新校本(《经义考新校》,林庆彰等,上海古籍出版社,2011年)。

《〈经义考〉研究》,张宗友著,中华书局,2009年。

《津门杂记》,[清]张焘撰,沈云龙主编《近代中国史料丛刊》第五十七辑,台北,文海出版社,1970年。

《静惕堂诗集》,[清]曹溶撰,清雍正三年(1725)李维钧刻本,《四库全书存目丛书》第198册,齐鲁书社,1997年。

《静惕堂书目》(又名《静惕堂宋元人集目》),[清]曹溶撰,味经书屋抄本等。

《静志居诗话》,[清]朱彝尊著,姚祖恩编,黄君坦点校,人民文学出版社,1990年。

《旧唐书》,[后晋]刘昫等修,中华书局,1975年。

《倦圃曹先生尺牍》,[清]曹溶撰,胡泰选,清康熙含晖阁刻本。

K

《康熙起居注》,中国第一历史档案馆整理,中华书局,1984年。

《康有为全集》,[清]康有为撰,中国人民大学出版社,2007年。

《昆山徐乾学年谱稿下编》,见《新编清人年谱稿三种》,王逸明编著,学苑出版社,2011年。

L

《兰台万卷——读〈汉书·艺文志〉》(修订本),李零著,生活·读书·新知三联书店,2013年。

《郎潜纪闻初笔二笔三笔》,[清]陈康祺撰,中华书局,1984年。

《李鸿章全集》,[清]李鸿章撰,时代文艺出版社,1998年。

《礼记注疏》,[汉]郑玄注,[唐]孔颖达正义,[清]阮元校刻《十三经注疏》本,中华书局,1980年。

《两岸四库学:第一届中国文献学学术研讨会论文集》,台湾学生书局,1998年。

《两汉经学今古文平议》,钱穆著,商务印书馆,2001年。

《刘向评传》,徐兴无著,南京大学出版社,2005年。

《流通古书约》,[清]曹溶撰,鲍廷博《知不足斋丛书》第五集,清刻本。

《柳诒徵史学论文续集》,柳诒徵著,柳曾符、柳定生编,上海古籍出版社,1991年。

《柳宗元集》,[唐]柳宗元撰,中华书局,1979年。

《六艺流别》,[明]黄佐撰,明嘉靖四十一年(1562)欧大任刻本,《四库全书存目丛书·集部》第300册。

《鲁迅全集》,鲁迅著,人民文学出版社,2005年。

《论人类不平等的起源和基础》,[法]卢梭著,李常山译,商务印书馆,1997年。

《论世界帝国》,[意]但丁著,朱虹译,商务印书馆,1986年。

《论天人之际:中国古代思想起源试探》,余英时著,台北,联经出版事业股份有限公司,2017年。

《论语新解》,钱穆著,《钱宾四先生全集》第3册,台北,联经出版事业公司,1994年。

《论语义疏》,[梁]皇侃撰,高尚榘校点,中华书局,2013年。

《论语注疏》,[魏]何晏集解,[宋]邢昺疏,[清]阮元校刻《十三经注疏》本,中华书局,1980年。

M

《满洲开国史》,孟森著,上海古籍出版社,1992年。

《梅会诗选》,[清]李稻塍、李集编,清乾隆三十二年(1767)寸碧山堂刻本。

《梅里词派研究》,陈雪军著,上海古籍出版社,2009年。

《孟子师说》,[清]黄宗羲撰,《黄宗羲全集》第一册,浙江古籍出版社,1985年。

《孟子字义疏证》,[清]戴震撰,何文光整理,中华书局,1981年。

《明初以降人口及其相关问题：1368—1953》，[美]何炳棣著，葛剑雄译，生活·读书·新知三联书店，2000年。

《明画录》，[清]徐沁撰，《明代传记丛刊》第71册，周骏富主编，台北，明文书局，1991年。

《明末清初的学风》，谢国桢撰，人民出版社，1982年；又上海书店出版社，2006年。

《明清进士录》，潘荣胜主编，中华书局，2006年。

《明清之际士大夫研究》，赵园著，北京大学出版社，1999年。

《明诗综》，[清]朱彝尊撰，中华书局，2007年。

《明夷待访录》，[清]黄宗羲撰，《黄宗羲全集》第一册，浙江古籍出版社，1985年。

《牧令书辑要》，[清]徐栋原辑，丁日昌选评，《续修四库全书》第755册。

《牧斋有学集》，[清]钱谦益撰，钱仲联标校，上海古籍出版社，1996年。

《目录学发微》，余嘉锡著，巴蜀书社，1991年。

《目录学研究》，汪辟疆著，台北，文史哲出版社，1990年（据1934年初版影印）。

The Manchu Way: The Eight Banners and Ethnic Identity in Late Imperial China, Mark C. Elliott, Stanford University Press, 2001.

N

《南雷诗文集》，[清]黄宗羲著，《黄宗羲全集》第十册，浙江古籍出版社，2005年。

O

《欧阳修全集》，[宋]欧阳修撰，中华书局，2011年。

P

《曝书亭集》,[清]朱彝尊撰,清康熙五十三年(1714)刻本。

《曝书亭全集》,[清]朱彝尊撰,王利民、胡愚等校点,吉林文史出版社,2010年。

Printing and Book Culture in Late Imperial China, Cynthia J. Brokaw and Kai-wing Chow, University of California Press, 2005.

Q

《七录序》,[南朝梁]阮孝绪撰,载《广弘明集》卷三,[唐]释道宣撰,《四部丛刊初编》影明汪道昆刻本。

《七略别录佚文》,[清]姚振宗辑录,邓骏捷校补,澳门大学,2007年;又上海古籍出版社,2009年。

《乾隆帝》,[美]欧立德(Mark C. Elliott)著,青石译,社会科学出版社,2014年。

《乾隆帝及其时代》,戴逸著,中国人民大学出版社,1992年。

《钱牧斋全集》,[清]钱谦益撰,钱仲联校,上海古籍出版社,2003年。

《钦定诗经传说汇纂》,[清]王鸿绪等修,《景印文渊阁四库全书》第83册。

《钦定书经传说汇纂》,[清]王顼龄等修,《景印文渊阁四库全书》第65册。

《钦定四库全书总目》,[清]永瑢、纪昀等撰,武英殿刻本,《景印文渊阁四库全书》第1—5册。

《清朝的国家认同——"新清史"研究与争鸣》,刘凤云、刘文鹏编,中国人民大学出版社,2011年。

《清朝典制》,郭松义、李新达、李尚英著,吉林文史出版社,1993年。

《清初的群经辨伪学》,林庆彰著,台北,文津出版社,1990年。

《清初诗文与士人交游考》,[美]谢正光著,南京大学出版社,

2001年。

《清代经筵制度研究》,陈东著,山东大学博士学位论文,2006年。

《清代〈孟子〉学史大纲》,李畅然著,北京大学出版社,2011年。

《清代学术概论》,梁启超著,上海古籍出版社,1998年。

《清代扬州徽商与东南地区文学艺术研究》,方盛良著,人民文学出版社,2008年。

《清代印刷史小记》,净雨著,载《中国近代出版史料二编》卷三,张静庐辑,上海群联出版社,1954年。

《清代职官年表》,钱实甫编,中华书局,1990年。

《清国史》,清国史馆编,嘉业堂抄本,中华书局,1993年。

《清胡文忠公林翼年谱》,梅英杰编,《新编中国名人年谱集成》第四辑,王云五主编,台湾商务印书馆,1978年。

《清诗别裁集》,[清]沈德潜编,清乾隆二十五年(1760)教忠堂刻本。

《清诗纪事初编》,邓之诚著,中华书局,1984年。

《清诗纪事》,钱仲联主编,江苏古籍出版社,1987年。

《清史稿》,赵尔巽等撰,中华书局,1977年。

《清史列传》,王锺翰点校,中华书局,1987年。

《清左文襄公宗棠年谱》,罗正均撰,《新编中国名人年谱集成》第二十辑,台湾商务印书馆,1981年。

《全汉文》,[清]严可均辑,《全上古三代秦汉三国六朝文》,《续修四库全书》第1603册。

《全晋文》,[清]严可均辑,《全上古三代秦汉三国六朝文》第四册,河北教育出版社,1997年。

《全祖望集汇校集注》,[清]全祖望撰,朱铸禹汇校集注,上海古籍出版社,2000年。

R

《日下旧闻考》,[清]朱彝尊原撰,[清]于敏中等增编,北京古籍出版社,2000 年。

《日知录集释》,[清]顾炎武撰,[清]黄汝成集释,清道光十四年(1834)嘉定黄氏西溪草庐重刊本。

Restless Empire：*China and The World Since 1750*，Odd Arne Westad，Basic Books，2012.

S

《三国志》,[晋]陈寿撰,[南朝宋]裴松之注,中华书局,1959 年。

《三经见圣编辑存》,[清]谭贞默撰,谭志贤辑,《四库全书存目丛书》经部,第 166 册。

《善本书室藏书志》,[清]丁丙撰,《清人书目题跋丛刊》第 2 册,中华书局,1990 年。

《尚书学史》,刘起釪著,中华书局,1989 年。

《少室山房笔丛》,[明]胡应麟撰,上海书店出版社,2001 年。

《圣祖仁皇帝实录》,[清]马齐、张廷玉等纂修,《清实录》第 4—6 册,中华书局,1985 年。

《石经阁文续集》,[清]冯登府撰,清道光刻本,《清代诗文集汇编》第 540 册。

《石柱记笺释》,[清]郑元庆撰,清康熙四十一年(1702)郑氏刻本。

《史记》,二十四史点校本,中华书局,1959 年;又二十四史点校本修订本,2013 年。

《史学丛考》,柴德赓著,中华书局,1982 年。

《士与中国文化》,余英时著,上海人民出版社,1987 年。

《世宗宪皇帝实录》,[清]鄂尔泰、张廷玉等纂修,《清实录》第 7—8 册,中华书局,1985 年。

《世祖章皇帝实录》,[清]巴泰、图海等纂修,《清实录》第 3 册,中华书局,1985 年。

《书籍的社会史:中华帝国晚期的书籍与士人文化》,[美]周绍明(J.P. McDermott)著,何朝晖译,北京大学出版社,2009 年。

《书林清话》,叶德辉著,《郋园先生全书》本,1935年。

《书于竹帛——中国古代的文字记录》,钱存训著,上海书店出版社,2006年。

《顺治帝》,周远廉著,吉林文史出版社,1993年。

《四库全书馆研究》,张升著,北京师范大学出版社,2012年。

《四库全书纂修考》,郭伯恭著,台湾商务印书馆,1980年。

《〈四库全书〉纂修研究》,黄爱平著,中国人民大学出版社,1989年。

《四书大全》,[明]胡广等修,《景印文渊阁四库全书》第205册。

《四书大全辩》,[明]张自烈撰,《四库全书存目丛书》经部第167—169册。

《四书释义》,钱穆著,《钱宾四先生全集》第2册,台北,联经出版事业公司,1994年。

《四书章句集注》,[宋]朱熹撰,中华书局,1983年。

《隋书》,[唐]魏徵等撰,中华书局,1973年;又修订本,2019年。

《隋书经籍志考证》,[清]姚振宗撰,《二十五史艺文经籍志考补萃编》第十四卷,清华大学出版社,2014年。

《隋书经籍志研究》,杜云虹著,文物出版社,2016年。

T

《太平天国》(一)(二)(四),中国史学会主编,上海人民出版社,1957年。

《太平天国散佚文献勾沉录》,罗尔纲、罗文起辑录,贵州人民出版社,1993年。

《太宗文皇帝实录》,[清]鄂尔泰、张廷玉、徐本等修,《清实录》第2册,中华书局,1985年。

《田间诗集》,[清]钱澄之撰,清康熙刻本。

《(同治)续纂江宁府志》,[清]汪士铎等纂,《中国地方志集成》本(江苏府县志辑第二种),江苏古籍出版社,1991年。

《同治中兴京外奏议约编》,[清]陈弢编,清光绪刻本。

《铁琴铜剑楼藏书目录》,[清]瞿镛撰,清光绪常熟瞿氏家塾刻本,《续修四库全书》第926册。

The Taiping Heavenly Kingdom: Rebellion and the Blasphemy of Empire, Thomas H. Reilly, University of Washington Press, 2004.

W

《吴熊和词学论集》,吴熊和著,杭州大学出版社,1999年。
《晚明清初思想十论》,王汎森著,复旦大学出版社,2004年。
《晚清官书局述论稿》,邓文锋著,中国书籍出版社,2011年。
《晚清政治思想史论》,王尔敏著,广西师范大学出版社,2007年。
《王国维文集》,王国维著,中国文史出版社,1997年。
《王文敏公遗集》,[清]王懿荣撰,《续修四库全书》第1565册。
《微虫世界》,[清]张大野撰,台北"国立中央图书馆"藏清光绪手抄本,《清代稿本百种汇刊》,第55卷,台北,文海出版社,1974年。
《文本革命:刘向、〈汉书·艺文志〉与早期文本研究》,徐建委著,中国社会科学出版社,2017年。
《文海披沙》,[明]谢肇淛撰,明万历三十七年(1609)沈儆炌刻本。
《文史通义校注》,[清]章学诚撰,叶瑛校注,中华书局,1985年。
《文献家通考》,郑伟章著,中华书局,1999年。
《文献通考》,[元]马端临撰,中华书局,1986年。
《文献征存录》,[清]钱林辑,[清]王藻编,清咸丰八年(1858)有嘉树轩刻本。
《文苑英华》,[宋]李昉等编,中华书局,1966年。

The World of a Tiny Insect: A Memoir of the Taiping Rebellion and Its Aftermath, Zhang Daye (Xiaofei Tian, Trans.), University of Washington Press, 2013.

X

《西学东渐记》，[清] 容闳撰，王蓁译，中国人民大学出版社，2011年。

《西学东渐与晚清社会》（修订版），熊月之著，中国人民大学出版社，2011年。

《先秦诸子系年》，钱穆著，《钱宾四先生全集》第5册，台北，联经出版事业公司，1994年。

《香祖笔记》，[清] 王士禛撰，上海古籍出版社，1982年。

《小方壶文钞》，[清] 汪森撰，清康熙四十六年（1707）刻本。

《小学绀珠》，[宋] 王应麟撰，《景印文渊阁四库全书》第948册。

《孝经注疏》，[唐] 李隆基注，[宋] 邢昺疏，[清] 阮元校刻《十三经注疏》本，中华书局，1980年。

《新唐书》，[宋] 欧阳修、宋祁等撰，中华书局，1975年。

《雪桥诗话全编》，杨钟羲撰，雷恩海、姜朝晖校点，人民文学出版社，2011年。

Y

《檐曝杂记》，[清] 赵翼撰，中华书局，1982年。

《瑶华集》，[清] 蒋景祁编，清康熙天藜阁刻本。

《庸闲斋笔记》，[清] 陈其元撰，中华书局，1989年。

《（雍正）畿辅通志》，[清] 唐执玉、李卫、田易等编，《景印文渊阁四库全书》第505册。

《有怀堂文稿》，[清] 韩菼撰，清康熙四十二年（1703）刻本。

《御定康熙字典》，[清] 张玉书、陈廷敬等编，《景印文渊阁四库全书》第229册。

《御定韵府拾遗》，[清] 康熙敕撰，《景印文渊阁四库全书》第1029册。

《御制日讲书经解义》，[清] 库勒纳、叶方蔼等撰，《景印文渊阁四库全书》第 64 册。

《御制日讲四书解义》，[清]喇沙里、陈廷敬等撰，《景印文渊阁四库全书》第 208 册。

《御制日讲易经解义》，[清]牛钮、孙在丰等撰，《景印文渊阁四库全书》第 37 册。

《御制诗四集》，[清]爱新觉罗·弘历撰，《景印文渊阁四库全书》第 1308 册。

《御纂朱子全书》，[宋]朱熹撰，[清]李光地、熊赐履等编，《景印文渊阁四库全书》第 720 册。

Z

《曾国藩全集》，[清]曾国藩撰，岳麓书社，2011 年。

《曾文正公全集》，[清]曾国藩撰，大达图书供应社，1935 年。

《增补荀子集解》，[战国]荀子撰，[清]王先谦集解，[日]久保爱增补、猪饲彦博补遗，台北，兰台书局，1983 年。

《憺园文集》，[清]徐乾学撰，清康熙冠山堂刻本，《续修四库全书》集部第 1412 册。

《张文虎日记》，[清]张文虎著，陈大康整理，上海书店出版社，2009 年。

《章学诚遗书》，[清]章学诚撰，文物出版社，1985 年。

《浙江通志》，[清]嵇曾筠等监修、沈翼机等编纂，《景印文渊阁四库全书》第 524 册。

《知足斋文集》，[清]朱珪撰，清嘉庆九年（1804）阮元刻增修本，《续修四库全书》第 1452 册。

《直隶官书局运售各省官刻书籍总目》，直隶官书局清末（1905 年后）刻本。

《直斋书录解题》，[宋]陈振孙撰，徐小蛮、顾美华点校，上海古籍出版社，1987 年。

《中国古代文学批评方法研究》，张伯伟著，中华书局，2002 年。

《中国古今土地数字的考释和评价》，[美] 何炳棣著，中国社会科学出版社，1988年。

《中国近三百年学术史》，梁启超著，载《饮冰室合集》第10册，中华书局，1989年。

《中国禁书简史》，陈正宏、谈蓓芳撰，学林出版社，2004年。

《中国经学思想史》(第四卷)，姜广辉主编，中国社会科学出版社，2010年。

《中国目录学史》(王重民校阅本)，姚名达著，上海书店，1984年(据商务印书馆1957年版影印)。

《中国目录学史论丛》，王重民著，中华书局，1984年。

《中国思想传统的现代诠释》，[美] 余英时著，江苏人民出版社，1989年。

《中国思想史》，钱穆著，台湾学生书局，1988年。

《中国文祸史》，胡奇光著，上海人民出版社，1993年。

《中国文献学概要》，郑鹤声、郑鹤春著，上海古籍出版社，2001年。

《中国文化史》，柳诒徵著，中华书局，2015年。

《中国文化史导论》，钱穆著，《钱宾四先生全集》第29册，台北，联经出版事业公司，1994年。

《中国著名藏书家与藏书楼》，范凤书著，大象出版社，2013年。

《周勋初先生八十寿辰纪念文集》，莫砺锋编，中华书局，2008年。

《朱熹文学研究》，莫砺锋著，《莫砺锋文集》第一册，凤凰出版社，2019年。

《朱彝尊〈词综〉研究》，于翠玲著，中华书局，2005年。

《朱彝尊交游考论》，崔晓新著，山东大学博士学位论文，2012年。

《朱彝尊年谱》，张宗友著，凤凰出版社，2014年。

《朱竹垞先生年谱》，[清] 杨谦撰，载《曝书亭集诗注》卷前，清木山阁刻本。

《竹垞行笈书目》，[清] 朱彝尊撰，清刻《晨风阁丛书》本。

《竹书纪年考》，程平山著，中华书局，2013年。

《竹书纪年研究(1980—2000)》,邵东方编,广西师范大学出版社,2015年。

《竹叶庵文集》,[清]张埙撰,《续修四库全书》集部第1449册。

《诸子考索》,罗根泽著,中华书局,1958年。

《壮悔堂文集》,[清]侯方域撰,清顺治刻增修本。

《纂修四库全书档案》,中国第一历史档案馆编(张书才主编),上海古籍出版社,1997年。

《左宗棠全集》,[清]左宗棠撰,清光绪刊本,上海书店,1986年。

后　记

　　本书是国家社会科学基金重大项目"中国古代文献文化史"子课题"治乱交替中的文献传承"的结项成果[①]。笔者师从徐有富先生治古典文献之学,长期从事文献学、目录学等方面的教学与科研工作,如何揭示中国古典文献得以生产与传承的内在规律,正是笔者长期思考的重要论题;从治乱交替的角度加以审视,不失为探讨这一论题的重要取径。立项之初,曾设计近二十个子论题,试图能全面地回答治乱交替中的文献传承问题。随着研究的推进,发现并无在短期内展开全部论题的可能,于是做减法,从中遴选出具有代表性者加以讨论。除《引言》《结论》外,本书主体由八章组成,各章标题拟定如次:

　　第一章,《斯文在兹,文献足征:论古代中国文献传承的内在理路》;
　　第二章,《领校群书,略序洪烈:论刘向、歆父子与文献传承》;
　　第三章,《目录书写与学术建构:论中古时期目录类典籍的体制与传承》;
　　第四章,《研几探赜,穷极幽隐:论〈隋书·经籍志〉与古代文献传承》;
　　第五章,《儒学演进与文献衍生:论"四书"的形成与四书类文献的勃兴》;
　　第六章,《明清易代与士人担当:论曹溶、朱彝尊、周筼与清初文献传承》;
　　第七章,《帝王权力与盛世修书:论清代前期的文化方略与文献纂修》;
　　第八章,《千古变局与文化新命:论晚清官书局与近代文献传承》。

[①] 本书同时是国家社科基金项目"朱彝尊论学诗研究"(17BZW118)、江苏省社科基金项目"江苏目录学史"(19WMB014)阶段性成果,以及贵阳孔学堂入驻研修成果。

以上论题,各有侧重,相互补充,旨在揭示古代文献在治乱交替的历史脉络中如何进行传承这一中心论题(详《引言》《结论》内相应阐述)。其中部分章节的内容曾作为单篇论文析出,在学术刊物上先行发表(凡10篇)。需要说明的是,作为子课题成果,本书最终面貌须服从重大项目的总体规划,因此纳入丛书付梓时,删去了各章题内具有提纲挈领作用的关键词。

本书得以完成,首先要感谢项目主持人程章灿教授的信任、指导与示范,其次要感谢团队师长与同仁的共鸣、支持与合作。程章灿教授以南大"两古"学科为基础,组建了一支强有力的研究团队(其他子课题负责人分别是巩本栋教授、徐兴无教授、赵益教授、俞士玲教授、徐雁平教授、金程宇教授及于溯副教授等)。历次工作会上均提出极为中肯的建设性意见,有力地推动了本论题的深入开展,因此,本书也是团队合作、集思广益的产物。

本书初稿完成于 2019 年 6 月,距立项已近十年。是年 8 月,笔者到美国 Grinnell College 访学,琐务顿减,因此有了从容修订的机会。该校学术论著较富,馆际互借便捷,修订较为顺利。只是岁交庚子之际,大疫流行,其初深为武汉忧心,转眼间境外疫情突起,美航中断,一票难求。时代的挑战分卸到个体身上,有时竟是难以承受之重。栖迟徬徨之余,唯有修订书稿可为,终于能在 2020 年 9 月上旬交付定稿。

"中国古代文献文化史"重大项目是集体智慧的结晶,其成果体现为一套十卷本的研究丛书,出版者为南京大学出版社。笔者自读研究生时起,即在南大社做兼职校对、编辑,认识了一批优秀的出版人;在胡豪老师等指导与帮助下,编辑过《陈振孙评传》《晁公武评传》《徐波集》《胡小石文史论丛》等书。在南大社编校图书的历练不仅锻炼了技能、结下了友谊,而且开阔了视野、拓展了思路。例如,从编纂学的角度来审视古典文献的生产与传承问题,就不失为行之有效的研究取径。此次能在南大社出书,于我而言,实在具有特别的意义。

本书编校期间,胡豪老师、刘丹编辑等付出了辛勤的劳动;栗娜、张秀秀、陈彩霞、姜好、张聪等同学协助校对了部分章节;谢葆瑭同学对全稿予以通校。在此,谨一并申谢。限于水平,书中讹误、未尽之处必夥,期待学界同仁不吝赐教。

张宗友

2021 年 5 月 1 日于仙林启园